"十三五"普通高等教育本科系列教材

# 热力发电厂

主　编　陈海平

副主编　张永生　张学镭

参　编　李惊涛　于　刚　李志宏

主　审　李　政

中国电力出版社
CHINA ELECTRIC POWER PRESS

## 内 容 提 要

本书为"十三五"普通高等教育本科规划教材。

本书考虑到我国电力工业的发展方向以及国家对节能与环保工作的基本要求,从电力工业可持续发展的角度出发,以热力发电厂整体为对象,系统地阐述了热力发电厂的工作原理及评价方法,总体系统及重要子系统的构成、功能和特性,主要设备结构及工作原理,发电厂的主要辅助系统等,简要介绍了火电厂运行与调整,以及其他热力发电技术,构成了结构合理、内容完整的体系。内容编写采用总分结构,使读者在学习中既能够对热力发电厂有一个整体概念,又能把握各系统之间以及系统与发电厂整体之间的关联。本书内容反映了热力发电厂现状及国内外的新技术、新成果,并采用了最新的国家标准。书中附有典型计算例题,每章后还有复习思考题可供学生学习和思考。具体教学使用时,可根据教学目标和学时数,自行设计和选择书中内容和讲解详略程度。

本书可作为高等学校能源与动力工程专业热力发电厂课程教材,也可供相关专业师生和工程技术人员参考。

**图书在版编目(CIP)数据**

热力发电厂/陈海平主编. —北京:中国电力出版社,2018.2(2025.1重印)
"十三五"普通高等教育本科规划教材
ISBN 978-7-5198-1635-3

Ⅰ.①热… Ⅱ.①陈… Ⅲ.①热电厂-高等学校-教材 Ⅳ.①TM621

中国版本图书馆 CIP 数据核字(2017)第 329934 号

出版发行:中国电力出版社
地　　址:北京市东城区北京站西街 19 号 (邮政编码 100005)
网　　址:http://www.cepp.sgcc.com.cn
责任编辑:吴玉贤 (010-63412540)　　马雪倩
责任校对:马　宁
装帧设计:赵姗姗
责任印制:吴　迪

印　　刷:北京天泽润科贸有限公司
版　　次:2018 年 2 月第一版
印　　次:2025 年 1 月北京第三次印刷
开　　本:787 毫米×1092 毫米　16 开本
印　　张:24.75
字　　数:607 千字
定　　价:**58.00 元**

# 前　　言

热力发电厂是能源与动力工程专业本科生的一门必修课。为适应高等学校能源与动力工程专业教学和工程应用的实际需求，编写了这部具有鲜明专业特色的教材。通过本课程的学习，学生应掌握热力发电厂的工作过程和基本原理，树立安全与经济效益、社会效益、环境效益相统一的观点，提高分析、研究和解决热力发电厂实际生产问题的独立工作能力。

考虑到我国电力工业的发展方向以及国家对节能和环保工作的基本要求，本书主要以300MW 及以上亚临界、超（超）临界压力火力发电机组及其热力系统为对象，系统地阐述了热力发电厂的基本工作原理及其技术经济指标评价体系，重点介绍了火力发电厂原则性热力系统、全面性热力系统、冷端系统、供热系统的组成特点及其运行热经济性的分析与计算方法，扼要介绍了火力发电厂的优化运行与调整技术、燃气-蒸汽联合循环及新能源热发电技术等，力求将一些新知识、新技术在发电厂中的实际应用情况在相应章节进行客观的介绍与分析。

本书的编写综合了编者长期教学与科研工作的经验，在阐述热力循环基本原理和热经济性分析方法的基础上，注重联系机组运行实际，做到理论分析不脱离实际对象、实际效果与理论分析相结合，使学生在学习中既不会感到理论的枯燥，又可获得实践的乐趣。

本教材由华北电力大学陈海平教授担任主编并统稿。第一、第二、第三章由陈海平编写，第四章由陈海平和李惊涛编写，第五章由张学镭编写，第六章由张永生编写，第七章由陈海平和于刚编写，第八、第九章由陈海平和李志宏编写。

本书由清华大学李政教授主审。李政教授在百忙中详细审阅了全部书稿，提出了许多宝贵的建议和意见，使编者在修改过程中获益匪浅，在此表示诚挚的感谢。

由于编者水平有限，书中不足之处在所难免，恳请读者指正。

编　者

2018 年 1 月

# 目　　录

# 第一章　概　　述

### 一、能源概述

能源是社会发展的重要物质基础。我国的《能源百科全书》说："能源是可以直接或经转换提供给人类所需要的光、热、动力等任一形式能量的载能体资源"。也就是说，能源是自然界中能为人类提供某种形式能量的物质资源，是人类赖以生存和社会进步的重要物质基础，我们今天的一切，都离不开对能源的需求。

人类社会的发展过程，其实就是一部不断向自然界索取能源的历史。远古时代的钻木取火，开创了人类社会的文明史，是人类利用能源划时代的第一步。蒸汽机的发明，使煤炭一跃成为第二代主体能源，极大地推动了第一次工业革命。1854年，美国宾夕法尼亚州打出了世界上第一口油井，石油工业由此发端，到20世纪60年代，全球石油消费量超过煤炭，成为第三代主体能源。19世纪电磁感应现象的发现，使得以蒸汽轮机为动力的发电机应运而生，从此人类的生产和生活方式发生了根本改变，进入了"电世纪"。电能是由一次能源转化而来的二次能源，它无声无息地服务于人类生活的各个角落，由于其使用方便、清洁环保、易于输送，并且容易转化成其他形式的能量，因而得到了最广泛的应用。

1. 能源分类

一次能源与二次能源。经过数亿年的演变，在自然界中形成并天然存在的能源，称为一次能源（天然能源），如煤炭、石油、天然气等。由一次能源经过加工转换成另一种形态的能源产品称为二次能源，如广泛使用的电力、煤气等。大部分一次能源被开采后，都转换成容易输送、分配和使用的二次能源，以适应消费者的需要。

可再生能源与不可再生能源。在自然界中可以不断再生并有规律地得到补充的能源，称为可再生能源，如太阳能和出太阳能转换而成的水力能、风能、生物质能、海洋能等，它们都可以循环再生，不会因长期使用而减少。经过亿万年才形成的、短期内无法恢复的能源，称之为不可再生能源，如煤炭、石油、天然气、核燃料等，随着大规模的开采利用，它们的储量越来越少，总有枯竭之时。

常规能源与新能源。煤炭、石油、天然气、电力等能源，已经被人类长期广泛利用，为人们所熟知，这些能源称之为常规能源。太阳能、地热能、潮汐能、固体可燃冰等，是近期才被人们重视或发现的，一般被视为新能源。常规能源与新能源是相对而言的，现在的常规能源过去也曾是新能源，今天的新能源将来也会成为常规能源。

燃料能源与非燃料能源。通过直接燃烧而发出能量的物质称之为燃料能源，反之即为非燃料能源。属于燃料能源的有矿物燃料（如煤炭、石油、天然气等），生物质燃料（如薪柴、沼气、有机废物等），化工燃料（如甲醇、酒精、丙烷以及可燃原料铝、镁等），核燃料（如铀、钍、氘等）共四类。非燃料能源多数具有机械能（如水能、风能等），有的含有热能（如地热能、海洋热能等），有的含有光能（如太阳能、激光等）。

表1-1列出了能源种类的一般分类情况。

表 1-1　　　　　　　　　　　　　　　能源种类的一般分类情况

| 按使用情况分类 | 按性质分类 | 按一、二次能源分类 | | |
| --- | --- | --- | --- | --- |
| | | 一次能源（天然能源） | | 二次能源（人工能源） |
| | | 可再生能源 | 不可再生能源 | |
| 常规能源 | 燃料能源 | 生物燃料 | 煤，油页岩，油砂，原油，天然气，天然气水合物 | 煤气，余热，焦炭，汽油，煤油，柴油，重油，液化石油气，丙烷，甲醇，酒精，苯胺，火药 |
| | 非燃料能源 | 水力能 | — | 电，蒸汽，热水，余热 |
| 新能源 | 燃料能源 | — | 核燃料 | 沼气，氢 |
| | 非燃料能源 | 太阳能，风能，地热能，潮汐能，海水温差，波浪能 | — | 激光 |

在一次能源中，除风能、水能、波浪能和海洋潮汐能是以机械能的形式（指空气的动能和水的势能）提供给人类之外，其余的往往都是以热能的形式提供给人类。太阳以热辐射的方式向地球传送大量的热能；地热能可以将水加热成为热水或蒸汽以传送热能；煤、石油和天然气等的化学能常通过燃烧转换为热能；核能通过裂变反应或聚变反应释放出来的能量都是高温热能的形式。以上事实说明，人类从自然能源中获得能量的主要形式是热能，据统计，经过热能形式而被利用的能量，在我国占 90% 以上，世界其他各国也超过 85%。

热能利用有两种基本方式：一种是直接利用，即将热能直接用于加热物体，如烘干、蒸煮、采暖、熔化等；另一种是间接利用，通常指将热能转化为其他形式的能量，如机械能或者电能而加以利用，热力发电厂、车辆、船舶、飞机等动力装置均属此类。

2. 我国的能源结构

我国是一次能源比较丰富的国家，但其地域分布严重不均。水能资源的 90% 左右在西南、西北部，煤炭资源的 80% 左右在西北部，而能源消费的 70% 左右却集中在东部及沿海发达地区，因而造成西电东送、北煤南运的格局。2015 年我国的能源生产和消费构成见表1-2。

表 1-2　　　　　　　　　　　　　2015 年我国的能源生产和消费构成*

| 类别 | 单位 | 能源生产及构成 | | 能源消费及构成 | |
| --- | --- | --- | --- | --- | --- |
| | | 生产量 | 构成比例（%） | 消费量 | 构成比例（%） |
| 能源总量（标准煤） | 亿 t | 36.2 | 100 | 43 | 100 |
| 原煤 | 亿 t | 37.5 | 72.1 | 39.6 | 64 |
| 石油 | 亿 t | 2.1456 | 8.5 | 5.5 | 18.1 |
| 天然气 | 亿 m³ | 1346 | 4.9 | 1930 | 5.9 |
| 其他能源 | — | — | 14.5 | | 12 |

注　* 信息来源：国家统计局，2016 年 03 月 14 日。

在能源生产及消费结构中，我国是世界上少有的几个以煤炭为主要能源的国家，并且这一格局在今后几十年内不会有大的变化。燃煤火力发电厂是耗煤大户，其耗煤量占煤炭生产总量的 50% 左右。大规模的能源消费对人类的生存环境提出了严峻挑战，安全、经济、清洁的能源保障，是我国实行可持续发展战略的基本要求。因此，必须跨越能源与环境这两座高山，实行"节能优先、结构多元、环境友好"的可持续能源发展战略。

**二、热力发电厂生产的实质及其主要生产系统**

世界上生产电能的方式种类繁多，有火电、水电、核电、风电、太阳能发电、潮汐能发电以及地热发电等。利用一次能源所蕴含的热能（如地热等）或经过某种转换而产生的热能（如煤、石油、天然气、核能等）转化为机械能，再将机械能转变为电能的发电厂统称为热力发电厂，其中利用煤、石油、天然气等化石燃料作为燃料燃烧的发电厂称为火力发电厂。我国的资源禀赋决定了今后相当长时期内仍然是以燃煤火力发电为主的电力生产格局，因此本书主要以燃煤火力发电厂为对象进行论述，对其他热力发电厂只作简单介绍。

从能量转换的角度来看，火力发电厂生产的实质就是将燃料的化学能转化为热能，热能转化为机械能，机械能转化为电能的过程。对于燃煤火力发电厂，锅炉、汽轮机、发电机是实现燃煤化学能转变为热能、机械能、电能的三大主机。

现代大型火电厂的锅炉热效率在 90%～95% 之间，汽轮机的高、中、低压缸效率可达90% 以上，发电机效率均在 98% 以上。但是，由于在能量转换过程中存在着不可逆热损失，火力发电厂最终的能量有效利用率（亦即全厂热效率）为 40%～60%。因此，降低能量转换损失，提高发电热效率是热力发电技术一直追求的目标。

依据火力发电厂三大主机的工作范围及特点，按照系统构成方式来划分，火力发电厂的主要生产系统可分为热力系统、燃烧系统、电气系统和控制系统。燃煤火力发电厂的生产工艺流程如图 1-1 所示。

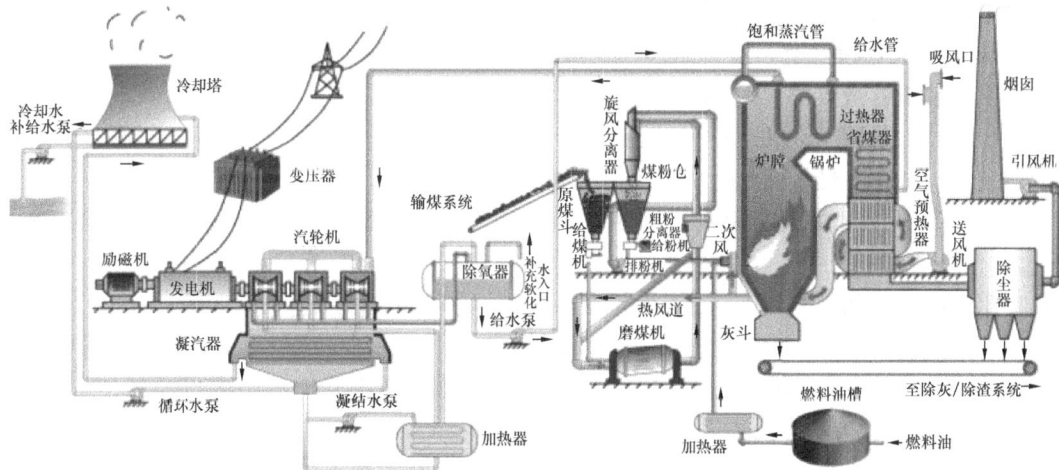

图 1-1　燃煤火力发电厂的生产工艺流程示意

1. 热力系统

热力系统实际上是电厂汽水动力循环在中国的通俗名称，是常规火力发电厂实现热功转换热力部分的工艺系统。它通过热力管道及阀门将各热力设备有机地联系起来，其任务是在各种工况下能够安全、高效、连续地将燃料燃烧所产生的热能传递给水和水蒸气，然后再将蒸汽的热能转换成机械能。热力系统是发电厂的关键环节，提高热力系统的循环效率，减少系统中的汽水损失，是发电厂实现节能减排需要重点关注的内容，也是本书的重点，后续章节将对其进行详细介绍。

2. 燃烧系统

燃烧系统包括锅炉的燃烧部分及燃料供应系统、风烟系统、除灰渣系统等，其任务是将燃料中蕴藏的化学能通过燃烧释放出来，转换成热能。燃烧系统运行性能的好坏将直接影响锅炉热效率的高低。

3. 电气系统

电气系统包括对外供电系统和厂用电系统，其主要任务是通过汽轮机带动发电机将机械能转换成电能。发电机发出电的电压常为 6.3、10.5、13.8、15.55、18.0kV 等，为了远距离输送，一般由主变压器将电压升高至 110、220、330、400、500、750、800kV 等，然后再经高压配电装置和输电线路向外供电。电厂自用部分则由厂用变压器降低电压后，经厂用配电装置和电缆供厂内各种辅机及照明等。

4. 控制系统

控制系统主要包括数据采集及处理系统、模拟量控制系统、顺序控制系统、保护连锁系统、电气控制系统、辅助设备及系统的控制系统等，其主要任务是实现火力发电生产过程的自动化和机—炉—电的集中控制，以保障机组经济、安全、可靠地运行。

**三、中国电力工业的发展与现状**

1949 年，全国装机容量仅 1.85GW，居世界第 21 位；发电量 4.3TW·h，居世界第 25 位；年人均用电量仅 8kW·h；供电标准煤耗率高达 1.13kg/(kW·h)。所建电厂多在东北和沿海地区，发电设备全部依赖进口。

自中华人民共和国成立后，特别是改革开放以来，我国发电工业有了飞速的发展。

1. 电力建设成绩显著，电力生产和供应能力逐步增强

在发电装机容量方面，改革开放前的 1978 年只有 5712 万 kW，1987 年突破了 1 亿 kW，1995 年达到 2 亿 kW，2000 年突破 3 亿 kW，2004 年突破 4 亿 kW，到 2013 年底，装机总容量达到了 12.4738 亿 kW，超越美国位居世界第一。截至 2015 年底，发电装机总容量达到了 15.3 亿 kW（其中火电装机比例为 65.72%），人均装机约 1.11kW，超过了世界平均水平。

在年发电量方面，1978 年仅为 2566 亿 kW·h，1995 年为 8395 亿 kW·h，2011 年达到了 4.73 万亿 kW·h，跃居世界第一，2015 年为 5.6045 万亿 kW·h（其中火力发电量比例为 73.1%），人均用电量约 4142kW·h，电力在终端能源消费中占比达 25.8%。

2. 电源结构调整取得新成果

以煤电为基础，多元发展。改革开放初期，我国只有为数不多的 200MW 火电机组，经过 30 多年的发展，到 2015 年底，300MW 及以上机组的装机比例达到了 78.6%，单机 600MW 及以上机组的比重达到 41%，居世界首位。同时，加快了新能源发电、可再生能源发电的建设步伐，全国水电、风电、太阳能等的新增装机增速高于火电，到 2015 年底，非化石能源发电装机容量占全国发电装机总容量的比例达到了 35%。

3. 电力生产安全平稳

电力行业坚持安全第一的方针，全国电力设备运行可靠性水平稳步提高，实现了电力供

需的总体平衡，保障了电力安全供应以及经济社会发展对电力的需求。100MW 及以上燃煤发电机组等效可用系数达到了 92.93%，40MW 及以上水电机组等效可用系数达到了 92.47%。

4. 电力改革取得新进展

随着社会主义市场经济体制的不断建立发展和改革开放的不断深入，按照公司化原则、商业化运营、法治化管理的改革思路，电力行业逐步实现了政企分开，颁布实施了《电力法》，确立了电力企业的法人主体地位。2002 年，按照国务院 5 号文件，电力行业实施厂网分开，组建了两家电网公司、五家发电集团公司和四家辅业集团公司。2015 年 3 月中共中央国务院发布了"关于进一步深化电力体制改革的若干意见"，标志着电力体制改革进入了新的阶段，为发电工业完成市场化奠定了基础。

5. 科技创新步伐加快

通过引进、消化、吸收的技术路线，我国的电力装备制造技术取得了长足进步，主要体现在：

（1）超超临界压力火电机组的技术应用达到了国际先进水平。2015 年 9 月 25 日，世界首台 1000MW 超超临界压力二次再热燃煤发电机组在国电泰州电厂正式投入运营，其设计发电煤耗 256.2g/(kW·h)，二氧化碳、二氧化硫、氮氧化物和粉尘排放量减少 5% 以上，首次在全世界将二次再热技术应用到百万千瓦超超临界压力燃煤发电机组。2014 年 1 月 16 日，新疆农六师煤电有限公司 1100MW 火电机组顺利投产发电，是目前我国火电单机容量最大的机组。

（2）大型空冷机组的开发应用居国际领先地位，2007 年华能铜川电厂首台国产 600MW 空冷燃煤机组以及 2010 年底华电宁夏灵武电厂全球首台 1000MW 超超临界压力燃煤空冷机组的顺利投产发电，标志着我国已成功掌握了世界先进大容量、高参数空冷火力发电技术，为富煤缺水地区建设大型火电厂探索出一条可行途径。

（3）我国已成为大型循环流化床锅炉应用最多的国家，已掌握 300MW 亚临界和 600MW 超临界压力循环流化床锅炉设计制造技术；2013 年 4 月 14 日，超临界压力 600MW 循环流化床锅炉在四川白马循环流化床示范电站正式投入运行。

（4）以三峡工程为代表的大型水力发电机组的制造能力和水平迅速崛起，水电站控制自动化水平、大坝建设等技术取得了重大突破，已达到世界先进水平，世界首台单机容量 800MW 的水轮发电机组在金沙江向家坝水电站于 2012 年正式投产运行。

（5）掌握了 300、1000MW 压水堆核电机组的设计和建造技术，具有自主知识产权的"华龙一号"、CAP1400 三代核电技术和具有四代安全特征的高温气冷堆核电技术研发成功。

（6）自主研发、自主设计、自主制造、自主建设、自主运营的华能天津 IGCC 电站示范工程 2012 年投产，标志着我国洁净煤发电技术取得了重大突破。

（7）可再生能源发电技术发展迅速，技术开发取得实质进展，产业建设初现规模。

6. 火电机组节能减排成效显著

随着小火电机组的逐步关停和大容量、高参数火电机组的大量投运，以及诸多节能降耗措施的实施和运行管理水平的提高，全国火电机组供电标准煤耗率逐年下降，到 2015 年底，全国火电机组供电标准煤耗率为 315g/(kW·h)，居世界先进水平。

烟尘年排放量下降。自改革开放以来，我国的电力工业得到了飞速发展，但其烟尘的排放量却是在下降的。我国电力烟尘年排放量在 1978 年约为 400 万 t，2007 年在 300 万 t 左右，2014 年下降到 98 万 t 左右，煤电平均除尘效率达到 99.75% 以上，基本达到了世界发达国家的水平。

二氧化硫排放量大幅下降。截至 2014 年底，统计口径内的燃煤发电机组基本上全部采取了脱硫措施，其中，烟气脱硫机组容量约 7.55 亿 kW，约占全国煤电机组容量的 91.5%，比 2005 年提高 77 个百分点；其他机组主要为具有炉内脱硫能力的循环流化床锅炉。2014 年电力二氧化硫排放量在 620 万 t 左右，超额完成了节能减排"十二五"规划规定的 800 万 t 的减排目标。

氮氧化物控制方面。到 2014 年底，烟气脱硝机组容量约 6.6 亿 kW，约占全国煤电装机容量的 80%，比 2013 年提高了近 22 个百分点；2014 年电力氮氧化物排放量在 620 万 t 左右，完成了节能减排"十二五"规划规定的 750 万 t 的减排目标，扭转了电力氮氧化物排放量逐年增加的局面。

单位发电量二氧化碳排放量持续下降。2006～2014 年，电力行业通过发展非化石能源、降低供电标准煤耗率和线损率等措施，累计减排二氧化碳约 60 亿 t。2014 年电力行业单位发电量二氧化碳排放量比 2005 年减少约 19%。截至 2015 年底，煤电机组二氧化碳排放强度下降到约 890g/(kW·h)。

综上可见，改革开放使我国电力工业在规模上、技术上均跨入了世界电力的先进行列，取得了很大成绩，但我国电力工业的发展仍面临着诸多挑战，在保障能源电力的经济和可持续供应、推进能源电力生态文明建设、保障电力安全、推进电力科技创新、推进电力体制机制改革创新等方面任重道远。

### 四、我国电力发展规划及发电技术发展动向

1. 我国电力发展规划

综合考虑我国发电能源资源禀赋特征和用电负荷分布，统筹协调经济社会发展、生态文明建设、电力安全保障以及技术经济制约，我国"十三五"制定的电力发展规划为：积极发展水电，统筹开发与外送；大力发展新能源，优化调整开发布局；安全发展核电，推进沿海核电建设；有序发展天然气发电，大力推进分布式气电建设；加快煤电转型升级，促进清洁有序发展；加强调峰能力建设，提升系统灵活性；优化电网结构，提高系统安全水平；升级改造配电网，推进智能电网建设；推进集中供热，逐步替代燃煤小锅炉；积极发展分布式发电，鼓励能源就近高效利用；深化电力体制改革，完善电力市场体系。据此分析，预计到 2050 年，我国电力结构将实现从煤电为主向非化石能源发电为主的转换，未来我国电力需求以及发电装机情况预测见表 1-3。

表 1-3　　　　　　　　　未来我国电力需求以及发电装机情况预测*

| 名　称 | 2020 年 | 2030 年 | 2050 年 |
|---|---|---|---|
| 全社会用电量（万亿 kW·h） | 6.8～7.2 | 12.0 | 14.0 |
| 人均用电量（kW·h/人） | 4860～5140 | 8260 | 10000 |
| 发电装机总容量（亿 kW） | 20.0 | 30.2 | 39.8 |
| 人均装机容量（kW/人） | 1.4 | 2.1 | 2.8 |

| 名　称 | | 2020 年 | 2030 年 | 2050 年 |
|---|---|---|---|---|
| 发电装机预测 | 水电装机容量（亿 kW） | 3.8 | 4.5～5 | 6～6.5 |
| | 其中：抽水蓄能发电 | 0.4 | 1.5 | 3.0 |
| | 风电装机容量（亿 kW） | 2.1 | 6.7 | 13.3 |
| | 太阳能发电装机容量（亿 kW） | 1.1 | | |
| | 核电装机容量（亿 kW） | 0.58 | 2.0 | 4.0 |
| | 煤电装机容量（亿 kW） | ＜11.0 | 13.5 | 12.0 |
| | 天然气发电装机容量（亿 kW） | 1.1 | 2.0 | 3.0 |
| | 其中：分布式能源系统 | 0.4 | 1.2 | 2.0 |
| | 其他发电方式装机容量（亿 kW） | 0.6 | 1.0 | 1.0 |

注　*信息来源：电力发展"十三五"规划，国家发展改革委、国家能源局。

2. 热力发电技术的发展动向

（1）超（超）临界压力火力发电技术。发展高效、节能、环保的超（超）临界压力火力发电机组是我国火电建设的主要方向。在材料工业发展的支持下，超超临界压力机组朝着更高参数的方向发展，一些国家和制造厂商已经公布了发展下一代超超临界压力机组的计划，蒸汽初温将提高到 700℃，再热蒸汽温度达 720℃，相应的压力将从目前的 30MPa 左右提高到 35～40MPa，发电厂供电热效率可达到 50%～55%。

（2）洁净燃烧发电与烟气净化技术。洁净燃烧发电技术是指煤炭从开发到利用全过程中，旨在减少污染物排放和提高利用效率的加工、转化、燃烧和污染控制等高新技术的总称，按其生产和利用过程，可分为：

1）燃烧前的煤炭加工和转化技术。煤炭燃烧之前的洗选、型煤、水煤浆技术以及煤气化和液化技术。

2）燃烧中的净化技术。先进的燃烧器与燃烧技术（如低 $NO_x$ 燃烧器），分级燃烧技术；循环流化床燃烧技术（circulating fluidized bed combustion，CFBC）；增压流化床联合循环技术（pressurized fluidized bed combustion combined cycle，PFBC-CC）；整体煤气化联合循环技术（integrated gasification combined cycle，IGCC）；直接燃用超净煤粉的燃气-蒸汽联合循环技术等。

3）燃烧后的净化技术。烟气脱硫技术（flue gas desulfurization，FGD）、烟气脱硝技术（selective catalytic reduction，SCR）、高效除尘成套技术、烟气碳捕捉技术、烟气脱水技术以及重金属脱除技术等。

（3）安全高效的核电技术。世界首台 AP1000 三代核电机组已于 2016 年 12 月 15 日在浙江三门核电站正式进入性能测试的最后阶段，已于 2017 年并网发电，这标志着我国对 AP1000 关键技术的引进消化吸收已基本完成；具有自主知识产权的"华龙一号"、CAP1400 核电技术和具有四代安全特征的高温气冷堆核电技术研发成功；CAP1700 的商标设计和国际注册工作已经启动。

（4）以大型燃气轮机为核心的联合循环发电技术。发展单机容量 300MW 及以上的燃气发电机组，提高其在总装机容量中的比重，对于改善电网运行状况，为电网提供更加灵活的备用电源，增大调峰的灵活性，减少 $CO_2$、$SO_2$ 的排放都具有重要意义。

（5）热电联产技术。建设高效燃煤热电联产机组，同步完善配套供热管网，对集中供热范围内的分散燃煤小锅炉实施替代和限期淘汰。在符合条件的大中型城市，适度建设大型热电机组，鼓励建设背压式热电机组；在中小型城市和热负荷集中的工业园区，优先建设背压式热电机组；鼓励发展热电冷多联供。

（6）大型火电机组的自动控制技术。将火电厂常规技术与目前先进的信息化技术有机融合，最大限度地实现火力发电厂的数字化工程、数字化管理和数字化控制，最终实现电厂运行控制的高度智能化和信息化。

（7）可再生能源发电技术。可再生能源发电技术将取得重要突破，在发电能源结构中的比例将显著提高。尤其是太阳能热发电技术，将形成以塔式和槽式为主要集热方式的太阳能热发电系统。同时，光-煤互补复合发电系统的关键技术有望获得突破，是火电机组实现深度节能减排的一条可行途径。

（8）稳步发展生物质发电，在具备资源条件的地级市及部分县城，稳步发展城镇生活垃圾焚烧发电；根据生物质资源条件，有序发展农林生物质直燃发电和沼气发电。

## 五、热力发电厂的类型及要求

热力发电厂的类型见表 1-4。

表 1-4　　　　　　　　　　　　　　热力发电厂的类型

| 分类方法 | 热力发电厂类型 |
|---|---|
| 能源 | 化石燃料发电厂，核能发电厂，地热发电厂，太阳能发电厂，磁流体发电厂，垃圾发电厂等 |
| 原动机类型 | 蒸汽轮机发电厂，燃气轮机发电厂，内燃机发电厂，燃气-蒸汽联合循环发电厂等 |
| 蒸汽初参数（压力 $p_0$） | 中低压发电厂（≤3.43MPa），高压发电厂（8.83MPa），超高压发电厂（12.75MPa），亚临界压力发电厂（16.18MPa），超临界压力发电厂（≥22.129MPa），超超临界压力发电厂（≥24.2MPa）* |
| 电厂功能 | 供电的纯凝汽式发电厂，热-电联供的热电厂，热-电-冷联供发电厂，热-电-煤气联供发电厂，多功能热电厂 |
| 电厂容量 | 小型发电厂（<200MW），中型发电厂（200～1000MW），大型发电厂（≥1000MW） |
| 承担负荷特性 | 基本负荷发电厂，中间负荷发电厂，调峰负荷发电厂 |
| 服务性质 | 孤立发电厂，移动式发电厂，企业自备发电厂，区域性发电厂等 |
| 电厂位置 | 负荷中心发电厂，坑口\路口\港口发电厂，煤电联营发电厂等 |

注　＊目前，对超临界与超超临界的划分界限尚无国际统一标准，只是人为的一种区分。超超临界参数实际上是超临界参数向更高压力和更高温度提高的过程。通常认为超超临界参数是指压力在 24.2MPa 以上，温度在 570℃以上。目前国内制造的 1000MW 超超临界汽轮机参数：哈尔滨汽轮机厂为 25MPa，600/600℃；上海汽轮机厂为 26.25～27MPa，600/600℃；东方汽轮机厂为 25MPa，600/600℃。

对热力发电厂的基本要求是：在满足安全可靠生产的前提下，经济适用，符合环保要求及有关环保的法令、条例、标准和规定，满足可持续发展要求，以合理的投资获得最佳的经济效益和社会效益；提高发电厂的可靠性、劳动生产率和文明生产水平；节约能源、节约用地、节约用水、节约材料，并确保质量；瞄准国际先进水平的一流企业不懈努力和提高。

## 六、本课程的任务和作用

在已学能源与动力工程专业技术基础课、专业课的基础上学习热力发电厂课程。本课程是以热力发电厂整体为对象，着重研究不同热力发电厂的热功转换理论基础，并以大型汽轮机发电厂的热力设备及其热力系统为重点，在满足安全、经济、适用、灵活、环保的要求下，分析热力发电厂的经济效益，并侧重于热经济性的研究，热经济性的定性分析以熵方法为主，定量计算以常规方法为主。

　　热力发电厂是一门政策性和综合性强、与电厂生产实际紧密相连的专业课程。通过本课程的学习，培养学生树立安全、效益（经济效益、社会效益、环保效益）相统一的观点，以提高学生分析、研究、解决热力发电厂课程业务范围内生产实际问题的独立工作能力。

## 复习思考题

1-1　什么是能源？能源如何来分类？

1-2　我国的能源结构特点如何？

1-3　热力发电厂生产的实质是什么？

1-4　简述热力发电技术的发展动态。

1-5　简要说明热力发电厂的主要形式和分类。

1-6　超（超）临界参数火力发电技术特点有哪些？

1-7　我国未来电力发展战略布局是什么？

1-8　提高热力发电厂经济效益的主要途径有哪些？

1-9　我国电力工业发展所面临的主要挑战是什么？

1-10　火力发电厂主要生产系统各自的任务是什么？

# 第二章　热力发电厂的评价指标及评价方法

## 本　章　提　要

安全、高效、清洁是发电厂运行管理的基本要求。本章先介绍热力发电厂的技术经济与环保指标，然后重点介绍热力发电厂热经济性评价的两种基本方法，以及凝汽式发电厂的热经济性指标。

## 第一节　热力发电厂的技术经济与环保指标

热力发电厂既是能源转换企业，又是耗能大户，因此技术经济与环保指标对发电厂的生产、经营和管理至关重要。技术经济与环保指标不仅反映发电企业的生产能力、管理水平，还可以指导发电厂的生产、管理、经营等各方面的工作。热力发电厂必须在满足安全生产的前提下力求经济（热经济和技术经济），并能实现环境保护和可持续发展。

### 一、技术经济指标

热力发电厂通常采用各项技术经济指标来评价发电厂的运行经济性和生产管理技术水平，其评价指标主要有发电厂的可靠性指标、成本指标以及供电标准煤耗率指标等。

1. 可靠性评价指标

提高发电机组的运行可靠性水平，是保障电力系统安全、稳定、可靠运行的基础。热力发电厂的可靠性是指在预定的时间区间内和规定的技术条件下，保持系统、设备、部件、元件发出额定电力的能力，并以量化的可靠性指标来体现。目前，300MW 及以上火电机组已成为我国电力装机的主力机型，为此，依据《电力监管条例》《电力安全生产监督管理办法》《电力可靠性监督管理办法》，国家能源局于 2014 年 5 月 10 日颁布了《火力发电机组可靠性评价实施办法》（国能安全〔2014〕203 号），办法规定，300MW 及以上等级的常规火电机组，采用机组年度可靠性综合评价系数（generators reliability compositive factor，GRCF）作为火力发电机组可靠性的评价指标，该指标是反映机组综合出力能力的指标，其表达式为

$$GRCF = EAF + B_F + B_{MT} + B_R \tag{2-1}$$

其中

$$EAF = \frac{AH - EUNDH}{PH} \times 100\% \tag{2-2}$$

$$EUNDH = \frac{\sum D_i T_i}{GMC} \tag{2-3}$$

$$AH = SH + RH \tag{2-4}$$

$$B_F = -\sum (FOT \times C_F) \tag{2-5}$$

$$B_{MT} = \frac{SH_{MT} - \frac{2}{3}SH_{DA}}{\frac{2}{3}SH_{DA}} \times 1.5\% \tag{2-6}$$

$$B_R = -\max\left(RH - \frac{2}{3}RH_{DA}, 0\right)/PH \times C_R \tag{2-7}$$

式中　$GRCF$——机组年度可靠性综合评价系数；

　　　　$EAF$——机组台年平均等效可用系数；

　　　　$AH$——机组处于可用状态的小时数，h；

　　　　$SH$——机组运行小时数，h；

　　　　$RH$——机组备用小时数，h；

　　　　$PH$——机组的统计期间小时数，h；

　$EUNDH$——机组降出力等效停运小时数，h；

　　　　$D_i$——统计期内机组各次降低出力数，即机组在降低出力状态时，实际能达到的最大连续出力与毛最大容量的差值，MW；

　　　　$T_i$——各次降低出力的运行和备用时间，h；

　　　$GMC$——机组的毛最大容量，即机组在给定时间区间内能够连续承载的最大容量，一般可取机组的铭牌额定容量，MW；

　　　　$B_F$——机组强迫停运次数影响值；

　　　$FOT$——机组台年平均强迫停运次数；

　　　　$C_F$——强迫停运影响系数，第一类非计划停运取值 0.6%，第二类非计划停运取值 0.5%，第三类非计划停运取值 0.4%；

　　　$B_{MT}$——机组最长连续运行时间影响值；

　　$SH_{DA}$——机组所在电网统调大型火电机组年度平均运行小时数，h；

　　$SH_{MT}$——机组最长连续运行时间，其值从评价年度的上一年度算起，若跨年度连续运行时间在评价年度内的时间不足 30% 的，则该事件按年度内时间比例占30% 计算持续时间，最长连续运行时间大于 $2SH_{DA}/3$ 的，其值按 $2SH_{DA}/3$ 计算，h；

　　　　$B_R$——机组备用时间权重影响值；

　　$\max()$——取最大值函数；

　　$RH_{DA}$——机组所在电网统调大型火电机组年度平均备用小时数，h；

　　　　$C_R$——备用时间权重修正系数，取值 10%。

　　我国火力发电机组可靠性评价采用全国与区域相结合的方式，每年评价一次。在可靠性评价期内和评价当年发生人员责任电力事故或电力安全事件、未开展辅助设备和输变电设施可靠性评价工作的企业，评价年度机组备用次数超过 5 次（机组因配合电网建设、检修、试验的备用次数不计在内）及机组停用时间超过 300h 的不参与实名列示。

　　评价按照可靠性评价指标分值对位于前列的机组进行实名列示，例如，2013 年全国 A级机组数量为：1000MW 级火力发电机组 5 台，600MW 级、300MW 级火力发电机组各 20台。华北、东北、华东、华中、西北、南方六个区域 B 级机组数量分别为各区域 600MW级、300MW 级机组总台数的 3%。A、B 级机组不重复列示。2013 年度全国火力发电机组可靠性评价结果显示，1000MW 级、600MW 级和 300MW 级 A 级机组的可靠性综合评价系数最高分值分别为 99.67（浙江浙能嘉华发电有限公司 7 号机组）、99.86（华能国际电力股份有限公司石洞口第二电厂 1 号机组）和 99.89（浙江浙能嘉兴发电有限公司 2 号机组），2013 年各地区 100MW 及以上容量火电机组运行可靠性指标见表 2-1。

表 2-1　　　　　　　　　2013 年各地区 100MW 及以上容量火电机组运行可靠性指标

| 地区 | 统计台数（台） | 平均容量（MW/台） | 每千瓦装机发电量（MW·h/kW） | 运行系数（%） | 等效可用系数（%） | 非计划停运次数（次/台年） |
|---|---|---|---|---|---|---|
| 华北 | 527 | 339.75 | 5.4 | 81.57 | 92.36 | 0.49 |
| 东北 | 150 | 330.5 | 4.09 | 71.6 | 94.35 | 0.14 |
| 华东 | 317 | 476.4 | 5.74 | 84.83 | 91.05 | 0.49 |
| 华中 | 256 | 404.47 | 4.75 | 75.06 | 92.16 | 0.49 |
| 西北 | 187 | 322.99 | 5.4 | 81.38 | 90.51 | 0.77 |
| 南方 | 221 | 389.8 | 5.14 | 81.3 | 91.2 | 0.89 |
| 全部 | 1660 | 379.54 | 5.24 | 80.45 | 91.84 | 0.54 |

注　本表不包括燃气轮机组；运行系数＝$SH/PH$。

2. 发电厂的总成本费用指标

发电厂的总成本费用是全面评价发电厂工作质量的总经济性指标，是反映发电厂经营管理水平的综合性指标，它可以反映出发电厂的劳动生产率、设备的有效利用程度、资金的有效使用程度以及发电厂的盈利和亏损等情况。同时也是发电厂单元机组之间负荷经济分配的依据。《火力发电工程经济评价导则》（DL/T 5435—2019）规定，火力发电厂的发电总成本费用是指火力发电项目在生产经营过程中发生的物质消耗、劳动报酬及各项费用。根据电力行业的有关规定及特点，总成本费用可划分为生产成本和财务费用两部分，其中，生产成本包括燃料费、材料费、用水费、折旧费、摊销费、修理费、工资及福利费、脱硫剂费用、脱硝剂费用、排污费用、其他费用及保险费；财务费用是指发电厂为筹集债务资金而发生的费用，主要包括长期借款利息、流动资金借款利息和短期借款利息等。

另外，发电总成本费用也可分解为固定成本和可变成本两种，其中，固定成本是指在一定范围内与电、热产量变化无关，其费用总量固定的成本，一般包括折旧费、摊销费、修理费、工资及福利、财务费用、其他费用及保险费；可变成本指随电、热产量变化而变化的成本，主要包括燃料费、材料费、用水费、脱硫剂费用、脱硝剂费用、排污费用。

（1）纯凝汽发电厂的生产成本。

1）燃料费用。燃料费用指电力生产所消耗的各种燃料的费用。对于煤炭，一般折算成标准煤计算，发电标准煤耗率取用设计值，并考虑全年平均运行工况。

$$年发电燃料费＝年发电量×发电标准煤耗率×标准煤单价 \qquad (2-8)$$

2）用水费。用水费指电力生产所耗用的购水费用，按消耗水量和购水价格计算。

$$年用水费 = 年消耗水量 \times 水价 \tag{2-9}$$

3）材料费。材料费指生产运行、维护和事故处理等所耗用的各种原料、材料、备品备件和低值易耗品等费用。

$$年材料费 = 年发电量 \times 单位发电量材料费 \tag{2-10}$$

4）工资及福利费。工资及福利费指电厂生产和管理人员的工资和福利费，包括职工工资、奖金、津贴和补贴、职工福利费以及由职工个人缴付的医疗保险费、养老保险费、失业保险费、工伤保险费、生育保险费等社会保障费和住房公积金。按全厂定员和全厂人均年工资总额（含福利费）计算。

$$年工资及福利费 = 全厂定员 \times 人均年工资总额（含福利费） \tag{2-11}$$

5）折旧费用。折旧费用指固定资产在使用过程中，对磨损价值的补偿费用，一般按年限平均法计算。

$$年折旧费 = 固定资产原值 \times 折旧率 \tag{2-12}$$

$$折旧率 = (1 - 固定资产残值率) / 折旧年限 \times 100\% \tag{2-13}$$

投产年度的折旧费按该年燃料耗量占达产年燃料耗量比例进行折减。固定资产折旧年限为 $11 \sim 18$ 年，一般取 15 年。残值率取 5%。

6）摊销费用。摊销费用指无形资产及其他资产在有效使用期限内的平均摊入成本。

$$年摊销费 = 无形资产及其他资产 / 摊销年限 \tag{2-14}$$

投产年度，摊销费按该年燃料耗量占达产年燃料耗量比例进行折减。无形资产摊销年限取 5 年，其他资产摊销年限为 $5 \sim 10$ 年。

7）修理费用。为保持固定资产的正常运转和使用，对其进行必要修理所发生的费用，修理费按预提存的方法计算。计算中的固定资产原值应扣除所含的建设期利息。

$$年修理费 = 固定资产原值（扣除所含的建设期利息） \times 修理提存率 \tag{2-15}$$

修理提存率燃煤机组取 $1.5\% \sim 2\%$，燃气机组取 $3\% \sim 3.5\%$。

8）脱硫剂费用。脱硫剂费用指机组脱硫所消耗的脱硫原料的费用。

$$年脱硫剂费用 = 年脱硫剂耗量 \times 脱硫剂单价 \tag{2-16}$$

9）脱硝剂费用。脱硝剂费用指机组脱硝所消耗的脱硝原料的费用。

$$年脱硝剂费用 = 年脱硝剂耗量 \times 脱硝剂单价 \tag{2-17}$$

10）排污费。排污费指机组在运行期间对外排放硫化物、氮氧化物及烟尘等按当地环保部门规定所征收的费用。

$$年排污费 = 年排放量 \times 排放单价 \tag{2-18}$$

11）其他费用。其他费用指不属于以上各项而应计入生产成本的其他成本，主要包括公司经费、工会经费、职工教育费、劳动保险费、待业保险费、董事会费、咨询费、聘请中介机构费、诉讼费、业务招待费、房产税、车船使用税、土地使用税、印花税、研究与开发费等。

12）保险费。可以按照保险费率进行计算，即以固定资产净值的一定比例计算，也可以按固定的额度计算。

（2）热电联产项目的生产成本。热电联产项目的电力和热力生产是同时进行的，所发生的成本和费用应按照以下原则进行分配：凡只为电力或热力一种产品服务而发生的成本和费用应该由该产品负担；凡为两种产品共同服务而发生的成本和费用，应该采用热电分摊比加以分配。热电分摊比包括成本分摊和投资分摊。

1）成本分摊比。成本分摊比指用于分摊燃料费、材料费、用水费、脱硫剂费用、脱硝剂费用、排污费用等可变成本和工资及福利费、其他费用等固定成本的分摊比。

$$发电成本分摊比（\%）= 发电用标准煤量 /（发电 + 供热）用标准煤量 \times 100\% \quad (2-19)$$

$$供热成本分摊比（\%）= 100\% - 发电成本分摊比 \quad (2-20)$$

2）投资分摊比。投资分摊比指用于分摊折旧费、摊销费、修理费、保险费及财务费用的分摊比。

$$发电投资分摊比（\%）= 发电固定资产 /（发电 + 供热）固定资产 \times 100\% \quad (2-21)$$

$$供热投资分摊比（\%）= 100\% - 发电投资分摊比 \quad (2-22)$$

$$发电固定资产 = 汽轮发电机组本体系统费用 + 循环水系统费用 +$$
$$电气系统费用 - 厂用电系统费用 \quad (2-23)$$

$$供热固定资产 = 厂内热网系统费用 + 多装锅炉增容费用 \quad (2-24)$$

$$公共固定资产 = 总固定资产 - 发电固定资产 - 供热固定资产 \quad (2-25)$$

3）燃料费计算方法：

$$年发电燃料费 = 年发电用标准煤量 \times 标准煤单价 \quad (2-26)$$

$$年供热燃料费 = 年供热用标准煤量 \times 标准煤单价 \quad (2-27)$$

$$年发电用标准煤量 =（年发电量 - 供热厂用电量）\times 发电标准煤耗率 \quad (2-28)$$

$$年供热用标准煤量 =（年供热量 \times 供热标准煤耗率 + 供热厂用电量 \times 发电标准煤耗率）$$
$$\quad (2-29)$$

$$年供热厂用电量 = 年供热量 \times 单位供热厂用电率 \quad (2-30)$$

4）用水费计算方法：

$$年发电用水费 =（循环补充水量 + 公用补充水量 \times 发电成本分摊比）\times 水价 \quad (2-31)$$

$$年供热用水费 =（供热补充水量 + 公用补充水量 \times 供热成本分摊比）\times 水价 \quad (2-32)$$

5）材料费计算方法：

$$年发电材料费 = 发电量 \times 热电厂单位发电量综合材料费 \times 发电成本分摊比 \quad (2-33)$$

$$年供热材料费 = 发电量 \times 热电厂单位发电量综合材料费 \times 供热成本分摊比 \quad (2-34)$$

6）工资及福利费计算方法：

$$年发电工资及福利费 = 全厂定员 \times 发电成本分摊比 \times 人均年工资标准 \times（1 + 福利费系数）$$
$$\quad (2-35)$$

$$年供热工资及福利费 = 全厂定员 \times 供热成本分摊比 \times 人均年工资标准 \times（1 + 福利费系数）$$
$$\quad (2-36)$$

7）折旧费计算方法：

$$年发电折旧费 =（发电固定资产 + 公用固定资产 \times 发电投资分摊比）\times 折旧率$$
$$\quad (2-37)$$

$$年供热折旧费 =（供热固定资产 + 公用固定资产 \times 供热投资分摊比）\times 折旧率$$
$$\quad (2-38)$$

投产年度的折旧费按该年燃料耗量占达产年燃料耗量比例进行折减。

8）摊销费计算方法：

$$年发电摊销费 = 无形资产及其他资产 \times 发电投资分摊比 / 摊销年限 \quad (2-39)$$

$$年供热摊销费 = 无形资产及其他资产 \times 供热投资分摊比 / 摊销年限 \qquad (2\text{-}40)$$

投产年度的摊销费按该年燃料耗量占达产年燃料耗量比例进行折减。

9）修理费计算方法：

$$年发电修理费 = (发电固定资产 + 公用固定资产 \times 发电投资分摊比) \times 修理提存率$$
$$(2\text{-}41)$$

$$年供热修理费 = (供热固定资产 + 公用固定资产 \times 供热投资分摊比) \times 修理提存率$$
$$(2\text{-}42)$$

修理费计算中，固定资产原值应扣除所含的建设期利息。

10）脱硫剂费用计算方法：

$$年发电脱硫剂费用 = 年脱硫剂耗量 \times 脱硫剂单价 \times 发电成本分摊比 \qquad (2\text{-}43)$$
$$年供热脱硫剂费用 = 年脱硫剂耗量 \times 脱硫剂单价 \times 供热成本分摊比 \qquad (2\text{-}44)$$

11）脱硝剂费用计算方法：

$$年发电脱硝剂费用 = 年脱硝剂耗量 \times 脱硝剂单价 \times 发电成本分摊比 \qquad (2\text{-}45)$$
$$年供热脱硝剂费用 = 年脱硝剂耗量 \times 脱硝剂单价 \times 供热成本分摊比 \qquad (2\text{-}46)$$

12）排污费用计算方法：

$$年发电排污费用 = 年排放量 \times 排放单价 \times 发电成本分摊比 \qquad (2\text{-}47)$$
$$年供热排污费用 = 年排放量 \times 排放单价 \times 供热成本分摊比 \qquad (2\text{-}48)$$

13）其他费用计算方法：

$$年发电其他费用 = 全厂其他费用 \times 发电成本分摊比 \qquad (2\text{-}49)$$
$$年供热其他费用 = 全厂其他费用 \times 供热成本分摊比 \qquad (2\text{-}50)$$

14）保险费用计算方法：

$$年发电保险费 = 全厂保险费 \times 发电成本分摊比 \qquad (2\text{-}51)$$
$$年供热保险费 = 全厂保险费 \times 供热成本分摊比 \qquad (2\text{-}52)$$

（3）发电厂的财务费用。对热电联产项目应按投资分摊比进行分摊。

1）长期借款利息。可以按等额还本付息、等额还本利息照付以及约定还款方式计算。

a. 等额还本付息方式：$A = I_c \dfrac{i(1+i)^n}{(1+i)^n - 1} = I_c(A/P, i, n)$ \qquad (2-53)

b. 等额还本利息照付方式：$A_t = \dfrac{I_c}{n} + I_c i \left(1 - \dfrac{t-1}{n}\right)$ \qquad (2-54)

式中　　$A$——每年还本付息额（等额年金），其中，每年支付利息＝年初借款余额×年
　　　　　利率，每年偿还本金＝$A$－每年支付利息，年初借款余额＝$I_c$－本年以前
　　　　　各年偿还的借款累计；

　　　　$I_c$——还款起始年年初的借款余额；

　　　　$i$——有效年利率；

　　　　$n$——预定的还款期；

$(A/P, i, n)$——资金回收系数，可以自行计算或查复利系数表；

　　　　$A_t$——第 $t$ 年的还本付息额，其中，每年支付利息＝年初借款余额×有效年利

率，即：第 $t$ 年支付利息 $= I_c i\left(1 - \dfrac{t-1}{n}\right)$，每年偿还本金 $= \dfrac{I_c}{n}$。

c. 约定还款方式。约定还款方式指除了上述两种还款方式之外的项目法人与银行签订的还款协议。

2）流动资金借款利息。按期未偿还、期初再借的方式处理，并按一年期利率计息。

$$流动资金借款利息 = 年初流动资金借款余额 \times 流动资金借款年利率 \qquad (2\text{-}55)$$

3）短期借款利息。按照随借随还的原则偿还，即当年借款尽可能于下年偿还，借款利息的计算同流动资金借款利息。

$$短期借款利息 = 年初短期借款余额 \times 短期借款年利率 \qquad (2\text{-}56)$$

（4）总成本费用的计算。

1）总成本费用。热力发电厂的总成本费用等于上述各种生产成本和财务费用两部分费用之和，即

$$C_{\text{total}} = \Sigma(生产成本 + 财务费用) \qquad (2\text{-}57)$$

需要注意的是：热电厂总成本费用的计算包括发电和供热两部分，所以必须考虑热电分摊比，热电分摊比计算方法见本教材第六章中的相关内容。

2）单位成本。单位成本指发电厂对外供每单位电量或热量所消耗的费用，即

$$发电厂的单位发电成本：C_{\text{av}}^{\text{p}} = \frac{C_{\text{total}}^{\text{p}}}{W_s} \qquad (2\text{-}58)$$

$$热电厂的单位供热成本：C_{\text{av}}^{\text{h}} = \frac{C_{\text{total}}^{\text{h}}}{Q_{\text{ht}}} \qquad (2\text{-}59)$$

式中　　$C_{\text{av}}^{\text{p}}$——单位发电成本，元/(kW·h)；

$C_{\text{av}}^{\text{h}}$——单位供热成本，元/GJ；

$C_{\text{total}}^{\text{p}}$——凝汽式发电厂或热电厂的年发电总成本，元；

$C_{\text{total}}^{\text{h}}$——热电厂的年供热总成本，元；

$W_s$——凝汽式发电厂或热电厂的对外供电量，kW·h；

$Q_{\text{ht}}$——热电厂的对外供热量，GJ。

发电厂总成本费用构成中，燃料成本约占 60% 以上。因此，降低发电厂标准供电煤耗率，是降低发电厂总成本费用的关键；另外，电厂建设投资大、建设周期长，建成后形成巨额的固定资产，投产后这部分折旧费用和财务成本约占除燃料成本之外的可控成本的 60% 以上，所以，必须高度重视发电厂基建期成本的管理。

电力作为一种能源产品，其特点是产品差异小，市场的同质同量性很强，通过科学有效的管理来降低生产成本，获得成本优势是提高发电企业市场竞争力的重要手段，成本领先战略是电力企业在新形势下的必然选择。

3. 供电标准煤耗率指标

供电标准煤耗率是火力发电厂发电设备、系统运行经济性能的总指标，专业上又采用电厂净效率、电厂净热耗率表示。供电标准煤耗率是指单元发电机组或火力发电厂向电网每供 1kW·h 电能所消耗的标准煤量，单位为 kg/(kW·h) 或 g/(kW·h)；电厂净效率或称电厂供电效率是指发电厂向电网供电时耗用燃料的利用程度，单位为 %；电厂净热耗率或称电厂

供电热耗率是指向电网每供 1kWh 电能所消耗的热量值，单位为 kJ/(kW·h)。

供电标准煤耗率水平是发电厂各方面工作水平的综合反映，包括设备健康水平、设备检修工艺及检修质量水平、单元机组发电平均负荷情况、运行调整及操作水平、节能管理、燃料管理、各专业和各层次管理者的管理意识和管理工作水平。

为了全面落实我国"节约、清洁、安全"的能源战略，推行更为严格的能效环保标准，加快燃煤发电升级与改造，努力实现供电煤耗、污染排放、煤炭占能源消费比重"三降低"和安全运行质量、技术装备水平、电煤占煤炭消费比重"三提高"的目标，以打造高效清洁可持续发展的煤电产业"升级版"，为国家能源发展和战略安全夯实基础，2014 年 9 月，国家发改委、环保部以及国家能源局下发了关于《煤电节能减排升级与改造行动计划（2014—2020 年）》（发改能源〔2014〕2093 号）的通知，明确了开展煤电节能减排升级改造工作的指导思想和行动目标，从加强新建机组准入控制、加快现役机组改造升级、提升机组负荷率和运行质量、推进技术创新和集成应用、完善配套政策措施、抓好任务落实和监管等方面细化制定了 30 条目标任务，提出新建燃煤发电项目中，1000MW 级湿冷和空冷超超临界压力机组的设计供电标准煤耗率分别不高于 282、299g/(kW·h)，600MW 级湿冷和空冷超超临界压力机组分别不高于 285、302g/(kW·h)，全国新建燃煤发电机组平均供电标准煤耗率低于 300g/(kW·h)。到 2020 年，现役燃煤发电机组改造后平均供电标准煤耗率低于 310g/(kW·h)，力争使煤炭占一次能源消费比重下降到 62% 以内，电煤占煤炭消费比重提高到 60% 以上。表 2-2 为我国目前新建和现役典型常规燃煤发电机组供电标准煤耗率水平的参考值。

**表 2-2　　　　　典型常规燃煤发电机组供电标准煤耗率水平的参考值　　　[g/(kW·h)]**

| 机组类型 | | 新建机组设计供电标准煤耗率 | 现役机组供电标准煤耗率 | |
| --- | --- | --- | --- | --- |
| | | | 平均水平 | 先进水平 |
| 1000MW 级超超临界压力 | 湿冷 | 282 | 290 | 285 |
| | 空冷 | 299 | 317 | 302 |
| 600MW 级超超临界压力 | 湿冷 | 285 | 298 | 290 |
| | 空冷 | 302 | 315 | 307 |
| 600MW 级超临界压力循环流化床 | 湿冷 | 303 | 306 | 297 |
| | 空冷 | 320 | 325 | 317 |
| 600MW 级亚临界压力 | 湿冷 | — | 320 | 315 |
| | 空冷 | — | 337 | 332 |
| 300MW 级超临界压力循环流化床 | 湿冷 | 310 | 318 | 313 |
| | 空冷 | 327 | 338 | 335 |
| 300MW 级亚临界压力 | 湿冷 | — | 330 | 320 |
| | 空冷 | — | 347 | 337 |

注　不含燃用无烟煤的 W 火焰锅炉机组。

发电厂单元机组供电标准煤耗率水平，从技术上讲是由机组发电标准煤耗率、机组厂用电率（厂用电量）决定的，但实际上还与入炉煤、入厂煤热值差、领导和全员的节能管理意识、节能管理水平、储煤场盘煤结果的盈煤和亏煤等有关。发电厂全厂供电标准煤耗率水平，除与单元机组的供电标准煤耗率水平有关外，还与单元机组供电量权重（机组供电量构成比例）有关。机组参数、单元机组容量相差较大时，单元机组供电量权重变化对全厂供电标准煤耗率的影响更大。

火力发电厂每台单元机组的设备、系统约有 100 项各类技术经济指标，由于各个发电厂的主辅设备及系统各不相同，故构成技术经济指标体系的指标数目也各异。一般而言，火力发电厂供电标准煤耗率的指标体系可分为以下五级：

一级指标：供电标准煤耗率，或称火力发电厂供电热效率、净热效率，火力发电厂供电热耗率、净热耗率。

二级指标：影响一级指标的直接指标，如供电量、发电标准煤耗率、燃料管理等。

三级指标：影响二级指标的直接指标，如发电量、厂用电量（厂用电率）、汽轮机热效率、锅炉热效率、管道热效率、燃料质量、燃料数量等。

四级指标：影响三级指标的直接指标，具体包括影响发电量及机组发电负荷率的指标，辅机单耗、辅机用电率指标，锅炉设备及系统经济性指标，汽轮机设备及系统经济性指标，影响管道热效率的经济性指标，燃料质量的经济性指标，燃料数量的经济性指标。

五级指标：锅炉设备及系统、汽轮机设备及系统的技术经济性指标中的综合指标，如：

（1）凝汽器真空度。凝汽器真空度是四级指标，然而凝汽器循环水入口温度、循环水温升、凝汽器端差、凝汽器胶球清洗的运行率及收球率、凝汽器清洁度等是影响凝汽器真空度的五级指标。

（2）锅炉排烟热损失。锅炉排烟热损失是四级指标，然而，锅炉排烟温度、锅炉送风温度、锅炉出口氧量、锅炉尾部烟道漏风率等是影响锅炉排烟热损失的五级指标。

（3）燃料的综合性指标，如入厂煤热值与入炉煤热值差、入厂煤水分与入炉煤水分差等。

在以往的实践中，五级指标往往混杂在四级指标里，由于管理者的专业水平等原因，分析工作中往往与四级重复计算，从而影响了分析结论的正确性，不利于管理者和领导的正确决策。因此，理清锅炉设备及系统、汽轮机设备及系统经济性指标的关系，是管好火力发电厂技术经济指标，做好火力发电厂节能工作的基础。

**二、热力发电厂的环保指标**

电站锅炉燃用大量的化石燃料，燃烧过程中产生的粉尘、$SO_2$、$NO_x$ 等排放物是大气环境的主要污染源之一。

为贯彻《中华人民共和国环境保护法》《中华人民共和国大气污染防治法》《国务院关于落实科学发展观加强环境保护的决定》等法律、法规，保护环境，改善环境质量，防治火电厂大气污染物排放造成的污染，促进火力发电行业的技术进步和可持续发展，国家环境保护部和国家质量监督检验检疫总局于 2011 年 7 月 29 日颁布了《火电厂大气污染物排放标准》（GB 13223—2011），并于 2012 年 1 月 1 日开始执行。标准除了对常规的粉尘、二氧化硫及氮氧化物污染物排放给出限值外，首次规定燃煤电厂汞及其化合物排放限值。标准要求，自 2014 年 7 月 1 日起，现有火力发电锅炉及燃气轮机组执行表 2-3 规定的烟尘、二氧化硫、氮氧化物和烟气黑度排放限值。自 2012 年 1 月 1 日起，新建火力发电锅炉及燃气轮机组执行表 2-3 规定的烟尘、二氧化硫、氮氧化物和烟气黑度排放限值。自 2015 年 1 月 1 日起，燃煤锅炉执行表 2-3 规定的汞及其化合物污染物排放限值。

表 2-3　　　　　火力发电锅炉及燃气轮机组大气污染物排放浓度限值　　［mg/m³（烟气黑度除外）］

| 序号 | 燃料和热能转化设施类型 | 污染物项目 | 适用条件 | 限值 | 污染物排放监控位置 |
|---|---|---|---|---|---|
| 1 | 燃煤锅炉 | 烟尘 | 全部 | 30 | 烟囱或烟道 |
| | | 二氧化硫 | 新建锅炉 | 100<br>200① | |
| | | | 现有锅炉 | 200<br>400① | |
| | | 氮氧化物（以 NO₂ 计） | 全部 | 100<br>200② | |
| | | 汞及其化合物 | 全部 | 0.03 | |
| 2 | 以油为燃料的锅炉或燃气轮机组 | 烟尘 | 全部 | 30 | |
| | | 二氧化硫 | 新建锅炉及燃气轮机组 | 100 | |
| | | | 现有锅炉及燃气轮机组 | 200 | |
| | | 氮氧化物（以 NO₂ 计） | 新建燃油锅炉 | 100 | |
| | | | 现有燃油锅炉 | 200 | |
| | | | 燃气轮机组 | 120 | |
| 3 | 以气体为燃料的锅炉或燃气轮机组 | 烟尘 | 天然气锅炉及燃气轮机组 | 5 | |
| | | | 其他气体燃料锅炉及燃气轮机组 | 10 | |
| | | 二氧化硫 | 天然气锅炉及燃气轮机组 | 35 | |
| | | | 其他气体燃料锅炉及燃气轮机组 | 100 | |
| | | 氮氧化物（以 NO₂ 计） | 天然气锅炉 | 100 | |
| | | | 其他气体燃料锅炉 | 200 | |
| | | | 天然气燃气轮机组 | 50 | |
| | | | 其他气体燃料燃气轮机组 | 120 | |
| 4 | 燃煤锅炉，以油、气体为燃料的锅炉或燃气轮机组 | 烟气黑度（林格曼黑度，级） | 全部 | 1 | 烟囱排放口 |

注　① 位于广西壮族自治区、重庆市、四川省和贵州省的火力发电锅炉执行该限值。

　　② 采用 W 形火焰炉膛的火力发电锅炉，现有循环流化床火力发电锅炉，以及 2003 年 12 月 31 日前建成投产或通过建设项目环境影响报告书审批的火力发电锅炉执行该限值。

根据环境保护工作的要求，在国土开发密度较高，环境承载能力开始减弱，或大气环境容量较小、生态环境脆弱，容易发生严重大气环境污染问题而需要严格控制大气污染物排放的重点地区，火力发电锅炉及燃气轮机组执行表 2-4 规定的大气污染物特别排放限值。

表 2-4　　　　　　　　　　大气污染物特别排放限值　　　　　[mg/m³（烟气黑度除外）]

| 序号 | 燃料和热能转化设施类型 | 污染物项目 | 适用条件 | 限值 | 污染物排放监控位置 |
|---|---|---|---|---|---|
| 1 | 燃煤锅炉 | 烟尘 | 全部 | 20 | 烟囱或烟道 |
| | | 二氧化硫 | 全部 | 50 | |
| | | 氮氧化物（以 $NO_2$ 计） | 全部 | 100 | |
| | | 汞及其化合物 | 全部 | 0.03 | |
| 2 | 以油为燃料的锅炉或燃气轮机组 | 烟尘 | 全部 | 20 | |
| | | 二氧化硫 | 全部 | 50 | |
| | | 氮氧化物（以 $NO_2$ 计） | 燃油锅炉 | 100 | |
| | | | 燃气轮机组 | 120 | |
| 3 | 以气体为燃料的锅炉或燃气轮机组 | 烟尘 | 全部 | 5 | |
| | | 二氧化硫 | 全部 | 35 | |
| | | 氮氧化物（以 $NO_2$ 计） | 燃气锅炉 | 100 | |
| | | | 燃气轮机组 | 50 | |
| 4 | 燃煤锅炉，以油、气体为燃料的锅炉或燃气轮机组 | 烟气黑度（林格曼黑度，级） | 全部 | 1 | 烟囱排放口 |

　　面对日益严峻的大气环境污染状况，《煤电节能减排升级与改造行动计划（2014—2020年）》又规定，我国新建燃煤发电机组应同步建设先进高效脱硫、脱硝和除尘设施，不得设置烟气旁路通道。东部地区（辽宁、北京、天津、河北、山东、上海、江苏、浙江、福建、广东、海南等 11 省市）新建燃煤发电机组大气污染物排放浓度基本达到燃气轮机组排放限值（即在基准氧含量 6% 条件下，烟尘、二氧化硫、氮氧化物排放浓度分别不高于 10、35、50mg/m³）；中部地区（黑龙江、吉林、山西、安徽、湖北、湖南、河南、江西等 8 省）新建机组原则上接近或达到燃气轮机组排放限值，鼓励西部地区新建机组接近或达到燃气轮机组排放限值。支持同步开展大气污染物联合协同脱除，减少三氧化硫、汞、砷等污染物排放。

## 第二节　热力发电厂的热经济性评价方法

　　热力发电厂的热经济性评价是基于发电厂的能量平衡，以燃料化学能转换为热能、机械能和电能过程中的能量利用程度或损失大小来衡量的。评价能量利用的程度有两种观点：一种是能量数量的利用，另一种是能量质量的利用，为此产生了不同的评价方法。但从热力学观点来分析，只有两种基本分析方法，第一种方法是以热力学第一定律为基础的热量法（效率法、热平衡法），第二种方法是以热力学第二定律为基础的熵分析法或以热力学第一定律和第二定律相结合的㶲分析法，它们又统称为做功能力分析法。

　　对于凝汽式火力发电厂，燃料中的化学能在锅炉中燃烧释放转换成蒸汽的热能，再引往汽轮机中膨胀做功将热能转换为转子的机械能，用以拖动汽轮发电机最终将机械能转变为对外供应的电能。在这些能量转换过程中恒有部位不同、大小不等、原因各异的能量损失，探寻这些能量损失产生的部位及原因，定量计算出能量利用程度（正热平衡方法）或能量损失大小（反热平衡方法），找出减少这些损失的方法和措施，并付诸实践，是进一步提高发电厂运行热经济性的重要技术手段。

**一、热量法**

热量法从能量转换的数量来评价其效果，即以热效率或热损失的大小对电厂或热力设备的热经济性进行评价，一般用于电厂热经济性的定量分析计算。

热效率反映了热力设备将输入能量转换成输出有效能量的程度，在发电厂整个能量转换过程的不同阶段，采用各种效率来反映不同阶段能量的有效利用程度，用能量损失率来反映各阶段能量损失的大小。就发电厂某一个动力装置而言，其能量平衡关系为

$$输入总能量 = 有效利用能量 + 损失能量$$

热效率 $\eta$ 的通用表达式为

$$\eta = \frac{有效利用能量}{输入总能量} \times 100\% = \left(1 - \frac{损失能量}{输入总能量}\right) \times 100\% \tag{2-60}$$

在发电厂实际生产过程中，由于各种不可逆因素的存在，使得能量传递和转换过程中存在各种损失。下面以图 2-1 所示的凝汽式火力发电厂热力系统为例，阐述凝汽式火力发电厂的各种热效率和热损失率。

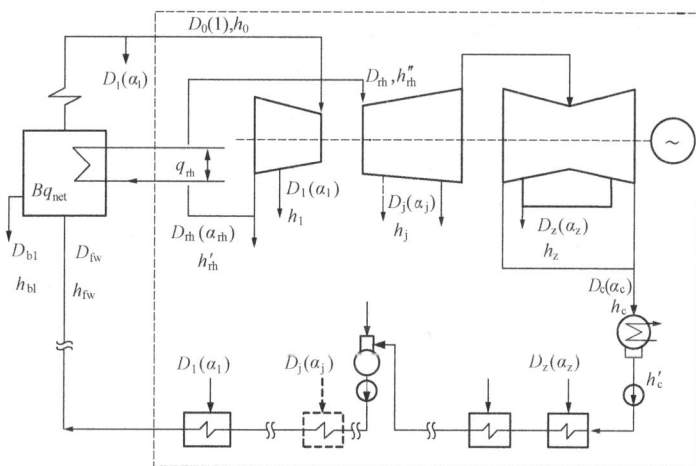

图 2-1　凝汽式火电机组热力系统示意图

1. 锅炉热效率与热损失率

锅炉热效率 $\eta_b$ 可以采用正热平衡法或反热平衡法来计算。采用正热平衡法计算时，它表示锅炉设备输出的被有效利用的热量（锅炉热负荷）与输入热量（燃料在锅炉中完全燃烧时的放热量）之比，其表达式为

$$\eta_b = \frac{Q_b}{Q_{cp}} = \frac{Q_b}{Bq_{net}} = 1 - \frac{\Delta Q_b}{Q_{cp}} = 1 - \zeta_b \tag{2-61}$$

锅炉热损失率 $\zeta_b$ 为　　　$\zeta_b = \frac{\Delta Q_b}{Q_{cp}} = \frac{Bq_{net} - Q_b}{Bq_{net}} = 1 - \frac{Q_b}{Bq_{net}} = 1 - \eta_b \tag{2-62}$

式中　$Q_b$——锅炉热负荷，$Q_b = D_b(h_b - h_{fw}) + D_{rh}q_{rh} + D_{bl}(h_{bl} - h_{fw})$，kJ/h；

$Q_{cp}$——全厂热耗量，$Q_{cp}=Bq_{net}$，kJ/h；

$\Delta Q_b$——锅炉热损失，kJ/h；

$B$——锅炉煤耗量，kg/h；

$q_{net}$——燃料的低位发热量，kJ/kg；

$D_b$——锅炉过热蒸汽流量，kg/h；

$h_b$——锅炉过热器出口的过热蒸汽比焓，kJ/kg；

$D_{bl}$——锅炉排污水流量，kg/h；

$h_{bl}$——锅炉汽包排污水比焓，kJ/kg；

$h_{fw}$——锅炉给水比焓，kJ/kg；

$q_{rh}$——1kg 再热蒸汽的吸热量，$q_{rh}=h_{rh}^{out}-h_{rh}^{in}$，kJ/kg。

需要注意的是，我国的锅炉热力计算标准规定，锅炉输入热量是以入炉燃料的收到基低位发热量来计算的，而美国等一些西方国家则是以入炉燃料的收到基高位发热量来计算。另外，对于某一给定的锅炉设备，锅炉输出热量（锅炉热负荷）应根据汽水系统的设置来确定其热量平衡的界限，其中，主蒸汽系统以锅炉省煤器入口至末级过热器出口为界限来确认给水、减温水、排污、抽汽及主蒸汽的相关参数；再热蒸汽系统以锅炉再热器入口至再热器出口为界限，确认再热器入口蒸汽、出口蒸汽、抽汽及再热减温水的相关参数。这些需确定的参数包括流量、温度及压力，并由温度及压力求出相应的焓值。对于不能确定的流量可以根据汽水平衡的原则计算而得。锅炉侧汽水流量、温度及压力的定义及其确定原则如下：

（1）锅炉主蒸汽流量。锅炉主蒸汽流量指锅炉末级过热器出口的蒸汽流量值（kg/h），如果没有流量计量装置，可以根据汽水系统的具体布置方式由进入锅炉省煤器的给水流量、过热器减温水流量、锅炉排污流量及锅炉自用抽汽流量等进行计算确定。

（2）锅炉主蒸汽压力/温度。锅炉主蒸汽压力/温度指锅炉末级过热器出口的蒸汽压力值（MPa）/温度值（℃）。如果锅炉末级过热器出口有多路主蒸汽管，应取算术平均值。

（3）锅炉再热蒸汽压力/温度。锅炉再热蒸汽压力/温度指锅炉末级再热器出口的再热蒸汽压力值（MPa）/温度值（℃）。如果锅炉末级再热器出口有多路再热蒸汽管，应取算术平均值。

（4）锅炉给水温度。锅炉给水温度指锅炉省煤器入口的给水温度值（℃）。应取锅炉省煤器前的给水温度值。

（5）过热器减温水流量。过热器减温水流量指进入过热器系统的减温水流量（kg/h）。对于过热器系统有多级减温器设置的锅炉，过热器减温水流量为各级过热器减温水流量之和。

（6）再热器减温水流量。再热器减温水流量指进入再热器系统的减温水流量（kg/h）。对于再热器系统有多级减温器设置的锅炉，再热器减温水流量为各级再热器减温水流量之和。

当采用反热平衡法来计算锅炉热效率时，计算表达式为

$$\eta_b=\left(1-\frac{Q_2+Q_3+Q_4+Q_5+Q_6}{Q_{cp}}\right)\times100\%$$

$$=100-(q_2+q_3+q_4+q_5+q_6)\%$$

(2-63)

式中　$Q_2$——每千克燃料的排烟损失热量，kJ/kg；

　　$q_2$——每千克燃料的排烟热损失，%；

　　$Q_3$——每千克燃料的可燃气体未完全燃烧损失热量，kJ/kg；

　　$q_3$——每千克燃料的可燃气体未完全燃烧热损失，%；

　　$Q_4$——每千克燃料的固体未完全燃烧损失热量，kJ/kg；

　　$q_4$——每千克燃料的固体未完全燃烧热损失，%；

　　$Q_5$——每千克燃料的锅炉散热损失热量，kJ/kg；

　　$q_5$——每千克燃料的锅炉散热热损失，%；

　　$Q_6$——每千克燃料的灰渣物理显热损失热量，kJ/kg；

　　$q_6$——每千克燃料的灰渣物理显热热损失，%。

　　在锅炉各项热损失中，排烟热损失是指末级热交换器后排出烟气带走的物理显热（包括干烟气带走的热量和烟气所含水蒸气的显热）占输入热量的百分率，所占比例最大，约为总损失的 40%～50%。可燃气体未完全燃烧热损失是指排烟中可燃气体成分未完全燃烧而造成的热量损失占输入热量的百分率，对于燃煤锅炉可以忽略。固体未完全燃烧热损失是指锅炉灰渣可燃物造成的热量损失和中速磨煤机排出石子煤的热量损失占输入热量的百分率，对于燃油及燃气锅炉可以忽略。散热损失是指锅炉炉墙、金属结构及锅炉范围内管道（烟风道及汽、水管道联箱等）向四周环境中散失的热量占总输入热量的百分率。灰渣物理热损失是指炉渣、飞灰排出锅炉设备时所带走的显热占输入热量的百分率，对于燃煤锅炉，当燃煤的折算灰分小于 10%，固态排渣煤粉炉可忽略炉渣的物理热损失，对于燃油及燃气锅炉，灰渣物理热损失可以忽略。锅炉热损失的计算方法在锅炉原理中进行了详细介绍，本书不再赘述。

　　需要注意的是，在计算锅炉各项热损失时，必须明晰锅炉燃烧系统主要运行参数的定义及其确定原则，具体如下：

　　（1）排烟温度。排烟温度指锅炉末级受热面（一般指空气预热器）后的烟气温度（℃）。对于锅炉末级受热面出口有两个或两个以上烟道，排烟温度应取各烟道烟气温度的算术平均值。

　　（2）送风温度。送风温度指锅炉空气系统风机入口处的空气温度（℃）。对于有两台送风机的系统，送风温度为两台送风机入口温度的算术平均值；对于采用热风再循环的系统，送风温度应为冷风与热风再循环混合之前的冷风温度。对于具有送风机风量和一次风机风量单独计量的情形，可以采用风量加权平均的方式进行送风温度计算。

　　（3）锅炉氧量。锅炉氧量指用于指导锅炉运行控制的烟气中氧的容积含量百分率（%）。一般情况下，采用锅炉省煤器（对于存在多个省煤器的锅炉，采用高温省煤器）后或炉膛出口的氧量仪表指示。对于锅炉省煤器出口有两个或两个以上烟道，锅炉氧量应取各烟道烟气氧量的算术平均值。

　　（4）空气预热器漏风率。空气预热器漏风率指漏入空气预热器烟气侧的空气质量流量与进入空气预热器的烟气质量流量之比（%）。

　　（5）飞灰含碳量。飞灰含碳量指飞灰中碳的质量百分比（%）。对于有飞灰含碳量在线测量装置的系统，飞灰含碳量为在线测量装置分析结果的算术平均值；对于没有在线表计的系统，应对统计期内的每班飞灰含碳量数值取算术平均值。

　　（6）煤粉细度。煤粉细度指将煤粉用标准筛筛分后留在筛上的剩余煤粉质量占所筛分的总煤粉质量百分比（％）。

锅炉热效率反映了锅炉设备运行经济性的完善程度，其影响因素很多，如锅炉的参数、容量、结构特性、燃烧方式及燃料的种类等。大型锅炉热效率一般在90％～95％的范围内。

2. 管道的热效率与热损失率

管道热效率 $\eta_p$ 也可以采用正热平衡法或反热平衡法来计算。采用正热平衡法计算时，管道热效率是指汽轮机的热耗量 $Q_0$ 与锅炉设备热负荷 $Q_b$ 之比。需要注意的是，锅炉生产的蒸汽流过主蒸汽管道进入汽轮机做功，在管道内流动时会有节流损失和散热损失等，其中节流损失放在汽轮机的相对内效率中考虑，而散热损失放在管道效率中考虑。因此，若不计工质的泄漏损失，即 $D_0 = D_b$，其计算表达式为

$$管道热效率：\eta_p = \frac{Q_0}{Q_b} = 1 - \frac{\Delta Q_p}{Q_b} \tag{2-64}$$

$$管道的热损失率：\zeta_p = \frac{\Delta Q_p}{Q_{cp}} = \frac{\Delta Q_p}{Q_b} \frac{Q_b}{Q_{cp}} = \frac{Q_b}{Q_{cp}}\left(1 - \frac{Q_0}{Q_b}\right) = \eta_b(1 - \eta_p) \tag{2-65}$$

式中　$Q_0$——汽轮机汽耗为 $D_0$ 时的热耗，kJ/h；

　　　$\Delta Q_p$——管道热损失，kJ/h。

管道的热效率反映了管道设施保温的完善程度和工质损失热量的大小，其值一般为98％～99％。

采用反热平衡法来计算管道热效率时，依据《火力发电厂技术经济指标计算方法》（DL/T 904—2004）的规定，管道热效率应考虑的内容包括纯粹的管道热损失、机组排污热损失以及汽水损失等未能被汽轮机有效利用的热量，共计六项，可以将其归为三类：

(1) 主要管道的散热损失，即主蒸汽管道散热损失 $\Delta Q_{p1}$，以效率 $\eta_{p1}$ 表征；冷、热再热蒸汽管道散热损失 $\Delta Q_{p2}$，以效率 $\eta_{p2}$ 表征；给水管道散热损失 $\Delta Q_{p3}$，以效率 $\eta_{p3}$ 表征。

(2) 带热量工质泄漏热损失 $\Delta Q_{p4}$，以效率 $\eta_{p4}$ 表征。

(3) 厂用辅助蒸汽系统热损失 $\Delta Q_{p5}$，以效率 $\eta_{p5}$ 表征；锅炉连续排污热损失 $\Delta Q_{p6}$，以效率 $\eta_{p6}$ 表征。综上，采用反平衡法来计算管道热损失及管道热效率的表达式为

$$管道热损失：\Delta Q_p = \Delta Q_{p1} + \Delta Q_{p2} + \Delta Q_{p3} + \Delta Q_{p4} + \Delta Q_{p5} + \Delta Q_{p6}(kJ/h) \tag{2-66}$$

$$管道热效率：\eta_p = 1 - \frac{\Delta Q_p}{Q_b} = 1 - \frac{\Delta Q_{p1} + \Delta Q_{p2} + \Delta Q_{p3} + \Delta Q_{p4} + \Delta Q_{p5} + \Delta Q_{p6}}{Q_b} \tag{2-67}$$

图2-2为计算管道热效率的局部系统图。其中，锅炉的连续排污水引入排污扩容器，降压扩容回收部分蒸汽 $D_f$，焓值为 $h_f''$，引入热力系统，未扩容的排污水 $D_{bl}'$，焓值为 $h_f'$，引至排污冷却器放热加热化学补充水 $D_{ma}$，其焓值为 $h_{w,ma}$，被加热成焓值为 $h_{w,ma}^c$ 的补充水引至除氧器，放热后的 $D_{bl}'$ 最后排入地沟。

(1) 主蒸汽管道的热效率 $\eta_{p1}$ 和热损失率 $\zeta_{p1}$。

主蒸汽管道的散热损失：$\Delta Q_{p1} = D_0(h_b - h_0)$

$$主蒸汽管道的热效率：\eta_{p1} = 1 - \frac{\Delta Q_{p1}}{Q_b} \tag{2-68}$$

$$主蒸汽管道的散热损失率：\zeta_{p1} = \frac{\Delta Q_{p1}}{Q_{cp}} = \eta_b(1 - \eta_{p1}) \tag{2-69}$$

式中　$h_0$——汽轮机高压缸进口（自动主汽门前）的蒸汽焓，kJ/kg。

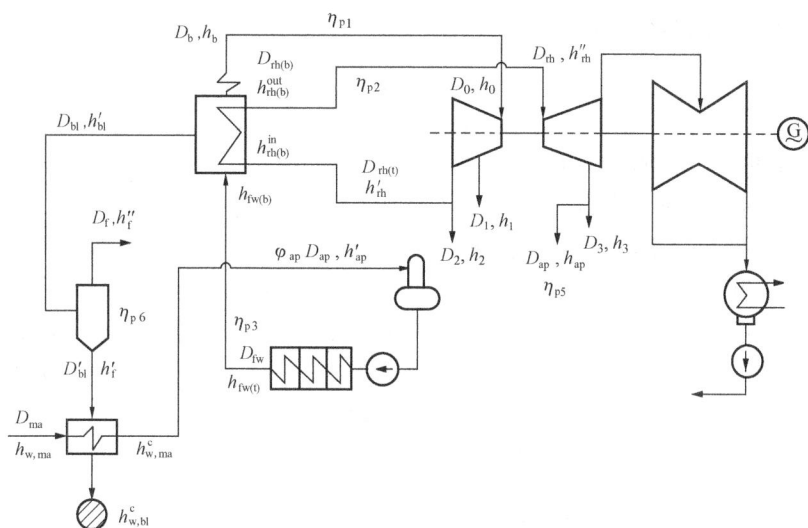

图 2-2　计算管道热效率的局部系统图

（2）再热蒸汽管道的热效率 $\eta_{p2}$ 和热损失率 $\zeta_{p2}$。

再热蒸汽管道的散热损失：$\Delta Q_{p2} = D_{rh(t)}(h'_{rh} - h^{in}_{rh(b)}) + D_{rh(b)}(h^{out}_{rh(b)} - h''_{rh})$（kJ/h）

再热蒸汽管道的热效率：$\eta_{p2} = 1 - \dfrac{\Delta Q_{p2}}{Q_b}$      （2-70）

再热蒸汽管道的散热损失率：$\zeta_{p2} = \dfrac{\Delta Q_{p2}}{Q_{cp}} = \eta_b(1 - \eta_{p2})$   （2-71）

式中　$D_{rh(t)}$——冷段再热蒸汽流量，kg/h；

  $D_{rh(b)}$——包括再热喷水流量的热段再热蒸汽流量，kg/h；

  $h'_{rh}$——汽轮机高压缸出口蒸汽比焓，kJ/kg；

  $h''_{rh}$——汽轮机中压缸入口（中压联合汽门前）蒸汽比焓，kJ/kg；

  $h^{in}_{rh(b)}$——锅炉再热器的进口蒸汽比焓，kJ/kg；

  $h^{out}_{rh(b)}$——锅炉再热器的出口蒸汽比焓，kJ/kg。

（3）主给水管道的热效率 $\eta_{p3}$ 和热损失率 $\zeta_{p3}$。

主给水管道的散热损失：$\Delta Q_{p3} = D_{fw}[h_{fw(t)} - h_{fw(b)}]$  （kJ/h）

主给水管道的热效率：$\eta_{p3} = 1 - \dfrac{\Delta Q_{p3}}{Q_b}$      （2-72）

主给水管道的散热损失率：$\zeta_{p3} = \dfrac{\Delta Q_{p3}}{Q_{cp}} = \eta_b(1 - \eta_{p3})$   （2-73）

式中　$h_{fw(t)}$——汽轮机侧高压给水比焓，kJ/kg；

  $h_{fw(b)}$——锅炉省煤器进口给水比焓，kJ/kg。

（4）带热量工质泄漏的热效率 $\eta_{p4}$ 和热损失率 $\zeta_{p4}$。机组在运行过程中，不可避免地存在着跑冒滴漏现象，进而造成汽水损失。这部分汽水损失热量也未能被汽轮机有效利用，也应将其归入管道热效率来考虑。

带热量工质泄漏的热损失：$\Delta Q_{p4} = D_1(h_1 - h_{w,ma})$  （kJ/h）

带热量工质泄漏的名义热效率：$\eta_{p4} = 1 - \dfrac{\Delta Q_{p4}}{Q_b}$     (2-74)

带热量工质泄漏的热损失率：$\zeta_{p4} = \dfrac{\Delta Q_{p4}}{Q_{cp}} = \eta_b(1 - \eta_{p4})$     (2-75)

式中     $D_1$——带热量工质的泄漏流量，kg/h；

        $h_1$——带热量工质的比焓，kJ/kg。

带热量工质的比焓 $h_1$ 随其泄漏位置而异，如主蒸汽管道、再热蒸汽管道的泄漏，凝结水管道、给水管道的泄漏，高压加热器组的危急疏水、低压加热器组的事故放水等。

（5）厂用辅助汽水系统的热效率 $\eta_{p5}$ 和热损失率 $\zeta_{p5}$。机组运行过程中，都有一定数量的厂用蒸汽供相关热力设备使用，这部分热量未能被汽轮机有效利用，按照《火力发电厂技术经济指标计算方法》的规定，应将其归入管道热效率。

厂用辅助汽水系统的热损失：$\Delta Q_{p5} = D_{ap}(h_{ap} - h_{w,ma}) - \varphi_{ap}D_{ap}(h'_{ap} - h_{w,ma})$ （kJ/h）

厂用辅助汽水系统的名义热效率：$\eta_{p5} = 1 - \dfrac{\Delta Q_{p5}}{Q_b}$     (2-76)

厂用辅助汽水系统的热损失率：$\zeta_{p5} = \dfrac{\Delta Q_{p5}}{Q_{cp}} = \eta_b(1 - \eta_{p5})$     (2-77)

式中     $D_{ap}$——厂用蒸汽流量，kg/h；

        $h_{ap}$——厂用蒸汽比焓，kJ/kg；

        $h'_{ap}$——厂用蒸汽返回水比焓，kJ/kg；

        $h_{w,ma}$——化学补充水比焓，kJ/kg；

        $\varphi_{ap}$——厂用蒸汽返回水比率，$\varphi_{ap} = D_h/D_{ap}$，％。

（6）锅炉连续排污系统的热效率 $\eta_{p6}$ 和热损失率 $\zeta_{p6}$。

当排污热量未被利用时，锅炉连续排污热损失：$\Delta Q_{p6} = D_{bl}(h'_{bl} - h_{w,ma})$ （kJ/h）

当具有如图 2-2 所示的单级连续排污扩容利用系统时，锅炉连续排污热损失为

$\Delta Q_{p6} = D_{bl}h'_{bl}(1 - \eta_f) + D'_{bl}(h'_f - h^c_{w,bl})(1 - \eta_r) + D'_{bl}(h^c_{w,bl} - h^c_{w,ma}) + D_{ma}(h^c_{w,ma} - h_{w,ma})$

（kJ/h）

锅炉连续排污系统的热效率：$\eta_{p6} = 1 - \dfrac{\Delta Q_{p6}}{Q_b}$     (2-78)

锅炉连续排污系统的热损失率：$\zeta_{p6} = \dfrac{\Delta Q_{p6}}{Q_{cp}} = \eta_b(1 - \eta_{p6})$     (2-79)

式中     $D_{bl}$——锅炉连续排污水流量，kg/h；

        $D'_{bl}$——未扩容的排入地沟的排污水流量，kg/h；

        $D_{ma}$——化学补充水流量，kg/h；

        $h'_f$——排污扩容器压力下的饱和水比焓，kJ/kg；

        $h^c_{w,bl}$——排入地沟的连续排污水比焓，kJ/kg；

        $h^c_{w,ma}$——进入热力系统的补充水比焓，kJ/kg；

        $\eta_f$——排污扩容器的热效率，％；

        $\eta_r$——排污冷却器的热效率，％。

表 2-5 给出了国产 N300-16.18/550/550 型机组各项汽水管道散热损失的计算结果，从中可以看出，厂用蒸汽系统的热损失最大，因此而多耗标煤 11.5g/(kW·h)，工质泄漏次

之，再热管道又次之。由此可知，过去采用传统方法计算的管道热效率，其实仅考虑了新蒸汽管道的散热损失，显然是不够全面的，不尽合理。

**表 2-5　　　　国产 N300-16.18/550/550 型机组各项汽水管道散热损失的计算结果**

| 序号 | 项目 | $\Delta Q_j$（％） | 相对份额 | 对全厂煤耗影响 [g/(kW·h)] |
|---|---|---|---|---|
| 1 | 主蒸汽管道 | 0.269 | 1 | 1 |
| 2 | 再热蒸汽管道 | 0.454 | 1.69 | 1.55 |
| 3 | 给水管道 | 未计 | — | 0 |
| 4 | 厂用蒸汽系统 | 3.45 | 12.83 | 11.5 |
| 5 | 工质泄漏 | 0.882 | 3.28 | 3 |
| 6 | 锅炉连续排污系统 | 0.0146 | 0.05 | 0.1 |

3. 汽轮机的绝对内效率与冷源热损失率

火电厂热力系统都是以汽轮机循环为中心的蒸汽动力循环，在汽轮机装置的整个循环过程中，除了汽轮机排汽在凝汽器中放热产生的冷源损失外，还存在着进汽阻力损失、排汽阻力损失以及汽轮机级内损失等，这些损失造成了汽轮机实际做功量的减少，其大小用汽轮机绝对内效率来表征。

汽轮机的绝对内效率（简称为汽轮机内效率）是以整个汽轮机循环中加给进入汽轮机蒸汽的热量为基准来衡量的，故又称其为实际循环热效率。因此，汽轮机绝对内效率可表述为：汽轮机在单位时间所做的实际内功与在整个循环中的吸热量之比。当进入汽轮机的主蒸汽流量为 $D_0$ 时，忽略给水泵消耗的功率，汽轮机绝对内效率 $\eta_i$ 的计算表达式为

$$\eta_i = \frac{W_i}{Q_0} = 1 - \frac{\Delta Q_c}{Q_0} = \frac{W_i}{W_a}\frac{W_a}{Q_0} = \eta_{ri}\eta_t \tag{2-80}$$

式中　$W_i$——汽轮机汽耗为 $D_0$ 时的实际内功率，kJ/h；

　　　　$W_a$——汽轮机汽耗为 $D_0$ 时的理想内功率，kJ/h；

　　　$\Delta Q_c$——汽轮机冷源热损失，kJ/h；

　　　　$Q_0$——工质循环吸热量，kJ/h；

　　　　$\eta_t$——汽轮机理想循环热效率，％；

　　　　$\eta_{ri}$——汽轮机相对内效率，反映了汽轮机内部结构的完善程度，现代大型汽轮机相对内效率为 87％～90％；

　　　　$\eta_i$——汽轮机绝对内效率，现代大型汽轮机的绝对内效率可达 45％～47％。

冷源热损失率 $\zeta_c$ 为

$$\zeta_c = \frac{\Delta Q_c}{Q_{cp}} = \frac{\Delta Q_c}{Q_0}\frac{Q_0}{Q_b}\frac{Q_b}{Q_{cp}} = \frac{Q_b}{Q_{cp}}\frac{Q_0}{Q_b}\left(1 - \frac{W_i}{Q_0}\right) = \eta_b\eta_p(1 - \eta_i) \tag{2-81}$$

式（2-80）是相对于主蒸汽流量为 $D_0$ 时的表达式，当主蒸汽流量为 1kg 时，汽轮机的绝对内效率可用汽轮机的实际比内功与单位工质的循环吸热量之比来表示，其表达式为

$$\eta_i = \frac{w_i}{q_0} = 1 - \frac{\Delta q_c}{q_0} = \frac{w_i}{w_a}\frac{w_a}{q_0} = \eta_{ri}\eta_t \tag{2-82}$$

其中，$w_i = \dfrac{W_i}{D_0}$，$q_0 = \dfrac{Q_0}{D_0}$，$\Delta q_c = \dfrac{\Delta Q_c}{D_0}$。

需强调指出，汽轮机冷源损失 $\Delta Q_c$、$\Delta q_c$ 是广义的，它包括两部分，一部分是理想情况下（汽轮机无内部损失）的汽轮机排汽在凝汽器中的放热量，另一部分是由于蒸汽在汽轮机内实际膨胀过程中存在着进汽节流、内部漏汽等损失使蒸汽做功减少而导致的冷源损失。

在计算汽轮机绝对内效率 $\eta_i$ 时，一般先计算汽轮机的实际内功 $W_i$ 和循环吸热量 $Q_0$，或者汽轮机的实际比内功 $w_i$ 和单位工质的循环吸热量 $q_0$，它们的计算方法综述如下。

（1）汽轮机的实际内功 $W_i$ 和比内功 $w_i$。

汽轮机的实际内功 $W_i$ 和比内功 $w_i$ 的常用计算方法有三种。

1）以汽轮机的凝汽流和各级回热汽流的内功之和来计算。当汽轮机的进汽流量为 $D_0$ 时，实际内功 $W_i$ 等于汽轮机的凝汽流和各级回热抽汽流的内功之和，其计算表达式为

$$W_i = D_1(h_0 - h_1) + D_2(h_0 - h_2) + \cdots + D_z(h_0 - h_z + q_{rh}) + D_c(h_0 - h_c + q_{rh})$$

$$= \sum_{j=1}^{z} D_j \Delta h_j + D_c \Delta h_c \text{(kJ/h)} \tag{2-83}$$

式中　$D_c$——汽轮机的排汽流量，kg/h；

　　　$D_j$——汽轮机的各级抽汽流量，kg/h；

　　　$\Delta h_j$——抽汽在汽轮机中的实际比焓降（$j=1, 2, \cdots, z$），再热前 $\Delta h_j = h_0 - h_j$，再热后 $\Delta h_j = h_0 - h_j + q_{rh}$，kJ/kg；

　　　$\Delta h_c$——排汽在汽轮机中的实际比焓降，kJ/kg。

将式（2-83）的两端同除以 $D_0$，可得到实际比内功 $w_i$ 的计算表达式为：$w_i = W_i / D_0$。

$$w_i = \alpha_1(h_0 - h_1) + \alpha_2(h_0 - h_2) + \cdots + \alpha_z(h_0 - h_z + q_{rh}) + \alpha_c(h_0 - h_c + q_{rh})$$

$$= \sum_{j=1}^{z} \alpha_j \Delta h_j + \alpha_c \Delta h_c \quad \text{(kJ/kg)} \tag{2-84}$$

式中　$\alpha_c$——汽轮机的排汽系数；

　　　$\alpha_j$——汽轮机的各级抽汽系数，$\alpha_j = D_j / D_0$。

2）以输入、输出汽轮机的能量之差来计算。当汽轮机的进汽流量为 $D_0$ 时，实际内功 $W_i$ 等于输入、输出汽轮机的能量之差，即 $W_i =$ 输入能量－输出能量，其计算表达式为

$$W_i = D_0 h_0 + D_{rh} h''_{rh} - (D_1 h_1 + D_2 h_2 + \cdots + D_z h_z + D_{rh} h'_{rh} + D_c h_c) \quad \text{(kJ/h)}$$

经整理得：$W_i = D_0 h_0 + D_{rh} q_{rh} - \sum_{j=1}^{z} D_j h_j - D_c h_c \quad \text{(kJ/h)} \tag{2-85}$

其中，$D_0 = D_1 + D_2 + \cdots + D_z + D_c = \sum_{j=1}^{z} D_j + D_c$，$D_{rh} = D_0 - \sum_{j=1}^{r} D_j = \sum_{j=r+1}^{z} D_j + D_c$，

$r$ 为再热级数。

将上述两式代入式（2-85），整理得

$$W_i = D_1(h_0 - h_1) + D_2(h_0 - h_2) + \cdots + D_z(h_0 - h_z + q_{rh}) + D_c(h_0 - h_c + q_{rh})$$

$$= \sum_{j=1}^{z} D_j \Delta h_j + D_c \Delta h_c \quad \text{(kJ/h)} \tag{2-86}$$

将式（2-85）和式（2-86）的两端同除以 $D_0$，可得到实际比内功 $w_i$ 的计算表达式为

$$w_i = h_0 + \alpha_{rh} q_{rh} - \sum_{j=1}^{z} \alpha_j h_j - \alpha_c h_c = \sum_{j=1}^{z} \alpha_j \Delta h_j + \alpha_c \Delta h_c \quad \text{(kJ/kg)} \tag{2-87}$$

由式（2-83）～式（2-87）可以看出，上述两种方法所得出的结果是一致的。

3）用反平衡法来计算。当汽轮机的进汽流量为 $D_0$ 时，实际内功 $W_i =$ 循环吸热量－冷端损失，其计算表达式为

$$W_i = Q_0 - \Delta Q_c, w_i = q_0 - \Delta q_c \tag{2-88}$$

式中　$\Delta Q_c$——$D_0$ kg 新蒸汽热功转换时的冷源损失，$\Delta Q_c = D_c(h_c - h'_c)$，kJ/h；

$\Delta q_c$——1kg 新蒸汽热功转换时的冷源损失，$\Delta q_c = \alpha_c(h_c - h'_c)$，kJ/kg；

$h_c$——汽轮机的实际排汽比焓，kJ/kg；

$h'_c$——汽轮机排汽的凝结水比焓，kJ/kg。

（2）工质循环吸热量 $Q_0$ 和 $q_0$。当汽轮机的进汽流量为 $D_0$ 时，工质循环吸热量 $Q_0$ 的计算表达式为

$$Q_0 = D_0 h_0 + D_{rh} q_{rh} - D_{fw} h_{fw} \quad (\text{kJ/h}) \tag{2-89}$$

无工质损失时，$D_0 = D_{fw}$，有

$$Q_0 = D_0(h_0 - h_{fw}) + D_{rh} q_{rh} \quad (\text{kJ/h}) \tag{2-90}$$

当汽轮机的进汽流量为 1kg 时，单位工质循环吸热量 $q_0$ 的计算表达式为

$$q_0 = h_0 - h_{fw} + \alpha_{rh} q_{rh} \quad (\text{kJ/kg}) \tag{2-91}$$

以图 2-1 所示的凝汽式发电厂的回热系统为对象，根据能量平衡

$$h_{fw} = \alpha_c h'_c + \sum_{j=1}^{z} \alpha_j h_j \quad (\text{kJ/kg})$$

将上式代入式（2-90）、式（2-91），工质循环吸热量 $Q_0$ 和 $q_0$ 可写作

$$Q_0 = D_0\left(h_0 - \alpha_c h'_c - \sum_{j=1}^{z} \alpha_j h_j\right) + D_{rh} q_{rh} = \sum_{j=1}^{z} D_j \Delta h_j + D_c(h_0 - h'_c + q_{rh}) \quad (\text{kJ/h})$$

$$\tag{2-92}$$

$$q_0 = h_0 + \alpha_{rh} q_{rh} - \left(\alpha_c h'_c + \sum_{j=1}^{z} \alpha_j h_j\right) = \sum_{j=1}^{z} \alpha_j \Delta h_j + \alpha_c(h_0 - h'_c + q_{rh}) \quad (\text{kJ/kg}) \tag{2-93}$$

（3）凝汽式汽轮机的绝对内效率 $\eta_i$。将式（2-86）、式（2-87）、式（2-90）、式（2-91）、式（2-92）、式（2-93）代入式（2-80）和式（2-82），凝汽式汽轮机的绝对内效率 $\eta_i$ 的计算表达式又可写为

$$\eta_i = \frac{W_i}{Q_0} = \frac{\sum\limits_{j=1}^{z} D_j \Delta h_j + D_c \Delta h_c}{D_0(h_0 - h_{fw}) + D_{rh} q_{rh}} = \frac{\sum\limits_{j=1}^{z} D_j \Delta h_j + D_c \Delta h_c}{\sum\limits_{j=1}^{z} D_j \Delta h_j + D_c(h_0 - h'_c + q_{rh})} \tag{2-94}$$

$$\eta_i = \frac{w_i}{q_0} = \frac{\sum\limits_{j=1}^{z} \alpha_j \Delta h_j + \alpha_c \Delta h_c}{(h_0 - h_{fw}) + \alpha_{rh} q_{rh}} = \frac{\sum\limits_{j=1}^{z} \alpha_j \Delta h_j + \alpha_c \Delta h_c}{\sum\limits_{j=1}^{z} \alpha_j \Delta h_j + \alpha_c(h_0 - h'_c + q_{rh})} \tag{2-95}$$

在式（2-94）和式（2-95）中，若无再热，则 $q_{rh} = 0$，即为回热循环汽轮机绝对内效率；若既无再热，又无回热，即 $q_{rh} = 0$，$\sum \alpha_j = 0$，式（2-94）、式（2-95）就是朗肯循环汽轮机的绝对内效率。

（4）给水泵耗功 $w_{pu}$ 使给水焓升 $\Delta \tau_{fw}$ 的处理。火电机组的给水泵由电动机或给水泵汽轮机驱动，在驱动机械功的作用下，给水的压力得以提升，同时给水因绝热压缩使焓值升高。在计算机组热经济性指标时，过去由于汽轮机容量相对较小，运行参数较低，给水焓升常常被忽略，但随着机组容量的增大以及运行参数的提高，给水泵耗功相应增大，给水焓升已不容忽略。如何将这种影响计入机组热经济性指标的计算模型？目前有两种不同方法：一种是作为内部热源处理，另一种是作为外部热源处理。但无论采取哪种方法，其计算结果应该是完全一致的。本书把给水泵包含在整个机组热力循环范围内统一考虑，将给水焓升作为内部

热源来处理，此时机组的循环吸热量 $q_0$ 不变，实际比内功应扣除给水泵耗用电功相应的循环内功，循环放热量应考虑给水泵耗功所增加的给水焓升而带来的附加冷源损失，但应注意与给水焓升相关的不同能量形式：给水焓升 $\Delta\tau_{fw}$ 表示单位工质实际吸收的热量（kJ/kg）；$w_{pu}=\Delta\tau_{fw}/\eta_{pu}$ 表示以热量计的给水泵耗用的电功（kJ/kg）；$\Delta\tau_{fw}/\eta_{g,pu}$ 表示以热量计的给水泵耗用电功相应的循环内功（kJ/kg），其中 $\eta_{g,pu}=\eta_{pu}\times\eta_m\times\eta_g\times\eta_{pd}$ 为给水泵耗功折算用综合效率，$\eta_{pu}$ 表示给水泵效率，$\eta_m$ 为机械效率、$\eta_g$ 为发电机效率，$\eta_{pd}$ 为厂内配电效率。因此，将给水焓升 $\Delta\tau_{fw}$ 作为内部热源处理时，采用正、反热平衡法计算汽轮机绝对内效率的表达式为

正热平衡法：

单位工质的循环净内功：$w_i^n = w_i - \dfrac{\Delta\tau_{fw}}{\eta_{g,pu}}$ 　　（kJ/kg）

汽轮机的净绝对内效率：$\eta_i^n = \dfrac{w_i^n}{q_0} = \dfrac{w_i - \dfrac{\Delta\tau_{fw}}{\eta_{g,pu}}}{q_0}$ 　　　　　　　　　　　　（2-96）

反热平衡法：

单位工质的冷源热损失：$\Delta q_c^n = \Delta q_c + \Delta\tau_{fw}\left(\dfrac{1}{\eta_{g,pu}}-1\right)$ 　　（kJ/kg）

汽轮机的净绝对内效率：$\eta_i^n = \dfrac{q_0 - \Delta q_c^n}{q_0} = 1 - \dfrac{\Delta q_c + \Delta\tau_{fw}\left(\dfrac{1}{\eta_{g,pu}}-1\right)}{q_0}$ 　　（2-97）

给水泵耗功 $w_{pu}$ 和给水焓升 $\Delta\tau_{fw}$ 计算表达式为

$$w_{pu} = (p''_{pu}v''_{pu} - p'_{pu}v'_{pu})\times10^3 \approx v_{pu}(p''_{pu}-p'_{pu})\times10^3 \quad (kJ/kg) \quad (2\text{-}98)$$

$$\Delta\tau_{fw} = \frac{w_{pu}}{\eta_{pu}} = \frac{(v''_{pu}p''_{pu} - v'_{pu}p'_{pu})\times10^3}{\eta_{pu}} \approx \frac{v_{pu}(p''_{pu}-p'_{pu})\times10^3}{\eta_{pu}} \quad (kJ/kg) \quad (2\text{-}99)$$

式中　　$p'_{pu}$、$p''_{pu}$——给水泵进、出口水压力，MPa；

$v'_{pu}$、$v''_{pu}$、$v_{pu}$——给水泵进、出口水的比体积及平均比体积，$m^3/kg$；

$w_{pu}$——以热量计的给水泵耗用的电功，kJ/kg。

给水焓升来源于给水泵的耗功，同时又被给水回收利用于热力系统。给水在泵中所提升的压力越高，给水泵的效率越低，则给水泵的焓升就越大。

需要注意的是，在计算汽轮机绝对内效率（实际循环热效率）与冷源热损失率时，必须明晰汽轮机主蒸汽压力等运行参数的定义及其确定原则，具体如下：

（1）汽轮机主蒸汽流量。汽轮机主蒸汽流量指进入汽轮机的主蒸汽流量值（kg/h），应取靠近汽轮机自动主汽门前的蒸汽流量。如果有两路主蒸汽管道，取两路流量之和。

（2）汽轮机主蒸汽压力/温度。汽轮机主蒸汽压力/温度指汽轮机进口的蒸汽压力值（MPa）/温度值（℃），应取靠近汽轮机自动主汽门前的蒸汽压力/温度。如果有两路主蒸汽管道，取算术平均值。

（3）汽轮机再热蒸汽压力/温度。汽轮机再热蒸汽压力/温度指汽轮机中压缸进口的蒸汽压力值（MPa）/温度值（℃），应取再热主汽门前的蒸汽压力/温度。如有多路再热蒸汽管道，取算术平均值。

（4）再热蒸汽压损率。再热蒸汽压损率指高压缸排汽压力和汽轮机再热蒸汽压力之差与

高压缸排汽压力的百分比。

（5）最终给水温度。最终给水温度指汽轮机高压给水加热系统大旁路后的给水温度值（℃）。

（6）最终给水流量。最终给水流量指汽轮机高压给水加热系统大旁路后主给水管道内的流量（kg/h）。如有两路给水管道，应取两路流量之和。

（7）凝汽器真空度。凝汽器真空度指汽轮机低压缸排汽端真空占当地大气压的百分数。

（8）排汽温度。排汽温度指通过凝汽器喉部的蒸汽温度值（℃），条件允许时取多点平均值。

4. 汽轮机的机械效率及机械损失

汽轮机在旋转做功时，由于汽轮机的转子与支持轴承、推力轴承之间的机械摩擦损失及拖动主油泵、调速器的功率消耗，使得汽轮机输出的有效轴端功率总是小于其实际内功；汽轮机输出有效轴端功率 $P_{ax}$ 与汽轮机实际内功率 $W_i$ 之比称为机械效率 $\eta_m$，其计算表达式为

$$\eta_m = \frac{3600 P_{ax}}{W_i} = 1 - \frac{\Delta Q_m}{W_i} \tag{2-100}$$

式中　$P_{ax}$——汽轮机输出的有效轴端功率，即发电机的输入功率，kW；

　　　$\Delta Q_m$——机械损失，kJ/h；

　　　3600——电热当量，1kW·h 电能相当于 3600kJ 的热量。

汽轮机的机械损失率 $\zeta_m$ 为

$$\zeta_m = \frac{\Delta Q_m}{Q_{cp}} = \frac{Q_b}{Q_{cp}} \frac{Q_0}{Q_b} \frac{W_i}{Q_0} \left(1 - \frac{3600 P_{ax}}{W_i}\right) = \eta_b \eta_p \eta_i (1 - \eta_m) \tag{2-101}$$

汽轮机的机械效率反映了汽轮机的支持轴承、推力轴承与轴、推力盘之间的机械摩擦耗功，以及拖动主油泵、调速系统耗功量的大小，机械效率一般在 96.5%～99% 的范围内。

5. 发电机效率及发电机的能量损失

发电机的轴端输出电功率 $P_e$ 与轴端输入功率 $P_{ax}$ 之比称为发电机效率 $\eta_g$，其计算表达式为

$$\eta_g = \frac{P_e}{P_{ax}} = 1 - \frac{\Lambda Q_g}{3600 P_{ax}} \tag{2-102}$$

发电机能量损失率 $\zeta_g$ 为

$$\zeta_g = \frac{\Delta Q_g}{Q_{cp}} = \eta_b \eta_p \eta_i \eta_m (1 - \eta_g) \tag{2-103}$$

式中　$\Delta Q_g$——发电机损失，kJ/h。

发电机效率反映了发电机轴与支持轴承摩擦耗功，以及发电机内冷却介质的摩擦和铜损（线圈发热）、铁损（铁芯涡流发热）而造成的功率消耗。现代大型发电机效率随冷却介质的不同而有差异，氢冷时为 98%～99%，空冷时为 97%～98%，双水内冷时为96%～98.7%。

6. 全厂总热效率及全厂总能量损失

对整个发电厂的生产过程而言，全厂总热效率表示发电厂输出的有效能量（电能 $P_e$）与输入总能量（燃料的化学能）之比，其计算表达式为

$$\eta_{cp} = \frac{3600 P_e}{B q_{net}} = \frac{3600 P_e}{Q_{cp}} = \eta_b \eta_p \eta_t \eta_{ri} \eta_m \eta_g = \eta_b \eta_p \eta_i \eta_m \eta_g \tag{2-104}$$

式（2-104）表明，凝汽式发电厂的总热效率取决于各热力设备的分效率，其中任一热力设

备热经济性的改善都有助于提高全厂热效率。进一步分析可以发现，汽轮机绝对内效率 $\eta_i$ 最低，与 $\eta_i$ 相对应的冷源热损失 $\Delta Q_c$ 是发电厂各项损失中的最大项。因此，热量法的观点认为，汽轮机的冷源热损失 $\Delta Q_c$（或汽轮机绝对内效率 $\eta_i$）是影响全厂总效率 $\eta_{cp}$ 的关键。

发电厂的总能量损失 $\Delta Q_{cp}$ 为

$$\Delta Q_{cp} = \Delta Q_b + \Delta Q_p + \Delta Q_c + \Delta Q_m + \Delta Q_g \tag{2-105}$$

发电厂的总能量平衡为

$$Q_{cp} = 3600P_e + \Delta Q_{cp} = 3600P_e + \Delta Q_b + \Delta Q_p + \Delta Q_c + \Delta Q_m + \Delta Q_g \tag{2-106}$$

发电厂的总能量损失率 $\zeta_{cp}$ 为

$$\zeta_{cp} = \frac{\Delta Q_{cp}}{Q_{cp}} = \sum_{cp} \zeta_j \tag{2-107}$$

式中　　$\zeta_j$——锅炉热损失率、管道的热损失率、冷源热损失率、机械损失率及发电机能量损失率。

依据式（2-106）可绘制凝汽式发电厂能量转换过程的热流图，如图 2-3 所示。

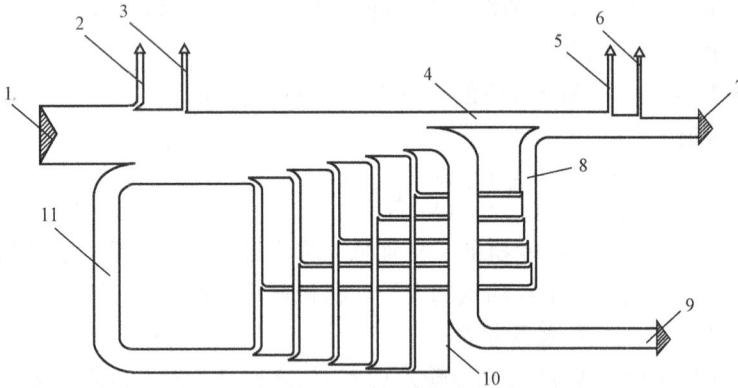

图 2-3　具有一次中间再热的汽轮发电机组热流图

1—输入热量，%；2—锅炉热损失，%；3—管道热损失，%；4—凝汽流发电量，%；
5—机械热损失，%；6—发电机热损失，%；7—输出电量，%；8—抽汽流发电量，%；
9—汽轮发电机组冷源损失，%；10—凝结水热量，%；11—给水热量，%

综上所述，热量法以热效率或热损失率来衡量能量转换过程的热经济性。当采用绝对量来表示时，汽轮机热耗（循环吸热量）$Q_0$、锅炉热负荷 $Q_b$、全厂热耗量 $Q_{cp}$ 的单位均为 kJ/h，且 $Q_{cp} = Bq_{net}$；当汽轮机的汽耗量为 $D_0$ 时，其实际内功率以热量为单位，记为 $W_i$，kJ/h；其轴端输出功率为 $P_{ax}$，kW；发电机功率为 $P_e$，kW，则凝汽式发电厂整个能量转换过程的不同阶段，其有效利用能量、热效率及其能量损失率的计算表达式汇总见表 2-6。

表 2-6　　　　　　　　　　　凝汽式发电厂的各项热效率及其热损失率

| 名称 | 有效利用能量（kJ/h） | 热效率（%） | 能量损失率（%） |
|---|---|---|---|
| 锅炉 | $Q_b = Q_{cp} - \Delta Q_b$ | $\eta_b = \dfrac{Q_b}{Q_{cp}} = 1 - \dfrac{\Delta Q_b}{Q_{cp}}$ | $\zeta_b = \dfrac{\Delta Q_b}{Q_{cp}} = 1 - \eta_b$ |

续表

| 名称 | 有效利用能量（kJ/h） | 热效率（%） | 能量损失率（%） |
|------|------------------|-----------|---------------|
| 主蒸汽管道 | $Q_0 = Q_b - \Delta Q_p$ | $\eta_p = \dfrac{Q_0}{Q_b} = 1 - \dfrac{\Delta Q_p}{Q_b}$ | $\zeta_p = \dfrac{\Delta Q_p}{Q_{cp}} = \eta_b(1 - \eta_p)$ |
| 汽轮机 | $W_i = Q_0 - \Delta Q_c$ | $\eta_i = \dfrac{W_i}{Q_0} = 1 - \dfrac{\Delta Q_c}{Q_0}$ | $\zeta_c = \dfrac{\Delta Q_c}{Q_{cp}} = \eta_b \eta_p(1 - \eta_i)$ |
| 机械传动 | $3600 P_{ax} = W_i - \Delta Q_m$ | $\eta_m = \dfrac{3600 P_{ax}}{W_i} = 1 - \dfrac{\Delta Q_m}{W_i}$ | $\zeta_m = \dfrac{\Delta Q_m}{Q_{cp}} = \eta_b \eta_p \eta_i(1 - \eta_m)$ |
| 发电机 | $3600 P_e = 3600 P_{ax} - \Delta Q_g$ | $\eta_g = \dfrac{P_e}{P_{ax}} = 1 - \dfrac{\Delta Q_g}{3600 P_{ax}}$ | $\zeta_g = \dfrac{\Delta Q_g}{Q_{cp}} = \eta_b \eta_p \eta_i \eta_m(1 - \eta_g)$ |
| 发电厂 | $3600 P_e = Q_{cp} - \Delta Q_{cp}$ | $\eta_{cp} = \dfrac{3600 P_e}{Q_{cp}} = 1 - \dfrac{\Delta Q_{cp}}{Q_{cp}}$ | $\zeta_{cp} = \dfrac{\Delta Q_{cp}}{Q_{cp}} = \sum_{cp} \zeta_j$ |

热量法分析认为，发电厂热效率低的主要原因是冷源热损失太大，而冷源热损失的大小取决于热力循环方式和蒸汽初、终参数。欲提高发电厂的热经济性，根本途径是提高蒸汽的初参数，降低蒸汽的终参数，采用给水回热加热、蒸汽中间再热和热电联产等。发电厂的各项损失与发电机组的蒸汽参数和设备容量有关，对于初参数不同的燃煤火电机组，各项损失及全厂热效率的大约数据见表 2-7。

表 2-7　　　　　　　　燃煤火电发电厂的各项热损失率及全厂热效率　　　　　　　（%）

| 项目 | 机组初参数 | | | | |
|------|------|------|------|------|------|
| | 中参数 | 高参数 | 超高参数 | 亚临界 | 超超临界 |
| 锅炉热损失率 | 11 | 10 | 9 | 8 | 6 |
| 管道热损失率 | 1 | 1 | 0.5 | 0.5 | 0.5 |
| 汽轮机冷源热损失率 | 61.5 | 57.5 | 52.5 | 50.5 | 47.1 |
| 汽轮机的机械损失率 | 1 | 0.5 | 0.5 | 0.5 | 0.2 |
| 发电机损失率 | 1 | 0.5 | 0.5 | 0.5 | 0.2 |
| 总能量损失率 | 75.5 | 69.5 | 63 | 60 | 54 |
| 全厂热效率 | 24.5 | 30.5 | 37 | 40 | 46 |

### 二、做功能力分析法

做功能力分析法从能量的做功能力角度出发，把能量分为有做功能力和无做功能力两部分，即以做功能力的有效利用程度或做功能力损失大小作为评价动力设备热经济性的指标，旨在评价电厂能量的质量利用率，具体分为熵分析方法和㶲分析方法。熵分析方法是利用 Gouy-Stodola 关系式，通过计算熵产（熵平衡）来求得㶲损失，对使用者的用心要求和细致程度更为严格，但思路清晰，影响损失的因素更为明确。㶲分析方法是通过收益、消耗和损失三者的平衡关系（㶲平衡）来求取㶲损失，类似于第一定律分析法中的能平衡，它直接从㶲概念出发来求取㶲损失，概念清楚，符合人们长期使用能平衡的传统"平衡"观念，使用较为方便。做功能力分析法既可以用于某一个能量系统，也可以用于系统中的某一部分或具体设备，不仅能够给出定量的结论，而且往往便于定性分析，在我国，一般用于电厂热经济性的定性分析，从本质上指导技术改进的方向。

（一）熵分析方法

熵分析方法以热力学第二定律为理论基础，着重研究各种热力过程中做功能力的变化。由孤立系统熵增原理可知，孤立系统的熵只能增大或保持不变，但绝不能减少；若过程可逆，则孤立系统的熵不变。但一切实际过程都是不可逆的，必然引起孤立系统的熵增（熵产），进而引起做功能力的损失（㶲损），不可逆程度可用熵增量的大小来表示。熵分析方法是通过熵增的计算来确定做功能力损失（㶲损）的方法，通常取环境状态作为衡量系统做功能力大小的参考状态，即认为系统与环境相平衡时，系统不再具有做功能力。例如，环境温度为 $T_{en}$ 时，某一热力过程或设备中的熵增为 $\Delta s_j$，则引起的做功能力损失（㶲损）$\Delta e_j$ 为

$$\Delta e_j = \Delta s_j T_{en} \quad (kJ/kg) \tag{2-108}$$

发电厂的整个能量转换过程是由一系列不可逆过程组成的，各设备或过程㶲损的总和即为发电厂总的能量损失，即

$$\Delta e_{cp} = \sum_{cp} \Delta e_j = T_{en} \sum_{j=1}^{n} \Delta s_j \quad (kJ/kg) \tag{2-109}$$

需要注意的是熵增原理只适用于孤立系统，即与外界既无能量交换、又无物质交换的系统。就非孤立系统或孤立系统中的某一物体而言，在实际过程中既可能吸热，也可能放热，其熵可能增大、减少或不变。

1. 典型不可逆过程的熵增及其㶲损

在发电厂能量转换的各种不可逆过程中，存在有温差换热、工质绝热节流及工质膨胀（或压缩）三种典型的不可逆过程。

（1）有温差换热过程的熵增和㶲损。

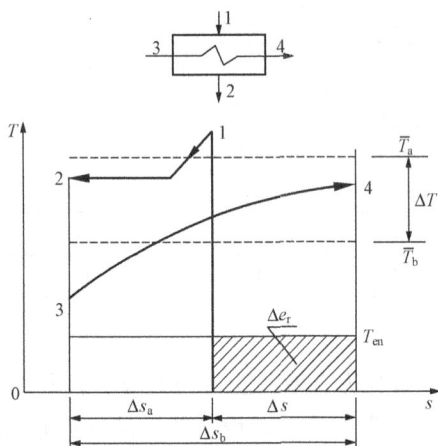

图 2-4　典型有温差换热过程的 T-s 图

在热力发电厂的能量转换过程中，锅炉、回热加热器、凝汽器等设备都属于有温差的换热过程。图 2-4 所示为一个典型换热器的有温差换热过程的 T-s 图，其中的高温工质 A 经过 1-2 过程放热，平均放热温度为 $\overline{T}_a$，放热过程中单位工质的熵减少了 $\Delta s_a$，放热量为 $\overline{T}_a \Delta s_a$；低温工质 B 经过 3-4 过程吸热，平均吸热温度为 $\overline{T}_b$，吸热过程中单位工质的熵增加了 $\Delta s_b$，吸热量为 $\overline{T}_b \Delta s_b$。它们的平均换热温差为 $\Delta T = \overline{T}_a - \overline{T}_b$。

根据放热量和吸热量相等的能量平衡方法，单位工质的换热量 $\delta q$ 为

$$\delta q = \overline{T}_a \Delta s_a = \overline{T}_b \Delta s_b \quad (kJ/kg) \tag{2-110}$$

换热过程的熵增 $\Delta s$ 为

$$\Delta s = \Delta s_b - \Delta s_a = \frac{\delta q}{\overline{T}_b} - \frac{\delta q}{\overline{T}_a} = \delta q \cdot \frac{\Delta T}{\overline{T}_a \cdot \overline{T}_b} = \frac{\delta q}{\overline{T}_b}\left(\frac{\Delta T}{\overline{T}_b + \Delta T}\right) \quad [kJ/(kg \cdot K)] \tag{2-111}$$

换热过程中，单位工质的㶲损如图 2-4 所示阴影部分的面积，其表达式为

$$\Delta e_{\mathrm{r}} = T_{\mathrm{en}}\Delta s = T_{\mathrm{en}}\delta q\,\frac{\Delta T}{\overline{T_{\mathrm{a}}}\cdot \overline{T_{\mathrm{b}}}} = T_{\mathrm{en}}\frac{\delta q}{\overline{T_{\mathrm{b}}}}\cdot\frac{\Delta T}{\Delta T+\overline{T_{\mathrm{b}}}} \quad (\mathrm{kJ/kg}) \qquad (2\text{-}112)$$

由式（2-112）可知，环境温度 $T_{\mathrm{en}}$ 一定时，换热温差 $\Delta T$ 越大，熵增及做功能力损失越大；在换热量 $\delta q$ 以及换热温差 $\Delta T$ 一定时，工质 A 和 B 的平均温度 $\overline{T_{\mathrm{a}}}$ 和 $\overline{T_{\mathrm{b}}}$ 越高，熵增以及做功能力损失越小，即高温换热比低温换热的做功能力损失要小。

（2）工质绝热节流过程的熵增和㶲损。工质流过阀门是一个典型的节流过程。如图2-5 所示为蒸汽在汽轮机进汽调节机构中的节流过程，绝热节流前后工质的焓不变，即 $\mathrm{d}h=0$。由热力学第一定律解析式可知，$\delta q=\mathrm{d}h-v\mathrm{d}p$，进而可得 $\delta q=-v\mathrm{d}p$。同时，对于微元过程，有 $\delta q=T\mathrm{d}s$。因此，绝热节流过程的熵增 $\Delta s_{\mathrm{p}}$ 为

$$\Delta s_{\mathrm{p}} = -\int_{p_0}^{p_1}\frac{v}{T}\mathrm{d}p = s_1-s_0 \quad [\mathrm{kJ/(kg\cdot K)}]$$
$$(2\text{-}113)$$

工质节流过程总是伴随着压力的降低，即式（2-113）中的 $\mathrm{d}p$ 为负，故熵增为正。

图 2-5 中阴影部分的面积 5-6-7-8-5 表示绝热节流过程㶲损的大小，其表达式为

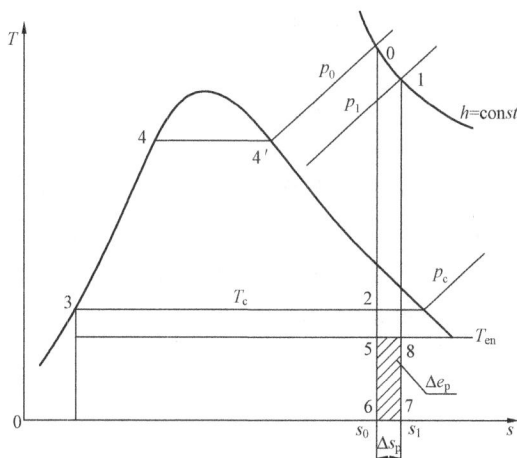

图 2-5 工质绝热节流过程的 $T$-$s$ 图

$$\Delta e_{\mathrm{p}} = T_{\mathrm{en}}\Delta s_{\mathrm{p}} = -T_{\mathrm{en}}\int_{p_0}^{p_1}\frac{v}{T}\mathrm{d}p = T_{\mathrm{en}}(s_1-s_0) \quad (\mathrm{kJ/kg}) \qquad (2\text{-}114)$$

式中　　$v$——工质的比体积，$\mathrm{m^3/kg}$；

　　　　$T$——工质的温度，K；

　　　　$\mathrm{d}p$——工质的压降，MPa。

由式（2-113）和式（2-114）可知，压降越大，熵增和做功能力损失越大。为此，减少节流过程中的压降是减少节流做功能力损失的有效途径；此外，熵增和做功能力损失还与工质的比体积和温度有关，在损失相等时，高温高压的蒸汽管道可以采用较大的工质压降。因此可以使用小管径的通道，以节省投资。

（3）工质膨胀或压缩过程的熵增和㶲损。蒸汽在汽轮机中的不可逆绝热膨胀，水在水泵中被不可逆绝热压缩等都属于有摩擦阻力的绝热过程。图 2-6 给出了蒸汽在汽轮机中进行可逆绝热膨胀时的 $T$-$s$ 图，其排汽熵为 $s_{\mathrm{c}}$；但实际上蒸汽在汽轮机中的膨胀过程是一个不可逆过程，实际的排汽熵为 $s_{\mathrm{c}}'$，故由不可逆引起的熵增为

$$\Delta s_{\mathrm{t}} = s_{\mathrm{c}}'-s_{\mathrm{c}} \quad [\mathrm{kJ/(kg\cdot K)}]$$

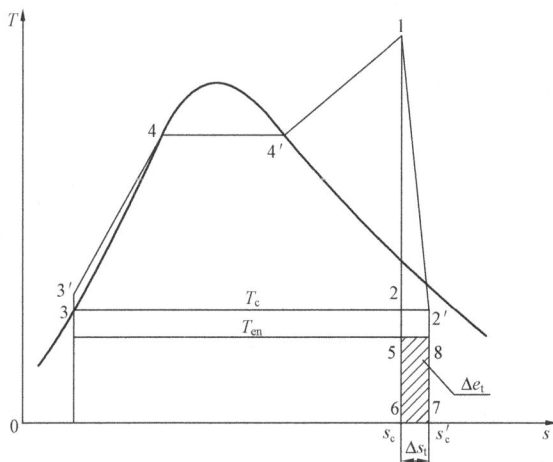

图 2-6 工质膨胀做功过程的 $T$-$s$ 图

$$(2\text{-}115)$$

图 2-6 中阴影部分面积 5-6-7-8-5 表示工质膨胀做功过程中㶲损的大小，其表达式为

$$\Delta e_\mathrm{t} = T_\mathrm{en}\Delta s_\mathrm{t} = T_\mathrm{en}(s'_\mathrm{c} - s_\mathrm{c}) \quad (\mathrm{kJ/kg}) \tag{2-116}$$

同理，在发电厂热力系统中，水在水泵中被不可逆绝热压缩也将引起做功能力的损失。显然，减少工质膨胀或压缩过程做功能力损失的途径是减少其做功过程中的扰动、摩擦等不可逆影响。

2. 凝汽式发电厂的各种㶲损失及全厂总效率

图 2-7 所示为按照朗肯循环工作的凝汽式发电厂的热力系统及其 $T\text{-}s$ 图。在忽略给水泵、凝结水泵的泵功及其㶲损和管道散热损失的情况下，凝汽式发电厂的各项㶲损失及全厂总㶲效率分析如下。

(1) 锅炉的熵增及㶲损失。以燃料的化学能（生产 1kg 蒸汽需要燃料提供的热量）$q_\mathrm{net}$ 为基准，$T_\mathrm{g}$ 为燃料燃烧时烟气的温度。锅炉设备的㶲损失由三部分组成：①锅炉热损失引起的㶲损失 $\Delta e_\mathrm{b}^\mathrm{I}$，见图 2-7 中面积 6-7-a'-6'-6；②化学能转变为热能引起的㶲损失 $\Delta e_\mathrm{b}^\mathrm{II}$，见图 2-7 中面积 a-b-b'-a'-a；③工质温差传热引起的㶲损失 $\Delta e_\mathrm{b}^\mathrm{III}$，见图 2-7 中面积 b-c-c'-b'-b。

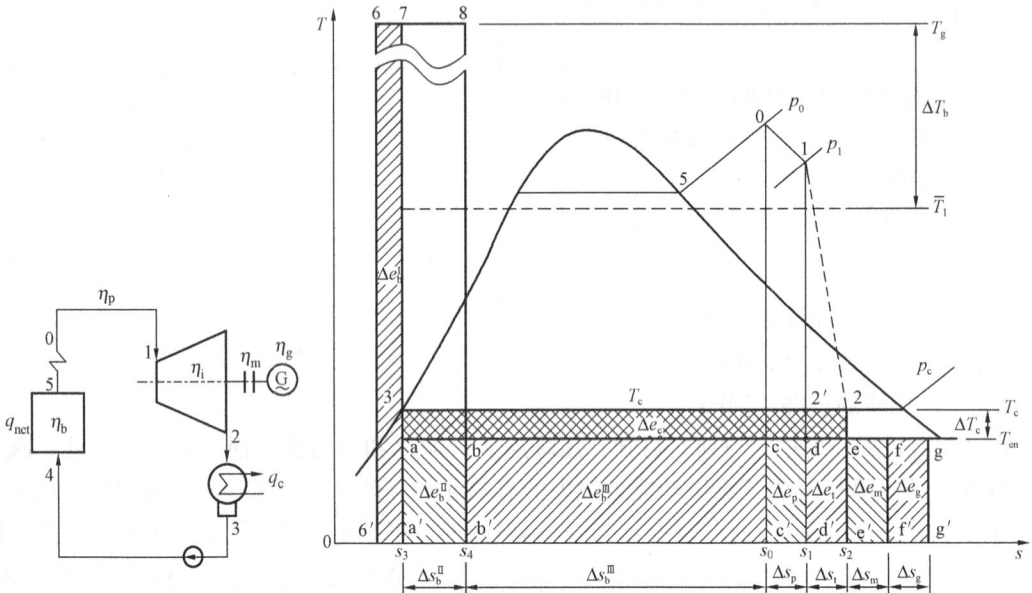

图 2-7　纯凝汽式发电厂的热力系统及其 $T\text{-}s$ 图

1) 锅炉热损失 $\Delta q_\mathrm{b}$ 及其引起的㶲损失 $\Delta e_\mathrm{b}^\mathrm{I}$。

$$\Delta q_\mathrm{b} = q_\mathrm{net}(1 - \eta_\mathrm{b}) \quad (\mathrm{kJ/kg}) \tag{2-117}$$

$$\Delta e_\mathrm{b}^\mathrm{I} = q_\mathrm{net}(1 - \eta_\mathrm{b}) \quad (\mathrm{kJ/kg}) \tag{2-118}$$

2) 化学能转变为热能引起的熵增 $\Delta s_\mathrm{b}^\mathrm{II}$ 及㶲损失 $\Delta e_\mathrm{b}^\mathrm{II}$。

$$\Delta s_\mathrm{b}^\mathrm{II} = \frac{q_0}{T_\mathrm{g}} = \frac{h_0 - h_3}{T_\mathrm{g}} = s_4 - s_3 \quad [\mathrm{kJ/(kg \cdot K)}] \tag{2-119}$$

$$\Delta e_\mathrm{b}^\mathrm{II} = T_\mathrm{en}\Delta s_\mathrm{b}^\mathrm{II} = T_\mathrm{en}\frac{q_0}{T_\mathrm{g}} = T_\mathrm{en}(s_4 - s_3) \quad (\mathrm{kJ/kg}) \tag{2-120}$$

3) 工质温差传热引起的熵增 $\Delta s_\mathrm{b}^\mathrm{III}$ 及㶲损失 $\Delta e_\mathrm{b}^\mathrm{III}$。

$$\Delta s_b^{\text{III}} = s_0 - s_3 - \frac{q_0}{T_g} = s_0 - s_4 \quad [\text{kJ/(kg} \cdot \text{K)}] \tag{2-121}$$

$$\Delta e_b^{\text{III}} = T_{en} \Delta s_b^{\text{III}} = T_{en}(s_0 - s_4) \quad [(\text{kJ/kg})] \tag{2-122}$$

锅炉中的总㶲损失为

$$\Delta e_b = \Delta e_b^{\text{I}} + \Delta e_b^{\text{II}} + \Delta e_b^{\text{III}} = q_{net}(1 - \eta_b) + T_{en}(s_4 - s_3) + T_{en}(s_0 - s_4) \quad (\text{kJ/kg}) \tag{2-123}$$

（2）主蒸汽管道的熵增及㶲损失。蒸汽流过主蒸汽管道时，既有沿程压力损失，又有沿程散热损失，因压损而引起的熵增及㶲损失如图2-7所示，其中面积 c-d-d′-c′-c 表示其㶲损失的大小，它们的表达式为

$$\Delta s_p = s_1 - s_0 \quad [\text{kJ/(kg} \cdot \text{K)}] \tag{2-124}$$

$$\Delta e_p = T_{en} \Delta s_p = T_{en}(s_1 - s_0) \quad (\text{kJ/kg}) \tag{2-125}$$

（3）汽轮机内部的熵增及㶲损失。汽轮机中由于蒸汽膨胀过程的摩阻等而产生的熵增及㶲损失如图 2-7 所示，其中面积 d-e-e′-d′-d 表示其㶲损失的大小，它们的表达式为

$$\Delta s_t = s_2 - s_1 \quad [\text{kJ/(kg} \cdot \text{K)}] \tag{2-126}$$

$$\Delta e_t = T_{en} \Delta s_t = T_{en}(s_2 - s_1) \quad (\text{kJ/kg}) \tag{2-127}$$

（4）凝汽器中有温差换热引起的熵增及㶲损失。凝汽器中有温差换热引起的熵增及㶲损失如图 2-7 所示，其中面积 3-2-e-a-3 表示其㶲损失的大小，它们的表达式为

$$\Delta s_c = \frac{q_c}{T_{en}} - (s_2 - s_3) = \frac{h_2 - h_3}{T_{en}} - (s_2 - s_3)$$

$$= \frac{T_c(s_2 - s_3)}{T_{en}} - (s_2 - s_3) = \frac{(T_c - T_{en})(s_2 - s_3)}{T_{en}} \quad [\text{kJ/(kg} \cdot \text{K)}] \tag{2-128}$$

$$\Delta e_c = T_{en} \Delta s_c = (T_c - T_{en})(s_2 - s_3) \quad (\text{kJ/kg}) \tag{2-129}$$

（5）汽轮机的机械摩擦阻力引起的㶲损失。汽轮机的机械摩擦损失产生的㶲损失如图 2-7所示的面积 e-f-f′-e′-e，其表达式为

$$\Delta e_m = (h_1 - h_2)(1 - \eta_m) = T_{en} \Delta s_m \quad (\text{kJ/kg}) \tag{2-130}$$

（6）发电机转换电能的㶲损失。发电机的㶲损失如图 2-7 所示的面积 f-g-g′-f′-f，其表达式为

$$\Delta e_g = (h_1 - h_2)(1 - \eta_g)\eta_m = T_{en} \Delta s_g \quad (\text{kJ/kg}) \tag{2-131}$$

（7）凝汽式发电厂的总㶲损失及全厂总㶲效率。综上所述，每生产 1kg 蒸汽的凝汽式发电厂的总㶲损失及全厂总㶲效率为

$$\Delta e_{cp} = \Delta e_b + \Delta e_p + \Delta e_t + \Delta e_c + \Delta e_m + \Delta e_g \quad (\text{kJ/kg}) \tag{2-132}$$

$$\eta_{cp}^e = 1 - \frac{\Delta e_{cp}}{q_{net}} \tag{2-133}$$

其中

$$q_{net} = \frac{3600 P_e}{D_0} + \Delta e_{cp} = \frac{3600 P_e}{D_0} + \Delta e_b + \Delta e_p + \Delta e_t + \Delta e_c + \Delta e_m + \Delta e_g \quad (\text{kJ/kg}) \tag{2-134}$$

根据熵分析方法的计算结果，可绘制出相应的㶲流图。图 2-8 为具有三级回热抽汽的凝汽式发电厂各项做功能力的㶲流示意图，图中 $\Delta e_r$ 为回热加热过程中的㶲损失，$\Delta e_p^1(\Delta t)$、$\Delta e_p^2(\Delta p)$ 分别为蒸汽管道中因散热和压降而造成的㶲损失。

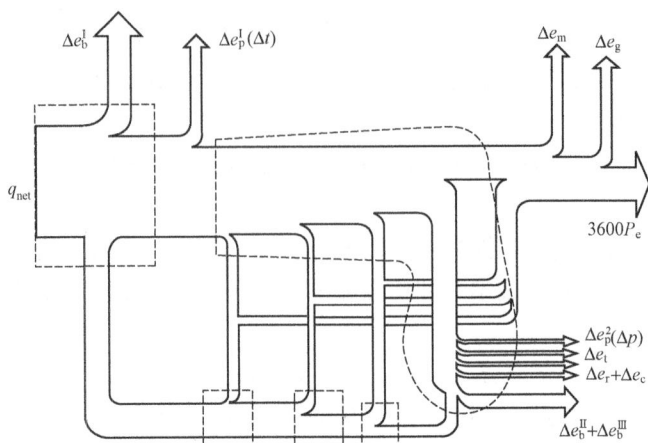

图 2-8 具有三级回热抽汽的凝汽式发电厂各项做功能力的㶲流示意图

**(二)㶲分析方法**

㶲分析方法是做功能力法评价电厂能量的质量利用程度的另一种方法，它以㶲平衡为工具，经过全面的分析与计算，对能量系统或用能设备的局部或整体的热力学完善性做出评价，一般采用㶲效率（可用能的利用率）和㶲损失（做功能力损失）来衡量。因此，㶲分析方法的理论基础是热力学第一定律的"平衡"思想和第二定律的㶲概念，其基本研究对象是能量系统或用能设备，最终目的是给出分析对象的热力学完善性评价，这种评价不仅包括系统的总体热经济性的定量结论，而且包括各个部位上㶲损失的大小及影响因素等。

1. 㶲分析基础

㶲在某种程度上可以理解为能够被利用的能量，可分为热量㶲、热力学能㶲与焓㶲等；㶲损失可以认为是损失掉的可被利用的能量。在进行热力发电厂的㶲分析时，首先需要明晰以下概念。

（1）热量㶲。在温度为 $T_{en}$ 的环境条件下，系统温度高于环境温度（$T > T_{en}$）时，系统所提供热量中可以转化为有用功的最大值即为热量㶲，用 $E_q$ 表示；1kg 工质所具有的热量㶲称为比热量㶲，用 $e_q$ 表示。

（2）热力学能㶲（内能㶲）。当闭口系统所处状态不同于环境状态时都具有做功的能力，即具有㶲值。闭口系统从给定的状态可逆地变化到与环境相平衡的状态时所能做的最大有用功称为该状态下闭口系统的㶲，或称为热力学能㶲，用 $E_u$ 表示。1kg 工质所具有的热力学能㶲称为比热力学能㶲，用 $e_u$ 表示。

（3）焓㶲。开口系统稳态流动工质在只与环境作用时，从给定的状态可逆地变化到环境状态时所做出的最大有用功称为稳态流动工质的焓㶲。

（4）㶲平衡方程和㶲效率。㶲平衡方程是㶲分析的基础，任何可逆过程不存在熵增和㶲损失。各种热力过程的不可逆因素将会产生熵增，熵增将带来做功能力损失，即㶲损失，进而使得部分可用能变成了无用能，在这一点上它不同于能量方程。系统㶲平衡方程的建立可参照能量平衡方程的建立，但需要增加一项支出项，即㶲损失项，用 $\Delta E$ 来表示，当以相对量来分析时，用 $\Delta e$ 来表示。根据能量平衡可推得㶲平衡的通用方程为

输入㶲－输出㶲－㶲损失＝系统的㶲变

对于如图 2-9 所示的某一热力设备，当以相对量来分析时，由㶲平衡方程可求得热力设备的㶲损失 $\Delta e$ 通式为

$$\Delta e = (e_{in} + e_q) - (w_a + e_{out}) = T_{en}\Delta s \quad (kJ/kg) \tag{2-135}$$

$$e_q = w_{max} = q_1 \eta_t^c = q_1 \left(1 - \frac{T_{en}}{T_1}\right) \tag{2-136}$$

式中　$e_{in}$、$e_{out}$——流进、流出设备的比㶲，kJ/kg；

$e_q$——进入设备的热流比㶲，kJ/kg；

$w_a$——实际比内功，kJ/kg；

$q_1$——1kg 外部热源供给设备的热量（比热量），kJ/kg；

$\Delta s$——不可逆过程的熵增，kJ/(kg·K)；

$\eta_t^c$——卡诺循环热效率，%；

$T_1$——热源温度，K；

$T_{en}$——冷源（环境）温度，K。

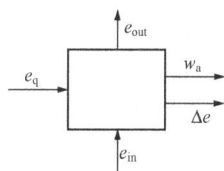

图 2-9　热力设备的㶲平衡图

式（2-135）为开口稳流系统㶲平衡的通用方程，通过该方程可求出某热力设备或整个发电厂的㶲损失。整个发电厂的㶲损失等于能量转换过程中各有关热力设备㶲损失的总和。

以㶲损失作为评价热力设备和发电厂热经济性的指标，是个绝对数值，不便于与其他热力设备进行相互比较，为此引入相对指标㶲效率 $\eta^e$。其指热力设备或系统有效利用的可用能（㶲）与供给的可用能（㶲）之比，有时也称为热力学第二定律效率，即

$$\eta^e = \frac{有效利用的可用能}{供给的可用能} \times 100\% \tag{2-137}$$

2. 凝汽式发电厂的㶲分析

发电厂的能量转换过程是由若干不可逆过程组合而成的，每一不可逆过程均存在㶲损失，以相对量分析时，总的㶲损失包括锅炉㶲损失 $\Delta e_b$、管道㶲损失（散热和节流）$\Delta e_p$、汽轮机㶲损失 $\Delta e_t$、凝汽器㶲损失 $\Delta e_c$、机械㶲损失 $\Delta e_m$ 与发电机㶲损失 $\Delta e_g$。对于图 2-7 所示的凝汽式发电厂热力系统，以 1kg 工质作为计算基准，忽略工质在水泵中的焓升，发电厂的㶲损失及㶲效率的分析计算方法如下所述。

（1）锅炉设备的㶲损失 $\Delta e_b$ 及㶲效率 $\eta_b^e$。锅炉输入㶲包括来自燃料的㶲 $e_q$（亦即燃料的化学能）和来自给水的焓㶲 $e_{fw}$（亦即锅炉省煤器入口处的给水比㶲），输出㶲为锅炉有效利用的热量㶲 $e_b$（亦即锅炉末级过热器出口处的蒸汽比㶲），由于锅炉不对外做功，故 $w_a = 0$，依据式（2-135）可得锅炉的㶲平衡方程为

$$e_q + e_{fw} = e_b + \Delta e_b \quad (kJ/kg) \tag{2-138}$$

由式（2-123）可知，锅炉㶲损失 $\Delta e_b$ 由锅炉散热引起的㶲损失 $\Delta e_b^I$、化学能转变为热能引起的㶲损失 $\Delta e_b^{II}$、工质温差传热引起的㶲损失 $\Delta e_b^{III}$ 三部分损失组成，故锅炉的㶲损失 $\Delta e_b$ 可表示为

$$\Delta e_b = \Delta e_b^I + \Delta e_b^{II} + \Delta e_b^{III} = e_q + e_{fw} - e_b \quad (kJ/kg) \tag{2-139}$$

根据㶲效率的定义，锅炉设备的㶲效率可表示为

$$\eta_b^e = \frac{e_{out}}{e_q + e_{in}} = \frac{e_b}{e_q + e_{fw}} = 1 - \frac{\Delta e_b}{e_q + e_{fw}} \tag{2-140}$$

对于换热器，按照相同的分析方法，可以得出换热器㶲损失以及换热器㶲效率类似的计

算公式。

（2）主蒸汽管道中㶲损失 $\Delta e_p$ 及管道㶲效率 $\eta_p^e$。对于管道系统，式（2-135）中的 $e_q = 0$、$w_a = 0$，主蒸汽管道的输入㶲等于锅炉设备的输出㶲，主蒸汽管道的输出㶲为汽轮机的输入㶲，故主蒸汽管道的㶲平衡方程为

$$e_b = e_0 + \Delta e_p \qquad (2\text{-}141)$$

蒸汽流经主蒸汽管道时由散热和节流等引起的㶲损失可表示为

$$\Delta e_p = e_b - e_0 \quad (\text{kJ/kg}) \qquad (2\text{-}142)$$

根据㶲效率的定义，主蒸汽管道的㶲效率可表示为

$$\eta_p^e = \frac{e_{out}}{e_{in}} = \frac{e_0}{e_b} = 1 - \frac{\Delta e_p}{e_b} \qquad (2\text{-}143)$$

式中　$e_0$——进入汽轮机主蒸汽门前的新蒸汽比㶲，kJ/kg；

　　　　$e_b$——锅炉末级过热器出口处的蒸汽比㶲，kJ/kg。

（3）汽轮机内部的㶲损失 $\Delta e_t$ 及汽轮机㶲效率 $\eta_t^e$。对于汽轮机，式（2-135）中的 $e_q = 0$，其输入㶲来自进入主蒸汽门前的新蒸汽比㶲 $e_0$，输出㶲包括蒸汽在汽轮机中所做的比内功 $w_i$ 和汽轮机的排汽比㶲 $e_c$，故汽轮机的㶲平衡方程为

$$e_0 = w_i + e_c + \Delta e_t \qquad (2\text{-}144)$$

不可逆膨胀引起的汽轮机内部㶲损失 $\Delta e_t$ 可表示为

$$\Delta e_t = e_0 - w_i - e_c \quad (\text{kJ/kg}) \qquad (2\text{-}145)$$

根据㶲效率的定义，汽轮机㶲效率可表示为

$$\eta_t^e = \frac{w_a}{e_{in} - e_{out}} = \frac{w_i}{e_0 - e_c} = 1 - \frac{\Delta e_t}{e_0 - e_c} \qquad (2\text{-}146)$$

式中　$w_i$——蒸汽在汽轮机中所做的比内功，kJ/kg；

　　　　$e_c$——汽轮机的排汽比㶲，kJ/kg。

（4）凝汽器的㶲损失 $\Delta e_c$ 及㶲效率 $\eta_c^e$。对于凝汽器，式（2-135）中的 $e_q = 0$，$w_a = 0$，其输入㶲来自汽轮机的排汽比㶲 $e_c$，输出㶲为凝结水的比㶲 $e_{cw}$，故凝汽器的㶲平衡方程为

$$e_c = e_{cw} + \Delta e_c \quad (\text{kJ/kg}) \qquad (2\text{-}147)$$

由温差传热引起的凝汽器中的㶲损失 $\Delta e_c$ 可表示为

$$\Delta e_c = e_c - e_{cw} \quad (\text{kJ/kg}) \qquad (2\text{-}148)$$

根据㶲效率的定义，凝汽器的㶲效率可表示为

$$\eta_c^e = \frac{e_{out}}{e_{in}} = \frac{e_{cw}}{e_c} = 1 - \frac{\Delta e_c}{e_c} \qquad (2\text{-}149)$$

式中　$e_{cw}$——凝结水的比㶲，kJ/kg。

（5）汽轮机机械摩擦阻力引起的㶲损失 $\Delta e_m$。蒸汽在汽轮机中所做的比内功 $w_i$ 与汽轮机轴端的有效功 $w_e$ 之差即为汽轮机机械摩擦阻力引起的㶲损失 $\Delta e_m$，其表达式为

$$\Delta e_m = e_{in} - e_{out} = w_i - w_e \quad (\text{kJ/kg}) \qquad (2\text{-}150)$$

其中，$w_e = w_i \cdot \eta_m$，$\eta_m$ 为机械效率，因此，式（2-150）又可写为

$$\Delta e_m = w_i(1 - \eta_m) \quad (\text{kJ/kg}) \qquad (2\text{-}151)$$

（6）发电机的㶲损失 $\Delta e_g$。发电机输出的电能 $P_e$ 总是小于汽轮机轴端的有效功 $w_e$，两者之差值即为发电机的㶲损失 $\Delta e_g$，其表达式为

$$\Delta e_{\mathrm{g}} = w_{\mathrm{e}}(1 - \eta_{\mathrm{g}}) = w_{\mathrm{i}}\eta_{\mathrm{m}}(1 - \eta_{\mathrm{g}}) \quad (\mathrm{kJ/kg}) \tag{2-152}$$

（7）发电厂的总㶲损失 $\Delta e_{\mathrm{cp}}$ 及全厂㶲效率 $\eta_{\mathrm{cp}}^{\mathrm{e}}$ 。每生产 1kg 蒸汽的凝汽式发电厂的总㶲损失等于组成循环过程的各个热力设备的㶲损失之和，即

$$\Delta e_{\mathrm{cp}} = \Delta e_{\mathrm{b}} + \Delta e_{\mathrm{p}} + \Delta e_{\mathrm{t}} + \Delta e_{\mathrm{c}} + \Delta e_{\mathrm{m}} + \Delta e_{\mathrm{g}} = \sum_{\mathrm{cp}} \Delta e_{j} \quad (\mathrm{kJ/kg}) \tag{2-153}$$

发电厂每生产 1kg 蒸汽所消耗燃料的㶲值为

$$e_{\mathrm{cp}} = \frac{3600 P_{\mathrm{e}}}{D_0} + \Delta e_{\mathrm{cp}} = q_{\mathrm{net}} \quad (\mathrm{kJ/kg}) \tag{2-154}$$

发电厂全厂㶲效率为

$$\eta_{\mathrm{cp}}^{\mathrm{e}} = \frac{3600 P_{\mathrm{e}}}{D_0 e_{\mathrm{cp}}} = 1 - \frac{\Delta e_{\mathrm{cp}}}{q_{\mathrm{net}}} = 1 - \frac{\displaystyle\sum_{\mathrm{cp}} \Delta e_{j}}{q_{\mathrm{net}}} = 1 - \sum_{\mathrm{cp}} \xi_{j}^{\mathrm{e}} \tag{2-155}$$

式中　　$\xi_{j}^{\mathrm{e}}$ ——发电厂各热力设备的㶲损失率，%；

　　　　$q_{\mathrm{net}}$ ——发电厂的输入燃料㶲，kJ/kg。

比较式（2-153）、式（2-154）、式（2-155）和式（2-132）、式（2-133）、式（2-134）可以发现，采用㶲分析方法与熵分析方法所得出的发电厂总㶲损失及全厂总㶲效率的计算表达式完全一致。因此，采用㶲方法或熵方法都可以计算发电厂各热力设备的㶲损失和㶲效率，但无论采用哪一种方法，计算结果应该是相等的，其数值应等于图 2-7 中对应的面积。为了方便记忆，表 2-8 汇总了按朗肯循环工作的凝汽式发电厂的㶲损失计算公式及其分布详图，表 2-9 汇总了热力发电厂典型热力设备的㶲损失和㶲效率计算公式。需要说明的是，进行燃煤火力发电厂热经济性分析计算，可以认为燃煤的化学能近似等于其低位发热量。

**表 2-8　　　　　　　按朗肯循环工作的凝汽式发电厂的㶲损失计算式及其分布详图**

| 序号 | 不可逆过程名称 | 㶲损所示面积（见图 2-7） | 㶲损 $\Delta e$ 的计算式（kJ/kg） |
|---|---|---|---|
| 1 | 锅炉的总㶲损 | 6-7-a′-6′-6＋a-c-c′-a′-a | $\Delta e_{\mathrm{b}} = \Delta e_{\mathrm{b}}^{\mathrm{I}} + \Delta e_{\mathrm{b}}^{\mathrm{II}} + \Delta e_{\mathrm{b}}^{\mathrm{III}}$ |
| (1) | 锅炉散热损失 | 6-7-a′-6′-6 | $\Delta e_{\mathrm{b}}^{\mathrm{I}} = q_{\mathrm{net}}(1 - \eta_{\mathrm{b}})$ |
| (2) | 燃料化学能转变成热能的㶲损 | a-b-b′-a′-a | $\Delta e_{\mathrm{b}}^{\mathrm{II}} = T_{\mathrm{en}}\Delta s_{\mathrm{b}}^{\mathrm{II}} = T_{\mathrm{en}}\dfrac{q_0}{T_{\mathrm{g}}} = T_{\mathrm{en}}(s_8 - s_3)$ <br> $= q_{\mathrm{net}}\,\eta_{\mathrm{b}}(1 - \eta_{\mathrm{c}})$ |
| (3) | 锅炉中有温差换热的㶲损 | b-c-c′-b′-b | $\Delta e_{\mathrm{b}}^{\mathrm{III}} = T_{\mathrm{en}}\Delta s_{\mathrm{b}}^{\mathrm{III}} = T_{\mathrm{en}}(s_0 - s_8)$ <br> $= T_{\mathrm{en}}\left[(s_0 - s_3) - \left(\dfrac{h_0 - h_3}{T_{\mathrm{g}}}\right)\right]$ |
| 2 | 主蒸汽管道中的节流㶲损 | c-d-d′-c′-c | $\Delta e_{\mathrm{p}} = T_{\mathrm{en}}\Delta s_{\mathrm{p}},\ \Delta s_{\mathrm{p}} = s_1 - s_0$ |
| 3 | 汽轮机不可逆膨胀的㶲损 | d-e-e′-d′-d | $\Delta e_{\mathrm{t}} = T_{\mathrm{en}}\Delta s_{\mathrm{t}},\ \Delta s_{\mathrm{t}} = s_2 - s_1$ |
| 4 | 凝汽器中有温差换热的㶲损 | 3-2-e-a-3 | $\Delta e_{\mathrm{c}} = T_{\mathrm{en}}\Delta s_{\mathrm{c}}$ <br> $\Delta s_{\mathrm{c}} = \dfrac{h_2 - h_3}{T_{\mathrm{en}}} - (s_2 - s_3)$ |
| 5 | 汽轮机机械传动中的能量损失 | e-f-f′-e′-e | $\Delta e_{\mathrm{m}} = T_{\mathrm{en}}\Delta s_{\mathrm{m}} = (h_1 - h_2)(1 - \eta_{\mathrm{m}})$ |
| 6 | 发电机内的能量损失 | f-g-g′-f′-f | $\Delta e_{\mathrm{g}} = T_{\mathrm{en}}\Delta s_{\mathrm{g}} = (h_1 - h_2)(1 - \eta_{\mathrm{g}})\eta_{\mathrm{m}}$ |

| 序号 | 不可逆过程名称 | 㶲损所示面积（见图 2-7） | 㶲损 $\Delta e$ 的计算式（kJ/kg） |
|------|----------------|--------------------------|-----------------------------------|
| 7 | 发电厂的总㶲损 | $6\text{-}7\text{-}a'\text{-}6'\text{-}6$ $+3\text{-}2\text{-}e'\text{-}a'\text{-}3$ $+e\text{-}g\text{-}g'\text{-}e'\text{-}e$ | $\Delta e_{cp} = \Delta e_b + \Delta e_p + \Delta e_t + \Delta e_c + \Delta e_m + \Delta e_g$ |
| 8 | 凝汽式发电厂利用的可用能 | | $3600\,P_e/D_0 = q_{net} - \Delta e_{cp} = e_{cp} - \Delta e_{cp}$ |
| 9 | 凝汽式发电厂的㶲效率 | | $\eta_{cp}^e = 1 - \dfrac{\Delta e_{cp}}{q_{net}} = 1 - \dfrac{\Delta e_{cp}}{e_{cp}} = 1 - \sum_{cp} \xi_i^e$ |

**表 2-9　　　热力发电厂典型热力设备的㶲损失和㶲效率计算公式**

| 设备名称 | 特点 | 比㶲损 $\Delta e$（kJ/kg） | 㶲效率（%） |
|----------|------|---------------------------|-------------|
| 锅炉，换热器 | $w_a = 0$ | $\Delta e_b = e_{in} + e_q - e_{out}$ | $\eta_b^e = \dfrac{e_{out}}{e_q + e_{in}}$ |
| 汽轮机 | $e_q = 0$ | $\Delta e_t = e_{in} - w_a - e_{out}$ | $\eta_t^e = \dfrac{w_a}{e_{in} - e_{out}}$ |
| 管道 | $e_q = 0$ $w_a = 0$ | $\Delta e_p = e_{in} - e_{out}$ | $\eta_p^e = \dfrac{e_{out}}{e_{in}}$ |

### 三、两种热经济性评价方法的比较及应用

热量法和做功能力分析法（熵方法及㶲方法）从不同的角度分析了发电厂的热经济性。热量法以热力学第一定律为基础，从数量上计算各设备及全厂的热效率。做功能力分析法以热力学第一、第二定律为基础，揭示了热功转换过程中由于不可逆性而产生的做功能力损失，其中熵方法计算做功能力损失，㶲方法计算做功能力，它们分别从热功转换过程的两个方面说明了热功转换过程的可能性、方向性和条件性。下面以按朗肯循环工作的同一凝汽式发电厂为例，用两种热经济性评价方法的具体计算结果予以对比说明。

已知锅炉侧的主蒸汽参数为 $p_b = 14\text{MPa}$，$t_b = 560℃$；汽轮机侧的主蒸汽参数为 $p_0 = 13.5\text{MPa}$，$t_0 = 550℃$；汽轮机的排汽压力为 $p_c = 4\text{kPa}$；燃烧平均温度为 2000K；锅炉效率为 0.90；汽轮机相对内效率为 0.85；1kg 燃料在锅炉中放出的热量为 $q_{net} = 3738.2\text{kJ/kg}$，并认为燃料㶲 $e_{cp} = q_{net}$。在忽略进入炉膛的空气热量及其相应的热量㶲以及泵功时，采用两种方法计算的发电厂的总效率、能量损失大小及其百分率的计算结果见表 2-10。

**表 2-10　　　凝汽式发电厂的热损失/㶲损失和全厂效率的计算结果**

| 热量法的热损失 | | | 㶲方法的㶲损失 | | |
|----------------|----------------|----------------|----------------|----------------|----------------|
| 项目 | 数值（kJ/kg） | 所占份额（%） | 项目 | 数值（kJ/kg） | 所占份额（%） |
| 锅炉 | 373.8 | 10 | 锅炉 | 2121.1 | 56.7 |
| 蒸汽管道 | 21.3 | 0.6 | 蒸汽管道 | 18.5 | 0.5 |
| 汽轮机 | — | — | 汽轮机 | 207.5 | 5.6 |
| 凝汽器 | 2083.29 | 55.7 | 凝汽器 | 131.7 | 3.5 |
| 装置做出的功 | 1259.8 | 33.7 | 装置做出的功 | 1259.8 | 33.7 |
| 总损失 | 2478.39 | — | 总损失 | 2478.8 | — |
| 动力装置效率 | — | 33.7 | 动力装置效率 | — | 33.7 |

分析表 2-10 的计算结果可知：

（1）无论采用哪种计算方法，在忽略进入炉膛的空气热量及其相应的热量㶲，并认为燃料的低位发热量与其化学㶲相等的情况下，两种方法计算得出的全厂总损失量和装置效率是相同的。

（2）对于损失的分布，两种方法所获得的计算结果却大相径庭。热量法中的能量损失以散失于环境为主，不区分能量品位的高低，故凝汽器中的热损失最大，占 55.7%，即图 2-7 中面积 2-e′-a′-3-2 所示，锅炉的热损失却很小，仅占 10%。㶲方法的可用能损失，以过程的不可逆性为准，指的是在不可逆过程中可用能转化为㶲的部分，至于产生的㶲是在当时就排向环境，或暂时仍包含在工质内，通过后续设备再排向环境是无关紧要的，锅炉的热损失虽然仅占供入热量的 10%，但由于燃烧、传热的严重不可逆性，其㶲损失却占供入可用能的 56.7%，其中尤以巨大的换热温差 $\Delta T_{\mathrm{b}} = T_{\mathrm{g}} - \overline{T_1}$ 导致的可用能损失为主，占供入可用能的份额高达 34%，即图 2-7 中面积 b-c-c′-b′-b 所示。而凝汽器中的热损失数量虽然很大，但其品位很低，主要是在锅炉、汽轮机等设备中已转变为㶲，故凝汽器的㶲损失却很小，仅占供入可用能的 3.5%，即图 2-7 中面积 3-2-e-a-3 所示。需注意的是，锅炉传热温差很大，巨大的温差不可逆传热使得可用能的利用程度大为降低，其㶲损失是使全厂总㶲效率降低的主要因素。

（3）热量法只表明不同形式能量转换的结果，不能揭示能量损失的本质原因；做功能力分析法不仅表明能量转换的结果，而且能揭示能量损失的根本原因。两者从不同的角度对同一事物的不同侧面进行分析，相辅相成，互为补充，但不能相互取代。鉴于热量法计算简单，使用方便，用于定量评价发电厂的热经济性；做功能力分析法的定量计算较为复杂，目前主要用于定性分析，对技术改进起着重要的方向性指导作用。

综上所述，基于热力学第一定律的热效率这一评价指标因受其理论基础的限制，将输入和输出的能量等同起来，因此，它是不完善的。随着热力学第二定律分析方法的发展，产生了㶲效率评价指标，与热效率评价指标相比，㶲效率更能反映系统或设备的热力学完善程度的真实情况。但是，㶲效率的定义又是相当复杂的，因为不同性质的系统或设备以及不同的使用目的等都对㶲效率的定义有着不同的要求，因此出现了各种不同的㶲效率，其中传递㶲效率和目的㶲效率是目前常用的两种，根据本课程的要求，并限于本书的篇幅，本书不对其进行深入的论述，有兴趣的同学可参阅相关书籍。

## 第三节　凝汽式发电厂的主要热经济性指标

我国火力发电厂通常采用热量法来定量评价其热经济性。凝汽式发电厂常用的热经济性指标有能耗量（汽耗量、热耗量、煤耗量）、能耗率（汽耗率、热耗率、煤耗率）和热效率，衡量的对象是汽轮发电机组或整个发电厂，其中供电标准煤耗率是火力发电厂发电设备、系统运行经济性能的总指标，它能够反映发电厂各方面工作的总体水平。本节介绍凝汽式发电厂的主要热经济性指标，热电厂的主要热经济性指标将在第六章介绍。

### 一、汽轮发电机组的热经济性指标

图 2-1 中的虚线所框范围即为汽轮发电机组，其热经济性指标主要有汽耗量 $D_0$ 和汽耗率 $d$、热耗量 $Q_0$ 和热耗率 $q$ 以及汽轮发电机组的绝对电效率 $\eta_e$。

1. 机组的汽耗量 $D_0$ 和汽耗率 $d$

汽轮发电机组的汽耗量 $D_0$ 是指单位时间内汽轮发电机组生产电能 $P_e$ 所消耗的蒸汽量。亦即在一定发电功率 $P_e$ 时汽轮机的进汽量,单位为 kg/h。在汽轮发电机组中,蒸汽的热能转变为电能的能量平衡方程式(也称功率方程式)为

$$D_0 w_i \eta_m \eta_g = 3600 P_e \tag{2-156}$$

将汽轮机实际比内功 $w_i = \sum_{j=1}^{z} \alpha_j \Delta h_j + \alpha_c \Delta h_c$ 代入式(2-156)可得

$$D_0 \left( \sum_{j=1}^{z} \alpha_j \Delta h_j + \alpha_c \Delta h_c \right) \eta_m \eta_g = 3600 P_e \tag{2-157}$$

将物质平衡式 $\alpha_c = 1 - \sum_{j=1}^{z} \alpha_j$ 代入式(2-157)可得

$$D_0 = \frac{3600 P_e}{(h_0 - h_c + q_{rh}) \eta_m \eta_g} \cdot \frac{1}{(1 - \sum_{j=1}^{z} \alpha_j Y_j)} = D_{c0} \beta \quad \text{(kg/h)} \tag{2-158}$$

$$D_{c0} = \frac{3600 P_e}{(h_0 - h_c + q_{rh}) \eta_m \eta_g}$$

$$\beta = 1 / \left( 1 - \sum_{j=1}^{z} \alpha_j Y_j \right)$$

式中　$D_{c0}$——机组纯凝汽运行时的汽耗量,kg/h;

　　　$\beta$——回热抽汽做功不足而增大的汽耗系数;

　　　$Y_j$——回热抽汽做功不足系数,表示回热抽汽做功不足部分占应做功量的份额,抽

汽在再热前 $Y_j = \dfrac{h_j - h_c + q_{rh}}{h_0 - h_c + q_{rh}}$;抽汽在再热后 $Y_j = \dfrac{h_j - h_c}{h_0 - h_c + q_{rh}}$。

汽轮发电机组的汽耗率 $d$ 是指汽轮发电机组每生产 1kW·h 的电量所消耗的蒸汽量。由式(2-156)可得

$$d = \frac{D_0}{P_e} = \frac{3600}{(h_0 - h_c + q_{rh}) \eta_m \eta_g} \cdot \beta = d_{c0} \beta \quad \text{[kg/(kW·h)]} \tag{2-159}$$

式(2-158)和式(2-159)是计算汽轮发电机组汽耗量和汽耗率的通用计算公式。非再热时,$q_{rh} = 0$;无回热时,$\sum_{j=1}^{z} \alpha_j = 0$。由于 $\sum_{j=1}^{z} \alpha_j < 1$,$\Sigma Y_j < 1$,故 $\beta > 1$,即回热机组的汽耗量和汽耗率高于相同参数的纯凝汽式机组的汽耗量和汽耗率。

在式(2-158)和式(2-159)中,分母中的 $h_0 - h_c + q_{rh}$ 表示 1kg 凝汽流以热量计的实际比内功,$(h_0 - h_c + q_{rh})(1 - \sum_{j=1}^{z} \alpha_j Y_j)$ 的物理意义为具有再热、回热的汽轮发电机组以热量计的实际比内功,它等价于 $(1 - \sum_{j=1}^{z} \alpha_j Y_j)$ kg 凝汽流从蒸汽初参数膨胀到终参数所做的以热量计的实际比内功。

2. 机组的热耗量 $Q_0$ 和热耗率 $q$

汽轮发电机组的热耗量 $Q_0$ 是指单位时间内汽轮发电机组生产电能 $P_e$ 所消耗的热量,实质上就是经管道输送给汽轮机的有效热量,亦即新汽量为 $D_0$ 时的工质循环吸热量。若无工质损失($D_0 = D_{fw}$),热耗量 $Q_0$ 的计算表达式为

$$Q_0 = D_0(h_0 - h_{fw}) + D_{rh}q_{rh} \quad (\text{kJ/h}) \tag{2-160}$$

汽轮发电机组的热耗率 $q$ 是指汽轮发电机组每生产 1kW·h 电能所消耗的热量，即

$$q = \frac{Q_0}{P_e} = d(h_0 - h_{fw} + \alpha_{rh}q_{rh}) \quad [\text{kJ/(kW·h)}] \tag{2-161}$$

当 $q_{rh} = 0$ 时，式（2-160）和式（2-161）分别表示非再热凝汽式机组的热耗量和热耗率。

3. 汽轮发电机组的绝对电效率 $\eta_e$

汽轮发电机组的绝对电效率 $\eta_e$ 是指汽轮发电机组的输出电功率 $P_e$ 与输入热量 $Q_0$ 之比，其计算表达式为

$$\eta_e = \frac{3600P_e}{Q_0} = \frac{W_i}{Q_0} \cdot \frac{W_{ax}}{W_i} \cdot \frac{3600P_e}{W_{ax}} = \eta_i\eta_m\eta_g = \eta_t\eta_{ri}\eta_m\eta_g = \frac{3600}{Q_0/P_e} = \frac{3600}{q} \tag{2-162}$$

式中　$\eta_e$——汽轮发电机组的绝对电效率；

$\eta_i$——汽轮机的绝对内效率，即实际循环热效率；

$\eta_{ri}$——汽轮机的相对内效率；

$\eta_t$——汽轮机按照朗肯循环工作时的循环热效率；

$\eta_m$——汽轮发电机组的机械效率；

$\eta_g$——汽轮发电机组的发电效率。

由式（2-162）可知，汽轮发电机组的绝对电效率 $\eta_e$ 和热耗率 $q$ 的大小与 $\eta_i$、$\eta_m$、$\eta_g$ 有关，而 $\eta_m$、$\eta_g$ 的值均在 0.99 左右，且变化不大，所以汽轮机的绝对内效率 $\eta_i$ 在 $\eta_e$ 中占有主导地位，决定着汽轮发电机组的热耗率，也就是说，机组热耗率 $q$ 的大小主要取决于 $\eta_i$。因此，机组热耗率反映了发电厂的热经济性，是发电厂重要的热经济性指标之一。机组热耗率 $q$ 与机组绝对电效率 $\eta_e$ 两者紧密关联，知其一即可通过式（2-162）求得另一指标。

回热式机组的热经济性高于无回热（按朗肯循环工作）机组，但其汽耗量和汽耗率却高于无回热的机组，故严格地讲，汽耗量和汽耗率不能作为单独的热经济性指标。只有当机组热耗率一定时，汽耗率才能作为热经济性指标。而热耗率却能单独使用，如 $q = 7500$kJ/(kW·h)，则 $\eta_e = 0.48$。表 2-11 给出了国产凝汽式汽轮发电机组热经济性指标的大致数值范围。

表 2-11　　　　　国产凝汽式汽轮发电机组热经济性指标的大致数值范围

| 额定功率 $P_e$ (MW) | $\eta_{ri}$ (%) | $\eta_i$ (%) | $\eta_m$ (%) | $\eta_g$ (%) | $\eta_e$ (%) | $d$ kg/(kW·h) | $q$ kJ/(kW·h) |
|---|---|---|---|---|---|---|---|
| 0.75~6 | 76~82 | <30 | 96.5~98.6 | 93~96 | 27~28.4 | >4.9 | >13333 |
| 12~25 | 82~85 | 31~33 | 98.6~99 | 96.5~97.5 | 29~32 | 4.7~4.1 | 12414~11250 |
| 50~100 | 85~87 | 37~40 | 约99 | 98~98.5 | 36~39 | 3.9~3.5 | 10000~9231 |
| 125~200 | 86~89 | 43~45 | 约99 | 约99 | 42.1~44.1 | 3.1~2.9 | 8612~8238 |
| 300~600 | 88~90 | 45~48 | 约99 | 约99 | 44.1~47 | 3.2~2.8 | 8219~7579 |
| 1000 | 92~92.5 | 48.9~49.8 | 约99 | 约98.9 | 47.8~49 | 2.9~2.7 | 7347~7383 |

表 2-11 列举的各项热经济性指标值，均系在额定功率或经济功率时的数值。若在非额定工况下运行，相应的热经济性指标的数值均要变化（效率降低，热耗率和煤耗率增大），

其幅值视变工况的具体情况而定。

**二、全厂热经济性指标**

全厂热经济性指标分为全厂发电和全厂供电热经济性指标，但只有全厂供电标准煤耗率才能够反映发电厂各方面的工作水平，包括设备健康水平、设备检修工艺及检修质量水平、单元机组发电平均负荷情况、运行调整及操作水平、节能管理、燃料管理、各专业和各层次管理者的管理意识和管理工作水平等，它是评价发电厂的设备、系统运行经济性能的总指标。

1. 全厂发电热经济性指标

(1) 全厂发电热耗量 $Q_{cp}$ 和热耗率 $q_{cp}$。全厂发电热耗量 $Q_{cp}$ 是指凝汽式发电厂单位时间内生产电能 $P_e$ 所消耗的热量，即

$$Q_{cp} = Bq_{net} = \frac{Q_b}{\eta_b} = \frac{Q_0}{\eta_b\eta_p} = \frac{3600P_e}{\eta_b\eta_p\eta_e} = \frac{3600P_e}{\eta_{cp}} \quad (kJ/h) \quad (2-163)$$

全厂发电热耗率 $q_{cp}$ 是指凝汽式发电厂生产 $1kW \cdot h$ 电能所消耗的热量，即

$$q_{cp} = \frac{Q_{cp}}{P_e} = \frac{3600}{\eta_{cp}} = \frac{3600}{\eta_b\eta_p\eta_e} \quad [kJ/(kW \cdot h)] \quad (2-164)$$

(2) 全厂发电煤耗量 $B_{cp}$、煤耗率 $b_{cp}$ 和标准煤耗率 $b_{cp}^s$。全厂发电煤耗量 $B_{cp}$ 表示单位时间内发电厂所消耗的燃料量，即

$$B_{cp} = \frac{Q_{cp}}{q_{net}} = \frac{Q_b}{\eta_b q_{net}} = \frac{3600P_e}{\eta_{cp}q_{net}} \quad (kg/h) \quad (2-165)$$

全厂发电煤耗率 $b_{cp}$ 为发电厂每生产 $1kW \cdot h$ 电能所消耗的燃料量，即

$$b_{cp} = \frac{B_{cp}}{P_e} = \frac{q_{cp}}{q_{net}} = \frac{q}{q_{net}\eta_b\eta_p} = \frac{3600}{\eta_{cp}q_{net}} \quad [kg/(kW \cdot h)] \quad (2-166)$$

由式 (2-166) 可知，全厂发电煤耗率 $b_{cp}$ 除了与全厂热效率 $\eta_{cp}$ 有关外，还受煤的低位发热量 $q_{net}$ 的影响。为消除不同燃料的影响，使得煤耗率仅与热效率有关，采用标准煤耗率 $b_{cp}^s$ 作为通用的热经济性指标，而 $b_{cp}$ 相应地称为实际煤耗率。

取标准煤的低位发热量 $q_{net} = 29270kJ/kg$，则全厂发电标准煤耗率 $b_{cp}^s$ 为

$$b_{cp}^s = \frac{3600}{29270\eta_{cp}} \approx \frac{0.123}{\eta_{cp}} \quad [kg/(kW \cdot h)] \quad (2-167)$$

或

$$b_{cp}^s \approx \frac{123}{\eta_{cp}} \quad [g/(kW \cdot h)] \quad (2-168)$$

(3) 全厂发电热效率 $\eta_{cp}$。全厂发电热效率 $\eta_{cp}$ 是指发电机的轴端输出电功率与全厂热耗量之比，计算表达式为

$$\eta_{cp} = \frac{3600P_e}{Q_{cp}} = \frac{3600P_e}{B_{cp}q_{net}} = \eta_b\eta_p\eta_e = \eta_b\eta_p\eta_i\eta_m\eta_g = \frac{3600}{q_{cp}} \quad (2-169)$$

上述 $q_{cp}$、$b_{cp}^s$、$\eta_{cp}$ 就是凝汽式发电厂的全厂发电热经济性指标，三者知其一，即可根据式 (2-164)、式 (2-167) 和式 (2-169) 求得其余两项指标，全厂发电热效率 $\eta_{cp}$ 又称为全厂毛效率。

2. 全厂供电热经济性指标

(1) 全厂供电热效率 $\eta_{cp}^n$。全厂供电热效率是指扣除厂用电量的全厂热效率，也称为全厂净效率，其计算表达式为

$$\eta_{cp}^n = \frac{3600(P_e - P_{ap})}{Q_{cp}} = \frac{3600 P_e (1 - \xi_{ap})}{B_{cp} q_{net}} = \eta_{cp}(1 - \xi_{ap}) \qquad (2\text{-}170)$$

式中　$\xi_{ap}$——厂用电率，%。

厂用电率是指在同一时间，发电厂生产过程中所有辅助设备所消耗的厂用电量 $P_{ap}$ 与发电量 $P_e$ 的比值，即

$$\xi_{ap} = \frac{P_{ap}}{P_e} \times 100\% \qquad (2\text{-}171)$$

（2）全厂供电热耗率 $q_{cp}^n$。全厂供电热耗率是指发电厂向电网每供 1kWh 电能所消耗的热量值，也称为全厂净热耗率，其计算表达式为

$$q_{cp}^n = \frac{3600}{\eta_{cp}^n} = \frac{3600}{\eta_{cp}(1 - \xi_{ap})} \quad [\text{kJ/(kW} \cdot \text{h)}] \qquad (2\text{-}172)$$

（3）全厂供电标准煤耗率 $b_{cp}^n$。全厂供电标准煤耗率指发电厂向电网每供 1kWh 电能所消耗的标准燃煤量，计算表达式为

$$b_{cp}^n \approx \frac{0.123}{\eta_{cp}^n} = \frac{0.123}{\eta_{cp}(1 - \xi_{ap})} \quad [\text{kg/(kW} \cdot \text{h)}] \qquad (2\text{-}173)$$

或

$$b_{cp}^n \approx \frac{123}{\eta_{cp}^n} = \frac{123}{\eta_{cp}(1 - \xi_{ap})} \quad [\text{g/(kW} \cdot \text{h)}] \qquad (2\text{-}174)$$

显然，$\eta_{cp}^n < \eta_{cp}$，$q_{cp}^n > q_{cp}$，$b_{cp}^n > b_{cp}^s$。

### 三、热经济性指标间的变化关系

一般采用热经济性指标的绝对量或相对量的变化来表明发电厂热经济性的变化程度，表 2-12 给出了热效率、热耗率、标准煤耗率变化值的计算公式，其中带 "′" 者表示变化后的数值。当热经济性指标变化的绝对量或相对量为正时，表明机组热经济性得以改善，即热效率提高，热耗率、标准煤耗率降低，反之亦然。

表 2-12　　　　　　　　　　热效率、热耗率、标准煤耗率变化值的计算公式

| 热经济指标 | 绝对量变化 | 相对量变化 | |
|---|---|---|---|
| | | 以变化前为基准 | 以变化后为基准 |
| 热效率（以 $\eta_i$ 为例） | $\Delta\eta_i = \eta_i' - \eta_i$ | $\delta\eta_i = \Delta\eta_i / \eta_i$ | $\delta\eta_i' = \Delta\eta_i / \eta_i'$ |
| 热耗率（以 $q$ 为例） | $\Delta q = q - q'$ | $\delta q = \Delta q / q$ | $\delta q' = \Delta q / q$ |
| 煤耗率（以 $b_{cp}^s$ 为例） | $\Delta b_{cp}^s = b_{cp}^s - b_{cp}^{s'}$ | $\delta b_{cp}^s = \Delta b_{cp}^s / b_{cp}^s$ | $\delta b_{cp}^{s'} = \Delta b_{cp}^s / b_{cp}^{s'}$ |

热经济性指标的相对变化量之间有如下关系。

1. 机组热耗率的变化与汽轮机绝对内效率变化的关系

$$\Delta q = q - q' = \frac{3600}{\eta_i \eta_m \eta_g} - \frac{3600}{\eta_i' \eta_m \eta_g} = \frac{3600}{\eta_i \eta_m \eta_g} \cdot \frac{\eta_i' - \eta_i}{\eta_i'} = q \delta\eta_i' \qquad (2\text{-}175)$$

由表 2-12 可知，$\Delta q = q\delta q$，故有

$$\delta q = \delta\eta_i' \qquad (2\text{-}176)$$

2. 全厂标准煤耗率的变化与汽轮机绝对内效率变化的关系

$$\Delta b_{cp}^s = b_{cp}^s - b_{cp}^{s'} = \frac{0.123}{\eta_b \eta_p \eta_i \eta_m \eta_g} - \frac{0.123}{\eta_b \eta_p \eta_i' \eta_m \eta_g}$$

$$=\frac{0.123}{\eta_b\eta_p\eta_i\eta_m\eta_g}\cdot\frac{\eta'_i-\eta_i}{\eta'_i}=b^s_{cp}\delta\eta'_i \tag{2-177}$$

由表 2-12 可知，$\Delta b^s_{cp}=b^s_{cp}\delta b^s_{cp}$，故有

$$\delta b^s_{cp}=\delta\eta'_i \tag{2-178}$$

3. 热经济性指标相对变化率之间的关系

比较式（2-176）和式（2-178），可得

$$|\delta q|=|\delta\eta'_i|=|\delta b^s_{cp}| \tag{2-179}$$

当热经济性微小变化时，$\delta\eta_i\approx\delta\eta'_i$，则有

$$|\delta q_0|=|\delta b^s_{cp}|=|\delta\eta'_i|\approx|\delta\eta_i| \tag{2-180}$$

可见，当采用机组热耗率、汽轮机的绝对内效率、标准煤耗率等指标的相对变化率来表示发电厂热经济性的变化时，它们的相对变化率的绝对值是相同的，即变化的百分比是相同的，但是，它们的绝对变化值是不相同的，即

$$\Delta q\neq\Delta\eta_i\neq\Delta b^s_{cp}$$

因此，若已知任一热经济性指标的相对变化率，即可据此直接求出其他与之有关的各热经济性指标的相对或绝对变化值。如已知 $\delta\eta_i$，即可求得 $\Delta q=q\delta\eta_i$，$\Delta b^s_{cp}=b^s_{cp}\delta\eta_i$，$\Delta B^s_{cp}=B^s_{cp}\delta\eta_i$，……

至于全厂总效率 $\eta_{cp}$ 与五个分效率 $\eta_b$、$\eta_p$、$\eta_i$、$\eta_m$、$\eta_g$ 变化之间的关系，可参阅相关参考文献。

综上所述，能耗率能够全面反映发电厂的运行热经济性，从 20 世纪 60 年代开始，国外已开始研究火电机组运行性能的耗差分析法，20 世纪 70 年代，开始应用此法来监控发电厂的运行能耗率。它把对能耗率有影响的关键可控参数连续进行监督分析，将监控参数的实际运行值与基准值进行比较，由两者的差值计算出对机组能耗率的影响，从而实时指导机组的运行或维修，有利于运行人员进行综合调整，使机组在最佳状况下运行。耗差分析法比运行小指标法（将热经济性指标分解成若干运行小指标进行独立考核评比）更为先进，同时耗差分析法的可控参数基准值还随负荷率、环境温度等的变化而变化，因此这种考核方法更能反映发电厂在各种情况下的热经济性。目前，基于耗差分析法开发的火电机组经济运行在线监测与运行指导系统在我国火力发电厂已经得到应用。

## 🌱 复习思考题

2-1　凝汽式发电厂的 $q$、$\eta_e$、$\eta_{cp}$、$\eta^n_{cp}$、$q_{cp}$、$q^n_{cp}$、$b^s_{cp}$、$b^n_{cp}$ 的物理概念是什么？它们之间的关系是怎样的？为何说供电标准煤耗率是一个比较完善的热经济性指标？

2-2　对于凝汽式发电厂生产过程的最大损失项，为何热量法和做功能力法得出的结果不一致？

2-3　评价热力发电厂热经济性的两种基本方法有何特点？两者有何区别？

2-4　热力发电厂热经济性分析中，为何定量计算常用热量法？

2-5　凝汽式发电厂的全厂总效率由哪些效率组成？以火电厂的实际朗肯循环为例，说明 $\eta_{ri}$、$\eta_i$ 的意义、区别和联系。

2-6　为什么说汽耗率不能独立用作热经济性指标？

2-7 发电厂在完成能量的转换过程中，存在哪些热损失？其中哪一项热损失最大？为什么？各项热损失和效率之间有什么关系？

2-8 热力发电厂中，主要有哪些不可逆损失？怎样才能减少这些过程中的不可逆损失性以提高发电厂热经济性？

2-9 回热式汽轮机比纯凝汽式汽轮机绝对内效率高的原因是什么？

2-10 何为机组年度可靠性综合评价系数？它包括哪些组成内容？

2-11 火电厂的发电成本主要包括什么？

2-12 火力发电厂发电设备、系统运行经济性能的总指标是什么？如何来计算？

2-13 说明火力发电厂锅炉及燃气轮机组大气污染物排放浓度限值标准。

2-14 发电厂能量转换过程中存在几种典型的不可逆过程？各自的熵增和㶲损如何计算？

2-15 锅炉设备的㶲损失由哪几部分组成？如何来计算？

2-16 何为热量㶲、热力学能㶲与焓㶲？

2-17 在进行发电厂热力计算时，主蒸汽压力和温度应该取汽轮机入口哪个部位的数据？

2-18 热耗率、绝对内效率、标准煤耗率等指标的相对变化率存在怎样的关系？

2-19 何为火力发电厂的发电总成本费用？生产成本和财务费用是由哪些费用组成的？哪一项费用最大？

2-20 热电联产项目总成本费用的组成有何特点？依据什么原则来进行成本分配？热电分摊比包括哪两部分？

## 习　题

2-1 国产 300MW 机组若纯凝汽（无再热、回热）运行，求机组热经济性指标和发电厂热经济性指标。

原始条件：$p_b = 16.76\text{MPa}$，$t_b = 540℃$，$p_0 = 16.18\text{MPa}$，$t_0 = 535℃$，$p_c = 0.00524\text{MPa}$，$\eta_b = 0.9168$，$\eta_m = 0.985$，$\eta_g = 0.99$，不计工质损失，不考虑给水泵焓升。

2-2 若给水在给水泵中的焓升为 23kJ/kg，在习题 2-1 的条件下，求机组热经济性指标和发电厂热经济性指标。

2-3 根据习题 2-1 的条件，计算机组的各项热损失，$\eta_{ri} = 0.884$，并据此绘制出它的热流图。

# 第三章　发电厂热力系统的拟定原则

## 本 章 提 要

本章介绍了火力发电厂热力系统的基本概念，重点论述了火电厂的热力循环形式、初终参数的确定原理、机组选型和容量的确定方法以及管道组成件的选用原则等，给出了火力发电厂热力系统的拟定原则，是学习和掌握原则性热力系统和全面性热力系统的理论基础。

## 第一节　热力系统的概念及分类

### 一、热力系统与热力系统图

燃煤火力发电厂是由锅炉、汽轮机、发电机三大主机和相应的附属设备组成的一个有机整体，在其生产过程中，燃料的化学能转换为电能是在复杂的热力循环的基础上完成的。根据发电厂热力循环的特征，将热力过程部分的主、辅机设备及其管道附件连接成一个整体的系统，称为发电厂的热力系统。该系统是发电厂实现热功转换的热力部分的工艺系统，它以安全和经济为原则，能够在各种工况条件下安全、经济、连续地将燃料的化学能转换成机械能，最终转变为电能。

热力系统图是指用规定的符号、线条等将热力系统绘制成的图，它广泛用于发电厂的设计、研究和运行管理中。《技术制图—管路系统的图形符号》（GB/T 6567—2008）以及《电力工程制图标准》（DL 5028—2015）都规定了有关热力设备、管道和主要附件的统一图形符号，表3-1所示为火电厂热力系统主要设备、管件及阀门图例。

表 3-1　　　　　　　　火电厂热力系统主要设备、管件及阀门图例

| 设备名称代号 | | 阀门图例 | | 设备和管件图例 | |
|---|---|---|---|---|---|
| 代号 | 设备名称 | 符号 | 说明 | 符号 | 说明 |
| B | 锅炉 | ◁▷ | 截止阀 | ◑ | 疏水器 |
| HP | 汽轮机高压缸 | ◁▷ | 闸阀 | ⎕ | 疏水罐 |
| IP | 汽轮机中压缸 | ◁▷ | 球阀 | ▷ | 大小头（变径管） |
| LP | 汽轮机低压缸 | ◀▶ | 截止阀（常关） | ⊣⊢ | 单级节流孔板 |
| HJ | 第J号加热器 | ◁▷ | 止回阀 | ▷◁ | 文丘里流量测量装置 |

续表

| 设备名称代号 | | 阀门图例 | | 设备和管件图例 | |
|---|---|---|---|---|---|
| 代号 | 设备名称 | 符号 | 说明 | 符号 | 说明 |
| TP | 前置给水泵 | | 调节阀 | | 滤水器 |
| FP | 给水泵 | | 真空阀（水封阀） | | 排大气 |
| TD | 给水泵汽轮机 | | 角阀 | | 泵 |
| SG | 轴封冷却器 | | 安全阀 | | 管线续接号 |
| C | 凝汽器 | | 减温减压阀 | | 自动主汽门 |
| CP | 凝结水泵 | | 蝶阀 | | 减温器 |
| BP | 凝结水升压泵 | | 四通阀 | | 滤网 |
| DE | 除盐装置 | | 三通阀 | B | 锅炉 |
| FC | 给水冷却器 | | 浮子调节阀 | | 单缸汽轮机 |
| HD | 高压除氧器 | | 疏水阀 | | 单缸双流汽轮机 |
| MD | 大气压力除氧器 | | 水封疏水阀 | | 加热器 |
| FF | 风机 | | 减压阀 | | 热力除氧器 |
| E | 蒸汽发生器 | | 凝汽器真空破坏阀 | | 排入地沟 |
| ES | 蒸汽冷却器 | | 旋塞阀 | | 刚性联轴器 |
| EJ | 抽汽冷却器 | | 升降式止回阀 | | 半挠性联轴器 |
| DC | 疏水冷却器 | | 底阀 | | 表面式凝汽器 |
| WAH | 暖风器 | | 薄膜式安全排气阀 | | 真空泵 |
| ECL | 低压省煤器 | | 手动蝶阀 | | 抽气器 |

### 二、热力系统的分类

发电厂热力系统是由许多功能各异的局部系统有机地组合在一起的,复杂而庞大。为了便于管理和分析计算,常将全厂热力系统进行不同用途的分类,以供使用。

以系统工作范围来划分,热力系统可以分为全厂热力系统和局部热力系统。局部热力系统又可以分为主要热力设备的系统(如汽轮机本体、锅炉本体等)和各种局部功能系统(如主蒸汽系统、给水系统、主凝结水系统、回热系统、供热系统、抽空气系统和冷却水系统等)两种。燃煤火力发电厂全厂热力系统则是以汽轮机回热系统为核心,将锅炉、汽轮机和其他所有局部热力系统有机组合而成的。

按照应用目的、编制原则和用途来划分,热力系统可以分为原则性热力系统和全面性热力系统。

原则性热力系统图是一种原理性图,它主要表明热力循环中工质能量转换及热量利用的过程,反映了发电厂热功转换过程中的技术完善程度和热经济性。它的拟定是电厂设计工作的重要环节,也是全面性热力系统制定和设计的基本依据。对机组而言,如汽轮机或回热系统的原则性热力系统,对全厂而言,如发电厂的原则性热力系统,它们主要用来反映在额定工况下系统的安全经济性;对不同功能的各种热力系统,如主蒸汽、给水、主凝结水等系统,其原则性热力系统则是用来反映该系统的主要特征——采用的主辅热力设备、系统形式。根据原则性热力系统图的目的要求,在全厂原则性热力系统图上,不应有反映其他工况(如低负荷工况、启停工况、事故工况等)的设备和管线,除个别与热经济性有关的阀门(如定压除氧器的压力调节阀等)外,所有其他阀门均不呈现,相同的设备也只需用一个来代表。

全面性热力系统全面反映了电厂的生产过程和设备组成,它不仅要求表示机组在额定工况下正常运行时系统的状况,还需要考虑机组在非额定工况下(包括启动、停机、升负荷、甩负荷以及某些设备检修、停运、切换等情况)机组的管道连接、设备设置,因此全面性热力系统包括电厂热力部分的所有管道及设备。由于全面性热力系统比较复杂,通常按功能分解为主蒸汽和再热蒸汽系统、汽轮机旁路系统、回热抽汽系统、主凝结水系统、主给水及除氧系统、加热器疏放水系统、辅助蒸汽系统、凝汽器抽真空系统、冷却水系统等。全面性热力系统由电力设计部门根据原则性热力系统以及各电厂的具体情况拟定。

### 三、热力系统的拟定原则

电力是现代化生产的主要动力,是实现国民经济现代化的重要物质技术基础。实践表明,电力工业的发展必须超前于国民经济各部门的发展。按国民经济生产总值平均年增长率为6%,电力超前系数为1.4计算,电力工业发展的平均年增长率应为8.4%。

在确定各项热力因素时,不仅要考虑到它们对机组技术性能先进性的影响,尽可能地提高其热经济性,还要考虑到它们对设备造价、电厂投资费用、运行维修费用以及对设备的安全可靠性的影响。所以,在拟定热力系统时应进行技术经济优化分析,在满足设计要求的前提下,尽可能地做到节约和经济,一般而言应力求:①使热力过程具有较高的热效率;②使设备具有较高的安全性和可用率;③管系和设备配置简单和紧凑合理,便于施工、运行和维护;④尽可能地降低初投资。

因此,在确定热力系统时,必须综合考虑热力循环的形式、主要参数的选定、主要设备的选型、主要工艺管道及其附属部件的选择、机组的运行方式等因素,通过全面的技术经济分析，做出合理的选择。

## 第二节　热力循环形式的确定

在热力循环中，热功转换的效果对发电厂的热经济性起着决定性的作用。热转变为功的效果越高，热力发电厂的热经济性就越好。在同等温度条件下，卡诺循环的热效率是现代热力发电厂实际循环热效率可能达到的极限值。例如初温为 $500\sim600℃$ 时，卡诺循环的效率为 $61\%\sim66\%$。对于以水作为工质的常规火力发电厂，由于水蒸气热物性之特点，无法实现卡诺循环，燃料的化学能变为机械能的过程是在朗肯循环基础上进行的。

**一、朗肯循环**

火力发电厂最基本的蒸汽动力循环是朗肯循环，它是以水和水蒸气作为循环工质，由锅炉、汽轮机、凝汽器和水泵等组成的蒸汽动力装置为基本设备来实现的，图 3-1 所示为一简单的火力发电厂热力系统图和朗肯循环的 $T$-$s$ 示意图。

朗肯循环可以认为是由下述四个过程组成，当忽略不可逆因素时，这四个过程是可逆的。

（1）未饱和水在锅炉中的定压加热、汽化和过热过程，即 4-5-6-1 过程线，它属于定压吸热过程。当运行参数达到临界状态参数值时，汽化过程缩为一点；当运行参数高于临界状态参数值时，则只有定压加热和过热两个过程。

（2）过热蒸汽在汽轮机中的等熵膨胀做功过程，即 1-2 过程线，它属于绝热膨胀过程。

（3）湿（饱和）蒸汽（汽轮机低压缸排汽）在凝汽器中的定压凝结放热过程，即 2-3 过程线，它属于定压放热过程。

（4）饱和水在水泵内的绝热升压过程，升压后进入锅炉，即 3-4 过程线，它属于等熵压缩过程。

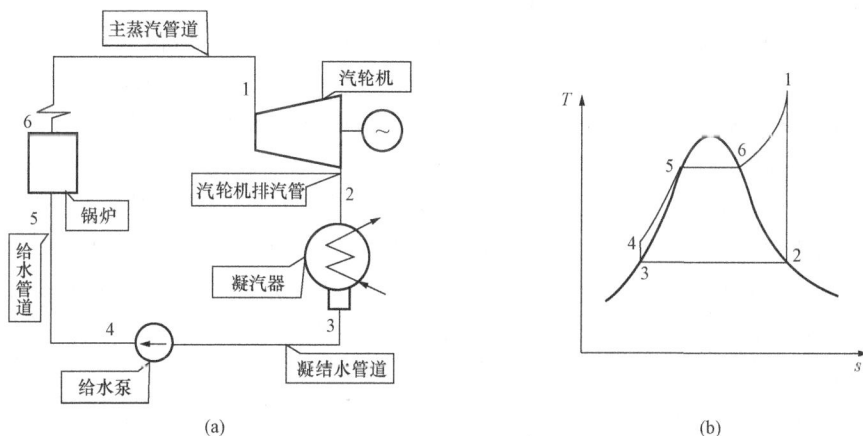

图 3-1　火力发电厂热力系统和朗肯循环示意图
（a）火力发电厂热力系统简图；（b）朗肯循环 $T$-$s$ 图

由于工质在液态阶段的吸热和汽态阶段的过热都是在温度升高的情况下进行的，而在等温下汽化时的温度要比循环的初温（即蒸汽的最终过热温度）低得多，因此朗肯循环的热效率比相同初温和终温下卡诺循环的热效率要低得多。

为了提高火力发电厂朗肯循环的热效率，可以采用一些复杂循环，如给水回热循环、蒸汽中间再热循环、热电联合循环和双工质复合循环等。

**二、给水回热循环**

给水回热加热是指在汽轮机某些中间级后抽出部分蒸汽，送入回热加热器对锅炉给水进行加热的过程，与之相应的热力循环称为给水回热循环。图 3-2 所示为采用单级回热循环的火电机组热力系统及其对应的 $T\text{-}s$ 图，图中 1-7-8-9-5-6-1 表示给水回热循环。

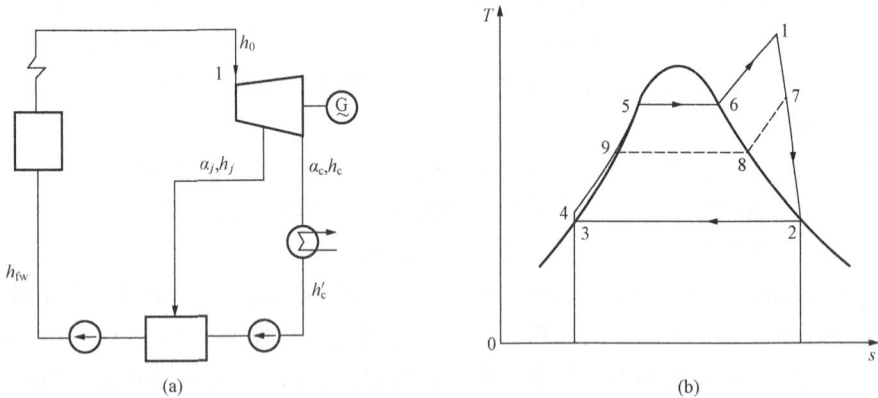

图 3-2　采用单级回热循环的火电机组热力系统及其对应的 $T\text{-}s$ 图
(a) 热力系统；(b) $T\text{-}s$ 图

1. 给水回热加热的意义

采用给水回热加热能够提高机组运行的热经济性，它是热力发电厂采用最早和应用最普遍的提高机组热经济性的主要技术手段。

给水回热加热的意义主要体现在以下两个方面：

(1) 减少机组的冷源损失。热量法分析表明，采用已在汽轮机中做过功的蒸汽来加热给水，这部分蒸汽没有冷源损失，使得汽轮机排入凝汽器的蒸汽流量相对减少，从而减少了整个机组的冷源损失。显然，回热抽汽量 $D_j$ 越大，在机组进汽量 $D_0$ 一定的情况下，凝汽量 $D_c$ $= D_0 - \sum D_j$ 减小得越多，相应的机组冷源损失越小。

(2) 提高锅炉给水温度。做功能力法分析表明，采用给水回热加热，给水温度得以提高，进而使工质在锅炉内吸热过程的平均温度提高，降低了锅炉内的换热温差 $\Delta T_b$，减小了工质温差传热引起的㶲损失 $\Delta e_b^{\mathrm{III}}$；同时，汽轮机抽汽加热给水的传热温差比水在锅炉中利用烟气所进行加热时的温差小得多，相应的做功能力损失也减小了。

2. 给水回热循环的热经济性

给水回热加热的热经济性主要以回热循环汽轮机的绝对内效率来衡量。对于图 3-2 所示的采用单级回热循环的火电机组热力系统，假定进入汽轮机的蒸汽量为 1kg，抽出的回热抽汽量为 $\alpha_j$ kg，排入凝汽器的凝汽量为 $\alpha_c$ kg，则 $\alpha_j + \alpha_c = 1$。根据式 (2-82)、式 (2-84) 及式 (2-93)，在不计泵功条件下，单级回热循环汽轮机的绝对内效率为

$$\eta_i^r = \frac{\alpha_j(h_0 - h_j) + \alpha_c(h_0 - h_c)}{\alpha_j(h_0 - h_j) + \alpha_c(h_0 - h_c')} = \eta_i\left(\frac{1 + A_r}{1 + A_r\eta_i}\right) = \eta_i R \tag{3-1}$$

其中，$\eta_i = \dfrac{\alpha_c(h_0 - h_c)}{\alpha_c(h_0 - h_c')}$，$A_r = \dfrac{\alpha_j(h_0 - h_j)}{\alpha_c(h_0 - h_c)} = \dfrac{\alpha_j \Delta h_j}{\alpha_c \Delta h_c} = \dfrac{w_r}{w_c}$。绝对内效率的相对变化率为

$$\delta\eta_i^r = \frac{\eta_i^r - \eta_i}{\eta_i} = \frac{1 - \eta_i}{\dfrac{1}{A_r} + \eta_i} \tag{3-2}$$

同理，具有再热、多级回热循环且不计泵功时有

$$\eta_i^r = \frac{w_i}{q_0} = \frac{\alpha_c w_{ic} + \sum\limits_{j=1}^{z} \alpha_j w_{ij}}{\alpha_c q_{0c} + \sum\limits_{j=1}^{z} \alpha_j w_{ij}} = \eta_i\left(\frac{1 + A_r}{1 + A_r \eta_i}\right) = \eta_i R \tag{3-3}$$

其中，$\eta_i = \dfrac{w_{ic}}{q_{0c}}$，$A_r = \dfrac{\sum\limits_{j=1}^{z} \alpha_j w_{ij}}{\alpha_c w_{ic}} = \dfrac{w_r}{w_c}$。并且绝对内效率相对变化率的计算式与式（3-2）形式完全相同，即

$$\delta\eta_i^r = \frac{\eta_i^r - \eta_i}{\eta_i} = \frac{1 - \eta_i}{\dfrac{1}{A_r} + \eta_i}。$$

式中　$\eta_i$——与回热式汽轮机的参数、容量相同的采用朗肯循环汽轮机的绝对内效率，%；

　　　$A_r$——回热抽汽做功动力系数，表明回热抽汽流所做内功占凝汽流所做内功的份额，%；

　　　$w_{ic}$——1kg 凝汽流的实际比内功，$w_{ic} = h_0 - h_c + q_{rh}$，kJ/kg；当循环参数一定时，$w_{ic}$ 为定值；

　　　$w_{ij}$——1kg 回热抽汽流的实际比内功，再热前 $w_{ij} = h_0 - h_j$，再热后 $w_{ij} = h_0 - h_j + q_{rh}$，kJ/kg；

　　　$w_c$——凝汽流所做的实际内功，$w_c = \alpha_c w_{ic}$；

　　　$w_r$——回热抽汽流所做的实际内功，$w_r = \sum\limits_{j=1}^{z} \alpha_j w_{ij}$；

　　　$q_{rh}$——1kg 再热蒸汽的吸热量，无再热时，$q_{rh} = 0$；

　　　$q_{0c}$——1kg 新蒸汽的比热耗，无回热时 $q_{0c} = w_{ic} + \Delta q_o$，循环参数一定，$q_{0c}$ 为定值，kJ/kg。

当汽轮机有回热抽汽时，由式（3-3）可得

（1）$A_r > 0$，且 $0 < \eta_i < 1$，$R = \dfrac{1 + A_r}{1 + A_r \eta_i} > 1$，则 $\eta_i^r > \eta_i$。即在蒸汽初、终参数相同的情况下，采用给水回热加热，可使汽轮机组的绝对内效率提高，且回热抽汽的做功动力系数越大，绝对内效率越高。

（2）抽汽量 $\alpha_j$ 增加或抽汽焓值 $h_j$ 减小，则 $A_r$ 增大，$\eta_i^r$ 增大。即抽汽量越多，或抽汽压力越低，回热循环热经济性越高。

（3）每 1kg 新蒸汽所做的总内功 $w_i$ 等于 $z$ 级回热抽汽所做的总内功 $w_r$ 与凝汽流所做总内功 $w_c$ 之和，即 $w_i = w_r + w_c$，在 $w_i$ 恒定的可比条件下，$w_r$ 越大，$w_c$ 越小，冷源损失越小，$\eta_i^r$ 增加得越多。为此，可用回热抽汽做功比 $X_r = w_r/w_i$ 来表明回热循环对机组热经济性的影响程度，回热抽汽做功比是指回热抽汽所做功量占机组总的做功量的比值。显然，$X_r$ 越大，$\eta_i^r$ 也越大。对于多数回热循环，压力较低的回热抽汽做功大于压力较高的回热抽汽做

功，因此应尽可能利用低压回热抽汽，将会获得更好的热经济效益。

（4）当 $w_c=0$，$w_i=w_r$ 时，即 $X_r=1$，$\eta_i^r=1$，这就是具有回热抽汽的背压式供热汽轮机组，其循环的热经济性是最高的。

综上可见，在蒸汽初、终参数相同的情况下，采用回热循环的机组热经济性比朗肯循环机组的热经济性有显著提高。因此，现代热力发电厂普遍采用回热循环或具有再热的回热循环。若 $A_r=0.2$，$\eta_i=0.45$，则 $\delta\eta_i^r\approx0.10$，即有回热循环的实际循环热效率可相对提高约 10%，这是很可观的。$A_r$ 值越大，$\delta\eta_i^r$ 越大。

需要注意的是，汽轮机组运行过程中，给水回热循环存在着许多削弱回热热经济性的不可逆因素，从而带来了附加的冷源损失。热量法分析表明，由于回热抽汽做功不足，要保证机组的输出功率不变，就必须增加汽轮机的进汽量 $D_0$，根据质量平衡方程，凝汽量 $D_c=D_0-\Sigma D_j$ 将会增加（它削弱了凝汽量 $D_c$ 的减少），故冷源损失随之增加。做功能力法分析表明，通过有限级数的给水回热加热器的换热过程属于有温差的不可逆换热，同时回热抽汽在抽汽管道内流动过程中存在着局部阻力和沿程阻力等，因此恒有做功能力损失，存在着附加的冷源损失。所以，在实际回热过程中，必须设法降低回热过程中的一切不利因素，如优化管道及附件的设计与布置等，以提高实际回热循环的热经济性。

虽然采用给水回热循环存在着附加的冷源损失，但综合分析表明，采用回热循环总能使机组的循环热效率提高，附加冷源损失只影响其提高的程度。主要原因如下：

（1）由于回热抽汽做功量的存在，这部分功无冷源损失，即回热抽汽流所做的功与其吸热量之比为 100%，使生产相同的 $w_i$ 的冷源损失减少。

（2）采用给水回热加热，减少了汽轮机末几级的蒸汽流量，从而减少了汽轮机的湿汽损失。

（3）采用给水回热加热后，增大了汽耗量，即增加了汽轮机高压缸的通流量，有利于减少其通流部分的各种损失。

（4）采用给水回热加热后，提高了锅炉的给水温度，循环吸热量降低，在机组输出功量一定的情况下，循环热效率提高。也可以认为，抽汽流是回热抽汽式汽轮机内部的热化汽流，它的绝对内效率为 100%。因此，回热循环可看作是凝汽流循环和抽汽流循环的组合，组合后新的循环即回热循环的绝对内效率必然大于纯凝汽循环的绝对内效率。

需强调指出，回热虽然可以提高机组的热经济性，但是由于回热抽汽做功不足，要保证汽轮机的输出功量一定，将导致机组汽耗量、汽耗率的增大。也就是说，因回热抽汽不能继续膨胀至排汽压力而造成的做功不足，使回热机组的实际比内功 $w_i$ 减小，即 $w_i<w_{ic}$，$w_{ic}$ 为纯凝汽工况下的实际比内功。由式（2-158）和式（2-159）可知，在定功率情况下，必须加大 $D_0$ 和 $d$，其增大的汽耗系数值即 $\beta$ 值，一般为 1.25 左右。显然，回热抽汽的压力越高，其做功不足越大，相应的 $\beta$ 值也随之越大。可见，为提高回热的热经济性，应充分利用低压的回热抽汽。

3. 影响回热过程热经济性的主要因素

采用回热循环的热力发电厂，影响回热过程热经济性的主要因素有：回热系统给水总焓升在各级加热器之间的给水焓升分配 $\tau_j$、最佳给水温度 $t_{fw}^{op}$ 以及回热级数 $z$，三者紧密联系，互有影响。为便于讨论，下面逐个予以分析。

（1）给水焓升分配 $\tau_j$。给水回热循环既是汽轮机热力系统的基础，也是电厂热力系统的核心，它对机组和电厂的热经济性起着决定性的作用，而给水在各加热器中的回热分配是影响回热循环热经济性的重要参数之一，直接影响汽轮机和整个发电厂的热经济性。使循环热效率 $\eta_i$ 达到最大值时的给水焓升分配称为理论上的最佳给水焓升分配，此时，回热过程中的㶲损失最小，回热做功比 $X_r$ 最大。对加热器给水焓升分配的优化，可以在不增加设备投资和材料消耗的情况下获得一定的经济效益。因此，加热器焓升的优化分配受到了设计和运行部门的普遍重视。

早期的给水焓升分配研究方法主要有雷日金分配法、等焓降分配法、平均分配法、几何级数分配法等，它们的共同特点都是对计算模型的高度简化。虽然这些方法的假定或简化条件略有出入，但却有相近的共识。现以具有 z 级理想回热循环的火电机组热力系统为例，讨论多级回热给水总焓升（温升）在各级加热器中的最佳给水焓升分配方法；所谓理想回热循环，是指全部加热器为混合式加热器，其端差为零，无散热损失，并忽略新蒸汽、各级回热抽汽压损以及泵功的影响，机组热力系统如图 3-3 所示。

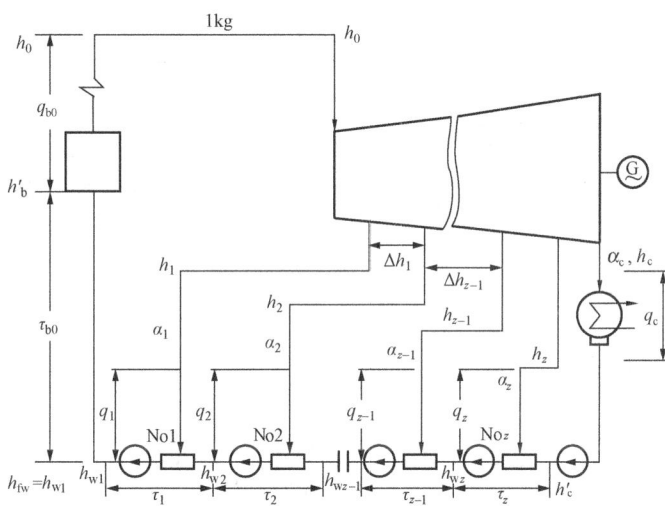

图 3-3　非再热机组全混合式加热器的热力系统

在上述简化及假定条件下，图 3-3 所示热力系统中各级混合式加热器的抽汽放热量和给水焓升以及锅炉吸热量和凝汽器放热量可以表示为

抽汽放热量：$q_i = h_i - h_{wi}$　（kJ/kg）

给水焓升：$\tau_i = h_{wi} - h_{w(i+1)}$　（kJ/kg）

锅炉吸热量：$q_0 = h_0 - h_{fw} = h_0 - h_{b'} + h_{b'} - h_{w1} = q_{b0} + \tau_{b0}$　（kJ/kg）

凝汽器放热量：$q_c = h_c - h'_c$　（kJ/kg）

在此基础上，通过列出各级加热器的能量平衡方程和质量平衡方程，经数学推导，可得各级加热器的抽汽系数（或抽汽流量）的计算式分别为

$$\alpha_1 = \frac{\tau_1}{q_1 + \tau_1}, \quad 1 - \alpha_1 = \frac{q_1}{q_1 + \tau_1}$$

$$\alpha_2 = \frac{\tau_2}{q_2 + \tau_2} \cdot \frac{q_1}{q_1 + \tau_1}, \quad 1 - \alpha_1 - \alpha_2 = \frac{q_1}{q_1 + \tau_1} \cdot \frac{q_2}{q_2 + \tau_2}$$

$$\alpha_3 = \frac{\tau_3}{q_3 + \tau_3} \cdot \frac{q_1}{q_1 + \tau_1} \cdot \frac{q_2}{q_2 + \tau_2}, \quad 1 - \alpha_1 - \alpha_2 - \alpha_3 = \frac{q_1}{q_1 + \tau_1} \cdot \frac{q_2}{q_2 + \tau_2} \cdot \frac{q_3}{q_3 + \tau_3}$$

......

$$\alpha_z = \frac{\tau_z}{q_z + \tau_z} \cdot \prod_{j=1}^{z-1} \frac{q_j}{q_j + \tau_j}, (z \geqslant 2), \quad 1 - \sum_{j=1}^{z} \alpha_j = \prod_{j=1}^{z} \frac{q_j}{q_j + \tau_j}$$

由此可得汽轮机排汽系数 $\alpha_c$ 为

$$\alpha_c = 1 - \sum_{j=1}^{z} \alpha_j = \prod_{j=1}^{z} \frac{q_j}{q_j + \tau_j} \tag{3-4}$$

回热循环汽轮机的绝对内效率 $\eta_i$ 为

$$\eta_i = 1 - \frac{\alpha_c q_c}{h_0 - h_{fw}} = 1 - \frac{q_c}{q_{b0} + \tau_{b0}} \cdot \prod_{j=1}^{z} \frac{q_j}{q_j + \tau_j} = f(q, \tau) \tag{3-5}$$

使 $\eta_i$ 为最大的回热分配为最佳回热分配，即按照下列条件对 $\eta_i$ 求极值：

$$\frac{\partial \eta_i}{\partial h_{w1}} = 0, \quad \frac{\partial \eta_i}{\partial h_{w2}} = 0, \quad \cdots, \quad \frac{\partial \eta_i}{\partial h_{wz}} = 0$$

当循环的蒸汽初、终参数一定时，$h_0$、$h_c$、$h'_c$、$h'_b$、$q_{b0}$、$q_c$ 均为常数。

求 $\frac{\partial \eta_i}{\partial h_{w1}}$ 时，$\dfrac{q_2 q_3 \cdots q_z q_c}{(q_2 + \tau_2)(q_3 + \tau_3)\cdots(q_z + \tau_z)}$ 与 $h_{w1}$ 无关，也为常数，且有：

$$\tau_{b0} = h'_b - h_{w1}, \frac{\partial \tau_{b0}}{\partial h_{w1}} = -1; \quad \tau_1 = h_{w1} - h_{w2}, \frac{\partial \tau_1}{\partial h_{w1}} = 1; \quad q_1 = h_1 - h_{w1}, \frac{\partial q_1}{\partial h_{w1}} = q'_1$$

则：$\dfrac{\partial \eta_i}{\partial h_{w1}} = \dfrac{\partial}{\partial h_{w1}}\left[\dfrac{q_1}{(q_{b0} + \tau_{b0})(q_1 + \tau_1)}\right] = 0$, $(q_{b0} + \tau_{b0}) - (q_1 + \tau_1) - (q_{b0} + \tau_{b0})\tau_1 \dfrac{q'_1}{q_1} = 0$。推导可得

$$\tau_1 = \frac{q_{b0} + \tau_{b0} - q_1}{1 + (q_{b0} + \tau_{b0})\dfrac{q'_1}{q_1}} \quad (\text{kJ/kg})$$

同理，由 $\dfrac{\partial \eta_i}{\partial h_{w2}} = \dfrac{\partial}{\partial h_{w2}}\left[\dfrac{q_2}{(q_1 + \tau_1)(q_2 + \tau_2)}\right] = 0$，推导可得

$$\tau_2 = \frac{q_1 + \tau_1 - q_2}{1 + (q_1 + \tau_1)\dfrac{q'_2}{q_2}} \quad (\text{kJ/kg})$$

按照同样的方法，可推得给水焓升的计算通式为

$$\tau_z = \frac{q_{z-1} + \tau_{z-1} - q_z}{1 + (q_{z-1} + \tau_{z-1})\dfrac{q'_z}{q_z}} \quad (\text{kJ/kg}) \tag{3-6}$$

式（3-6）就是理想回热循环的最佳给水焓升分配的通用计算式。应用式（3-6）及其衍生式时，应注意式中的 $q_0$ 应理解为 $q_{b0}$。若进一步简化，忽略一些次要因素，即可得出其他更为近似的最佳给水焓升分配的通用计算式。

如蒸汽参数不高，忽略 $q$ 随 $\tau$ 的变化，即 $q'_z = 0$，则式（3-6）简化为

$$\begin{aligned}
\tau_z &= q_{z-1} + \tau_{z-1} - q_z = [h_{z-1} - h_{w(z-1)}] + [h_{w(z-1)} - h_{wz}] - (h_z - h_{wz}) \\
&= h_{z-1} - h_z = \Delta h_{z-1}
\end{aligned} \quad (\text{kJ/kg}) \tag{3-7}$$

可见，式（3-7）是将每一级加热器内的给水焓升，取为前一级至本级的蒸汽在汽轮机中的焓降，简称为"焓降分配法"，是苏联学者 В. Я. Рыжикин 提出的，故又称为雷日金法。

若再忽略各级加热器抽汽放热量 $q_j$ 之间的差异，即认为 $q_1 = q_2 = \cdots = q_z$，则式（3-7）可进一步简化为

$$\tau_z = \tau_{z-1} = \cdots = \tau_2 = \tau_1 = \frac{h_b' - h_c'}{z+1} \quad (\text{kJ/kg}) \qquad (3\text{-}8)$$

这种回热分配的原则是将每一级加热器内水的焓升取为相等，故简称为"平均分配法"，它是美国学者 J. K. Salisburg 推导而出的。由于此方法简单易行，所以在汽轮机设计时采用较多。若将 $\tau_z = \tau_{z-1}$ 代入式（3-7），则有：$\tau_1 = \Delta h_1$，$\tau_2 = \Delta h_2$，$\cdots$，$\tau_{z-1} = \Delta h_{z-1}$，$\tau_z = \Delta h_z$，由于 $\tau_z = \tau_{z-1} = \cdots = \tau_2 = \tau_1$，故可得

$$\Delta h_z = \Delta h_{z-1} = \cdots = \Delta h_2 = \Delta h_1 \quad (\text{kJ/kg}) \qquad (3\text{-}9)$$

这种回热分配方法特点是将每一级加热器内水的焓升取为汽轮机相应级组的焓降，故简称为"等焓降分配法"。此外，按照上述类似的推导方法，可导出另一种分配方法，即"几何级数分配法"，其表达式为

$$\frac{\tau_{b0}}{\tau_1} = \frac{\tau_1}{\tau_2} = \cdots = \frac{\tau_{z-1}}{\tau_z} = m \qquad (3\text{-}10)$$

即各级加热器的给水焓升按照几何级数进行分配，一般 $m=1.01\sim1.04$。俄罗斯的热力发电厂教材中采用此法。

综上可知，雷日金分配法、平均分配法或等焓降分配法都是混合式循环最佳加热分配方程式的近似解。简言之，国际上现有的美国、俄罗斯加热分配法则，并不是准确的最佳加热分配，而是最佳加热分配的近似解。不同分配方法的热经济性结果略有差异，当蒸汽参数不高时，数值上差别不大。表 3-2 所示为国产中高参数机组采用不同分配方法时所对应的循环热效率 $\eta_i$ 值。

表 3-2　　　　国产中高参数机组采用不同分配方法时所对应的循环热效率 $\eta_i$ 值

| 机组形式 | 机组初、终参数 $p_0(\text{MPa})/t_0(℃)/p_c(\text{kPa})$ | 最佳分配方程式 | 雷日金分配法 | 平均分配法 | 等焓降分配法 |
|---|---|---|---|---|---|
| 31-50 型 | 3.43/435/4.9 | 34.775% | 34.727% | 34.767% | 34.775% |
| 51-50 型 | 8.826/500/4.9 | 38.733% | 38.720% | 38.687% | 38.728% |
| N100-8.82 型 | 8.826/535/4.9 | 41.249% | 41.211% | 41.246% | 41.2462% |

目前，实际应用的回热循环都是由具有放流疏水的表面式加热器和混合式加热器或带疏水泵的加热器组成的，采用早期经典的加热器给水焓升分配方法由于均存在不同程度的假设条件，有些假设甚至严重不合理，从而影响到加热器焓升优化分配的精度，越来越不适应当今高参数、大容量、系统结构复杂并且对节能要求越来越高的电厂需求。针对这一现状，目前开展的大型火电机组给水焓升分配方法大致可以归纳为两类：第一类是基于循环函数法或等效热降法，通过对多元函数求偏导、求极值，进而求得给水焓升的优化分配，但其计算方法比较繁杂；第二类是通过建立目标函数和确定约束条件，利用现有的各种数学上的寻优算法来进行仿真，但因它们的基本原理来源于数学推导，不能从机理上揭示回热循环各个物理

量之间的关联关系。表 3-3 给出了部分国产大型火电机组各级加热器的实际给水焓升及其相应的抽汽压力、温度、给水侧出口温度。

**表 3-3** 部分国产火电机组各级加热器的实际给水焓升及其相应的抽汽压力、温度、给水侧出口温度

| 名　称 | | H1 | H2 | H3 | H4 | H5 | H6 | H7 | H8 | 轴封加热器 |
|---|---|---|---|---|---|---|---|---|---|---|
| N1000-26.25 /600/600 THA 工况 | 给水焓升(kJ/kg) | 94.1 | 255.1 | 125.9 | 117.1 | 140.9 | 164.3 | 96.5 | 99.8 | 14.3 |
| | 抽汽压力 (MPa) 汽轮机侧 | 7.756 | 5.946 | 2.259 | 1.122 | 0.618 | 0.2423 | 0.0893 | 0.0241 | — |
| | 加热器侧 | 7.523 | 5.768 | 1.191 | 1.066 | 5.87 | 0.2302 | 0.0601 | 0.0229 | — |
| | 抽汽温度 (℃)/干度 汽轮机侧 | 400.5 | 362.9 | 465.2 | 365.4 | 286.3 | 185.7 | 0.9835 | 0.9445 | — |
| | 加热器侧 | 398.9 | 361.4 | 464.8 | 364.9 | 285.9 | 185.4 | 0.9845 | 0.9455 | — |
| | 出口水温(℃) | 292.5 | 273.0 | 217.3 | 182.1 | 155.2 | 122.3 | 83.2 | 60.3 | 36.4 |
| | 其他 | 给水泵焓升为 37.8 kJ/kg；凝结水泵焓升为 3 kJ/kg；排汽压力为 4.9kPa；排汽干度为 0.8992；热井出口凝结水温度为 32.5℃ | | | | | | | | |
| N600-24.2 /566/566 THA 工况 | 给水焓升(kJ/kg) | 93.6 | 184 | 116.5 | 163.1 | 169.8 | 103.9 | 90.2 | — | 3.1* |
| | 抽汽压力 (MPa) 汽轮机侧 | 5.785 | 4.305 | 2.046 | 1.046 | 0.4348 | 0.1265 | 0.04944 | — | — |
| | 加热器侧 | 5.611 | 4.176 | 1.984 | 0.9939 | 0.4133 | 0.1201 | 0.04753 | — | — |
| | 抽汽温度 或焓值 汽轮机侧 (℃) | 348.3 | 310.4 | 465.4 | 369.5 | 263.9 | 140.7 | 81.06 | — | — |
| | 加热器侧 (kJ/kg) | 3046.6 | 2981.7 | 3390.8 | 3199 | 2992 | 2755.6 | 2612 | — | — |
| | 出口水温(℃) | 272.9 | 252.9 | 212 | 179.6 | 140 | 102 | 77.29 | — | 56.06 |
| | 其他 | 给水泵焓升为 39.6kJ/kg；凝结水泵焓升和轴封加热器共同焓升为 3.1kJ/kg；排汽压力为 16kPa；热井出口凝结水温度为 55.34℃ | | | | | | | | |
| CJK330- 16.7/0.4/ 538/538 THA 工况 | 给水焓升(kJ/kg) | 121 | 166.3 | 132.8 | 107.3 | 120.6 | 125.7 | 183.5 | — | 2.4 |
| | 抽汽压力 (MPa) 汽轮机侧 | 5.721 | 3.888 | 1.978 | 0.974 | 0.567 | 0.255 | 0.087 | — | — |
| | 加热器侧 | 5.560 | 3.771 | 1.919 | 0.925 | 0.538 | 0.243 | 0.082 | — | — |
| | 抽汽温度 或焓值 汽轮机侧 (℃) | 376.8 | 324.7 | 450.8 | 349.8 | 281.6 | 201.7 | 101 | — | — |
| | 加热器侧 (kJ/kg) | 3125.6 | 3033.2 | 3359.9 | 3158.5 | 3024.9 | 2871.1 | 2680 | — | — |
| | 出口水温(℃) | 272.2 | 246.9 | 210.3 | 176.5 | 151.9 | 123.7 | 91.51 | — | 50.4 |
| | 其他 | 给水泵焓升为 24.7kJ/kg；凝结水泵焓升为 1.8kJ/kg；排汽压力为 12kPa；热井出口凝结水温度为 49.4℃ | | | | | | | | |

到目前为止，国内还没有出现一种精确、简单、通用且行之有效的方法来解决这一问题。因此，在研究给水焓升的优化分配问题时，一方面需要考虑在什么条件下、采用什么方法使得机组的循环热效率有极大值。另一方面还需要注意下列因素：①对应于多级回热加热器，需要合理确定汽轮机各级抽汽口的开孔位置；②抽汽口的开孔位置取决于各级抽汽压

力，而各级抽汽压力又取决于各级加热器给水侧的出口水温；③各级加热器给水侧的出口水温取决于各级加热器的温升。

（2）最佳给水温度 $t_{fw}^{op}$。当机组参数及回热级数一定时，锅炉给水温度 $t_{fw}$ 的提高对机组循环热效率 $\eta_t$ 的影响是双重的，即有利与不利影响同时存在。我们将对应于汽轮机的热耗为最小或绝对内效率为最大时的锅炉给水温度称为热力学上的锅炉最佳给水温度，即 $t_{fw}^{op} = f(q^{min}) = f(\eta_i^{max})$。

热量法分析认为：随着给水温度 $t_{fw}$ 的提高，一方面使得给水焓值 $h_{fw}$ 随之提高，1kg 工质在锅炉内的吸热量（亦即汽轮机的比热耗）$q_0 = h_0 - h_{fw} + q_{rh}$ 将减少；另一方面与之相应的回热抽汽压力随之上升，抽汽在汽轮机中的做功减少，做功不足系数 $Y_j$ 增加，机组的比内功 $w_i$ 减少，因此若要维持汽轮发电机组的输出功率一定，则导致机组汽耗率 $d$ 增大，热耗量 $Q_0$ 增加。反之亦然。所以，在理论上存在着最佳的给水温度，在最佳给水温度下，汽轮机的绝对内效率最大。

做功能力法分析认为：当回热级数 $z$ 一定时，随着给水温度 $t_{fw}$ 的提高，一方面使得锅炉内的平均吸热温度 $\overline{T}_1$ 上升，如忽略炉内烟气平均温度 $\overline{T}_g$ 的变化，则锅炉内平均换热温差 $\Delta\overline{T}_b$ 将下降，换热温差带来的㶲损 $\Delta e_b^{III}$ 降低；另一方面，在忽略凝汽器热井出口水温 $t_c$ 变化的情况下，每个加热器的换热温差 $\Delta T_r$ 将上升，加热器㶲损 $\Delta e_r$ 增加。因此，在提高给水温度使 $\Delta e_b^{III}$ 减小而 $\Delta e_r$ 增加的双重作用下，同样存在最佳给水温度。

多级抽汽回热循环的最佳给水温度与回热级数、回热加热总焓升在各级加热器之间的分配有关。

回热级数 $z$ 增加，可利用较低参数的蒸汽来加热给水，同时每级加热器之间的温差减小，削弱了不利因素的影响，使机组热经济性提高，因此最佳给水温度 $t_{fw}^{op}$ 将上升。

最佳回热分配可按照前述方法直接由相应的计算公式求取。若按照平均分配法进行回热分配时，其最佳给水温度的焓值为

$$h_{fw}^{op} = h_c' + z\tau = h_c' + \frac{z(h_b' - h_c')}{z+1} \quad (kJ/kg) \qquad (3-11)$$

若按照焓降分配法，其最佳给水温度的焓值为

$$h_{fw}^{op} = h_c' + \sum_{j=1}^{z} \tau_j = h_c' + (h_0 - h_z) \quad (kJ/kg) \qquad (3-12)$$

上述 $h_{fw}^{op}$ 为热力学上的最佳给水温度的焓值。经济上的最佳给水温度（焓值）与整个装置的综合技术经济性有关，应以较小的投资与运行费用获取最大的经济效益为原则。实际工程中，还应考虑相关设备和系统的折旧费用和运行费用的变化。

因此，经济上最有利给水温度的确定，应在保证系统简单、工作可靠、回热效益足以补偿和超过设备费用等的增加时才是合理的。实际给水温度值 $t_{fw}$ 要低于理论上的最佳值 $t_{fw}^{op}$，通常可以取为 $t_{fw} = (0.65 \sim 0.75)t_{fw}^{op}$。表 3-4 给出了部分国产凝汽式火电机组实际给水温度 $t_{fw}$ 与机组初参数、容量、回热级数之间的关系。

需要注意的是，实际给水温度值 $t_{fw}$ 还与机组的运行工况有关，表 3-5 给出了部分国产大型火电机组在不同运行工况下的实际给水温度 $t_{fw}$。

表 3-4 部分火电机组实际给水温度与机组初参数、容量、回热级数之间的关系

| 初参数 | | 容量 $P_e$ (MW) | 回热级数 $z$ | 给水温度 $t_{fw}$ (℃) | 热效率相对增加（%） |
|---|---|---|---|---|---|
| $p_0$ (MPa) | $t_0/t_{rh}$ (℃) | | | | $\delta\eta_i = (\eta_i - \eta_i^R)/\eta_i^R$ |
| 2.35 | 390 | 0.75, 1.5, 3.0 | 1～3 | 105～150 | 6～7 |
| 3.34 | 435 | 6, 12, 25 | 3～5 | 145～175 | 8～9 |
| 8.83 | 535 | 50, 100 | 6～7 | 205～225 | 11～13 |
| 12.75 | 535/535 | 200 | 8 | 220～250 | 14～15 |
| 13.24 | 550/550 | 125 | 7 | 220～250 | 14～15 |
| 16.18 | 535/535 | 300, 600 | 8 | 250～280 | 15～16 |
| 24.22 | 538/566 | 600 | 8 | 280～290 | 比亚临界压力机组增加约2% |
| 25.00 | 600/600 | 1000 | 8 | 294.1～298.5 | 比超临界压力机组增加约2.5% |
| 26.25 | 600/600 | 1000 | 8 | 290～299.6 | |
| 32.1 | 600/620/620 | 1000 | 8～9 | 324.6 | 比一次再热机组增加1.3%～2.0% |

表 3-5 部分大型火电机组不同运行工况下的实际给水温度 (℃)

| 机组型号 | THA 工况 | VWO 工况 | TRL 工况 | TMCR 工况 | 75%THA 工况 | 50%THA 工况 | 40%THA 工况 | 30%THA 工况 | 高压加热器全切工况 |
|---|---|---|---|---|---|---|---|---|---|
| N1000-26.25/600/600 | 290 | 299.6 | 295.8 | 296.2 | 270.7 | 246.6 | 234.8 | 221.7 | 193.3 |
| N600-24.2/566/566 | 275 | 283.4 | 278.6 | 279 | 255.7 | 233.1 | — | 209.2 | 184.4 |
| N600-16.67/538/538 | 276 | 283.4 | 280.3 | 280.6 | 257.4 | 235.5 | 224.8 | — | 184.9 |
| C600-16.7/0.75/538/538 | 274 | 281.5 | 278 | 278.3 | 256.4 | 238.3 | 228.1 | 218.1 | 171.8 |
| N300-16.67/537/537 | 273.8 | 281.9 | 277.7 | 278 | 255.5 | 233.8 | 223.6 | 211.0 | 177.2 |

（3）回热级数 $z$。当锅炉给水温度 $t_{fw}$ 一定时，理论上回热加热可以有两种方式：一种是采用与之相对应的一段高压抽汽在单级加热器中将水加热至给定温度 $t_{fw}$；另一种是采用若干级压力不同的抽汽通过多级加热器把水加热至给定温度 $t_{fw}$。但是，这两种方式所产生的热经济效益是不相同的，前者要低于后者。

㶲分析法认为，给水回热加热器中的有温差（$\Delta T_r$）不可逆换热，恒有做功能力损失（$\Delta e_r$）。采用多级回热，能够将一次回热的换热温差分配在多个加热器中，当锅炉给水温度 $t_{fw}$ 和凝汽器热井出口水温 $t_c$ 一定时，多级回热中的每个加热器的换热温差比单级回热的换热温差小，由此而带来的不可逆附加冷源损失将减少，循环热效率将提高。加热级数越多，做功能力损失越小，若级数 $z \to \infty$，则做功能力损失将趋于零。因此，机组的循环热效率随着回热级数的增加而提高。

热量分析法认为，随着回热级数的增加，能更充分地利用低压抽汽，从而使回热抽汽在汽轮机中的做功增加，做功动力系数 $A_r$ 增加，回热抽汽做功比 $X_r$ 增加，因此回热循环的热效率也提高了。

根据平均分配法的简化条件，$q$、$\tau$ 均为定值，将式（3-8）代入式（3-5）中，经整理可得

$$\eta_i = 1 - \left(\frac{q}{q+\tau}\right)^{z+1} = 1 - \frac{1}{\left(1+\frac{\tau}{q}\right)^{z+1}} = 1 - \frac{1}{\left(1+\frac{h'_b-h'_c}{(z+1)q}\right)^{z+1}} = 1 - \frac{1}{\left(1+\frac{M}{z+1}\right)^{z+1}}$$

$$(3\text{-}13)$$

其中 $M = \dfrac{h'_b-h'_c}{q}$，当循环参数一定时，$M$ 为定值；当 $z\to\infty$ 时，对式（3-13）求极限

$$\lim_{z\to\infty}\eta_i = \lim_{z\to\infty}\left\{1 - \frac{1}{[1+M/(z+1)]^{z+1}}\right\}$$

有

$$\eta_i = 1 - \frac{1}{e^M} \tag{3-14}$$

依据式（3-13）和式（3-14），可得如图 3-4 所示的机组循环热效率与回热级数的关系曲线。其中 $\Delta\eta_i = \eta_i^z - \eta_i$，它表示采用 $z$ 级回热循环时的机组循环热效率较采用朗肯循环时的增值。$\delta\eta_i = (\eta_i - \eta_i^R)/\eta_i^R$，它表示循环热效率的相对增加。

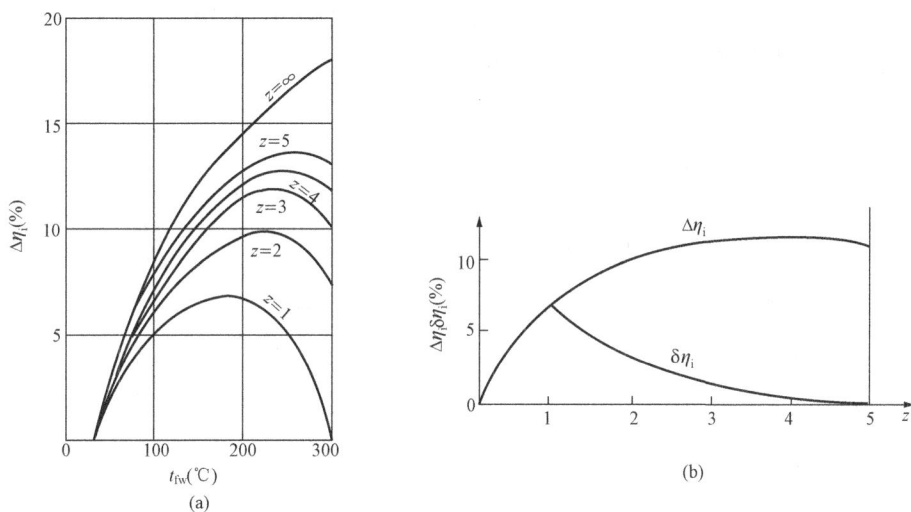

图 3-4　机组循环热效率与回热级数的关系曲线

（a）无再热多级回热时；（b）$z$ 和 $\Delta\eta_i$ 与 $\delta\eta_i$ 的关系

由式（3-14）和图 3-4，可得出以下结论：

1）$\eta_i$ 是 $z$ 的随增函数，即回热级数 $z$ 越多，循环热效率 $\eta_i$ 越高，如图 3-4 右图中的 $\Delta\eta_i$ 曲线所示，但提高的幅度却是递减的，如图 3-4 中的 $\delta\eta_i$ 曲线所示。其数值见表 3-6。

表 3-6　　　　　　　　　　　　　　回热级数 $z$ 的热经济效益

| 名称 | 0 | 1 | 2 | 3 | 4 | 5 | … | $z$ |
|---|---|---|---|---|---|---|---|---|
| $\Delta\eta_i^z/\Delta\eta_i^\infty$ | 0 | 1/2 | 2/3 | 3/4 | 4/5 | 5/6 | … | $z/(z+1)$ |
| $\delta\eta_i$ | 0 | 1/2 | 1/6 | 1/12 | 1/20 | 1/30 | … | $1/[z(z+1)]$ |

2）$t_{fw}$ 一定时，回热的热经济性也是随着 $z$ 的增加而提高，其增长率也是递减的。

3）$z$ 一定时，有其对应的最佳给水温度 $t_{fw}^{op}$，即图 3-4 中循环热效率达到最大值时所对应的给水温度。

4）在各曲线的最高点附近都有比较平坦的一段，它表明实际给水温度少许偏离最佳给

水温度时，对系统热经济性的影响并不大。所以，力求把给水精确地加热到理论上的最佳给水温度并没有很大的实际意义。这样，便可以用少量的热经济性损失来换取更加合理的汽轮机组的结构布局。

5）回热级数并不是越多越好，应通过技术经济综合比较后确定。通常应该考虑每增加一级加热器所增加的设备投资费用应当能够从节约燃料的收益中得到补偿，同时还要尽量避免发电厂的热力系统过于复杂，以保证机组运行的可靠性。因此，小机组的回热级数一般为1～3 级，大机组的回热级数一般为 7～9 级。国产凝汽式火电机组的容量与初参数、回热级数及给水温度之间的关系见表 3-4。

**三、蒸汽再热循环**

现代大型汽轮机多采用一次蒸汽中间再热，少数采用二次蒸汽中间再热。一般而言，火电机组采用烟气再热，核电机组采用新蒸汽再热。

蒸汽中间再热就是将汽轮机高压部分做过部分功的蒸汽从汽轮机某一中间级引出，送到锅炉再热器中再加热，提高温度后再引回汽轮机中，在以后的级中继续膨胀做功的过程。与之相应的循环称为再热循环。图 3-5（a）所示为采用一次再热循环的火电机组热力系统示意图。

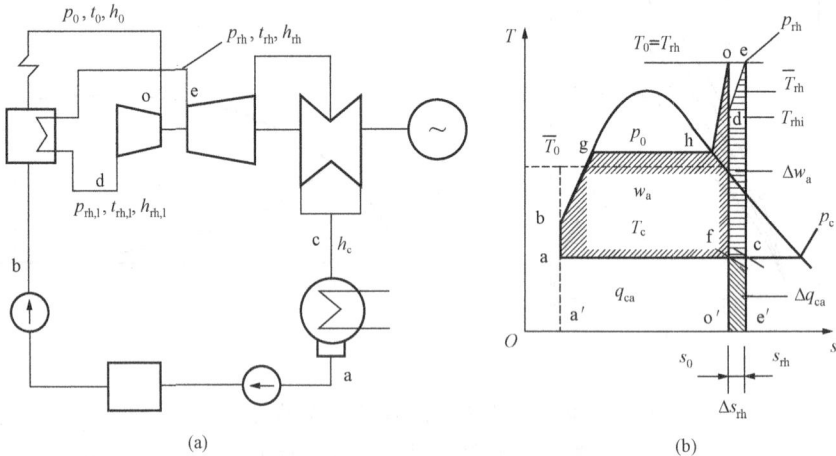

图 3-5 采用一次再热循环的火电机组热力系统示意图和 $T\text{-}s$ 图
（a）一次再热循环的热力系统；（b）理想再热循环的 $T\text{-}s$ 图

1. 蒸汽中间再热的目的

对于朗肯循环，提高蒸汽初压、降低排汽压力是提高热经济性的有效措施，但都会使汽轮机的排汽湿度加大，这不仅会降低汽轮机的相对内效率，而且湿蒸汽中的水滴会冲蚀叶片，危及汽轮机安全。因此，最初采用蒸汽中间再热的目的是限制汽轮机排汽的最终湿度，改善汽轮机低压部分末几级叶片的工作条件，并同时提高其相对内效率；而现在通过再热参数的合理选择，已经成为进一步提高蒸汽初压和机组热经济性的重要手段。因为提高蒸汽初压时，如果不同时采用中间再热，则为了保证蒸汽最终湿度在允许范围内，必须较大幅度地提高蒸汽的初温，但是这将受到锅炉、汽轮机的某一些高温部件和主蒸汽管道所用钢材强度的限制。在材料性能允许的情况下，提高再热温度对热经济性有利，通常再热温度与蒸汽初温选在同一水平，在中压缸进汽压力较低的情况下，为了减小排汽湿度，也有将再热蒸汽温度提高到高于主蒸汽温度的情况。

当前，采用蒸汽中间再热已是提高循环热效率的一个有效措施，并毫无例外地在大型火电机组上应用。一般采用一次蒸汽中间再热可提高机组热经济性 5%～6%，采用二次蒸汽中间再热还可再提高 1.5%～2.5%。然而，采用蒸汽中间再热将使机组结构、布置及运行方式复杂，材料消耗及造价增加，调节系统复杂，从而增加了设备投资和维修费用。

关于再热次数，采用二次再热比一次再热更能提高机组的热效率，但同时必须评估采用二次再热后由于锅炉受热面、蒸汽管道的增加以及汽轮机的设备复杂性和材料价格而引起的电厂造价的增加，热效率提高获得的收益将有相当长时间用于抵冲增加的造价。目前，世界上已运行的超超临界压力机组采用二次再热循环的并不多，我国首台 1000MW 超超临界压力二次再热燃煤发电机组于 2015 年 9 月 25 日在国电集团泰州发电厂正式投入运营，其发电热效率为 47.82%，发电标准煤耗率为 256.8g/（kW·h），代表了当今最领先的火力发电技术，是世界最大容量的二次再热机组。

2. 蒸汽中间再热的热经济性

（1）再热对汽轮机相对内效率 $\eta_{ri}$ 的影响。采用蒸汽中间再热后，由图 3-5（b）可知，汽轮机的排汽湿度降低，湿汽损失减少，汽轮机低压缸的相对内效率 $\eta_{ri}^{L}$ 提高，从而提高了汽轮机的相对内效率。

（2）再热对理想循环热效率 $\eta_t^{rh}$ 的影响。具有一次再热的理想再热循环 $T$-$s$ 图如图 3-5（b）所示。为便于分析，将再热循环看作由基本循环 o-d-f-a-b-g-h-o 和再热附加循环 d-e-c-f-d 所组成的复合循环；前者的吸热平均温度为 $\overline{T}_0$，后者的吸热平均温度为 $\overline{T}_{rh}$。该再热循环的理想循环热效率 $\eta_t^{rh}$ 为

$$\eta_t^{rh} = \frac{w_a + \Delta w_a}{q_0^t + q_\Delta^t} = \frac{w_a}{q_0^t} \cdot \frac{1 + \dfrac{\Delta w_a}{w_a}}{1 + \dfrac{q_\Delta^t}{q_0^t}} = \eta_t \cdot \frac{1 + A_{rh}^t}{1 + A_{rh}^t \dfrac{\eta_t}{\eta_\Delta^t}} = \frac{\eta_t + \dfrac{q_\Delta^t}{q_0^t}\eta_\Delta^t}{1 + \dfrac{q_\Delta^t}{q_0^t}} \tag{3-15}$$

式中　$\eta_t^{rh}$——再热循环的理想循环热效率，%；

　　　$\eta_t$——基本理想循环热效率，$\eta_t = w_a/q_0^t$，%；

　　　$\eta_\Delta^t$——附加理想循环热效率，$\eta_\Delta^t = \Delta w_a/q_\Delta^t$，%；

　　　$A_{rh}^t$——附加理想循环做功系数，$A_{rh}^t = \Delta w_a/w_a$；

　　　$q_0^t$——基本理想循环加入热量，kJ/kg；

　　　$q_\Delta^t$——附加理想循环加入热量，kJ/kg。

理想再热循环热效率相对提高 $\delta\eta_t^{rh}$ 为

$$\delta\eta_t^{rh} = \frac{\eta_t^{rh} - \eta_t}{\eta_t} = \frac{1 - \dfrac{\eta_t}{\eta_\Delta^t}}{\dfrac{1}{A_{rh}^t} + \dfrac{\eta_t}{\eta_\Delta^t}} = \frac{\eta_\Delta^t - \eta_t}{\eta_t\left(\dfrac{q_0^t}{q_\Delta^t} + 1\right)} \tag{3-16}$$

从式（3-16）可以看出：

1）当 $\eta_\Delta^t > \eta_t$（即 $\overline{T}_{rh} > \overline{T}_0$）时，则 $\delta\eta_t^{rh} > 0$，即当附加理想循环热效率大于基本理想循环热效率时，采用蒸汽中间再热后的热经济性提高。

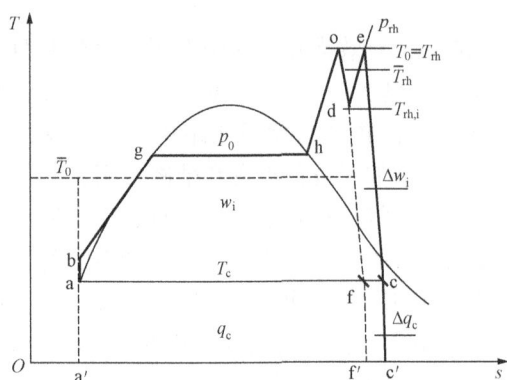

图 3-6　实际再热循环的 $T\text{-}s$ 图

2) 当 $\eta_\Delta^t = \eta_t$（即 $\overline{T}_{rh} = \overline{T}_0$）时，则 $\delta\eta_t^{rh} = 0$，即当附加理想循环热效率等于基本理想循环热效率时，采用蒸汽中间再热后的热经济性不变。

3) 当 $\eta_\Delta^t < \eta_t$（即 $\overline{T}_{rh} < \overline{T}_0$）时，则 $\delta\eta_t^{rh} < 0$，即当附加理想循环热效率小于基本理想循环热效率时，采用蒸汽中间再热后的热经济性降低。

（3）再热对实际循环的热效率 $\eta_i^{rh}$ 的影响。图 3-6 所示为一次再热的实际再热循环的 $T\text{-}s$ 图，按照前述分析方法，可以将实际再热循环仍然看作是由基本循环 o-d-f-a-b-g-h-o 和实际再热附加循环 d-e-c-f-d 所组成的复合循环；前者的吸热平均温度为 $\overline{T}_0$，后者的吸热平均温度为 $\overline{T}_{rh}$。该再热循环的实际循环热效率 $\eta_i^{rh}$ 为

$$\eta_i^{rh} = \frac{w_i + \Delta w_i}{q_0 + q_\Delta} = \frac{w_i}{q_0} \cdot \frac{1 + \dfrac{\Delta w_i}{w_i}}{1 + \dfrac{q_\Delta}{q_0}} = \eta_i \cdot \frac{1 + A_{rh}}{1 + A_{rh}\dfrac{\eta_i}{\eta_\Delta}} = \frac{\eta_i + \dfrac{q_\Delta}{q_0}\eta_\Delta}{1 + \dfrac{q_\Delta}{q_0}} \tag{3-17}$$

式中　$\eta_i^{rh}$——再热循环的实际循环热效率，%；

　　　　$\eta_i$——基本实际循环热效率，$\eta_i = w_i/q_0$，%；

　　　　$\eta_\Delta$——附加实际循环热效率，$\eta_\Delta = \Delta w_i/q_\Delta$，%；

　　　　$A_{rh}$——附加实际循环做功系数，$A_{rh} = \Delta w_i/w_i$；

　　　　$q_0$——基本循环实际加入的热量，kJ/kg；

　　　　$q_\Delta$——附加循环实际加入的热量，kJ/kg。

实际再热循环热效率相对提高 $\delta\eta_i^{rh}$ 为

$$\delta\eta_i^{rh} = \frac{\eta_i^{rh} - \eta_i}{\eta_i} = \frac{1 - \dfrac{\eta_i}{\eta_\Delta}}{\dfrac{1}{A_{rh}} + \dfrac{\eta_i}{\eta_\Delta}} = \frac{\eta_\Delta - \eta_i}{\eta_i\left(\dfrac{q_0}{q_\Delta} + 1\right)} \tag{3-18}$$

从式（3-18）可以看出

1) 当 $\eta_\Delta > \eta_i$（即 $\overline{T}_{rh} > \overline{T}_0$）时，则 $\delta\eta_i^{rh} > 0$，即当附加实际循环热效率大于基本实际循环热效率时，采用蒸汽中间再热后的热经济性提高。

2) 当 $\eta_\Delta = \eta_i$（即 $\overline{T}_{rh} = \overline{T}_0$）时，则 $\delta\eta_i^{rh} = 0$，即当附加实际循环热效率等于基本实际循环热效率时，采用蒸汽中间再热后的热经济性不变。

3) 当 $\eta_\Delta < \eta_i$（即 $\overline{T}_{rh} < \overline{T}_0$）时，则 $\delta\eta_i^{rh} < 0$，即当附加实际循环热效率小于基本实际循环热效率时，采用蒸汽中间再热后的热经济性降低。

综上所述可知，无论是理想再热循环，还是实际再热循环，采用蒸汽中间再热使热经济性得到提高的必要条件是再热附加循环热效率一定要大于基本循环热效率；基本循环热效率越低，再热加入的热量越多，再热所获得的热经济效益就越大。要使 $\delta\eta_t^{rh}$ 或 $\delta\eta_i^{rh}$ 获得较大的正值，主要取决于再热参数（温度和压力）的合理选择。

3. 再热参数的选择

（1）再热参数的选择方法。再热参数包括再热前、后的蒸汽压力和温度四个参数。当蒸汽初、终参数以及循环的其他参数一定时，再热参数的选择方法为：首先选定合理的再热后的蒸汽温度，当采用烟气再热时一般选取再热后的蒸汽温度与初温度相同；其次，根据已选定再热温度按照实际热力系统计算并选出最佳再热压力；最后，校核蒸汽在汽轮机低压缸内的排汽湿度是否在允许范围内，并从汽轮机结构上的需要进行适当的调整。一般而言，这种调整使得再热压力偏离最佳值时对整个装置的热经济性的影响并不大，一般再热压力偏离最佳值 10% 时，其热经济性相对降低，只有 0.01%～0.02%。通常蒸汽再热前在汽轮机内的焓降为总焓降的 30% 左右。

（2）再热后蒸汽温度的确定。再热后的蒸汽温度 $t_{rh}$ 由于受到高温金属材料的限制，在采用烟气再热时，通常取为等于或接近于新蒸汽的温度 $t_0$，一般情况下 $t_{rh} = t_0 \pm (10 \sim 20)℃$。

在其他参数不变的情况下，提高再热后的蒸汽温度 $T_{rh}$，相应的蒸汽平均吸热温度 $\overline{T}_{rh}$ 提高，可使再热附加循环热效率 $\eta_\Delta$ 提高，因此再热循环热效率必然提高；同时，汽轮机低压缸的排汽湿度减小，低压缸的相对内效率 $\eta_{ri}^L$ 提高，从而提高了汽轮机的相对内效率。所以，提高蒸汽的再热温度，对再热机组的热经济效果总是有利的。

一般而言，再热温度每提高 10℃，可提高再热循环热效率 0.2%～0.3%。

（3）最佳再热压力的确定。当再热后蒸汽温度 $t_{rh}$ 等于蒸汽初温度 $t_0$ 时，从图 3-7 所示可知，再热压力提高，再热过程线由 d-e 移至 d'-e'，在这种情况下，再热对理想循环热效率 $\eta_t^{rh}$ 有着两个方面的影响：一方面提高了附加理想循环热效率 $\eta_\Delta^t$，进而提高了理想再热循环热效率 $\eta_t^{rh}$；另一方面降低了附加理想循环加入的热量 $q_\Delta^t$，从而又降低了理想再热循环热效率 $\eta_t^{rh}$。二者共同作用的结果，表明再热压力必定存在一个最佳值，并在这个压力下进行再热，理想再热循环的热效率最大。

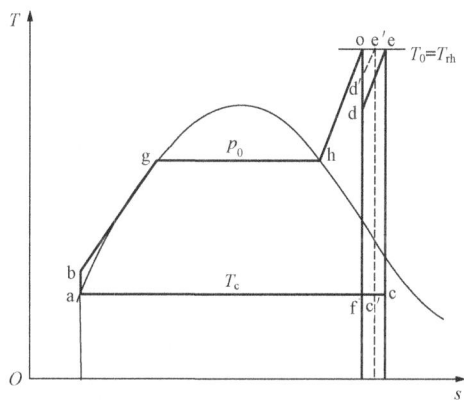

图 3-7　蒸汽再热压力提高后的 $T$-$s$ 图

再热后蒸汽压力 $p_{rh}$ 多根据再热前的蒸汽压力 $p_{rh,i}$ 并考虑再热管道压损 $\Delta p_{rh}$ 后来进行确定，即 $p_{rh} = p_{rh,i} - \Delta p_{rh}$。因此，理论上的最佳再热压力是指再热前的蒸汽压力 $p_{rh,i}$，它的确定与再热前的蒸汽温度 $t_{rh,i}$、汽轮机的初终参数 $(p_0/t_0/p_c)$、回热参数 $(z/\tau/t_{fw})$ 以及再热方法等有关。当基本循环参数及再热方法一定时，一般应用 $\eta_t^{rh} = f(T_{rh,i})$ 的关系式，在 $\eta_t^{rh}$ 达到最大值的条件下，求得再热前最佳蒸汽温度 $T_{rh,i}^{op}$，然后间接求取再热前最佳蒸汽压力 $p_{rh,i}^{op}$。

对于采用一次烟气再热的火电机组，当基本循环参数、基本理想循环吸热量 $q_0^t$ 以及理想比内功 $\Delta w_a$ 均一定时，再热过程所形成的附加理想循环的加入热量 $q_\Delta^t = c_p(T_{rh} - T_{rh,i})$、冷源热损失 $\Delta q_{ca} = T_c(s_{rh} - s_0) = T_c c_p \ln(T_{rh}/T_{rh,i})$，$\Delta w_a = q_\Delta^t - \Delta q_{ca} = c_p(T_{rh} - T_{rh,i}) - T_c(s_{rh} - s_0)$，故有

$$\eta_t^{rh} = \frac{w_a^{rh}}{q_0^{rh}} = \frac{w_a + \Delta w_a}{q_0^t + q_\Delta^t} = \frac{w_a + c_p(T_{rh} - T_{rh,i}) - c_p T_c \ln(T_{rh}/T_{rh,i})}{q_0^t + c_p(T_{rh} - T_{rh,i})} = f(T_{rh,i}) \quad (3\text{-}19)$$

对式（3-19）求一阶偏导数并令其等于零，$\frac{\partial \eta_t^{rh}}{\partial T_{rh,i}} = \frac{\partial}{\partial T_{rh,i}}\left(\frac{w_a^{rh}}{q_0^{rh}}\right) = 0$，有 $q_0^{rh}\frac{\partial w_a^{rh}}{\partial T_{rh,i}} =$

$w_a^{rh}\frac{\partial q_0^{rh}}{\partial T_{rh,i}}$，经整理可得

$$\eta_t^{rh} = \frac{w_a^{rh}}{q_0^{rh}} = \frac{\dfrac{\partial w_a^{rh}}{\partial T_{rh,i}}}{\dfrac{\partial q_0^{rh}}{\partial T_{rh,i}}} \quad (3\text{-}20)$$

其中，$\dfrac{\partial w_a^{rh}}{\partial T_{rh,i}} = -c_p + c_p\dfrac{T_c}{T_{rh,i}} = -c_p\left(1 - \dfrac{T_c}{T_{rh,i}}\right)$，$\dfrac{\partial q_0^{rh}}{\partial T_{rh,i}} = -c_p$，将其代入式（3-20）得

$$\eta_t^{rh} = 1 - \frac{T_c}{T_{rh,i}} \quad (3\text{-}21)$$

若整个再热循环吸热过程的平均温度为 $\overline{T}_1$，则其理想循环热效率 $\eta_t^{rh}$ 可用等价卡诺循环的热效率表示为

$$\eta_t^{rh} = 1 - \frac{T_c}{\overline{T}_1} \quad (3\text{-}22)$$

由式（3-21）和式（3-22）可以发现，最佳再热前蒸汽温度 $T_{rh,i}^{op}$ 正好等于 $\overline{T}_1$，即

$$T_{rh,i}^{op} = \overline{T}_1 = \frac{T_c}{1 - \eta_t^{rh}} \quad (K) \quad (3\text{-}23)$$

由于 $\overline{T}_1$ 是一个未知数，可采用逐步逼近法等方法来求取。首先可以用基本循环的吸热过程平均温度 $\overline{T}_0$ 代替 $\overline{T}_1$，即令 $T_{rh,i}^{op} = \overline{T}_0$，代入式（3-19）求得 $\eta_t^{rh}$，再代入式（3-23）求 $T_{rh,i}$，反复迭代逼近，直至符合精度要求为止。基本循环的吸热过程平均温度 $\overline{T}_0$ 可按照式（3-24）求得

$$\overline{T}_0 = \frac{T_c}{1 - \eta_t^{rh}} \quad (K) \quad (3\text{-}24)$$

一般取 $T_{rh,i}^{op} = (1.02 \sim 1.04)\overline{T}_0$。

对于采用二次烟气再热的火电机组，采用相同的方法，可以得到类似的结论，即

$$T_{rh,1}^{op} \approx T_{rh,2}^{op} \approx \overline{T}_0 \approx \frac{T_c}{1 - \eta_t^{rh}} \quad (K) \quad (3\text{-}25)$$

对于采用一次再热的火电机组，实际再热循环热效率 $\eta_i^{rh}$ 的计算式可以写成

$$\eta_i^{rh} = \frac{w_i + \Delta w_i}{q_0 + q_\Delta} = \frac{\sum\limits_{j=1}^{z} \alpha_j \Delta h_j + \alpha_c \Delta h_c}{(h_0 - h_{fw}) + \alpha_{rh} q_{rh}} \quad (3\text{-}26)$$

其中，再热前 $\Delta h_j = h_0 - h_j$，再热后 $\Delta h_j = h_0 - h_j + q_{rh}$，$\Delta h_c = h_0 - h_c + q_{rh}$，$q_{rh} = h_{rh} - h_{rh,i}$。因此，由式（3-26）可知，当机组的初/终参数、回热级数、给水温度以及再热前后的蒸汽温度 $t_{rh,i}$、$t_{rh}$ 一定时，实际再热循环热效率 $\eta_t^{rh}$ 仅仅是再热前压力 $p_{rh,i}$ 的函数，即 $\eta_t^{rh} = f(p_{rh,i})$，按照前述最佳再热温度的推导方法，即可确定。

实际应用中，最佳蒸汽再热压力的数值，要根据给定条件进行全面的技术经济比较来确定。除上述条件外，还应考虑汽轮机最高一级的回热抽汽压力、汽缸结构、中间再热管道的布置、材料消耗和投资费用、高中压缸功率分配以及轴向推力平衡等问题。目前，当蒸汽的再热温度等于其初温时，蒸汽的最佳再热压力为其初压的 $18\% \sim 26\%$；若再热前有回热抽汽，取 $18\% \sim 22\%$；若再热前无回热抽汽，取 $22\% \sim 26\%$。

再热蒸汽在再热前后的管道和再热器中，因流动阻力造成的压力损失称为再热压损 $\Delta p_{rh}$，减小 $\Delta p_{rh}$，可以提高再热机组的热经济性，但需加大管径，增加金属消耗和投资费用，通常取 $\Delta p_{rh} = (8\% \sim 12\%)p_{rh,i}$。中间再热火电机组的再热参数见表 3-7。

表 3-7                                   中间再热火电机组的再热参数

| 汽轮机型号 | 冷段参数 | | 热段参数 | | $p_{rh,i}/p_0$ (%) | $\Delta p_{rh,i}/p_{rh,i}$ (%) |
|---|---|---|---|---|---|---|
| | 压力（MPa） | 温度（℃） | 压力（MPa） | 温度（℃） | | |
| N125-13.24/550/550 | 2.55 | 331 | 2.29 | 550 | 19.3 | 10.2 |
| N200-12.75/535/535 | 2.47 | 312 | 2.16 | 535 | 19.37 | 12.55 |
| N300-16.18/550/550 | 3.58 | 337 | 3.225 | 550 | 22.13 | 9.92 |
| N600-16.67/537/537 | 3.71 | 316.2 | 3.34 | 537 | 22.26 | 9.97 |
| N600-24.2/538/566 | 4.85 | 305 | 4.29 | 566 | 20.04 | 11.55 |
| N1000-25/600/600 | 4.73 | 344.8 | 4.25 | 600 | 18.92 | 10.14 |
| N1000-25/600/600 | 6.004 | 376.5 | 5.395 | 600 | 24.02 | 10.14 |
| N1000-25/600/600 | 5.12 | 353.6 | 4.61 | 600 | 20.48 | 9.96 |
| N1000-31/600/620/620* | 10.9/3.5 | 418.4/445.8 | 10.3/3.2 | 620/620 | 33.96/10.9 | 5.5/8.57 |

注   * 表示二次再热机组。

4. 蒸汽中间再热的方法

蒸汽中间再热方法的选择取决于再热目的，它与蒸汽的再热温度 $t_{rh}$、再热压损 $\Delta p_{rh}$ 等密切关联，直接影响着机组运行的安全性与经济性。

根据加热介质的不同，蒸汽中间再热方法有烟气加热法、新蒸汽加热法以及中间载热质加热法等几种。

（1）烟气加热法。烟气加热法是指将在汽轮机中做过部分功的蒸汽，经再热冷段管道引至安装在锅炉烟道中的再热器中进行再加热，再热后的蒸汽经再热热段管道送回汽轮机的中、低压缸中继续膨胀做功的过程。采用这种再热方法，一次再热后的蒸汽温度多在 $550 \sim 600$℃，二次再热后的蒸汽温度多在 $566 \sim 620$℃，700℃级的再热技术正在研发之中。

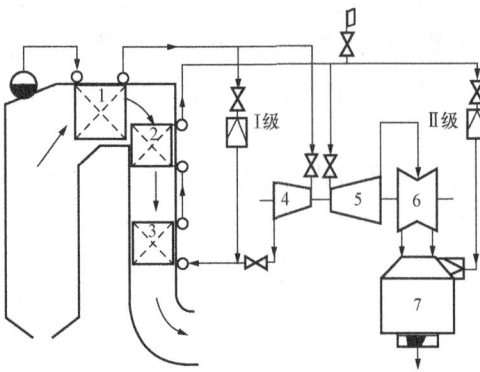

图 3-8　烟气加热蒸汽中间一次再热系统
1—过热器；2—高温再热器；3—低温再热器；
4—高压缸；5—中压缸；6—低压缸；7—凝汽器

目前，采用烟气加热的蒸汽中间再热技术在火力发电厂中得到了广泛应用。一般而言，采用一次中间再热可提高机组热经济性 6%～8%，采用二次中间再热还可再提高 1.5%～2.5%。但是，由于再热蒸汽管道往返于锅炉和汽轮机之间，因而也带来了一些不利因素：首先是蒸汽在管道中流动产生压损，使再热的热经济效益降低；其次是再热管道中储存有大量蒸汽，一旦汽轮机突然甩负荷，此时若不采取适当措施，就会引起汽轮机超速。因此，为了保证机组的安全运行，在采用烟气加热的蒸汽中间再热系统的同时，汽轮机必须配置灵敏度高和可靠性好的调节系统，并增设必要的旁路系统。图 3-8 所示为采用烟气加热的蒸汽中间一次再热系统示意图，图 3-9 给出了相同初、终参数条件下再热机组热效率与再热参数的变化关系示意图。

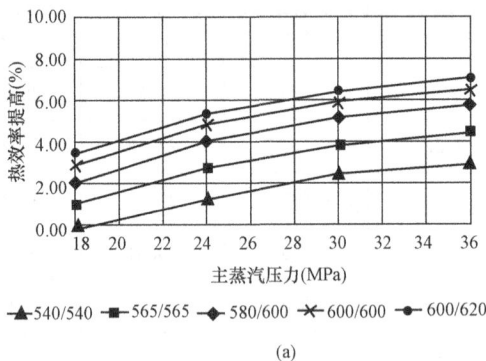

(a)

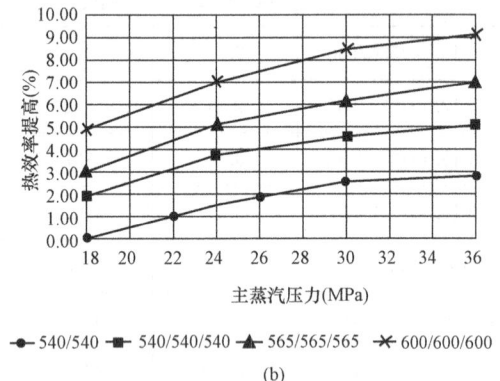

(b)

图 3-9　再热机组热效率与再热参数的变化关系示意图
(a) 一次再热；(b) 二次再热

（2）新蒸汽加热法。新蒸汽加热法是指利用汽轮机的新蒸汽或抽汽作为热源来加热再热蒸汽的过程。图 3-10 所示为用新蒸汽加热再热蒸汽的系统示意图，它将在汽轮机中做过部分功的蒸汽引出至表面式加热器中用新蒸汽进行再加热。与烟气加热法相比，其再热后的蒸汽温度较低，一般比加热汽源温度低 10～40℃，相应的再热蒸汽压力也不高。所以，采用新蒸汽加热法进行蒸汽中间再热较烟气加热法的效果要差得多，一般情况下，其热经济性只能提高 3%～4%。因此，蒸汽加热法在火力发电厂中很少单独采用，多数情况是作为再热温度调节的一种手段，与烟气加热法同时使用。蒸汽加热法具有再热器结构简单、造价低，可以布置在汽轮机旁边，从而大大缩短了再热管道的长度，使热管道中的压损减小，再热蒸汽温度的调节比较方便等优点，所以蒸汽加热法在核电站中得到了广泛应用。

核电站中汽轮机进口的主蒸汽是饱和蒸汽或微过热蒸汽，汽轮机高压缸的排汽湿度高达百分之十几，若直接进入中低压缸，将会危及汽轮机的安全运行。故必须通过去湿和再热来提高进入中低压缸蒸汽的过热度。一般去湿再热器采用蒸汽加热法，即再热蒸汽先用抽汽来加热，然后再采用新蒸汽来加热，如图 3-10 所示。

（3）中间载热质加热法。中间载热质加热法综合了烟气加热法（热经济性高）和蒸汽加热法（结构简单）的优点，是一种有发展前景的蒸汽中间再热技术，如图 3-11 所示。在这种系统中，需要有两个热交换器：一个装在锅炉烟道中，用来加热中间载热质；另一个装在汽轮机附近，用中间载热质对汽轮机排汽再加热。该方法选用的中间载热质需满足以下属性：高温下的化学稳定性，对金属设备没有侵蚀作用，无毒，比热容尽可能大，比体积尽可能小等。

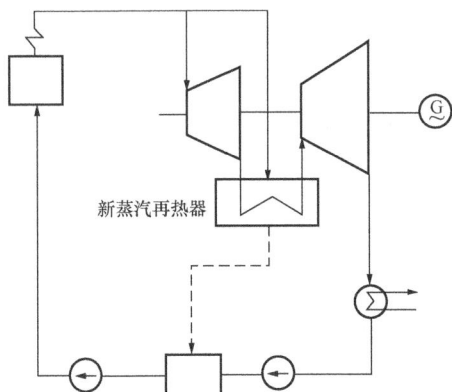

图 3-10 新蒸汽加热再热系统示意图       图 3-11 中间载热质加热再热系统

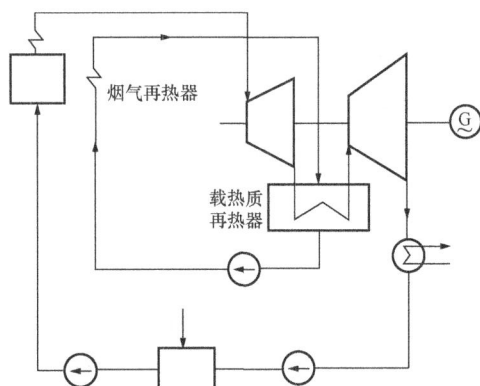

5. 再热对回热经济性的影响

回热机组采用蒸汽中间再热，会使回热的热经济效果减弱，同时影响回热的最佳分配。

（1）再热对回热热经济性的影响。热量法分析认为：蒸汽中间再热使 1kg 蒸汽的做功增加，机组输出功率一定时，新蒸汽流量将减少，同时，再热也使回热抽汽的温度和焓值提高，进而使得回热抽汽流量减少，回热抽汽做功减少，凝汽流的做功相对增加，冷源损失增加，热效率较无再热时稍低。图 3-12 表示采用一级和多级回热的有再热和无再热时机组热经济性变化 $\Delta\eta_{i(\mathrm{r})}$ 的差异。图中虚线表示无再热，实线表示有再热。

做功能力法分析认为：再热使汽轮机中低压级膨胀过程线移向 $h$-$s$ 图的右上方，各级抽汽的焓和过热度增大，个别抽汽点的过热度高达 150～250℃，使加热器的传热温差增加，不可逆热损失增加。因抽汽过热度引起的传热温差增大而带来的热经济性损失可用图解法进行分析，图 3-13 表示从汽轮机中抽出的蒸汽加热给水的热交换过程。图中吸热过程 a-b 的平均吸热温度为 $\overline{T}_{\mathrm{w}}$，饱和蒸汽放热过程 1-2 的平均放热温度为 $\overline{T}_{\mathrm{s}}$，其传热温差为 $\Delta\overline{T}_{\mathrm{r}}$，做功能力损失（㶲损）如图中 4-5-6-7-4 的面积，即 $\Delta e_{\mathrm{r}} = T_{\mathrm{en}} \cdot \dfrac{\overline{T}_{\mathrm{s}} - \overline{T}_{\mathrm{w}}}{\overline{T}_{\mathrm{s}} \, \overline{T}_{\mathrm{w}}} \cdot \mathrm{d}q = T_{\mathrm{en}}\Delta s_{\mathrm{r}}$。对于相同的吸热过程 a-b，采用过热蒸汽对水进行加热，放热过程如图 1'-2'-2 的过程线，其平均放热温度为 $\overline{T}'_{\mathrm{s}}$，传热温差为 $\Delta\overline{T}'_{\mathrm{r}}$，做功能力损失（㶲损）如图中 3-5-6-8-3 的面积，即 $\Delta e'_{\mathrm{r}} = T_{\mathrm{en}}\Delta s'_{\mathrm{r}}$。由于过热度的存在，蒸汽的平均放热温度为 $\overline{T}'_{\mathrm{s}}$ 更高，从而使过热蒸汽换热比饱和蒸汽换热的不可逆热损失（㶲损）增加了 $\Delta e = \Delta e'_{\mathrm{r}} - \Delta e_{\mathrm{r}} = T_{\mathrm{en}}(\Delta s'_{\mathrm{r}} - \Delta s_{\mathrm{r}})$，即图中 3-4-7-8-3 的面积，蒸汽的过热度越大，不可逆热损失（㶲损）越大。所以，再热增加了不可逆热损失，从而削弱了回热的热经济性。

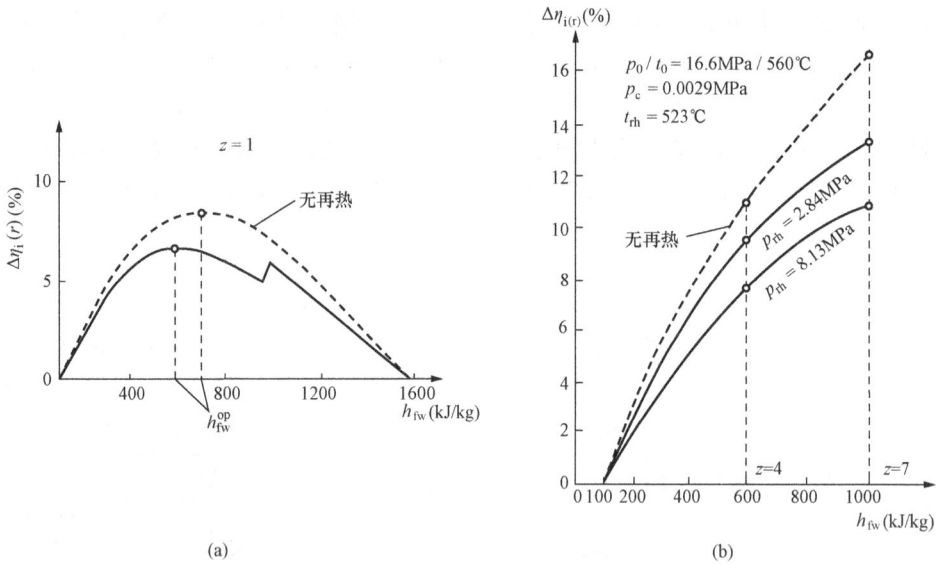

(a)　　　　　　　　　　　　　(b)

图 3-12　再热对回热热经济性的影响

（a）单级回热时；（b）多级回热时

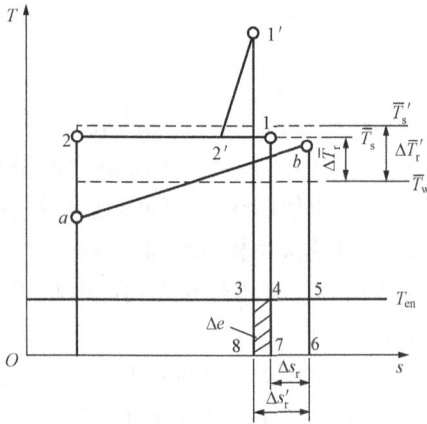

图 3-13　抽汽过热度对回热换
热器换热的影响

（2）再热对回热分配的影响。再热对回热分配的影响主要反映在锅炉给水温度（对应于汽轮机最高一级的抽汽压力）和再热后即中压缸第一个抽汽压力的选择上。现代大型汽轮机高压缸大部分都有一个抽汽口，以保证给水温度能够达到最佳值。为简化汽轮机的结构，降低其成本，通常都利用汽轮机高压缸排汽的一部分作为一级回热抽汽，以减少一个回热抽汽口，其压力为 $p_{rh,i}$。个别大型再热机组的高压缸没有回热抽汽口，如我国元宝山发电厂引进的法国 300MW 机组。

目前，消除或减小再热后抽汽过热度高对回热热经济性不利影响的主要措施有两种：一是采用蒸汽冷却器来利用蒸汽的过热度，以提高给水温度，减小加热器端差，进而达到降低热交换过程的不可逆性，削弱再热带来的不利影响；二是通过适当调整回热分配，加大再热前抽汽口（即高压缸排汽口）对应的回热加热器的给水焓升，其数值可取为再热后第一级抽汽所对应加热器给水焓升的 1.3～1.6 倍，由于高压缸排汽过热度低于再热后第一级回热抽汽的过热度，故可以减少给水加热过程的不可逆损失，提高回热的热经济效果。

需强调指出，尽管蒸汽中间再热有削弱给水回热效果的一面，但采用再热-回热机组的热经济性仍高于无再热的回热机组。因此，目前国内外大型发电机组均采用蒸汽中间再热和给水回热加热，以提高机组的热经济性，节省燃料；如果蒸汽中间再热系统、给水回热加热系统所涉及的相关参数匹配合理，则热经济性会更高。

#### 四、热电联产循环及热电冷三联产

热电联产循环是将燃料的化学能转化为高品位的热能用来发电，同时依据按质利用热能的原则，将在供热式汽轮机中做了部分功后的低品位热能（抽汽或排汽）用来对外供热，以期实现"热尽其用"。由于部分或全部蒸汽供给热用户使用，减少或避免了冷源损失，从而提高了燃料的热量利用率，使热电厂的热经济性大为提高，具体内容见第六章。

热电冷三联产是在热电联产的基础上发展起来的，它是指在热电厂热电联产的同时，将在汽轮机中做了一部分功的低品位蒸汽热能，通过制冷设备生产 6～8℃的冷水，供用户工艺制冷或空调用。

对于采用调节抽汽式汽轮机的热电厂，通过采用溴化锂-水吸收式制冷技术实现热电冷三联产，其燃料热量利用率可达到 65％以上。但需要注意的是：热电冷三联产的应用是有条件的，主要是制冷系统的能耗水平，供热式机组的类型、容量、参数及其运行工况，以及当地电网的供电煤耗率水平等条件，其影响因素错综复杂，需结合具体工程通过技术经济、环保等多方面论证比较后才能确定。

溴化锂-水吸收式制冷技术成熟，已经实现了商业化，采用两级发生器（又称双效作用）的溴化锂制冷机，是我国近年来研制成功并推广应用的节能型制冷设备。这种制冷设备基本上是热交换器的组合体，它用水作为制冷剂，用溴化锂作为吸收剂，除小功率的真空泵和溶液泵外，无转动部件，故振动小、噪声低；在真空下工作，无爆炸危险；制冷剂（水）对环境无污染，运行可靠，维护方便，易实现全盘自动化。但是，溴化锂溶液对金属有严重的腐蚀作用，一旦腐蚀，将影响传热和使用寿命，故要求严格密封。

有关溴化锂-水吸收式制冷技术的具体内容请参考相关资料，本书不再叙述。

#### 五、双工质复合循环

双工质复合循环是利用不同工质的热力特性组成复合循环，以期改善循环的热经济性。主要有：

（1）燃气-蒸汽联合循环。其是利用燃气循环吸热平均温度高和蒸汽循环放热平均温度低的特点将燃气轮机和蒸汽轮机组成联合循环，可提高循环热效率。一般比单一的蒸汽循环（蒸汽参数相同）提高热效率 5％～10％。

（2）高沸点工质-水蒸气联合循环。这种循环利用某些工质（如水银）的高沸点特性作为高温工质发电，而低温段仍然采用常规的蒸汽循环。

（3）低沸点工质-水蒸气联合循环。这种循环利用某些工质（如氨、氟利昂等）在低温下的比体积比同一温度下水蒸气的比体积小得多这一特性，与蒸汽循环组成联合循环。它主要不是着眼于循环热效率的改善，而是有利于在同样排汽面积下增大单机容量的可能性。

目前，燃气-蒸汽联合循环在各国已经得到了较多应用，而后两者联合循环还很少应用。

### 第三节　机组初终参数的确定

发电厂的热经济性除了与循环方式有关外，还取决于机组的初、终参数。蒸汽初、终参数的合理选择，对整个发电厂的热经济性有很大影响。初参数包括主蒸汽的压力和温度，终参数包括排汽的压力和温度。

### 一、蒸汽初参数

蒸汽初参数是指新蒸汽进入汽轮机高压缸主汽门前的过热蒸汽压力 $p_0$ 和温度 $t_0$。

从热经济性的角度来看,汽轮机初参数越高,其理想比焓降越大,循环热效率越高。但是,汽轮机初参数越高,给水泵的耗功也越大;汽轮机进汽容积流量减少,高压缸的相对内效率略有降低;排汽湿度增大,低压缸的相对内效率降低;高、中压缸的轴封漏汽量增大,级间漏汽损失也增大。随着汽轮机单机容量的增大,其有利因素继续保持,不利因素则削弱。因此,机组容量越大,采用超临界、超超临界参数的汽轮机越合适。

从安全性的角度来看,目前的超(超)临界参数汽轮机的主蒸汽温度已达到 600℃ 以上,汽轮机转子、叶片等旋转部件在此高温下运行需持续承受很高的离心力。长期处于高温下工作的汽轮机转子,由于高温和启停中的热应力,会造成持久强度的消耗(低温热疲劳)和高温蠕变的积累。而且,超(超)临界参数汽轮机的初参数提高后,汽缸、喷嘴室、主汽阀、导汽管等承压部件的壁厚增加,将使非稳定热应力增大。此外,超(超)临界汽轮机的蒸汽密度大,蒸汽携带的能量也大,机组甩负荷时,汽缸、管道、加热器中的蒸汽推动转子转速的飞升要比亚临界参数机组大。

1. 蒸汽初参数对机组热效率的影响

提高蒸汽初参数的实质是提高循环吸热过程的平均温度,以提高机组的循环热效率。为简化计,以理想朗肯循环为例,在依次讨论 $p_0$、$t_0$、$p_c$ 三个参数对热效率的影响时,设其他两个参数为一定,仅分析另一个蒸汽参数的影响。

(1)提高蒸汽初温度 $t_0$。热量法分析认为:当 $p_0$、$p_c$ 一定时,提高蒸汽初温度 $t_0$,对机组实际循环热效率 $\eta_i = \eta_t \eta_{ri}$ 的影响主要体现在对理想循环热效率 $\eta_t$ 和相对内效率 $\eta_{ri}$ 两个方面,如图 3-14 为不同初温下的理想朗肯循环 $T$-$s$ 图。

1)对理想循环热效率 $\eta_t$ 的影响。从图 3-14 可知,在 $p_0$、$p_c$ 一定条件下,将朗肯循环 1-2-3-4-5-6-1 的蒸汽初温由 $t_0$($T_0$)提高到 $t'_0$($T'_0$)时,则该循环吸热过程的平均温度由 $\overline{T}_0$ 升高到 $\overline{T}'_0$。蒸汽初温变化前后的理想循环热效率为

初温为 $t_0$ ℃时:

$$\eta_t = \frac{w_a}{q_0} = 1 - \frac{T_c}{T_0} \tag{3-27}$$

初温为 $t'_0$ ℃时:

$$\eta'_t = \frac{w_a + \Delta w_a}{q_0 + q_\Delta} = 1 - \frac{T_c}{T'_0} \tag{3-28}$$

式中　$\eta_t$、$\eta'_t$——初温变化前、后的理想循环热效率,%;

　　　$w_a$、$\Delta w_a$——初温变化前、后以热量计的基本循环和附加循环的理想比内功,kJ/kg;

　　　$q_0$、$q_\Delta$——初温变化前、后基本循环和附加循环的吸热量,kJ/kg;

　　　$T_c$——放热过程温度,由排汽压力单值决定,K;

　　　$\overline{T}_0$、$\overline{T}'_0$——初温变化前、后的吸热过程平均温度,K。

由此可以看出,提高蒸汽初温度 $t_0$($T_0$),在放热温度 $T_c$ 一定时,理想循环热效率提高。此外,若将提高蒸汽初温后的朗肯循环(初温为 $T'_0$)看作是由基本朗肯循环 1-2-3-4-5-6-1(初温为 $T_0$)与附加循环 1-1'-2'-2-1 组成的复合循环,从图 3-14 可以发现,附加循环的吸热平均温度总是高于基本循环的吸热平均温度,故附加循环热效率 $\eta_\Delta > \eta_t$,且附加循环

的热效率 $\eta_\Delta$ 可写作 $\eta_\Delta = \Delta w_a / q_\Delta$，从而有

$$\eta'_t = \frac{w_a + \Delta w_a}{q_0 + q_\Delta} = \frac{w_a}{q_0} \cdot \frac{1 + \dfrac{\Delta w_a}{w_a}}{1 + \dfrac{q_\Delta}{q_0}} = \eta_t \frac{1 + A_\Delta}{1 + A_\Delta \dfrac{\eta_t}{\eta_\Delta}}$$

$$(3\text{-}29)$$

$$\delta\eta_t = \frac{\eta'_t - \eta_t}{\eta_t} = \frac{1 - \dfrac{\eta_t}{\eta_\Delta}}{\dfrac{1}{A_\Delta} + \dfrac{\eta_t}{\eta_\Delta}}$$

$$(3\text{-}30)$$

式中　$A_\Delta$——附加循环做功系数，$A_\Delta = \Delta w_a / w_a$；

　　　$\delta\eta_t$——理想循环热效率的相对提高，%。

因此，由式（3-29）可知，由于 $\eta_\Delta > \eta_t$，故 $\eta'_t > \eta_t$，与前述结论完全相同，它表明复合循环的热

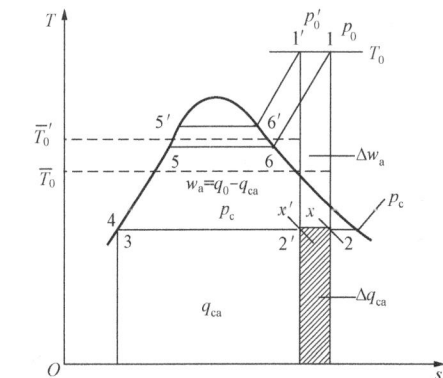

图 3-14　不同初温的朗肯循环 $T$-$s$ 图

效率必然高于原朗肯循环的热效率，故提高蒸汽初温 $t_0$ 总可以提高机组热经济性。另外，由式（3-30）可知，当 $\eta_\Delta > \eta_t$ 时，$\delta\eta_t > 0$，表明随着 $t_0$ 的提高，$\delta\eta_t$ 随之提高。

2）对相对内效率 $\eta_{ri}$ 的影响。由图 3-14 可知，随着蒸汽初温 $t_0$ 的提高，一方面使汽轮机的排汽湿度减小，相应的湿汽损失降低；另一方面也使进入汽轮机的蒸汽容积流量增加，在其他条件不变时，汽轮机高压部分的叶片高度增加，漏汽损失相对减少。二者共同作用的结果，使得汽轮机的相对内效率 $\eta_{ri}$ 提高。

做功能力法分析认为：对于锅炉，提高蒸汽初温 $t_0$，可提高锅炉内平均吸热温度，在锅炉其他参数未变情况下，锅炉内烟气与蒸汽之间的平均换热温差减小，㶲损减小，机组热经济性提高。

综上可见，随着蒸汽初温 $t_0$ 的提高，汽轮机的实际循环热效率 $\eta_i$ 总是提高的。

（2）提高蒸汽初压 $p_0$。热量法分析认为：当 $t_0$、$p_c$ 一定时，提高蒸汽初压 $p_0$，对机组实际循环热效率 $\eta_i = \eta_t \eta_{ri}$ 的也体现 $\eta_t$ 和 $\eta_{ri}$ 上，如图 3-15 为不同初压下的理想朗肯循环 $T$-$s$ 图。

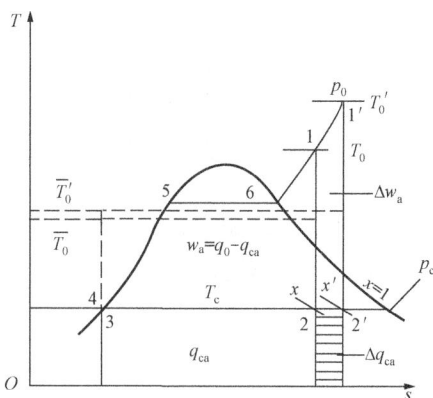

图 3-15　不同初压的朗肯循环 $T$-$s$ 图

1）对理想循环热效率 $\eta_t$ 的影响。从图 3-15 可以看出，当 $t_0$、$p_c$ 一定时，随着 $p_0$ 的提高，在水的沸腾、汽化、过热三个吸热过程中，沸腾段的吸热量占总循环吸热量的比重逐步提高，但其平均吸热温度是三个吸热过程中的最低者；汽化段的吸热量比重不断减少，其平均吸热温度居中，当 $p_0$ 等于或超过临界压力时，汽化吸热量等于零；而过热段的平均吸热温度恒高于汽化段和沸腾段。故在 $p_0$ 逐步提高过程中，整个吸热过程的平均吸热温度 $\overline{T}'_0$ 有可能低于 $\overline{T}_0$，当 $\overline{T}'_0 < \overline{T}_0$ 时，$\eta'_t < \eta_t$，即理想循环热效率降低。因此，当 $t_0$、$p_c$ 一定时，随着 $p_0$ 的提高，若存在一个使循环热效率开始下降的压力，则将该压力称为极限压力。

目前，热力发电厂在役机组的主蒸汽压力都小于极限压力值，因此，从工程实际应用来

讲，当 $t_0$、$p_c$ 一定时，提高 $p_0$，总有 $\overline{T}'_0 > \overline{T}_0$，$\eta'_t > \eta_t$，如图 3-16 所示。

此外，由水及水蒸气热力特性可知，在 $h$-$s$ 图上，等温线 $t_0$ 为一条向上凸的曲线，如图 3-17 所示，故当 $t_0$、$p_c$ 一定时，蒸汽比焓值 $h_0$ 在某一压力下达到最大值后，若 $p_0$ 继续提高（压力线左移），则 $h_0$ 开始降低，先慢后快。众所周知，蒸汽在汽轮机中的理想比焓降等于其理想比内功，即 $w_a = h_0 - h_{ca}$，随着 $p_0$ 的提高，理想比内功先增加到最大值 $(h_0 - h_{ca})_{max}$ 后，然后开始逐渐减小，也呈现出先慢后快变化趋势。1kg 新蒸汽的循环吸热量 $q_0 = h_0 - h_{fw} + \alpha_{rh}q_{rh}$ 及冷源热损失 $q_{ca} = h_c - h'_c$，均随着 $h_0$ 的变化而变化。因此，机组的理想循环热效率 $\eta_t$ 可以写作

$$\eta_t = \frac{w_a}{q_0} = \frac{h_0 - h_{ca}}{h_0 - h_{fw} + \alpha_{rh}q_{rh}} = \frac{w_a}{w_a + q_{ca}} = \frac{1}{1 + \dfrac{q_{ca}}{w_a}} \tag{3-31}$$

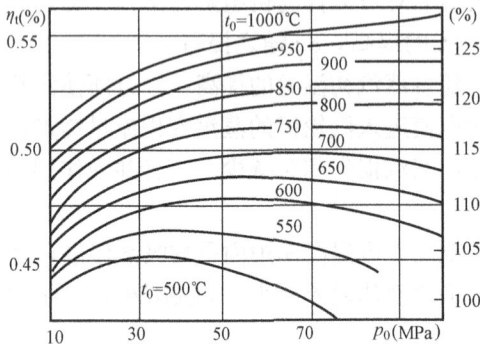

图 3-16　$p_0$ 与 $\eta_t$ 的关系曲线

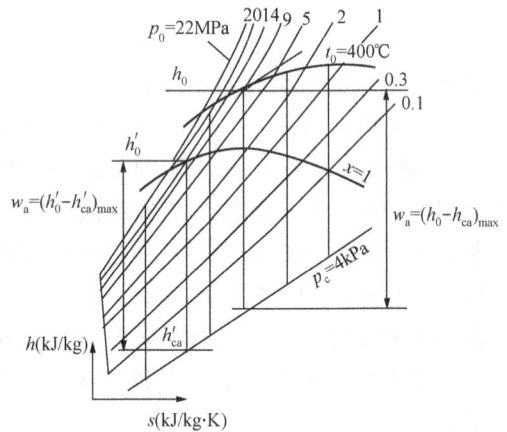

图 3-17　$p_0$ 与 $w_a$ 和 $h_0$ 的关系曲线

由式（3-31）可知，当 $w_a/q_{ca}$ 最大时，$\eta_t$ 达最大值。因此，将式（3-31）对熵 $s$ 求一阶偏导数并令其等于零，可获得 $w_a/q_{ca}$ 的极值点。

$$\frac{\partial \eta_t}{\partial s} = \frac{\partial \left( \dfrac{w_a}{q_{ca}} \right)}{\partial s} = \frac{q_{ca} \dfrac{\partial w_a}{\partial s} - w_a \dfrac{\partial q_{ca}}{\partial s}}{q_{ca}^2} = 0$$

从而有

$$\frac{dw_a}{w_a} = \frac{dq_{ca}}{q_{ca}} \tag{3-32}$$

同理，将式（3-31）对熵 $s$ 求一阶偏导数并令其等于零，又可获得 $q_0$ 的极值点。

$$\frac{\partial \eta_t}{\partial s} = \frac{\partial \left( \dfrac{w_a}{q_0} \right)}{\partial s} = \frac{q_0 \dfrac{\partial w_a}{\partial s} - w_a \dfrac{\partial q_0}{\partial s}}{q_0^2} = 0$$

从而有

$$\frac{dw_a}{w_a} = \frac{dq_0}{q_0} \tag{3-33}$$

由于 $q_0 = h_0 - h_{fw} + \alpha_{rh}q_{rh}$，当 $t_0$、$p_c$ 一定时，可认为 $h_{fw}$、$\alpha_{rh}q_{rh}$ 为常数，故式（3-33）可以改写为

$$\frac{dw_a}{w_a} = \frac{dh_0}{h_0} \tag{3-34}$$

由式（3-32）和式（3-34）可知，当理想比内功 $w_a$（理想比焓降）减小的相对值等于冷源热损失 $q_{ca}$ 或蒸汽初焓 $h_0$ 减小的相对值时，$\eta_t$ 达最大值。

为了进一步说明在 $t_0$、$p_c$ 一定条件下提高蒸汽初压力 $p_0$ 的热经济效果，表 3-8 给出了 $t_0$ = 400℃，$p_c$ = 0.004MPa，$h_{fw}$ = 120kJ/kg 时，非再热机组 $\eta_t = f(p_0)$ 的情况。

表 3-8 $p_0$ 与 $\eta_t$ 的关系

| $p_0$ (MPa) | $h_0$ (kJ/kg) | $h_{ca}$ (kJ/kg) | $w_a = h_0 - h_{ca}$ (kJ/kg) | $q_0 = h_0 - h_{fw}$ (kJ/kg) | $\eta_t = w_a / q_0$ (%) | $\delta\eta_t$ (%) |
|---|---|---|---|---|---|---|
| 4.0 | 3211 | 2039 | 1172 | 3091 | 38.0 | — |
| 8.0 | 3138 | 1918 | 1220 | 3018 | 40.5 | 6.58 |
| 12.0 | 3057 | 1832 | 1225(最大) | 2937 | 41.7 | 2.96 |
| 16.0 | 2956 | 1759 | 1197 | 2836 | 42.2 | 1.19 |
| 20.0 | 2839 | 1683 | 1156 | 2719 | 42.6(最高) | 0.948 |
| 24.0 | 2654 | 1583 | 1069 | 2534 | 42.1 | — |

由表 3-8 可见，当 $t_0$、$p_c$ 一定时，随 $p_0$ 提高，$\eta_t$ 不断增加，但相对提高幅度 $\delta\eta_t$ 却越来越小。至 20MPa 时，$\eta_t$ = 42.6% 达最大值，再提高 $p_0$ 的值，$\eta_t$ 将会下降。

要强调指出的是，当 $t_0$、$p_c$ 一定时，在理论上，提高 $p_0$ 并不是总能提高 $\eta_t$；但在目前的工程实际应用中，提高 $p_0$ 是可以提高 $\eta_t$ 的。

2）对相对内效率 $\eta_{ri}$ 的影响。在汽轮机的容量、蒸汽初温和排汽压力一定的情况下，提高蒸汽的初压力，蒸汽的比体积减小，进入汽轮机的蒸汽容积流量减小，汽轮机的级内叶栅损失和级间漏汽损失相对增大，同时从图 3-15 可知，汽轮机末级蒸汽湿度增大，湿汽损失增加，从而导致汽轮机的相对内效率下降。

当汽轮机的容量不同时，提高蒸汽初压对汽轮机相对内效率的影响程度是不相同的。图 3-18 所示给出了 20MW 和 80MW 凝汽式汽轮机在各种不同初温下的相对内效率与蒸汽初参数的关系曲线。从图 3-18 中可以看出：①当初温不变时，初压提高，大容量汽轮机的相对内效率下降较慢，这主要是因为其蒸汽容积流量较大，汽轮机的高压级叶片高度和汽轮机的部分进汽度大，相应的损失将减小；②汽轮机的容量越小，影响越大，这是因为汽轮机的容量越小，汽轮机的级间间隙相对增大，级间漏汽量相对增加，相应的漏汽损失也增大，其相对内效率随初压的提高而降低得越多。

对于供热机组，由于有供热汽流，在输出同样功率情况下，其进汽容积流量比凝汽式机组要大得多，因而供热式汽轮机的蒸汽初参数可以比相同功率的凝汽式汽轮机要高一些；或者说在相同蒸汽初参数情况下，供热式机组的容量可以比凝汽式机组

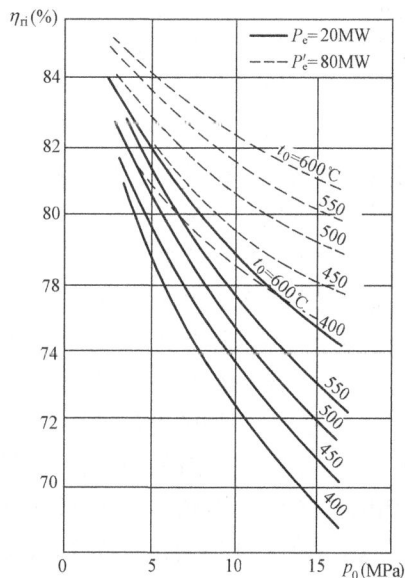

图 3-18 汽轮机相对内效率与蒸汽初参数的关系曲线

的小一些。同理，采用高参数的背压式供热机组的汽轮机容量更小一些。

综上可知，蒸汽初压 $p_0$ 对机组循环热效率 $\eta_i$ 的影响程度取决于 $\eta_t$ 和 $\eta_{ri}$ 的大小。随着 $p_0$ 的提高，若 $\eta_t$ 的增加值大于 $\eta_{ri}$ 的减小值，则机组的循环热效率 $\eta_i$ 随之提高，否则，$\eta_i$ 将是下降的。

做功能力法分析：当 $t_0$、$p_c$ 一定时，随着 $p_0$ 的逐渐提高，整个吸热过程的平均温度呈现出先提高、后降低的变化趋势。平均吸热温度提高，则换热温差减小，㶲损失减小，热经济性提高。当 $p_0$ 提高到某一数值使整个吸热过程的平均温度降低时，则换热温差增大，㶲损失增加，热经济性下降。因此，机组存在一个最佳的初始蒸汽压力 $p_0^{op}$。

（3）蒸汽的初压 $p_0$ 和初温 $t_0$ 同时改变。当机组容量和排汽压力 $p_c$ 一定时，同时改变蒸汽的初压 $p_0$ 和初温 $t_0$，机组循环热效率的变化情况取决于两参数变化的大小，可通过计算或查图来确定。

对于大容量汽轮机，当蒸汽初参数提高时，相对内效率可能降低的数值不是很大，这时提高蒸汽的初参数可以保证机组热经济性的提高。

对于小容量汽轮机，由于容积流量小，当蒸汽初参数提高时，其相对内效率的降低值会超过此时理想循环热效率的提高值，在这种情况下，机组的热经济性是降低的。所以，这时提高蒸汽的初参数反而有害，因为它不但使设备复杂，造价提高，而且还要消耗更多的燃料。

综上可见，为了使机组能够获得比较高的实际循环热效率，在汽轮机组进汽参数与容量的配合上，必然是"高参数必须采用大容量"，反之亦然。在实际应用中，我们将保证汽轮机排汽湿度不超过最大允许值时所对应的蒸汽初温度和初压力称为配合参数。

蒸汽初参数的合理选择是一项复杂的技术经济问题，它与发电厂的热经济性、安全可靠性、设备制造成本、运行费用以及产品系列等因素有关，因此应按照汽轮机、锅炉、给水泵、回热装置等的运行特性之要求，统筹兼顾，综合考虑，经过全面的技术经济分析比较后来确定。一般来说，提高蒸汽初参数所节省的燃料费，应在规定的年限内能够偿还由于参数提高而增加的设备投资费用。

2. 提高蒸汽初参数受到的限制

（1）提高蒸汽初温 $t_0$ 受到的限制。提高蒸汽初温 $t_0$ 受到热力设备材料强度的限制。当蒸汽初温 $t_0$ 提高时，钢材的强度极限、屈服点及蠕变极限都会降低的很快，而且在高温下，由于金属发生氧化、腐蚀、结晶变化，热力设备零部件强度大大降低。在非常高的温度下，即使高级合金钢或特殊合金钢也无法应用。此外，从造价角度看，合金钢，尤其是高级合金钢比普通碳钢贵得多。由此可知，进一步提高蒸汽初温度的可能性主要取决于冶金工业在生产新型耐热合金钢及降低其生产费用方面的进展。

从发电厂技术经济性和运行可靠性角度考虑，中、低压机组的蒸汽初温度大多选取390～450℃，以便广泛采用碳素钢材；高压至亚临界参数机组的蒸汽初温度大多选取 500～565℃，这样可以避免采用价格昂贵的奥氏体钢材，而采用低合金元素的珠光体钢材；奥氏体钢与珠光体钢相比，奥氏体钢允许在 600℃左右的高温条件下使用，而珠光体钢的适宜使用温度在570℃以下；但奥氏体钢材的造价高、膨胀系数大、热导率小，加工和焊接比较困难，并且对温度的适应性能、抗蠕变和抗锈蚀的能力都比较差。目前，超（超）临界参数机组选用回火马氏体钢，蒸汽初温度可达 600～620℃，700℃级别的耐高温金属材料尚在研发之中。

（2）提高蒸汽初压 $p_0$ 受到的限制。提高蒸汽初压 $p_0$ 主要受到汽轮机末级叶片容许的最大湿度的限制，在其他条件不变时，对于无再热的机组，随着蒸汽初压力的提高，蒸汽膨胀终点的湿度是不断增加的。这既会影响机组运行的热经济性，使汽轮机的相对内效率降低，同时还会引起叶片的腐蚀，降低其使用寿命，危及设备的安全运行。

根据叶片金属材料的强度计算，一般凝汽式汽轮机的最大湿度不超过 $12\% \sim 14\%$；对于调节抽汽式汽轮机，最大容许的湿度可以提高到 $14\% \sim 15\%$，这是因为调节抽汽式汽轮机的凝气流量较少的缘故；对于大型机组，其排汽湿度常控制在 $10\%$ 以下。为了克服湿度的限制，热力发电厂可以采用蒸汽中间再热来降低汽轮机的排汽湿度。

（3）最有利的蒸汽初压 $p_0^{op}$。当 $t_0$、$p_c$ 以及机组容量一定时，必有一个使 $\eta_i$ 达到最大的 $p_0$，称之为理论上的最有利初压 $p_0^{op}$。随着机组的容量增加、蒸汽初温提高以及回热系统的进一步完善，所对应的 $p_0^{op}$ 值将会越高。经济上最有利的初压 $p_0^{ec}$ 与许多技术经济有关，需要通过详细论证和定量计算比较才能确定，显然，$p_0^{ec}$ 值比 $p_0^{op}$ 要低。

3. 主蒸汽与再热蒸汽参数的确定

在实际工程应用中，一般采用配合参数方法来选择蒸汽的初参数，即首先由选定的材料性能来确定蒸汽初温 $t_0$，再根据机组的容量、汽轮机的排汽压力共同确定蒸汽初压 $p_0$。我国火电厂常用的蒸汽初参数系列见表 3-9。

表 3-9　　　　　　　　　　我国火电厂常用的蒸汽初参数系列

| 设备参数等级 | 锅炉出口 | | 汽轮机入口 | | 机组额定功率（MW） |
|---|---|---|---|---|---|
| | 压力（MPa） | 温度（℃） | 压力（MPa） | 温度（℃） | |
| 次中参数 | 2.55 | 400 | 2.35 | 390 | 0.75, 1.5, 3 |
| 中参数 | 3.92 | 450 | 3.43 | 435 | 6, 12, 25 |
| 高参数 | 9.9 | 540 | 8.83 | 535 | 50, 100 |
| 超高参数 | 13.83 | 540/540 | 12.75<br>13.24 | 535/535 | 200<br>125 |
| 亚临界参数 | 16.77<br>17.25, 18.72 | 540/540 | 16.18<br>16.67/16.7 | 535/535<br>537/537, 538/538 | 300<br>300, 600 |
| 超临界参数 | 25.4 | 571/569 | 24.2 | 566/566<br>538/566 | 600<br>660 |
| 超超临界参数 | 26.15/26.25<br>27.46/27.56 | 605/603 | 25<br>26.25~27 | 600/600<br>600/600 | 1000<br>1000 |
| | 29.25<br>29.3 | 605/623 | 28 | 600/620 | 1000（设计中）<br>1200（设计中） |
| | 32.87 | 605/613/613 | 31 | 600/610/610 | 1000 |
| | | 605/623/623 | | 600/620/620 | 660, 1000 |

（1）主蒸汽和再热蒸汽温度的确定。超超临界压力机组经过多年的发展，蒸汽温度为 $600 \sim 620℃$ 的高温材料在锅炉、汽轮机、阀门和管道各方面已有良好的运行业绩，证明其可靠性很高。目前，蒸汽温度为 $700℃$ 的高温金属材料正在研发之中。

对于主蒸汽压力在 25MPa 以上的超超临界压力机组，由于锅炉高温过热器管束的壁厚很厚，在达到同样蒸汽温度的情况下，与壁厚薄的管束相比，管束的金属温度要高一些。因此，为了使锅炉高温过热器管束的金属温度控制在安全工作范围内，目前超超临界压力机组的主蒸汽温度都控制在 600℃左右。

对再热蒸汽而言，由于压力相对较低，锅炉再热器管束的壁厚较高温过热器薄，在保持管束金属温度相同的情况下，蒸汽温度可以高一些。目前，机侧再热蒸汽温度多采用 610～620℃，炉侧再热器出口蒸汽温度选用 623℃，考虑到设计再热蒸汽温度偏差 −10～+5℃ 后，实际运行过程中，炉侧再热器蒸汽温度最高可在 628℃连续运行。

（2）主蒸汽和再热蒸汽压力的确定。目前，国内三大主机制造厂推荐的二次再热机组主蒸汽压力为 30～35MPa，其中上海汽轮机厂推荐 35MPa，东方汽轮机厂推荐 30MPa，哈尔滨汽轮机厂推荐 31MPa，考虑到主蒸汽压力上升带来的成本上升等因素，暂推荐主蒸汽压力为 31MPa。

对于再热蒸汽压力，由于二次再热循环中最佳再热蒸汽压力还与汽轮机相对内效率、给水回热系统、再热器及管道压损等因素有关，实际再热压力可比无回热的理想再热循环的理论最佳再热压力值略高。因此，当主蒸汽压力为 24～32MPa 时，最佳的一次再热蒸汽压力可取为主蒸汽压力的 28%～35%，最佳二次再热蒸汽压力可取一次再热蒸汽压力的 30%。

4. 采用高参数大容量机组的意义

发展高参数大容量的火电机组，尤其是超（超）临界参数火电机组，已成为当今世界电力工业发展的趋势之一，主要原因在于以下几个方面。

（1）热经济性高，节约一次能源，降低发电成本。随着蒸汽初参数的提高和单机容量的增加，发电厂的热经济性是逐步提高的。一般而言，蒸汽的初参数由 3.43MPa/435℃ 提高至 8.83MPa/535℃ 可使机组净热耗率 $\delta q^n$ 降低 11%～25%；继续提高到超高参数，并采用蒸汽一次中间再热（12.75MPa/535℃/535℃），$\delta q^n$ 又下降 7%～18%；再进一步提高到亚临界参数一次再热（16.7MPa/538℃/538℃），$\delta q^n$ 再下降 2%～12%；继续提高到超临界参数一次再热（24.2MPa/538℃/566℃），$\delta q^n$ 还可再下降 0.6%～2.5%。显然，热耗率降低，机组的煤耗率也相应降低，热经济性提高，进而节约了宝贵的一次能源，降低了发电成本。表 3-10 为目前几种不同参数的 1000MW 超超临界机组的热耗率、发电标准煤耗率的比较情况。

表 3-10    不同参数的 1000MW 超超临界机组的热耗率、发电标准煤耗率的比较情况

| 汽轮机进汽参数 | 汽轮机热耗率 [kJ/(kW·h)] | 发电标准煤耗率 [g/(kW·h)] | 年标煤用量 (10⁴t) | 年标煤用量差值 (10⁴t) |
|---|---|---|---|---|
| N1000-26.25MPa/600℃/600℃ | 7316 | 268.24 | 147.532 | 基准 |
| N1000-28MPa/600℃/620℃ | 7218 | 266.85 | 146.7675 | −0.7645 |
| N1000-31MPa/600℃/620℃/620℃ | 7042 | 258.20 | 142.01 | −5.522 |

注　锅炉热效率按 94%，管道热效率按 99%，机组年利用小时数按 5500h 计算。

（2）节约投资，缩短建设工期，减少占地面积。随着蒸汽初参数的提高，设备的投资要相应的增加，但是机组单机容量的增加使单位容量的投资减少。一般而言，容量大一倍的火电机组每千瓦投资节约 10%～15%，钢材节约 20%～25%，建筑安装材料节约 25%～35%，建设工程量减少 30%～35%，所以工期缩短。如我国建设一座 4×300MW 火电厂，

合理的建设工期需要 76 个月，而建设一座 2×600MW 火电厂只需 56 个月，工期缩短 26%
左右，实际建设工期往往还会提前。

对于相同容量的火电机组而言，采用二次再热的机组投资要高于一次再热的机组，但其
热经济效益及环保效益要远高于一次再热的机组。表 3-11 给出了我国目前几种不同参数的
1000MW 超超临界机组的总投资变化的比较情况。

表 3-11　　　　　不同参数的 1000MW 超超临界机组的总投资变化的比较情况　　　　（万元/台）

| 汽轮机进汽参数 | 汽轮机 | 锅炉 | 管道 | 设备 | 土建 | 总计 |
|---|---|---|---|---|---|---|
| N1000-26.25MPa/600℃/600℃ | 基准 | 基准 | 基准 | 基准 | 基准 | 基准 |
| N1000-28MPa/600℃/620℃ | +3000 | +3500 | +1541 | 0 | 0 | +8041 |
| N1000-31MPa/600℃/620℃/620℃ | +8000 | +15 400 | +7520 | +680 | +500 | +32 100 |

从表 3-11 可以看出，参数为 31MPa/600℃/620℃/620℃ 的二次再热机组比目前已投运
或在建的 26.25MPa/600℃/600℃ 和 28MPa/600℃/620℃ 的一次再热机组的投资分别增加了
3.21 亿元和 2.4059 亿元。增加的投资通过节省的燃煤费用 7.2～8.33 年就可以回收。

另外，随着机组容量的增加，每千瓦机组的占地面积是降低的。如 4×300MW 火电厂
与 2×600MW 火电厂相比，每千瓦机组的占地面积从 0.30～0.35m² 降至 0.28～0.32m²。

（3）促进电力工业的发展，满足社会经济增长的需求。电力工业是国民经济的基础工
业，也是先行工业。随着国民经济的快速发展，电力负荷的增长速度比较快，需要快速发展
电力工业来满足快速增长的电力负荷的需要。为此，要加快高参数大容量机组的建设步伐。
我国 1950～1981 年，新增机组 1536 台，总容量为 55 220MW，平均单机容量为 36MW，而
2007 年一年，新增机组的总容量就突破了 1 亿 kW，目前，我国在役火电机组主要以
300MW 及以上的亚临界和超（超）临界参数机组为主。

5. 超（超）临界参数的大容量火电机组

（1）超（超）临界参数的定义。《超临界及超超临界机组参数系列》（GB/T 28558—
2012）规定，水的临界状态点参数为：压力 22.129MPa，温度 374.15℃，它是水的液相和
汽相能够平衡共存的最高参数点，为固有物性常数。当蒸汽参数超过临界点压力和温度时，
称为超临界参数。当蒸汽参数高于常规超临界参数 24.2MPa/566℃/566℃ 时的汽轮机进汽
参数，称为超超临界参数。因此，超临界火电机组可划分为两个层次：一个是常规超临界压
力机组（conventional supercritical），另一个是高效超临界压力机组（high efficiency super-
critical），通常也称为超超临界压力机组（ultra supercritical）或者高参数超临界压力机组
（advanced supercritical）。

实际上，超超临界参数的概念只是一种商业性的称谓，它只是用来表示发电机组具有更
高的蒸汽压力和温度。因此，各国甚至是各公司对超超临界参数初始点的定义也有所不同。
例如：日本的定义为压力大于 24.2MPa，或温度达到 593℃；丹麦定义为压力大于
27.5MPa；西门子公司的观点是应从材料的等级来区分超临界和超超临界参数机组。在我
国，《发电用汽轮机参数系列》（GB/T 754—2007）中的定义为蒸汽参数高于 24.2MPa/
566℃/566℃ 时的汽轮机进汽参数，其新蒸汽温度或/和再热蒸汽温度不小于 580℃，或/和
新蒸汽压力不小于 28MPa。后来在《超临界及超超临界机组参数系列》（GB/T 28558—

2012）中将其定义为蒸汽参数高于 24.2MPa/566℃/566℃时的汽轮机进汽参数。

（2）国外超（超）临界机组概况。据统计，世界上已投入运行的超临界及以上参数的发电机组有 600 多台。其中美国有 170 多台，日本和欧洲各约 60 台，俄罗斯及原东欧国家 280 余台。目前，单机容量最大的机组为美国坎伯兰电厂的 1300MW 超临界一次再热燃煤机组，由 B&W 和 ABB 公司制造，汽轮机采用双轴结构，转速为 3600/3600r/min 的蒸汽参数为 24.2MPa/538℃/538℃，转速为 3000/1500r/min 的蒸汽参数为 25.4MPa/538℃/538℃，给水系统采用 8 级回热加热。单轴最大容量机组为俄罗斯科斯特罗马电厂的 1200MW 超临界参数一次再热机组，其蒸汽参数为 23.5MPa/540℃/540℃，汽轮机采用单轴结构，给水系统采用 9 级回热加热。国外超临界机组的蒸汽参数与机组热效率相对提高值的关系如图 3-19 所示。

为了进一步提高超超临界参数机组的循环热效率，美国、日本、欧洲等世界先进工业国家都相继提出了下一阶段的开发计划，并正在进行实施。其目标是将主蒸汽温度提高到 700℃，再热蒸汽温度提高到 720℃，相应的主蒸汽压力从目前的 30MPa 左右提高到 35～40MPa，机组循环热效率提高到 50%～55%。主要发达国家的研发计划如下：

美国能源部提出了火电新技术发展 Vision 计划，研发蒸汽参数为 35MPa/760℃/760℃/760℃的大功率超超临界参数火电机组，热效率将高至 55%（比蒸汽温度 600℃的超超临界参数机组热效率提高 8%～10%），$CO_2$ 和其他污染物的排放减少约 30%，并能够燃用高硫煤。目前，对蒸汽温度为 871℃的超超临界参数机组的设计和运行相关技术也开始前期研究。

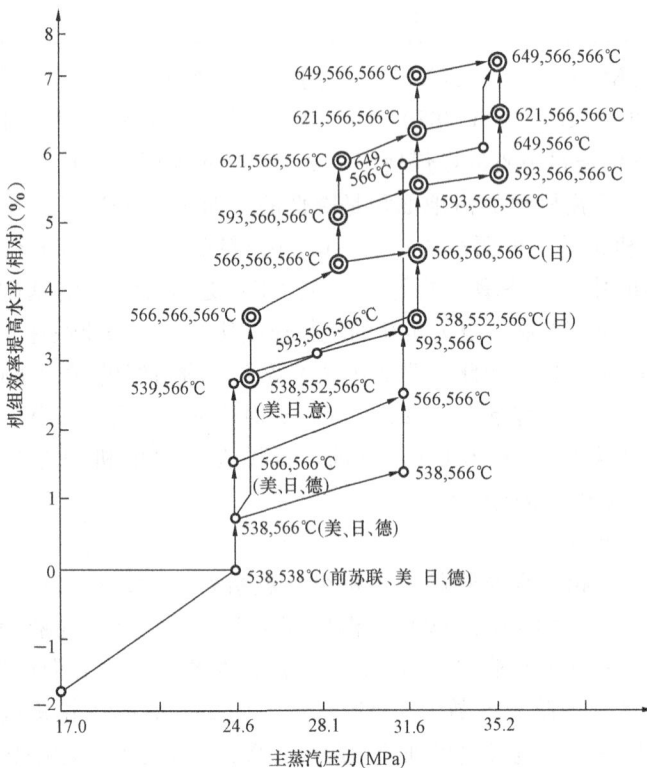

图 3-19　国外超临界蒸汽参数与机组热效率相对提高值的关系

日本电力在日本通商产业省的支持下，近期超超临界技术的开发目标是：先用铁素体钢将蒸汽温度提高到 593℃，再用奥氏体钢提高到 649℃；然后再采用新型铁素体钢将蒸汽温度提高到 630℃，以期将传统超临界蒸汽参数从现有的 24.6MPa/538℃/566℃提高到 32MPa/595℃/595℃/595℃～35MPa/650℃/595℃/595℃，进而提高机组热效率。下一阶段计划总的参数目标为 700℃/720℃、700℃/750℃以及将来 700℃/800℃，并采用二次再热方案。

欧盟则启动了 AD-700℃计划，研究具有先进蒸汽参数的未来燃煤发电厂形式，其目标是使下一代超超临界参数机组的蒸汽参数提高到 37.5MPa/700℃/700℃ 和 35MPa/700℃/720℃/720℃ 的等级水平，供电热效率由目前的 47% 提高到 55%（深海海水冷却）或 52%（内陆电厂），$CO_2$ 和其他污染物的排放量减少约 30%，并降低燃煤电厂的投资。

（3）国内超（超）临界参数机组概况。发展超（超）临界参数火力发电技术一直是国内业界所关心的热点，自 20 世纪 80 年代开始，我国陆续引进了一批超临界压力机组，见表 3-12。

表 3-12　　　　　　　　　　　　　我国引进的部分超临界压力机组

| 电厂名称 | 制造厂家 | 台数 | 功率(MW) | 参数(MPa/℃/℃) |
|---|---|---|---|---|
| 石洞口二电厂 | ABB/GE-SILZER | 2 | 600 | 24.2/538/566 |
| 盘山电厂 | 苏联 | 2 | 500 | 23.54/540/540 |
| 华能南京热电厂 | 苏联 | 2 | 320 | 23.54/540/540 |
| 营口电厂 | 苏联 | 2 | 320 | 25.0/545/545 |
| 伊敏电厂 | 苏联 | 2 | 500 | 25.0/545/545 |
| 绥中电厂 | 苏联 | 2 | 800 | 25.0/545/545 |
| 漳州厚石电厂 | 三菱 | 2 | 600 | 24.5/538/566 |
| 上海外高桥电厂 | 西门子/阿尔斯通 | 2 | 900 | 24.2/538/566 |

2004 年 11 月 23 日，我国在引进国外先进技术基础上设计制造的首台 600MW 超临界参数机组在华能沁北发电厂正式投运，机组参数为 24.2MPa/566℃/566℃，填补了超临界压力机组国产化的空白。从"十一五"初期开始，我国大型超（超）临界参数机组即呈现出快速发展的趋势，600MW 机组基本上都采用了超临界或超超临界参数，1000MW 机组全部采用了超超临界参数，再热方式多为一次再热，机组参数多为 25MPa/600℃/600℃ 和 26.25MPa/600℃/600℃ 两类。截至 2015 年底，在役 1000 MW 容量等级机组已达 86 台。从目前国内已投运的 1000MW 超超临界参数机组的运行情况来看，我国大容量超超临界参数机组商业运行的可靠性已经达到了世界先进水平。2011 年 6 月 24 日，我国启动了 700℃ 超超临界参数燃煤发电技术研发计划，预计到 2030 年前，我国自主开发的蒸汽温度为 700℃等级的超超临界参数燃煤机组将投入商业运行，机组供电效率将超过 50%。

在设备设计制造方面，"十五"期间，国内三大动力集团（上海电气集团有限公司、东方电气集团有限公司、哈尔滨电气集团有限公司）分别从三菱、日立、阿尔斯通、西门子引进了超临界和超超临界技术，并采取与国外公司合作的方式进行超（超）临界机组的设计和制造。其中上海锅炉厂引进 ALSTOM 技术（单炉膛八角切圆燃烧的Ⅱ形锅炉和单炉膛四角切圆燃烧的塔式锅炉）、哈尔滨锅炉厂引进日本三菱技术（单炉膛八角切圆燃烧的Ⅱ形锅炉）、东方锅炉厂引进日本日立技术（单炉膛对冲燃烧的Ⅱ形锅炉）；上海汽轮机厂引进德国西门子技术（反动式汽轮机）、哈尔滨汽轮机厂引进日本东芝技术（冲动式汽轮机）、东方汽轮机厂引进日本日立和美国 GE 技术（冲动式汽轮机）。目前，三大集团在装备水平上达到了发达国家的先进水平，具备了 600MW 等级和 1000MW 等级的超超临界参数机组制造能力。

## 二、蒸汽终参数

蒸汽终参数是指汽轮机的排汽压力 $p_c$ 和排汽温度 $t_c$，对于凝汽式汽轮机，其排汽是湿饱和蒸汽，故排汽压力和温度有一定的对应关系，通常蒸汽终参数的数值只要表明其中的一个即可。在决定机组热经济性的三个主要蒸汽参数——初压力、初温度和排汽压力中，排汽压力的变化对机组的热经济性影响最大。排汽压力的大小，不仅与凝汽设备有关，还与发电厂的冷端系统有关，冷端系统的详细内容将在第五章中介绍。

1. 蒸汽终参数对机组循环热效率 $\eta_t$ 的影响

在蒸汽初参数 $p_0$、$t_0$ 及循环方式一定的情况下，蒸汽终参数变化对机组实际循环热效率（$\eta_i = \eta_t \eta_{ri}$）的影响体现在 $\eta_t$ 和 $\eta_{ri}$ 上，可以通过热量法和做功能力法来分析其影响规律。

热量法分析认为：降低蒸汽终参数，一方面使工质放热过程的平均放热温度降低，根据 $\eta_t = 1 - T_c / \overline{T}_0$ 可知，机组的理想循环热效率将随着蒸汽终参数的降低而提高，图 3-20 给出了 $\eta_t$ 随 $p_c$ 变化而变化的关系曲线。另一方面，随着蒸汽终参数的降低，汽轮机低压部分的排汽湿度增大，湿汽损失增加，同时随着排汽压力的降低，在低压缸排汽面积一定的条件下，排汽比体积增大，排汽余速损失增加，故汽轮机相对内效率下降。综上可知，机组的循环热效率存在一个极大值。

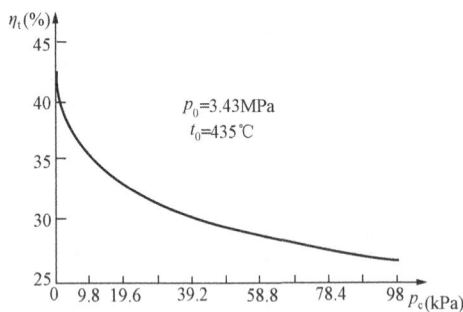

图 3-20　$\eta_t$ 随 $p_c$ 变化而变化的关系曲线

做功能力法分析认为：一方面，降低蒸汽的终参数可以降低凝汽器内的换热温差，减小㶲损失；另一方面，降低蒸汽的终参数，蒸汽湿度增大，湿汽损失增加，同时增加汽轮机的余速损失，进而增大了汽轮机的㶲损失，因而存在最佳终参数。

2. 降低蒸汽终参数的极限

实际情况下，凝汽式汽轮机的排汽压力 $p_c$ 由排汽饱和温度 $t_s$ 决定，而 $t_s$ 必然受到以下三个方面的限制。

（1）理论极限：排汽的饱和温度 $t_s$ 等于或大于冷却水温度，绝不可能低于这个温度。

（2）技术极限：冷却水在凝汽器内冷却汽轮机排汽的过程中，由于冷却水量有限，因此存在冷却水温升 $\Delta t$；由于凝汽器的冷却面积不可能无穷大，必然存在一定的传热端差 $\delta t$。故机组运行过程中实际能够达到的排汽饱和温度 $t_s$ 应由式（3-35）来确定

$$t_s = t_{w1} + \Delta t + \delta t \tag{3-35}$$
$$\Delta t = t_{w2} - t_{w1}$$

式中　$t_s$——排汽饱和温度，℃；

　　　$\Delta t$——冷却水温升，℃；

$t_{w1}$、$t_{w2}$——冷却水进、出口温度，℃；

　　　$\delta t$——凝汽器传热端差，℃。

式（3-35）是确定汽轮机排汽压力的理论依据，具体方法将在第五章中详述。

（3）经济极限：在保证机组获得最大经济效益条件下，汽轮机排汽压力的降低存在极限背压与最佳真空。

由前述内容可知，当汽轮机排汽压力 $p_c$ 降低时，汽轮机的理想循环热效率 $\eta_t$ 提高，但相对内效率 $\eta_{ri}$ 降低。进一步分析可知，在 $p_c$ 降低的初始阶段，$\eta_t$ 的提高值大于 $\eta_{ri}$ 的降低值，即 $\eta_t$ 起主导作用，故实际循环热效率 $\eta_i$ 是增加的；但是，当 $p_c$ 降低到某一数值之后，$\eta_t$ 的提高值小于 $\eta_{ri}$ 的下降值，即 $\eta_{ri}$ 起主导作用，此时的实际循环热效率 $\eta_i$ 是减小的。故将汽轮机

实际循环热效率 $\eta_i$ 开始降低时所对应的排汽压力称为极限背压。因此，在极限背压值之上，降低汽轮机的排汽压力 $p_c$，可以提高机组的热经济性。

值得注意的是，对于在役机组而言，汽轮机末级的通流面积大小已定，它已限制了蒸汽的容积流量，当排汽压力降低至低于极限背压之后，蒸汽膨胀就有一部分要在末级叶片以后进行，它并不能增加机组的输出功率，只能增大余速损失，实际上是无益的。表 3-13 列出了几种典型汽轮机末级叶栅的极限背压。

**表 3-13**                 **几种典型汽轮机末级叶栅的极限背压**

| 单机功率<br>（MW） | 低压缸排汽口数量<br>（个） | 末级叶片高度<br>（mm） | 设计工况下的极限背压<br>（kPa） |
|---|---|---|---|
| 200 | 3 | 665 | 3.43 |
| 200 | 2 | 710 | 5.29 |
| 200 | 2 | 800 | 4.32 |
| 300 | 2 | 869 | 4.45 |
| 600 | 4 | 869 | 4.45 |
| 600 | 4 | 1044 | 3.69 |
| 1000 | 4 | 1146 | 3.69 |

虽然说在极限背压之上通过降低汽轮机排汽压力可以提高机组的热经济性，节约燃料，但是，由于汽轮机末级蒸汽容积流量的增大，其付出的代价是：增大了凝汽器的结构尺寸及其造价；增大了汽轮机末级排汽面积，并影响汽轮机排汽口的数量和尺寸，使汽轮机低压部分复杂化，造价增加；增大了循环水泵容量和耗电量等。因此，汽轮机排汽压力的合理选择应根据冷却水温度、末级叶片尺寸、汽轮机和凝汽器等设备的投资费用以及燃料费用等因素进行技术经济比较后确定，存在一个最佳的排汽压力，亦即最佳真空，其确定方法将在第五章介绍。

## 第四节   机组选型和容量的确定

为了适应电力负荷的各种不同变化，电网中往往要求采用多种不同性能、不同形式的机组，例如，对担任基本负荷的机组，要求有较高的热经济性；对担任尖峰负荷的机组、调频机组、调相机组及紧急备用机组，则各自要求能满足其特殊的性能和用途。

### 一、发电厂的形式及其规划容量

根据国家国民经济发展计划以及区域发展规划与要求，通过综合技术经济比较及可行性研究论证，确定发电厂的形式及其规划容量。

1. 发电厂的形式

发电厂形式的建设原则是：在只有电负荷需求的地区，应建凝汽式电厂；在既有电负荷需求又有热负荷需要的地区，应根据近期热负荷和远期规划热负荷的大小、特性，通过技术经济比较，当热电联产比建坑口电厂供电、集中锅炉房供热方案更为经济合理时，应建设热电厂；在具有丰富天然气或煤气资源的地区，可以考虑采用燃气发电厂；对于酸雨控制区和二氧化硫污染控制区以及燃用高硫煤的地区，经技术经济比较合理时可建设采用整体煤气化联合循环机组（IGCC）的热力发电厂。

《大中型火力发电厂设计规范》（GB 50660—2011）［简称电厂设规（2011）］规定，不同类型的火电机组在电力系统中应具有不同的定位和作用。其中，基本负荷机组应具有较高的可靠性和稳定性，能较好地参与电网的一次调频和二次调频。调峰机组（包括中间负荷机组与尖峰负荷机组）应满足启动速度快，负荷变化灵活，能够适应频繁启停等要求。具有黑启动功能的机组应能够使机组在无任何外部供电的情况下，由自身能力启动机组并网发电；所谓黑启动（black start），是指当某电力系统因故障全部停运后，通过该系统中具有自启动能力机组的启动，带动系统内其他无自启动能力机组，逐步恢复系统运行的过程。热电联产机组应兼顾发电和供热两个功能，在对外供热期间，应具有较高的供热可靠性。资源综合利用机组（包括燃用煤矸石、煤泥、页岩等低热值燃料发电的机组），对机组的可靠性和灵活性不宜过高要求。

2. 发电厂的规划容量

发电厂的规划容量应根据电网结构及其发展规划、电力和热力负荷、燃料供应、水源、交通运输、环境保护要求、灰渣处理、出线走廊、地形、地质、地震、水文、气象、用地与拆迁、施工以及周边企业对发电厂的影响等条件，通过全面的技术经济比较和分析来确定。涉外工程还要考虑供货方或订货方所在国的有关情况。

GB 50660—2011 规定，三大主机台数及容量的匹配原则为：

（1）对于纯凝式汽轮机，应一机配一炉。锅炉的最大连续蒸发量宜与汽轮机调节阀全开时的进汽量相匹配。

（2）对于供热式汽轮机，宜一机配一炉。当热电厂中一台容量最大的蒸汽锅炉停用时，其余锅炉的对外供汽能力若不能满足热力用户连续生产所需的 100％生产用汽量和 60％～75％（严寒地区取上限）冬季采暖、通风及生活用热量的要求时，应由热网配置其他备用热源。

（3）发电机和汽轮机的容量选择条件应相互协调。在额定功率因数和额定氢压下，发电机的额定容量应与汽轮机的额定出力相匹配，发电机的最大连续容量应与汽轮机的最大连续出力相匹配，但其冷却器进水温度宜与汽轮机相应工况下的冷却水温度相一致。发电机冷却方式应采用制造厂推荐的、成熟可靠的形式。125～200MW 机组可采用空气冷却，氢气或水直接冷却，及氢气和水混合冷却的方式；300MW 机组可采用水氢氢、双水内冷或空气冷却方式；600MW 及以上机组宜采用水氢氢冷却方式。

**二、汽轮机设备选型**

汽轮机设备选型就是确定汽轮机的形式、单机容量、参数和台数，根据 GB 50660—2011 的要求，汽轮机设备选型按照下述原则确定：

（1）汽轮机的形式。按照电力系统的要求来确定机组是承担基本负荷还是变动负荷。对于承担变动负荷的机组，其设备和系统性能应满足调峰要求，并应保证机组的设计寿命。对靠近热力负荷地区的机组，应根据近期热负荷和规划热负荷的大小和特性，按照热电兼顾的原则，经技术经济比较证明合理时，优先选择供热式机组；当有稳定热负荷时，宜采用背压式或抽汽背压式机组，否则宜采用抽凝式供热机组。对干旱指数大于 1.5 的缺水地区，宜选用空冷式汽轮机。

（2）汽轮机的单机容量。汽轮机的单机容量是指单台汽轮机的额定输出功率。设计规划热力发电厂，首要任务就是要选择机组的单机容量。从造价上来考虑，机组单位功率的造价、电厂的运行和维护费用均随机组容量的增大而减小，因此单机容量应该尽量选择大一些。但是，当单机容量超过 500MW 以后，机组单位容量造价的降低不是很明显。此外，单机容量的选择还要受负荷增长预测、厂址和电网容量的限制；当电网中最大容量的机组突然停止运行时，为了维护供电负荷的稳定，必须要由其他机组提高负荷或由相邻电网的供电以补偿功率的缺陷。也就是说，单机容量越大，其出现故障时对电网的影响越大。

鉴于此，GB 50660—2011 规定，选择单机容量时，在考虑电力负荷的增长速度、电力系统的备用容量和电网结构等因素的基础上，应选用高效率的大容量机组，但最大单机容量不宜超过电网总容量的 10％。对于电力负荷增长速度较快的电网，可根据具体情况并经技术经济论证后选用较大容量的机组。随着我国电网规模的逐渐扩大，电网允许的最大单机容量也在逐渐增大，发电厂的装机容量也在逐渐增大。目前，我国新建凝汽式电厂基本上都选用 600MW 及以上超（超）临界参数汽轮机。

（3）汽轮机参数。汽轮机参数选择包括主蒸汽参数、再热蒸汽参数和背压，详见前述相关内容。

（4）汽轮机台数。在发电厂的总容量及单机容量确定后，机组的台数也相应确定。一般地，对于单机容量较大的发电厂，机组台数不宜超过 6 台，机组容量等级不宜超过两种，同容量机、炉宜采用同一形式或改进形式，其配套设备的形式也宜一致。这样可使主厂房投资少、布置紧凑、整齐，备品备件通用率高，占用流动资金少，便于运行维护和管理。

另外，新建电厂宜根据负荷需要和资金落实情况，按照规划容量一次或两次建成。大型发电厂宜多台大容量、高效率的同型机组一次设计、连续建成。

供热式机组的种类、容量和台数，应根据近期热负荷与规划热负荷的大小及特性，按照"以热定电"的原则，通过比选确定，宜优先选用高参数、大容量的供热式汽轮机。

**三、锅炉设备选型**

锅炉设备选型的重点是锅炉的类型和参数，依据 GB 50660—2011，其选型原则为：

（1）锅炉类型。锅炉类型必须依据燃用的设计燃料及校核燃料的燃料特性数据来进行，当燃用洗煤副产物、煤矸石、石煤、油页岩和石油焦等煤粉锅炉不能稳定燃烧的燃料时，宜选用循环流化床锅炉；当燃用收到基硫份较高的燃料或燃用灰熔点低、锅炉易结焦的燃料时，通过技术经济比较合理时，可选用循环流化床锅炉；当燃用低灰熔点或严重结渣性的煤种，经技术经济比较合理时，可采用液态排渣锅炉；大容量煤粉锅炉布置方式，可根据工程具体条件选用 Π 形炉或塔式炉形。

根据燃煤的煤质特性选择锅炉的燃烧方式，选择的基本原则为：对于较易着火煤（挥发分 $V_{daf} \geqslant 15％$，煤粉气流着火温度指标 $IT \leqslant 700℃$），宜采用切向燃烧或墙式燃烧方式；对于全水分 $M_{ar} > 30％$ 的褐煤，宜采用风扇磨直吹式制粉系统、多角切向燃烧方式；对于中等着火煤（$IT = 700 \sim 800℃$），宜选用墙式或切向燃烧方式。对于 $IT > 750℃$ 而结渣性较严重煤种，可采用双拱燃烧方式；对于较难着火煤（$V_{daf} \leqslant 10％$，$IT > 800℃$），宜采用双拱燃烧方式。

锅炉的水循环方式和蒸汽初参数有关，通常亚临界参数以下多采用自然循环汽包锅炉，水循环安全可靠，热经济性高；亚临界参数可采用自然循环或强制锅炉，后者能适应调峰情况下承担低负荷时水循环的安全；超临界参数时只能采用直流锅炉。

（2）锅炉参数。锅炉侧蒸汽参数的选择应该遵从汽轮机侧的蒸汽初参数及蒸汽再热参数，同时应该考虑到锅炉主蒸汽参数对锅炉水循环的影响。GB 50660—2011 规定如下：

对于过热蒸汽：锅炉过热器出口至汽轮机进口的蒸汽压降，不宜大于汽轮机额定进汽压力的 5%。锅炉过热器出口的额定蒸汽温度，对于亚临界及以下参数机组，宜高于汽轮机高压缸额定进汽温度 3℃；对于超（超）临界参数机组，宜高于汽轮机额定进汽温度 5℃。

对于再热蒸汽：再热蒸汽系统的总压降，对于亚临界及以下参数机组，宜按照汽轮机额定功率工况下高压缸排汽压力的 10% 取值，其中冷段再热蒸汽管道、再热器、热段再热蒸汽管道的压力降，宜分别为汽轮机额定工况下高压缸排汽压力的 1.5%～2.0%、5%、3.0%～3.5%；对于超（超）参数机组，宜按照汽轮机额定功率工况下高压缸排汽压力的 7%～9% 范围内确定，其中，冷段再热蒸汽管道、再热器、热段再热蒸汽管道的压力降，宜分别为汽轮机额定工况下高压缸排汽压力的 1.3%～1.7%、3.5%～4.5%、2.2%～2.8%；再热器出口额定蒸汽温度宜高于汽轮机中压缸额定进汽温度 2℃。

（3）锅炉容量和台数。对于中间再热机组，通常采用单元制，宜一机配一炉。锅炉的最大连续蒸发量宜与汽轮机调节阀全开时的进汽量相匹配。

对于装有非中间再热的供热式机组且主蒸汽采用母管制系统的发电厂，当一台容量最大的蒸汽锅炉停用时，其余锅炉（包括可利用的其他可靠热源）应满足：热用户连续生产所需要的生产用汽量和冬季采暖、通风及生活用热量的 60%～75%（严寒地区取上限）。此时，可降低部分出力。

对于装有中间再热的供热式机组的发电厂，其对外供热能力的选择，应与同一热网其他热源的供热能力一并考虑；当一台容量最大的蒸汽锅炉停用时，其余锅炉的对外供热能力若不能满足要求时，则不足部分依靠同一热网的其他热源解决。

# 第五节　汽水管道系统的设计

发电厂汽水管道系统包括管子、管件（异径管、弯管及弯头、三通、法兰、封头和堵头、堵板和孔板等）、阀门及其远距离操纵机构、测量装置、管道支吊架、管道热补偿装置、保温材料等，是发电厂热力系统的重要组成内容。发电厂的主、辅热力设备都是通过管道及其附件连接成整体的，管道压损、泄露和散热等都不同程度地影响机组运行的热经济性。

## 一、管道规范

热力发电厂的管道种类很多，管内工作介质的参数差别很大，所需的材料也不同，进行发电厂汽水管道系统设计时，要遵循和符合《发电厂汽水管道应力计算技术规程》（DL/T 5366—2014）、《火力发电厂汽水管道设计规范》（DL/T 5054—2016）的规定要求。

### 1. 管道设计压力

管道设计压力（表压）是指管道运行中内部介质的最大工作压力。对于水管道，设计压力还应包括水柱静压，当其低于额定压力的 3% 时，可不计入。

（1）主蒸汽管道：对于超临界及以下参数机组，其设计压力取锅炉最大连续蒸发量时过热器出口的额定工作压力；对于超超临界参数机组，其设计压力取汽轮机主蒸汽门进口处设计压力的 105% 与汽轮机主汽门进口处设计压力加上主蒸汽管道压降中的较大值。

（2）再热蒸汽管道：其设计压力应取用汽轮机调节汽门全开工况热平衡中对应的汽轮机缸体排汽压力的 1.15 倍。

（3）汽轮机的抽汽管道：非调整抽汽管道的设计压力取汽轮机调节汽门全开工况下抽汽压力的 1.1 倍，且不应小于 0.1MPa。当抽汽汽源来自高压缸排汽时，取低温再热蒸汽管道的设计压力。调整抽汽管道的设计压力取该抽汽的最高工作压力。

（4）与直流锅炉启动分离器连接的汽水管道：其设计压力应取用分离器各种运行工况中可能出现的最高工作压力。

（5）高压给水管道：非调速给水泵的出口管道，从前置泵到主给水泵或从主给水泵到锅炉省煤器的进口区段，应分别取用前置泵或主给水泵特性曲线最高点对应的压力与该泵进水侧压力之和，并应计入水泵进水温度对压力的修正。调速给水泵的出口管道，从给水泵出口到第一个关断阀的管道，设计压力应取用泵在额定转速时特性曲线最高点对应的压力与进水侧压力之和；从泵出口第一个关断阀到锅炉省煤器的进口区段，应取用泵在额定转速及设计流量下泵提升压力的 1.1 倍与泵进水侧压力之和，并应计入水泵进水温度对压力的修正。

（6）低压给水管道：对于定压除氧系统，应取用除氧器额定压力与除氧器最高水位时至泵中心线的水柱静压之和。对于滑压除氧系统，应取用汽轮机调节汽门全开工况下除氧器加热抽汽压力的 1.1 倍与除氧器最高水位时至泵中心线的水柱静压之和。

（7）凝结水管道：凝结水泵进口侧管道应取汽轮机排汽缸接口平面处至泵吸入口中心线的水柱静压，且不小于 0.35MPa，此时凝汽器内按大气压力考虑。凝结水泵出口侧管道应取泵出口阀关断情况下泵的提升压力与进水侧压力之和，进水侧压力取凝汽器热井最高水位与泵吸入口中心线的水柱静压力。当凝结水系统设有升压泵，并与凝结水泵串联运行时，升压泵出口侧管道的设计压力应取凝结水泵和凝结水升压泵出口阀关断时泵的提升压力之和。

2. 管道设计温度

管道设计温度是指管道运行中内部介质的最高工作温度。

（1）主蒸汽管道：其设计温度应取用锅炉过热器出口蒸汽额定工作温度加上锅炉正常运行时允许的温度偏差值，当锅炉制造厂未提供温度偏差时，温度偏差值可取用 5℃。

（2）再热蒸汽管道：高温再热蒸汽管道应取用锅炉再热器出口蒸汽额定工作温度加上锅炉正常运行时允许的温度偏差值，当锅炉制造厂未提供温度偏差时，温度偏差值可取用 5℃。低温再热蒸汽管道应取用汽轮机调节汽门全开工况下对应汽轮机缸体排汽参数等熵求取在管道设计压力下的相应温度；如制造厂有特殊要求时，该设计温度应取用可能出现的最高工作温度。例如，在汽轮机调节汽门全开工况下高压缸的排汽参数为（$p_1$，$t_1$），首先从如图 3-21 所示的 $h$-$s$ 图上查得 A 点，再从 A 点沿等熵过程线查得与低温再热蒸汽管道设计压力 $p_2 = 1.15p_1$ 线相交点 B，其所对应点的温度 $t_2$ 即为管道设计温度。

（3）汽轮机的抽汽管道：非调整抽汽管道应取用汽轮机调节汽门全开工况下的抽汽参数，等熵求取管道设计压力下的相应温度。当抽汽汽源来自高压缸排汽时，应取用低温再热蒸汽管道的设计压力。调整抽汽管

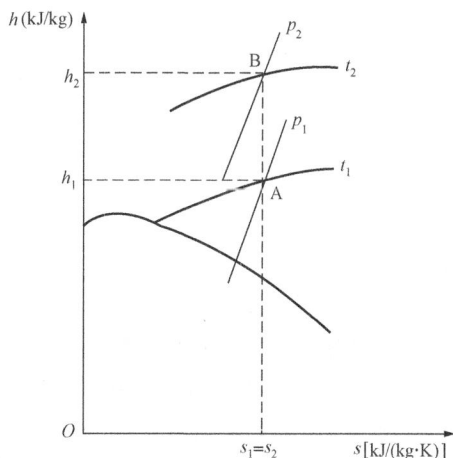

图 3-21　低温再热蒸汽管道设计温度取用示意图

道应取用该抽汽的最高工作温度。

（4）与直流锅炉启动分离器连接的汽水管道：其设计温度应取用分离器各种运行工况中可能出现的最高工作温度。

（5）高压给水管道：其设计温度应取用高压加热器后高压给水的最高工作温度。

（6）低压给水管道：对于定压除氧系统，取除氧器额定压力对应的饱和温度。对于滑压除氧系统，取汽轮机调节汽门全开工况下 1.1 倍除氧器加热抽汽压力对应的饱和温度。

（7）凝结水管道：其设计温度应取用低压加热器后凝结水的最高工作温度。

在《火力发电厂汽水管道设计规范》（DL/T 5054—2016）中，还给出了背压式汽轮机的排汽管道、减温减压后的蒸汽管道、加热器疏水管道、锅炉排污水管道、给水再循环管道、安全阀后的排汽管道、离心泵出口管道的设计压力及温度的选取原则。限于篇幅，本书不再赘述。

3. 管道的公称压力和公称通径

（1）公称压力 $PN$。管道组成件的参数等级既可用标注压力和温度的方法来表示，如 $P_{45}20$ 是指设计温度为 450℃，压力为 20MPa，也可用公称压力表示。《管道元件—$PN$（公称压力）的定义和选用》（GB/T 1048—2005）规定，管道公称压力 $PN$ 是指与管道系统元件的力学性能和尺寸特性相关、用于参考的字母和数字组合的标识。因此，字母 $PN$ 后的数字并不代表测量值，不能用于计算目的，除非在有关标准中另有规定。公称压力 $PN$ 数值系列见表 3-14，我国 20 号钢管及附件（阀门除外）的公称压力、试验压力和允许工作压力见表 3-15，其他钢材的公称压力可查阅 DL/T 5054—2016 或有关手册。

表 3-14　　　　　　　　　　　$PN$ 数值系列

| DIN 系列 | $PN2.5$ | $PN6$ | $PN10$ | $PN16$ | $PN25$ | $PN40$ | $PN63$ | $PN100$ |
| --- | --- | --- | --- | --- | --- | --- | --- | --- |
| ANSI 系列 | $PN20$ | $PN50$ | $PN110$ | $PN150$ | $PN260$ | $PN420$ | — | — |

表 3-15　我国 20 号钢管及附件（阀门除外）的公称压力、试验压力和允许工作压力表

| 公称压力 $PN$ | 试验压力 $p_T$ (bar) | 设计温度（℃） | | | | | | | | |
| --- | --- | --- | --- | --- | --- | --- | --- | --- | --- | --- |
| | | 常温 | 100 | 200 | 250 | 300 | 350 | 400 | 425 | 450 |
| | | 最大允许工作压力（bar） | | | | | | | | |
| 2.5 | 4 | 2.5 | 2.5 | 2.5 | 2.44 | 2.21 | 1.95 | 1.70 | 1.47 | — |
| 6 | 9 | 6.0 | 6.0 | 6.0 | 5.87 | 5.31 | 4.70 | 4.09 | 3.52 | — |
| 10 | 15 | 10.0 | 10.0 | 10.0 | 9.79 | 8.85 | 7.83 | 6.81 | 5.88 | — |
| 16 | 24 | 16.0 | 16.0 | 16.0 | 15.6 | 14.1 | 12.5 | 10.9 | 9.40 | — |
| 25 | 37.5 | 25.0 | 25.0 | 25.0 | 24.4 | 22.1 | 19.6 | 17.0 | 14.7 | — |
| 40 | 60 | 40.0 | 40.0 | 40.0 | 39.1 | 35.4 | 31.3 | 27.2 | 23.5 | — |
| 63 | 93 | 63.0 | 63.0 | 63.0 | 61.7 | 55.7 | 49.3 | 42.9 | 37.0 | — |

需要注意的是，GB/T 1048—2005 以及 DL/T 5054—2016 中给出的试验压力和最大允许工作压力的单位是 bar，而国际标准单位为 MPa，所以在管道系统设计时一定要高度注意这个问题。另外，新标准修改了公称压力的表示方式，例如原标准中的 $PN1.0MPa$ 现标记为 $PN10$，且字母 $PN$ 后的数字不能用于管道系统的计算，例如 20 号钢管的公称压力 $PN10$，当其设计温度为 400℃时，所对应的最大允许工作压力为 6.81bar，而不是 10bar。

　　由此可见，公称压力是不同钢材、介质对应压力和温度的组合参数，已不是一般的压力概念，它只是一个用来表示不同管材、在不同温度时管道允许的工作压力都折算为某一固定温度等级下的承压等级标准。

　　汽水管道可承受的最大工作压力与管道的材料、壁厚以及管内工作介质温度等有关。管材不同，允许使用的温度也不同。表 3-16 为我国火电厂常用管材钢号及推荐使用温度。

表 3-16　　　　　　　　　　　火电厂常用国产钢材及其推荐使用温度

| 钢材类别 | 钢号 | 推荐使用温度（℃） | 备 注 |
|---|---|---|---|
| 碳素结构钢 | Q 235A<br>Q235B<br>Q235C | 0～300 | 《低压流体输送用焊接钢管》(GB/T 3091—2015) |
|  | Q235D | —20～300 |  |
| 优质碳素结构钢 | 10<br>20 | —20～425 | 《低中压锅炉用无缝钢管》(GB/T 3087—2008) |
|  | 20G | —20～425 | 《高压锅炉用无缝钢管》(GB 5310—2008) |
| 锅炉和压力容器用钢板 | Q245R | —20～425 | 《锅炉和压力容器用钢板》(GB 713—2014) |
|  | Q345R | 0～425 |  |
| 低合金高强度结构钢 | Q345A | 0～350 | 《输送流体用无缝钢管》(GB/T 8163—2008) |
|  | Q345B | 0～350 |  |
|  | Q345C | 0～350 |  |
|  | Q345D | —20～350 |  |
|  | Q345E | —40～350 |  |
| 合金结构钢 | 15CrMoG | ≤510 | GB 5310—2008 |
|  | 12Cr1MoVG | ≤555 |  |
|  | 15Ni1MnMoNbCu | ≤350 |  |
|  | 10Cr9Mo1VNbN | ≤600 |  |
|  | 10Cr9MoW2VNbN | ≤621 |  |

　　钢材的许用应力，除延伸率不小于 30% 的奥氏体不锈钢和镍基合金外，应根据钢材的有关强度特性取下列三项中的最小值

$$\frac{R_{\mathrm{m}}^{20}}{3},\ \frac{R_{\mathrm{eL}}^{\mathrm{t}}}{1.5}\ \text{或}\ \frac{R_{\mathrm{p0.2}}^{\mathrm{t}}}{1.5},\ \frac{R_{\mathrm{D}}^{\mathrm{t}}}{1.5}$$

式中　$R_{\mathrm{m}}^{20}$ ——钢材在 20℃ 时的抗拉强度最小值，MPa；

　　　$R_{\mathrm{eL}}^{\mathrm{t}}$ ——钢材在设计温度下的屈服强度最小值，MPa；

　　　$R_{\mathrm{p0.2}}^{\mathrm{t}}$ ——钢材在设计温度下 0.2% 规定非比例延伸强度（残余变形为 0.2% 时的屈服强度）最小值，MPa；

　　　$R_{\mathrm{D}}^{\mathrm{t}}$ ——钢材在设计温度下 10 万 h 持久强度平均值，MPa。

　　部分常用国产钢材的许用应力数据如表 3-17 所示。

表 3-17                                        部分常用国产钢材的许用应力表（摘录）

| 钢号 | 10 | 20 | 20G | 15CrMoG | 12Cr1MoVG | 15Ni1MnMoNbCu | 07Cr19Ni10 | 07Cr18Ni11Nb |
|---|---|---|---|---|---|---|---|---|
| 标准号 | GB/T 3087—2008 | | GB 5310—2008 | | | | | |
| $R_m^{20}$ | 335 | 410 | 410 | 440 | 470 | 620 | 515 | 520 |
| $R_{eL}^t / R_{p0.2}^t$ | 195 | 225 | 245 | 295 | 255 | 440 | 205 | 205 |
| 管壁温度（℃）　20 | 111 | 137 | 134 | 147 | 157 | 207 | 137 | 137 |
| 250 | 104 | 125 | 125 | 146 | 156 | 207 | 90 | 105 |
| 300 | 91 | 113 | 113 | 143 | 151 | 207 | 85 | 100 |
| 350 | 80 | 100 | 100 | 135 | 143 | 207 | 82 | 96.6 |
| 400 | 70 | 87 | 87 | 128 | 135 | — | 79 | 94 |
| 450 | 49 | 55 | 55 | 123 | 128 | — | 76 | 92.6 |
| 500 | — | — | — | 96 | 118 | — | 73.3 | 91.3 |
| 550 | — | — | — | — | 65 | — | 70 | 87.3 |
| 600 | — | — | — | — | — | — | 64 | 76 |
| 650 | — | — | — | — | — | — | 42 | 54.6 |

管道工艺系统设计时，管道组成件在设计温度下的允许工作压力 $[p]$ 与公称压力 $PN$ 可按式（3-36）换算

$$[p] = K_{PN} PN [\sigma]^t / [\sigma]^s \tag{3-36}$$

式中　$[p]$——管道组成件在设计温度下的允许工作压力，MPa；

　　　$K_{PN}$——换算系数，$K_{PN} = 0.1 MPa$；

　　　$PN$——公称压力，MPa；

　　　$[\sigma]^t$——在设计温度下材料的许用应力，MPa；

　　　$[\sigma]^s$——公称压力对应的基准应力，指材料在某一温度下的许用应力，MPa。

（2）公称通径 $DN$。管道组成件的公称通径用符号 $DN$ 来表示，它是用于管道系统元件的字母和数字组合的尺寸标识，由字母 $DN$ 和后跟无因次的整数数字组成，这个数字与端部连接件的孔径或外径（mm）等特征尺寸直接相关。

在允许介质流速条件下，管道的通流能力取决于管道内径的大小。同一材料相同外径的管道，因其公称压力的不同，管壁厚度也不相同，实际内径尺寸也随之不同，这样对管道的设计、制造等带来了诸多不便。为此，各国对管道及其附件都制定了相应的公称通径 $DN$ 的等级标准。我国将公称通径在 1~4000mm 之间的管道划分为 54 个等级，其优先选用的 $DN$ 数值见《管道元件 $DN$（公称尺寸）的定义和选用》（GB/T 1047—2005）。

必须注意的是：字母 $DN$ 后面的数字并不代表测量值，不能用于计算目的。如某高压蒸汽管道具有相同的公称通径 $DN225$，不同耐热钢材在不同压力、温度时的外径 $D_0$、壁厚 $S$ 和内径 $D_i$ 见表 3-18。从中可见，公称通径只是名义上的计算内径，不是实际内径，同一管材，随着公称压力的提高，其壁厚增加，而实际内径却相应减小。

表 3-18　　　　　　　　　　公称通径 *DN*225 管道的 $D_0 \times S$ 和 $D_i$

| 管道的工作压力及温度 | 10MPa/540℃ | 14MPa/540℃ | 17MPa/540℃ |
|---|---|---|---|
| 管材 | 12Cr1MoV | 12Cr1MoV | 12CrMo910 |
| $D_0$(mm)×$S$(mm) | 273×20 | 273×28 | 273×40 |
| $D_i$(mm) | 233 | 217 | 193 |

4. 管道的试验压力

管道试验压力是指用来检验管道组成件的强度以及管系的严密性时的压力，一般采用水压试验。管道组成件的强度试验压力（表压）$p_T$ 应按照式（3-37）和式（3-38）进行计算，取两者中的较大者。

$$p_T = 1.25p[\sigma]^T/[\sigma]^t \text{ 或 } p_T = 1.5p \tag{3-37}$$

$$p_T = 0.1 + p \tag{3-38}$$

式中　$p$——管道设计压力，MPa；

$[\sigma]^T$——在试验温度下材料的许用应力，MPa。

管道安装完毕后，应对管道系统进行严密性检验。水压试验的压力为表压，其值不应小于设计压力的 1.5 倍，且不小于 0.2MPa。水压试验的水温在 5～70℃之间，试验环境温度不应低于 5℃，否则应采用防止冻结和冷脆破裂的措施。水压试验的水质应清洁且对管道系统材料的腐蚀性要小，对于奥氏体不锈钢管道，应采用饮用水，且氯离子含量不应超过25mg/L。亚临界及以上参数机组的主蒸汽和再热蒸汽管道及其他大直径管道也可采用无损检测代替水压试验进行严密性试验，对于排汽管道或最后一道关断阀后的疏水管道等通向大气的管道可不做严密性试验。

**二、管径和壁厚的计算及选取原则**

进行管道内径的计算，需要首先确定运行中可能出现的最大介质流量，这项任务可在机组热力系统热经济性的计算中得出，接着应合理选取管道内的介质流速。

1. 管内介质流速

管内介质的允许流速大，管道内径可小些，钢材耗量及投资都可减少；但管内介质的流动阻力增大，管道磨损加大，运行费用会增加，元件密封面磨损也会加剧，还可能会引起管道振动，甚至引起水泵汽蚀。所以，根据我国当前的技术水平，钢煤比价，管内介质的种类等实际情况，经过技术经济比较确定和大量试验的论证，现行火电厂汽水管道介质流速按照DL/T 5054—2016 的推荐值选用，见表 3-19。

表 3-19　　　　　　　　　　　推荐的管道介质流速

| 介质类别 | 管道名称 | | 推荐流速(m/s) |
|---|---|---|---|
| 主蒸汽 | 主蒸汽管道 | | 40～60 |
| 中间再热蒸汽 | 高温再热管道 | | 45～65 |
| | 低温再热管道 | | 30～45 |
| 其他蒸汽 | 抽汽或辅助蒸汽管道 | 过热蒸汽管道 | 35～60 |
| | | 饱和蒸汽管道 | 30～50 |
| | | 湿蒸汽管道 | 20～35 |
| | 至高压、低压旁路阀和减温减压器的蒸汽管道 | | 60～90 |

| 介质类别 | 管道名称 | | 推荐流速(m/s) |
|---|---|---|---|
| 给水 | 高压给水管道 | | 2～6 |
| | 中压给水管道 | | 2.0～3.5 |
| | 低压给水管道 | | 0.5～3.0 |
| 凝结水 | 凝结水泵入口侧管道 | | 0.5～1.0 |
| | 凝结水泵出口侧管道 | | 2.0～3.5 |
| 加热器疏水 | 加热器疏水管道 | 疏水泵入口侧 | 0.5～1.0 |
| | | 疏水泵出口侧 | 1.5～3.0 |
| | | 调节阀入口侧 | 1.0～2.0 |
| | | 调节阀出口侧 | 20～100 |
| 其他水 | 生水、化学水、工业水以及其他管道 | 离心泵入口管道 | 0.5～1.5 |
| | | 离心泵出口管道及其他压力管道 | 1.5～3.0 |
| | | 自流、溢流等无压排水管道 | <1.0 |

在推荐介质流速范围内选择具体流速时，应注意管径大小、参数高低的影响，对于直径小、介质参数低的管道，宜采用较低值。对于低压旁路阀出口的蒸汽管道，蒸汽流速可适当提高。

2. 管道内径的计算

对于单相流体的管道，选择表 3-19 中推荐的介质流速，根据连续性方程式得

$$A = \frac{\pi D_i^2}{4} = \frac{Q}{w} = \frac{Gv}{w}$$

其内径 $D_i$ 的计算式为

$$D_i = 594.7\sqrt{\frac{Gv}{w}} \text{ 或 } D_i = 18.81\sqrt{\frac{Q}{w}} \quad \text{(mm)} \tag{3-39}$$

式中　$G$——介质的质量流量，t/h；

　　　$v$——介质的比体积，m³/kg；

　　　$Q$——介质的容积流量，m³/h；

　　　$w$——介质的流速，m/s。

对于汽水两相流体的管道（如锅炉排污管道、高压加热器疏水管道等），应按照 DL/T 5054—2016 中两相流体管道的计算方法，求取管径或核算管道的通流能力。

3. 管道壁厚的计算

管道壁厚的计算应按照直管和弯管（弯头）分别进行，详见 DL/T 5054—2016。

直管壁厚的计算由直管的最小壁厚 $s_m$、计算壁厚 $s_c$ 和取用壁厚 $s_q$ 三部分组成。对于直管规格以"外径×壁厚"标识的钢管，应根据其计算壁厚，按照产品规格中公称壁厚系列选取；对于以"最小内径×最小壁厚"标识的钢管，应根据其计算壁厚，遵照制造厂产品技术条件中的有关规定，按照直管壁厚系列选取。任何情况下，直管的取用壁厚均不得小于其计算壁厚。

弯管是由直管弯制而成的，当采用以"最小内径×最小壁厚"标识的直管弯制时，宜采

用加大直管壁厚的管子；当采用以"外径×壁厚"标识的直管弯制时，宜采用正偏差壁厚的管子。弯管加工完成后，弯管上任何一点的实测最小壁厚不得小于其相应点的计算最小壁厚，且外弧侧壁厚不得小于相连直管允许的最小壁厚。

综上可见，根据选定的管材、公称压力、计算内径和直（弯）管取用壁厚，从管道产品目录中选用合适的管子，其实际壁厚应大于直（弯）管取用壁厚；再根据实际内径验算其流速，并应符合表 3-19 推荐的管道介质流速的要求，如超过其上限，应重新选取。

**三、管道组成件的选择**

管道组成件（亦称管道附件）是指用于连接或装配成管道的元件，它包括管件和阀件两大部分，其直径、压力和几何尺寸都已标准化，并采用公称通径 DN 和公称压力 PN 来表示，在进行管道系统设计时，应根据系统和布置的要求，按照公称尺寸、设计参数、介质种类及所采用的标准进行选择。

1. 管道组成件的连接方式

管道组成件的连接，除需要经常拆卸以外，应采用焊接连接。对于采用衬胶或衬塑的管道，应采用法兰连接。设计压力大于 1.6MPa 或设计温度大于 200℃的低压流体输送用焊接钢管不应采用螺纹连接方式。弯管、弯头、异径管、三通、封头的材料宜与所连接的管道材料一致。

2. 管道类型及管材的选择

（1）管道类型的选择。在热力发电厂中，由于各种系统管道中工作介质的压力、温度有所差异，故它们所需要的管道类型也不尽相同。无缝钢管适用于各类参数的管道。当设计压力 $p \leqslant 1.6$MPa 时，宜选用符合 GB/T 8163—2008 标准的无缝钢管；当设计压力 1.6MPa $< p \leqslant 5.3$MPa 时，宜选用符合 GB 3087—2008 标准的无缝钢管；当设计压力 $p > 5.3$MPa 时，宜选用符合 GB 5310—2008 标准的无缝钢管。直缝电熔焊钢管适用于设计压力 $p \leqslant 10$MPa 的中温高压或高温高压的管道，但不宜持续使用在蠕变范围内。焊接钢管主要用于低压管道。其中，当设计压力 $p \leqslant 1.6$MPa，设计温度 $t \leqslant 300$℃时，宜选用符合 GB/T 3091—2015 标准的电熔焊钢管；当设计压力 $p > 1.6$MPa 或设计温度 $t > 200$℃时，宜选用电阻焊钢管。但是，低压给水管道不宜采用焊接钢管。

对于存在汽水两相流的疏水和再循环管道、调节阀后管道，宜采用 CrMo 合金钢，且壁厚宜加厚一级；对于输送海水介质的规定，可选用衬胶或衬塑的碳钢管或采取其他防腐措施。

（2）管材的选择。热力发电厂汽水管道的材料特性主要取决于管内工作介质的压力、温度以及介质性质等。我国火电厂常用管材钢号及其推荐使用温度见表 3-16，常用高温蒸汽管道钢牌号与国外标准相近钢牌号的对照见表 3-20，其他管道钢牌号的对照表可参见 GB/T 5310—2008 的规定。

**表 3-20　　　　　火电厂常用高温蒸汽管道钢牌号与国外标准相近钢牌号的对照**

| GB 5310—2008 标准钢牌号 | 国外标准相近钢牌号 | | | |
|---|---|---|---|---|
| | ISO | EN | ASME/ASTM | JIS |
| 15CrMoG | 13CrMo4-5 | 10CrMo5-5<br>13CrMo4-5 | T12/P12 | STBA22 |

续表

| GB 5310—2008 标准钢牌号 | 国外标准相近钢牌号 | | | |
|---|---|---|---|---|
| | ISO | EN | ASME/ASTM | JIS |
| 12Cr2MoG | 10CrMo9-10 | 10CrMo9-10 | T22/P22 | STBA24 |
| 10Cr 9Mo1VNbN | X10CrMoVNb9-1 | X10CrMoVNb9-1 | T91/P91 | STBA26 |
| 10Cr9MoW2VNbN | — | — | T92/P92 | — |
| 10Cr11MoW2VNbCu1BN | | | T122/P122 | |

3. 管件的选择

管件主要包括弯管及弯头、三通、法兰、异径管、封头和堵头、堵板和孔板等，它们应根据系统和布置的要求，按公称通径、设计参数、介质种类及所采用的标准进行选择。管子和附件除需要拆卸的以外，应采用焊接方法。选择附件时应满足与所连接管子的焊接要求。管道附件的直径、压力和几何尺寸都已标准化，采用 $DN$ 和 $PN$ 表示。

主蒸汽、再热蒸汽等主要管道宜采用弯管，其中公称压力 $PN10$ 以下、公称尺寸 $DN50$ 以下的管道可采用冷弯弯管。根据布置情况也可以采用符合国家或行业标准的热压弯头（一般采用长半径弯头，短半径弯头仅在布置特殊需要时使用）。公称压力大于 $PN16$ 的管道上应采用无缝热压弯头，且宜带直管段；低温再热蒸汽管道可采用与管道同质量电熔焊钢管热成型弯头；焊接弯头的工作压力不应超过 1.0MPa，工作温度不应超过 300℃。

对于设计温度 $t>300℃$ 或公称压力 $PN40$ 及以上的管道，应选用对焊法兰；设计温度 $t≤300℃$ 且公称压力 $PN25$ 及以下管道，宜选用带颈平焊法兰。对焊法兰宜采用凸凹面（MF）和凸面（RF）形式，平焊法兰宜采用凸面（RF）形式；管道系统中不应采用平面板式平焊法兰、承插焊法兰、松套法兰和螺纹法兰。

钢管模压异径管可用于各种压力等级的管道上，钢板焊制异径管宜用于公称压力不大于 $PN16$ 的管道上，异径管可采用同心或偏心形式。

公称压力 $PN25$ 及以下压力参数的支管，在满足补强要求的前提下可采用直接连接，公称压力 $PN25$ 以上的支管连接应采用成型管件。三通不宜采用带加强环、加强板及加强筋等辅助元件加强的形式；亚临界及以上参数机组的主蒸汽管道、再热蒸汽管道的合流或分流三通宜采用斜三通或"Y"形三通等。

公称压力 $PN25$ 以上的管道，宜选用椭圆形封头，也可采用对焊平封头；公称压力 $PN25$ 及以下的管道，可采用对焊平封头。

孔板主要用于工艺系统需要降压且精度要求不高、在管道中阀门上下游需要有较大压降、需要小流量且连续流通的地方以及需要降压以减少噪声或磨损的地方。节流孔板可以采用法兰或焊接连接，对于蒸汽，孔板后压力 $p_2$ 不应小于孔板前压力 $p_1$ 的 55%；当 $p_2<0.55$ $p_1$ 时，不宜用单级孔板，应选用多级孔板，其级数应保证每级孔板后的压力大于该级孔板前压力的 55%。对于液体，当液体压降不大于 2.5MPa 时，应选用单级孔板；当液体压降大于 2.5MPa 时，应选用多级孔板，且使每级孔板的压降小于 2.5MPa。公称尺寸不大于 $DN150$ 的管路，宜采用单孔孔板；公称尺寸大于 $DN150$ 的管路，宜采用多孔孔板。

夹在两个法兰之间的堵板，应采用回转堵板或中间堵板。亚临界及以上参数机组的主蒸汽管道、再热蒸汽管道采用无损检测代替水压试验时，应在锅炉过热器出口和再热器进、出口处的管道上安装水压试验堵阀或堵板。水压试验堵阀应采用对焊连接，直通道且通流面积应与管道一致。

　　补偿器应按照介质种类、参数、补偿位移方向和大小选用。热力系统宜选用金属波纹管补偿器，材料宜选用奥氏体不锈钢，详见《金属波纹管膨胀节通用技术条件》GB/T 12777—2008；循环水和冷却水管道可选用非金属补偿器，材料可选用橡胶材质。管道的补偿不应采用填料式补偿器和焊制波型补偿器。管道设计中，应计及补偿器的弹性力和内压推力。补偿器和金属软管不应用于受扭转的场合。

### 四、阀门类型及其选用原则

　　阀门是管道系统中的重要部件，它的作用是用来切断或接通管路介质、调节介质的流量和压力，改变介质的流动方向，保护管路系统以及设备的安全。一台300MW机组要使用几千只各种各样的阀门，这些阀门不仅控制机组的热力过程，而且关系着机组运行的经济性和安全性。随着发电机组单机容量及运行参数的进一步提高，阀门的尺寸越来越大，工作参数越来越高，工作环境更加恶劣，其结构更趋复杂，并且向单功能专用化方向发展。这就对阀门及其传动装置提出了更加严格的要求，如要求在$2\sim5s$内快速开启和关闭、要在高温高压下工作、要在高压差下经受汽水混合物的冲刷和腐蚀等，某些阀门将直接关系到整个设备的安全可靠性。因此，阀门选用是否合理，将直接影响到机组运行的安全性和经济性。

　　阀门的种类比较多，按照功能和结构来划分，可分为下述四大类。

　　（1）关断类阀门：用于切断或连通管道内介质的流动，如截止阀、球阀、闸阀、蝶阀、隔膜阀、电磁阀和旋塞阀等。

　　（2）调节类阀门：用于调节管道内介质的流量、压力、温度、水位等，如节流阀、减温减压阀、减压阀、水位或压力调节阀、喷水调节阀、旁路调节阀等。

　　（3）保护类阀门：用于保护设备的安全，如止回阀、泄压阀、快速关闭阀和安全阀等。

　　（4）分流类阀门：用于分配、分离或混合介质，如疏水阀、三通阀等。

　　按照操作方式来划分，可分为手动阀、气动阀、电动阀、液动阀、电液阀、电磁阀等。

　　阀门的型号由阀门类型、驱动方式、连接形式、结构形式、密封面材料或衬里材料类型、公称压力代号或工作温度下的工作压力、阀体材料七个单元组成，编制顺序如图3-22所示，相应的编制方法采用汉语拼音代号或阿拉伯数字来表示，详见《阀门型号编制方法》（JB/T 308—2004）。如Z948W-10型含义为闸阀、电动机驱动、法兰连接、暗杆平行式双闸板、密封面由阀体直接加工、公称压力为1MPa、阀体材料为灰铸铁，全称为电动暗杆平行式双闸板闸阀；J61H-200V型含义为截止阀、手轮传动、焊接连接、直通式、密封面为不

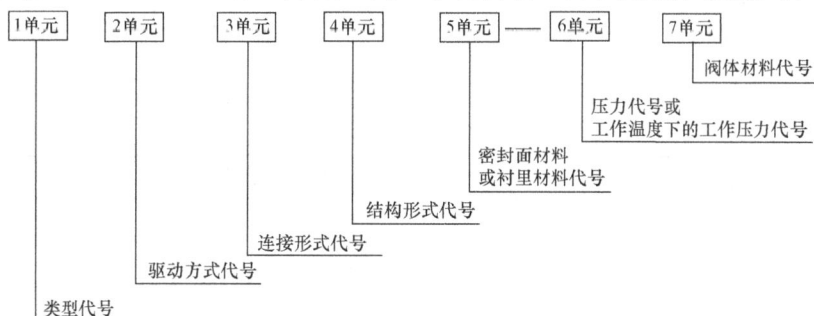

图3-22　阀门型号的编制方法及编制顺序示意图

锈钢、公称压力为20MPa、阀体材料为铬钼钒钢、适用于蒸汽介质，全称为焊接式截止阀。

进行火力发电厂设计时，应按照《火力发电厂汽水管道设计规范》（DL/T 5054—2016）具体规定及要求来选用阀门。

## 第六节　发电厂热力循环的汽水质量要求

汽、水品质不良，将引起热力设备及管道附件等的结垢、积盐和腐蚀，进而影响发电厂热力设备及其管道附件的安全与经济运行。因此，在热力发电厂的设计、运行以及维护工作中，必须保证汽、水质量符合国家及行业标准规定的要求。《火力发电机组及蒸汽动力设备水汽质量》（GB/T 12145—2016）和《超临界火力发电机组水汽质量标准》（DL/T 912—2005）、《火电厂排水水质分析方法》（DL/T 938—2005）规定，火力发电厂的汽、水质量应满足下述要求，其他水质要求可参见上述标准的具体规定。

### 一、蒸汽质量标准

为了防止汽轮机内部积盐，汽包锅炉和直流锅炉的主蒸汽质量应符合表3-21的规定。

表 3-21　　　　　　　　　　　　　　　　　主蒸汽质量标准

| 过热蒸汽压力 (MPa) | 钠 ($\mu g/kg$) | | 氢电导率(25℃) ($\mu S/cm$) | | 二氧化硅 ($\mu g/kg$) | | 铁 ($\mu g/kg$) | | 铜 ($\mu g/kg$) | |
|---|---|---|---|---|---|---|---|---|---|---|
| | 标准值 | 期望值 | 标准值 | 期望值 | 标准值 | 期望值 | 标准值 | 期望值 | 标准值 | 期望值 |
| 3.8～5.8 | ≤15 | — | ≤0.30 | | ≤20 | | ≤20 | | ≤5 | |
| 5.9～15.6 | ≤5 | ≤2 | ≤0.15* | | ≤15 | ≤10 | ≤15 | ≤10 | ≤3 | ≤2 |
| 15.7～18.3 | ≤3 | ≤2 | ≤0.15* | ≤0.10* | ≤15 | ≤10 | ≤10 | ≤5 | ≤2 | ≤2 |
| >18.3 | ≤2 | ≤1 | ≤0.10 | ≤0.08 | ≤10 | ≤5 | ≤5 | ≤3 | ≤1 | ≤1 |

注 * 表面式凝汽器、没有凝结水精除盐装置的机组，蒸汽的脱气氢电导率标准值不大于 0.15$\mu$S/cm，期望值不大于 0.10$\mu$S/cm；没有凝结水精除盐装置的直接空冷机组，蒸汽的脱气氢电导率标准值不大于 0.3$\mu$S/cm，期望值不大于 0.15$\mu$S/cm。

### 二、锅炉给水质量标准

为减少蒸发段腐蚀结垢、保证蒸汽品质，锅炉给水质量应符合表3-22规定。其中，液态排渣炉和燃油锅炉给水的硬度、铁和铜含量，应符合比其压力高一级锅炉的规定。为了防止水汽系统的腐蚀，需对给水进行加药、除氧或加氧等调节处理。当给水采用全挥发处理时，给水的调节控制应符合表3-23的规定。当给水采用加氧处理时，给水的调节控制应符合表3-24的规定。

表 3-22　　　　　　　　　　　　　　　　　给水质量标准

| 控制项目 | 标准值和 期望值 | 过热蒸汽压力（MPa） | | | | | |
|---|---|---|---|---|---|---|---|
| | | 汽包锅炉 | | | | 直流锅炉 | |
| | | 3.8～5.8 | 5.9～12.6 | 12.7～15.6 | >15.6 | 5.9～18.3 | >18.3 |
| 氢电导率(25℃) ($\mu$S/cm) | 标准值 | — | ≤0.3 | ≤0.3 | ≤0.15* | ≤0.15 | ≤0.10 |
| | 期望值 | — | — | — | ≤0.10 | ≤0.10 | ≤0.08 |

续表

| 控制项目 | 标准值和期望值 | 汽包锅炉 3.8~5.8 | 5.9~12.6 | 12.7~15.6 | >15.6 | 直流锅炉 5.9~18.3 | >18.3 |
|---|---|---|---|---|---|---|---|
| 硬度(μmol/L) | 标准值 | ≤2.0 | — | | | | |
| 溶解氧① (μg/L)　AVT(R) | 标准值 | ≤15 | ≤7 | ≤7 | ≤7 | ≤7 | ≤7 |
| 溶解氧① (μg/L)　AVT(O) | 标准值 | ≤15 | ≤10 | ≤10 | ≤10 | ≤10 | ≤10 |
| 铁 (μg/kg) | 标准值 | ≤50 | ≤30 | ≤20 | ≤15 | ≤10 | ≤5 |
| 铁 (μg/kg) | 期望值 | — | — | — | ≤10 | ≤5 | ≤3 |
| 铜 (μg/kg) | 标准值 | ≤10 | ≤5 | ≤5 | ≤3 | ≤3 | ≤2 |
| 铜 (μg/kg) | 期望值 | — | — | — | ≤2 | ≤2 | ≤1 |
| 钠 (μg/kg) | 标准值 | — | — | — | — | ≤3 | ≤2 |
| 钠 (μg/kg) | 期望值 | — | — | — | — | ≤2 | ≤1 |
| 二氧化硅 (μg/kg) | 标准值 | 应保证蒸汽 $SiO_2$ 符合表 3-29 的规定 | | | ≤20 | ≤15 | ≤10 |
| 二氧化硅 (μg/kg) | 期望值 | | | | ≤10 | ≤10 | ≤5 |
| 氯离子(μg/L) | 标准值 | — | — | — | ≤2 | ≤1 | ≤1 |
| TOCi(μg/L) | 标准值 | — | ≤500 | ≤500 | ≤200 | ≤200 | ≤200 |

注　① 加氧处理的溶解氧指标按表 3-32 控制。

　＊ 没有凝结水精除盐装置的水冷机组，给水氢电导率应不大于 $0.30\mu S/cm$。

**表 3-23　　　　　全挥发处理给水的调节控制指标**

| 炉型 | 过热蒸汽压力(MPa) | pH 值(25℃) | 联胺 (μg/L) AVT (R) | AVT (O) |
|---|---|---|---|---|
| 汽包锅炉 | 3.8~5.8 | 8.8~9.3 | — | — |
| 汽包锅炉 | 5.9~15.6 | 8.8~9.3（有铜给水系统）　9.2~9.6*（无铜给水系统） | ≤30 | |
| 汽包锅炉 | >15.6 | | | |
| 直流锅炉 | >5.9 | | | |

注　＊ 凝汽器管为铜管和其他换热器管为钢管的机组，给水 pH 值宜为 9.1~9.4，并控制凝结水铜含量小于 $2\mu g/$L。无凝结水精除盐装置、无铜给水系统的直接空冷机组，给水 pH 值应大于 9.4。

**表 3-24　　　　　加氧处理给水 pH 值、氢电导率和溶解氧的含量**

| pH 值(25℃) | 氢电导率(25℃)(μS/cm) 标准值 | 期望值 | 溶解氧(μg/L) 标准值 |
|---|---|---|---|
| 8.5~9.3 | ≤0.15 | ≤0.10 | 10~150* |

注　采用中性加氧处理的机组，给水 pH 值宜为 7.0~8.0(无铜给水系统)，溶解氧宜为 $50~250\mu g/L$。

　＊ 氧含量接近下限时，pH 值应大于 9.0。

### 三、凝结水质量标准

对于汽轮机的凝结水，要求凝结水泵的出口水质应符合表 3-25 的规定；经精除盐装置后的凝结水质量应符合表 3-26 的规定。

表 3-25 凝结水泵出口水质

| 锅炉过热蒸汽压力 (MPa) | 硬度 (μmol/L) | 钠 (μg/L) | 溶解氧[1] (μg/L) | 氢电导率(25℃)(μS/cm) | |
|---|---|---|---|---|---|
| | | | | 标准值 | 期望值 |
| 3.8~5.8 | ≤2.0 | — | ≤50 | — | — |
| 5.9~12.6 | ≈0 | — | ≤50 | ≤0.3 | — |
| 12.7~15.6 | ≈0 | — | ≤40 | ≤0.3 | ≤0.2 |
| 15.7~18.3 | ≈0 | ≤5* | ≤30 | ≤0.3 | ≤0.15 |
| >18.3 | ≈0 | ≤5 | ≤20 | ≤0.2 | ≤0.15 |

注 ① 直接空冷机组凝结水溶解氧浓度标准值为小于 100μg/L，期望值小于 30μg/L。配有混合式凝汽器的间接空冷机组凝结水溶解氧浓度宜小于 200μg/L。

\* 凝结水有精除盐装置时，凝结水泵出口的钠浓度可放宽到 10μg/L。

表 3-26 凝结水除盐后的水质

| 锅炉过热蒸汽压力 (MPa) | 氢电导率(25℃) (μS/cm) | | 钠 | | 氯离子 | | 铁 | | 二氧化硅 | |
|---|---|---|---|---|---|---|---|---|---|---|
| | | | | | | (μg/L) | | | | |
| | 标准值 | 期望值 | 标准值 | 期望值 | 标准值 | 期望值 | 标准值 | 期望值 | 标准值 | 期望值 |
| ≤18.3 | ≤0.15 | ≤0.10 | ≤3 | ≤2 | ≤2 | ≤1 | ≤5 | ≤3 | ≤15 | ≤10 |
| >18.3 | ≤0.10 | ≤0.08 | ≤2 | ≤1 | ≤1 | — | ≤5 | ≤3 | ≤10 | ≤5 |

## 四、锅炉炉水质量标准

汽包锅炉炉水的电导率、氢电导率、二氧化硅和氯离子含量，根据水汽品质专门试验确定，也可按照表 3-27 的指标进行控制，炉水磷酸根含量与 pH 值指标可按照表 3-28 的指标进行控制。

表 3-27 汽包锅炉炉水的电导率、氢电导率、二氧化硅和氯离子含量标准

| 锅炉汽包压力 (MPa) | 处理方式 | 二氧化硅 | 氯离子 | 电导率（25℃） (μS/cm) | 氢电导率（25℃） (μS/cm) |
|---|---|---|---|---|---|
| | | (mg/L) | | | |
| 3.8~5.8 | | — | — | — | — |
| 5.9~10.0 | 炉水固体碱化剂处理 | ≤2.0* | — | <50 | — |
| 10.1~12.6 | | ≤2.0* | — | <30 | — |
| 12.7~15.6 | | ≤0.45* | ≤1.5 | <20 | — |
| >15.6 | 炉水固体碱化剂处理 | ≤0.10 | ≤0.4 | <15 | <5** |
| | 炉水全挥发处理 | ≤0.08 | ≤0.03 | — | <1.0 |

注 \* 汽包内有清洗装置的控制指标可适当放宽，炉水二氧化硅浓度指标应保证蒸汽二氧化硅浓度符合标准。

\*\* 仅适用于炉水氢氧化钠处理。

表 3-28 汽包锅炉炉水磷酸根含量与 pH 值标准

| 锅炉汽包压力 (MPa) | 处理方式 | 磷酸根(mg/L) | pH 值（25℃） | |
|---|---|---|---|---|
| | | 标准值 | 标准值 | 期望值 |
| 3.8~5.8 | | 5~15 | 9~11 | — |
| 5.9~10.0 | 炉水固体碱化剂处理 | 2~10 | 9~10.5 | 9.5~10.0 |
| 10.1~12.6 | | 2~6 | 9~10.0 | 9.5~9.7 |
| 12.7~15.6 | | ≤3* | 9~9.7 | 9.3~9.7 |

续表

| 锅炉汽包压力 (MPa) | 处理方式 | 磷酸根(mg/L) | pH 值(25℃) | |
|---|---|---|---|---|
| | | 标准值 | 标准值 | 期望值 |
| >15.6 | 炉水固体碱化剂处理 | ≤1* | 9～9.7 | 9.5～9.6 |
| | 炉水全挥发处理 | — | 9～9.7 | — |

注　\* 控制炉水无硬度。

### 五、锅炉补给水质量标准

锅炉补给水质量的高低，将直接影响锅炉给水的品质。因此，锅炉补给水的质量应能保证给水质量符合标准规定。锅炉补给水质量可按照表 3-29 的指标进行控制。

**表 3-29　　　　　锅炉补给水质量指标**

| 锅炉汽包压力 (MPa) | 二氧化硅 (μg/L) | 除盐水箱进水电导率/(25℃) (μS/cm) | | 除盐水箱进水电导率 (25℃) (μS/cm) | TOCi① (μg/L) |
|---|---|---|---|---|---|
| | | 标准值 | 期望值 | | |
| 5.9～12.6 | — | ≤0.20 | — | ≤0.40 | — |
| 12.7～18.3 | ≤20 | ≤0.20 | ≤0.10 | | ≤400 |
| >18.3 | ≤10 | ≤0.15 | ≤0.10 | | ≤200 |

注　① 必要时监测。对于供热机组，补给水 TOCi 含量应满足给水 TOCi 含量合格。

### 六、减温水、疏水和生产回水质量标准

锅炉出口蒸汽采用喷水混合减温时，其减温水的质量应保证减温后蒸汽中的钠、铁和二氧化硅的含量符合表 3-21 中的规定要求。疏水和生产回水的回收利用应保证给水质量符合表 3-22 的规定。有凝结水精除盐装置的机组，回收到凝汽器的疏水和生产回水的质量可按照表 3-30 的指标进行控制。回收到除氧器的热网疏水质量可按照表 3-31 的指标进行控制。生产回水还应根据生产的性质，增加必要的化验项目。

**表 3-30　　　　　回收到凝汽器的疏水和生产回水的质量**

| 名称 | 硬度/(μmol/L) | | 铁 (μg/L) | TOCi (μg/L) |
|---|---|---|---|---|
| | 标准值 | 期望值 | | |
| 疏水 | ≤2.5 | ≈0 | ≤100 | — |
| 生产回水 | ≤5.0 | ≤2.5 | ≤100 | ≤400 |

**表 3-31　　　　　回收到除氧器的热网疏水质量**

| 炉型 | 锅炉过热蒸汽压力 (MPa) | 氢电导率(25℃) (μS/cm) | 钠离子 (μg/L) | 二氧化硅 (μg/L) | 铁 (μg/L) |
|---|---|---|---|---|---|
| 汽包锅炉 | 12.7～15.6 | ≤0.30 | — | — | ≤20 |
| | >15.6 | ≤0.30 | — | ≤20 | |
| 直流锅炉 | 5.9～18.3 | ≤0.20 | ≤5 | ≤15 | |
| | 超临界压力 | ≤0.20 | ≤2 | ≤10 | |

### 七、闭式循环冷却水质量标准

对于采用闭式循环冷却水系统的机组，冷却水的质量按照表 3-32 的指标进行控制。

**表 3-32　　　　　　　　　　　　　　闭式循环冷却水的质量**

| 材　　质 | 电导率(25℃)(μS/cm) | pH 值(25℃) |
|---|---|---|
| 全铁系统 | ≤30 | ≥9.5 |
| 含铜系统 | ≤20 | 8.0～9.2 |

**八、热网补水质量标准**

对于供热机组的热网系统，其补水质量应符合：总硬度小于 $600\mu mol/L$，悬浮物小于 $5mg/L$。

### 复习思考题

3-1　汽水品质不良对热力设备及管道附件有何影响？

3-2　回热式汽轮机比纯凝汽式汽轮机绝对内效率高的原因是什么？

3-3　蒸汽初参数对电厂热经济性有什么影响？提高蒸汽初参数受到哪些限制？为什么？

3-4　降低汽轮机的终参数对机组热经济性有何影响？影响排汽压力的主要因素有哪些？

3-5　何为凝汽器的最佳真空？机组在运行中如何使凝汽器在最佳真空下运行？

3-6　蒸汽中间再热的目的是什么？蒸汽中间再热的方法及其特点是什么？

3-7　蒸汽中间再热必须具备哪些条件才能获得比较好的经济效益？

3-8　蒸汽中间再热对回热机组的热经济性有何影响？

3-9　蒸汽中间再热参数是如何确定的？

3-10　给水回热加热的意义是什么？给水温度对回热机组的热经济性有何影响？最佳给水温度是什么？

3-11　给水总焓升在各级加热器中如何分配才能使机组的热经济性最好？

3-12　回热加热级数对回热过程热经济性的影响是什么？

3-13　热力发电厂中，不同类型的火电机组在电力系统中定位和作用是什么？

3-14　采用高参数大容量机组的意义是什么？

3-15　何为火力发电厂的热力系统和热力系统图？

3-16　热力系统的拟定原则是什么？如何进行分类？

3-17　汽轮机、锅炉机组选择的原则是什么？

3-18　管道的公称压力和管内介质工作压力之间的关系是什么？为什么？

3-19　管道的公称通径与管道实际内径有什么关系？为什么？

3-20　发电厂常用的阀门主要有哪几类？在选择阀门时应注意什么？

# 第四章 火力发电厂原则性热力系统

## 本 章 提 要

本章介绍发电厂原则性热力系统的概念、组成及其基本拟定方法，重点论述给水回热系统及设备、给水除氧系统及设备、电厂汽水损失及补充水系统，最后列举了具有代表性的机组原则性热力系统，同时说明发电厂原则性热力系统的计算方法，给出发电厂原则性热力系统的计算实例。

## 第一节 概 述

### 一、原则性热力系统的概念及组成

原则性热力系统是指以规定的符号表明工质在完成热力循环时所必须流经的各主要设备之间的联络线路图。发电厂的原则性热力系统说明了整个电厂运行时的热力循环特征，它直接决定了发电厂的运行热经济性，在很大程度上决定了发电厂的工作可靠性。原则性热力系统表明工质的能量转换及其热量利用过程，它反映了发电厂能量转换过程的技术完善程度和热经济性。在原则性热力系统中，只表示工质流过时发生压力和温度变化的各种必需的热力设备，每种同类型、同参数的设备在原则性热力系统图上只表示一次，设备之间只表明主要联系，备用设备和管路、附件一般均不加以表明。

火力发电厂的原则性热力系统主要由锅炉、汽轮机及凝汽设备的连接系统，给水回热系统，给水除氧系统，电厂汽水损失及补充水系统，对外供热系统等组成。

### 二、编制原则性热力系统的主要工作内容

发电厂原则性热力系统表征发电厂运行时的热力循环特征，它在很大程度上决定了发电厂的热经济性和工作可靠性。因此，编制发电厂原则性热力系统是一项极其重要的工作，而且需要解决一系列的重要问题。主要工作内容有：①确定发电厂的形式和容量；②选择机组的蒸汽初、终参数；③选择汽轮发电机组的形式和单机容量；④选择锅炉形式和容量；⑤确定给水回热系统（根据锅炉、汽轮机制造厂提供的汽水系统，首先确定回热系统的级数、最终给水温度、各级加热器形式；然后再根据回热系统给定的各加热器出口温度端差和疏水温度端差，考虑是否采用过热蒸汽冷却段和疏水冷却段；确定各级加热器的疏水方式，即疏水逐级自流或采用疏水泵；选择除氧器的形式和工作压力及系统连接方式，确定除氧器定压或滑压运行方式；选定给水泵驱动方式及其连接系统）；⑥选择热力系统的辅助设备［主要包括选择补充水处理方式、补充水设备及系统的连接方式；选择汽包锅炉的连续排污设备及系统；确定热交换器（抽气器、轴封加热器、暖风器等）及其连接系统、连接方式；选择热电厂的供汽方式和载热工质，确定供热设备及其系统连接方式］。

合理拟定、正确分析论证原则性热力系统，是热力发电厂可行性研究及初步设计中热机

部分的主要内容。按照国家规定，发电厂设计的基本程序是：初步可行性研究，可行性研究，初步设计，施工图设计。在初步可行性研究报告中首先要确定建设项目的发电厂形式、容量及其规划容量，初步可行性研究报告审批后，建设单位的主管部门还应编报项目建议书，待批准该项目建议书后才可进行可行性研究。经批准的可行性研究报告是确定建设项目和编制设计文件的依据。

# 第二节　给水回热系统

在热力发电厂中，提高朗肯循环热效率的方法有多种，其中之一是采用多级给水回热加热，即从汽轮机某些中间级抽出部分蒸汽，送入回热加热器对锅炉给水进行加热，与之相应的热力循环和热力系统称之为回热循环和给水回热系统。由于汽轮机抽汽在加热器中对给水进行加热，减少了在凝汽器中的热损失，从而使蒸汽的热量得到了充分的利用，提高了循环的热经济性。

## 一、回热加热器的类型

给水回热系统是由回热加热器、回热抽汽管道、给水或凝结水管道、疏水管道、疏水泵及管道附件等组成的一个加热系统。回热加热器是回热系统的核心，它是一种利用汽轮机抽汽加热给水以提高机组循环热效率的换热设备，按照换热面的布置方式，可分为立式和卧式两种；按照其内部汽、水接触方式的不同，可分为混合式加热器和表面式加热器两类。

### 1. 混合式加热器

混合式加热器是指加热蒸汽和水在其内部直接混合并进行热量交换的设备。在加热蒸汽和水的接触过程中，蒸汽释放出热量，水吸收了大部分热量使温度得以升高，其端差为零，理论上能够将水加热到加热蒸汽压力下对应的饱和温度。

（1）混合式加热器的结构。卧式和立式混合式加热器的结构示意如图 4-1 和图 4-2 所示。在混合式加热器中，为了在有限空间和时间内将水加热到加热蒸汽压力下的饱和温度，要求蒸汽和水的接触面应尽可能大，时间也应尽可能延长，因此混合式加热器在结构设计时一般采用淋水盘的细流式、压力喷雾的水滴式或水膜式等。这样，水最后可被加热到接近蒸汽压力下的饱和温度（一般欠热 1℃ 左右）。若需要满足热除氧加热到饱和温度的要求，可加上鼓泡装置，即利用在水中

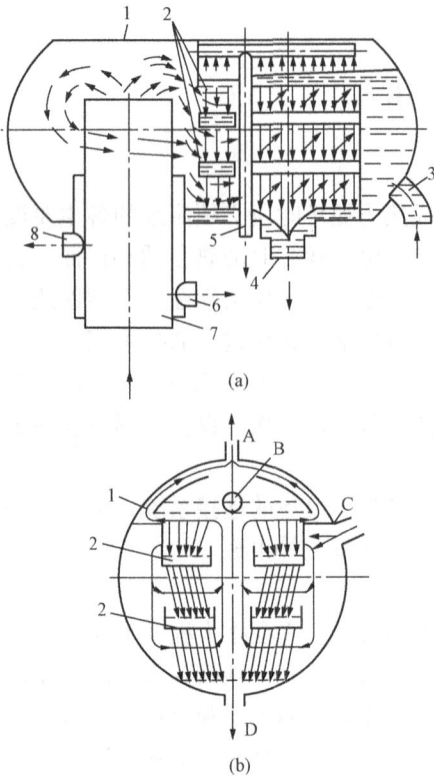

图 4-1　卧式混合式低压加热器结构示意
(a) 结构；(b) 加热器内凝结水细流加热示意
1—外壳；2—多孔淋水盘组；3—凝结水入口；4—凝结水出口；5—汽气混合物引出口；6—事故时凝结水到凝结水泵进口联箱的引出口；7—加热蒸汽进口；8—事故凝结水往凝汽器的引出口；
A—汽气混合物出口；B—凝结水入口（示意）；C—加热蒸汽进口（示意）；D—凝结水出口

引入比加热器压力高的疏水或其他汽源。

在加热和冷凝过程中分离出的不凝结气体和部分余汽应引至凝汽器或专设冷却器；对采用重力式的混合式低压加热器，其加热水出口可不设置集水箱；对于后接给水泵的混合式低压加热器，为保证泵的可靠运行，应设置一定容积的集水箱。

对于以除氧为主而设计的混合式加热器，常称为除氧器，详见本章第三节介绍。此外，有一种将低压表面式加热器改造而成的引射混合式低压加热器，其工作原理是通过压力较高的射水来引射蒸汽，抽吸压力较低的蒸汽并进行热量、动量和质量的交换与掺混，以取代火电厂目前使用的间壁管壳式低压加热器，可将机组热效率提高 0.9% 左右。

（2）混合式加热器的连接系统。全部由混合式加热器组成的回热系统如图 4-3 所示，该系统组成复杂，进而导致回热系统运行安全性、可靠性降低，系统投资增大。主要原因是：①混合式加热器的凝结水需要依靠水泵提高压力后才能进入比凝结水压力高的混合式加热器内，在该加热器内凝结水被加热至该加热器压力下对应的饱和水温度，其压力也与加热器内蒸汽压力一致，欲使其在更高压力的混合式加热器内被加热，还得借助于水泵来重复该过程；②为防止输送饱和水的水泵发生汽蚀，水泵应有正的吸水压头，需设置一水箱并安装在适当的高度，水箱还要具有一定的容量来确保机组负荷波动时运行的可靠性。如再考虑各级备用水泵，则该回热系统的复杂性也就不难理解了。设备多、造价高、主厂房布置复杂、土建投资大、安全可靠性低，使得该系统的应用受到了限制。

为了提高回热系统的热经济性，美国、英国和俄罗斯的某些 300、500、600、800、1000MW 大型机组的低压加热器，部分（在真空状态下工作）或全部采用混合式。

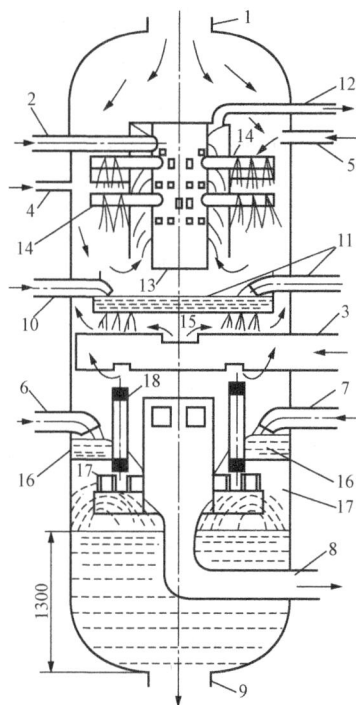

图 4-2　立式混合式低压加热器
结构示意

1—加热蒸汽进口；2—凝结水入口；3—轴封来汽；4—除氧器余汽；5—上级加热器和热网加热器的余汽；6—热网加热器来疏水；7—上级加热器疏水；8—排往凝汽器的事故疏水管；9—凝结水出口；10—来自电动、汽动给水泵轴承的水；11—止回阀排水；12—汽气混合物出口；13—水联箱；14—配水箱；15—淋水盘；16—平衡隔板；17—止回阀；18—平衡管

由于采用了能"干转"（即抗汽蚀）的无轴封泵，以及利用布置高差形成的重力压头，低压水流能够自动落入压力稍高的下一级加热器中，从而可减少水泵的数量。

美国在 20 世纪 30 年代之前就提出了低压加热器全混合式的热力系统；英国在 1964 年获得了混合式低压加热器组成重力式回热系统的专利，该专利于 20 世纪 70 年代曾在数十台 500～660MW 火电及核电机组上采用，后因运行事故而未继续推荐使用；俄罗斯从 20 世纪 70 年代开始，在一些 300～800MW 火电及核电机组上采用由混合式低压加热器组成的重力式回热系统，并持续至今，在设计和运行上取得了许多成功的经验。采用

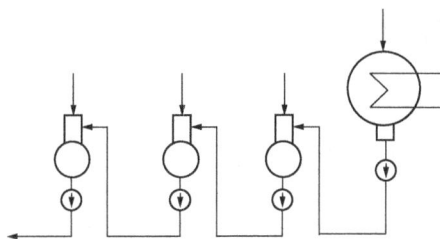

图 4-3　全混合式加热器的回热系统

混合式低压加热器的重力式回热系统如图 4-4 所示，这种布置方式是将压力较低的混合式低压加热器放在相邻的压力较高的混合式加热器上方，被加热后的凝结水依靠重力作用，自流入其下部压力较高的混合式加热器中，再利用水泵将凝结水送入下一组混合式低压加热器组中。由于厂房高度有限，通常只是将相邻的两台或三台混合式加热器串联叠置布置。与图 4-3 所示系统相比，显然水泵数量减少了，热力系统也简单了。

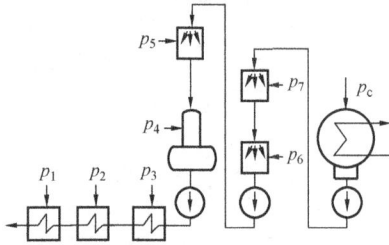

图 4-4　采用重力式低压加热器的回热系统

目前，大多数情况下，只有在真空下工作的低压加热器才采用混合式，并经过对系统、设备和运行操作的改进和完善，已日臻成熟。图 4-5 所示为我国绥中发电厂引进的苏联制造的 K-480-240-5 型凝汽式 800MW 超临界压力一次中间再热机组的回热系统（23.52MPa/540℃/540℃）。图中 H7、H8 为真空下工作的混合式低压加热器，凝结水泵共分三级，每级有三台泵（图中只画出一台），分别用于抽出凝汽器以及两台混合式低压加热器的凝结水。真空下工作的低压加热器采用混合式不仅能提高机组运行的热经济性（使 $\eta_i$ 提高 $0.3\% \sim 0.5\%$），同时还能够避免低压加热器发生氧腐蚀，使汽轮机通流部分结垢减少。

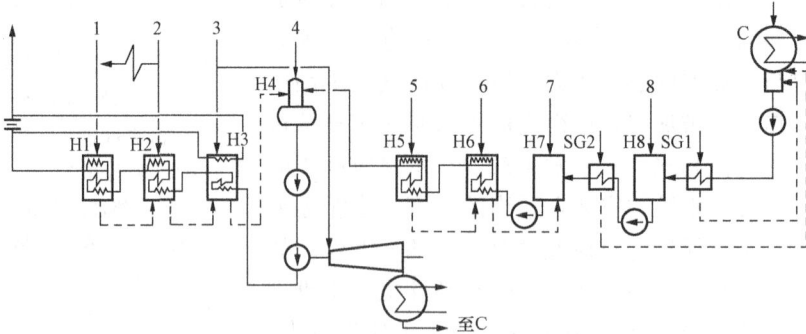

图 4-5　带有一组二级混合式低压加热器的回热系统

（3）混合式加热器及系统特点。总结起来，混合式加热器及系统具有以下优点：①可以将水加热至接近该级加热器压力下对应的饱和水温度，端差为零，热经济性较表面式加热器高；②设备结构简单，金属耗量少，造价低，投资少；③便于汇集各种不同参数的汽、水流量，如疏水、补充水、扩容蒸汽等，同时还能够除去水中所含的不凝结性气体；④可以兼作除氧设备使用，避免高温金属受热面腐蚀。

混合式加热器的主要缺点是：①每台混合式加热器的出口需配置一台水泵，使系统可靠性下降，设备投资增加；②为了防止水泵汽蚀，需设置高位水箱，增加了设备和主厂房的投资；③厂用电增加。

2. 表面式加热器

表面式加热器是指加热蒸汽和被加热的水不直接接触，其换热是通过换热管束将管外蒸汽热量传递给管内水的一种加热设备。

（1）表面式加热器的结构。表面式加热器的结构示意如图 4-6 所示，它分为水侧（管侧）和汽侧（壳侧）两部分。水侧由受热面管束的管内部分和水室（或分配、汇集联箱）组成，它承受着与之相连的凝结水泵或给水泵的压力。汽侧由加热器外壳及管束外表间的空间构成，它通过抽汽管道和汽轮机回热抽汽口相连接，承受相应的抽汽压力，故汽侧压力远低于水侧。

　　加热蒸汽进入汽侧后，在导流板引导下成 S 形均匀流经全部管束外表面进行放热，最后凝结成凝结水由加热器底部排出。该加热蒸汽的凝结水称为疏水，以区别于汽轮机排汽形成的主凝结水。汽侧不凝结性气体应从加热器内排出，以免增大传热热阻，降低热经济性。

　　表面式加热器的金属换热面管束，为适应热膨胀要求一般设计成 U 形、折形（或蛇形）和螺旋形等。按照加热水的引入和引出方式，表面式加热器又可以分为水室结构和联箱结构两大类。其中，水室结构采用管板和 U 形管束连接方式，联箱结构采用联箱和蛇形管束或螺旋形管束连接的方式。

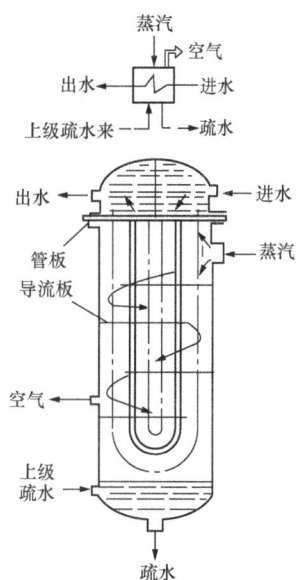

图 4-6　表面式加热器结构

　　为了保证机组的热经济性，回热系统中全部表面式高压加热器和部分表面式低压加热器都设置有三个传热段：过热蒸汽冷却段、回热抽汽凝结段和疏水冷却段，它们的结构特点及布置特点如下：

　　1）过热蒸汽冷却段。过热蒸汽冷却段设在表面式加热器的给水出口部位。给水在此阶段被具有较高过热度的抽汽加热，其出口温度可达到高于或等于蒸汽的饱和温度，这样就改进了传热效果。过热蒸汽冷却段用包壳板、套管和遮热板将该段管子封闭，内设隔板使蒸汽以一定的流速和方向流经传热面，使其达到良好的传热效果，又避免过热蒸汽与管板、壳体等直接接触，降低热应力，同时还可以使蒸汽保留有足够的过热度来保证蒸汽离开该段时呈干燥状态，防止湿蒸汽冲蚀管子。

　　2）回热抽汽凝结段。该传热段的换热面积最大，蒸汽在凝结段通过凝结时放出的汽化潜热加热给水。加热蒸汽在过热蒸汽冷却段放热后在进入凝结段时仍然带一定的过热度，蒸汽从两侧沿整个管系向心流进整个冷却段管束。不凝结气体由管束中心部位的排气管排出，排气管沿整个凝结段设置，确保不凝结气体及时有效地排出加热器，以防止降低传热效果。

　　3）疏水冷却段。蒸汽在凝结段放热凝结成饱和水后进入疏水冷却段，凝结水在这一冷却段继续冷却放出热量来加热给水，其温度降至饱和温度以下。疏水冷却段是用包壳板、挡板和隔板等将该段的加热管束全部密封起来。带疏水冷却段的加热器，必须保持一个规定的液位，避免蒸汽漏到疏水冷却段中造成汽水两相而冲蚀管子，并保证疏水端差满足设计要求。

　　表面式加热器也有卧式和立式两种。卧式加热器的换热效果好，热经济性高于立式。这是因为在相同凝结放热条件下，卧式加热器的换热管束横向布置，其横管面上积存的凝结水膜薄，单根横管传热系数约为竖管的 1.7 倍；同时在筒体内易于布置蒸汽冷却段和疏水冷却段，布置上可利用放置的高低来解决在低负荷运行时疏水逐级自流压差动力减小的问题等。所以，一般大容量机组的低压加热器和部分高压加热器多采用卧式。但立式加热器占地面积小，便于安装和检修，被中、小型机组和部分大机组采用。国外还有倒立式表面加热器。

　　管板-U 形管束卧式高压加热器结构示意如图 4-7 所示，它由筒体、管板、U 形管束和隔板等主要部件组成。筒体的右侧是加热器的水室，它采用半球形、小开孔的结构形式，

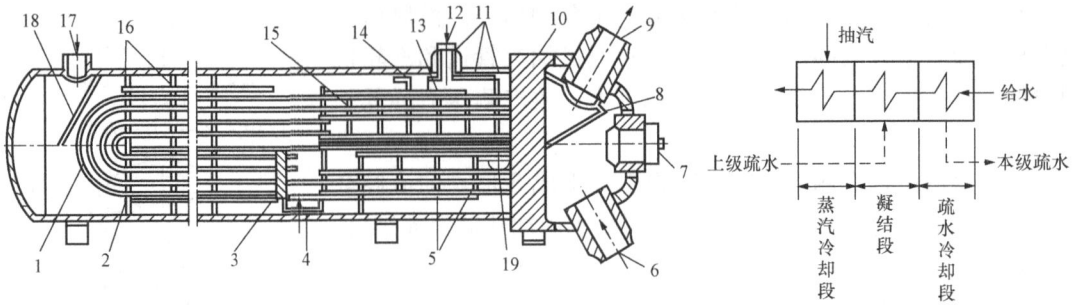

图 4-7  管板-U 形管束卧式高压加热器结构示意图

1—U 形管；2—拉杆；3—疏水冷却段端板；4—疏水冷却段入口；5—疏水冷却段隔板；6—给水进口；7—人孔密封板；8—独立的分流隔板；9—给水出口；10—管板；11—蒸汽冷却段遮热板；12—蒸汽进口；13—防冲板；14—管束保护板；15、16—隔板；17—上级疏水进口；18—防冲板；19—疏水出口

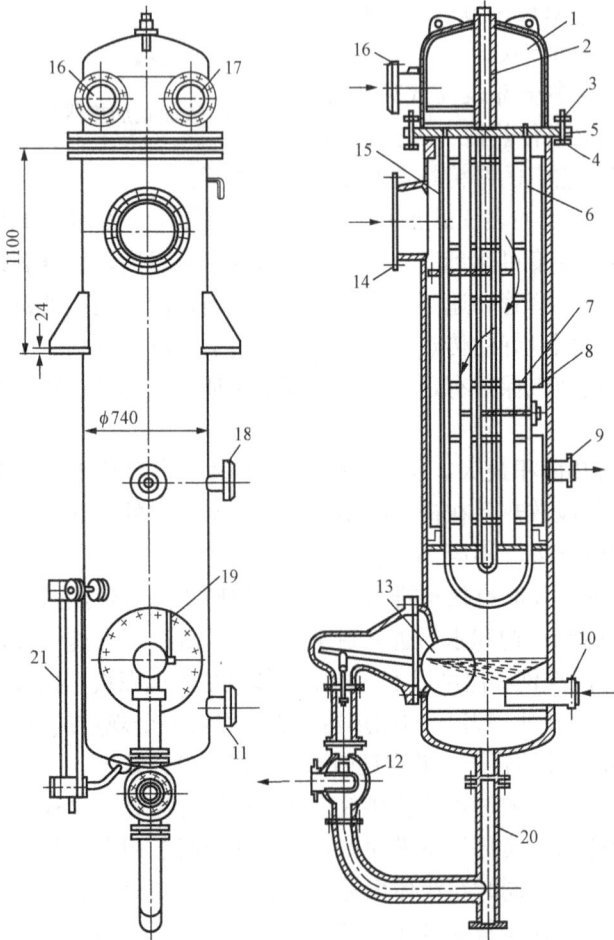

图 4-8  管板-U 形管束立式低压加热器结构

1—水室；2—拉紧螺栓；3—水室法兰；4—筒体法兰；5—管板；6—U 形管束；7—支架；8—导向板；9—抽空气管；10、11—上级疏水进口管；12—疏水器；13—疏水器浮子；14—进汽管；15—护板；16、17—进出水管；18—上级加热器来的空气入口管；19—手柄；20—排疏水管；21—水位计

水室内有一个分流隔板，将进出水隔开；给水由给水进口处进入水室下部，通过 U 形管束吸热升温后从水室上部给水出口处离开加热器。加热蒸汽由蒸汽入口进入筒体，经过蒸汽冷却段、冷凝段和疏水冷却段后蒸汽由汽态变为液态，最后由疏水出口流出。

管板-U 形管束立式低压加热器结构示意图如图 4-8 所示，这种加热器的受热面由铜管或钢管制成的 U 形管束组成，采用焊接或胀接的方法固定在管板上，整个管束插入加热器的圆形筒体内，管板上部有用法兰连接的将进出水空间隔开的水室，水从与进水管连接的水室流入 U 形管，吸热后的水从与出水管连接的另一水室流出。加热蒸汽从进汽管进入加热器筒体上部，借助导向板的作用不断改变流动方向，呈 S 形流动，反复横向冲刷管束外壁并凝结放热，冷凝后的疏水汇集到加热器下部的水空间经疏水自动排除装置排出。

对于大型超（超）临界机组的低压加热器，由于不同厂家生产的汽轮机在结构上存在一些差异，相应的低压加热器的结构也随之有所变化。如上海汽轮机厂制造的汽轮机的两个低压缸中，一个设置七段抽汽口，另一个设置八段抽汽口，所配套的七号和八号低压加热器均为独立结构，分别布置在低压缸对应的凝汽器的喉部；而哈尔滨汽轮机厂与东方汽轮机厂制造的汽轮机的两个低压缸中，每个低压缸均有七段和八段抽汽，所配套的七号和八号低压加热器则为合体式结构，即每个低压缸对应的凝汽器喉部各布置一台合体式低压加热器，这种结构的低压加热器在 600MW 和 1000MW 机组上都有应用。典型合体式低压加热器的内部仍为 U 形管板式结构，采用卧式布置；换热部分只有凝结段和疏水冷却段，上端差为 2～3℃，疏水冷却段端差为 5～8℃；由于没有过热蒸汽冷却段，其回热抽汽入口设置在加热器的中部；同时，各个加热器均为全焊接型，能承受全真空抽汽压力及所连接管道反作用力和热应力的变化。

此外，还有无管板的加热器——联箱结构加热器和螺旋管式加热器，其中，螺旋管式加热器是用柔韧性较强的管束代替 U 形管，避免了管束与厚管板连接的工艺难点。这种结构对温度变化不敏感，局部压力小，安全可靠性高。但水管损坏修复较困难，同时加热器尺寸较大，水阻也较大。

不论哪种类型的表面式加热器，管束内承受的是水泵的压力，筒体承受的是加热蒸汽的压力，水侧压力大大高于汽侧压力，在无疏水冷却段的情况下，疏水的出口温度就是汽侧压力下的饱和温度。加热器汽侧不凝结气体需要引出，以减小热阻加大带来热经济性的降低。

（2）表面式加热器的连接系统。通过技术经济的全面综合分析与比较，为了确保机组运行的可靠性，绝大多数电厂都选用热经济性比较差的表面式加热器组成回热系统，只有除氧器采用混合式，以满足给水除氧的要求。如前所述，除氧器后必须配置给水泵，这就将除氧器前后的表面式加热器按照其水侧压力的高低分成了低压加热器和高压加热器两组。其中，低压加热器布置在凝结水泵和除氧器之间，担负的任务是利用汽轮机低压缸的抽汽来加热凝结水，凝结水侧承受的是压力较低的凝结水泵的出口压力；高压加热器布置在给水泵和锅炉省煤器之间，其任务是利用汽轮机高、中压缸的抽汽来加热给水，给水侧承受的是比锅炉压力还要高的给水泵出口压力。火电机组的典型回热系统示意图如图 4-9 所示。

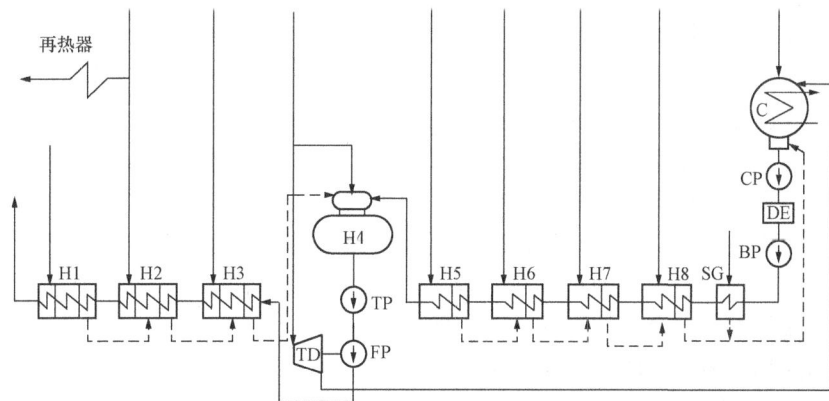

图 4-9　火电机组的典型回热系统示意图

大容量超（超）临界压力机组的高压加热器有单列布置和双列布置两种形式，单列布置是指每台高压加热器均只设一台，给水泵出口的给水全部顺次通过各台加热器；双列布置通常是每台高压加热器均并联配置两台容量为 50％的加热器。对于超超临界压力的大容量机组，高压加热器的参数和容量均较高，如果仍采用单列布置，对高压给水系统而言，系统简单、阀门和控制元件少、管道短、布置简洁，但对于高压加热器的制造工艺要求很高，特别是高压加热器的球形水室、管板厚度随着机组参数及容量的提高而逐渐加大、加厚，高压加热器的外形尺寸也逐渐加大，因此国内外许多高参数、大容量机组的高压加热器多采用双列布置，如浙江玉环电厂、山东邹县电厂的 1000MW 超超临界压力机组等。采用双列布置的高压加热器系统示意如图 4-10 所示。

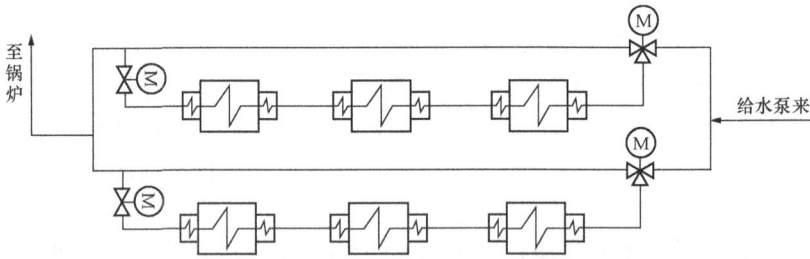

图 4-10　双列布置的高压加热器系统示意图

目前，国内 600MW 及以下的亚临界和超临界压力机组中，高压加热器均采用单列布置。日本超临界和超超临界压力机组比较多，600MW 及以上的大型机组多配置单台容量为 50％的双列高压加热器；而欧洲 600MW 及以上的超临界和超超临界压力机组大多配置单台容量为 100％的单列高压加热器。

另外，回热系统设置高压加热器是为了降低汽轮机的热耗和有利于锅炉的可靠运行，一旦高压加热器解列，将使汽轮机的热耗增加，并影响锅炉运行。为简化高压给水系统，更有利于系统的安全运行，通常高压加热器一般都采用大旁路。如果采用单列高压加热器，当一台高压加热器发生事故时，所有高压加热器将被解列，此时锅炉进水温度将显著降低，对锅炉效率影响很大；而采用双列高压加热器，如某台高压加热器发生事故，该列高压加热器解列，还有另一列高压加热器继续运行，此时锅炉进水温度的降低量只有单列时的一半左右。根据大型机组高压加热器出力对机组热耗率影响的研究，高压加热器出口水温每降低 1℃，将使汽轮机热耗率上升 2kJ/(kW·h) 左右，由于单台高压加热器事故而影响汽轮机热耗的增加，单列高压加热器要比双列高压加热器大 110kJ/(kW·h) 左右。

（3）表面式加热器及系统特点。与混合式加热器相比，表面式加热器及其系统具有系统连接简单，投资少，系统运行的安全可靠性高等优点。主要缺点是：①存在端差，未能最大限度地利用加热蒸汽的能位，热经济性低于混合式加热器；②由于有金属传热面，金属耗量大，内部结构复杂，制造比较困难，造价较大；③不能除去水中的氧和其他气体，未能有效地保护高温金属部件的安全；④不便于汽水的混合。

**二、表面式加热器及系统的热经济性**

**1. 表面式加热器的端差及其热经济性**

（1）基本概念。表面式加热器的端差存在上端差 $\theta$ 和下端差 $\vartheta$ 之分。其中，上端差 $\theta$ 是指表面式加热器汽侧压力下的饱和水温度 $t_{sj}$ 与加热器出口给水温度 $t_{wj}$ 之间的差值，即 $\theta = t_{sj} - t_{wj}$，它也称为出口端差；下端差 $\theta$ 是指离开疏水冷却段的疏水温度 $t'_{sj}$ 与加热器进口给水

温度 $t_{wj+1}$ 之间的差值，即 $\vartheta = t'_{sj} - t_{wj+1}$，它又称为入口端差。一般不加特别说明时，加热器端差是指上端差。回热加热器的端差示意如图 4-11 所示。需要注意的是：由于存在抽汽压损 $\Delta p_j$，因此加热器汽侧压力是指 $p'_j$，而不是 $p_j$。

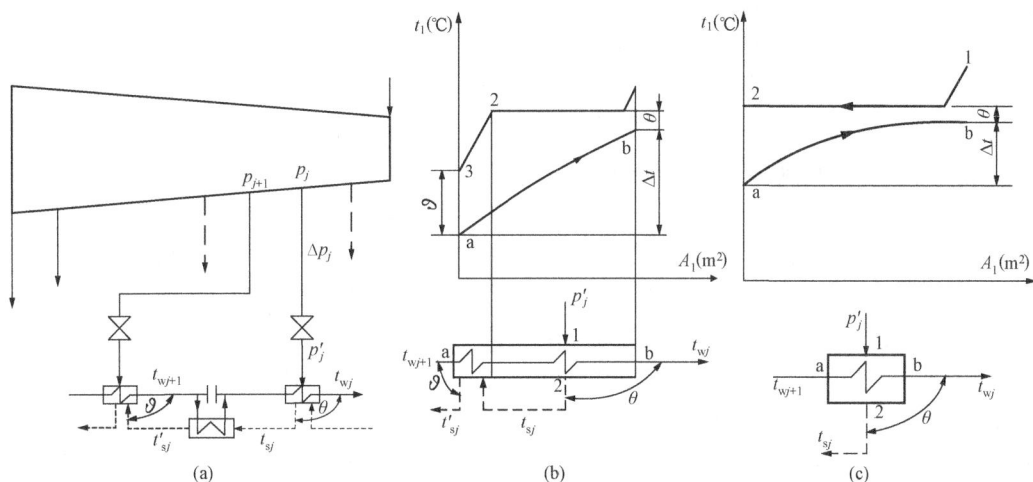

图 4-11　回热加热器的端差与抽汽压降示意
（a）带疏水冷却器；（b）带疏水冷却段；（c）无疏水冷却器

（2）端差对机组热经济性的影响。热量分析法认为，当汽轮机的轴端输出功 $W_i = W_i^c + W_i^r$ 一定时，回热抽汽做功比 $X_r = W_i^r / W_i$ 仅决定于回热所做内功量 $W_i^r$ 的变化。机组的初、终参数以及回热抽汽参数（$z$、$p_j$、$h_j$）一定时，$W_i^r = \sum\limits_{j=1}^{z} D_j w_{ij}$，其大小仅取决于各级抽汽量 $D_j$ 的变化趋势。对于 1kg 的回热抽汽而言，低压抽汽的回热做功量大于高压抽汽的回热做功量，故凡使高压抽汽量增加、低压抽汽量减少的因素，都会带来回热抽汽做功比 $X_r$ 减小、热经济性降低的结果。反之，充分利用低压抽汽就会增大 $X_r$，提高热经济性。因此，端差对机组热经济性的影响可以从两个方面来理解：一方面，如保持加热器出口水温 $t_{wj}$ 不变，由 $\theta = t_{sj} - t_{wj}$ 可知，端差 $\theta$ 减小意味着 $t_{sj}$ 不需要原来那样高，回热抽汽压力可以降低一些，回热抽汽做功比 $X_r$ 增加，热经济性变好；另一方面，如加热蒸汽压力不变，$t_{sj}$ 不变，由 $\theta = t_{sj} - t_{wj}$ 可知，端差 $\theta$ 减小意味着出口水温 $t_{wj}$ 升高，其结果是减小了压力较高的回热抽汽做功比而增加了压力较低的回热抽汽做功比，热经济性得到改善。例如：一台大型机组全部高压加热器的端差降低 1℃，机组热耗率可降低约 $0.06\%$。显然，端差 $\theta$ 越小，机组的热经济性就越好。

（3）端差大小的选择依据。端差大小将直接影响机组的热经济性，端差越小机组的热经济性就越高。但加热器端差究竟选择多少为宜，需通过技术经济比较后来确定。设计时端差的减小是以增大换热面积和投资为代价的，加热器出口端差 $\theta$ 与金属换热面积 $A$ 的关系为

$$\theta = \frac{\Delta t}{e^{\frac{KA}{Gc_p}} - 1} \quad (℃) \tag{4-1}$$

式中   $A$——金属换热面积，$m^2$；

$\Delta t$——水在加热器中的温升，℃；

$K$——传热系数，$kJ/(m^2 \cdot h \cdot ℃)$；

$G$——被加热水的流量，$kg/h$；

$c_p$——水的比定压热容，$kJ/(kg \cdot ℃)$。

由式（4-1）可见，减小端差 $\theta$ 是以增大换热面积和投资为代价的，我国某制造厂为节省成本，将端差增加 1℃，金属换热面积减少了 $4m^2$。各国根据自己钢材、燃料比价的国情，通过技术经济比较确定相对合理的端差。我国的加热器端差，一般当无过热蒸汽冷却段时，$\theta = 3 \sim 6℃$；有过热蒸汽冷却段时，$\theta = -1 \sim 2℃$。机组容量大，$\theta$ 减小的效益好，$\theta$ 应选较小值。例如 ABB 公司 600MW 超临界压力燃煤机组，四台低压加热器端差均为 2.8℃；东芝 350MW 机组的四台低压加热器端差也为 2.8℃；国产优化引进型 350MW 机组的最后三台低压加热器端差均为 2.7℃。下端差一般推荐 $5 \sim 10℃$。

（4）运行中端差增大的可能原因。由式（4-1）可知，运行中端差增大的可能原因是：①若金属换热面积 $A$ 一定，则可能是受热面结垢使传热系数 $K$ 减小，汽侧空气排出不畅使传热系数 $K$ 减小；②疏水调节阀失灵，疏水水位过高而淹没受热面使实际换热面积 $A$ 下降；③加热器水侧旁路阀关闭不严，部分凝结水走旁路。

2. 抽汽压损及其热经济性

（1）基本概念。回热抽汽流经抽汽管道时，由于管壁的摩擦阻力、局部阻力以及阀门节流等原因，必然存在一定的抽汽压损。因此，抽汽压损 $\Delta p_j$ 是指汽轮机第 $j$ 级抽汽口压力 $p_j$ 和第 $j$ 级加热器汽侧压力 $p'_j$ 之差值，即 $\Delta p_j = p_j - p'_j$，如图 4-11 所示。

（2）抽汽压损对机组热经济性的影响。做功能力法分析认为，由于存在抽汽压损 $\Delta p_j$，使该级抽汽利用时产生能量贬值，进而使得回热过程的熵增加，㶲损 $\Delta e_r$ 增加，机组热经济性下降。

热量法分析认为，若加热器端差不变，抽汽压损 $\Delta p_j$ 加大，则 $p'_j$、$t_{sj}$ 随之减小，进而引起加热器出口水温 $t_{wj}$ 降低，导致汽轮机高压抽汽相对增加，低压抽汽相对减少，回热抽汽做功比 $X_r$ 下降的不利趋势，从而使得机组热经济性降低。

显然，抽汽压损 $\Delta p_j$ 越小，机组的热经济性降低也越小。

（3）抽汽压损的优化确定。抽汽压损 $\Delta p_j$ 与蒸汽在管道内的流速和局部阻力（阀门、管道附件的数量和类型）有关。通过技术经济比较，DL/T 5054—2016 推荐的抽汽管道介质流速为：过热蒸汽管道 $35 \sim 60m/s$，饱和蒸汽管道 $30 \sim 50m/s$，湿蒸汽管道 $20 \sim 35m/s$。对于局部阻力，由于凝汽式机组的回热抽汽都是非调整抽汽，除安全、可靠性必须满足外，尽可能不设置或少设置额外的附件，例如采用滑压运行时，就可避免阻力大的调节阀。对那些必须设置的阀门或管道附件，也应根据其作用和功能尽量选择阻力小的类型。

通过技术经济比较，一般表面式加热器的抽汽压损 $\Delta p_j$ 不应大于抽汽压力 $p_j$ 的 10%，对于大型机组则取 $4\% \sim 6\%$ 较合适，我国典型机组的 $\Delta p_j/p_j$ 见表 4-1。

抽汽压损 $\Delta p_j$ 的大小与抽汽压力 $p_j$ 的高低有关，若端差 $\theta$ 不变，抽汽压力与给水比焓的关系是一定的。在此条件下，抽汽压损 $\Delta p_j$ 每变化 1% 所引起的机组热耗率变化情况见表 4-2。

表 4-1 我国典型机组的 $\Delta p_j / p_j$ 值

| $\Delta p_j / p_j$ \ 抽汽级数 \ 机组名称 | 1 号 | 2 号 | 3 号 | 4 号 | 5 号 | 6 号 | 7 号 | 8 号 |
|---|---|---|---|---|---|---|---|---|
| 哈尔滨三电厂 600MW 亚临界压力机组 | 6.18 | 5.99 | 5.98 | 6.02 | 5.67 | 10.5 | 6.27 | 6.12 |
| 上海石洞口二电厂 600MW 超临界压力机组 | 2.99 | 2.98 | 3.00 | 3.06 | 2.99 | 2.98 | 5.38 | 2.97 |
| 武汉阳逻发电厂 300MW 亚临界压力机组 | 3.19 | 3.05 | 6.07 | 4.98 | 5.87 | 5.22 | 5.48 | 4.00 |

表 4-2 抽汽压损 $\Delta p_j$ 每变化 1% 引起的机组热耗率的变化

| 给水焓（kJ/kg） | 100 | 200 | 300 | 400 | 500 | 600 |
|---|---|---|---|---|---|---|
| 机组热耗率的变化（%） | 0.0033 | 0.004 | 0.0046 | 0.0058 | 0.0069 | 0.0081 |

3. 抽汽过热度的利用方式及其热经济性分析

（1）基本概念。抽汽过热度是指抽汽温度与抽汽压力下所对应的饱和蒸汽温度之差。随着火电机组向高参数、大容量发展步伐的加快，特别是超超临界参数以及二次再热的采用，大大地提高了汽轮机中、低压缸部分回热抽汽的过热度，尤其是再热后第一、二级抽汽的蒸汽过热度。如上海石洞口第二发电厂 600MW 超临界机组再热后第一级抽汽过热度高达 256℃，沙角 C 电厂 660MW 机组也达到了 247.5℃。这使得再热后各级回热加热器内的汽水换热温差增大，烟损增加，亦即不可逆损失加大，从而削弱了回热效果。

抽汽过热度的利用是通过蒸汽冷却器（段）来完成的。蒸汽冷却器（段）是指回热循环中用以冷却抽汽、利用汽轮机抽汽过热度、减少回热循环附加冷源损失的设备。蒸汽冷却器有内置式和外置式两种，它们的特性比较见表 4-3。

表 4-3 内置式和外置式蒸汽冷却器的特性比较

| 名称 | 优　点 | 缺　点 |
|---|---|---|
| 内置式 | （1）与加热器本体合为一体，可节约钢材和投资。<br>（2）可提高机组热经济性 0.12%～0.20% | （1）经济性的提高程度较外置式低。<br>（2）安装不灵活。<br>（3）只能提高本级加热器的出口水温 |
| 外置式 | （1）装设位置灵活，既能提高本级加热器的出口水温，也能提高给水温度。<br>（2）常用来提高给水温度，提高热经济性 0.3%～0.5% | 钢材和投资较大 |

（2）热经济性分析。

1）热量法分析。对于内置式蒸汽冷却器，也称为过热蒸汽冷却段，其结构如图 4-12 所示，它实际上是在加热器内隔离出一部分加热面积，使加热蒸汽先流经该段加热面，将过热度降低后再流至加热器的凝结段，通常离开蒸汽冷却段的蒸汽温度仍保持有 15～20℃ 的过热度，以使过热蒸汽在该段内不至于被冷凝为疏水。图 4-12 所示为带有内置式蒸汽冷却段、蒸汽凝结段以及疏水冷却段的加热器的工作过程示意图，其中，$h_j^s$ 为仍有一定过热度的蒸汽比焓。由此可知，内置式蒸汽冷却器提高的只是本级加热器的出口水温，引起该级回热抽汽量增大，可使高一级回热抽汽量减少，因而可提高回热做功比 $X_r$，使机组热经济性提高。但是，由于内置式过热蒸汽冷却段的面积有限，回热热经济性的改善也较小，一般可提高机组循环热效率 0.12%~0.20%，当然金属耗量和投资也可节省。

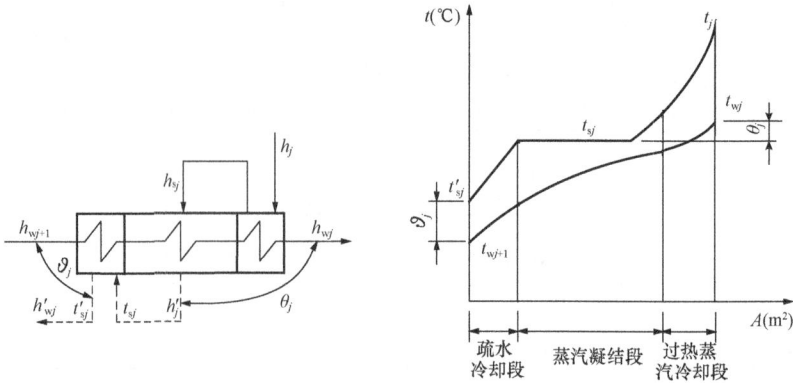

图 4-12 带有内置式蒸汽冷却段和疏水冷却段的加热器工作过程示意图

采用外置式蒸汽冷却器，如用来提高给水温度 $t_{fw}$，一方面，给水温度提高使机组热耗下降，且这时给水温度的提高不是靠最高一级抽汽压力的提高，而是利用压力较低的抽汽过热度的质量来实现的，故不会增大该级做功不足系数；另一方面，采用外置式蒸汽冷却器的那级抽汽，热焓也降低，亦即蒸汽冷却器使该级抽汽焓由 $h_j$ 降至 $h_j^s$，因还要用来提高给水温度，抽汽量将增大，使回热做功比 $X_r$ 提高，又进一步降低了热耗。故外置式蒸汽冷却器可使机组的热经济性提高得更多，其循环热效率提高 0.3%~0.5%。

2）做功能力法分析。装设内置式蒸汽冷却器，因可提高本级加热器的出口水温，使该级加热器在整个吸热过程的平均温度提高，削弱了抽汽过热度提高使放热过程平均温度提高的不利影响，从而减小了该级加热器内的换热温差 $\Delta T$ 和㶲损 $\Delta e_r$，进而提高了机组的热经济性。

装设外置式蒸汽冷却器，如用来提高给水温度 $t_{fw}$，一方面，给水的一部分或全部流经外置式蒸汽冷却器吸热升温后进入锅炉，减小了炉内换热温差 $\Delta T_b$，因温差 $\Delta T_b$ 引起的㶲损 $\Delta e_b^{III}$ 也相应减少；另一方面，外置式蒸汽冷却器使流入该级加热器的蒸汽温度降低，进而减小了该级加热器内的换热温差 $\Delta T_r$ 和㶲损 $\Delta e_r$，其总效果（$\Delta e_b^{III} + \Delta e_r$）使冷源损失 $\Delta Q_c$ 降低更多，因而循环热效率提高更多。

（3）蒸汽冷却器的连接方式。蒸汽冷却器的蒸汽进、出口连接通常比较简单，而水侧的连接有不同的方式。大多数内置式蒸汽冷却器的水侧连接采用顺序连接方式，即按加热器所处抽汽位置依次连接，如图 4-13 所示；只有少数采用其他连接方式，如俄罗斯 800MW 机组 3 号高压加热器的内置式蒸汽冷却段，其入口水来自 1 号高压加热器的出口，出口水送往省煤器，其连接方式示意如图 4-14 所示。

外置式蒸汽冷却器的水侧连接视回热系统的回热级数、蒸汽冷却器的个数以及与主水流的连接关系而异，主要有与主水流串联和并联两种方式，如图 4-13 所示。其中，串联连接时，全部给水进入蒸汽冷却器；并联连接时，进入蒸汽冷却器的给水仅仅是总给水量的一小部分，以给水不致在蒸汽冷却器中沸腾为准，最后与主水流混合后送往锅炉省煤器。

实际回热系统中，往往是内置式和外置式蒸汽冷却器混合应用，图 4-13 中的连接方式都属于这种情况；也有高压加热器中不设置内置式蒸汽冷却段或外置式蒸汽冷却器的情况，如上海石洞口第二发电厂600MW超临界压力机组中与第2级回热抽汽连接的高压加热器，因该级抽汽为汽轮机高压缸的排汽，过热度不高，不需设置过热蒸汽冷却段，结构简化了，与低压加热器基本相同。

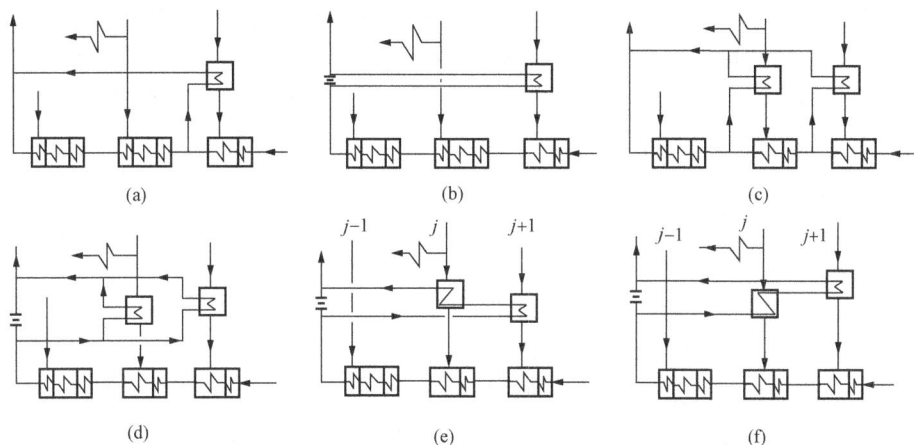

图 4-13　外置式蒸汽冷却器的连接方式

(a) 单级并联；(b) 单级串联；(c) 与主水流分流两级并联；(d) 与主水流串联两级并联；

(e) 先 $j+1$ 级，后 $j$ 级的两级串联；(f) 先 $j$ 级，后 $j+1$ 级的两级串联

　　(4) 蒸汽冷却器（段）的应用。蒸汽冷却器（段）是提高大容量、高参数机组热经济性的有效措施。我国大型机组多采用内置式蒸汽冷却段，但必须满足下述条件才认为是合理的。在机组满负荷运行时，蒸汽的过热度不小于83℃，抽汽压力不小于 1.034MPa，流动阻力不大于 0.034MPa，加热器端差在 0～1.7℃，冷却段出口蒸汽的过热度不小于 30℃。大多数的高压加热器均能满足这些条件，故高压加热器绝大多数都设置有内置式蒸汽冷却段，而低压加热器采用蒸汽冷却段的很少。

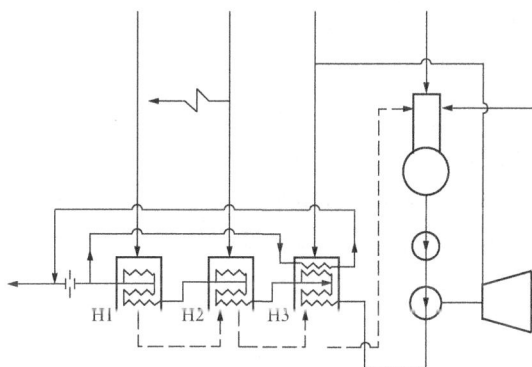

图 4-14　内置式蒸汽冷却器的单级串联

　　机组运行过程中，高压加热器系统故障停运约有90%是因为高压加热器的"内泄外漏"造成的，其中内置式蒸汽冷却段泄漏约占高压加热器系统"内泄外漏"的25%以上。采用外置式蒸汽冷却器，则可单独退出运行，不至于影响整个高压加热器系统的运行。采用外置式蒸汽冷却器时，多采用单级串联系统，国外也有少数机组采用串联、并联的连接方式。采用外置式串联连接方式，若蒸汽冷却器内泄不易切除，水侧需装设旁路。

　　外置式串联连接方式的优点是外置式蒸汽冷却器的进水温度高，与蒸汽换热平均温差小，冷却器内㶲损小，效益比较显著；缺点是由于主水流全部通过蒸汽冷却器，给水系统的阻力增大，泵功消耗稍多。

外置式并联连接方式的优点是给水系统的阻力较串联系统小，泵功消耗减少。缺点是进入蒸汽冷却器的给水温度较低，换热温差较大，冷却器内㶲损稍大；又由于主水流中分流了一部分到冷却器，使进入较高压力加热器的水流量减小，相应的回热抽汽量减少，回热抽汽做功减少，热经济性稍逊于串联式。并联式的给水分流量大小对热经济性的影响较大。

综上可见，让过热度较大的回热抽汽先经过一个冷却器或冷却段降低蒸汽温度后，再进入回热加热器的凝结段，这样不但减少了回热加热器内汽水换热的不可逆损失，而且还可以不同程度地提高加热器的出口水温，减小加热器端差 $\theta$，改善回热系统热经济性。例如沙角B 电厂 350MW 机组三台高压加热器的端差 $\theta$ 分别为 $-1.1$、$1.7$、$0℃$；沙角 C 电厂 660MW机组三台高压加热器的端差 $\theta$ 分别为 $1.06$、$1.22$、$1.34℃$；国产引进型 300MW 和 600MW机组的 1 号高压加热器 $\theta$ 多为 $-1.6℃$ 或 $-1.7℃$，2 号和 3 号高压加热器的 $\theta$ 为 $0℃$，这都是采用了蒸汽冷却器（段）的结果。

4. 表面式加热器的疏水方式及其热经济性分析

（1）表面式加热器的疏水方式。加热蒸汽进入表面式加热器放热后，冷凝为凝结水——疏水，为保证加热器内换热过程的连续进行以及减少工质损失，必须将疏水收集并汇集于系统的主水流（主凝结水或主给水）中。通常疏水的收集方式主要有三种：①疏水逐级自流方式；②采用疏水泵将疏水打入该加热器的出口或入口水流中；③疏水逐级自流＋疏水冷却器方式。

疏水逐级自流方式是指利用相邻表面式加热器汽侧压差，将压力较高的疏水自流到压力较低的加热器中，逐级自流直至与主水流汇合，如图 4-9 所示。当整个回热系统全部采用此方式时，高压加热器疏水逐级自流，最后进入除氧器而汇集于给水。低压加热器疏水逐级自流，最后进入凝汽器本体或热井而汇集于主凝结水；疏水汇集于热井比进入凝汽器本体的热经济性高，但它会提高凝结水泵的入口水温；当进入热井的疏水量较多时，为保证凝结水泵不汽蚀，需校核该凝结水泵入口的净正水头高度是否能满足要求。采用疏水泵将疏水打入该级加热器的出口或入口水流中的疏水收集方式如图 4-15 所示。其中，汇入加热器的出口水流在汇入地点的混合温差最小，因此混合后产生的附加冷源损失也小。

为了改善疏水逐级自流方式的热经济性，提出了一种疏水逐级自流＋疏水冷却器的疏水收集方式，它是在疏水逐级自流管道上加装一台外置式疏水冷却器，如图 4-16 所示。

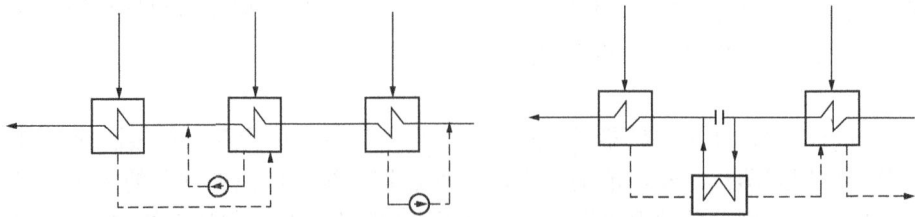

图 4-15 利用疏水泵打入加热器出/入口水流中　图 4-16 疏水逐级自流＋疏水冷却器方式

（2）不同疏水收集方式的热经济性分析。不同疏水收集方式的热经济性高低、系统复杂程度、投资大小以及运行维护费用是各不相同的。所有疏水方式中，疏水逐级自流方式的热经济性最差，加装外置式疏水冷却器的疏水逐级自流方式次之，采用疏水泵方式的热经济性最好，仅次于没有疏水的混合式加热器。

热量法分析认为，三种不同疏水方式对回热抽汽做功比 $X_r$ 的影响程度是不同的。

当采用疏水逐级自流方式时，如图 4-17（a）所示，由于第 $j$ 级加热器的疏水热量进入了第 $(j+1)$ 级加热器，使压力较高的第 $(j-1)$ 级加热器的进口水温比采用疏水泵方式要低，水在其中的焓升 $\Delta h_{wj-1}$ 及相应的回热抽汽量 $D_{j-1}$ 增加；而在较低压力的第 $(j+1)$ 级加热器中，因疏水热量的进入，排挤了部分低压回热抽汽，使得 $D_{j+1}$ 减小；这种疏水逐级自流方式造成高压抽汽量增加、低压抽汽量减少，从而使 $X_r$ 减小，机组循环热效率 $\eta_i$ 减小，热经济性降低。

当采用疏水逐级自流＋疏水冷却器方式时，如图 4-17（b）所示，因第 $j$ 级加热器利用了自身部分的疏水热量，利用量为 $\delta q = D_j(h'_j - h^d_{wj})$，减少了疏水对第 $(j+1)$ 级低压抽汽的排挤，故使其热经济性得以改善。

当采用疏水泵方式时，如图 4-17（c）所示，因第 $j$ 级加热器的疏水被打入本级加热器的水侧出口，完全避免了对第 $(j+1)$ 级低压抽汽的排挤，同时还预热了进入第 $(j-1)$ 级压力较高的加热器的水流，使第 $(j-1)$ 级的高压抽汽量减少，故热经济性比较高。

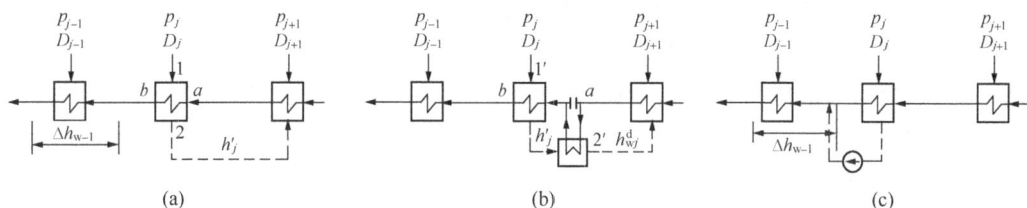

图 4-17　第 $j$ 级表面式加热器的不同疏水方式
（a）疏水逐级自流；（b）疏水逐级自流方式＋疏水冷却器 ；（c）采用疏水泵方式

做功能力法分析认为，三种不同疏水方式对回热过程㶲损 $\Delta e_r$ 的影响是不一样的。

当采用疏水逐级自流方式时，压力较高的第 $(j-1)$ 级加热器水侧的进水温度比采用疏水泵方式稍低，加热器汽侧压力不变时，蒸汽放热过程的平均温度 $T_s$ 不变，水侧出口水温不变，水吸热过程的平均温度 $T_w$ 因进水温度降低而下降，第 $(j-1)$ 级加热器内换热温差 $\Delta T_{rj-1}$ 及相应的㶲损 $\Delta e_{rj-1}$ 加入。同时在压力较低的第 $(j+1)$ 级加热器内，因第 $j$ 级加热器疏水压力由 $p'_j$ 降低到 $p'_{j+1}$，产生压降损失 $\Delta p = p'_j - p'_{j+1}$，热能贬值利用，㶲损增大为 $\Delta e_{rj+1} = T_{en}\Delta s$，如图 4-18（a）所示。

采用疏水泵方式时，恰恰相反，它既不会使㶲损加大 $\Delta e_{rj-1}$，也不会产生㶲损 $\Delta e_{rj+1}$，故其热经济性较疏水逐级自流方式高。

当采用疏水逐级自流＋疏水冷却器方式时，加热蒸汽在第 $j$ 级加热器中的放热过程平均温度降低了；如图 4-18（a）所示，蒸汽放热过程由 1-3-2 变为 1'-3-2'，换热温差由 $\Delta T_r$ 降为 $\Delta T'_r$，相应的熵增由 $\Delta s$ 降为 $\Delta s'$，其㶲损减少 $\Delta e_{rj} = T_{en}\delta s$。同时进入第 $(j+1)$ 级加热器的疏水能位由 $h'_j$ 减至 $h^d_{wj}$，如图 4-18（b）所示，其对应压降 $\Delta p$ 产生的熵增从 $\Delta s$ 减少为 $\Delta s'$，㶲损也下降了，故热经济性得以改善。

（3）疏水方式的确定原则。不同疏水方式的热经济性变化有 $0.15\% \sim 0.5\%$，所以实际疏水方式的选择应通过技术经济比较来确定。

虽然疏水逐级自流方式的热经济性最差，但由于该系统简单可靠、投资小、不需要附加运行费用、维护工作量小而被广泛采用。几乎所有的高压加热器和绝大部分的低压加热器都采用这种方式。大型机组为提高其热经济性，还普遍设置了内置式疏水冷却器。

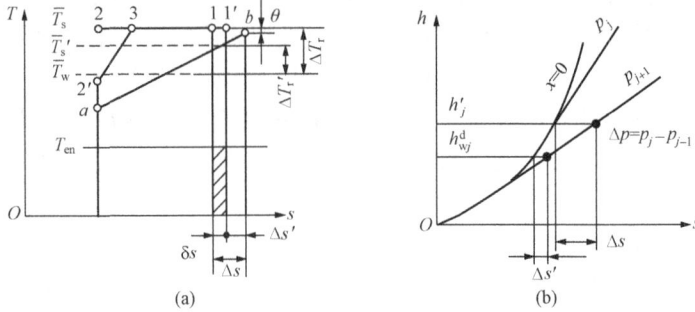

图 4-18　第 $j$ 级表面式加热器的不同疏水方式
(a) 加疏水冷却器对 $j$ 级换热的影响；
(b) 加疏水冷却器对 $j-1$ 级抽汽压降的影响

　　尽管采用疏水泵方式的热经济性高，但它使系统复杂，投资增大，且需要转动机械，既消耗厂用电，又容易产生汽蚀，使可靠性降低，维护工作量增大，故并没有得到广泛应用。一般大中型机组仅在最低压力的一个低压加热器，或相邻的次末级低压加热器采用这种方式，以减少大量疏水直接进入凝汽器增加冷源热损失，且可防止其进入热井影响凝结水泵的正常工作。

　　与蒸汽冷却器（段）相似，疏水冷却器也分为内置式和外置式两种。在加热器内隔离出一部分加热面积，使汽侧疏水先流经该段加热面，降低疏水温度和焓值后再自流到较低压力的加热器中，通常称之为疏水冷却段，如图 4-12 所示。另一种外置式疏水冷却器实际上是一个独立的水-水换热器，如图 4-16 所示，它是借用主水流管道上孔板造成的压差，使部分主水流流入外置式疏水冷却器来吸收疏水的热量，疏水的温度和焓值降低后再流入下一级加热器中。

　　加装疏水冷却器（段）后，下端差一般推荐 5～10℃。例如国产引进型 300MW 机组的 7 台表面式加热器下端差均为 5.5℃，石头口二电厂 600MW 超临界压力机组的 7 台表面式加热器从高到低的下端差依次为 5.8、5.7、5.7、5.7、5.8、5.7、5.7℃。山东邹县电厂 1000 MW 超超临界压力机组的 7 台表面式加热器下端差均为 5.6℃。

　　设置疏水冷却器（段）没有像过热蒸汽冷却器那样的限制条件，因此目前 600MW 机组的所有加热器都设置了内置式疏水冷却段。设置疏水冷却段除了能提高热经济性外，对系统的安全运行也有好处，因为原来的疏水为饱和水，当自流到压力较低的加热器时，经过节流降低压力后，疏水可能会产生蒸汽而形成两相流动，对管道、下一级加热器产生冲击、振动等不良后果，加装疏水冷却器，这种可能性就降低了。对高压加热器而言，加装疏水冷却段后，疏水最后流入除氧器时，也将降低除氧器自生沸腾（详见本章第三节　给水除氧系统）的可能性。

　　目前，一些高参数、大容量火电机组全部采用疏水逐级自流方式，且疏水最后汇集于热经济性略好的热井中，此时应以确保凝结水泵安全来校核热井中净压水头高度是否满足要求。这些机组首先考虑的就是系统简单、安全可靠。更有甚者将最低压力的低压加热器的疏水冷却段也取消了，如北仑电厂 2 号机组的两台低压加热器就只有冷凝段，没有疏水冷却段。因为，此处的抽汽压力较低，疏水温度与主凝结水温度相差比较小，设置疏水冷却段的实际意义已不大。

# 第三节　给水除氧系统

为保证发电厂生产的安全与经济，必须除去锅炉给水中溶解的气体。给水除氧有化学法和物理法两类，热力发电厂普遍采用热除氧方法，加热热源主要是汽轮机的某级回热抽汽。热除氧系统是回热系统的一个特殊组成部分，它不仅能够利用回热提高机组的热经济性，而且还能保证除氧效果和给水泵的安全运行。

**一、给水除氧的必要性**

火力发电厂中的锅炉给水主要来自主凝结水及补充水。众所周知，当水与空气接触时，水中就会溶解一部分气体，如氧气、二氧化碳等。给水系统中溶解于水中的气体主要有两个来源：一是化学补充水中溶解的气体；二是漏进处于真空状态下的热力设备（如凝汽器和低压加热器等）及管道附件等中的空气。给水中溶解气体会带来以下危害：

（1）腐蚀热力设备及管道，降低其工作可靠性与使用寿命。给水中溶解的气体危害最大的是氧气，它会对钢铁构成的热力设备及管道产生较强的氧腐蚀，在高温及碱性较弱时氧腐蚀会加剧；其次是二氧化碳，它会加快氧腐蚀。

（2）传热热阻增加，降低热力设备的热经济性。不凝结气体附着在传热面，以及氧化物沉积形成的盐垢，都会增大传热热阻；氧化物沉积在汽轮机叶片，会导致汽轮机出力下降和轴向推力增加。

因此，现代热力发电厂均要求给水除氧，且给水应满足一定的 pH 值。给水除氧的任务就是除去水中的氧气和其他不凝结性气体，防止设备腐蚀和传热热阻增加，保证热力设备的安全与经济运行。《火力发电机组及蒸汽动力设备水汽质量》（GB/T 12145—2016）规定，锅炉给水溶解氧的控制指标为：锅炉过热蒸汽压力不大于 5.8MPa，给水溶解氧不大于 $15\mu g/L$。锅炉过热蒸汽压力不小于 5.9MPa，采用还原性全挥发处理（锅炉给水加氨和联氨）时，给水溶解氧不大于 $7\mu g/L$；采用氧化性全挥发处理（锅炉给水只加氨）时，给水溶解氧不大于 $10\mu g/L$。对于亚临界和超临界压力的直流锅炉，由于锅炉无排污，且蒸汽溶盐能力强，要求给水彻底除氧。

除了给水品质对热力设备的安全性、可靠性及经济性造成影响外，水中所有的不凝结性气体还会使传热恶化，热阻增加，降低机组热经济性。对给水中的其他气体、溶解盐、硬度及电导率等，有关标准中都有明确的规定，在火电厂设计及运行监督中都应严格执行。

**二、给水除氧方法**

给水除氧有化学除氧和物理除氧两种方法。

1. 化学除氧

化学除氧是向水中加入化学药剂，使水中溶解氧与它发生化学反应生成无腐蚀性的稳定化合物，达到除氧的目的。该方法能彻底除氧，但不能除去其他气体，且价格较贵，还会生成盐类，故在电厂中较少单独采用这种方法。只有在要求彻底除氧的亚临界及以上参数的电厂，才采用化学除氧作为一种补充的除氧手段。常用的化学除氧方法有联氨（$N_2H_4$）除氧、亚硫酸钠（$Na_2SO_3$）处理、加氧处理［中性水处理（NWT）］、加氧加氨联合处理

(CWT)、凝结水的化学处理五种。

(1) 联胺($N_2H_4$)除氧。在给水中加入联胺($N_2H_4$)，它不仅能够除氧，而且还可以提高给水的 pH 值，同时又有钝化钢铜表面的优点。其化学反应式为：$N_2H_4+O_2 \rightarrow N_2 \uparrow +2H_2O$（除氧），$3N_2H_4 \xrightarrow{\text{加热}} N_2 \uparrow +4NH_3$（提高 pH 值），$NH_3+H_2O \rightarrow NH_4OH$。它的反应物 $N_2$ 和 $H_2O$ 对热力系统和设备的运行没有任何害处。同时在 200℃ 以上的高温水中，$N_2H_4$ 可将 $Fe_2O_3$ 还原为 $Fe_3O_4$ 或 $Fe$，将 $CuO$ 还原成 $Cu_2O$ 或 $Cu$，联胺的这些性质还可防止锅炉内结铁垢和铜垢。

$N_2H_4$ 的除氧效果受 pH 值、溶液温度及过剩 $N_2H_4$ 量的影响。一般情况下，采用联胺除氧的合理条件为：使水温保持在 150℃ 以上、pH 值在 9～11 之间，且水中应有适当的过剩联胺。由于联胺除氧法价格昂贵且只能除氧不能除去其他气体，因此通常只在其他方法难以除尽残留溶解氧时作为辅助除氧手段，一般将联胺加入地点放在除氧水箱的出口管道上。

(2) 亚硫酸钠($Na_2SO_3$)处理。$Na_2SO_3$ 易溶于水，无毒价廉，装置简单。$Na_2SO_3$ 与 $O_2$ 反应生成的 $Na_2SO_4$ 会增加给水含盐量，在温度高于 280℃ 后会分解成 $H_2S$ 和 $SO_2$ 等有害气体，仅适用于中压以下的锅炉，不能用于高压以上的电站锅炉。

(3) 加氧处理［中性水处理（NWT）］。根据钢在含氧纯水中的耐腐蚀理论，高纯度且呈中性的锅炉给水中，加入气态氧或过氧化氢，使金属表面形成稳定的氧化膜，不仅能够达到防腐效果，而且给水中腐蚀物减少，使直流锅炉几乎无须清理，即中性水处理。给水加氧处理的防腐效果显著，但对给水水质要求很严，中性纯水的缓冲能力小。中性水处理已在国外各类直流锅炉、空冷机组和核电机组上得到应用，我国也制定了汽包锅炉中性水处理的水质规范。

(4) 加氧加氨联合处理（CWT）。给水加氧加氨联合处理是在原来给水加氧处理的基础上发展起来的一种新型给水处理技术，其原理是在给水中加入适量的氧和微量的氨，保持给水中的溶氧含量在 $100～300 \mu g/L$ 之间，使金属表面形成一种特定的氧化膜，从而起到抑制给水系统金属腐蚀的作用。

此方法最先在德国开始应用，国内也进行了试验和应用，但对于 600MW 超临界压力机组的具体应用经验的报道较少，有关的条件还需要试验研究加以确定，如超临界机组锅炉变压运行条件下的加氧控制条件，对机组不同的金属材料和不同材料阀门的适用性，给水联合处理应用的最佳工况及控制指标等。

(5) 凝结水的化学处理。凝结水质量直接影响锅炉给水的品质。凝结水是锅炉给水的主要部分，包括汽轮机的主凝结水、各种疏水、补入凝汽器的软化水、发电厂的生产返回水等。影响凝结水质量的因素主要有：因凝汽器泄漏混入冷却水中的杂质，此项影响最大；补入软化水带入的悬浮物和溶解盐；机组启停及负荷波动导致给水、凝结水中溶解氧升高，使汽水热力循环中的腐蚀物有所增加。

凝结水的净化处理（精处理）与锅炉的形式、蒸汽参数、冷却水质量等因素有关。对于直流锅炉、亚临界汽包锅炉，全部凝结水应进行精处理；对于高压以上的汽包锅炉，冷却水为海水时，可设部分凝结水精处理装置；超高压汽包锅炉承担调峰负荷，还需要设置供机组启动用的除铁过滤器；对于带混合式凝汽器的间接空冷系统，凝结水应全部精处理，并设除铁过滤器。

凝结水精处理装置有低压系统和中压系统两种连接方式。低压系统的除盐装置 DE 位于凝结水泵和凝结水升压泵之间，我国应用较多；但是两级凝结水泵不同步及压缩空气阀门不严，将导致空气漏入凝结水精处理系统。中压系统无凝结水升压泵，除盐装置直接串联在中压凝结水泵出口，设备少，凝结水管道短，系统简单，便于操作，几乎无空气漏入凝结水系统，在国外应用较多，我国引进技术制造的 300、600MW 机组及一些进口机组中也用中压系统。

2. 物理除氧

物理除氧是借助物理手段，将水中的溶解氧和其他气体除掉，并且在水中无任何残留物质。火力发电厂中应用最普遍的是热力除氧法，其价格便宜，同时除氧器作为回热系统中的一级混合式加热器，在热经济性上具有比较大的优势。所以，在热力发电厂中，热力除氧法是最主要的除氧方式。

**三、热力除氧原理**

热力除氧的理论基础是亨利定律、道尔顿定律、传热方程与传质方程。

1. 亨利定律

亨利定律指出，在一定温度下，当气体溶于水的速度与气体自水中离析的速度处于动态平衡时，单位体积水中溶解的气体量 $b$ 与水面上该气体的分压力 $p_b$ 成正比，其表达式为

$$b = K_d \frac{p_b}{p_0} \tag{4-2}$$

式中　$b$——气体在水中的溶解度，mg/L；

　　　$p_b$——动态平衡下水面上该气体的分压力，MPa；

　　　$p_0$——水面上混合气体的全压力，MPa；

　　　$K_d$——该气体的质量溶解度系数，与气体的种类、水面上该气体的分压力和水的温度有关，mg/L。

根据亨利定律，如果水面上某气体的实际分压力小于水中溶解气体所对应的平衡压力 $p_b$，则该气体就会在不平衡压差的作用下，自水中离析出来，直至达到新的平衡为止。如果能从水面上完全清除该气体，使该气体的实际分压力为零，就可以把该气体从水中完全除去。$K_d$ 值随气体的种类和温度而定，如图 4-19 所示。因此，亨利定律指出了在一定温度条件下，气体溶解于水中和气体自水中逸出的动态过程。当某一瞬间平衡状态被破坏，即水面上该气体的分压力 $p$ 不等于水中溶解气体所对应的平衡压力 $p_b$ 时，原来的动态平衡被打破，若 $p > p_b$，则水面上该气体将更多地溶入水中，反之则有更多的气体从水中逸出，直至新的平衡建立。如此，要想除去水中溶解的某种气体，只需将水面上该气体的分压力降为零即可，在不平衡压差 $\Delta p = p_b - p$ 的作用下，该气体就会从水中完全除掉，这就是物理除氧的基本原理。

另外，由图 4-19 所示关系曲线可见，一般气体（$O_2$、$CO_2$、空气等）在水中的溶解量与水温成反比。

2. 道尔顿定律（分压定律）

道尔顿定律可以表述为混合气体的全压力 $p_0$ 等于其组成各气体分压力之和，即除氧器内水面上混合气体的全压力 $p_0$ 应等于溶解于水中各气体分压力之和，其表达式为

$$p_0 = p_{N_2} + p_{O_2} + p_{CO_2} + \cdots + p_{H_2O} \quad \text{(MPa)} \tag{4-3}$$

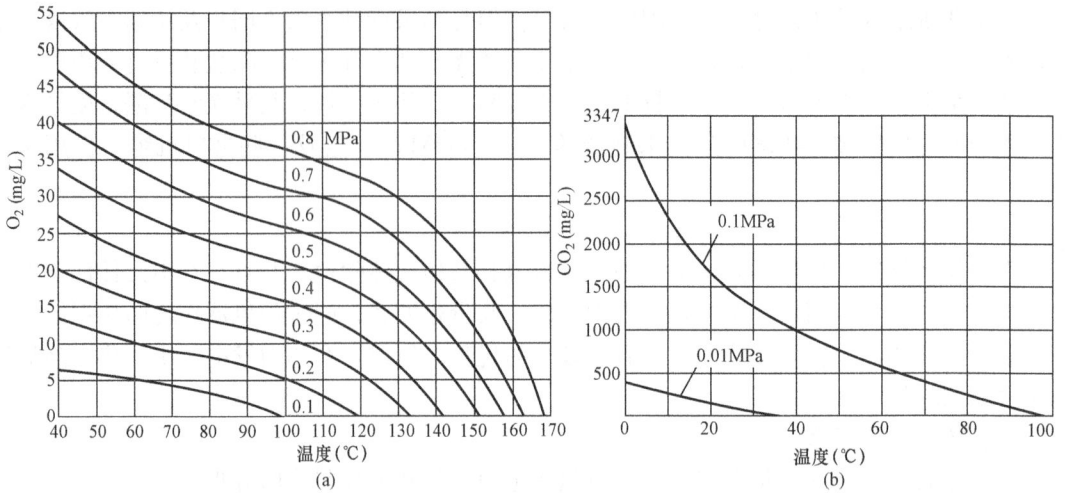

图 4-19  水中溶解气体量与温度的关系

(a) $O_2$ 在水中的溶解量与温度的关系；(b) $CO_2$ 在水中的溶解量与温度的关系

道尔顿定律提供了将水面上某气体的分压力降为零的思路和方法。当给水被定压加热时，随着水的蒸发，水面上的蒸汽分压力逐渐升高，及时排出水面上的气体，相应地各种气体的分压力不断下降，当水被加热到除氧器压力下的饱和温度时，水大量蒸发，水蒸气的分压力就会接近水面上的全压力，随着气体的不断排出，水面上各种气体的分压力将趋近于零，于是溶解于水中的气体就会从水中逸出而被除去。因此，除氧器实际上也是除气器，它不仅除去了氧气，也除去了其他气体。

3. 传热方程

为了让给水迅速加热到除氧器工作压力下的饱和温度，加热蒸汽必须将足够的热量传递给水，其传热方程为

$$Q_d = K_h A \Delta t \qquad (4-4)$$

式中　$Q_d$——除氧器的传热量，kJ/h；

　　　$K_h$——传热系数，kJ/ (m² • h • ℃)；

　　　$A$——汽水接触的传热面积，m²；

　　　$\Delta t$——传热温差，℃。

需要强调指出的是，必须将水加热到除氧器工作压力下的饱和温度，由图 4-20 可见，即使加热微量不足（0.5℃），水中溶解氧都远超过除氧器允许的含氧量指标。

4. 传质方程

气体离析出水面需要有足够的动力，这一动力来自不平衡压差，即平衡压力与实际分压力之差。其传质方程为

$$G = K_m A \Delta p \qquad (4-5)$$

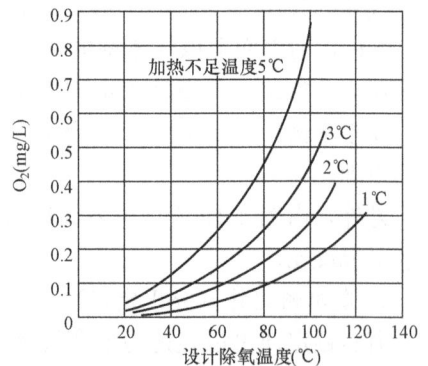

图 4-20　水中残余含氧量与
水温加热不足的关系曲线

式中　G——除氧器的传质量，mg/h；

　　$K_m$——传质系数，mg/（m² · MPa · h）；

　　　A——传质面积，即传热面积，m²；

　　$\Delta p$——不平衡压差，即平衡压力与实际分压力之差，MPa。

气体自水中逸出的传质过程可分为两个阶段：一是初期除氧阶段，此时由于水中有大量的溶解气体，不平衡压差 $\Delta p$ 较大，通过加热给水，气体以小气泡的形式克服水的黏滞力和表面张力离析出来，此阶段大致可除去水中 80%～90% 的气体，水的含氧量相应减少 50～100μg/L。二是深度除氧阶段，给水中还残留有少量气体，相应的不平衡压差 $\Delta p$ 很小，气体难以克服水的黏滞力和表面张力逸出，只有靠单个分子的扩散作用慢慢离析出水面；在有限的时间内难以满足要求，为此应深化深度除氧，采取的措施是减小除氧后期水的表面张力，使水膜代替水滴并扩大水膜面积，另外还可采取制造水的紊流、蒸汽在水中的鼓泡作用（使气体分子依附在气泡上逸出）等办法；此过程由于扩散速度很慢，使热力除氧不够彻底，对给水要求严格的亚临界及超（超）临界参数的大型锅炉，往往还辅之以化学除氧。

综上可见，热力除氧既要遵循亨利定律和道尔顿分压定律的基本理论，又涉及传热和传质过程，只有同时满足传热和传质两方面的条件，才能达到热力除氧的目的。因此，保证热力除氧效果的基本条件是：①水应该被加热到除氧器工作压力下的饱和温度。即使有少量的加热不足（如几分之一摄氏度），都会引起除氧恶化，使水中残余溶解氧量增高，达不到给水除氧的要求；②必须把水中逸出的气体及时排走，以保证液面上氧气及其他气体分压力维持为零或最小；③被除氧的水与加热蒸汽之间应有足够的接触面积，蒸汽与水应逆向流动，确保有较大的不平衡压差。

**四、热力除氧器类型及结构**

通常所指的除氧器是由除氧塔（除氧头）和除氧水箱两部分组成，给水除氧主要是在除氧塔中进行，因此对除氧器的结构及类型介绍都是针对除氧塔而言的。

1. 除氧器的设计特点

除氧器必须满足热除氧的传热和传质条件，在设计上一般具有以下特点：

（1）具有较大的汽水接触表面以利于传热和传质。水在除氧器里通常被播散成细水珠或雾状水滴，必须被加热到除氧器工作压力下的饱和温度，故定压除氧器需要装设压力自动调节器。

（2）为满足传质要求，初期除氧时，水应喷成水滴；深度除氧时，水要形成水膜，且汽水应逆向流动。

（3）除氧器应有足够大的空间，延长接触时间，使水中溶解氧有足够的时间解析。

（4）除氧器应有排气口并有足够的余气量，及时排除离析的气体，减少水面上其他气体的分压力，否则，容易发生"返氧"现象。

（5）储水箱设再沸腾管，以免因水箱散热导致水温降低。储水箱水温低于除氧器压力下的饱和温度时，将产生返氧。

（6）应满足刚度、强度、防腐等要求，并配以相应的管道、附件和测试表计等。

2. 除氧器类型及选择

（1）除氧器的类型。按照不同的分类方法，热力除氧器可划分为各种类型，见表4-4。

表 4-4　　　　　　　　　　　　　热除氧器的类型

| 分类方法 | 名称 | 分类方法 | 名称 |
|---|---|---|---|
| 按工作压力 | (1) 真空式除氧器，$p_d < 0.058\text{MPa}$。<br>(2) 大气压力式除氧器，$p_d = 0.1177\text{MPa}$。<br>(3) 高压除氧器，$p_d > 0.343\text{MPa}$ | 按除氧头布置形式 | (1) 立式除氧器。<br>(2) 卧式除氧器 |
| 按除氧头结构 | (1) 淋水盘式除氧器。<br>(2) 喷雾式除氧器。<br>(3) 填料式除氧器。<br>(4) 喷雾填料式除氧器。<br>(5) 喷雾淋水盘式除氧器。<br>(6) 无除氧头式除氧器 | 按运行方式 | (1) 定压除氧器。<br>(2) 滑压除氧器 |

(2) 除氧器的选择。GB 50660—2011 规定，每台机组宜设置 1 台除氧器，其总出力应根据最大给水消耗量来选择。其中凝汽式机组应采用一级高压除氧器；对于供热机组，补给水应采用凝汽器鼓泡除氧装置，也可另设公用低压除氧器，在保证给水含氧量合格条件下，可采用一级高压除氧器。

除氧器给水箱的储水量应根据除氧器布置位置，结合瞬态计算结果、机组控制水平和机组功能要求来确定，并应符合下述规定：200MW 及以下机组宜为 10min 的锅炉最大连续蒸发量时的给水消耗量；200MW 以上机组宜为 3~5min 的锅炉最大连续蒸发量时的给水消耗量；当机组具有快速切换负荷功能时，给水箱的储水量宜适当加大。

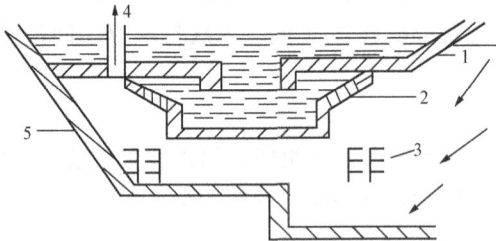

图 4-21　凝汽器的真空除氧装置
1—集水板；2—淋水盘；3—溅水板；
4—排汽至凝汽器抽气口；5—热水井

1) 真空式除氧器。真空式除氧器通常不单独设立为一个设备，而是借助于凝汽器内的高度真空，在凝汽器底部两侧布置适当的除氧装置，如图 4-21 所示。当凝结水和补充水从凝汽器上部进入集水板，通过淋水盘成细水流落在溅水板上，形成的水珠被汽轮机排汽加热，达到除氧目的。正常运行时可使其含氧量降至 0.02mg/L，使低压加热器及其管道减轻低氧腐蚀。但因凝结水还要经过部分处于真空状态下的设备及管道，仍有空气漏入的可能，因此真空除氧装置只是一种辅助装置。

2) 大气压式除氧器。该类除氧器内的工作压力较大气压力稍高一些（约 0.118MPa），以便离析出的气体能在该压差的作用下自动排出除氧器。由于除氧器工作压力低，造价低，土建工程费用也低，是一种适宜于中低参数发电厂、热电厂补充水及生产返回水的除氧设备。

3) 高压除氧器。除氧器内的工作压力大于 0.343MPa 时称为高压除氧器。它多应用于高参数电厂中。这是因为采用高压除氧器后，汽轮机相应抽汽口位置随压力提高向前推移，可以减少造价昂贵、运行条件苛刻的高压加热器台数，并且在高压加热器旁路时，仍然可以使给水有较高的温度，还容易避免除氧器的自生沸腾现象。提高压力也就提高了相应的饱和水温度，使气体在水中的溶解度降低，对提高除氧效果更有利。

当然，除氧器工作压力提高后，其本身的造价也要增加，同时为确保与除氧器相连的给水泵运行安全，需增加入口的净水头，因而给水泵造价和土建投资都有一定的上升。

3. 典型除氧器的结构

（1）大气压力式除氧器。大气压力式除氧器均为立式淋水盘式，如图 4-22 所示，其主要结构特点有：①设有 5～8 层环形、圆形交错布置的淋水盘，盘底钻有 5～8mm 的小孔，盘中水层高约 100mm。由小孔落下表面积很大的细小水滴；②高压加热器组来的疏水、低压加热器组来的凝结水等由除氧头上部各接口处引入，其中温度低的水流在除氧头最上部引入，回热加热蒸汽从除氧头的底部引入，汽水逆向流动、换热，将水加热到 104℃，使其溶氧小于 15μg/L（指大气压力式除氧器），除了氧的水汇集到给水箱；③顶部设有排气口，逸出的气体从该排气口排出。这种除氧器对淋水盘的安装精度要求较高，稍有倾斜或小孔被堵，均会恶化除氧效果。它对负荷的适应能力差，我国高参数机组已不采用，现多用于中参数及以下的电厂。为了克服其缺陷，可采用不锈钢的淋水盘、底层加装鼓泡装置、在水箱内设置再沸腾管以及提高安装质量等技术措施来解决。

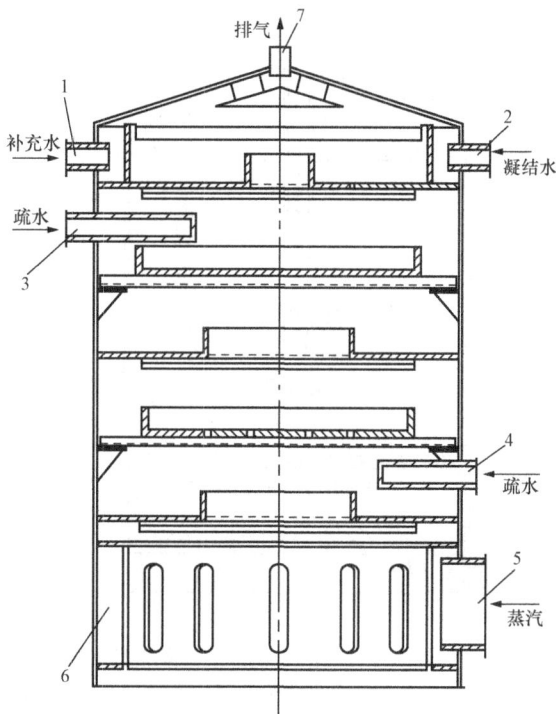

图 4-22　大气压力式立式淋水盘式除氧头结构示意
1—补充水管；2—凝结水管；3—疏水箱来疏水管；
4—高压加热器来疏水管；5—进汽管；
6—汽室；7—排气管

（2）喷雾式高压除氧器。喷雾式高压除氧器又分为喷雾填料式高压除氧器和喷雾淋水盘式高压除氧器两种。其除氧头有卧式和立式两种形式，大型机组多采用卧式。卧式除氧头由上、下两部分组成，上部为喷雾层，下部为淋水盘或填料层。

喷雾填料式高压除氧器的除氧头结构示意如图 4-23 所示，国产 300MW 及以上机组常配用这种结构的除氧器。其主凝结水进入中心管 4，再流入环形配水管 3。环形配水管上装有若干个喷嘴 2，水经喷嘴喷成雾状。加热蒸汽由进汽管 1 进入喷雾层，蒸汽和水雾间传热面积大，水很快被加热到除氧器工作压力下的饱和温度，80%～90% 的溶解气体以小气泡的形式从水中逸出，完成初期除氧。

在喷雾除氧层下部装有填料 7，如 Ω 形不锈钢片、小瓷环、塑料波纹板、不锈钢车花等，作为深度除氧层。经过初期除氧的水在填料层上形成水膜，使水的表面张力减小，水中残留的气体比较容易地扩散到水的表面，被除氧器下部向上流动的二次加热蒸汽带走。分离出来的气体与少量蒸汽由排气管 12 排出。

卧式喷雾淋水盘式高压除氧器的除氧头结构示意如图 4-24 所示，它由除氧头本体、凝结水进水室、喷雾除氧段、深度除氧段及各种进汽、进水管等组成。在上部喷雾层，由于卧式除氧头在长度方向可以布置比较多的喷嘴，可有效避免相邻喷嘴水雾化后的相互干扰问

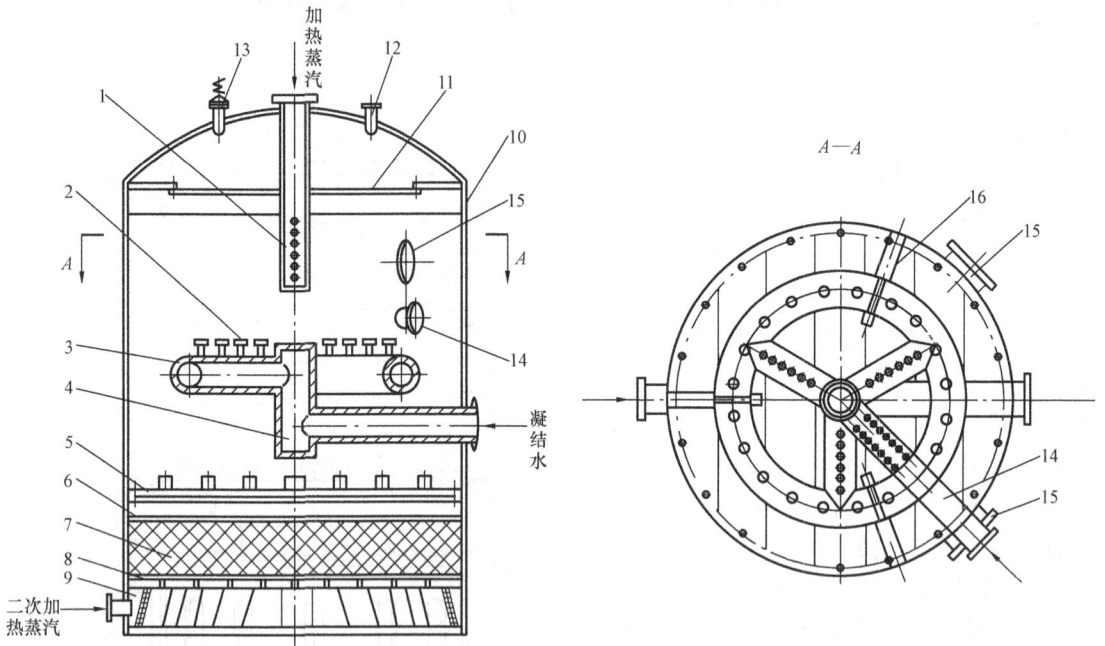

图 4-23　喷雾填料式高压除氧器的除氧头结构示意

1——次蒸汽进汽管；2——喷嘴；3——环形配水管；4——中心管；5——淋水区；6——滤板；
7—Ω形填料；8—滤网；9—二次蒸汽进汽室；10—筒体；11—挡水板；12—排气管；
13—弹簧溢流阀；14—疏水进水管；15—人孔；16—吊攀

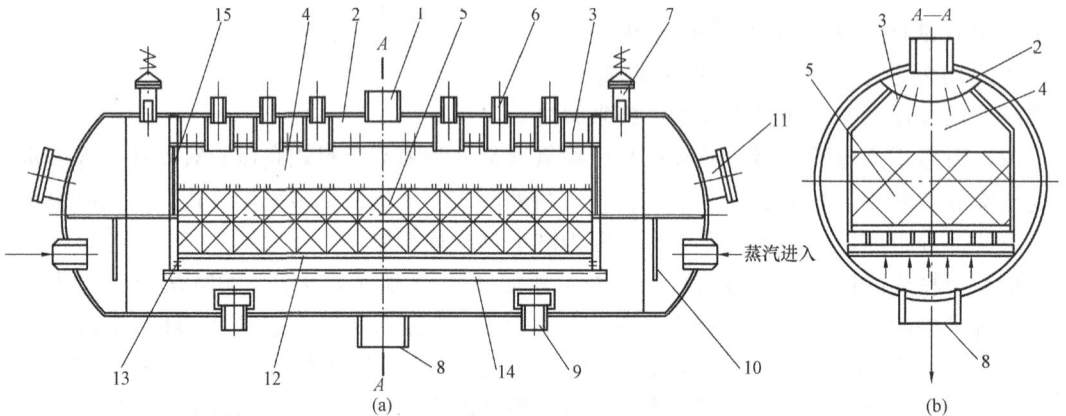

图 4-24　喷雾淋水盘式高压除氧头结构示意

（a）除氧头纵断面；（b）除氧头横断面

1—凝结水进水管；2—凝结水进水室；3—恒速喷嘴；4—喷雾除氧段；5—淋水盘箱；
6—排气管；7—溢流阀；8—除氧水出口；9—蒸汽连通管；10—布汽板；11—搬物孔；
12—栅架；13—工字梁；14—基面角铁；15—喷雾除氧段人孔门

题，如某 300MW 机组布置有 75 个，600MW 机组则有 148 个。故当凝结水由顶部凝结水进水管 1 引入进水室 2 并分流到各恒速喷嘴 3 之后，喷嘴将水雾化，进入喷雾除氧段 4，并与向上流动的二次加热蒸汽和门杆漏汽等充分接触换热，迅速将雾化后的水加热至除氧器工作压力下的饱和温度，除去水中大部分溶解氧和其他气体，完成初期除氧。在下部淋水盘层，由喷雾除氧段来的并已除去 80%～90% 氧的凝结水，通过布水槽钢均匀喷洒在若干层淋水盘 5 上；加热蒸汽则从除氧头两端的进汽管进入，经布汽板 10 分配后从栅架 12 底部进入淋水盘箱 5，使汽水形成逆向流动，蒸汽与水膜通过接触传热和传质，除去水中残留的气体，实现深度除氧。离析后的气体通过进水室上的排气管 6 排入大气或凝汽器，除过氧的水由出口管进入下部除氧水箱。

综上可见，喷雾式除氧器的主要优点是：①强化传热，传热面积大；②能够深度除氧，可使水中含氧量小于 $7\mu g/L$，甚至可达到 $1～2\mu g/L$；③能够适应负荷、进水温度的变化。

图 4-25 所示为 600MW 超临界压力机组 2400t/h 除氧头与除氧水箱的组合示意图，由此可知，卧式加热器实际上是由卧式除氧头和给水箱两个独立组成的长圆筒连接而成，中间用两根下水管、一根放水管和两根蒸汽管焊接连通，故对设备运输、安装及焊接都带来便利，同时对主厂房除氧间的布置和土建投资也有明显的益处。

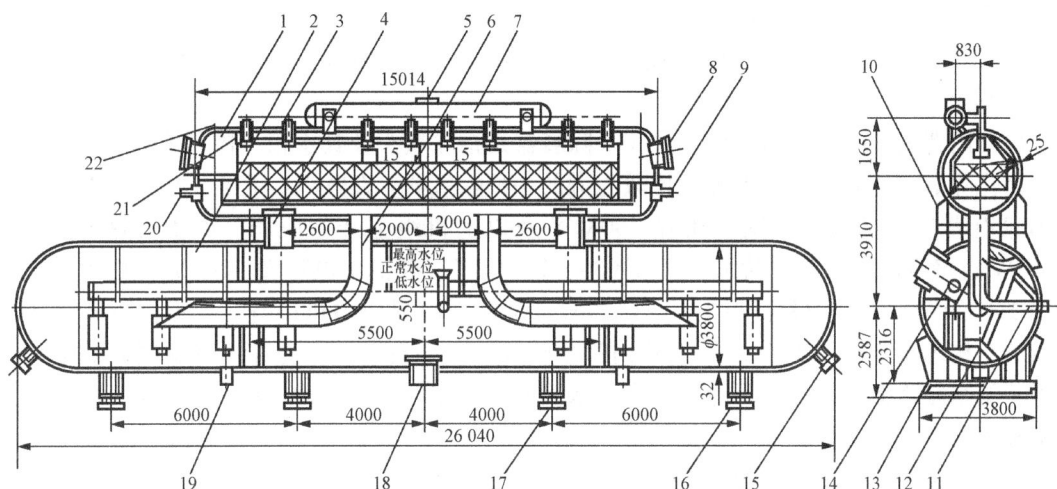

图 4-25　卧式除氧头与给水箱组合示意图

1—除氧头；2—给水箱；3—排气口；4—汽平衡管；5—凝结水进口；6—下水管；
7—过渡集箱；8—搬物孔；9—高压加热器疏水进口；10—连接支座；11—溢流管；
12—加热装置；13—支座限止装置；14—锅炉启动防水装置；15—人孔；16—活动
支座；17—固定支座；18—出水口；19—放水口；20—加热蒸汽进口；
21—凝结水进水室；22—安全阀

给水箱是凝结水泵和给水泵之间的缓冲容器，在机组启动、负荷大幅度变化、凝结水系统故障或除氧器进水中断等异常情况下，可以保证机组在一定时间内不间断地向锅炉供水，如 600MW 机组为 5～10min。给水箱的内部设置有启动加热装置和锅炉启动防水装置。

（3）蒸汽喷射式高压除氧器。蒸汽喷射式高压除氧头的结构仍为淋水盘、喷雾、填料式，但它不是喷水，而是喷蒸汽，其结构示意图如图 4-26 所示。其主凝结水、加热蒸汽从除氧头的同一侧引入，主凝结水经上部的双层淋水盘底部的小孔落下，在下部蒸汽喷射管水平中心线处沿管长设有左右对称的两组喷汽孔，主凝结水经淋水盘从蒸汽管的两边流下，与蒸汽管上喷汽孔喷出的蒸汽相接触，水汽逆向流动，水被蒸汽雾化，除去大量气体。蒸汽管两侧设有多层不锈钢丝网，以增大水的比表面积。

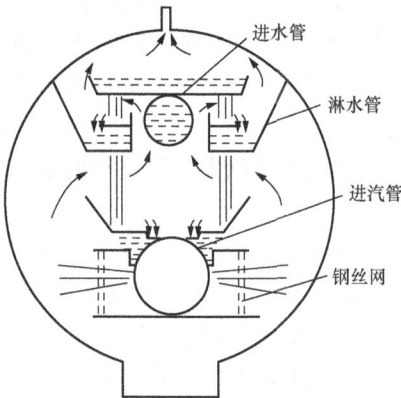

图 4-26　蒸汽喷射式除氧头的结构示意图

进水管

淋水管

进汽管

钢丝网

与一般除氧器的排气方式不同，正常运行时，该除氧器的排气被引至凝汽器，通过凝汽器的真空泵将气体排出。在机组启动前，当凝汽器压力大于 0.035MPa，且除氧器水箱中水温低于 100℃ 时，排气管上通大气的电磁阀开启，通凝汽器的电磁阀关闭，除氧器才对空排气。其特点是：①提高机组热效率，降低能耗，据计算，一台机组每年因此可节约标煤近 400t；②避免了排气门开度的调整；③仅增加了除氧器至凝汽器之间直径 50mm 左右的管道和两只互为连锁的气动电磁阀，显然经济上是合算的。

我国华能岳阳电厂引进的通用电气公司两台 362MW 机组配置的就是由比利时设计制造的蒸汽喷射式卧式高压除氧器。其工作压力为 0.533MPa，温度为 154.3℃，机组负荷在 20% 以下时为 0.12MPa 定压运行，20% 以上为滑压运行。最大连续出力为 1224t/h，相应出水含氧量不大于 5μg/L。

（4）内置式无头除氧器。内置式无头除氧器是指除氧头及其水箱一体化的除氧器，简称为一体化除氧器。它是目前世界上比较先进的一种除氧器，在欧洲、北美、中东以及远东发达国家有着广泛的应用，国内也在 300MW 及以上机组上开始应用。如永济热电厂 2×300MW 直接空冷机组、石嘴山电厂 2×300MW 机组、准格尔电厂 2×300MW 机组、玉环电厂 1000MW 以及上海外高桥电厂 2×1000MW 超超临界压力机组等。典型内置式无头除氧器的结构示意如图 4-27 所示，它将射汽型喷嘴、吹扫管、二次泡沫器等新型高效除氧元件置于给水箱汽侧空间，实现除氧头和给水箱的一体化。从外观看，没有除氧头，故又称为无头除氧器。

内置式无头除氧器的工作原理是：凝结水从盘式恒速喷嘴喷入除氧器汽侧空间，进行初步除氧，然后落入水侧空间流向出水口；加热蒸汽排管沿除氧器筒体轴向均匀布置，加热蒸汽通过排管从水下送入除氧器，与水混合加热，同时对水流进行扰动，并将水中的溶解氧和其他不凝结气体从水中带出水面，达到对凝结水进行深度除氧的目的。水在除氧器中的流程越长，对水进行深度除氧的效果越好。

蒸汽从水下送入，为凝结的加热蒸汽（此时为饱和蒸汽）携带不

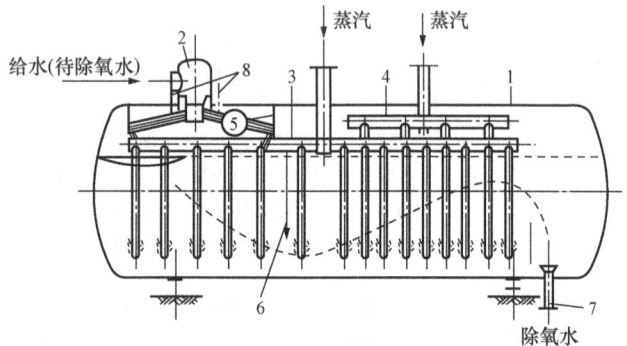

图 4-27　典型内置式无头除氧器的结构示意图
1—水箱；2—给水雾化装置；3—主要蒸汽加热装置；
4—辅助加热装置；5—挡水板；6—隔板；
7—除氧水出口；8—排气口

凝结气体逸出水面，流向喷嘴的排汽区域（喷嘴周围排汽区域为未饱和水喷雾区）；在排汽区域未凝结的加热蒸汽凝结为水，不凝结气体则从排气口排出。

不凝结气体在流向排气口的过程中，在水容积一定的情况下，除氧器筒体直径越大，汽侧空间不凝结气体分压力越小，这样就能有效控制不凝结气体在液面的扩散，避免二次溶氧的发生，因此除氧器筒体采用大直径为佳。300MW 及以上机组的无头除氧器通常采用 3800mm 的直径。

内置式无头除氧器的主要性能特点有：①300MW 及以上机组的无头除氧器价格低于常规有头除氧器；②节省土建费用，除氧间高度可降低 3～4m；③排汽损失小，每台机组每年可节省运行费用几十万元；④负荷变化范围在 10%～110% 之间时，均能保证出水含氧量小于 5$\mu$g/L；⑤单容器结构，系统设计简单，避免应力裂纹，抗震性能优越；⑥质量较轻，振动较小；⑦无转动部件，免维护，性能高度可靠；⑧直径及接口设计灵活，便于运输和安装布置。

**五、除氧器原则性热力系统拟定及其计算**

1. 除氧器原则性热力系统拟定

表面式加热器均由汽轮机制造厂家随主机配套供应，而除氧器及其给水箱多为锅炉厂制造，由用户或设计单位另行设计或选择。拟定除氧器原则性热力系统时应考虑：除氧器的运行方式、除氧器汽源的连接方式及给水泵汽轮机的选择。

（1）除氧器的运行方式。除氧器有定压和滑压两种运行方式。定压运行除氧器是保持除氧器工作压力为某一定值，为此必须在进汽管上装设一个压力调节阀，将压力较高的回热抽汽降低至定值，造成抽汽节流损失；而且为了确保所有工况下除氧器都能在定压下工作，在低负荷时，还必须切换到更高压力的回热抽汽上，节流损失会更大。定压运行除氧器多用在中小型机组上。

滑压运行除氧器是指在滑压范围内运行时其压力随主机负荷与抽汽压力的变动而变化，启动时除氧器保持最低恒定压力，抽汽管上只有一止回阀防止蒸汽倒流入汽轮机，没有压力调节阀及其引起的额外的节流损失。与定压运行除氧器相比，其热经济性要高些，尤其是在

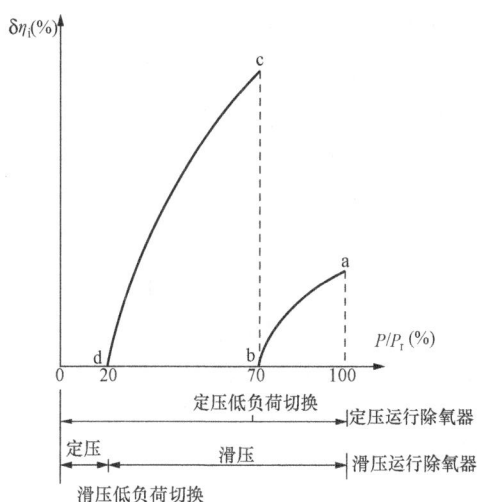

图 4-28　除氧器不同运行方式的热经济性

低负荷时，更为突出。如图 4-28 所示，横坐标为负荷 $P$ 与额定负荷 $P_r$ 的相对值 $P/P_r$，纵坐标为滑压运行除氧器与定压运行除氧器运行时机组绝对内效率 $\eta_i^v$ 与 $\eta_i^c$ 的相对变化 $\delta\eta_i = (\eta_i^v - \eta_i^c)/\eta_i^c$。图中显示，在低负荷（70% $P/P_r$）切换抽汽时两者相差更甚，与此同时，高压加热器组的疏水在除氧器定压运行方式时还要切换到低压加热器，造成系统复杂、操作也复杂，疏水对低压加热器抽汽的排挤作用更强，故热经济性比滑压运行时差。

GB 50660—2011 中规定，除氧器应采用滑压运行方式。对于 600MW 亚临界压力机组，设计计算结果表明，与定压运行相比，采用除氧器滑压运行后，在额定负荷时可提高机组热效率 0.12%，在 70% 及以下负荷时，可提高机组热效率 0.3%～0.5%。对于 600MW 超临界压力机组，在额定负荷时，可降低热耗 9.2kJ/（kW·h）。

除氧器采用滑压运行方式还可使回热加热分配更接近最佳值，因为定压运行除氧器在较

高负荷（如 70％负荷）时就须切换到更高压力抽汽运行，为避免切换后的损失更大，汽轮机制造厂家设计时把除氧器中的给水焓升有意取得比其他回热加热器小很多，从而不能满足最佳回热焓升分配，使机组热经济性降低。滑压运行除氧器则可作为一级独立回热加热器，使回热焓升分配更接近最佳值，机组热效率也较高，更能适应机组调峰的要求。表 4-5 所示为采用定压运行和滑压运行除氧器的火电机组回热分配（等温升）情况。

表 4-5                          采用定压运行和滑压运行除氧器的火电机组回热分配情况

| 机组容量 | 平均温升（℃） | 平均温升（℃） | 除氧器温升（℃） |
|---|---|---|---|
| 国产 200MW 机组 | 三高，27.81 | 四低，36.55 | 定压除氧，14.38 |
| 国产 300MW 机组 | 三高，32.11 | 四低，22.26 | 定压除氧，16.11 |
| 意大利 320MW 机组 | 四高，33.0 | 三低，31.25 | 滑压除氧，30.4 |

（2）除氧器汽源的连接方式。除氧器的运行方式不同，其汽源的连接方式也不同，主要的连接方式有三种。

1）单独连接定压除氧器方式。对于如图 4-29（a）所示采用定压运行方式的除氧器，为确保在所有工况下除氧器工作压力稳定，设计的回热抽汽压力应高于除氧器运行压力。抽汽管道上还应设置压力调节阀，同时当机组运行负荷降低到该级抽汽压力满足不了除氧器运行压力要求时，应有能切换到高一级抽汽压力并相应关闭原抽汽级的装置。因此，这种连接方式由于压力调节阀的存在，一方面节流损失增加，降低了该级抽汽的能位，使除氧器出口水温未能达到抽汽压力对应的饱和温度，致使本级抽汽量减少，压力较高一级抽汽量增加，回热做功比 $X_r$ 降低，冷源损失增加，使机组热效率 $\eta_i$ 降低。另一方面，在低负荷（70％～80％额定负荷）时原抽汽级关闭，回热级数减少，回热换热过程不可逆损失增大，使 $X_r$ 减少更多，机组的热效率 $\eta_i$ 降低更甚。所以，这种汽源连接方式的热经济性是最低的，一般在高、中压电厂带基本负荷的机组中应用较多。

2）前置连接定压除氧器方式。该连接方式是在除氧器出口水前方设置一高压加热器并与除氧器共用同一级回热抽汽，组成一级加热，如图 4-29（b）所示。虽然除氧器抽汽管道

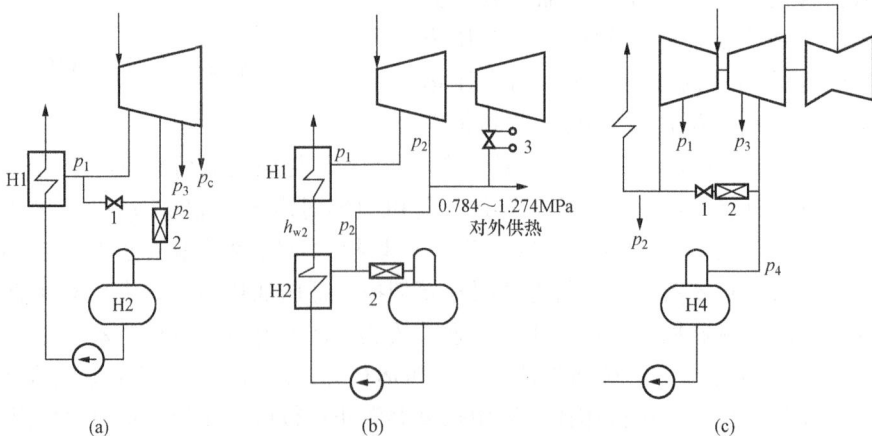

图 4-29　除氧器汽源连接系统

（a）单独连接定压除氧器；（b）前置连接定压除氧器；（c）滑压除氧器

1—切换阀；2—压力调节阀；3—供热汽轮机回转隔板

上仍然受到压力调节阀的作用，但前置的高压加热器的抽汽管道上却没有这种节流作用，其出口水温仍然可以达到该抽汽压力下相应的最高水温（与饱和水温相差一端差）。压力调节阀在此连接方式中仅起到流量分配的作用，并不构成对该级出口水温 $t_{w2}$ 的影响。该级出口水温只与供热机组调整抽汽的压力有关。因此，该连接方式的热经济性比单独连接方式高，但它是以增加一台高压加热器的投资、系统复杂为代价的，故只在一些供热机组上采用。

单独连接方式在低负荷时除氧器汽源要切换到压力较高的一级回热抽汽上，也是一种前置连接方式，但它却弥补不了因停用原级回热抽汽而带来的热经济性降低。

3) 滑压除氧器方式。这种连接方式在本级回热抽汽管道上不设置压力调节阀，因此在滑压范围内（20%～100%），其加热蒸汽压力随机组负荷而变化，避免了加热蒸汽的节流损失。为确保除氧器在低负荷（20%以下）时仍能自动向大气排气，仍应装设至高一级回热抽热管道上的切换阀和压力调节阀，如图 4-29（c）所示。与单独连接方式相比，其关闭本级抽汽的负荷由 70% 降到 20%。与前置连接方式相比，其出口水温无端差，所以该连接方式的热经济性是最高的，适合于再热机组和调峰机组。

此外，有的机组在选择除氧器滑压运行的蒸汽连接方式时，为避免除氧器在低负荷时切换到高一级回热抽汽所带来的弊端，在蒸汽连接系统中增设辅助蒸汽稳压联箱，它与启动锅炉、厂用辅助蒸汽系统和高压缸排汽相连，运行中作为除氧器的备用汽源。

（3）给水泵汽轮机的选择。GB 50660—2011 中规定，300MW 级及以上湿冷机组宜配置 2 台 50% 最大给水消耗量或 1 台 100% 最大给水消耗量的汽动给水泵；600MW 级及以上直接空冷机组当采用汽动给水泵时，宜配置 2 台 50% 最大给水消耗量的汽动给水泵和 1 台 25%～35% 最大给水消耗量的定速或调速电动给水泵。故涉及拖动给水泵汽轮机的形式及其蒸汽源的选择和连入热力系统的问题。

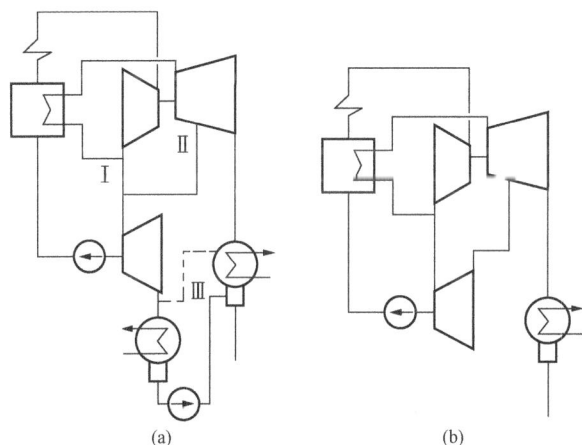

图 4-30　汽动泵的热力系统连接方式
（a）凝汽式给水泵汽轮机（b）背压式给水泵汽轮机

给水泵汽轮机的汽源有新蒸汽、高压缸抽汽、冷段再热蒸汽、热段再热蒸汽四种。新蒸汽、高压缸抽汽的参数高，使得给水泵汽轮机的蒸汽容积流量小。给水泵汽轮机的相对内效率 $\eta_{ri}^{DT}$ 较低，实际采用者较少。用冷段再热蒸汽作为给水泵汽轮机的汽源，因进汽参数比用新蒸汽低得多，蒸汽容积流量较大，故 $\eta_{ri}^{DT}$ 较高，并减少了进入再热系统和中压缸的蒸汽流量，降低了锅炉和主汽轮机的投资，其连接系统如图 4-30（a）中管道Ⅰ所示。该图中管道Ⅱ所示为采用再热后的抽汽为汽源，因其进汽压力更低，蒸汽温度却接近新蒸汽温度，蒸汽容积流量更大，$\eta_{ri}^{DT}$ 达到更高点，但却没有因再热蒸汽流量减少而带来的一些好处。给水泵汽轮机的转速大于 6000r/min，它的末级叶片高度受到材料强度的限制，若热再热蒸汽参数过低，还受排汽湿度的限制。

给水泵汽轮机的形式有纯凝汽式、纯背压式、抽凝式、抽背式几种。常用的是前两种，采用纯凝汽式给水泵汽轮机，减少了主汽轮机的凝汽流量和余速损失，其排汽可直接引至主凝汽器，如图 4-30（a）中管道Ⅲ所示，也可配置单独的小凝汽器及其抽汽设备和小凝结水泵，给水泵汽轮机的凝结水最终引至主凝汽器，但系统复杂。我国 300MW 机组早期采用单独小凝汽器，后来改为直接排至主凝汽器热井。图 4-30（b）所示为采用背压式给水泵汽轮机，其汽源采用冷段再热蒸汽，排汽引回中压缸。

总之，给水泵汽轮机的形式、汽源、排汽连接方式等，仍需要通过综合技术经济比较确定。

2. 除氧器的热力计算及自生沸腾的防止

（1）除氧器的热力计算。除氧器实际上是一个混合式加热器，它可以汇集发电厂各处来的不同参数的蒸汽和疏水，因此，除氧器的热力计算也遵循质量平衡和热平衡的规律，即

进入除氧器的质量 $\Sigma D_{in}$ ＝离开除氧器的质量 $\Sigma D_{out}$

进入除氧器的热量 $\Sigma D_{in} h_{in}$ ＝离开除氧器的热量 $\Sigma D_{out} h_{out}$

上述两式也可以用相对量来表示，当考虑除氧器的散热损失时，热平衡中进入除氧器的热量中还应乘以除氧器效率 $\eta_h$ 或抽汽焓的利用系数 $\eta'_h$。进行除氧器的热力计算就是要求出除氧器加热蒸汽量的多少并据此判断系统连接是否合理。

对于图 4-31 所示的除氧器局部热力系统，由前述质量平衡和热平衡方程有：

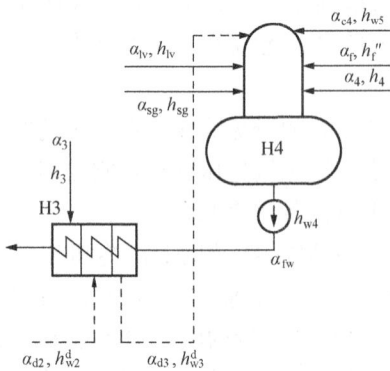

图 4-31　除氧器局部热力系统

质量平衡方程：

$$\alpha_{fw} = \alpha_4 + \alpha_{d3} + \alpha_f + \alpha_{lv} + \alpha_{sg} + \alpha_{c4} \tag{4-6}$$

热平衡方程：

$$\alpha_4 h_4 + \alpha_{d3} h_{w3}^d + \alpha_f h_f'' + \alpha_{lv} h_{lv} + \alpha_{sg} h_{sg} + \alpha_{c4} h_{w5} = \alpha_{fw} h_{w4} \tag{4-7}$$

将式（4-6）代入式（4-7），并整理可得：

$$\alpha_4 (h_4 - h_{w5}) + \alpha_{d3}(h_{w3}^d - h_{w5}) + \alpha_f(h_f'' - h_{w5}) + \alpha_{lv}(h_{lv} - h_{w5}) + \alpha_{sg}(h_{sg} - h_{w5}) = \alpha_{fw}(h_{w4} - h_{w5}) \tag{4-8}$$

除氧器的散热损失以除氧器效率 $\eta_h$ 来考虑，则有：

$$\alpha_4 = \frac{\alpha_{fw}(h_{w4} - h_{w5})/\eta_h - \alpha_{d3}(h_{w3}^d - h_{w5}) - \alpha_f(h_f'' - h_{w5}) - \alpha_{lv}(h_{lv} - h_{w5}) - \alpha_{sg}(h_{sg} - h_{w5})}{h_4 - h_{w5}} \tag{4-9}$$

式（4-9）中各项汽水系数、汽水比焓均为已知，故可求得抽汽系数 $\alpha_4$。式（4-7）为输入热量等于输出热量的热平衡方程式，转换为该除氧器放热量等于其吸热量的热平衡方程式（4-8）。需强调指出，式（4-9）是以进水焓 $h_{w5}$ 为基准的，它是为了计算方便并经过严谨的数学推演而导出的，详细内容将在后面的发电厂原则性热力系统计算一节中介绍。

（2）除氧器的的自生沸腾及防止方法。在除氧器的热力计算中，若求得的抽汽系数 $\alpha_4$ 为零或负值，说明不需要回热抽汽加热，仅凭其他进入除氧器的蒸汽和疏水就可以将水加热到除氧器工作压力下的饱和温度，这种现象称为自生沸腾。除氧器自生沸腾时，回热抽汽管道上的抽汽止回阀关闭，使除氧器进汽室停滞，破坏了汽水逆向流动，除氧效果恶化，排气的工质损失、热量损失加大，故不允许自生沸腾现象发生。

为了防止发生自生沸腾，可将一些辅助汽水流量如轴封漏汽、门杆漏汽、排污扩容器来的蒸汽或高压加热器疏水改引至其他较合适的加热器，也可设置高压加热器疏水冷却器，降低其焓值后再引入除氧器；还可以提高除氧器的工作压力来减少高压加热器的数量，使其疏水量降低。此外还可以引入温度较低的补充水来防止除氧器发生自生沸腾，但会使热经济性受到影响。目前，高参数以上汽轮机组，都配用高压除氧器，既避免了除氧器的自生沸腾，又减少了高压加热器的数目，节约钢材耗量和初投资。采用高压除氧器，其饱和水温度提高，若高压加热器事故停用，进入锅炉的给水温度不致降得过低而影响锅炉运行热经济性，而且饱和水温度提高，促进了气体自水中的离析，有利于除氧效果。

当然，采用高压除氧器时，给水泵承受的水温提高了，增加了给水泵的投资。为了防止给水泵汽蚀还需要较高的静水压头，为此除氧器需要布置在较高位置，使主厂房土建费用等增加。至于除氧器压力的具体选择，需配合汽轮机的设计和除氧器的运行方式，通过技术经济比较后再确定。

### 六、无除氧器的原则性热力系统

无除氧器热力系统自 20 世纪 60 年代开始在美国研发成功后，已在许多国家特别是美国和俄罗斯等国家的大型发电机组中获得了比较广泛的应用。

采用无除氧器热力系统的主要原因有两个：

（1）随着机组蒸汽初参数的不断提高，特别是采用超临界参数后，蒸汽中各种杂质的溶解度增加，沉积在锅炉受热面中的杂质相对减少，而汽轮机通流部分的沉积物相对增加，以氧化铜最危险。铜主要来自凝汽器和表面式低压加热器。前者可采用凝结水精处理装置除掉，后者还无可靠办法，若采用无铜管的混合式低压加热器，铜腐蚀即大为减少。

（2）由于采用中性水处理（NWT）有显著防腐效果，加热气态氧使金属形成稳定氧化膜，为发展无除氧器热力系统提供了条件。

#### 1. 无除氧器热力系统的组成

无除氧器热力系统是在中性水和加氧处理以及混合式低压加热器的基础上发展起来的，它与混合式低压加热器的结构特点、台数及其布置方式等有关。如图 4-32 所示为采用混合式低压加热器的几种连接方式，其中，低压级混合式加热器的凝结水，需要依靠其重力自

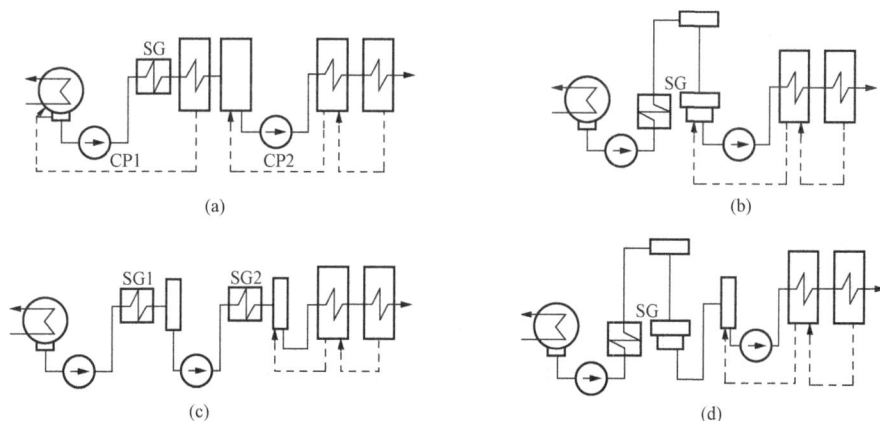

图 4-32　采用混合式低压加热器的连接方式

（a）独立一台立式；（b）两台卧式重力连接；

（c）两台立式串联连接；（d）两台卧式重力连接后再串联一台立式

流，或者依靠布置在其出口的凝结水升压泵打入压力更高的加热器。

图 4-33 所示为无除氧器原则性热力系统的连接方式，该系统包括一级高压加热器、三级低压加热器和凝汽器，其主要特点是：

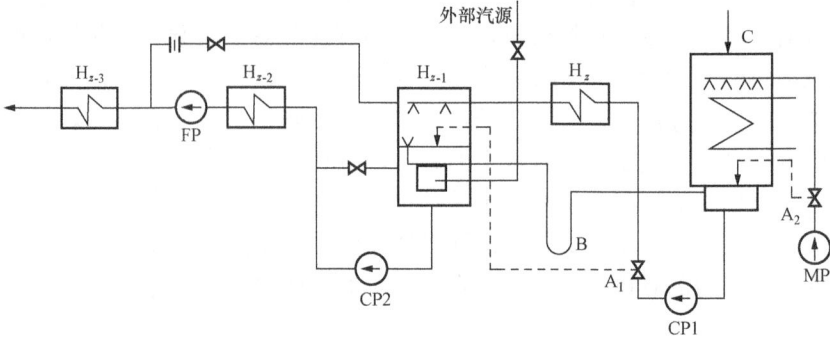

图 4-33　无除氧器的原则性热力系统连接方式

（1）次末级低压加热器 $H_{z-1}$ 为混合式加热器，底部设有蒸汽鼓泡装置；出口设第二级凝结水泵 CP2 及其再循环管；给水泵 FP 的再循环也接入次末级低压加热器 $H_{z-1}$，还接有外部汽源。一级凝结水泵 CP1 出口是水位调节阀 $A_1$ 控制进入混合式低压热器的主凝结水，通过补充水水位调节阀 $A_2$ 将补水引入凝汽器。

（2）带水封的事故溢流阀 B，将混合式加热器的溢水引至凝汽器，实现满水或超压保护。混合式加热器的内部用水平隔板分为上部汽段、下部水段，以防止汽轮机进水，给水泵和第二级凝结水泵 CP2 串联运行。

2. 无除氧器热力系统的优点

（1）热经济性提高。除氧器虽然也是混合式加热器，但是定压运行时存在有加热蒸汽的节流损失；大型机组虽然都采用滑压运行方式，但除氧器的工作压力不可能随汽轮机负荷全程同步滑动，在负荷低于 20％以下时，仍然要采用定压运行方式，必然带来节流损失；而采用无除氧器的混合式低压加热器后，无端差，无节流损失，综合这几方面的因素，机组的热经济效益可提高 0.84％～1.17％。

（2）系统安全可靠。通过凝汽器初级除氧后，再通过混合式低压加热器的二次除氧，无除氧器系统的给水含氧量可降低到 $5\mu g/L$ 以下，采用混合式低压加热器，仍可回收各项汽水流量；大型机组除氧器水箱可达 $100\sim200m^3$，无除氧器系统在给水泵前有混合器，起缓冲水箱作用，可保证给水泵安全运行；可解决汽轮机积铜；混合式低压加热器设有可靠的事故溢流管，不容易发生除氧器满水事故。总之，无除氧器热力系统的安全可靠性，并不逊于有除氧器的热力系统。

（3）给水箱热惰性影响消除。因无给水箱，负荷变化时的暂态过程大大缩短，负荷突降时给水泵入口不致汽化，故可取消给水前置泵，负荷突增时仍可保证除氧效果。

（4）简化系统，降低投资，节约基建和运行费用。无除氧器热力系统取消了除氧器，系统得以简化，阀门及调节器数量减少，不仅可提高可靠性，而且便于运行、维护；无高位布置的除氧器，可节省基建费用；混合式低压加热器比表面式加热器结构简单，减少金属消耗量。

3. 我国的无除氧器热力系统

我国无除氧器热力系统也有成功的应用案例，国产 N300-16.7/538/538 型机组经改造后无除氧器的原则性热力系统如图 4-34 所示。该机组原回热系统为"三高、四低、一除氧"，其中 7、8 号低压加热器为单壳体组合式加热器，布置在凝汽器喉部。高压加热器 H3 疏水自流到除氧器，低压加热器组不设置低压加热器疏水泵，疏水逐级自流到凝汽器热井。

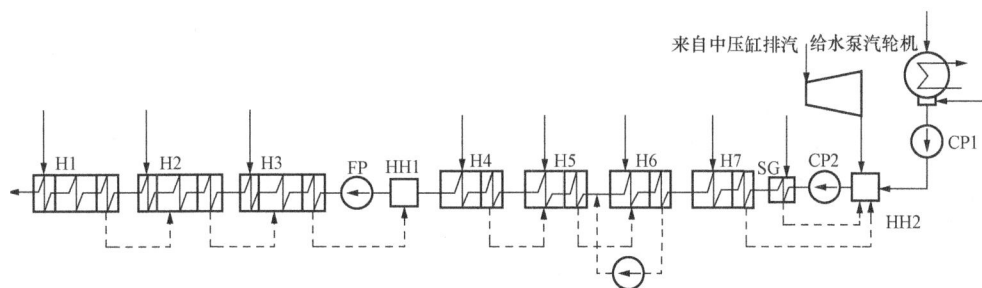

图 4-34　无除氧器的 300MW 机组回热原则性热力系统

改造方案：将除氧器更换为表面式加热器，第四级抽汽引入其中；在给水泵前加混合器 HH1，低压加热器最后一级疏水引入混合器 HH2；取消最末级抽汽和低压加热器 H8；凝结水泵 CP1 后统一用混合器 HH2，主凝结水经凝结水泵 CP1 送入混合器 HH2，混合后的凝结水经变频复合凝结水泵 CP2 送入低压加热器 H7。这种改造方式具有以下优点：①高压加热器的疏水引入 HH1，而不是直接疏水自流入下一级低压加热器，排挤了高一级抽汽，改善了系统热经济性，并且可以保证一定的储水量，有利于在异常情况下维持汽水系统各部件在短时间内的工质储量变化的需求，在二级凝结水泵事故解列的情况下，可以利用高压加热器内的剩余压力将疏水排入混合器，以保证给水泵惰走，从而提高了热力系统的可靠性；②采用混合器 HH2，给水泵汽轮机排汽和最末级低压加热器疏水引入其中，使给水泵汽轮机排汽余热和疏水热量得以充分利用，减小了冷源损失，提高了机组热经济性，将凝结水加热到给水泵汽轮机排汽压力下的饱和水温满足了除氧要求；③不对凝汽器进行大的改动而仅加装混合器 HH1、HH2 和变频凝结水泵 CP2，改造简单易行。

300MW 机组经过无除氧器改造后的热经济性有很大提高，机组循环热效率提高了0.44%，发电标准煤耗率降低了约 2.82g/（kW·h）。

图 4-35 所示为某超临界压力凝汽式机组进行改造后的无专用除氧器的热力系统图。其中低压加热器 H7、H8 均为真空混合式加热器，且布置在足够高度以确保其后的凝结水泵 CP2 和 CP3 运行可靠。它还设有可靠的事故逆流管，避免了除氧器满水事故。凝结水储水箱可通过水位调节器自动进行补水。给水泵的轴封环形密封水由凝结水泵 CP3 提供，并回流到 H4 至 H7 加热器中。为增加给水泵 CP 的有效汽蚀余量，凝结水泵 CP3 具有较高压头。同时在给水泵前装有一混合器 HH，既可收集高压加热器的疏水，又可起缓冲水箱作用，对给水泵稳定运行提供了较好条件。

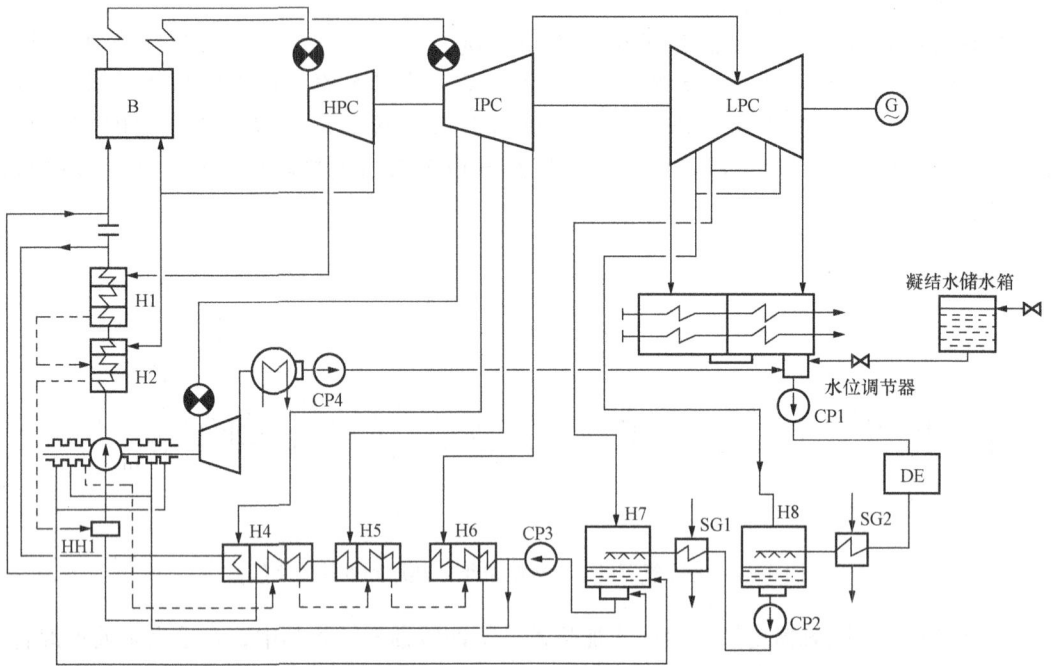

图 4-35 超临界凝汽式机组进行改造后的无专用除氧器的热力系统图

# 第四节 电厂汽水损失及补给水系统

热力发电厂的生产过程中，汽水工质承担着能量传递与转换的作用，在汽水循环过程中，由于相应的设备、管道及其附件中存在的缺陷或工艺需要，如管道泄漏、锅炉排污等，不可避免地存在着数量不等的汽水工质损失，同时伴有热量损失，损失的工质必须予以补充。

## 一、汽水工质损失的类型

发电厂汽水工质损失，根据产生损失的不同部位，可分为内部损失和外部损失两大类。内部损失是指在发电厂内部热力设备及系统造成的工质损失，它包括正常性工质损失和非正常性工质损失，如热力设备和管道的暖管疏放水、锅炉受热面的蒸汽吹灰、重油加热及雾化用汽、凝汽器抽气设备和除氧器排气口排出的蒸汽、轴封用汽、汽水取样、汽包锅炉排污等均属于工艺上要求的正常性工质损失；而各热力设备、管道或附件等的不严密处泄漏的工质损失属于非正常性工质损失。外部损失是指发电厂对外供热设备及系统造成的汽水工质损失，它与热负荷性质、供热方式以及回水质量等有关，变化范围很大，有的甚至完全不能回收，回水率为零。

发电厂的汽水损失，既是工质损失，又有热量损失，不仅影响发电厂的热经济性，有的还危及到设备的安全运行和使用寿命。减少工质损失的技术措施主要有：

（1）选择合理的热力系统及汽水回收方式，尽量回收工质并利用其热量。如轴封冷却器、汽封自密封系统、锅炉排污水的回收和利用等。

（2）改进工艺过程。如蒸汽吹灰改为压缩空气吹灰，锅炉、汽轮机和除氧器由额定参数启动改为滑参数启动或滑压运行等。

（3）提高安装检修质量。如用焊接取代法兰连接等。

除上述硬件设施改进外，另外不可忽视的是软件方面的改善，如运行优化管理、运行维护人员素质的提高和相应的监督机制，考核管理办法的完善等。GB 50660—2011 中规定，火电厂各项正常汽水损失如表 4-6 所示。

表 4-6 火电厂各项正常汽水损失

| 序号 | 损失类别 | | 正常损失 |
|---|---|---|---|
| 1 | 厂内汽水循环损失 | 1000MW 级机组 | 为锅炉最大连续蒸发量的 1% |
| | | 300MW 级、600MW 级机组 | 为锅炉最大连续蒸发量的 1.5% |
| | | 125MW 级、200MW 级机组 | 为锅炉最大连续蒸发量的 2% |
| 2 | 汽包锅炉排污损失 | | 根据计算或锅炉厂资料，但不少于 0.3% |
| 3 | 闭式热水网损失 | | 热水网水量的 0.5%～1.0% 或根据具体工程情况确定 |
| 4 | 火力发电厂其他用水、用汽损失 | | 根据具体工程情况确定 |
| 5 | 对外供汽损失 | | |
| 6 | 厂外其他用水量 | | |
| 7 | 间接空冷机组循环冷却水损失 | | |

**注** 厂内汽水循环损失包括锅炉吹灰、凝结水精处理再生及闭式冷却水系统等汽水损失。

### 二、补给水系统

1. 补给水量的确定

锅炉正常补给水量应根据发电厂全部正常汽水损失的数量来确定，火力发电厂的各项正常汽水损失见表 4-6。因此，为了保证机组汽水系统的平衡，维持发电厂的连续正常运行，必须不断地向热力系统补充足够数量、品质合格的水。这种补充水通常称为锅炉补给水，提供补给水的系统叫作补给水系统。补给水数量可用下式计算，即

$$D_{ma} = D_{li} + D_{lo} + D'_{bl} \qquad (4\text{-}10)$$

式中 $D_{ma}$——补充水量，kg/h；

$D_{li}$——电厂内部汽水损失量，kg/h；

$D_{lo}$——电厂外部汽水损失量，kg/h；

$D'_{bl}$——汽包锅炉排污水损失量，kg/h。

需要注意的是：补给水系统的最大容量还应该考虑机组启动或事故时而增加的水量。因此，为了确保机组热力系统的补给水量，机组设计时，补给水系统应符合下列规定：①在进入凝汽系统前，宜按系统的需要装设补给水箱和补给水泵，经技术经济比较合理，也可利用锅炉补给水处理系统的除盐水箱，可不另设补给水箱；②300MW 级以下的凝汽式机组补给水箱的容积不宜小于 50m³，300MW 级凝汽式机组补给水箱的容积不宜小于 100m³，600MW 级凝汽式机组补给水箱的容积不宜小于 300m³，1000MW 级凝汽式机组补给水箱的容积不宜小于 500m³；③工业抽汽供热式机组补给水箱的容积宜根据热负荷情况而定；④亚临界及以下参数湿冷机组补给水泵可不设置备用，超临界或超超临界参数湿冷机组应根据补给水接入凝汽器的接口位置确定是否设置备用，其总出力须按照锅炉启动时的补给水量要求

选择；⑤空冷机组正常运行用补给水泵宜设置备用，其中1台应兼作启动用补给水泵。

对于闭式热力网的补水装置，正常补水流量不应小于供热系统循环流量的2%，事故补水量不应小于供热系统循环流量的4%。补给水引入机组热力系统，不仅要确保补充水量的需要，同时还涉及补充水制取方式和补充水引入回热系统地点的选择。

**2. 补给水的制取原则**

在热力发电厂中，水质的优劣关系到机组能否安全经济运行，若锅炉补给水不加处理或处理不当，水质达不到质量标准，而直接进入热力系统，则会给热力设备、管道、阀门和附件等带来严重后果，如结垢、积盐和腐蚀等。

补水水质取决于锅炉补给水处理系统的处理效果。因此，锅炉补给水处理系统应根据进水水质、给水及炉水质量标准、补给水率、设备和药品的供应条件，以及环境保护的要求等因素，经技术经济比较后来确定补给水的合理制取方式，应遵循的主要原则是：①补充水质应保证机组热力设备安全运行的要求；②补充水应除氧；③补充水在进入锅炉前应加热到给水温度。

**3. 补给水引入回热系统地点的选择**

补充水引入回热系统的地点选择应考虑两个方面的影响：第一要考虑补充水量随系统工质损失的大小进行水量调节的方便性；第二要考虑补充水引入回热系统不同地点对机组运行热经济性的影响程度。在机组回热系统中，适宜进行水量调节的地方有凝汽器和除氧器，图4-36给出了补充水引入回热系统的三种主要方式。补充水引入到补充水除氧器，其相应的出口水汇入到同级回热抽汽加热器的水侧出口处，采用这种汇入方式的混合温差最小，带来的不可逆损失最小。补充水引入凝汽器，由于补充水充分利用了低压回热抽汽加热，回热抽汽做功比 $X_r$ 较大，其热经济性比引入除氧器的要高，但其水量调节要考虑热井水位和除氧器水位的双重影响，增加了调节的复杂性。补充水引入除氧器，则水量调节较简单，但热经济性稍低于前者。通常，大中型凝汽式机组补充水引入凝汽器，小型机组引入除氧器。

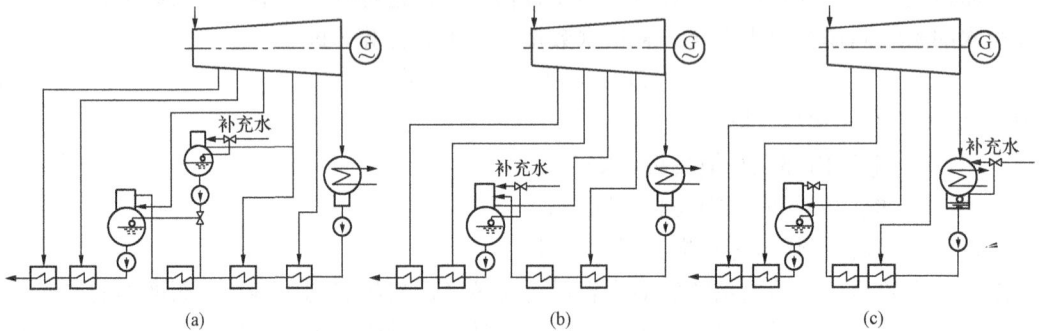

图4-36　化学补充水引入回热系统
(a) 补充水引入补充水除氧器；(b) 补充水引入除氧器；(c) 补充水引入凝汽器

《火力发电厂水汽化学监督导则》（DL/T 561—2013）中规定，锅炉补给水补入凝汽器时，应补至凝汽器喉部，并采用喷淋措施以利于不凝结气体逸出。

**三、工质回收及余热利用系统**

火力发电厂的锅炉连续排污水、汽轮机门杆与轴封漏汽、发电机冷却水、厂用蒸汽、热力设备及管道的疏放水等，就其工艺本身而言，均属于"废汽、废水"。为了提高发电厂的运行热经济性，应尽量回收工质并利用其热量。

（一）锅炉排污水的回收及余热利用

为了确保蒸汽品质，锅炉需要排污，而排污就意味着工质和热量损失。因此，尽可能回收工质和利用这部分热量也是排污系统的任务之一。

1. 锅炉排污系统的概念及分类

从锅炉蒸发段排出含杂质多的炉水，经扩容器和热交换器（或只经过扩容器）回收部分工质和热量，最后排入下水道或其他出处的管道系统称为锅炉排污系统。

排污可分为连续排污和定期排污两种，主要用于自然循环和辅助循环的汽包锅炉上。在蒸发段出口设有分离器的早期直流锅炉上也曾进行排污，从分离器下部引出排污水；随着给水品质提高，现代直流锅炉在正常运行时已不再进行排污。

2. 锅炉排污系统的作用和组成

锅炉炉水中的各种杂质（各种溶解盐类和泥渣）是由给水带入的。随着给水在蒸发段中不断蒸发，除了少量盐分被蒸汽带走外，绝大部分留在炉水中，使炉水含盐浓度不断提高，以至影响到蒸汽品质。为此，必须把一部分含盐量较高的炉水连续排出锅外，同时以较干净的给水补充，使炉水的含盐浓度稳定在一定水平，这就是连续排污的作用。但是，连续排污不能将锅内的泥渣完全排出，还必须进行定期排污，泥渣常常积聚在锅内最低处，定期排污就是在锅内最低处定期（3～7 天进行一次）进行短时间（约 30s）排污，以清除泥渣。

排污系统由排污管道、阀门、节流孔板、扩容器、热交换器和流量计、压力表等组成。

连续排污系统中为了充分回收工质和热量，常设置扩容器和热交换器。连续排污管应从炉水含盐浓度最高点引出，对两段蒸发系统，应从盐段引出；对不分段蒸发的系统，则沿汽包长度设置取水管，均匀取水。取水管上开有孔径为 4～5mm 的取水小孔，孔中的水流速度一般应大于 2m/s，取水管内的水流动阻力应小于小孔的阻力。在凝汽式发电厂中，锅炉排污量不大，此时为确保连续排污顺利进行，系统中需要配备调节灵敏的小流量排污装置，除节流孔板外，还配有针形调节阀。

定期排污系统中，排污引出点应设在泥渣最易沉积的地方，一般设在水冷壁下集箱或下降管下端。为了防止定期排污时对水冷壁水循环的影响和排污阀门的磨损，排污管上应配有节流孔板。当定期排污阀全开时，排污量就决定于节流孔板的孔径。此时应设置汽包事故放水管，在汽包满水时可以紧急放水。定期排污开启时使下降管流速增加，水冷壁内工质流速降低，壁温上升。如某厂一台高压锅炉定期排污时水冷壁壁温升高 10～12℃。因此，在确定节流孔板孔径时应考虑这些因素，选用适当的孔板。若定期排污水直接排入地沟，则在排入地沟前需对其进行降温，以防止排污水进入地沟时大量汽化。

3. 锅炉排污率及排污扩容器的选择

（1）锅炉排污率。锅炉排污量 $D_{bl}$ 与锅炉额定蒸发量 $D_b$ 之比称为锅炉排污率 $\beta_{bl}$，即

$$\beta_{bl} = \frac{D_{bl}}{D_b} \times 100\% \qquad (4\text{-}11)$$

式中　$D_{bl}$——锅炉排污量，kg/h；

　　　$D_b$——锅炉额定蒸发量，kg/h；

　　　$\beta_{bl}$——锅炉排污率，%。

给水带入的盐量应与排污水带出的盐量、蒸汽带走的盐量之和相平衡，即

$$(D_b + D_{bl})S_{gs} = D_{bl}S_{ls} + D_b S_q \tag{4-12}$$

式中　$S_{gs}$——给水含盐量，mg/L；

　　　$S_{ls}$——炉水含盐量，mg/L；

　　　$S_q$——蒸汽含盐量，mg/L。

将式（4-11）代入式（4-12），整理后得到给水含盐量、炉水含盐量、蒸汽含盐量与锅炉排污率的关系为

$$S_{ls} = \frac{100 + \beta_{bl}}{\beta_{bl}}S_{gs} - \frac{100}{\beta_{bl}}S_q \tag{4-13}$$

当蒸汽含盐量 $S_q$ 很小可忽略不计时，排污率可写作

$$\beta_{bl} = \frac{S_{gs}}{S_{ls} - S_{gs}} \times 100\% \tag{4-14}$$

由此可知，允许的炉水含盐量一定时，给水含盐量增大，排污率就增大；或者允许的炉水含盐量较低时，排污率也增大。炉水含盐量与给水含盐量之比，也就是炉水含盐量对给水含盐量的倍数，称为炉水浓缩度，以 $m$ 表示。

$$m = \frac{S_{ls}}{S_{gs}} \tag{4-15}$$

于是，锅炉排污率也可用 $m$ 表示为

$$\beta_{bl} = \frac{1}{m-1} \times 100\% \tag{4-16}$$

由式（4-16）知，炉水浓缩度增加，排污率就降低。在自然循环锅炉上常用两段蒸发，在盐段进行排污，可提高排污炉水的浓度，以降低排污率。

排污率增大意味着工质和热量损失增加，所以发电厂中对锅炉排污率有一定限制。GB 50660—2011 和 DL/T 561—2013 中规定，对于汽包锅炉，应根据炉水水质，决定排污方式及排污量，并按水质变化进行调整，总排污量不应小于蒸发量的 0.3%。

（2）排污扩容器的容积计算。为了回收工质，排污系统中配置有扩容器，其容积与排污水量有关。扩容器内可分为汽容积和水容积两部分。汽容积决定于排污水的汽化量，而水容积较小，在计算时取为汽容积的 1/4。排污水的汽化量 $D_f$、排污扩容器容积 $V_f$ 的计算式为

$$D_f = D_{bl}\frac{h'_{bl} - h'_f}{xr} \tag{4-17}$$

$$V_f = (1 + 0.25)\frac{D_f v_f}{R} \tag{4-18}$$

式中　$D_{bl}$——锅炉排污水量，kg/h；

　　　$D_f$——锅炉排污水汽化量，kg/h；

　　　$h'_{bl}$——排污水比焓，即汽包压力下的饱和水比焓，kJ/kg；

　　　$h'_f$——扩容器压力下的饱和水比焓，kJ/kg；

　　　$x$——扩容器出口的蒸汽干度，%；

　　　$r$——扩容器压力下的汽化潜热，kJ/kg；

　　　$v_f$——扩容器压力下的蒸汽比体积，m³/kg；

　　　$R$——扩容器的汽容积强度，即每立方米容积通过的蒸汽体积流量，推荐值为 600～1000m³/（m³·h），一般可取小值，m³/（m³·h）。

实际选用时，扩容器容积应根据工厂产品的规格取用比上述计算容积大一档的产品。

4. 汽包锅炉连续排污扩容系统的热经济性分析

锅炉连续排污的目的就是要控制炉水水质在允许范围内，从而保证锅炉蒸发出的蒸汽品质合格。汽包中的排污水通常是含盐浓度较高的水，GB 50660—2011 中规定，对汽包锅炉的连续排污和定期排污系统给出了如下规定：①汽包锅炉宜采用一级连续排污扩容系统，连续排污系统应有切换至定期排污扩容器的旁路；②每台锅炉宜设一套排污扩容系统；③定期排污扩容器的容量应满足锅炉事故放水的需要，当锅炉事故放水量计算值过大时，宜与锅炉厂共同商定采取合适的限流措施；④对于亚临界参数的汽包锅炉，当条件合适时可不设连续排污系统；⑤定期排污扩容器宜装设排汽管汽水分离装置。

连续排污时，工质和热量的回收利用系统随机组形式不同而有所差异，图 4-37 所示为锅炉连续排污扩容利用系统。

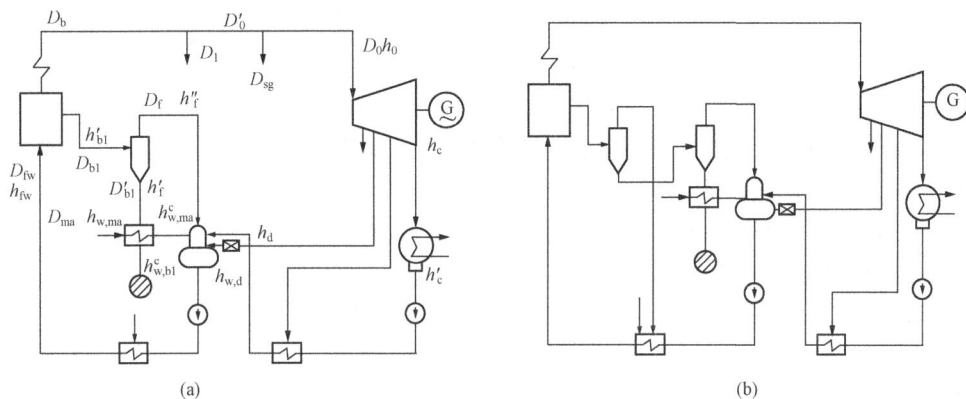

图 4-37　锅炉连续排污扩容利用系统
(a) 单级扩容系统；(b) 两级扩容系统

为了降低排污水压力，同时回收部分工质，连续排污水首先接入连续排污扩容器，在其中骤然降压，使部分排污水迅速汽化；扩容器出来的蒸汽接入电厂低压蒸汽系统，可供除氧器和其他生产用汽。扩容器内剩余的排污水含盐浓度更高，可通过热交换器将一部分热量传递给锅炉补给水，冷却后的排污水排入疏水系统或直接排入地沟。在热电厂中，这部分排污水还可作为热媒送入热网，进一步利用其热量。

根据扩容器的物质平衡、热平衡以及排污冷却器的热平衡，可以求出扩容蒸汽量 $D_f$、未扩容的排污水量 $D'_{bl}$、排污冷却器出口的补充水比焓 $h^c_{w,ma}$。

扩容器的物质平衡式

$$D_{bl} = D_f + D'_{bl} \tag{4-19}$$

扩容器的热平衡式

$$D_{bl} h'_{bl} \eta_f = D_f h''_f + D'_{bl} h'_f \tag{4-20}$$

排污冷却器的热平衡式

$$D'_{bl}(h'_f - h^c_{w,bl}) \eta_r = D_{ma}(h^c_{w,ma} - h_{w,ma}) \tag{4-21}$$

将式 (4-19) 代入式 (4-20)，可得工质回收率 $\alpha_f$ 为

$$\alpha_f = \frac{D_f}{D_{bl}} = \frac{h'_{bl} \eta_f - h'_f}{h''_f - h'_f} = f(p_f) \tag{4-22}$$

式中    $D_{bl}$——锅炉连续排污水量，kg/h；

$D_f$、$D'_{bl}$——扩容蒸汽、未扩容的排污水量，kg/h；

$h'_{bl}$——排污水比焓，即汽包压力下的饱和水比焓，kJ/kg；

$h'_f$、$h''_f$——扩容器压力下的饱和水比焓、饱和汽比焓，kJ/kg；

$D_{ma}$——锅炉补充水量，kg/h；

$h_{w,ma}$——排污冷却器的进口补充水比焓，kJ/kg；

$h^c_{w,ma}$——排污冷却器的出口补充水比焓，kJ/kg；

$h^c_{w,bl}$——排入地沟的排污水比焓，kJ/kg；

$\eta_f$、$\eta_r$——扩容器、排污冷却器的效率，一般取 0.97～0.99。

式（4-22）的分子为 1kg 排污水在扩容器内的放热量，它取决于汽包压力和扩容器压力；分母为扩容器压力下 1kg 排污水的汽化潜热，在压力变化范围不大时，它近似为常数。因此，当汽包压力一定时，$D_f$（$\alpha_f$）值取决于扩容器的压力 $p_f$，$p_f$ 越低，$D_f$（$\alpha_f$）值越大。一般 $\alpha_f = 30\% \sim 50\%$。

锅炉连续排污利用系统是既回收工质又利用其热量的典型"废热"利用实例。当其他条件一定时，扩容器的压力越低，回收的工质数量就越大，但扩容蒸汽的能位贬值也越大，这是回收工质在数量和质量上的矛盾。

从图 4-37（a）还可以看出，回收的扩容蒸汽携带有工质和热量进入回热系统，而化学补充水回收的部分废热也进入了回热系统，它们不可避免地要排挤部分回热抽汽，使回热抽汽做功比 $X_r$ 减小，凝汽流做功增大，导致额外冷源损失越大，汽轮机内效率 $\eta_i$ 降低。显然，排挤的回热抽汽压力越低，回热抽汽做功比 $X_r$ 下降越多，$\eta_i$ 降低越大。但是，连续排污利用系统回收的热量是"废热"，其热经济效益应从发电厂范围来进行评价。

当无排污利用系统时，排污水热损失 $Q_{bl}$ 为

$$Q_{bl} = D_{bl}(h'_{bl} - h_{w,ma}) \tag{4-23}$$

有排污利用系统时，排污水热损失 $Q'_{bl}$ 为

$$Q'_{bl} = D'_{bl}(h^c_{w,bl} - h_{w,ma}) \tag{4-24}$$

因此，可以利用的排污热量 $\Delta Q_{bl}$ 为

$$\Delta Q_{bl} = Q_{bl} - Q'_{bl} = D_{bl}(h'_{bl} - h_{w,ma}) - D'_{bl}(h^c_{w,bl} - h_{w,ma}) \tag{4-25}$$

$\Delta Q_{bl}$ 也就是排污利用系统回收的"废热"，它引入了回热系统（图中为除氧器），排挤一部分回热抽汽，使回热抽汽做功量减少，亦即 $X_r$ 减小。为了维持汽轮机做功量不变，凝汽流的做功量要增加，使凝汽器增加了一附加冷源损失 $\Delta Q_c$，对发电厂而言，其净获得的热量 $\Delta Q_n$ 为

$$\Delta Q_n = \Delta Q_{bl} - \Delta Q_c \tag{4-26}$$

根据除氧器的热平衡，被排挤的除氧器抽汽量 $\Delta D_d$ 为

$$\Delta D_d = \frac{\Delta Q_{bl}}{h_d - h_{w,d}} \tag{4-27}$$

若忽略除氧器后各抽汽段的微小变化，根据回热抽汽做功量的减小或等于凝汽流做功量的增加，可计算出凝汽流量的增加量 $\Delta D_c$ 为

$$\Delta D_c = \Delta D_d \frac{h_0 - h_d}{h_0 - h_c} \tag{4-28}$$

则凝汽器的附加冷源损失 $\Delta Q_c$ 为

$$\Delta Q_c = \Delta D_c(h_c - h'_c) = \Delta D_d \frac{h_0 - h_d}{h_0 - h_c}(h_c - h'_c) = \Delta Q_{bl} \frac{(h_c - h'_c)(h_0 - h_d)}{(h_d - h_{w,d})(h_0 - h_c)} \quad (4\text{-}29)$$

发电厂净获得的热量 $\Delta Q_n$ 为

$$\Delta Q_n = \Delta Q_{bl}\left(1 - \frac{(h_c - h'_c)(h_0 - h_d)}{(h_d - h_{w,d})(h_0 - h_c)}\right) \quad (4\text{-}30)$$

发电厂实际节约的标准煤量 $\Delta B^s$ 为

$$\Delta B^s = \frac{\Delta Q_n}{29270\eta_b\eta_p} \quad (4\text{-}31)$$

式中　$h_d$——除氧器回热抽汽比焓，kJ/kg；

　　　$h_{w,d}$——除氧器压力下的饱和水比焓，kJ/kg；

　$h_0$、$h_c$——汽轮机进汽和排汽比焓，kJ/kg；

　　　$h'_c$——汽轮机排汽压力下对应的饱和水比焓，kJ/kg。

通过分析，可以得出下述几点结论：

（1）由式（4-30）知，$\frac{h_c - h'_c}{h_d - h_{w,d}} \approx 1$，而 $(h_0 - h_d) < (h_0 - h_c)$，所以 $\Delta Q_n$ 和 $\Delta B^s > 0$。即回收到系统的热量总是大于由此产生的附加冷源损失，因而发电厂回收废热总是能节约燃料的。

（2）由式（4-30）和式（4-31）可知，为了提高节煤的实际效果，应增大可以利用的排污热量 $\Delta Q_{bl}$ 和减小 $(h_0 - h_d)$。当提高扩容器压力时，可减小 $(h_0 - h_d)$，但却使 $D'_{bl}(h^c_{w,bl} - h_{w,ma})$ 增大，即 $\Delta Q_{bl}$ 也减小了，这也就是前面提到的回收工质在数量和质量上的矛盾。因此，可以找到一个理论上使节煤效果最佳的扩容器压力。当然也可以采用两级串联的连续排污利用系统，如图 4-37（b）所示，锅炉连续排污水先进入压力较高的扩容器，未扩容蒸发的排污水再进入压力较低的扩容器。当该级扩容器压力与单级扩容利用系统的扩容器压力相同时，可近似认为两种系统回收的工质数量基本相同。但两级串联系统较高压力扩容器回收的蒸汽能位较高，其引入的加热器汽侧压力也较高，排挤回热抽汽的做功也较小，造成凝汽器附加冷源损失也较少。所以，两级排污利用系统以系统复杂、投资高为代价，获得更高的热经济效益。一般只有采用直接供汽的高压热电厂返回水率小、补水量大、锅炉排污量多的情况下才考虑采用。当回收汽轮机阀杆和轴封漏汽时，也应按照参数的不同，引入相近的回热级，以获得最大的热经济效益。

（3）对于任何外部热源的利用，如发电机冷却水热量的利用，同样可以节约燃料，因为这是一项不用煤的外部热源。

（4）实际工质回收和余热利用系统，应考虑投资、运行费用和热经济性，通过技术经济性比较来确定。

需要指出的是，式（4-31）计算的节煤量是在不考虑低压部分各抽汽的变化得到的，实际节煤量应做全厂热力系统计算得到。

另外，为了稳定扩容器的压力，通常是将扩容蒸汽引入除氧器。若除氧器是定压运行，根据该除氧器压力再考虑管道压损即可确定扩容器的压力；若除氧器是滑压运行，则应以额定工况时进入除氧器的回热抽汽压力为基准，再考虑管道压损来确定。

（二）汽轮机轴封系统用汽的回收和利用

汽轮机轴封系统主要由密封装置、轴封蒸汽母管、轴封加热器等设备及相应的阀门、管道系统组成。目前，大型汽轮机轴封系统普遍采用自密封系统。轴封蒸汽来源有：主汽门和调速汽门的门杆漏汽，再热机组中压联合汽门的门杆漏汽，高、中、低压缸的前后轴封漏汽和轴封用汽等。轴封系统的主要功能是向汽轮机、给水泵汽轮机的轴封以及主汽门、调节汽门的阀杆汽封供送密封蒸汽，同时将各汽封的漏汽进行合理导向或抽出。在汽轮机的高压区段，轴封系统的正常功能是防止蒸汽向外泄漏，以确保汽轮机有较高的效率；在汽轮机的低压区段，则是防止外界的空气进入汽轮机内，保证汽轮机有尽可能高的真空，确保汽轮机有较高的效率。

一般轴封蒸汽量占汽轮机总汽耗量的 2% 左右，且由于引出地点不同，蒸汽的品位有差异，因此在引入地点的选择上，应尽可能使引入点能位与接入蒸汽的能位相接近，既回收工质，又利用其热量，同时又使其引起的附加冷源损失最小。如某 300MW 机组有八级回热抽汽，主蒸汽门和中压联合汽门的漏汽，分别引至 H2、H3，高压缸后轴封漏汽引至 H4（除氧器），中压缸后轴封漏汽和低压缸前后轴封漏汽均引至轴封冷却器 SG。

轴封利用系统中的各级轴封蒸汽，工质基本可全部回收。除低压缸的部分轴封流入凝汽器造成冷源损失外，其余蒸汽都在回热系统中得到利用。需要注意的是，这些轴封蒸汽从漏出部位起，不再在汽轮机内部做功，在热力计算时要分别处理。

（三）加热用厂用蒸汽系统

加热用的厂用蒸汽通常有：加热重油、空气（暖风器）、烟气（湿式烟气脱硫系统的烟气再热器）和厂内采暖加热器等。其正常汽源应在满足需要的前提下，尽可能用低压回热抽汽或废热，以提高电厂的热经济性。另外还应考虑当汽轮机组启动或回热抽汽参数不能满足要求时，有适当的备用汽源。其疏水应尽可能地回收利用，一般设疏水泵，引至除氧器。

燃用高硫煤的发电厂，如锅炉尾部受热面的金属温度低于酸露点，会引起腐蚀、堵灰。解决的办法之一是采用暖风器，即利用回热抽汽来加热空气，以提高进入空气预热器的进口空气温度。利用回热抽汽来加热空气，扩大了回热效果，增大了回热做功比 $X_r$，提高了汽轮机的内效率 $\eta_i$，但却使锅炉排烟温度升高，降低了锅炉效率 $\eta_b$。因此，采用暖风器后，全厂的热经济性提高还是降低，取决于合理选择暖风器系统和参数。如有的采用回热抽汽加热空气的同时，重新调整锅炉受热面的分配而使排烟热损失不增加；有的采用主凝结水来加热空气，并在锅炉增设低压省煤器等不同方案，均获得了良好效果。

**四、火电厂工质回收及余热利用的原则**

上述锅炉连续排污扩容系统的热经济性分析，适用于火电厂其他工质回收和余热利用系统，总结起来，其利用原则为：

（1）发电厂工质回收的同时，总有热量的回收利用，不仅要考虑工质回收的数量多寡，还要考虑其能位贬值的高低，要尽可能减少回收利用热量时的能位贬值。例如轴封蒸汽、汽轮机门杆漏汽，应视其压力高低，尽可能分别引至压力与其相近的回热加热器，使因之引起的排挤回热抽汽导致的额外冷源热损失增加至尽可能的小，即 $\eta_i$ 降低的尽可能少。

（2）工质回收及余热利用的热经济性，不反映在机组的热经济性指标上，而是体现在全厂的热经济性指标上。

（3）工质回收及余热利用，引入回热系统时，影响 1kg 工质做功量 $w_i$ 的变化，应注意回收热量的质量影响，能位高的，单位热量增加的功较多，能位低的，单位热量增加的功较少。

（4）实际工质回收及余热利用系统，不仅要考虑热经济性，还要考虑投资、运行费用等的影响，应通过技术经济比较来确定。

# 第五节　发电厂原则性热力系统举例

发电厂原则性热力系统是以汽轮机热力循环为核心的汽水动力循环。由于不同制造厂生产的汽轮机类型有所差异，因此发电厂的汽轮机与锅炉的配置情况也不尽相同。研究发电厂原则性热力系统，必须明确锅炉、汽轮机及凝汽设备等的连接方式，掌握给水回热系统、给水除氧系统、电厂汽水损失及补充水系统、对外供热系统或厂用蒸汽系统的质量流和能量流的进出方式。基于此，结合我国热力发电厂的装机现状，本节重点介绍 300MW 及以上典型机组的发电厂原则性热力系统，限于篇幅，仅对每一级别机组中的一台机组进行较为详细的介绍，其他机组只作简单说明，但其基本原理是相通的。

**一、汽轮机组的典型工况**

汽轮机组的典型工况是指能宏观上反映其主要热力性能及对主辅机提出容量匹配要求的特定工况。凝汽式汽轮机组的主要典型工况及其与主辅机容量的匹配关系如下所述。

1. 主要典型工况

（1）额定工况（turbine heat acceptance，THA）THA 工况是指汽轮机在额定进汽参数，额定背压，回热系统正常投运，补给水率为 0%，不带厂用汽（除非合同另有规定），机组能连续运行，发电机出线端的输出功率为额定功率时的工况。有补汽阀时应关闭（临界开启）。

在 THA 工况下，汽轮机的热耗率一般为最低，故该工况也称为经济连续运行工况或设计工况。此工况是机组的热耗率验收工况，机组正常投运后应对此工况进行试验验证，达不到热耗率保证值应按合同规定向制造商索赔，以补偿发电成本的增加。

THA 工况是唯一的"设计工况"，其他都是"变工况"。其目的是在给定的初、终参数条件下达到循环热效率及内效率最高或汽轮机热耗最低。为此，汽轮机的配汽设计力求使阀门开度处于"最佳阀点"；通流部分设计力求使级速比达到最佳且动叶无冲角；热力系统设计应力求使给水温度、再热压力达到技术经济最佳，抽汽口位置达到最佳布置。设计工况也可理解为变工况的"基准工况"，有了它就可以理解变工况的性质与变化幅度及主要参数的变化规律，也就掌握了变工况特性。发电厂应尽可能接近此工况运行，以取得最大的经济效益。

（2）铭牌工况（turbine rating load，TRL）。TRL 工况是指汽轮机在额定进汽参数，回热系统正常投运，补给水率为 3%，背压为夏季指定高背压（国内工程一般指 33℃水温下对应的凝汽器压力，约在 11～12kPa 之间，投标时为统一起见，往往指定为 11.8kPa），无厂用汽，机组能连续运行，发电机出线端的输出功率为额定功率时的工况（有补汽阀时部分开启）。

TRL 工况为功率保证工况，在此工况下若达不到保证功率，应按合同规定进行罚款，以补偿设备容量的不足，故也称为能力工况或夏季工况。

（3）最大连续输出工况（turbine maximum continue rate，TMCR）。TMCR 工况是指汽轮机在额定进汽参数，额定背压，回热系统正常投运，补给水率为 0，进汽量为 100％的铭牌工况进汽量，机组能连续运行时的工况（有补汽阀时部分开启）。即保持 TRL 工况流量等运行条件不变，背压降至额定背压，补给水率由 3％降至零时的工况。

TMCR 工况也属于功率保证工况，它与 TRL 工况并无本质区别，它主要反映机组的微增能力的大小。微增能力即背压变化对功率影响的能力，一般规律为末级排汽面积大，相应微增能力也大，TRL 工况流量增幅大，TMCR 工况功率增幅也大。

（4）调节阀全开工况（valve whole open rating，VWO）。VWO 工况是指汽轮机在额定进汽参数，额定背压，回热系统正常投运，补给水率为 0，调节阀和补汽阀（若有）全开，进汽量不小于 105％的铭牌工况进汽量，机组能连续运行时的工况。VWO 工况的流量比 TRL 工况大约 5％，比 THA 工况大约 10％，相应各监视段压力及再热压力也同幅增高。10％的流量余量除了补偿夏季背压升高及系统泄漏存在时功率约下降 5％外，还考虑机组老化、设计制造误差及带厂用汽等因素同时存在时功率下降约 5％的补偿。反之，如上述各不利因素不是同时出现，则机组持有约 5％的调频能力。

此工况功率可期待但不作保证，或根据用户要求仅作短时演示。

（5）高压加热器切除工况。在 THA 工况基础上，停运全部高压加热器，适当减少主蒸汽流量以保持额定功率不变的工况称为高压加热器全部切除工况。高压加热器事故率较高，切除可能性较大，与个别切除相比，全部切除对锅炉、汽轮机的影响最大。最终给水温度将比额定值降低 100～120℃，锅炉必须进行有关核算，汽轮机进汽量必须减少，否则切除后各段通流有可能过负荷而损坏。

国产 300MW 汽轮机此工况流量约为 THA 工况的 85％，热耗相应增高 3.5％左右。

（6）阀门全开、超压 5％工况（VWO＋5％）。在阀门全开工况基础上，保持其他条件不变，仅将初压提高 5％的工况称为阀门全开、超压 5％工况，即汽轮机的最大通流能力工况。使汽轮机在 VWO 工况基础上，不靠增加通流能力而仅提高进汽压力即可获得近 5％的额外调尖峰能力。按规范此时的流量应约是 THA 工况的 115％，相应功率也应增加约 15％。此工况仅偶尔使用于电网高尖峰负荷时期。

（7）带厂用汽工况。在 THA 工况基础上，保持额定功率、蒸汽的初终参数等不变，适当增加主蒸汽流量，以补偿厂用汽抽出后功率下降，这样的工况称为带厂用汽工况。该工况是电厂实际需要的工况。与采用其他热源（如辅助锅炉）方案比较，此方案不仅系统简单，经济性也高，原因是抽汽循环系热电联产循环。考虑到 THA 工况验收时，厂用汽较难隔离，如用户同意，此工况也可替代 THA 工况。厂用汽量一般只占额定主蒸汽量的 3％～6％，相应此工况的流量应比 THA 工况增加 1.5％～3％。

（8）部分负荷工况。在 THA 工况基础上，保持背压不变，功率小于额定功率，由运行方式决定初压，由锅炉温度特性（受运行方式影响）决定初温及再热温度的工况称为部分负荷工况。

2. 主辅机容量匹配与典型工况的关系

上述八种典型工况中，以 THA、VWO、TMCR 三个工况最为重要，它们是主辅机容量匹配的主要依据。

（1）三大主机容量匹配原则。汽轮机是锅炉与发电机的中间环节，在三大主机容量匹配中处于核心地位。最大限度发挥三大主机容量，不造成设备能力的无谓闲置是最佳匹配所追求的目标。

锅炉容量单位为 t/h，铭牌（或最大）蒸汽量应与汽轮机 VWO 工况进汽量相匹配，此为锅炉的设计工况；VWO+5%OP 为偶用工况，因此只能是锅炉的核算工况。

发电机容量单位为 kVA，容量用视在功率表示，它分成有功功率与无功功率两部分。无功功率为电网安全经济运行所需要；有功功率则是与汽轮机匹配的对象。按机组在电网中承担尖峰负荷要求高低，发电机额定有功功率或与 TMCR 工况功率相匹配，或与 VWO 工况功率相匹配。额定无功功率由电网设计分配，一般末端电网机组取得大些，相应功率因数 $\cos\varphi$ 取小些，如 0.8～0.85，反之取 0.85～0.9 为宜。额定视在功率等于额定有功功率与额定无功功率之和。

现以某 300MW 机组的机、炉、电匹配原则为例说明如下：

1）汽轮机额定功率为 300MW，TMCR 工况功率为 315MW，VWO 工况功率为 330MW，主蒸汽流量为 1025t/h。

2）锅炉最大蒸发量即铭牌蒸发量按 VWO 工况匹配，即为 1025t/h。

3）设功率因数 $\cos\varphi=0.9$，对尖峰功率要求不高，因此发电机额定有功功率应按 TMCR 工况匹配为 315MW，发电机额定视在功率即铭牌容量为 315/0.9=350MVA，额定无功功率为 350-315=35MVA。

（2）电站辅机容量匹配原则。与汽轮机匹配的辅机是全部回热系统、冷却系统等，粗略的匹配原则是满足汽轮机 VWO 工况的运行要求并考虑必要的余量。与发电机匹配的辅机是励磁系统、冷却系统、输配电系统等，它们的能力应满足发电机长期安全满发额定视在功率的要求。锅炉辅机能力应与最大蒸发量工况匹配。油系统作为汽轮机与发电机的共用系统，其能力应是两机要求最大能力的叠加。旁路系统作为锅炉与汽轮机的协调系统，其容量应根据赋予它的功能具体计算后才能确定。

**二、火电机组的发电厂原则性热力系统**

1．300MW 及以下机组的发电厂原则性热力系统

（1）N300 16.7/538/538 型机组的发电厂原则性热力系统。图 4 38 所示为我国某电厂 N300-16.7/538/538 型机组的发电厂原则性热力系统。

1）汽轮机组为上海汽轮机厂引进美国西屋技术生产的 300MW 亚临界、一次中间再热、单轴、双缸双排汽、凝汽式汽轮机，型号为 N300-16.7/538/538 型。本机组属反动式汽轮机，热力级有 28 级（结构级 35 级），与 1025t/h 亚临界、一次中间再热、控制循环汽包式锅炉及 300MW 水氢氢冷发电机配套。机炉热力系统采用单元制布置。

汽轮机高、中压缸为双层缸，通流部分为相对布置，由合金钢铸造而成；低压缸为三层缸对称双流结构，采用钢板焊接组成。

高压缸是冲动、反动混合式，共为 1+11 级，其中第一级（调节级）为冲动式。新蒸汽首先通过主汽阀，然后流过调节阀，进入高压缸做功；调节阀控制着进入高压缸的蒸汽流量，这些蒸汽通过三根导管连接汽缸上半部的进汽套管，通过另三根导管连接汽缸下半部的进汽套管，每根套管通过滑动接头与一喷嘴室连接。

中压缸共计 9 级反动级。经过高压缸膨胀做功后的蒸汽，从外缸下部的一个排汽口流至锅炉再热器，经再热的蒸汽通过两只中压主汽阀和中压调节阀，进入中压缸做功，中压调节

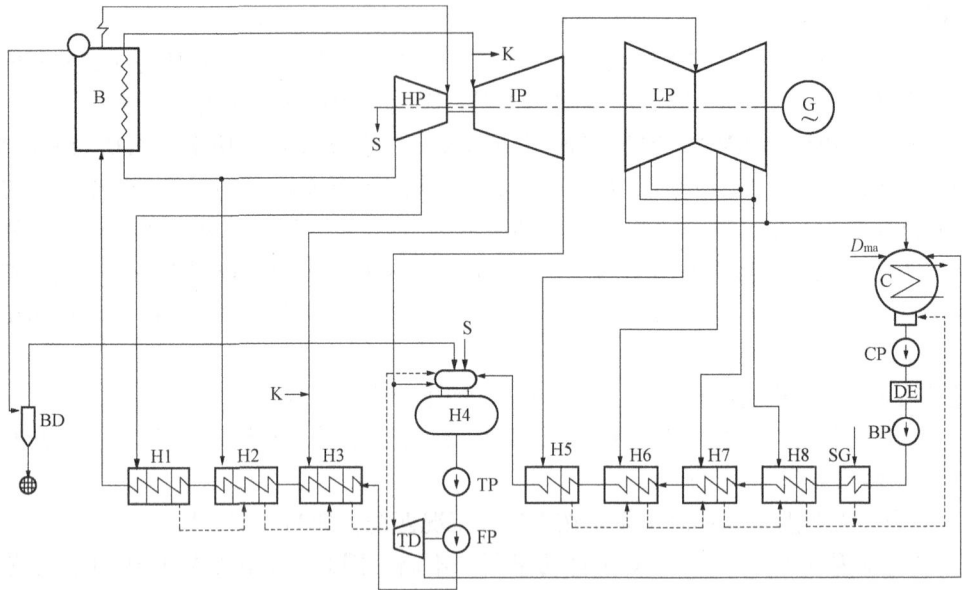

图 4-38　N300-16.7/538/538 型机组的发电厂原则性热力系统

阀出口通过滑动接头与中压下缸的进汽室相连。

低压缸为 2×7 级双流、反动式。在中压缸膨胀做功后的蒸汽，经连通管进入低压缸，蒸汽从低压缸通流部分的中央进入，流向两端的排汽口。

在每个汽缸上都设有抽汽口，第 7 级后抽出第一级抽汽供 1 号高压加热器；第 11 级后（高压缸排汽）抽出第二级抽汽供 2 号高压加热器及轴封辅助用汽；第 16 级后抽出第三级抽汽供 3 号高压加热器；第 20 级后（中压缸排汽）抽出第四级抽汽供除氧器、给水泵汽轮机及其他辅助用汽；第 22 级后（调阀端）抽出第五级抽汽供 5 号低压加热器；第 31 级后（发电机端）抽出第六级抽汽供 6 号低压加热器；第 25/32 级后抽出第七级抽汽供 7 号低压加热器；第 26/33 级后抽出第八级抽汽供 8 号低压加热器。

汽轮机在额定进汽参数、额定背压、回热系统正常投运、补给水率为 0％时，发电机端的输出功率为 300MW，此工况称为汽轮机的额定工况，也是汽轮机的考核工况；其净热耗为 7918.3kJ/（k·Wh）。在阀门全开（VWO）工况下，功率可达 319MW。在最大连续功率（TMCR）工况下，输出功率为 320.136MW。在超压（VWO＋5％）工况下，流量为 1025t/h，最大功率可达 331.835MW。额定工况下汽轮机的主要技术规范及热力参数见表 4-7。

表 4-7　　　　　　　　　　　　汽轮机的主要技术规范及热力参数

| 名　称 | 位置 | 压力（MPa） | 温度（℃） | 流量（t/h） |
|---|---|---|---|---|
| 主蒸汽参数 | 主汽门前 | 16.7 | 538 | 911.702 |
| 再热蒸汽参数 | 中联门前 | 3.22 | 538 | 743.249 |
| 高压缸排汽参数 | 高压缸出口 | 3.57 | 320.3 | 817.92 |

续表

| 名　称 | 位置 | 压力（MPa） | 温度（℃） | 流量（t/h） |
|---|---|---|---|---|
| 第 1 级抽汽参数 | 第 7 级后 | 5.968 | 387.3 | 68.79 |
| 第 2 级抽汽参数 | 第 11 级后 | 3.573 | 320.3 | 74.671 |
| 第 3 级抽汽参数 | 第 16 级后 | 1.616 | 431.8 | 36.36 |
| 第 4 级抽汽参数 | 第 20 级后 | 0.7343 | 325.8 | 29.741（除氧器）；31.991（给水泵汽轮机） |
| 第 5 级抽汽参数 | 第 22 级后 | 0.3138 | 226.2 | 32.40 |
| 第 6 级抽汽参数 | 第 31 级后 | 0.1315 | 139.1 | 19.96 |
| 第 7 级抽汽参数 | 第 25/32 级后 | 0.0706 | 90.2 | 30.742 |
| 第 8 级抽汽参数 | 第 26/33 级后 | 0.0223 | 62.5 | 25.567 |
| 高压缸进汽参数 | 主汽门前 | 16.7 | 538 | 911.702 |
| 中压缸进汽参数 | 中联门前 | 3.22 | 538 | 743.249 |
| 低压缸进汽参数 | 低压缸进口 | 0.727 | 325.8 | 654.709 |

冷却水温度为 20℃；排汽压力为 5.39kPa；给水温度 274.9℃

2）锅炉为上海锅炉厂制造的亚临界、一次再热、控制循环汽包锅炉，型号为 SG-1025/18.3-M843 型。配用中速磨煤机直吹式制粉系统，固态排渣，Ⅱ形布置、单炉膛、平衡通风、炉膛四角正反切圆燃烧，喷嘴摆动可调，燃用中等结渣性烟煤。主要运行工况下锅炉设备及系统的主要设计参数见表 4-8。

表 4-8　　　　　　　　　锅炉设备及系统的主要设计参数

| 名称 | 单位 | BMCR | 额定 | 高压加热器全切 | 70% |
|---|---|---|---|---|---|
| 过热蒸汽流量 | t/h | 1025 | 912.4 | 786.1 | 717.5 |
| 过热蒸汽压力 | MPa | 18.3 | 17.35 | 17.19 | 17.11 |
| 过热蒸汽出口温度 | ℃ | 541 | 541 | 541 | 541 |
| 再热蒸汽流量 | t/h | 828.4 | 743.8 | 760 | 593.8 |
| 再热蒸汽进口压力 | MPa | 3.8 | 3.52 | 3.65 | 2.82 |
| 再热蒸汽出口压力 | MPa | 3.6 | 3.34 | 3.47 | 2.68 |
| 再热蒸汽进口温度 | ℃ | 323 | 319 | 327.8 | 301.7 |
| 再热蒸汽出口温度 | ℃ | 541 | 541 | 541 | 541 |
| 给水温度 | ℃ | 279 | 272 | 171 | 258 |
| 给水流量 | t/h | 1025 | 887.1 | 697.4 | 674.4 |
| 一级减温水量 | t/h | 0 | 22.7 | 78.7 | 38.1 |
| 二级减温水量 | t/h | 0 | 2.6 | 10.0 | 5 |
| 再热器减温水量 | t/h | 42 | 0 | 0 | 0 |
| 排烟温度 | ℃ | 139 | 137 | 115 | 131 |
| 锅炉效率（低位发热量） | % | 92.4 | 92.5 | 93.6 | 93.1 |
| 燃料消耗量 | t/h | 133.4 | 121.1 | 123.8 | 98.4 |

　　锅炉排污采用一级连续排污系统，扩容蒸汽引至除氧器，扩容后的排污水排入地沟。扩容器型号为 LP-3 型，容积为 3m³（汽容积为 2.2m³，水容积为 0.8m³），设计压力为 1.04MPa，设计温度为 364℃。工作压力为 0.912MPa，工作温度为 181℃。

　　3）凝汽器为上海电站辅机厂制造的型号为 N-16500-2 型的单壳体、对分双流程、表面式水冷式凝汽器，其冷却面积为 16500m²，额定工况下冷却水流量为 32820t/h，冷却水质为海水，冷却水进口温度（设计/最高）为 20℃/33℃，温升为 10.63℃；水室设计压力为 0.245MPa，汽侧压力为 0.098MPa/全真空；热井容积为 80m³；凝汽器额定背压为 5.39kPa；长期连续运行允许最高背压为 0.0186MPa。

　　4）回热系统由"三高、四低、一除氧"组成，分别由汽轮机的 8 级非调整抽汽供汽。其中，除氧器采用上海动力设备有限公司制造的 GC-1080 型卧式除氧器，滑压运行范围为 0.156～0.689MPa。高、低压加热器全部由上海动力设备有限公司制造，并且均设有内置式疏水冷却段，高压加热器还设有内置式蒸汽冷却段。高、低压加热器疏水均采用逐级自流方式，高压加热器疏水自流到除氧器内，低压加热器疏水流入凝汽器热井。凝结水系统设置有轴封加热器 SG 和除盐装置 DE，凝结水精处理装置采用低压系统，凝结水经凝结水泵 CP、除盐装置 DE 和凝升泵 BP，流经轴封加热器 SG、四个低压加热器进入除氧器。给水从给水箱经前置泵 TP、主给水泵 FP 及三台高压加热器进入锅炉。需要注意的是，压力最低的 H7、H8 两台低压加热器布置在凝汽器喉部。

　　中压联合汽门的阀杆漏汽接入第 3 级抽汽管道上，高压轴封漏汽接入除氧器，其他轴封漏汽引至轴封加热器，给水泵汽轮机 TD 的排汽接入凝汽器内。化学补充水 $D_{ma}$ 从凝汽器补入。

　　（2）CC200-12.75/535/535 型机组的发电厂原则性热力系统。图 4-39 所示为国产 CC200-12.75/535/535 型双抽凝汽式机组的发电厂原则性热力系统，配 HG-670/140-YM9 型自然循环汽包锅炉。

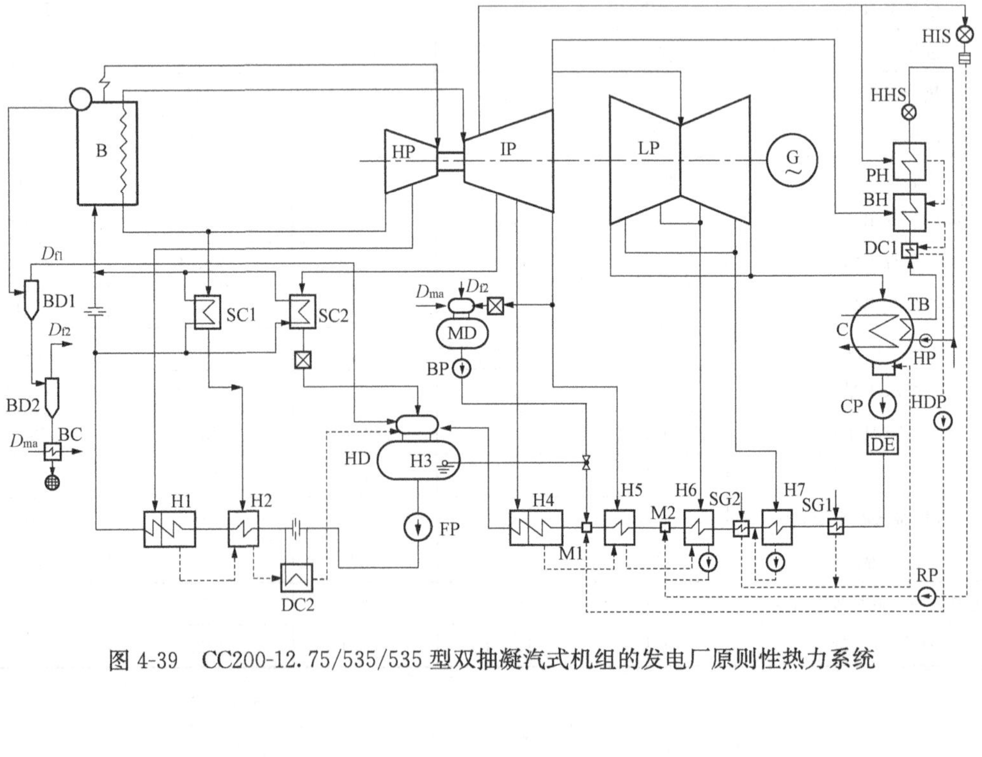

图 4-39　CC200-12.75/535/535 型双抽凝汽式机组的发电厂原则性热力系统

汽轮机共有八级抽汽，其主要特点是：

1）第三、第六级为调整抽汽，其调压范围分别为 0.78～1.27MPa、0.118～0.29MPa。其中，第三级抽汽一路直接供工艺热负荷 HIS 用汽，回水通过回水泵 RP 打入主凝结水管道混合器 M2，另一路供采暖系统中峰载加热器 PH 用汽。第六级抽汽除供低压加热器 H5 用汽外，还作为采暖系统的基载加热器 BH 供汽以及大气式除氧器 MD 的加热蒸汽。

2）高压加热器 H2 和高压除氧器 HD（即 H3）设置有外置式蒸汽冷却器 SC1、SC2，它们与高压加热器 H1 为出口主给水串联两级并联方式；H2 另设置一台外置式疏水冷却器 DC2。第二、四级回热抽汽分别通过外置式蒸汽冷却器 SC1 和 SC2 后供高压加热器 H2 和除氧器 HD 用汽。

3）两级除氧器均为定压运行，补充水从大气式除氧器 MD 补入。

4）采用两级连续排污扩容系统，其扩容蒸汽分别引入两级除氧器 HD 和 MD 中，其排污水经冷却器 BC 冷却后排入地沟。

5）采暖系统两级热网加热器 PH 和 BH 的疏水逐级自流经外置式疏水冷却器 DC1 后用热网疏水泵 HDP 打入凝结水管上的混合器 M1。从热用户返回的热网水，由 HP 泵先引至凝汽器内的加热管束 TB，将网水先加热，再经 DC1 引至 BH、PH。

当工业抽汽量为 50t/h、采暖抽汽量为 350t/h、电功率为 $P_e = 136.88$MW 时，该机组热耗率 $q = 4949.7$kJ/（kW·h）。夏季工况时，采暖热负荷为零，机组可凝汽运行，输出电功率为 200MW。额定工况凝汽运行时，机组热耗率 $q = 8444.3$kJ/（kW·h）。

2. 600MW 级机组的发电厂原则性热力系统

（1）N600-16.7/537/537 型亚临界机组的发电厂原则性热力系统。图 4-40 所示为我国某电厂 N600-16.7/537/537 型亚临界压力机组的发电厂原则性热力系统。

1）汽轮机组为上海汽轮机厂生产的 600MW 亚临界、一次中间再热、单轴、四缸四排

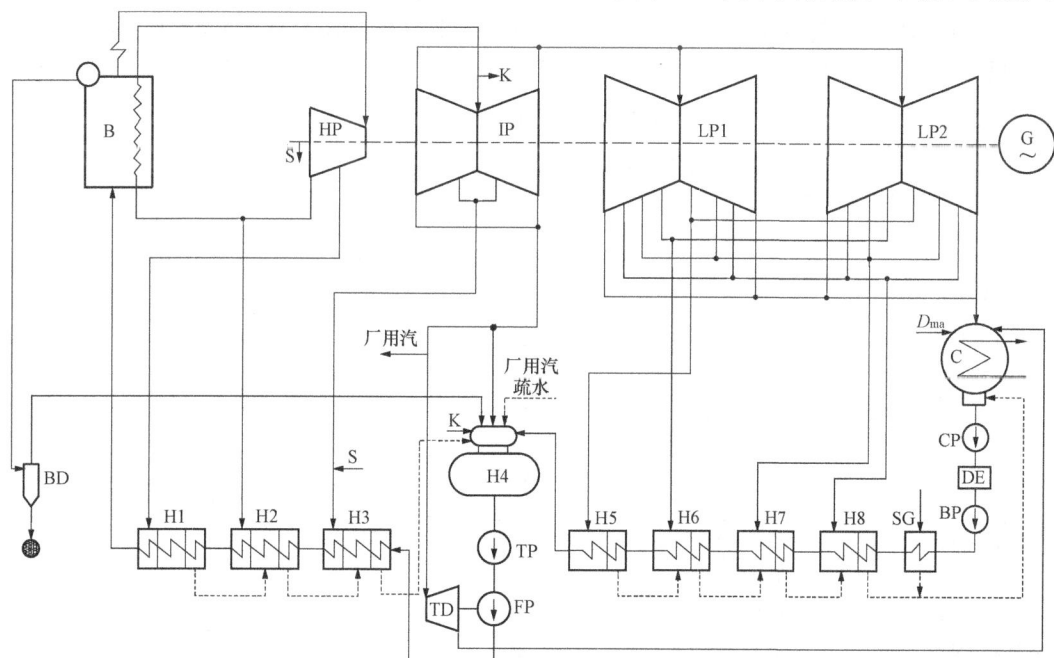

图 4-40　N600-16.7/537/537 型亚临界压力机组的发电厂原则性热力系统

汽、凝汽式汽轮机，型号为 N600-16.7/537/537 型。本机组属反动式汽轮机，汽轮机通流级数为 58 级（1+11、2×9、2×2×7）。与 2008t/h 亚临界、一次中间再热、强制循环汽包式锅炉及 600MW 水氢氢冷发电机配套。机炉热力系统采用单元制布置。

汽轮机高、中压缸采用双层缸结构，由合金钢铸造而成。低压缸为三层缸对称双流结构，采用钢板焊接组成。由于排汽容积流量大，为减小末级排汽损失，低压缸采用了四个排汽口，亦即采用了两个结构完全相同的反向分流式低压缸。

高压缸是冲动、反动混合式，共为 1+11 级，其中第一级（调节级）为冲动式。锅炉来的新蒸汽从高压缸下部进入布置在汽轮机两侧的两个高压主汽调节联合阀，由两侧的两个调节阀流出，经四根高压导汽管进入高压缸喷嘴室，蒸汽通过四组喷嘴组进入调节级和 11 级高压压力级后由高压缸下部两侧排出进入再热器。

中压缸为双分流结构，共 2×9 级反动级。再热后蒸汽从机组两侧的两个中压再热蒸汽调节联合阀及四根中压导汽管从中部进入双分流的中压缸，经过正反各 9 级反动式压力级后，从中压缸上部 4 个排汽口排出，合并成两根连通管，分别进入 1、2 号低压缸。

低压缸也为双分流结构，共有 2×2×7 级反动级。在中压缸膨胀做功后的蒸汽，经两根连通管分别从两个低压缸的中部进入，经过正反向各 7 级反动式压力级后，从 4 个排汽口向下排入 2 个凝汽器。

在每个汽缸上都设有抽汽口，第 8 级后抽出第一级抽汽供 1 号高压加热器；第 11 级后（高压缸排汽）抽出第二级抽汽供 2 号高压加热器及轴封辅助用汽；第 16 级后抽出第三级抽汽供 3 号高压加热器；第 20 级后（中压缸排汽）抽出第四级抽汽供除氧器、给水泵汽轮机及其他辅助用汽；第 22 级后抽出第五级抽汽供 5 号低压加热器；第 24 级后抽出第六级抽汽供 6 号低压加热器；第 25 级后抽出第七级抽汽供 7 号低压加热器；第 26 级后抽出第八级抽汽供 8 号低压加热器。

汽轮机在额定进汽参数、额定背压、回热系统正常投运，补水率为 0% 的连续运行工况为机组热耗率验收（THA）工况，在此工况下发电机有功功率为 600.171MW，汽轮机保证热耗值为 7795.7kJ/kWh。额定工况下汽轮机的主要技术规范及热力参数见表 4-9。

**表 4-9　　　　　　　　额定工况下汽轮机的主要技术规范及热力参数**

| 名　称 | 位置 | 压力（MPa） | 温度（℃） | 流量（t/h） |
|---|---|---|---|---|
| 主蒸汽 | 主汽门前 | 16.7 | 537 | 1778.705 |
| 再热蒸汽 | 中联门前 | 3.194 | 537 | 1462.173 |
| 第 1 级抽汽 | 第 8 级后 | 5.926 | 380.8 | 126.73 |
| 第 2 级抽汽 | 第 11 级后（高压缸排汽） | 3.764 | 319.3 | 152.15 |
| 第 3 级抽汽 | 第 16 级后 | 1.707 | 429.2 | 63.07 |
| 第 4 级抽汽 | 第 20 级后（中压缸排汽） | 0.8548 | 334.1 | 76.97（除氧器）；<br>67.24（给水泵汽轮机） |
| 第 5 级抽汽 | 第 22 级后 | 0.3553 | 232.4 | 73.64 |
| 第 6 级抽汽 | 第 24 级后 | 0.133 | 137.9 | 45.83 |
| 第 7 级抽汽 | 第 25 级后 | 0.06428 | 87.7 | 51.06 |
| 第 8 级抽汽 | 第 26 级后 | 0.02458 | 64.6 | 58.96 |

冷却水温度为 21.5℃；排汽压力为 5.4kPa；给水温度 273.2℃，排汽流量为 1056.185t/h

2）锅炉为上海锅炉厂制造的亚临界、一次中间再热、单炉膛、四角对冲切圆燃烧、平衡通风、固态排渣、控制循环汽包锅炉，采用Ⅱ形露天布置，全钢架悬吊结构，型号为SG-2008/17.47-M903型。锅炉排污采用一级连续排污系统，扩容蒸汽引至除氧器，扩容后的排污水排入地沟。最大排污流量为20.1t/h，压差为18.04MPa。主要运行工况下锅炉设备及系统的主要设计参数见表4-10。

表 4-10　　　　　　　　　　　　锅炉设备及系统的主要设计参数

| 名称 | 单位 | BMCR | THA | 高压加热器全切除 | 75%THA |
|---|---|---|---|---|---|
| 过热蒸汽流量 | t/h | 2008 | 1775 | 1534 | 1301 |
| 过热蒸汽压力 | MPa | 17.47 | 17.27 | 17.10 | 13.01 |
| 过热蒸汽出口温度 | ℃ | 540 | 540 | 540 | 540 |
| 再热蒸汽流量 | t/h | 1662.2 | 1482 | 1518.4 | 1109.5 |
| 再热蒸汽进口压力 | MPa | 3.81 | 3.39 | 3.53 | 2.53 |
| 再热蒸汽出口压力 | MPa | 3.61 | 3.21 | 3.35 | 2.39 |
| 再热蒸汽进口温度 | ℃ | 320 | 309 | 318 | 312 |
| 再热蒸汽出口温度 | ℃ | 540 | 540 | 540 | 540 |
| 省煤器进口给水温度 | ℃ | 278 | 270 | 168 | 252 |
| 省煤器进口给水流量 | t/h | 1995 | 1691 | 1349 | 1194 |
| 过热器一级减温水量 | t/h | 13 | 64 | 120 | 72 |
| 过热器二级减温水量 | t/h | 0 | 20 | 65 | 35 |
| 再热器减温水量 | t/h | 82 | — | — | — |
| 汽包压力 | MPa | 18.84 | 18.38 | 17.94 | 13.88 |
| 排烟温度（空气预热器出口） | ℃ | 131 | 128 | 110 | 114 |
| 锅炉效率（低位发热量） | % | 93.53 | 93.61 | 94.51 | 94.19 |
| 燃料消耗量 | t/h | 232.5 | 210.38 | 215.68 | 160.22 |

3）凝汽器采用两台型号为N-38000-1型的双壳体、双背压、双进双出单流程横向布置的表面式凝汽器。其冷却面积为38000m²；冷却水的进口温度为21.5℃，流量为18.95m³/s，进出压力分别为0.22、0.21MPa；冷却水流速冬季为1.2m/s，夏季为2m/s；水阻不大于70kPa；凝汽器内的压力冬季为4.77kPa，夏季为6.1kPa。凝汽器将来自汽轮机低压缸的乏汽凝结成凝结水并汇集于热井，由凝结水泵CP送至化学精处理装置DE。

4）回热系统由三台高压加热器、一台除氧器和四台低压加热器组成，分别由汽轮机的8级非调整抽汽供汽。其中，除氧器采用上海动力设备有限公司制造的GC-2080型卧式除氧器，除氧头总容积为59m³，除氧水箱有效容积为235m³；设计压力0.9MPa，设计温度350℃，采用滑压运行方式，压力在0.2366～0.7679MPa，温度在303.8～350℃；其进口水温（VWO）为132.4℃，出口水温（VWO）为168.7℃。高、低压加热器全部由上海动力设备有限公司制造，并且均设有内置式疏水冷却段，高压加热器还设有内置式蒸汽冷却段。高、低压加热器疏水均采用逐级自流方式，高压加热器疏水自流到除氧器内，低压加热器疏水流入凝汽器热井。凝结水系统设置有轴封加热器SG和除盐装置DE，凝结水精处理装置采用低压系统，凝结水经凝结水泵CP、除盐装置DE和凝结水升压泵BP，流经轴封加热器

SG、四个低压加热器进入除氧器。除氧水从给水箱经前置泵 TP、主给水泵 FP 及三台高压加热器进入锅炉。需要注意的是，压力最低的 H7、H8 两台低压加热器布置在凝汽器喉部。

高压轴封漏汽接入第 3 级抽汽管道上，中压联合汽门的阀杆漏汽接入除氧器，其他轴封漏汽引至轴封加热器，给水泵汽轮机 TD 的排汽接入凝汽器内。化学补充水 $D_{ma}$ 从凝汽器补入。

(2) NZK600-16.7/538/538 型亚临界直接空冷机组的发电厂原则性热力系统。图 4-41 所示为我国某电厂 NZK600-16.7/538/538 型亚临界直接空冷机组的发电厂原则性热力系统。

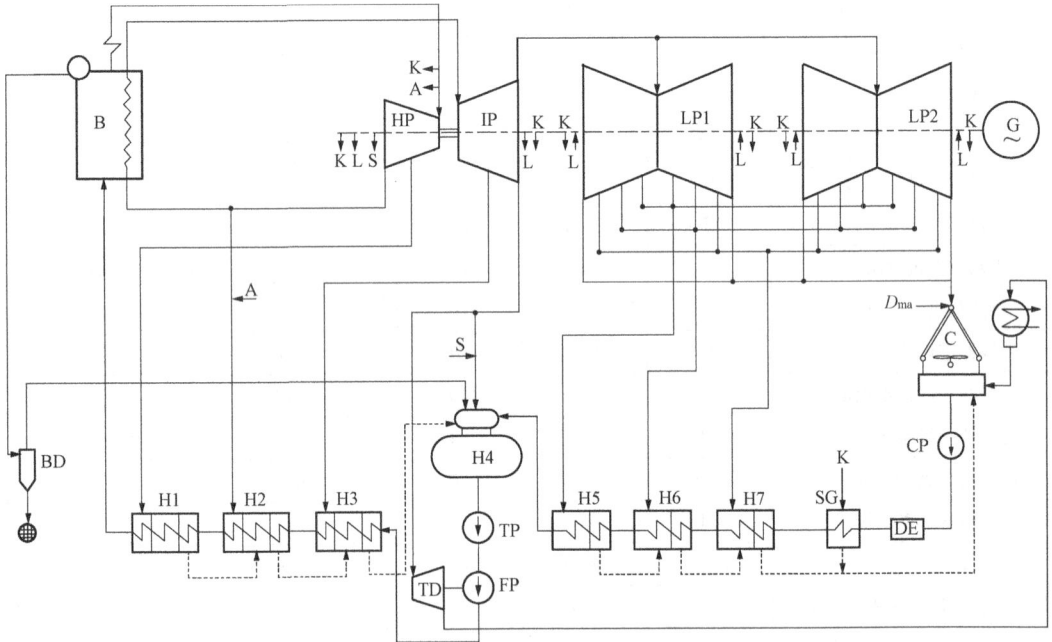

图 4-41　NZK600-16.7/538/538 型亚临界直接空冷机组的发电厂原则性热力系统

1) 汽轮机为东方汽轮机厂生产制造的 NZK600-16.7/538/538 型亚临界、一次中间再热、单轴、三缸四排汽、直接空冷凝汽式汽轮机。与 2070t/h 亚临界、一次中间再热、自然循环汽包式锅炉及 600MW 水氢氢冷发电机配套。机炉热力系统采用单元制布置。

汽轮机高、中压缸为合缸反流结构，两个低压缸均为双流反向布置。通流部分的总级数共有 38 级，其中高压转子有 9 级（第一级为调速级），中压转子有 5 级，低压转子有 2×2×6 级。新蒸汽由炉侧经 $\phi489×55mm$ 的主蒸汽管进入机前两根 $\phi343×36mm$ 的蒸汽管，然后进入两个高压主汽门和四个高压调速汽门，进入高压缸。做完功的蒸汽通过高压缸后经两根 $\phi863.6×18mm$ 排汽管后汇流到一根 $\phi1066.8×22.2mm$ 的蒸汽管导向锅炉再热器，再热热段蒸汽经 $\phi953×42mm$ 的蒸汽管进入中压缸前两根 $\phi705×32mm$ 蒸汽管，然后通过两个中联门进入中压缸，中压缸做功后的蒸汽沿导汽管直接进入两个低压缸做功。

汽轮机共有七段非调整抽汽，分别供给三台高压加热器、一台除氧器和三台低压加热器，其中 7 号低压加热器为内置式。汽轮机给水系统设计有两台 50% 容量的汽动变速给水泵和一台 30% 容量的电动变速给水泵。给水泵汽轮机设计有高低压两路汽源，并可采用辅汽冲转。给水泵汽轮机的排汽引至其单独设置的汽轮机凝汽器。额定工况下汽轮机的主要技术规范及热力参数见表 4-11。

需要注意的是,空冷机组由于背压高,若采用常规的 8 级回热抽汽系统,则第 8 级抽汽压力与汽轮机的排汽压力相差很小。因此,目前 300MW 及以上直接空冷机组大多采用 7 级回热抽汽,即三个高压加热器、一个除氧器和三个低压加热器。

表 4-11　　　　　　　　　额定工况下汽轮机的主要技术规范及热力参数

| 名　称 | 位　置 | 压力（MPa） | 温度（℃） | 流量（t/h） |
|---|---|---|---|---|
| 主蒸汽 | 主汽门前 | 16.7 | 538 | 1876.1 |
| 冷段再热蒸汽 | 高压缸排汽 | 3.86 | 325.4 | 1727.9 |
| 热段再热蒸汽 | 中联门前 | 3.47 | 538 | 1612.3 |
| 中压缸排汽 | 低压缸进汽 | 1.10 | 368.5 | 1375.9 |
| 低压缸排汽 | 空冷凝汽器入口 | 0.0138 | — | 1170.2 |
| 第 1 级抽汽 | 第 1 级后 | 6.18 | 389.8 | 133.8 |
| 第 2 级抽汽 | 第 9 级后（高压缸排汽） | 3.86 | 325.4 | 115.6 |
| 第 3 级抽汽 | 第 11 级后 | 2.25 | 472.3 | 81.4 |
| 第 4 级抽汽 | 第 14 级后（中压缸排汽） | 1.11 | 368.5 | 165.8/除氧器<br>62.9/给水泵汽轮机 |
| 第 5 级抽汽 | 第 16 级后 | 0.412 | 246.6 | 51.8 |
| 第 6 级抽汽 | 第 17 级后 | 0.225 | 181.0 | 51.6 |
| 第 7 级抽汽 | 第 18 级后 | 0.112 | 113.8 | 103.1 |

注　给水温度 277.1℃;补给水率 0%;热耗率 8164kJ/(kW·h);汽耗率 3.127 kg/(kW·h)。

2）锅炉为东方锅炉厂制造的亚临界、自然循环、前后墙对冲燃烧、一次中间再热、单炉膛平衡通风、固态排渣、尾部双烟道、紧身封闭、全钢构架的 Ⅱ 形汽包锅炉;型号为 DG2070/17.5-Ⅱ4。锅炉排污采用一级连续排污系统,扩容蒸汽引至除氧器,扩容后的排污水排入地沟。工作压力为 1.19MPa,工作温度为 188℃,连续排污扩容器的有效容积为 6m³。主要运行工况下锅炉设备及系统的主要设计参数见表 4-12。

表 4-12　　　　　　　　　锅炉设备及系统的主要设计参数

| 名称 | 单位 | BMCR | THA | 高压加热器全切除 | 75%THA |
|---|---|---|---|---|---|
| 过热蒸汽流量 | t/h | 2070 | 1876 | 1653 | 1363 |
| 过热蒸汽压力 | MPa | 17.6 | 17.43 | 17.27 | 14.39 |
| 过热蒸汽出口温度 | ℃ | 541 | 541 | 541 | 541 |
| 再热蒸汽流量 | t/h | 1768 | 1612 | 1639 | 1193 |
| 再热蒸汽进口压力 | MPa | 4.16 | 3.81 | 3.97 | 2.83 |
| 再热蒸汽出口压力 | MPa | 3.98 | 3.65 | 3.81 | 2.71 |
| 再热蒸汽进口温度 | ℃ | 333 | 324.1 | 333.5 | 315.3 |
| 再热蒸汽出口温度 | ℃ | 541 | 541 | 541 | 541 |
| 省煤器进口给水温度 | ℃ | 283.5 | 277.1 | 189.6 | 258.1 |
| 省煤器出口给水温度 | ℃ | 301.6 | 296.1 | 229.2 | 279.3 |

| 名称 | 单位 | BMCR | THA | 高压加热器全切除 | 75%THA |
|------|------|------|-----|----------------|--------|
| 省煤器进口给水流量 | t/h | 1988.6 | 1978.2 | 1413 | 1313 |
| 减温水温度 | ℃ | 190.3 | 186.3 | 189.6 | 173.7 |
| 过热器一级减温水流量 | t/h | 61.6 | 58.0 | 220.3 | 30.2 |
| 过热器二级减温水流量 | t/h | 19.8 | 19.8 | 19.8 | 19.8 |
| 再热器减温水量 | t/h | 0 | 0 | 0 | 0 |
| 汽包压力 | MPa | 19.1 | 18.69 | 15.22 | 18.19 |
| 排烟温度（空气预热器出口） | ℃ | 119.3 | 116.6 | 113.7 | 109.9 |
| 锅炉效率（低位发热量） | % | 94.24 | 94.36 | 94.53 | 94.61 |
| 燃料消耗量 | t/h | 315.5 | 291.2 | 297.7 | 221.2 |

3）凝汽系统采用直接空气冷却技术，由空冷凝汽器、空冷风机、凝汽器抽真空系统及空冷散热器清洗系统等组成。空冷凝汽器分为 8 排 7 列，其中第 2、第 6 列为逆流凝汽器，其余 5 列为顺流凝汽器。每组空冷凝汽器由 12 个散热器管束组成，以接近 60°角组成等腰三角形 A 形结构，两侧分别布置 6 个散热器管束。散热器管束为单排扁平翅片管，采用镀铝防腐工艺处理。设计条件下初始温差为 37.1K，设计压力为 0.045MPa，设计温度为 120℃。另外，为满足机组尖峰负荷的运行需要，还设置了型号为 N-4000A 型的单背压、单壳体、双流程表面式凝汽器。其冷却面积为 4000m²，凝汽量为 240t/h；冷却水的进口温度为 38.7℃，压力为 0.50MPa（表压），流量为 18000t/h。

给水泵汽轮机单独设置型号为 N-1660-1 型表面式凝汽器。其冷却面积为 1660m²；冷却水的进口温度为 21℃，流量为 3300m³/h，管内水平均流速为 2.07m/s；水阻 9mH₂O；凝汽器压力冬季为 5.6kPa，循环水温升为 7.6℃，热井容量为 3.6m³。其凝结水排至主机凝结水箱。

4）回热系统由三台高压加热器、一台除氧器和三台低压加热器组成，分别由汽轮机的 7 级非调整抽汽供汽。其中，除氧器采用哈尔滨锅炉厂制造的 YYW-2180 型喷雾填料卧式除氧器，除氧头总容积为 65.8m³，除氧水箱有效容积为 260m³；设计压力 1.42MPa，设计温度 400℃，采用滑压运行方式，滑压范围为 0.15～1.09MPa；其给水温升为 42.8℃，出水含氧量不大于 7μg/L。高、低压加热器全部由上海动力设备有限公司制造，并且均设有内置式疏水冷却段，高压加热器还设有内置式蒸汽冷却段。高、低压加热器疏水均采用逐级自流方式，高压加热器疏水自流到除氧器内，低压加热器疏水流入空冷凝汽器的凝结水箱。凝结水系统设置有轴封加热器 SG 和除盐装置 DE，凝结水精处理装置采用中压系统，凝结水经凝结水泵 CP 和除盐装置 DE，流经轴封加热器 SG、三个低压加热器进入除氧器。除氧水从给水箱经前置泵 TP、主给水泵 FP 及三台高压加热器进入锅炉。需要注意的是，压力最低的 H7 低压加热器布置在凝汽器喉部。

高压联合汽门的阀杆漏汽 A 接入第 2 级抽汽管道上，高压轴封漏汽 S 接入除氧器，高、中压缸轴封漏汽 L 作为低压缸轴封系统的自密封汽，其他轴封漏汽 K 引至轴封加热器。给水泵汽轮机 TD 的排汽引入给水泵汽轮机凝汽器，其凝结水引入空冷凝汽器的凝结水箱。化学补充水 $D_{ma}$ 从空冷凝汽器补入。

（3）N660-25/600/600 型超超临界机组的发电厂原则性热力系统。图 4-42 所示为我国某电厂 N660-25/600/600 型超超临界机组的发电厂原则性热力系统，600MW 及以上超超临界火力发电机组已成为我国新建火电厂的首选，它具有运行效率高、污染物排放少等特点，是目前世界范围内最先进的火力发电技术。

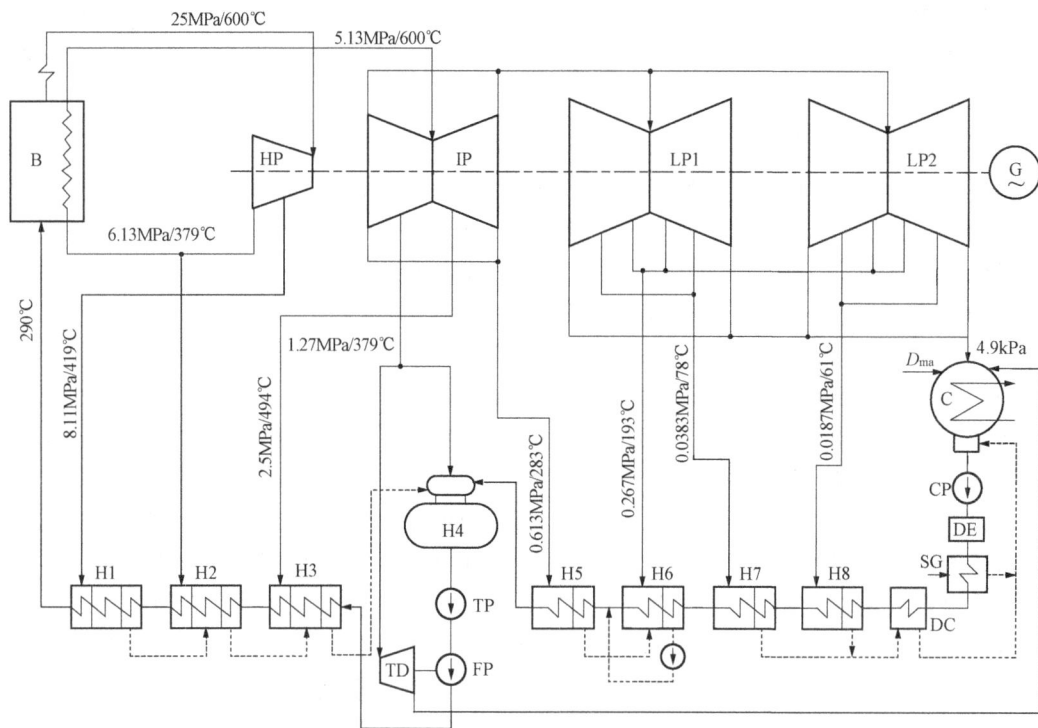

图 4-42　N660-25/600/600 型超超临界机组的发电厂原则性热力系统

1）汽轮机为上海汽轮机厂生产的型号为 N660-25/600/600 型超超临界参数、一次中间再热、单轴、四缸四排汽、双背压、反动凝汽式汽轮机。与 2037t/h 超超临界参数、一次中间再热、变压运行 Π 形直流锅炉及 660MW 水氢氢冷发电机配套。机炉热力系统采用单元制布置。

汽轮机由一个单流型高压缸、一个双流型中压缸和两个双流型低压缸组成。其中高压缸通流级数为 17 级，中压缸通流级数为 2×15 级，低压缸通流级数为 2×2×7 级。高压缸设计效率为 90.05%，中压缸设计效率为 92.96%，低压缸设计效率为 89.77/89.88%，汽轮机总效率为 90.65%。采用全周进汽＋补气阀的滑压运行方式，第一级采用斜置喷嘴组，取消了调节级，设置了过载补气阀，是一种先进合理的设计方法。机组在额定工况以下时，调节阀保持全开。在迅速增加负荷时，采用补气阀调节，机组不须节流就具备了非常好的调频能力，与不采用补气阀相比，避免了不必要的节流损失，有效降低了机组的热耗。它设置有两个高压主汽门和两个高压调节门、两个中压主汽门及两个中压调节门和一个过载补汽阀，共有八级非调整回热抽汽，分别供给三台高压加热器、一台除氧器、四台低压加热器。机组额定工况下的输出功率为 660MW，热耗率为 7350kJ/（kW·h），排汽压力为 4.9kPa，给水温度为 290℃；TMCR 工况下的输出功率为 694.7MW，热耗率为 7396kJ/（kW·h）；

VWO 工况下的输出功率为 717.7MW，热耗率为 7411kJ/（kW·h）。

2）锅炉为上海锅炉厂生产的型号为 SG-2037/26.15-M626 型超超临界参数、四角切向燃烧方式、一次中间再热、单炉膛平衡通风、固态排渣、露天布置、Ⅱ 形变压运行直流锅炉。过热器蒸汽温度通过煤水比调节和三级减温水来控制，再热器蒸汽温度采用烟气挡板调温、燃烧器摆动和过量空气系数的变化调节，两级再热器之间连接管道上设置微量喷水。其最大连续蒸发量为 2037t/h，主蒸汽参数为 26.15MPa/605℃，再热蒸汽温度为 603℃，省煤器进口给水温度为 298℃，锅炉热效率为 93.75％。

3）凝汽器为上海动力设备有限公司公司生产的 N-32000 型双背压、单流程、双壳体、横向布置的表面式凝汽器，平均运行背压为 4.9kPa，冷却面积为 32000m²，热井容量为 120m³；冷却水的设计进口温度为 20℃，流量为 63852t/h，水阻不大于 65kPa。凝汽器将来自汽轮机低压缸的乏汽凝结成凝结水并汇集于热井，由凝结水泵 CP 送至化学精处理装置 DE。给水泵汽轮机排汽引入主凝汽器，补给水由主凝汽器补入。

4）回热系统由三台高压加热器、一台除氧器、四台低压加热器和一台疏水冷却器组成，分别由汽轮机的 8 级非调整抽汽供汽。除氧器为 DFST-2037.235/191 型无头内置卧式除氧器，有效容积为 235m³，额定出力为 2037t/h；采用定-滑-定运行方式，最高工作压力为 1.309MPa，最低工作压力为 0.147MPa，进水温度为 156.4℃，出水温度为 191.4℃。高压加热器设有内置式蒸汽冷却段和疏水冷却段，低压加热器仅有内置式疏水冷却段。高压加热器疏水采用逐级自流方式自流到除氧器内；H5 低压加热器疏水自流到 H6 低压加热器，然后由疏水泵打入 H6 低压加热器水侧出口；H7、H8 低压加热器疏水采用自流方式，流经独立设置的疏水冷却器 DC 后与轴封加热器疏水汇集并自流进入凝汽器热井。凝汽器热井中的凝结水由凝结水泵 CP 升压后，经中压凝结水精处理装置 DE、轴封加热器 SG、疏水冷却器和四台低压加热器后进入除氧器。除氧水从给水箱经前置泵 TP、主给水泵 FP 及三台高压加热器进入锅炉。

3.1000MW 级机组的发电厂原则性热力系统

（1）N1000-26.25/600/600 型超超临界机组的发电厂原则性热力系统。图 4-43 所示为我国某电厂 N1000-26.25/600/600 型超超临界机组的发电厂原则性热力系统图。汽轮机为单轴、一次中间再热、四缸四排汽、凝汽式汽轮机，与最大蒸发量为 3000t/h 级别的超超临界参数、一次中间再热、变压运行直流锅炉及 1000MW 水氢氢冷发电机配套。机炉热力系统采用单元制布置。机组回热系统为典型的"三高、四低、一除氧"形式。凝汽系统和回热系统与超临界 600MW 机组基本相同，不再赘述。

需要注意的是：超超临界 1000MW 机组的高压加热器有单列配置和双列配置两种形式，单列配置的各级加热器采用单台容量为 100％的高压加热器，而双列配置的每一级加热器采用两台容量为 50％的高压加热器。单列配置高压加热器虽然系统简单、管道简洁，但对于高压加热器的制造工艺要求很高，而双列配置高压加热器制造工艺要求较低。同时，采用双列配置高压加热器时，某一列高压加热器解列后，另一列高压加热器可继续运行，因此对机组热耗率的影响大大减小。

目前，我国 1000MW 机组中，上海汽轮机厂生产的机组采用单列配置高压加热器，而东方汽轮机厂和哈尔滨汽轮机厂生产的机组均采用双列配置高压加热器。双列配置高压加热器也可采用两种布置方式，即分层布置和同层布置。分层布置高压加热器的疏水可利用势位

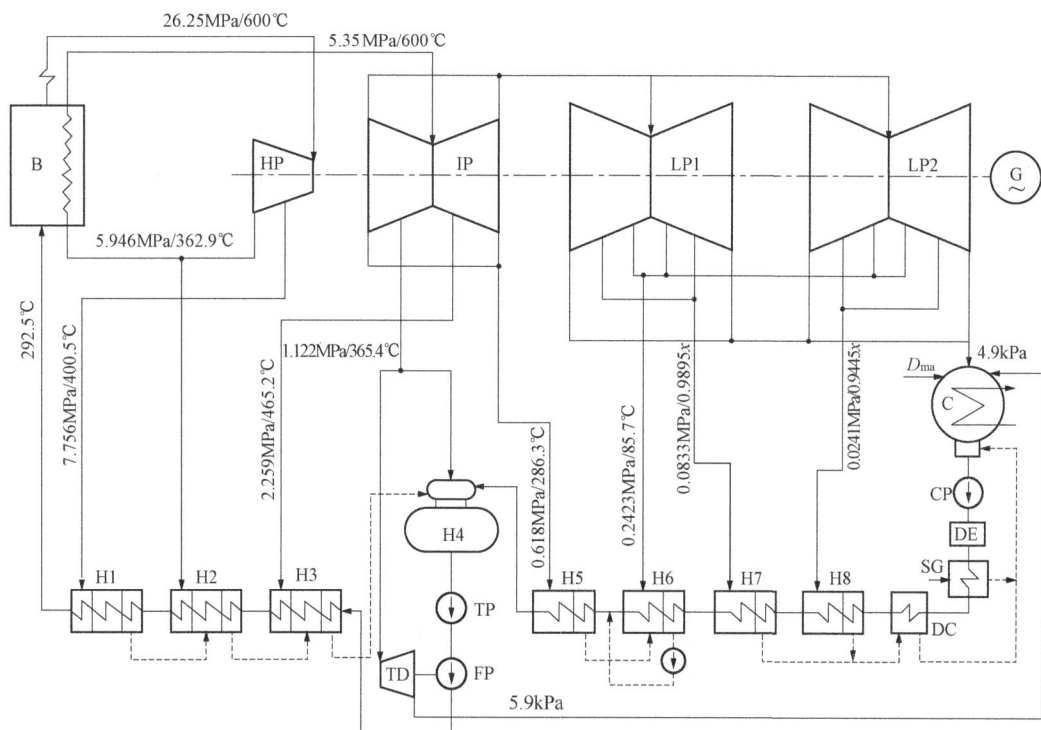

图 4-43　N1000-26.25/600/600 型超超临界机组的发电厂原则性热力系统

差，在机组启动或低负荷运行时比较有利，且汽水管道柔性较好，对设备接口的推力小，但管道较长且长短不等，存在管阻偏差，也不便于运行巡视。同层布置高压加热器可以减少一层平台，并降低除氧框架的层高，节省厂房建设成本，设备、阀门、仪表集中，便于运行巡视。对于大容量机组，高压给水系统应力求简捷、阻力小、阀门少、管道短。日本电厂多采用同层布置形式。

（2）NZK1000-25/600/600 型超超临界直接空冷机组的发电厂原则性热力系统。图 4-44 所示为我国某电厂 NZK1000-25/600/600 型超超临界直接空冷机组的发电厂原则性热力系统，该机组是世界首台投运的百万级超超临界直接空冷机组。

1）汽轮机为东方汽轮机厂生产的 NZK1000-25/600/600 型超超临界参数、一次中间再热、单轴、四缸四排汽、直接空冷凝汽式汽轮机。与最大连续蒸发量为 3100t/h 的直流锅炉及额定功率为 1000MW 水氢氢冷发电机配套。机炉热力系统采用单元制布置。

汽轮机由一个单流型高压缸、一个双流型中压缸和两个双流型低压缸组成。其中，高压缸呈反向布置，由 1 个单列双流调节级和 8 个单流压力级组成；中压缸共有 2×6 压力级；两个低压缸的通流级数为 2×2×5 级；其共有七段非调整抽汽，分别供给三台高压加热器、一台除氧器和三台低压加热器；额定排汽压力为 13kPa，夏季排汽压力为 33kPa。额定给水温度为 298.5℃，保证热耗率为 7675kJ/（kW·h）。

2）锅炉为超超临界参数、一次中间再热、单炉膛、对冲燃烧方式、平衡通风、Ⅱ形布置的直流锅炉。最大连续蒸发量为 3100t/h，额定蒸发量为 2856.8t/h；额定工况下主蒸汽压力为 26.25MPa，温度为 605℃，再热蒸汽压力为 4.39MPa，温度为 603℃。

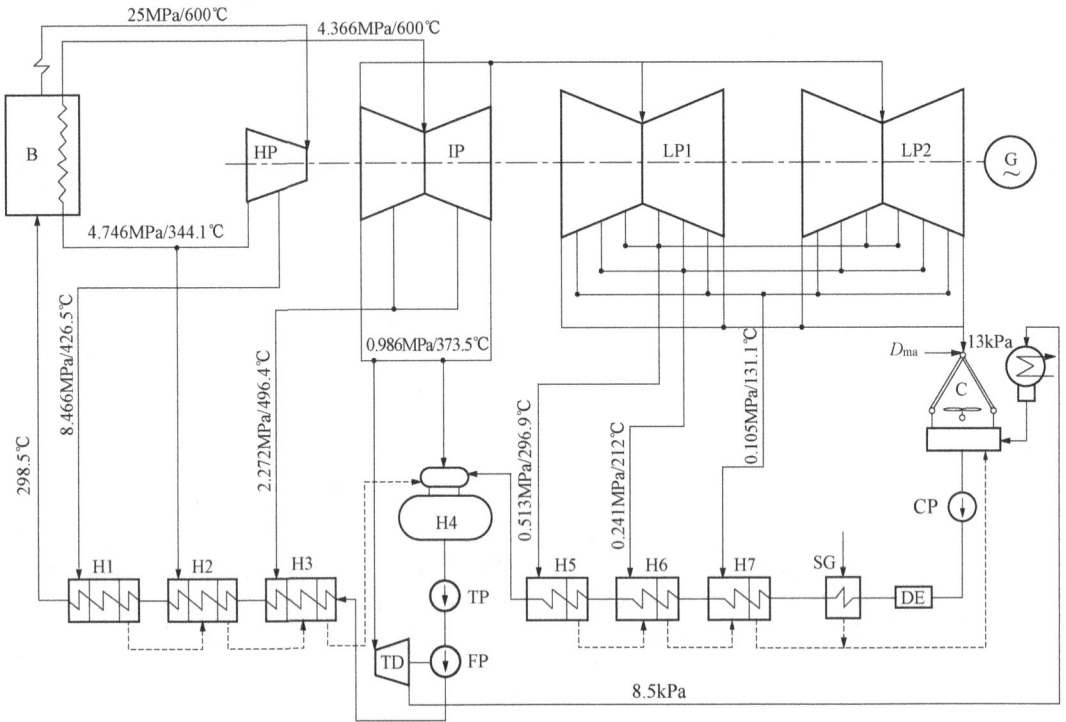

图 4-44 NZK1000-25/600/600 型超超临界直接空冷机组的发电厂原则性热力系统

空冷凝汽器采用 8 排 10 列布置方式。空冷系统和回热系统的工艺流程与前述 NZK600-16.7/538/538 型亚临界直接空冷机组相似，在此不再赘述。

（3）N1000-31/600/620/620 超超临界二次再热机组的发电厂原则性热力系统。图 4-45 所示为我国某电厂 N1000-31/600/620/620 型超超临界二次再热机组的发电厂原则性热力系统，该机组的综合参数居世界领先水平，是世界上单机容量最大的二次再热燃煤发电机组。

1）汽轮机为上海汽轮机厂制造的 N1000-31/600/620/620 型超超临界、二次中间再热、单轴、五缸四排汽、双背压、十级回热抽汽、反动凝汽式汽轮机。与最大连续蒸发量为 2752t/h 的二次再热直流锅炉及 QFSN-1000-2 型水-氢-氢式发电机配套。机炉热力系统采用单元制布置。

汽轮机的整个通流部分由一个单流超高压缸、一个双流高压缸、一个双流中压缸和两个双流低压缸组成。共设 87 级反动级，其中，超高压部分 15 级，包括 1 级低反动度级和 14 级扭转叶片级；高压部分为 2×13 级，包括 1 级低反动度级和 12 级扭转叶片级；中压部分为 2×13 级，包括 1 级低反动度级和 12 级扭转叶片级；低压部分为 2×2×5 级，包括 4 级扭转叶片级和标准低压末 1 级。汽轮机总内效率为 91.17%，其中高压缸效率为 89.44%，一次再热中压缸效率为 92.14%，二次再热中压缸效率为 93.04%，低压缸效率为 89.84%。

汽轮机的额定蒸汽流量 2672.8t/h，主蒸汽额定参数为 31MPa/600℃，一次再热蒸汽额定参数为 10.3MPa/620℃，二次再热蒸汽额定参数为 3.2MPa/620℃，额定排汽压力为 4.8kPa，额定给水温度为 324.7℃，净热耗率 7064 kJ/（kW·h）。共有 10 级回热抽汽，分别供给 4 台高压加热器，5 台低压加热器和 1 台除氧器。

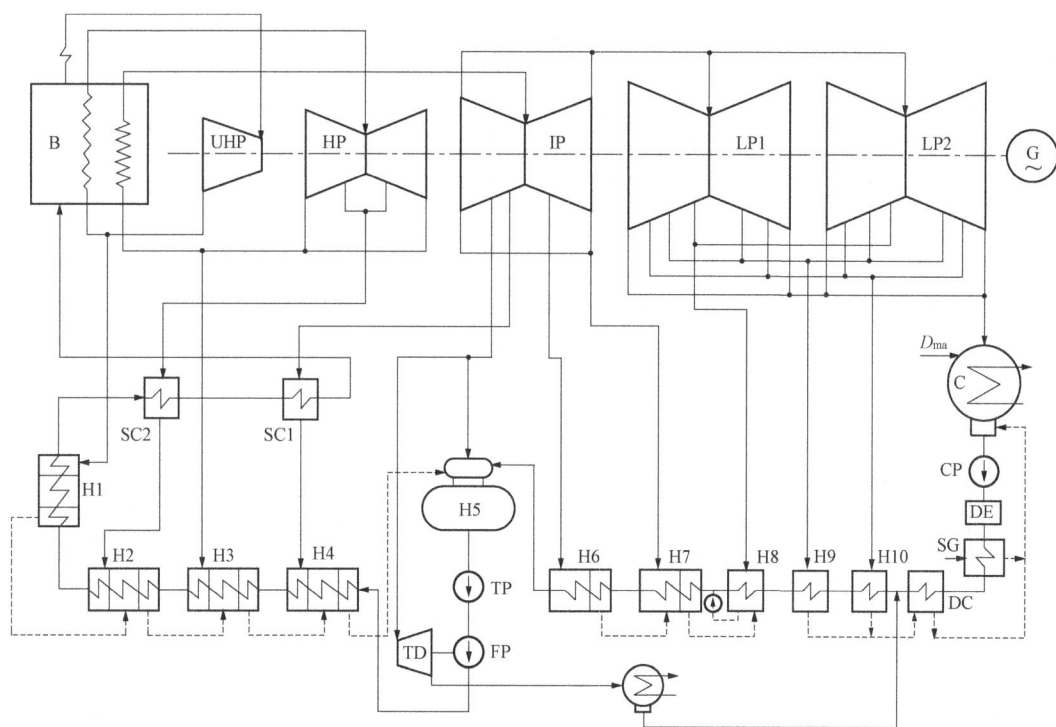

图 4-45　N1000-31/600/620/620 型超超临界二次再热机组的发电厂原则性热力系统

2）锅炉为 HG-2752/32.87/10.61/3.26-YM1 型二次再热超超临界参数变压运行直流锅炉，采用塔式布置、单炉膛、水平浓淡燃烧器低 $NO_x$ 分级送风燃烧系统、四角切圆燃烧方式，炉膛采用螺旋管圈和垂直膜式水冷壁、带再循环泵的启动系统、二次中间再热。过热蒸汽调温方式以水煤比为主，同时设置二级八点喷水减温器；再热蒸汽主要采用分隔烟道调温挡板和烟气再循环调温，同时燃烧器的摆动对再热蒸汽温度也有一定的调节作用，在高、低温再热器连接管道上还设置有事故喷水减温器。锅炉设计热效率为 94.87%。

3）凝汽器为表面式凝汽器，平均运行背压为 4.8kPa，冷却水的设计进口温度为 20.5℃，它将来自主机低压缸的乏汽凝结成凝结水并汇集于热井，由凝结水泵 CP 送至化学精处理装置 DE，补给水由主凝汽器补入。给水泵汽轮机单独设置一台凝汽器，其凝结水打入单独设置的疏水冷却器的水侧出口。

4）回热系统由四台高压加热器、一台除氧器、五台低压加热器和两台外置式蒸汽冷却器、一台外置式疏水冷却器组成，分别由汽轮机的 10 级非调整抽汽供汽。除氧器采用定-滑-定运行方式。高压加热器设有内置式蒸汽冷却段和疏水冷却段，且高压加热器 H2 和 H4 装有外置式蒸汽冷却器 SC2 和 SC1，以实现蒸汽过热度的跨级利用；低压加热器 H6 和 H7 设置有内置式疏水冷却段。高压加热器疏水采用逐级自流方式自流到除氧器内；H6 和 H7 低压加热器疏水自流到 H8 低压加热器，然后由疏水泵打入 H8 低压加热器水侧出口；H9、H10 低压加热器疏水采用自流方式，流经独立设置的疏水冷却器 DC 后与轴封加热器疏水汇集并自流进入凝汽器热井。凝汽器热井中的凝结水由凝结水泵 CP 升压后，经中压凝结水精处理装置 DE、轴封加热器 SG、疏水冷却器 DC 和五台低压加热器后进入除氧器。除氧水从给水箱经前置泵 TP、主给水泵 FP、四台高压加热器以及外置式蒸汽冷却器 SC2、SC1 后进入锅炉。

4. 1200MW 及以上机组的发电厂原则性热力系统

目前，世界上单轴、单机容量最大的超临界燃煤发电机组是俄罗斯科斯特罗马电厂的 1200MW 凝汽式机组，双轴、单机容量最大的超临界燃煤发电机组是美国坎伯兰、加绞和阿莫斯等发电厂的 1300MW 凝汽式机组，我国目前正在研制 1300MW 级别的超超临界燃煤发电机组。

(1) K1200-23.54/540/540 型超临界机组的发电厂原则性热力系统。俄罗斯科斯特罗马电厂的 1200MW 机组的发电厂原则性热力系统如图 4-46 所示。

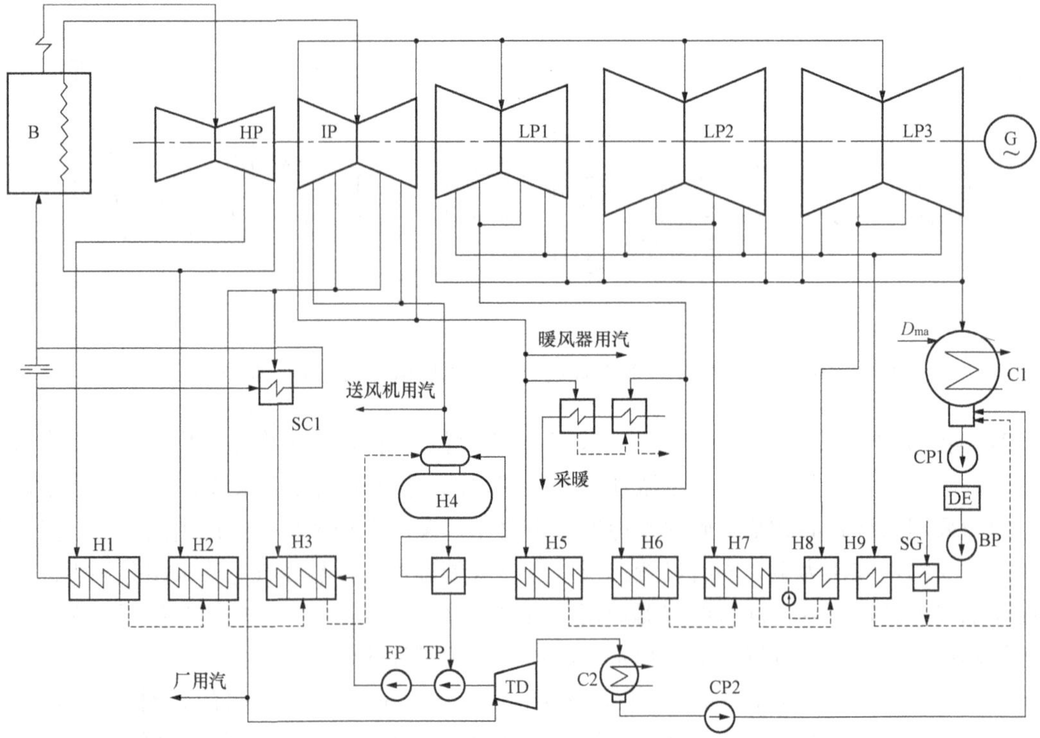

图 4-46  K1200-23.54/540/540 型机组的发电厂原则性热力系统

汽轮机为 K1200-23.54/540/540 型超临界参数、一次再热、单轴、五缸六排汽、冲动凝汽式汽轮机，与蒸发量为 3960t/h 的燃煤直流锅炉匹配。新蒸汽先进入高压缸左侧通流部分，在回转 180° 进入右侧通流部分，中、低压缸均为分流式。汽轮机共有九级不调整抽汽，回热系统为"三高、五低、一滑压除氧"。除最后两级低压加热器外，均设有内置式蒸汽冷却段和疏水冷却段，H3 还设有一台外置式蒸汽冷却器 SC3。两台除氧器配有两台半容量汽动调速给水泵，驱动给水泵汽轮机 TD 为凝汽式，功率为 25MW，正常运行时汽源引自第三段抽汽，其前置泵由给水泵汽轮机同轴带动，还有一台半容量电动调速给水泵（图 4-46 中未画出）。每台锅炉装有三台送风机，也由凝汽式给水泵汽轮机驱动，其功率为 7MW（图 4-46 中未画出）。第五段抽汽还供厂内采暖和暖风器用汽。厂内采暖由第 5、第 6 两级抽汽分级加热，以提高其热经济性。为防止暂态过程给水泵汽蚀和降低除氧器布置高度，除设置低速前置泵 TP 外，还设有在暂态工况时才投入的给水冷却器 FC，以加速"冷水"进入前置泵。补充水进入凝汽器。凝结水要全部通过除盐装置 DE 精处理。

（2）1300MW 超临界机组的发电厂原则性热力系统。美国坎伯兰、蒙坦尼亚和阿莫斯等发电厂的 1300MW 机组的发电厂原则性热力系统如图 4-47 所示。

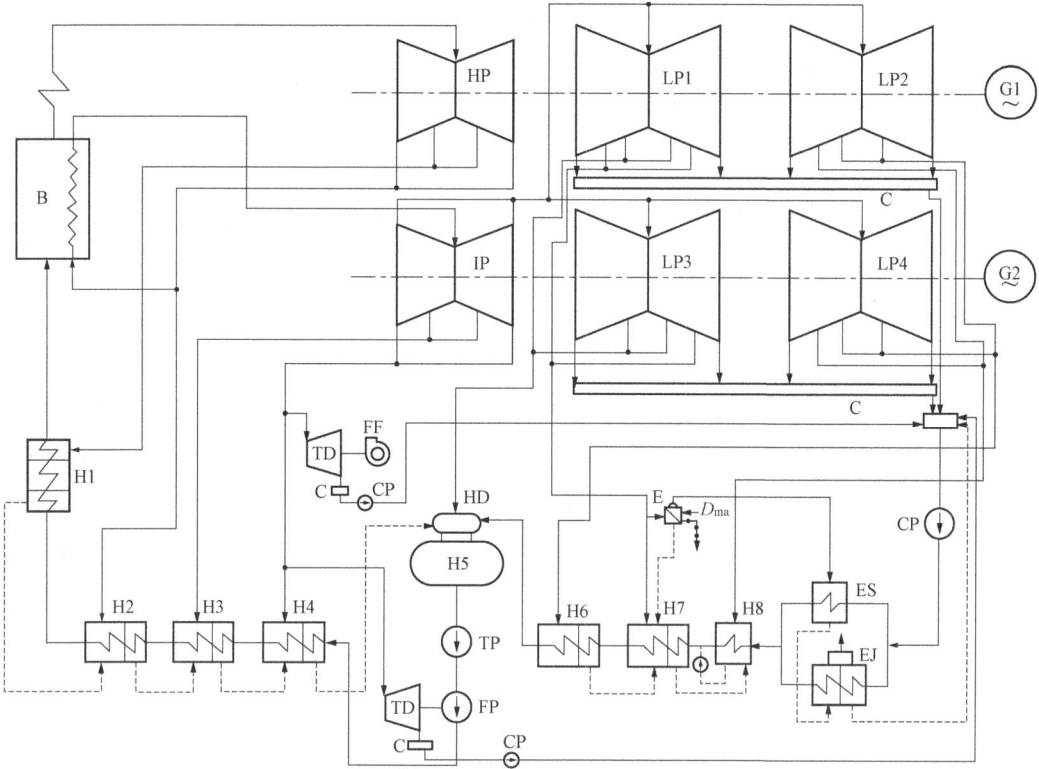

图 4-47　双轴 1300MW 凝汽式机组的发电厂原则性热力系统

汽轮机为超临界参数、一次再热、双轴、六缸八排汽、凝汽式汽轮机，两轴功率相等。高压轴配有一个分流高压缸、两个分流低压缸和一台发电机；低压轴配有一个分流中压缸、两个分流低压缸和一台发电机。汽轮机共有八级非调整抽汽，回热系统为"四高、三低、一滑压除氧"。高压加热器 H1 设置有内置式蒸汽冷却段和内置式疏水冷却段，其他高压加热器和 H6、H7 低压加热器仅设有内置式疏水冷却段，末级 H8 低压加热器设有疏水泵，将疏水送入该级加热器的出口主凝结水管道中。高压加热器为双列布置。给水泵和风机均由给水泵汽轮机驱动，并配有独立的小凝汽器和凝结水泵，其凝结水均送入主凝汽器热井。电厂补充水采用热力法由蒸汽发生器 E 产生蒸馏水来补充，蒸发器的一次加热蒸汽由第七段抽汽供应，它产生的二次蒸汽经专设的蒸汽冷却器 ES 冷却为蒸馏水，再通过抽气冷却器 EJ 汇入主凝结水流。

# 第六节　发电厂原则性热力系统的计算

发电厂原则性热力系统计算包括机组原则性热力系统计算和全厂原则性热力系统计算两

部分。机组原则性热力系统计算也称为回热系统热力计算，它是全厂原则性热力系统计算的基础和核心，二者既有联系又有区别。

**一、计算目的**

在进行发电厂原则性热力系统计算之前，必须明晰机组和全厂原则性热力系统计算的计算范围。对于如图 4-48 所示的发电厂原则性热力系统，机组原则性热力系统计算是针对图中虚线框内的系统和设备展开的，而全厂原则性热力系统计算除包括机组原则性热力系统计算的内容之外，还应包括锅炉、管道系统的计算。因此，二者的计算目的有一定的区别。

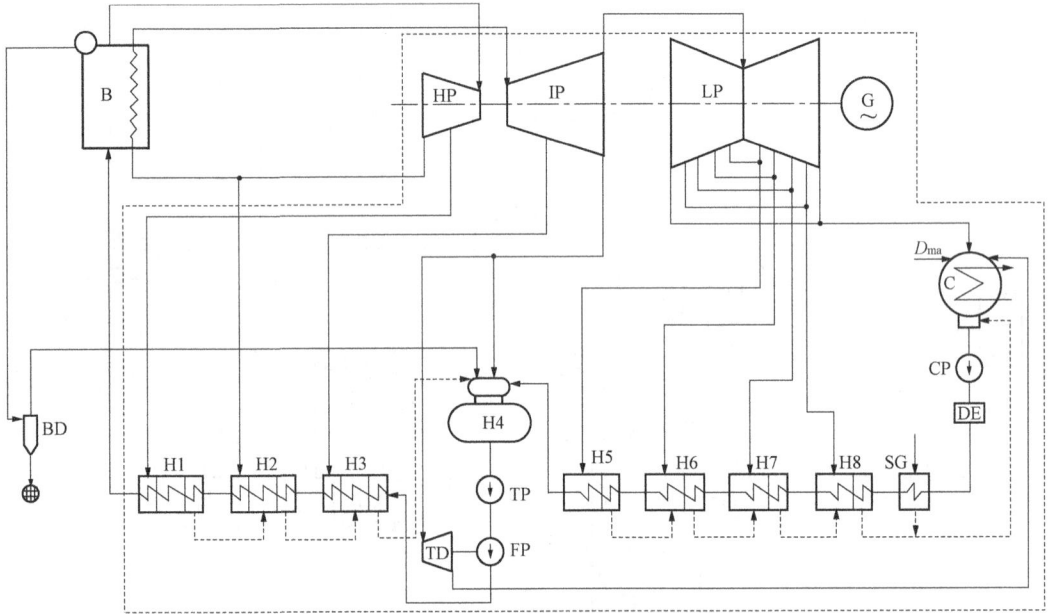

图 4-48　火电机组的发电厂原则性热力系统

对于机组原则性热力系统，其计算目的为：

(1) 确定某工况时机组的热经济性指标和各部分的汽水流量。

(2) 根据最大工况时的各项汽水流量，选择有关的辅助设备及汽水管道。

(3) 确定某些工况下汽轮机的功率或新汽耗量。

(4) 新机组本体热力系统定型设计。

机组热经济性指标对于汽轮机或发电厂的设计、运行都非常重要。设计工况的指标是所有工况中最具有代表性的，因此设计工况下回热系统原则性热力系统计算最为普遍，当汽轮机制造厂设计新型机组，设计和运行部门对厂家给出的回热系统局部修改时，以及运行电厂汽轮机大修前后等，都通过此项计算来确定机组的热经济性指标。

在最大和设计工况下，机组原则性热力系统计算所得的各部分汽水流量，是选择机组有关辅助热力设备和汽水管道的重要依据。

对于全厂原则性热力系统，其计算目的为：

(1) 确定发电厂某一运行工况下各部分的汽水流量及其运行参数。

(2) 确定某一工况下的发电量、供热量及其全厂热经济性指标，由此来衡量热力设备的完善性，热力系统的合理性，运行的安全性和全厂的经济性。

（3）根据最大负荷工况的计算结果，来选择锅炉、热力辅助设备、各种汽水管道及其附件等。

在热力发电厂的设计或运行中，常常需要进行全厂原则性热力系统的计算。例如：①论证发电厂原则性热力系统的新方案；②新型汽轮机本体的定型设计；③采用非标准进行设计电厂；④扩建电厂设计时，新旧系统共用的热力系统；⑤运行电厂对原有热力系统做较大改进；⑥分析研究发电厂热力设备的某一特殊运行方式，如高压加热器停运后减少出力，增大推力轴承的应力是否超过设计值等。前四项为电厂设计时、后两项为电厂运行时进行的全厂原则性热力系统的计算。

对于凝汽式电厂，一般只计算最大电负荷和平均电负荷两种工况，后者用以确定设备检修的可能性。若夏季电负荷较高，而供水条件又恶化（如冷却水温升高至30℃或水质变坏）时，还需计算夏季工况。

对于只有全年工艺热负荷的热电厂，一般只计算电、热负荷均为最大时的工况和电负荷为最大、热负荷为平均值时的工况两种。对于有季节性热负荷的热电厂，还要计算季节性热负荷为零时的夏季工况，校核热电厂在最大热负荷时，抽汽凝汽式汽轮机最小凝汽流量。热电厂在不同热负荷下全年节省的燃料量也需要通过计算获得。

**二、计算的基本公式**

无论是机组原则性热力系统计算，还是全厂原则性热力系统计算，采用的基本公式都是热平衡方程式、质量平衡方程式、汽轮机功率方程式和循环吸热量方程式四个。对于不同的计算对象，第二章都进行了较为详细的介绍，进行具体计算时可从中选择任何一种方法。

例如进行机组原则性热力系统计算时，一般是在汽轮机类型、容量、蒸汽初终参数、回热抽汽参数、再热蒸汽参数、机组相对内效率 $\eta_{ri}$、机械效率 $\eta_m$、发电机效率 $\eta_g$ 以及回热系统结构组成等已知条件下进行的。对于上述任何计算目的，如确定机组绝对内效率 $\eta_i$，采用的四个基本公式为：

（1）热平衡方程式：通过各级加热器的热平衡方程式，可以求出各级抽汽量 $D_j$（$\alpha_j$）。加热器的热平衡方程式一般有两种写法

$$吸热量-放热量\times\eta_h \tag{4-32}$$

$$\Sigma流入热量\times\eta'_h=\Sigma流出热量 \tag{4-33}$$

式中　　$\eta_h$——加热器效率；

$\eta'_h$——流入热量中蒸汽焓的利用系数。

为了在同一个热力系统计算中采用相同的标准，应统一采用 $\eta_h$ 或 $\eta'_h$，故热平衡式的写法，在同一个热力系统计算中也采用同一方式，一般情况下都采用加热器效率 $\eta_h$。

（2）质量平衡方程式：通过汽轮机的质量平衡方程式，可以求出凝汽流量 $D_c$（$\alpha_c$）。

$$D_c = D_0 - \sum_{j=1}^{z}D_j\ ,\quad \alpha_c = 1 - \sum_{j=1}^{z}\alpha_j \tag{4-34}$$

（3）汽轮机功率方程式：通过汽轮机的功率方程式，定流量计算时可求出汽轮发电机组的轴端输出功率 $P_e$，定功率计算时可求出汽轮机的进汽流量 $D_0$。

定流量计算　　　　　　$$3600P_e = W_i\eta_m\eta_g = D_0w_i\eta_m\eta_g \tag{4-35}$$

其中　　　　　　$$W_i = D_0h_0 + D_{rh}q_{rh} - \sum_{j=1}^{z}D_jh_j - D_ch_c \quad (kJ/h) \tag{4-36}$$

$$w_i = h_0 + \alpha_{rh} q_{rh} - \sum_{j=1}^{z} \alpha_j h_j - \alpha_c h_c \quad (kJ/kg) \tag{4-37}$$

定功率计算

$$D_0 = \frac{3600 P_e}{w_i \eta_m \eta_g} \quad (kg/h) \tag{4-38}$$

（4）循环吸热量方程式：通过汽轮机组热力循环过程的能量平衡方程式，可以求出工质循环吸热量 $Q_0$ 或 $q_0$。

$$Q_0 = W_i + \Delta Q_c, q_0 = w_i + \Delta q_c \tag{4-39}$$

$$Q_0 = D_0 h_0 + D_{rh} q_{rh} - D_{fw} h_{fw} \quad (kJ/h) \tag{4-40}$$

$$q_0 = h_0 - h_{fw} + \alpha_{rh} q_{rh} \quad (kJ/kg) \tag{4-41}$$

综上即可按照下面的公式求得汽轮机的绝对内效率 $\eta_i$。

$$\eta_i = \frac{W_i}{Q_0} = \frac{w_i}{q_0} \tag{4-42}$$

### 三、计算方法

发电厂热力系统的分析与计算方法从诞生至今，经过国内外热能工作者的不断努力，无论在理论分析还是实际应用上都取得了巨大的进展，这些方法总结起来可分为两大类，即以热力学第一定律为主的分析计算方法和以热力学第二定律为基础的分析计算方法。其中，以热力学第一定律为主的分析计算方法较为突出的有常规热平衡方法、等效焓降法、循环函数法、矩阵分析法和偏微分分析法等；以热力学第二定律为基础的分析计算方法则以㶲方法为代表。

目前，发电厂热力系统节能分析与计算基本上是基于常规热平衡方法、等效焓降法、循环函数法、矩阵分析法以及㶲方法的思想上而进行的，一些方法已经将热力学第一定律和第二定律进行了有机融合，它们基本上反映了热力发电厂热力系统节能理论的前沿。其中，常规热平衡方法是最基本也是最重要的一种方法，掌握了该方法有助于更好地理解和掌握其他方法；矩阵分析法则更适用于计算机求解。因此，本书只介绍常规热平衡方法和矩阵分析法，其他方法可参考相关专著。

#### 1. 常规热平衡方法

常规热平衡方法是最基本的热力系统分析计算方法，是热力学第一定律在发电厂热力系统计算中的直接表述，是一种单纯的汽水流量平衡和能量平衡方法，沿用已久。理论上其他各种方法都可以由它推导出来，它以单个加热器为研究对象，通过逐级列出各个加热器的汽水质量平衡和能量平衡方程，以得到各级加热器的抽汽流量或抽汽系数，并利用功率方程和循环吸热量方程，最终求得系统或全厂的热经济性指标、机组输出功率或新蒸汽耗量等。

常规热平衡方法概念清晰，自 20 世纪 50 年代从苏联引入我国后，应用较广。但由于其在定量计算中计算工作量大，在以手工计算为主要计算形式的时代，严重制约了其广泛应用。特别是当热力系统比较复杂或热力系统进行多方案比较时，直接应用常规热平衡分析法往往很烦琐。因此在 70 年代以后逐渐被等效焓降法或循环函数法等方法取代，一般仅用来检验其他方法的计算精度，而较少直接用于热力系统的分析计算。

常规热平衡方法的实质是对回热系统 $z$ 个加热器的热平衡方程式、一个汽轮机功率方程式或一个凝汽流量的质量平衡方程式所组成的 $(z+1)$ 个线性方程组求解。最终求得 $z$ 个抽汽量 $D_j(\alpha_j)$、一个主蒸汽流量 $D_0$ 或一个凝汽流量 $D_c(\alpha_c)$，从而可确定热力系统的汽水分布。

这$(z+1)$个线性方程组可用绝对量，也可用相对量来表示。因此，热平衡方程的拟定方式将直接影响到整个热力系统计算的繁杂程度。

拟定热平衡方程时，最好根据需要与简便的原则，选择最合适的热平衡范围。热平衡范围可以是一个加热器或数个相邻加热器，乃至全部加热器或包括一个水流混合点与加热器组合的整体。热平衡方程的具体拟定方法如下。

（1）疏水自流式加热器。图 4-49(a) 所示为回热系统中的第一级高压加热器，它一般都采用疏水自流方式，其热平衡方程是最简单的，按照前述的热平衡计算式，该级加热器的热平衡方程为

$$\alpha_j(h_j - h_j')\eta_h = \alpha_{cj}[h_{wj} - h_{w(j+1)}]$$

（2）带疏水泵加热器组成的系统。图 4-49(b) 所示为回热系统中的某一带疏水泵的加热器，由于疏水泵将该级加热器的疏水打入其出口水侧的主凝结水管道中，造成混合点后的焓 $h_{wz}^m$ 为未知数。若按照图 4-49(b) 来列写加热器热平衡方程，需增加混合点处的热平衡方程才行，或者对该未知数予以假定值，通过迭代计算解决。但在手工计算时，若用图 4-49(c) 中点画线所框的范围来拟定热平衡方程，就无须知道 $h_{wz}^m$，即可避开它，进而减少了热平衡方程的个数和计算工作量。按照前述的热平衡计算式，其热平衡方程可写作：

第 $(z-1)$ 号加热器：
$$\alpha_{(z-1)}[h_{(z-1)} - h_{(z-1)}']\eta_h + \alpha_{c(z-2)}[h_{(z-2)}' - h_{(z-1)}']\eta_h$$
$$= \alpha_{cz}[h_{w(z-1)} - h_{wz}] + \{[\alpha_{(z-1)} + \alpha_z + \alpha_{c(z-2)}][h_{w(z-1)} - h_z']\}$$

第 $z$ 号加热器：$\alpha_z(h_z - h_z')\eta_h + [\alpha_{c(z-2)} + \alpha_{(z-1)}][h_{(z-1)}' - h_z']\eta_h = \alpha_{cz}(h_{wz} - h_c')$

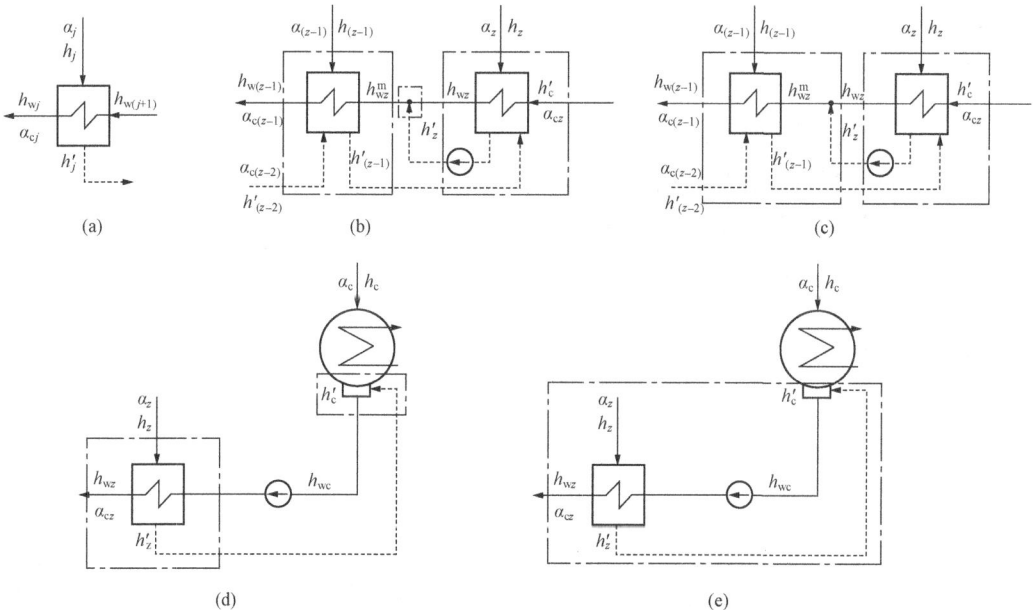

图 4-49 回热系统计算中热平衡式的拟定范围选择
(a) 疏水自流式；(b)、(c) 带疏水泵的系统；(d)、(e) 疏水流入热井的系统

（3）疏水自流入热井的系统。如图 4-49 (d) 所示为第 $z$ 号加热器疏水自流入凝汽器热井，与凝结水混合后以比焓 $h_{wc}$ 进入第 $z$ 号加热器水侧，$h_{wc}$ 就成为这种连接方式增加的一个未知数。显然按照图 4-49 (d) 拟定的计算边界仅列写第 $z$ 号加热器的热平衡不可能求出两

个未知数 $\alpha_z$ 和 $h_{wc}$，必须再增加热平衡范围，如图 4-49（d）中点画线所框出的热井，列出另一热平衡式，在加上一个质量平衡方程式，三个平衡式即可求出三个未知数 $\alpha_z$、$\alpha_c$ 和 $h_{wc}$。其平衡式为

$$\alpha_z(h_z - h'_z)\eta_h = \alpha_{cz}(h_{wz} - h_{wc})，\alpha_c h'_c + \alpha_z h'_z = \alpha_{cz}h_{wc}，\alpha_c + \alpha_z = \alpha_{cz}$$

这种解联立方程虽然可以求出结果，但较为复杂，尤其是在汽水流量进出系统比较多的情况下。为此，将热平衡范围扩大到如图 4-49（e）中点画线所框出的范围，则可避开 $h_{wc}$，简化了计算，以它为边界的平衡式为

$$\alpha_c h'_c + \alpha_z h_z = \alpha_{cz}h_{wz}，\alpha_c + \alpha_z = \alpha_{cz}$$

需要注意的是，当采用反热平衡法计算汽轮机绝对内效率时，即 $\eta_i = 1 - \Delta Q_c/Q_0$ 或 $\eta_i = 1 - \Delta q_c/q_0$，实际热力系统的 $\Delta Q_c$ 或 $\Delta q_c$ 不仅包括排汽 $D_c$ 在凝汽器中损失的汽化潜热，还包括各加热器的散热损失以及流入凝汽器中疏水带来的冷源热损失，故 $\Delta Q_c$ 或 $\Delta q_c$ 应被视为"广义冷源热损失"。在求解广义冷源热损失时，可以有两种方法：

方法一：以凝汽器和末级加热器为热平衡对象。

$$\Delta Q_c = D_c(h_c - h'_c) + \sum_{j=1}^{z} Q_j(1 - \eta_{hj}) + D_z^d(h'_z - h'_c) \quad (\text{kJ/h}) \tag{4-43}$$

$$\Delta q_c = \alpha_c(h_c - h'_c) + \sum_{j=1}^{z} q_j(1 - \eta_{hj}) + \alpha_z^d(h'_z - h'_c) \quad (\text{kJ/kg}) \tag{4-44}$$

式中　$D_c$——汽轮机的排汽流量，kg/h；

　　　$\alpha_c$——汽轮机的排汽系数；

　$Q_j$、$q_j$——第 $j$ 级加热器的绝对放热量，kJ/h；

　　　$q_j$——第 $j$ 级加热器的相对放热量，kJ/kg；

　　　$D_z^d$——进入凝汽器热井的疏水流量，kg/h；

　　　$\alpha_z^d$——进入凝汽器热井的疏水系数；

　$h_c$、$h'_c$——汽轮机排汽比焓、排汽凝结水比焓，kJ/kg；

　　　$h'_z$——进入热井的疏水水比焓，kJ/kg；

　　　$\eta_{hj}$——第 $j$ 级加热器的换热效率，%。

方法二：以整个回热系统（包括凝汽器和所有加热器）为热平衡对象。

$$\Delta Q_c = \Sigma 流入热量 - 返回锅炉热量$$

$$\Delta Q_c = \sum_{j=1}^{z} D_j h_j + D_c h_c - D_0 h_{fw} \tag{4-45}$$

$$\Delta q_c = \sum_{j=1}^{z} \alpha_j h_j + \alpha_c h_c - h_{fw} \tag{4-46}$$

式中符号意义同前。由于合理选择了热平衡范围，广义冷源热损失的表达式既简便又通用。

2. 矩阵分析法

进入 20 世纪 90 年代以后，随着计算机的普及，对于任意复杂的热力系统只要编制计算程序，计算机便可以很快得到计算结果。但计算机程序化对计算方法的通用性要求较高，如果对于任意热力系统计算乃至同一热力系统的局部定量分析，主体计算程序都需要重新编制或进行较大幅度的更改，那么应用计算机仅仅是减轻了计算过程的计算工作量，却大大增加

了程序设计者的编程工作量。因此，尽管常规热平衡方法计算过程中计算工作量大这一不足，已不再是制约其广泛应用的瓶颈，但由于其存在通用性不足这一缺陷，目前在热力系统定量分析中一般也不方便直接采用。

近年来，在我国大力重视节能减排的大环境下，对火电机组节能要求的提高，客观上对发电厂热力系统分析计算方法的计算精度有了较高的要求。特别是随着大批高参数、大容量火电机组的投运，热力系统计算模型误差带来的煤耗计算偏差不容小视。因此，以常规热平衡方法为基础，结合矩阵思想逐渐成为一个新的研究热点。

矩阵分析法只是一个泛称，并不特指某种具体的分析方法。一般而言，只要计算方法采用矩阵形式表达，即可划为这一范畴。随着计算机的普及和计算技术的发展，这类分析方法是当前热力系统分析计算方法的主流研究分析之一，研究较为活跃。在目前公开发表见诸各学术期刊的有：常规热平衡简捷算法、火电厂热力系统拓扑算法、热力系统广义数学模型、循环组合法以及矩阵分析法等，其中以常规热平衡简捷算法研究较为广泛。

矩阵分析法的共性特点在于模型均采用矩阵形式表达，突出特点是"数"与"形"的结合，即矩阵结构与热力系统结构一一对应，矩阵中的元素数值与热力系统中相关参数一一对应。当热力系统结构或参数发生改变时，只需要调整矩阵的结构和矩阵元素数值即可，使热力系统的计算通用性更佳，非常适合于编制通用计算程序。

为了便于采用矩阵分析法进行热力系统的分析计算，对于回热系统的各级加热器，按照其功能，将它们分为表面式加热器和汇集式加热器两类。表面式加热器是指疏水方式为逐级自流的疏水放流式加热器，对于最低压力的一级不带疏水泵的低压加热器，当其疏水自流入凝汽器本体时，属于表面式加热器，如图 4-50（a）所示。汇集式加热器是指混合式加热器或带疏水泵的表面式加热器，其疏水汇集于本加热器的进口或出口者；但是，对于最低压力的一级不带疏水泵的低压加热器，当其疏水自流并汇集于凝汽器热井或凝结水泵的入口时，由于疏水热量得以返回系统，则属于汇集式加热器，如图 4-50（b）、（c）所示。

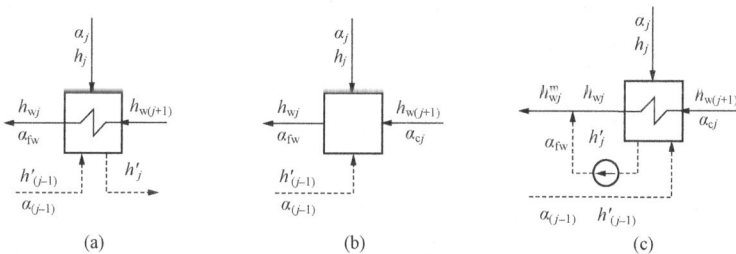

图 4-50　回热加热器的类型
（a）表面式加热器；（b）混合式加热器；（c）带疏水泵的表面式加热器

对于热力系统分析计算所需的繁多的热力参数等原始资料，将其整理为三类：其一是给水在加热器中的焓升即给水焓升，以 $\tau_j$ 表示，按加热器编号有 $\tau_1$、$\tau_2$、$\tau_3$、$\cdots$、$\tau_z$；其二是蒸汽在加热器中的放热量即抽汽放热量，用 $q_j$ 表示，按加热器编号有 $q_1$、$q_2$、$q_3$、$\cdots$、$q_z$；其三是疏水在加热器中的放热量即疏水放热量，用 $\gamma_j$ 表示，按加热器编号有 $\gamma_1$、$\gamma_2$、$\gamma_3$、$\cdots$、$\gamma_z$。对不同形式的加热器定义抽汽放热量 $q_j$、给水焓升 $\tau_j$ 及疏水放热量 $\gamma_j$ 如下：

对于疏水放流式加热器，有

$$q_j = h_j - h'_j, \tau_j = h_{wj} - h_{w(j+1)}, \gamma_j = h'_{(j-1)} - h'_j \tag{4-47}$$

对于汇集式加热器，有

$$q_j = h_j - h_{w(j+1)}, \tau_j = h_{wj} - h_{w(j+1)}, \gamma_j = h'_{(j-1)} - h_{w(j+1)} \tag{4-48}$$

由式（4-47）、式（4-48）可知，两类加热器的给水焓升 $\tau_j$ 的计算式是一样的；而抽汽放热量 $q_j$、疏水放热量 $\gamma_j$ 却是不同的。由式（4-48）可知，对于汇集式加热器的抽汽放热量 $q_j$、疏水放热量 $\gamma_j$，都是从相应的汽水参数 $h_j$ 或 $h'_{(j-1)}$ 中减去它的进水焓 $h_{w(j+1)}$，简称为以进水焓为基准的抽汽放热量 $q_j$、疏水放热量 $\gamma_j$。这样处理，在联解 $(z+1)$ 次方程组，计算 $\Sigma\alpha_j$ 时，能够由加热器汽侧压力，从高到低依次解出 $\alpha_1$、$\alpha_2$、$\cdots$、$\alpha_z$，而不必求解未知数 $\alpha_{cj}$。更重要的是，经过这样处理后，可方便地整理出用矩阵形式表示的热力系统汽水分布状态方程。

现以图 4-50（b）所示的混合式加热器为对象，来证明式（4-48）给出的抽汽放热量 $q_j$、疏水放热量 $\gamma_j$ 计算式的正确性。若不计散热损失，该混合式加热器的热平衡方程和质量平衡方程分别为

$$\alpha_j h_j + \alpha_{(j-1)} h'_{(j-1)} + \alpha_{cj} h_{w(j+1)} = \alpha_{fw} h_{wj} \tag{4-49}$$

$$\alpha_j + \alpha_{(j-1)} + \alpha_{cj} = \alpha_{fw} \tag{4-50}$$

将式（4-50）代入式（4-49），整理可得

$$\alpha_j(h_j - h_{wj}) + \alpha_{(j-1)}[h'_{(j-1)} - h_{wj}] = \alpha_{cj}[h_{wj} - h_{w(j+1)}] \tag{4-51}$$

$$\alpha_j[h_j - h_{w(j+1)}] + \alpha_{(j-1)}[h'_{(j-1)} - h_{w(j+1)}] = \alpha_{fw}[h_{wj} - h_{w(j+1)}] \tag{4-52}$$

式（4-51）和式（4-52）在数学上是等价的。由式（4-51）可知，蒸汽放热量和疏水放热量都是以加热器出口水焓 $h_{wj}$ 为基准的，它们属于热力学意义上放热量，但是式（4-51）中存在两个未知数 $\alpha_j$ 和 $\alpha_{cj}$，增加了热力系统的分析计算难度。

由式（4-52）可知，蒸汽放热量 $q_j$ 和疏水放热量 $\gamma_j$ 都是以加热器进口水焓 $h_{w(j+1)}$ 为基准的，它们虽然不是热力学意义上放热量，但式（4-52）中的未知数只有一个 $\alpha_j$，可按加热器从高到低的顺序解得该混合式加热器的抽汽系数 $\alpha_j$，进而为热力系统的分析计算提供了极大的便利，且抽汽量或抽汽系数的计算结果是一致的。

附带指出，常规热平衡法求 $\Sigma\alpha_j$ 时，是从高到低顺序求得的，故称为串联算法或串行法，即依次求解 $z$ 级加热器的热平衡，求 $\alpha_1$、$\alpha_2$、$\cdots$、$\alpha_z$。

对于带疏水泵的面式加热器，也要以进水焓为基准计算 $q_j$ 和 $\gamma_j$，读者可自行证明。

目前，以常规热平衡简捷算法为基础导出的矩阵分析法是通过其核心矩阵 $q$-$\gamma$-$\tau$ 方程来计算各级加热器的抽汽流量或抽汽系数，为求解最终的热经济性指标，还需要结合吸热量方程和功率方程来实现。以图 4-48 所示的发电厂原则性热力系统为例，采用相对量计算，按照前述热平衡方程的列写规则，各级加热器的热平衡方程式经整理后可写为

$\alpha_1 q_1 = \tau_1$

$\alpha_1 \gamma_2 + \alpha_2 q_2 = \tau_2$

$\alpha_1 \gamma_3 + \alpha_2 \gamma_3 + \alpha_3 q_3 = \tau_3$

$\alpha_1 \gamma_4 + \alpha_2 \gamma_4 + \alpha_3 \gamma_4 + \alpha_4 q_4 = \tau_4$

$\alpha_1 \tau_5 + \alpha_2 \tau_5 + \alpha_3 \tau_5 + \alpha_4 \tau_5 + \alpha_5 q_5 = \tau_5$

$\alpha_1 \tau_6 + \alpha_2 \tau_6 + \alpha_3 \tau_6 + \alpha_4 \tau_6 + \alpha_5 \gamma_6 + \alpha_6 q_6 = \tau_6$

$\alpha_1 \tau_7 + \alpha_2 \tau_7 + \alpha_3 \tau_7 + \alpha_4 \tau_7 + \alpha_5 \gamma_7 + \alpha_6 \gamma_7 + \alpha_7 q_7 = \tau_7$

$\alpha_1 \tau_8 + \alpha_2 \tau_8 + \alpha_3 \tau_8 + \alpha_4 \tau_8 + \alpha_5 \gamma_8 + \alpha_6 \gamma_8 + \alpha_7 \gamma_8 + \alpha_8 q_8 = \tau_8$

写成矩阵方程为

$$
\begin{bmatrix}
q_1 & & & & & & & \\
\gamma_2 & q_2 & & & & & & \\
\gamma_3 & \gamma_3 & q_3 & & & & & \\
\gamma_4 & \gamma_4 & \gamma_4 & q_4 & & & & \\
\tau_5 & \tau_5 & \tau_5 & \tau_5 & q_5 & & & \\
\tau_6 & \tau_6 & \tau_6 & \tau_6 & \gamma_6 & q_6 & & \\
\tau_7 & \tau_7 & \tau_7 & \tau_7 & \gamma_7 & \gamma_7 & q_7 & \\
\tau_8 & \tau_8 & \tau_8 & \tau_8 & \gamma_8 & \gamma_8 & \gamma_8 & q_8
\end{bmatrix}
\cdot
\begin{bmatrix}
\alpha_1 \\ \alpha_2 \\ \alpha_3 \\ \alpha_4 \\ \alpha_5 \\ \alpha_6 \\ \alpha_7 \\ \alpha_8
\end{bmatrix}
=
\begin{bmatrix}
\tau_1 \\ \tau_2 \\ \tau_3 \\ \tau_4 \\ \tau_5 \\ \tau_6 \\ \tau_7 \\ \tau_8
\end{bmatrix}
\tag{4-53}
$$

简记为

$$
\boldsymbol{A} \cdot \boldsymbol{X} = \boldsymbol{T} \tag{4-54}
$$

即

$$
\boldsymbol{X} = \boldsymbol{A}^{-1} \cdot \boldsymbol{T}
$$

式中　$\boldsymbol{A}$、$\boldsymbol{X}$、$\boldsymbol{T}$——系数矩阵、未知数矩阵和常数矩阵。

其中系数矩阵 $\boldsymbol{A}$ 为 $n$ 阶下三角矩阵，$n$ 为主加热器的级数，$\boldsymbol{A}$ 中的元素 $a_{ij}$（$i$ 为行，$j$ 为列），当 $i<j$ 时，$a_{ij}=0$；当 $i=j$ 时，$a_{ij}=q_i$；当 $i>j$ 时，有两种情况，如果 $i$ 级加热器接收 $j$ 级加热器的疏水，$a_{ij}=\gamma_i$；否则 $a_{ij}=\tau_i$。其中：

$$
A = \begin{bmatrix}
q_1 & & & & & & & \\
\gamma_2 & q_2 & & & & & & \\
\gamma_3 & \gamma_3 & q_3 & & & & & \\
\gamma_4 & \gamma_4 & \gamma_4 & q_4 & & & & \\
\tau_5 & \tau_5 & \tau_5 & \tau_5 & q_5 & & & \\
\tau_6 & \tau_6 & \tau_6 & \tau_6 & \gamma_6 & q_6 & & \\
\tau_7 & \tau_7 & \tau_7 & \tau_7 & \gamma_7 & \gamma_7 & q_7 & \\
\tau_8 & \tau_8 & \tau_8 & \tau_8 & \gamma_8 & \gamma_8 & \gamma_8 & q_8
\end{bmatrix},
\quad
X = \begin{bmatrix}
\alpha_1 \\ \alpha_2 \\ \alpha_3 \\ \alpha_4 \\ \alpha_5 \\ \alpha_6 \\ \alpha_7 \\ \alpha_8
\end{bmatrix},
\quad
T = \begin{bmatrix}
\tau_1 \\ \tau_2 \\ \tau_3 \\ \tau_4 \\ \tau_5 \\ \tau_6 \\ \tau_7 \\ \tau_8
\end{bmatrix}
$$

由式（4-53）可见，该矩阵方程的结构与发电厂热力系统的结构具有一一对应的关系，只要热力系统结构一定，即可按照上述规则方便地写出相应的矩阵方程。系统结构变化可改变状态方程结构，运行环境、运行方式和设备性能改变只改变方程中某些元素的数值。因此，该矩阵方程是电厂热力系统分析计算的通用方程，在此将其定义为发电厂热力系统汽水分布状态通用方程。

需要指出的是，上述通用方程是针对热力系统主系统导出的，并未考虑辅助汽水流量进出热力系统等的影响，也未将吸热量方程和功率方程融入矩阵方程。因此，它只是一种热力系统热经济性指标计算中局部环节的矩阵方法，实际应用时，可参考相关技术文献和专著，限于篇幅以及本科生的教学要求，在此不再赘述。

本书主要介绍常规的手工计算，以汽轮发电机组的输出电功率 $P_e$ 为定值，通过计算求得所需要的蒸汽量，称为定功率算法（设计和运行部门采用这种方法较为普遍）。反之，给定汽轮机进汽量 $D_0$，通过计算求得汽轮发电机组的输出电功率 $P_e$，称为定流量算法（汽轮机制造厂多采用这种方法）。如汽轮机在允许进汽量下，新蒸汽压力超压 5%，高压加热器切除，限制出力条件下，求汽轮发电机组能够发出的电功率；背压汽轮机或凝汽-采暖两用机，在不同热负荷条件下能发出的电功率等。定流量算法又分为定绝对流量和定相对流量两种。

需强调指出，无论采用哪种计算方法，都应满足能量守恒或能量相等的原则。若计算正确，不论采用哪种计算方法，热经济性指标值的计算结果应该是相同的，计算误差极小，并在工程应用的精度范围以内。

### 四、计算步骤

用计算机计算时，对上述（$z+1$）个线性方程组或矩阵方程联立求解，一次即可获得（$z+1$）个未知数，故又称并联法；用手工计算时，则应依次计算每一个方程式，此时为使计算的每一个方程式中只出现一个未知数，对于凝汽式机组，计算的次序是"由高到低"，即先从抽汽压力最高的加热器算起，依次逐个算至抽汽压力最低的加热器，故又称串联法。

#### 1. 整理原始数据

当提供的原始资料不够直接和完整时，计算前必须进行适当的整理和选择假定，以满足计算需要，主要包括：

（1）根据汽轮机厂家提供的热力特性数据，将原始资料整理成计算所需的各处汽、水比焓值，如新蒸汽比焓 $h_0$、各级抽汽比焓 $h_j$、凝汽比焓 $h_c$，各级加热器出口水比焓 $h_{wj}$、疏水比焓 $h'_j$ 及凝汽器凝结水比焓 $h'_c$，再热蒸汽吸热量 $q_{rh}$ 等。

当汽轮机厂家只提供了汽轮机的新蒸汽、再热蒸汽、抽汽的压力和温度、排汽压力时，则应根据所给的汽轮机相对内效率 $\eta_{ri}$，通过水蒸气热物性图表或计算，画出汽轮机蒸汽膨胀过程的 $h-s$ 图（汽态线），或整理成热力系统汽水参数表。其中，包括各处蒸汽焓：$h_0 = f(p_0, t_0)$，$h_j = f(p_j, \eta_{ri})$，$h_{rh}^{in} = f(p_{rh}, \eta_{ri})$，$h_{rh}^{out} = f(p_{rh}, \Delta p_{rh}, t_{rh})$，$q_{rh} = h_{rh}^{out} - h_{rh}^{in}$，$h_c = f(p_c, s_c, \eta_{ri})$，加热器侧压力 $p'_j = p_j - \Delta p_j$，疏水温度 $t_{sj}$ 和疏水焓 $h'_j = f(p'_j)$，加热器出口水焓 $h_{wj} = f(t_{wj}, p_{pu})$，高压加热器水侧压力为给水泵出口压力，低压加热器水侧压力为凝结水泵出口压力，疏水冷却器出口水温 $t'_{sj} = t_{wj+1} + \theta_j$（$\theta_j$ 为入口端差），疏水冷却器出口水焓 $h_{wj}^d = f(t'_{sj}, p'_{sj})$。

（2）根据锅炉厂家提供的主要技术数据，如锅炉形式、容量、锅炉过热器出口参数、再热参数、汽包压力、给水温度、排污扩容蒸汽参数等，整理成计算所需的各处汽、水比焓值，确定锅炉热效率和排污率等数据。

当锅炉热效率未给定时，可参考同参数、同容量、燃用煤质相同的同类工程的锅炉热效率选取。汽包压力未给出时，可近似按照过热器出口压力的 1.25 倍选取。锅炉连续排污扩容器压力 $p_f$ 的确定，应视该扩容器出口蒸汽引至何处而定，若引至除氧器，还需考虑除氧器滑压运行或定压运行而定，并选取合理的压损 $\Delta p_f$，最后才能确定锅炉连续排污利用系统中有关汽水的比焓值 $h'_{bl}$、$h''_f$、$h'_f$。

（3）确定给定工况下辅助热力系统的有关数据。如补充水、暖风器、厂内采暖、生水加热器等耗热量及其参数，驱动给水泵和风机的给水泵汽轮机的耗汽量及其参数（或给水泵汽轮机的功率、相对内效率、进出口蒸汽参数和给水泵、风机的效率等），厂用汽水损失，锅炉连续排污扩容器及其冷却器参数、效率等。对于供采暖的热电厂还应有热水网温度调节图、热负荷与室外温度关系图（或给定工况下热网加热器的进出口水温）、热网加热器效率、热网效率等。

（4）合理选择及假定某一些未给出的数据，一般未给出的数据经常是：新蒸汽压损 $\Delta p_0$，一般选择 $\Delta p_0 =$（3%～7%）$p_0$；再热压损 $\Delta p_{rh}$，一般选择 $\Delta p_{rh} \leqslant 10\% \, p_{rh}$，$p_{rh}$ 为高压缸排汽压力；抽汽压损 $\Delta p_j$，一般选择 $\Delta p_j =$（3%～8%）$p_j$；加热器出口端差 $\theta_j$ 及有疏水冷却段的入口端差 $v_j$，可按照前述加热器端差推荐值选取。当加热器效率 $\eta_h$ 或加热蒸汽焓的利用系数 $\eta'_h$、机械效率 $\eta_m$ 和发电机效率 $\eta_g$ 未给出时，一般可以在以下数据范围内选择：$\eta_h = 0.98 \sim 0.99$，$\eta'_h = 0.985 \sim 0.995$，$\eta_m \approx 0.99$，$\eta_g = 0.98 \sim 0.99$。

2. 确定计算工况

对凝汽式电厂是指全厂电负荷或锅炉蒸发量。汽轮机通常以最大负荷、额定负荷、经济负荷、冷却水温升高至 33℃时的夏季最大负荷、二阀全开负荷、一阀全开负荷等作为计算工况。锅炉则从额定蒸发量 $D_b$、90% $D_b$、70% $D_b$、50% $D_b$ 等蒸发量作为计算工况。对热电厂是指全厂的电负荷、热负荷等，同样也有不同电、热负荷或锅炉蒸发量作为计算工况。

3. 回热抽汽量计算

进行机组原则性热力系统计算时，对凝汽式机组，按照"由高到低"顺序，依据加热器的热平衡方程或矩阵方程，进行各级回热抽汽量 $D_j$ 或抽汽系数 $\alpha_j$ 的计算。

进行全厂原则性热力系统计算时，按照"先外后内，由高到低"顺序，先计算锅炉连续排污利用系统，求得 $D_f$（$\alpha_f$）、$D_{ma}$（$\alpha_{ma}$）、$h^c_{w,ma}$ 之后，再进行"由高到低"的机组原则性热力系统的计算。

4. 物质平衡和机组输出功率计算

根据质量平衡式，进行凝汽量 $D_c$、凝汽系数 $\alpha_c$ 或新蒸汽耗量 $D_0$ 的计算，依据功率方程，进行汽轮发电机组输出功率计算。

5. 计算结果校核

（1）计算误差校核：利用质量平衡方程式或功率方程式进行计算误差的校核，满足工程上允许的 1%～2% 以下误差范围即可。

（2）假设数据校核：通过反复迭代至更准确的程度。

6. 热经济性指标计算

根据计算目的之要求，依据机组或全厂热经济性指标的计算公式，先进行机组热经济性指标、锅炉热效率、管道热效率的计算，然后再进行全厂热经济性指标的计算，主要包括全厂发电和供电的热效率、煤耗率、热耗率等。

**五、全厂热力计算和机组热力计算的异同**

机组原则性热力系统是组成全厂原则性热力系统的基础与核心，亦即机组原则性热力系统寓于全厂原则性热力系统之中。但是，全厂原则性热力系统不仅与机组原则性热力系统有关，它还涉及锅炉、主再热蒸汽管道、辅助热力系统等，因此二者之间既密切关联，又在计算范围、内容和步骤上存在不同之处。

1. 共同点

机组和全厂原则性热力计算有许多共同之处，主要体现在以下几方面：

（1）计算的实质是联立求解多元一次线性方程组，独立方程式的个数恒等于未知量的个数，按照一定的顺序消去某些未知量，它总是可解的。

（2）计算原理和基本方程式是相同的，即各换热设备的质量平衡方程、热平衡方程以及汽轮机功率方程、工质循环吸热量方程是一致的。

（3）既可用汽水流量的绝对量来计算，也可以采用以 1kg 相对量为基准，逐步算出与之相应的其他汽水流量的相对值，最后根据汽轮机功率方程式求得汽轮机的汽耗量以及各汽水流量的绝对值。也可以先估算新汽耗量，顺序求得各汽水流量的绝对值，再求得汽轮机功率并予以校正。

（4）二者的计算步骤相近。

2. 不同点

（1）计算范围和要求不同。机组原则性热力系统计算仅计算机组热经济性指标，而全厂原则性热力系统计算则包括了锅炉和汽轮机在内的全厂范围的计算，需合理选取锅炉热效率、厂用电率，以最终求得全厂的热经济性指标 $\eta_{cp}$、$q_{cp}$、$b_{cp}^s$ 和 $\eta_{cp}^n$、$q_{cp}^n$、$b_{cp}^n$。

（2）小流量的汽耗量处理方式不同。全厂原则性热力系统计算包括了有关辅助设备，如驱动汽轮机、经常工作的减温减压器、抽气器和轴封冷却器等，其汽耗量以及汽水工质损失、锅炉连续排污量等，其中有的是定值，有的却是与汽轮机功率有关的变量。为了简化热力系统计算，对于流量较小的某些汽耗量可近似地取为汽轮机汽耗量的一个小份额直接给定，如射汽抽气器的汽耗量 $D_{ej}=0.5\%D_0$，轴封冷却器的汽耗量 $D_{sg}=2\%D_0$，汽水工质损失、锅炉连续排污量的数值，应参照 GB 50660—2011 中规定的允许值选取。通常把厂内汽水损失作为集中发生在新蒸汽管道上处理。

（3）计算内容有所不同。机组原则性热力系统计算按照"由高到低"的顺序，进行各级回热抽汽量 $D_j$ 或抽汽系数 $\alpha_j$ 的计算。而全厂原则性热力系统计算则按照"先外后内，由高到低"的顺序，在对锅炉连续排污利用系统计算之后，再进行"由高到低"的机组原则性热力系统的计算。

（4）某些项目的物理概念不同。全厂原则性热力系统不仅与机组原则性热力系统有关，还与锅炉、主蒸汽及再热蒸汽管道、辅助热力系统等有关，因而以下项目的物理概念发生了变化，根据如图 4-37（a）所示系统，具体说明如下：

计算汽轮机的汽耗量，还应包括门杆漏汽 $D_{lv}$、射汽抽气器的新蒸汽耗量 $D_{ej}$ 以及轴封用汽耗量 $D_{sg}$ 等，即

汽轮机的汽耗量：$D_0'=D_0+D_{sg}$；

锅炉蒸发量：$D_b=D_0'+D_1$；

全厂补充水量：$D_{ma}=D_{bl}'+D_1$；

全厂给水量：$D_{fw}=D_b+D_{bl}=D_0'+D_1+D_{bl}'+D_f=D_0'+D_f+D_{ma}$

若已知诸小流量为汽轮机汽耗量的相对值，代入上述各物质平衡式，即均可化为以汽轮机进汽为 1kg 计的相对值，其中 $\alpha_0'$、$\alpha_b$、$\alpha_{fw}$ 均大于 1，且应 $\alpha_{fw}>\alpha_b>\alpha_0'>1$，补水量相对值 $1>\alpha_{ma}>0$。

计算汽轮机的热耗时，由于汽轮机汽耗量为 $D_0'$，其热耗 $Q_0$ 应为

$$Q_0 = D_0'h_0 + D_{rh}q_{rh} + D_f h_f'' + D_{ma}h_{w,ma}^c - D_{fw}h_{fw} \quad (kJ/h) \qquad (4-55)$$

将 $D_{fw}=D_0'+D_f+D_{ma}$ 代入式（4-55），并整理得

$$Q_0 = D_0'(h_0 - h_{fw}) + D_{rh}q_{rh} + D_f(h_f'' - h_{fw}) - D_{ma}(h_{fw} - h_{w,ma}^c) \qquad (4-56)$$

式（4-55）、式（4-56）为全厂原则性热力系统计算用的汽轮机热耗计算式，显然与机组原则性热力系统计算用的汽轮机热耗（循环吸热量）计算式（4-40）是很不相同的。在进行全厂原则性热力系统计算时，汽轮机绝对内效率 $\eta_i=W_i/Q_0$ 中的 $Q_0$，应采用式（4-55）或

式（4-56）算得的热耗来计算才是正确的。

正热平衡计算时，管道效率 $\eta_p$ 要用 $\eta_p = Q_0/Q_b$ 计算，反热平衡计算时，要用 $\eta_p = 1 - \Delta Q_0/Q_b$ 来计算。

### 六、热耗率的修正和非额定工况的计算

新投产机组的验收或机组运行期间的热力试验，都要评价其热经济性，此时需进行热耗率修正，将试验工况的参数和热力系统修正到额定工况。

#### 1. 热耗率的修正

我国的汽轮机运行规程中，对主蒸汽的运行参数都有一定的允许变动范围，当机组运行蒸汽参数偏离设计值时，相应的机组热耗率将发生变化。

汽轮机制造厂家都备有一套修正曲线，用以计算某参数偏离设计值的总汽耗量和机组热耗率。该修正曲线包括主蒸汽压力及温度、再热蒸汽温度、冷却水温度、各级回热加热器的汽水参数修正曲线等，用以修正新蒸汽流量。根据修正后的新蒸汽流量，再查厂家提供的新蒸汽流量与给水温度、汽耗率、热耗率曲线，即可求得某些参数偏离设计值工况下的机组热耗率，据此来计算全厂热耗率等热经济性指标。

#### 2. 非额定工况全厂原则性热力系统计算

若机组虽属于额定工况，但某一参数偏离设计值，超出了厂家提供的修正曲线所规定的范围时，或机组要承担部分负荷时，均需做非额定工况的全厂原则性热力系统计算。例如。供热式汽轮机的电负荷为额定功率，而热负荷所需要的调节抽汽量不是设计值就是一例。有时为了保证机组的安全运行，还要做变工况的强度计算或应力计算，它是以变工况的热力计算所得数据为依据的。

非额定工况时全厂原则性热力系统计算，与额定工况下的全厂热力计算一样，须先绘制汽态线以确定各计算点的汽水参数值。可合理选取汽轮机制造厂提供的该工况下汽轮机各级组的相对内效率数据或曲线，来绘制汽态线。否则，需做两次全厂热力计算。

众所周知，汽轮机变工况时各级组的相对内效率与其蒸汽流量或各级组的前后压力有关，它的调节级、中间级、末级的工作特性各不相同。调节级的相对内效率可根据蒸汽流量或压力降来确定。中间各非调节级的相对内效率，在很大的负荷变化范围内是不随工况改变的，可选用相近工况的已知数据。汽轮机尾部各级相对内效率也可根据其压力降求出。但是汽轮机各机组的不同蒸汽流量事先是不知道的，需分两步计算，即初步近似计算和精确的全厂原则性热力系统计算。在初步计算时，先借用同类型机组相近工况时汽态线上的有关数据，做第一次全厂原则性热力系统计算，求得各级组的蒸汽流量，查得各级组的相对内效率，绘制汽态线；而后做第二次或最后的精确计算。精确计算是以第一次计算所得到的蒸汽流量为依据，重新绘制汽态线。一般第二次计算结果，精度上已满足要求。必要时也可以通过汽轮机变工况热力计算，确定各级组的蒸汽参数，或者通过热力试验来实测其汽水参数。

## 第七节　原则性热力系统的计算举例

### 一、机组原则性热力系统计算示例

N300-16.65/537/537 型机组的发电厂原则性热力系统如图 4-51 所示，采用常规热平衡方法，在下列已知条件下，求 300MW 亚临界参数、双缸双排汽、凝汽式机组在设计工况下

的机组热经济性指标。设计工况下的已知条件如下：

蒸汽初参数：$p_0 = 16.65\text{MPa}$，$t_0 = 537℃$；

主蒸汽压降和温降：$\Delta p_0 = 0.31\text{MPa}$，$\Delta t_0 = 1.4℃$；

冷段再热蒸汽参数：$p_{rh}^{in} = p_2 = 3.61\text{MPa}$，$t_{rh}^{in} = t_2 = 316.4℃$；

热段再热蒸汽参数：$p_{rh}^{out} = 3.29\text{MPa}$，$t_{rh} = 537℃$；

再热蒸汽压降和温降：$\Delta p_{rh} = 0.07\text{MPa}$，$\Delta t_{rh} = 1.2℃$；

排汽压力：$p_c = 0.00554\text{MPa}$；

给水泵汽轮机抽汽份额：$\alpha_t = 0.038$；

给水泵出口压力：$p_{tp}^o = 20.81\text{MPa}$；

凝结水泵出口压力：$p_{cp}^o = 1.78\text{MPa}$；

机组额定输出功率：$P_e = 300\text{MW}$；

机械效率和电机效率：$\eta_m = 0.99$，$\eta_g = 0.985$。

机组回热系统抽汽参数、轴封用汽参数及凝汽器进汽参数见表 4-13。

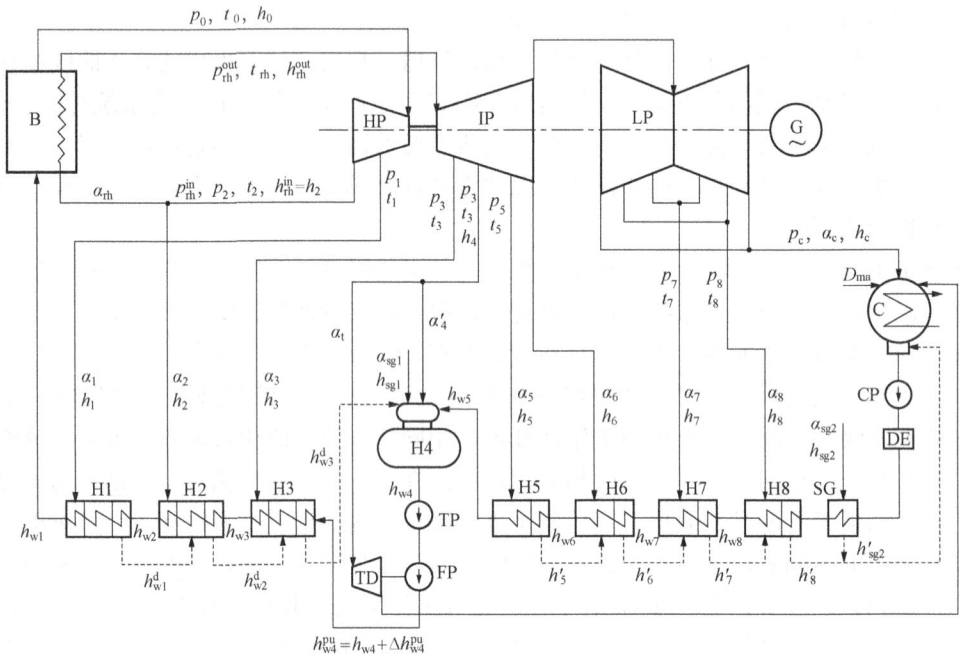

图 4-51　N300-16.65/537/537 型机组的发电厂原则性热力系统

表 4-13　N300-16.65/537/537 型机组回热系统抽汽参数、轴封用汽参数及凝汽器进汽参数

| 项　目 | 单位 | 回热加热器 | | | | | | | | | |
|---|---|---|---|---|---|---|---|---|---|---|---|
| | | H1 | H2 | H3 | H4 | H5 | H6 | H7 | H8 | SG | C |
| 抽汽压力 $p_j$ | MPa | 5.954 | 3.61 | 1.63 | 0.803 | 0.341 | 0.134 | 0.0732 | 0.0256 | — | 0.00554 |
| 抽汽温度 $t_j$ | ℃ | 386.7 | 316.4 | 436.6 | 337.4 | 237.1 | 145.0 | 95.0 | $x=0.957$ | — | $x=0.916$ |
| 轴封或门杆汽量 $\alpha_{sg}$ | — | — | — | — | 0.013 | — | — | — | — | 0.0014 | — |
| 轴封汽焓 $h_{sg}$ | kJ/kg | — | — | — | 3361 | — | — | — | — | 3284 | — |

1. 整理原始数据

（1）根据已知循环参数和 $\Delta p_0$、$\Delta p_{rh}$、$p_c$ 在 $h\text{-}s$ 图上画出汽轮机蒸汽膨胀过程线，如图 4-52 所示，得到主蒸汽比焓 $h_0$、各级抽汽比焓 $h_j$ 及排汽比焓 $h_c$，以及再热蒸汽吸热量 $q_{rh}$。也可以根据 $p$、$t$ 查水蒸气性质表得出上述焓值。

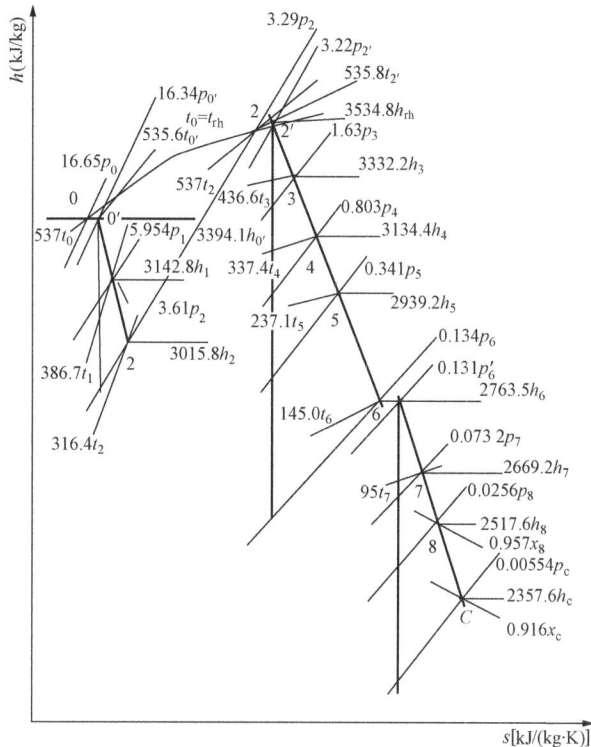

图 4-52　汽轮机的蒸汽膨胀过程线示意图

（2）根据水蒸气性质表查得各级加热器出口水比焓及有关疏水比焓。

（3）汇总获得的计算基础数据于表 4-14。

2. 各级回热抽汽系数的计算

采用相对量方法进行计算。

（1）H1 高压加热器。取 $\alpha_{fw}=1.0$，H1 的热平衡方程式为

$$\alpha_1(h_1-h_{w1}^d)\eta_h=h_{w1}-h_{w2}$$

$$\alpha_1=\frac{h_{w1}-h_{w2}}{(h_1-h_{w1}^d)\eta_h}=\frac{1195.2-1043.7}{(3142.8-1079.5)0.98}=0.074925$$

H1 的疏水系数为：$\alpha_{s1}=\alpha_1=0.074925$

（2）H2 高压加热器。H2 的热平衡方程式为

$$\left[\alpha_2(h_2-h_{w2}^d)+\alpha_{s1}(h_{w1}^d-h_{w2}^d)\right]\eta_h=h_{w2}-h_{w3}$$

$$\alpha_2=\frac{(h_{w2}-h_{w3})/\eta_h-\alpha_{s1}(h_{w1}^d-h_{w2}^d)}{h_2-h_{w2}^d}$$

$$=\frac{(1043.7-857.7)/0.98-0.074925(1079.5-886)}{3015.8-886}=0.082307$$

表4-14　　N300-16.65/537/537型机组回热抽汽及轴封汽参数

| | 项　目 | 单位 | H1 | H2 | H3 | H4(HD) | H5 | H6 | H7 | H8 | SG | C | 数据来源 |
|---|---|---|---|---|---|---|---|---|---|---|---|---|---|
| 加热蒸汽 | 抽汽压力 $p_j$ | MPa | 5.954 | 3.61 | 1.63 | 0.803 | 0.341 | 0.134 | 0.0732 | 0.0256 | — | 0.00554 | 已知 |
| | 抽汽温度 $t_j$ | ℃ | 386.7 | 316.4 | 436.6 | 337.4 | 237.1 | 145.0 | 95.0 | $x=0.957$ | — | $x=0.916$ | 已知 |
| | 抽汽压损 $\Delta p_j$ | % | 6 | 6 | 6 | 6 | 6 | 6 | 6 | 6 | — | — | 已知 |
| | 加热器汽侧压力 $p_j'$ | MPa | 5.597 | 3.39 | 1.53 | 0.775 | 0.321 | 0.126 | 0.0688 | 0.0241 | 0.095 | — | $p_j'=(1-\Delta p_j)\,p_j$ |
| | 抽汽比焓 $h_j$ | kJ/kg | 3142.8 | 3015.8 | 3332.2 | 3134.4 | 2939.2 | 2763.5 | 2669.2 | 2517.6 | — | 2357.6 | 查水蒸气表 |
| | $p_j'$饱和水温度 $t_{sj}$ | ℃ | 271.1 | 240.8 | 199.3 | 168.1 | 135.9 | 106.2 | 89.5 | 64.2 | 98.2 | 34.7 | 查水蒸气表 |
| | $p_j'$饱和水焓 $h_j'$ | kJ/kg | 1190.2 | 1040.8 | 849 | 710.7 | 571.5 | 445.3 | 374.8 | 268.5 | 411.5 | 145.5 | 查水蒸气表 |
| | 轴封蒸汽焓 | kJ/kg | — | — | — | 3361 | — | — | — | — | 3284 | — | 已知 |
| | 加热器端差 $\theta_j$ | ℃ | -1.67 | 0 | 0 | 0 | 2.78 | 2.78 | 2.78 | 2.78 | — | 0 | 已知 |
| 被加热水 | 加热器出口水温 $t_j$ | ℃ | 272.8 | 240.8 | 199.3 | 168.1 | 133.1 | 103.4 | 86.7 | 61.4 | — | — | $t_{sj}-\theta_j$ |
| | 加热器水侧压力 $p_{wj}$ | MPa | 20.81 | 20.81 | 20.81 | 0.803 | 1.78 | 1.78 | 1.78 | 1.78 | — | — | 已知 |
| | 加热器出口水焓 $h_{wj}$ | kJ/kg | 1195.2 | 1043.7 | 857.7 | 710.7 | 560.7 | 434.7 | 364.4 | 258.5 | — | 145.5 | 查水蒸气表 |
| 疏水 | 疏水冷却器端差 $\theta_j$ | ℃ | 8 | 8 | 8 | — | — | — | — | — | — | — | — |
| | 疏水冷却器出口疏水温 $t_{sj}'$ | ℃ | 248.8 | 207.3 | 179.5* | — | — | — | — | — | — | — | $t_{sj}'=t_{(j+1)}+\theta_j$ |
| | 疏水冷却器后疏水焓 $h_{wj}^d$ | kJ/kg | 1079.5 | 886 | 761.3 | — | — | — | — | — | — | — | 查水蒸气表 |

注　主蒸汽比焓 $h_0=3394.1\text{kJ/kg}$，冷段及热段再热蒸汽比焓 $h_{冷}=3015.8\text{kJ/kg}$，$h_{rh}=3534.8\text{kJ/kg}$，再热蒸汽吸热量 $q_{rh}=3534.8-3015.8=519$（kJ/kg）。

* 为考虑给水泵焓升后，H3 入口水比焓 $710.7+26.3=737$（kJ/kg），由该处压力 20.81MPa 查得此处给水温度为 171.5℃，故 H3 的疏水温度为 $171.5+8=$ 179.5（℃）。

H2 的疏水系数为

$$\alpha_{s2}=\alpha_{s1}+\alpha_2=0.074925+0.082307=0.157232$$

再热蒸汽系数为

$$\alpha_{rh}=1-\alpha_1-\alpha_2=1-0.074925-0.082307=0.842768$$

（3）H3 高压加热器。先计算给水泵的焓升 $\Delta h_w^{pu}$。设除氧器的水位高度为 20m，则给水泵的进口压力应为除氧器汽侧入口压力与给水泵进口至除氧器水位的液柱高度之和，即

$$p_{pu}^{in}=20\times0.0098+0.803\times0.94=0.98508 \text{（MPa）}$$

取给水的平均比体积为 $v_{av}=0.001 \text{m}^3/\text{kg}$，给水泵效率为 $\eta_{pu}=0.83$，则

$$\Delta h_w^{pu}=\frac{10^3 v_{av}(p_{pu}^{vout}-p_{pu}^{in})}{\eta_{pu}}=\frac{10^3\times0.001(20.81-0.98508)}{0.83}$$
$$=26.3(\text{kJ/kg})$$

H3 的热平衡方程式为

$$[\alpha_3(h_3-h_{w3}^d)+\alpha_{s2}(h_{w2}^d-h_{w3}^d)]\eta_h=h_{w3}-(h_{w4}+\Delta h_w^{pu})$$

$$\alpha_3=\frac{[h_{w3}-(h_{w4}+\Delta h_w^{pu})]/\eta_h-\alpha_{s2}(h_{w2}^d-h_{w3}^d)}{h_3-h_{w3}^d}$$

$$=\frac{[857.7-(710.7+26.3)]/0.98-0.157232(886-761.3)}{3332.2-761.3}$$

$$=0.04028$$

H3 的疏水系数为

$$\alpha_{s3}=\alpha_{s2}+\alpha_3=0.157232+0.04028=0.197512$$

（4）H4 除氧器（HD）。第四段抽汽系数 $\alpha_4$ 由除氧器加热蒸汽系数 $\alpha_4'$ 和汽动给水泵用汽系数 $\alpha_t$ 两部分组成，即

$$\alpha_4=\alpha_4'+\alpha_t$$

由除氧器的物质平衡可知，除氧器的进水系数 $\alpha_{c4}$ 为

$$\alpha_{c4}=1-\alpha_{s3}-\alpha_{sg1}-\alpha_4'$$

以除氧器的进水比焓为基准，基于除氧器的物质平衡方程，可列出除氧器热平衡方程为

$$[\alpha_4'(h_4-h_{w5})+\alpha_{s3}(h_{w3}^d-h_{w5})+\alpha_{sg1}(h_{sg1}-h_{w5})]\eta_h=h_{w4}-h_{w5}$$

$$\alpha_4'=\frac{(h_{w4}-h_{w5})/\eta_h-\alpha_{s3}(h_{w3}^d-h_{w5})-\alpha_{sg1}(h_{sg1}-h_{w5})}{h_4-h_{w5}}$$

$$=\frac{(710.7-560.7)/0.98-0.197512(761.3-560.7)-0.013(3361-560.7)}{h_4-560.7}$$

$$=0.029932$$

$$\alpha_{c4}=1-\alpha_{s3}-\alpha_{sg1}-\alpha_4'=1-0.197512-0.013-0.029932$$
$$=0.759556$$

$$\alpha_4=\alpha_4'+\alpha_t=0.029932+0.038=0.067932$$

（5）H5 低压加热器。H5 的热平衡方程式为

$$\alpha_5(h_5-h_5')\eta_h=\alpha_{c4}(h_{w5}-h_{w6})$$

$$\alpha_5=\frac{\alpha_{c4}(h_{w5}-h_{w6})}{(h_5-h_5')\eta_h}=\frac{0.759556\times(560.7-434.7)}{(2939.2-571.5)\times0.98}=0.041246$$

H5 的疏水系数为

$$\alpha_{s5} = \alpha_5 = 0.041246$$

（6）H6 低压加热器。H6 的热平衡方程式为

$$[\alpha_6(h_6 - h_6') + \alpha_{s5}(h_5' - h_6')]\eta_h = \alpha_{c4}(h_{w6} - h_{w7})$$

$$\alpha_6 = \frac{\alpha_{c4}(h_{w6} - h_{w7})/\eta_h - \alpha_{s5}(h_5' - h_6')}{h_6 - h_6'}$$

$$= \frac{0.759556(434.7 - 364.4)/0.98 - 0.041246(571.5 - 445.3)}{2763.5 - 445.3}$$

$$= 0.021258$$

H6 的疏水系数为

$$\alpha_{s6} = \alpha_{s5} + \alpha_6 = 0.041246 + 0.021258 = 0.062504$$

（7）H7 低压加热器。H7 的热平衡方程式为

$$[\alpha_7(h_7 - h_7') + \alpha_{s6}(h_6' - h_7')]\eta_h = \alpha_{c4}(h_{w7} - h_{w8})$$

$$\alpha_7 = \frac{\alpha_{c4}(h_{w7} - h_{w8})/\eta_h - \alpha_{s6}(h_6' - h_7')}{h_7 - h_7'}$$

$$= \frac{0.0759556(364.4 - 258.5)/0.98 - 0.062504(445.3 - 374.8)}{2669.2 - 374.8}$$

$$= 0.033853$$

H7 的疏水系数为

$$\alpha_{s7} = \alpha_{s6} + \alpha_7 = 0.062504 + 0.033853 = 0.096357$$

（8）H8 低压加热器。为了计算方便，将 H8 与 SG 作为一个整体考虑，采用如图 4-53 所示的热平衡范围来列出其质量平衡和热平衡方程。

质量平衡方程为

$$\alpha_c + \alpha_t = \alpha_{c4} - \alpha_{s7} - \alpha_{sg2} - \alpha_8$$

热平衡方程式为

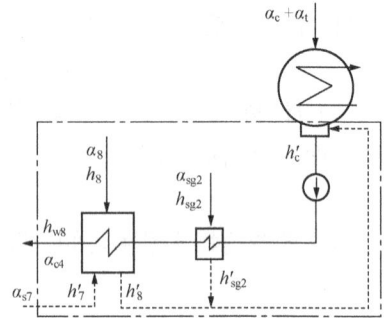

图 4-53　H8 的计算用图

$$[\alpha_8(h_8 - h_c') + \alpha_{s7}(h_7' - h_c') + \alpha_{sg2}(h_{sg2} - h_c')]\eta_h = \alpha_{c4}(h_{w8} - h_c')$$

$$\alpha_8 = \frac{\alpha_{c4}(h_{w8} - h_c')/\eta_h - \alpha_{s7}(h_7' - h_c') - \alpha_{sg2}(h_{sg2} - h_c')}{h_8 - h_c'}$$

$$= \frac{0.0759556(258.8 - 145.5)/0.98 - 0.096357(374.8 - 145.5) - 0.0014(3284 - 145.5)}{2517.6 - 145.5}$$

$$= 0.025755$$

3. 凝汽系数的计算与质量平衡校核

由前述热井处的质量平衡方程可得

$$\alpha_c = \alpha_{c4} - \alpha_{s7} - \alpha_{sg2} - \alpha_8 - \alpha_t$$

$$= 0.759556 - 0.096357 - 0.0014 - 0.025755 - 0.038 = 0.598044$$

由汽轮机通流部分的质量平衡来计算凝汽系数 $\alpha_c$，以校核计算的准确性

$$\alpha_c = 1 - \sum_{j=1}^{8} \alpha_j - \alpha_{sg1} - \alpha_{sg2}$$

$$= 1 - (0.074925 + 0.082307 + 0.04028 + 0.067932 + 0.041246$$

$$+ 0.021258 + 0.033853 + 0.025755) - 0.013 - 0.0014$$

$$= 0.598044$$

两者计算结果相同，表明以上计算正确。

4. 新蒸汽量 $D_0$ 的计算及功率校核

根据抽汽做功不足多耗新汽的公式来计算 $D_0$。

$$D_0 = D_{c0}\beta = \cfrac{D_{c0}}{1 - \sum\limits_{j=1}^{8} \alpha_j Y_j - \sum\limits_{j=1}^{2} \alpha_{sgj} Y_{sgj}}$$

(1) $D_{c0}$ 的计算。凝汽流的实际比内功 $w_{ic}$ 为

$$w_{ic} = h_0 - h_c + q_{rh} = 3394.1 - 2357.6 + 519 = 1555.5 (kJ/kg)$$

$$D_{c0} = \frac{3600 P_e}{w_{ic} \eta_m \eta_g} = \frac{3600 \times 300000}{1555.5 \times 0.99 \times 0.985} = 712.0038 (t/h)$$

(2) $D_0$ 的计算。各级抽汽做功不足系数 $Y_j$ 为

$$Y_1 = \frac{h_1 + q_{rh} - h_c}{w_{ic}} = \frac{3142.8 + 519 - 2357.6}{1555.5} = 0.838444$$

$$Y_2 = \frac{h_2 + q_{rh} - h_c}{w_{ic}} = \frac{3015.8 + 519 - 2357.6}{1555.5} = 0.756799$$

$$Y_3 = \frac{h_3 - h_c}{w_{ic}} = \frac{3332.2 - 2357.6}{1555.5} = 0.626551$$

$$Y_4 = \frac{h_4 - h_c}{w_{ic}} = \frac{3134.4 - 2357.6}{1555.5} = 0.499389$$

$$Y_5 = \frac{h_5 - h_c}{w_{ic}} = \frac{2939.2 - 2357.6}{1555.5} = 0.373899$$

$$Y_6 = \frac{h_6 - h_c}{w_{ic}} = \frac{2763.5 - 2357.6}{1555.5} = 0.260945$$

$$Y_7 = \frac{h_7 - h_c}{w_{ic}} = \frac{2669.2 - 2357.6}{1555.5} = 0.200321$$

$$Y_8 = \frac{h_8 - h_c}{w_{ic}} = \frac{2517.6 - 2357.6}{1555.5} = 0.102861$$

$$Y_{sg1} = \frac{h_{sg1} - h_c}{w_{ic}} = \frac{3361 - 2357.6}{1555.5} = 0.645066$$

$$Y_{sg2} = \frac{h_{sg2} - h_c}{w_{ic}} = \frac{3284 - 2357.6}{1555.5} = 0.595564$$

$\alpha_j h_j$、$\alpha_j Y_j$ 和 $D_j$ 的计算数据见表 4-15。

**表 4-15** $\alpha_j h_j$、$\alpha_j Y_j$ 和 $D_j$ 的计算数据

| 序号 | $\alpha_j h_j$ | $\alpha_j Y_j$ | $D_j = \alpha_j D_0$ (t/h) |
|------|----------------|----------------|----------------------------|
| 1 | $\alpha_1 h_1 = 235.47429$ | $\alpha_1 Y_1 = 0.06282042$ | $D_1 = 68.736447$ |
| 2 | $\alpha_2 h_2 = 248.221451$ | $\alpha_2 Y_2 = 0.06228986$ | $D_2 = 75.508719$ |
| 3 | $\alpha_3 h_3 = 134.221016$ | $\alpha_3 Y_3 = 0.025237474$ | $D_3 = 36.953008$ |
| 4 | $\alpha_4 h_4 = 212.926061$ | $\alpha_4 Y_4 = 0.03392449$ | $D_4 = 62.321046$ |
| 5 | $\alpha_5 h_5 = 121.230243$ | $\alpha_5 Y_5 = 0.01542184$ | $D_5 = 37.839219$ |
| 6 | $\alpha_6 h_6 = 58.746483$ | $\alpha_6 Y_6 = 0.00554717$ | $D_6 = 19.502161$ |
| 7 | $\alpha_7 h_7 = 90.360428$ | $\alpha_7 Y_7 = 0.00678147$ | $D_7 = 31.056856$ |
| 8 | $\alpha_8 h_8 = 64.480788$ | $\alpha_8 Y_8 = 0.00264919$ | $D_8 = 23.627724$ |
| 9 | $\alpha_{sg1} h_{sg1} = 43.693$ | $\alpha_{sg1} Y_{sg1} = 0.00838586$ | $D_{sg1} = 11.926244$ |
| 10 | $\alpha_{sg2} h_{sg2} = 4.5976$ | $\alpha_{sg2} Y_{sg2} = 0.00083379$ | $D_{sg2} = 1.284365$ |
| 11 | $\alpha_c h_c = 1409.948534$ | — | $D_c = 548.64758$ |
| 12 | $\sum \alpha_j h_j = 2624.259894$ | $\sum \alpha_j Y_j = 0.223892$ | $D_0 = 917.403369$ |

由此可得，抽汽做功不足的汽耗增加系数 $\beta$ 为

$$\beta = \frac{1}{1 - \sum\limits_{j=1}^{8} \alpha_j Y_j - \sum\limits_{j=1}^{2} \alpha_{sgj} Y_{sgj}} = \frac{1}{1 - 0.223892} = 1.288481$$

汽轮机的新蒸汽耗量为

$$D_0 = D_{c0}\beta = 712.0038 \times 1.288481 = 917.403368 (\text{t/h})$$

(3) 功率校核。1kg 新蒸汽比内功 $w_c$ 为

$$w_{ic} = h_0 + \alpha_{rh}q_{rh} - \left(\sum\limits_{j=1}^{8} \alpha_j h_j + \alpha_c h_c + \sum\limits_{j=1}^{2} \alpha_{sgj} h_{sgj}\right)$$

$$= 3394.1 + 0.842768 \times 519 - 2624.259894 = 1207.236698 (\text{kJ/kg})$$

据此可得汽轮发电机组的输出功率为

$$P'_e = \frac{D_0 w_i \eta_m \eta_g}{3600} = \frac{917.403368 \times 1207.236698 \times 0.99 \times 0.985}{3600} = 300.000296 (\text{MW})$$

计算误差：$\Delta = \dfrac{|P_e - P'_e|}{P_e} \times 100\% = \dfrac{|300 - 300.000296|}{300} \times 100\% = 0.000099$（%）

误差非常小，在工程允许范围内，表明上述计算正确。

5. 机组热经济性指标计算

(1) 汽轮机绝对内效率 $\eta_i$。单位工质的循环吸热量，亦即 1kg 新蒸汽的热耗量 $q_0$ 为

$$q_0 = h_0 + \alpha_{rh}q_{rh} - h_{fw} = 3394.1 + 0.842768 \times 519 - 1195.2 = 2636.296592 \text{ (kJ/kg)}$$

汽轮机绝对内效率 $\eta_i$ 为

$$\eta_i = \frac{w_i}{q_0} = \frac{1207.236698}{2636.296592} = 0.457929$$

(2) 汽轮发电机组的绝对电效率 $\eta_e$。

$$\eta_e = \eta_i \eta_m \eta_g = 0.457929 \times 0.99 \times 0.985 = 0.446549$$

(3) 汽轮发电机组的热耗率 $q$。

$$q = \frac{3600}{\eta_e} = \frac{3600}{0.446549} = 8061.825242 [\text{kJ}/(\text{kW} \cdot \text{h})]$$

（4）汽轮发电机组的汽耗率 $d$。

$$d = \frac{q}{q_0} = \frac{8061.825242}{2636.296592} = 3.058011 [\text{kg}/(\text{kW} \cdot \text{h})]$$

6. 各汽水流量绝对量的计算

根据 $D_j = \alpha_j D_0$，可计算出各处的 $D_j$，计算结果见表 4-15。

**二、发电厂原则性热力系统计算示例**

N1000-26.25/600/600 型机组的发电厂原则性热力系统如图 4-54 所示，采用常规热平衡方法，在下列已知条件下，求 1000MW 超超临界参数、单轴、四缸四排汽、双背压、反动凝汽式机组在阀门全开工况下的全厂热经济性指标。阀门全开工况下的已知条件如下所述。

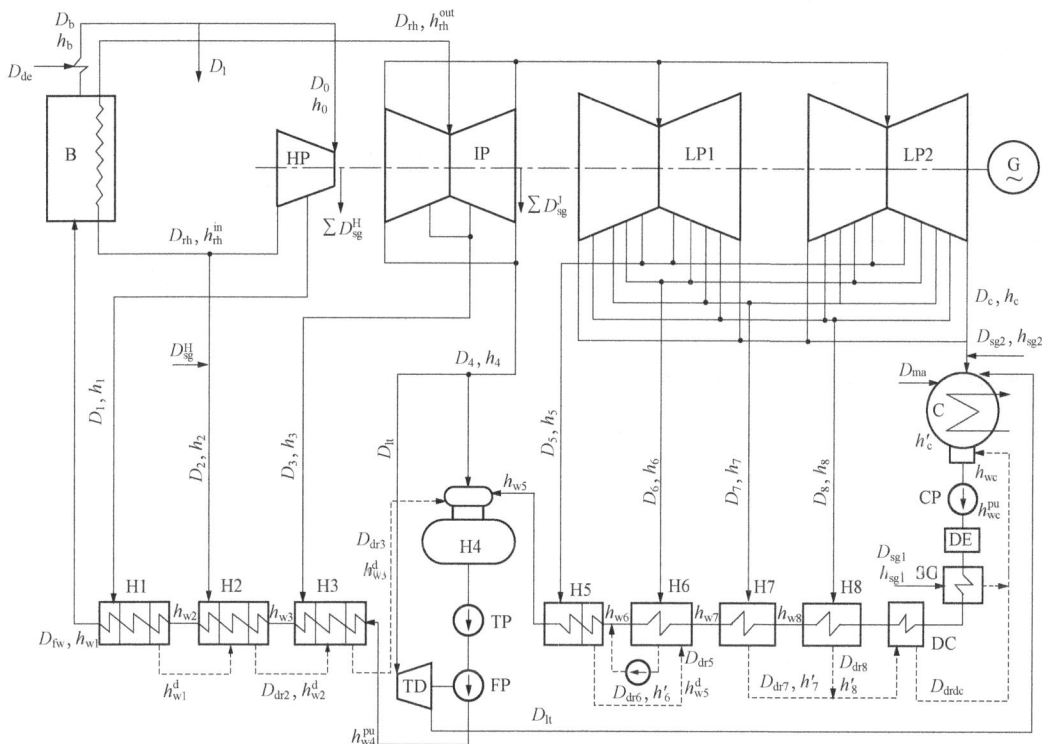

图 4-54　N1000-26.25/600/600 型机组的发电厂原则性热力系统

1. 锅炉形式和参数

锅炉为 HG2953/27.46-YM1 型变压运行直流煤粉炉，最大连续蒸发量为 2996.3t/h，额定蒸发量为 2909.03t/h，铭牌工况下主要参数如下：

过热蒸汽出口参数：$p_b = 27.56\text{MPa}$，$t_b = 605℃$，其中 $b$ 为锅炉侧。

再热蒸汽进口参数：$p_{\text{rh(b)}}^{\text{in}} = 6.12\text{MPa}$，$t_{\text{rh(b)}}^{\text{in}} = 372℃$。

再热蒸汽出口参数：$p_{\text{rh(b)}}^{\text{out}} = 5.81\text{MPa}$，$t_{\text{rh(b)}}^{\text{out}} = 603℃$。

锅炉效率：$\eta_b = 0.938$。

锅炉过热器减温水取自省煤器进口，再热器减温水取自给水泵中间抽头。

2. 汽轮机型式和参数

汽轮机型号：N1000-26.25/600/600 型（TC4F 型）

蒸汽初参数：$p_0=26.25$MPa，$t_0=600$℃。

高压缸排汽参数：$p_{rh}^{in}=p_2=6.393$MPa，$t_{rh}^{in}=t_2=377.8$℃。

中压缸进汽参数：$p_{rh}^{out}=5.746$MPa，$t_{rh}^{out}=600$℃。

平均排汽压力：$p_c=$（0.0044+0.0054）/2=0.0049MPa。

给水温度：$t_{fw}=297.3$℃。

输出功率：$P_e=1049.847$MW。

回热系统由为"三高四低一除氧"组成，H1～H3 号高压加热器及 H5 低压加热器均设置有蒸汽冷却段和疏水冷却段，H6 低压加热器带疏水泵，H7、H8 低压加热器无疏水冷却段，但疏水进入一个疏水冷却器 DC，各加热器的端差见表 4-16。

表 4-16　　　　　　　　　　　　　　回热加热器端差

| 加热器端差 | H1 | H2 | H3 | H5 | H6 | H7 | H8 |
|---|---|---|---|---|---|---|---|
| 上端差（℃） | −1.7 | 0 | 0 | 2.8 | 2.8 | 2.8 | 2.8 |
| 下端差（℃） | 5.6 | 5.6 | 5.6 | 5.6 | — | — | — |

在 VWO 工况下，各回热抽汽的压力和温度、加热器的压力和疏水冷却器出口水焓、加热器出口水焓见表 4-17。

表 4-17　　　　　　　　　　VWO 工况下回热系统计算点汽水参数

| 项　目 | | 单位 | 各计算点 | | | | | | | | | |
|---|---|---|---|---|---|---|---|---|---|---|---|---|
| | | | H1 | H2 | H3 | H4 | H5 | H6 | H7 | H8 | SG | 排汽C |
| 回热抽汽 | 压力 $p_j$ | MPa | 8.391 | 6.393 | 2.419 | 1.196 | 0.659 | 0.258 | 0.067 | 0.025 | — | 0.0049 |
| | 温度 $t_j$ | ℃ | 417.3 | 377.8 | 464.6 | 364.2 | 285.1 | 184.5 | $x=$0.981 | $x=$0.94 | — | $x=$0.8972 |
| | 蒸汽焓 $h_j$ | kJ/kg | 3179.9 | 3111.6 | 3384.8 | 3184.7 | 3029.5 | 2836.4 | 2614.5 | 2841.7 | 3193.2 | 2310.8 |
| | 饱和水焓 $h'_j$ | kJ/kg | — | — | — | — | — | — | — | — | — | 136.2 |
| 加热器水温水焓 | 加热器出口水温度 $t_{wj}$ | ℃ | 297.9 | 277.8 | 220.6 | 184.9/191.2 | 157.7 | 123.9 | 84.7 | 61.0 | 31.3 | 30.6/30.8 |
| | 疏水焓 $h_{wj}^d$ | kJ/kg | 1253.4 | 973.4 | 838.2 | — | 546.3 | 532.5 | 366.4 | 266.9 | 417.8 | — |
| | 出口水焓 $h_{wj}$ | kJ/kg | 1317.1 | 1218.5 | 957.0 | 785.0/828.5 | 666.0 | 521.4 | 355.7 | 256.4 | 132.5 | 128.3/131.3 |
| | 进口水焓 $h_{wj+1}$ | kJ/kg | 1218.5 | 957.0 | 828.5 | 666.0 | 522.9 | 355.7 | 256.4 | 147.3 | 131.3 | — |

注　分子分母分别表示水泵进出口温度或比焓。

3. 小汽水流量

制造厂家提供的轴封蒸汽量及其参数见表 4-18，全厂汽水损失 $D_1=0.01D_b$。

表 4-18　　　　　　　　　　　　　　　　　轴封蒸汽量及其参数

| 项目 | 单位 | $D_{sg1}$ | $D_{sg2}$ | $\sum D_{sg}^{H}$ | | $\sum D_{sg}^{I}$ | |
|------|------|-----------|-----------|-------------------|---|-------------------|---|
| 蒸汽量 | kg/h | 910.8 | 2034 | 32997.6 | | 1443.6 | |
| 蒸汽焓 | kJ/kg | 3193.2 | 3149.4 | | | | |
| 去处 | | SG | 凝汽器 | 高压缸排汽管道 | 18662.4 | SG | 144 |
| | | | | 中低压连通管 | 11044.8 | | |
| | | | | SG | 324 | 凝汽器 | 1299.6 |
| | | | | 凝汽器 | 2966.4 | | |

4. 其他有关数据

计算工况下的机械效率 $\eta_m = 99.6\%$，发电机效率 $\eta_g = 99.06\%$；回热加热器效率 $\eta_h = 0.99$；补充水入口温度 $t_{ma} = 15℃$，补充水比焓 $h_{w,ma} \approx 62.8 kJ/kg$；厂用电率 $\xi_{ap} = 4\%$；给水泵组焓升 $\Delta h_{fw}^{pu} = 43.5 kJ/kg$，凝结水泵组焓升 $\Delta h_{cw}^{pu} = 3 kJ/kg$；给水泵汽轮机用汽量 $D_{lt} = 168109.2 kg/h$。

5. 新蒸汽、再热蒸汽计算点参数

新蒸汽、再热蒸汽计算点参数见表 4-19。

表 4-19　　　　　　　　　　　　　　　新蒸汽、再热蒸汽计算点参数

| 汽水参数 | 单位 | 锅炉过热器出口 | 汽轮机高压缸入口 | 再热器入口 | 再热器出口 |
|----------|------|----------------|------------------|------------|------------|
| 压力 $p$ | MPa | 27.56 | 26.25 | 6.393 | 5.746 |
| 温度 $t$ | ℃ | 605 | 600 | 377.8 | 600 |
| 蒸汽焓 $h$ | kJ/kg | 3485.2 | 3482.1 | 3111.6 | 3660.8 |
| 吸热量 $q_{rh}$ | kJ/kg | — | — | 549.2 | |

(1) 原始数据的整理。依据已知条件给出的数据，经整理得各计算点的汽水焓值见表 4-17～表 4-19。

(2) 全厂物质平衡。汽轮机总汽耗量：$D_0' = D_0$

锅炉蒸发量：$D_b = D_0' + D_1 = D_0 + 0.01D_b$

$\qquad D_b = 1.0101D_0$

锅炉给水量：$D_{fw} = D_b = 1.0101D_0$

补充水量：$D_{ma} = D_1 = 0.01D_b = 0.010101D_0$

(3) 计算汽轮机各级抽汽流量 $D_j$。

1) 由高压加热器 H1 热平衡计算 $D_1$。

$$D_1(h_1 - h_{w1}^d)\eta_h = D_{fw}(h_{w1} - h_{w2})$$

$$D_1 = \frac{D_{fw}(h_{w1} - h_{w2})}{(h_1 - h_{w1}^d)\eta_h} = \frac{1.0101D_0(1317.1 - 1218.5)}{(3179.9 - 1253.4)0.99} = 0.05222D_0$$

高压加热器 H1 疏水流量 $D_{dr1}$ 为 $D_{dr1} = D_1 = 0.05222D_0$

2) 由高压加热器 H2 热平衡计算 $D_2$。

$$[D_2(h_2 - h_{w2}^d) + D_1(h_{w1}^d - h_{w2}^d)]\eta_h = D_{fw}(h_{w2} - h_{w3})$$

$$D_2 = \frac{D_{fw}(h_{w2} - h_{w3})/\eta_h - D_1(h_{w1}^d - h_{w2}^d)}{h_2 - h_{w2}^d}$$

$$= \frac{1.0101D_0(1218.5 - 957.0)/0.99 - 0.05222D_0(1253.4 - 973.4)}{3111.6 - 973.4}$$

$$= 0.117944D_0$$

高压加热器 H2 疏水流量 $D_{dr2}$ 为 $D_{dr2} = D_{dr1} + D_2 = 0.170164D_0$

再热蒸汽流量 $D_{rh}$ 的计算:

由于高压缸轴封漏出蒸汽 $\sum D_{sg}^H$, 其中 18662.4kg/h 被引入高压缸排汽管道, 故从高压缸的流量平衡可得

$$D_{rh} = D_0 - \sum D_{sg}^H - D_1 - D_2 + 18662.4$$

$$= D_0 - 32997.6 - 0.170164D_0 + 18662.4 = 0.829836D_0 - 14335.2$$

3) 由高压加热器 H3 热平衡计算 $D_3$

给水泵出口水焓: $h_{fw}^{pu} = h_{w4} + \Delta h_{fw}^{pu} = 785.0 + 43.5 = 825.5$ (kJ/kg)

$$[D_3(h_3 - h_{w3}^d) + D_{dr2}(h_{w2}^d - h_{w3}^d)]\eta_h = D_{fw}(h_{w3} - h_{fw}^{pu})$$

$$D_3 = \frac{D_{fw}(h_{w3} - h_{fw}^{pu})/\eta_h - D_{dr2}(h_{w2}^d - h_{w3}^d)}{h_3 - h_{w3}^d}$$

$$= \frac{1.0101D_0(957.0 - 828.5)/0.99 - 0.170164D_0(973.4 - 838.2)}{3384.8 - 838.2} = 0.04245D_0$$

高压加热器 H3 疏水流量 $D_{dr3}$ 为 $D_{dr3} = D_{dr3} + D_3 = 0.170164D_0 + 0.04245D_0$
$= 0.212614D_0$

4) 由除氧器 H4 热平衡计算 $D_4$。计算工况下再热减温水量为 0, 因此除氧器出口水量(给水泵出口水量)为

$$D_{fw}' = D_{fw} = 1.0101D_0$$

第四段抽汽 $D_4$ 包括除氧器加热用蒸汽 $D_4'$ 和给水泵汽轮机用蒸汽 $D_{lt}$ 两部分。故以除氧器水侧入口水焓为基准, 除氧器的热平衡方程应为

$$[D_4'(h_4 - h_{w5}) + D_{dr3}(h_{w3}^d - h_{w5})]\eta_h = D_{fw}'(h_{w4} - h_{w5})$$

$$D_4' = \frac{D_{fw}'(h_{w4} - h_{w5})/\eta_h - D_{dr3}(h_{w3}^d - h_{w5})}{h_4 - h_{w5}}$$

$$= \frac{1.0101D_0(785.0 - 666.0)/0.99 - 0.212614D_0(838.2 - 666.0)}{3184.7 - 666.0}$$

$$= 0.03367D_0$$

除氧器的进水流量 $D_{c4}$ 为

$$D_{c4} = D_{fw}' - D_{dr3} - D_4'$$

$$= 1.0101D_0 - 0.212614D_0 - 0.03367D_0 = 0.763816D_0$$

第四段抽汽流量 $D_4$ 为 $D_4 = D_4' + D_{lt} = 0.03367D_0 + 168109.2$

5) 由低压加热器 H5 热平衡计算 $D_5$。由于低压加热器 H5 的进口水焓 $h_{w6}^m$ 为未知数, 故按照上一节介绍的汇集式加热器热平衡计算范围划分方法来处理, 亦即将疏水泵混合点 M 包括在 H5 的热平衡范围内, 分别列出 H5 和 H6 两个热平衡方程式, 然后联立求解 $D_5$ 和 $D_6$。

低压加热器 H5 的热平衡方程式为

$$D_5(h_5 - h_{w5}^d)\eta_h = (D_{c4} - D_5 - D_6)(h_{w5} - h_{w6}) + (D_5 + D_6)(h_{w5} - h_6')$$

整理后可得

$$D_5 = \frac{D_{c4}(h_{w5} - h_{w6}) - D_6(h_6' - h_{w6})}{(h_5 - h_{w5}^d)\eta_h + (h_6' - h_{w6})} = \frac{0.763816D_0(666.0 - 521.4) - D_6(532.5 - 521.4)}{(3029.5 - 546.3) \times 0.99 + (532.5 - 521.4)}$$

$$= 0.044725D_0 - 0.004495D_6$$

$$(4\text{-}57)$$

6）由低压加热器 H6 热平衡计算 $D_6$。低压加热器 H6 的热平衡方程式为

$$\left[D_6(h_6 - h_6') + D_5(h_{w5}^d - h_6')\right]\eta_h = (D_{c4} - D_5 - D_6)(h_{w6} - h_{w7})$$

整理后可得

$$D_6 = \frac{D_{c4}(h_{w6} - h_{w7}) - D_5\left[(h_{w6} - h_{w7}) + (h_{w5}^d - h_6')\eta_h\right]}{(h_6 - h_6')\eta_h + (h_{w6} - h_{w7})}$$

$$= \frac{0.763816D_0(521.4 - 355.7) - D_5\left[(521.4 - 355.7) + (546.3 - 532.5) \times 0.99\right]}{(2836.4 - 532.5) \times 0.99 + (521.4 - 355.7)}$$

$$= 0.051732D_0 - 0.073312D_5$$

$$(4\text{-}58)$$

联立式（4-57）和式（4-58）得 $D_5 = 0.044507D_0$，$D_6 = 0.048469D_0$。则低压加热器 H6 的进水流量 $D_{c6}$ 为

$$D_{c6} = D_{c4} - D_5 - D_6 = 0.763816D_0 - 0.044507D_0 - 0.048469D_0 = 0.67084D_0$$

7）由低压加热器 H7 热平衡计算 $D_7$。

$$D_7(h_7 - h_7')\eta_h = D_{c6}(h_{w7} - h_{w8})$$

$$D_7 = \frac{D_{c6}(h_{w7} - h_{w8})}{(h_7 - h_7')\eta_h} = \frac{0.67084D_0(355.7 - 256.4)}{(2614.5 - 366.4) \times 0.99} = 0.029931D_0$$

低压加热器 H7 疏水流量 $D_{dr7}$ 为 $D_{dr7} = D_7 = 0.029931D_0$

8）由低压加热器 H8、疏水冷却器 DC、轴封冷却器 SG 和凝汽器热井构成一个整体的热平衡计算 $D_8$。

将 H8、DC、SG 和凝汽器热井作为一个整体后，其热平衡方程为

$$\left[D_8(h_8 - h_c') + D_{dr7}(h_7' - h_c') + D_{sg1}(h_{sg1} - h_c') + D_{c6}\Delta h_{cw}^{pu}\right]\eta_h = D_{c6}(h_{w8} - h_c')$$

$$D_8 = \frac{D_{c6}\left[(h_{w8} - h_c')/\eta_h - \Delta h_{cw}^{pu}\right] - D_{dr7}(h_7' - h_c') - D_{sg1}(h_{sg1} - h_c')}{h_8 - h_c'}$$

$$= \frac{1}{2481.7 - 136.2} \times \left\{\left[\frac{0.67084D_0(256.4 - 136.2)}{0.99} - 3\right] - 0.029931D_0\right.$$

$$(366.4 - 136.2) - 910.8(3193.2 - 136.2)\Big\}$$

$$= 0.03093D_0 - 1187.088297$$

疏水冷却器 DC 的疏水流量 $D_{drdc}$ 为

$$D_{drdc} = D_{dr7} + D_8 = 0.029931D_0 + 0.03093D_0 + 1187.088297$$

$$= 0.060861D_0 + 1187.088297$$

（4）凝汽流量 $D_c$ 的计算与校核。根据凝汽器热井的质量平衡来计算凝汽流量 $D_c$，其质量平衡方程为

$$D_c = D_{c6} - D_{drdc} - D_{sg1} - D_{sg2} - D_{ma} - D_{lt}$$
$$= 0.67084D_0 - (0.060861D_0 + 1187.088297) - 910.8 - 2034$$
$$- 0.010101D_0 - 168109.2$$
$$= 0.599878D_0 - 169866.9117$$

根据汽轮机的质量平衡来校核凝汽流量，其质量平衡方程为

$$D_c^* = D_0 - \sum_{j=1}^{8} D_j - \sum_{j=1}^{2} D_{sgj} = D_0 - (0.400121D_0 + 166922.1117) - 2944.8$$
$$= 0.599879D_0 - 169866.9117$$

$D_c^*$ 与 $D_c$ 的误差很小，满足工程要求。将上述计算结果汇总于表 4-20，以方便下述计算。

表 4-20                         汽水流量及焓值计算结果汇总表

| 序号 | 项目名称 | 流量（kg/h） | 焓值（kJ/kg） |
|---|---|---|---|
| 1 | 主蒸汽 | $D_0$ | $h_0 = 3482.1$ |
| 2 | 再热蒸汽 | $D_{rh} = 0.829836D_0 - 14335.2$ | $q_{rh} = 549.2$ |
| 3 | 第一段抽汽 | $D_1 = 0.05222D_0$ | $h_1 = 3179.9$ |
| 4 | 第二段抽汽 | $D_2 = 0.117944D_0$ | $h_2 = 3111.6$ |
| 5 | 第三段抽汽 | $D_3 = 0.04245D_0$ | $h_3 = 3384.8$ |
| 6 | 第四段抽汽 | $D_4 = 0.03367D_0 + 168109.2$ | $h_4 = 3184.7$ |
| 7 | 第五段抽汽 | $D_5 = 0.044507D_0$ | $h_5 = 3029.5$ |
| 8 | 第六段抽汽 | $D_6 = 0.048469D_0$ | $h_6 = 2836.4$ |
| 9 | 第七段抽汽 | $D_7 = 0.029931D_0$ | $h_7 = 2614.5$ |
| 10 | 第八段抽汽 | $D_8 = 0.03093D_0 - 1187.088297$ | $h_8 = 2481.7$ |
| 11 | $\sum_{j=1}^{8} D_j$ | $\sum_{j=1}^{8} D_j = 0.400121D_0 + 166922.1117$ | — |
| 12 | 汽轮机排汽 | $D_c = 0.599878D_0 - 169866.9117$ | $h_c = 2310.8$ |
| 13 | 轴封漏汽 sg1 | $D_{sg1} = 910.8$ | $h_{sg1} = 3193.2$ |
| 14 | 轴封漏汽 sg2 | $D_{sg2} = 2034$ | $h_{sg2} = 3149.4$ |
| 15 | $\sum_{j=1}^{2} D_{sgj}$ | $\sum_{j=1}^{2} D_{sgj} = 2944.8$ | — |

（5）汽轮机汽耗量 $D_0$ 的计算与功率校核。

1）汽轮机实际内功率 $W_i$ 的计算。$W_i = D_0 h_0 + D_{rh} q_{rh} - \sum_{j=1}^{8} D_j h_j - \sum_{j=1}^{2} D_{sgj} h_{sgj} - D_c h_c$

将表 4-20 中的已知数据及前述计算结果代入上述方程，整理后有

$$W_i = 1340.360661D_0 - 157090050.6 \tag{4-59}$$

2）汽轮机汽耗量 $D_0$ 的计算。根据功率方程来求解汽轮机的汽耗量 $D_0$，功率方程式为

$$W_i = \frac{3600P_e}{\eta_m \eta_g} = \frac{3600 \times 1049847}{0.9906 \times 0.996} = 3830635686 \quad (\text{kJ/h}) \tag{4-60}$$

联立式（4-59）和式（4-60），可得 $D_0 = 2975114$（kg/h）$= 2975.114$（t/h）

3）各级抽汽流量 $D_j$ 的计算与功率校核。将 $D_0$ 的计算结果代入前述相应的计算式中，即可得出各项汽水流量以及抽汽和排汽的内功率，具体数值见表 4-21。

表 4-21　　　　　　　　各项汽水流量以及抽汽和排汽的内功率

| 项　目 | 计算结果 (t/h) | 项　目 | 抽汽流量 $D_j$ (t/h) | 内功率 $W_{ij}$ (kJ/h) |
|---|---|---|---|---|
| 汽轮机汽耗 $D_0 = D_0'$ | 2975.114 | 第一段抽汽 | 155.360453 | 46949.9289×10³ |
| 锅炉蒸发量 $D_b = 1.0101 D_0$ | 3005.162651 | 第二段抽汽 | 350.896846 | 130007.2814×10³ |
| 给水量 $D_{fw} = 1.0101 D_0$ | 3005.162651 | 第三段抽汽 | 126.293598 | 81648.80529×10³ |
| 全厂汽水损失 $D_l = 0.010101 D_0$ | 30.051627 | 第四段抽汽 | 268.281288 | 227126.9384×10³ |
| | | 第五段抽汽 | 132.413399 | 132651.7431×10³ |
| 化学补充水量 $D_{ma} = 0.010101 D_0$ | 30.051627 | 第六段抽汽 | 144.200801 | 172305.537×10³ |
| | | 第七段抽汽 | 89.048137 | 126163.4005×10³ |
| 再热蒸汽量 $D_{rh} = 0.829836$ $D_0 - 14335.2$ | 2454.521501 | 第八段抽汽 | 90.833187 | 140755.1066×10³ |
| | | 汽轮机排汽 | 1614.838524 | 2778329.681×10³ |

功率校核：$W_i^* = W_c + \sum_{j=1}^{8} W_{ij} = 3835938422(\text{kJ/h})$

$$\delta W_i = \left| \frac{W_i - W_i^*}{W_i} \right| = 0.138(\%),\ 0.138\% < 1\%$$

（6）热经济性指标计算。

1）机组热经济性指标。

机组热耗：$Q_0 = D_0' h_0 + D_{rh} q_{rh} + D_{ma} h_{w,ma} - D_{fw} h_{fw}$

$= (2975.114 \times 3482.1 + 2454.521501 \times 549.2 + 30.051627 \times 62.8$

$- 3005.162651 \times 1317.1) \times 10^3 = 7751455.181 \times 10^3 (\text{kJ/h})$

机组热耗率：$q = \dfrac{Q_0}{P_e} = \dfrac{7751455.181 \times 10^3}{1049847} = 7383.41 [\text{kJ/(kW} \cdot \text{h})]$

机组汽耗率：$d = \dfrac{D_0}{P_e} = \dfrac{2975114}{1049847} = 2.83385484 [\text{kg/(kW} \cdot \text{h})]$

机组绝对电效率：$\eta_e = \dfrac{3600}{q} = \dfrac{3600}{7383.41} = 0.4876$

2）锅炉热负荷 $Q_b$ 和管道效率 $\eta_p$。

锅炉热负荷：$Q_b = D_b h_b + D_{rh} q_{rh} - D_{fw} h_{fw}$

$= (3005.162651 \times 3485.2 + 2454.521501 \times 549.2 - 3005.162651$

$\times 1317.1) \times 10^3$

$= 7863516.351 \times 10^3\ (\text{kJ/h})$

管道热效率：$\eta_p = \dfrac{Q_0}{Q_b} = \dfrac{7751455.181 \times 10^3}{7863516.351 \times 10^3} = 0.9857$

3）全厂热经济性指标。

全厂发电热效率：$\eta_{cp} = \eta_b \eta_p \eta_i \eta_m \eta_g = \eta_b \eta_p \eta_e = 0.938 \times 0.9857 \times 0.4876 = 0.4508$

全厂发电热耗率：$q_{cp} = \dfrac{3600}{\eta_{cp}} = \dfrac{3600}{0.4508} = 7985.803 \left[ kJ/(kW \cdot h) \right]$

全厂发电标准煤耗率：$b_{cp}^{s} = \dfrac{123}{\eta_{cp}} = \dfrac{123}{0.4508} = 272.8 \left[ g/(kW \cdot h) \right]$

当发电厂的厂用电率 $\xi_{ap} = 4\%$ 时，全厂供电热经济性指标如下：

全厂供电热效率：$\eta_{cp}^{n} = \eta_{cp}(1 - \xi_{ap}) = 0.4508(1 - 0.04) = 0.432768$

全厂供电热耗率：$q_{cp}^{n} = \dfrac{3600}{\eta_{cp}(1 - \xi_{ap})} = \dfrac{3600}{0.432768} = 8318.54481 \left[ kJ/(kW \cdot h) \right]$

全厂供电标准煤耗率：$b_{cp}^{n} = \dfrac{123}{\eta_{cp}(1 - \xi_{ap})} = \dfrac{123}{0.432768} = 284.21695 \left[ g/(kW \cdot h) \right]$

## 复习思考题

4-1　何为火力发电厂原则性热力系统？它主要由哪些基本系统组成？有何特点？其实质和作用各是什么？

4-2　为什么现代大容量机组的回热系统以表面式加热器为主？

4-3　回热系统的疏水方式有几种？实际机组回热系统的疏水方式是怎样选择的？

4-4　采用疏水冷却器、蒸汽冷却器的作用是什么？在 $T-s$ 图上说明其做功能力损失的变化？

4-5　回热系统常规热力计算的原理、方法是什么？为何其计算顺序是"从高到低"？

4-6　发电厂的汽水损失有哪些？怎样减少这些损失？

4-7　锅炉连续排污扩容器的压力如何确定？有无最佳值？为何连续排污扩容蒸汽一般引至除氧器？

4-8　为什么现代发电厂多采用热力除氧法？化学除氧的应用情况是怎样的？

4-9　为什么超临界参数的发电厂给水要彻底除氧？而凝结水要全部精处理？在热力系统图中如何表示凝结水的精处理？

4-10　热除氧的机理是什么？它的必要条件和充分条件各是什么？

4-11　为什么大机组采用喷雾-填料式热除氧器？并采用滑压运行方式？

4-12　试用回热抽汽做功比 $X_r$ 来定性分析补充水汇入热力系统的不同位置对发电厂热经济性的影响。

4-13　拟定发电厂原则性热力系统的内容及其步骤是什么？

4-14　试分析 N300-16.7/537/537 型、CC200-12.75/535/535 型、N600-16.7/537/537 型、NZK600-16.7/538/538 型、N660-25/600/600 型、CLN1000-25/600/600 型、NZK1000-25/600/600 以及 N1000-31/600/620/620 型机组发电厂原则性热力系统的组成特点，比较它们的异同。

4-15　试分析发电厂原则性热力系统计算与机组原则性热力系统计算的异同。

4-16　发电厂原则性热力系统的计算目的是什么？

4-17　采用矩阵分析法进行发电厂原则性热力系统计算的思路是什么？对于表面式加热器和汇集式加热器，它们的抽汽放热量、疏水放热量、给水焓升如何表示？有何异同？

4-18　汽轮机组、锅炉机组选择的原则是什么？

4-19　抽汽过热度及疏水利用方式对机组热经济性有何影响？

4-20 什么是表面式加热器的上端差、下端差？它们对热力系统的热经济性有何影响？

4-21 回热抽汽管道压降是如何产生的？它的大小对回热系统热经济性有何影响？

4-22 锅炉单级连续排污扩容器，理论上最佳压力是如何确定的？

4-23 发电厂原则性热力系统计算采用的基本公式是什么？

4-24 加热器端差大小的选择依据是什么？分析运行中端差增大的可能原因。

4-25 大型凝汽式汽轮机有哪几个主要典型工况？说明额定工况（THA）、铭牌工况（TRL）、最大连续输出工况（TMCR）、调节阀全开工况（VWO）、高压加热器切除工况、阀门全开和超压5%工况（VWO+5%）、带厂用汽工况、部分负荷工况各自的特点。

4-26 分析说明燃煤火力发电厂三大主机容量的匹配原则。

# 第五章　火力发电厂的冷端系统

## 本　章　提　要

热力发电厂终参数的选择应通过冷端系统的优化来确定。本章首先介绍热力发电厂冷端系统的组成及其特点，凝汽设备的作用及要求，然后重点说明火力发电厂湿式冷却系统和空气冷却系统的组成、工作原理、分析计算方法，最后说明冷端系统优化设计的初步知识。

## 第一节　冷端系统的组成及其作用

### 一、冷端系统的组成

提高汽轮机装置的热经济性，主要有两条途径：一是提高汽轮机的相对内效率，二是提高汽轮机的绝对内效率（亦即循环热效率）。减小汽轮机的各项级内损失、改善其通流部分的设计是提高汽轮机相对内效率的主要措施。提高工质吸热平均温度、降低工质放热平均温度均可提高汽轮机装置的循环热效率，其中降低工质放热平均温度不仅与凝汽设备有关，还与汽轮机的低压部分、供水冷却系统等密切关联，亦即与热力发电厂的冷端系统有关。因此，热力发电厂终参数的选择应通过对冷端系统的优化来确定。

热力发电厂的冷端系统是由汽轮机的低压部分、凝汽设备（水冷式凝汽器或空冷式凝汽器）、凝结水系统、抽气系统以及冷却水供应系统或空冷风机群等组成。按照汽轮机排汽在凝汽设备中所采用的冷却介质来划分，火电厂冷端系统可划分为湿式冷却系统（湿冷系统）和干式空气冷却系统（空冷系统）。目前，湿冷系统在我国火力发电厂占有约70%的份额，空冷系统则主要用于缺水地区的发电厂。

### 二、冷端系统的作用

冷端系统是发电厂热力循环中的重要一环，对整个热力发电厂的建设、安全、经济运行都有着决定性影响。

从循环热效率看，凝汽器真空的好坏，即汽轮机终参数的高低，对循环热效率所产生的影响是和机组初参数的影响同等重要的。图 5-1 为一次中间再热亚临界 300MW 机组理想循环热效率 $\eta_t$ 与排汽压力 $p_c$ 的关系曲线，从图中可以看出，若没有

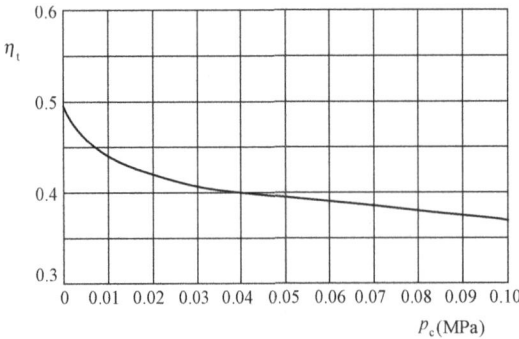

图 5-1　排汽压力对装置循环热效率的影响

凝汽设备，汽轮机的最低排汽压力是大气压，其理想循环热效率 $\eta_t$ 只有 37.12%，而当排汽压力 $p_c$ 降至 5.0kPa 时，理想循环热效率 $\eta_t$ 为 45.55%，提高了 22.7%。因此，降低排汽压

力对提高机组热经济性的影响是十分显著的。相对于提高主蒸汽温度和压力，降低排汽压力对全厂热效率的影响更为显著，且更易于实现。有资料表明，当主蒸汽或再热蒸汽温度每升高28℃，机组的热效率将提高约0.8%；在相同的主蒸汽温度下，初压每提高6~7MPa，机组的热效率方可提高0.9%~1.0%；在同等压力下，采用二次再热比一次再热机组热效率提高1.5%~1.6%。而当排汽压力从6kPa降低至4kPa时，机组热效率即可提高2.2%。

从设备投资看，汽轮机组的辅机价格约占主机的一半，而辅机价格中的约50%用于凝汽设备。从材料消耗来看，凝汽器的钢材和铜管或钛管等材料的消耗量也是相当可观的，如国产600MW机组凝汽器装配好后无水质量达1343t左右，其中的冷却管材重达421.2t左右。从结构尺寸来看，随着单机功率的增大，凝汽器也在向大型化发展，如上述600MW机组的凝汽器的冷却面积高达40000m²，每个凝汽器的外壳尺寸约为15m×8m×13m。

从设备的耗水量来看，采用湿冷系统的300MW火力发电机组的循环冷却水量约为35000t/h，600MW机组则需要65000t/h左右。由于排污、蒸发以及风吹等种种原因，循环冷却水在生产过程中会不断地减少，按照2.5%的损失率来计算，300MW和600MW火电机组循环冷却水系统的补水量分别约为750、1625t/h。这对位于缺水地区的火力发电厂来说，是一个必须正视的问题。

从设备的耗电量来看，湿冷系统的循环水泵、空冷系统的冷却风机占据了厂用电量的相当大份额。

从运行安全性来看，据统计，600MW及以上机组冷端系统的故障将使机组可用率降低约3.8%。

综上可见，冷端系统对整个发电厂的建设以及安全与经济运行都有着决定性影响，不可轻视，其作用可归纳为以下四个方面：

（1）建立并维持一定的真空。冷端系统的首要作用是在汽轮机的排汽口建立并维持高度真空，使进入汽轮机的蒸汽能膨胀到尽可能低的压力，从而增大机组的理想比熔降，提高其热经济性。机组运行时，先由抽气器抽出凝汽器及相关系统内的空气，在汽轮机排汽口建立一定的真空度，然后汽轮机排汽在凝汽器内发生凝结，体积会骤然减少，在凝汽器内形成高度真空，并且将凝结水不断排出及用抽真空设备不断抽出漏入凝汽器的不凝结气体，凝汽器真空得以维持。

（2）凝结作用。汽轮机排汽在水冷式凝汽器内通过与循环冷却水的热交换或在空冷式凝汽器内通过与冷却空气的热交换，带走排汽的汽化潜热而使其凝结成水，凝结水经回热加热器加热，作为锅炉给水重复使用。

（3）除氧作用。现代凝汽器，特别是不单设除氧器的燃气蒸汽联合循环装置中的凝汽器以及沸水堆核电机组的凝汽器，都要求有除氧作用，以适应机组的防腐要求。

（4）蓄水作用。凝汽器的蓄水作用既是汇集和储存凝结水、热力系统中的各种疏水、排汽和化学补充水的需要，也是缓冲运行中机组流量急剧变化、增加系统调节稳定性的需要，同时还是确保凝结水泵必要的吸水压头的需要。

### 三、凝汽设备的主要考核指标

凝汽设备是冷端系统的核心装置，其运行性能直接影响着机组运行的安全性与经济性，因此，现代大型火电机组的凝汽设备必须满足的基本要求是：①具有良好的传热性能；②具有高度的严密性；③具有尽可能小的汽阻和过冷度；④具有良好的除氧功能；⑤具有较小的水阻或冷却空气的流动阻力；⑥具有高效的自动清洗系统；⑦与空气一起被抽气器抽出的未凝结蒸汽量应尽可能少；⑧便于制造、运输、安装及维修。基于此，提出了下述评价凝汽器性能的主要考核指标，以作为电厂与制造厂家考核凝汽器性能的标准。

（1）真空或真空度。真空或真空度是汽轮机运行的重要指标，也是反映凝汽器综合性能的一项主要考核指标。凝汽器真空是指汽轮机低压缸排汽端的真空值。对于水冷式凝汽器，其真空为距离汽轮机排汽口不超过 610mm 处（一般取 300mm）测得的大气压力与该处蒸汽静压力值（即汽轮机的排汽压力）之差。对于直接空冷凝汽器，其真空是指汽轮机出口平面或在距离出口平面±300mm 范围内，且与汽流方向垂直的平面内测得的大气压力与该处蒸汽静压力值之差。

凝汽器真空度是指汽轮机低压缸排汽端真空占当地大气压的百分数。

（2）凝结水过冷度。凝结水过冷度是指汽轮机排汽压力对应的饱和温度与凝汽器热井中凝结水温度之差。性能优良的凝汽器，在不采用专门除氧装置的条件下，本身就可使过冷度达到零。而当管束排列本身不能达到无过冷时，则需要采用回热式热井来消除过冷。但回热式热井增大了凝汽器的高度，使得电厂投资增加。因而某些电厂设计也将凝汽器热井的变化作为技术经济分析的考虑因素之一。

（3）凝结水含氧量。凝结水含氧量是评价凝汽器除氧能力的一项指标，其取样点应在热井出口处。现代大型凝汽器在额定负荷下具有较高的除氧能力。测试表明，凝结水含氧量随负荷的降低（低于 60%）而增大，且沿管长方向不均匀分布。在评价凝汽器除氧效果时，应切断所有同外界的疏水及排汽接口，确切估计系统的严密性，并且和抽气设备的容量一起分析。

现代大型机组一般要求凝结水含氧量不超过 42ppb（1ppb＝1μg/L）。在凝汽器结构设计恰当且又运行稳定时，含氧量可低达 7～14ppb。一些国外制造厂家大都保证含氧量不大于 30ppb，运行时有的机组甚至可低达 5～10ppb。

（4）凝汽器水阻。凝汽器的水阻是由冷却水在水冷式凝汽器传热管束中的流动阻力及进、出传热管束和进、出水室时的阻力三部分组成，其数值可按照水力学公式或专用曲线比较准确地予以确定。冷却水一定的凝汽器，其水阻一般都趋于一个稳定值，在采用胶球自动清洗设备时，总水阻要有所增加，但增加的那部分水阻不计算在凝汽器水阻指标之内。

（5）空冷区排出的气－汽混合物的过冷度。空冷区出口的气－汽混合物温度，也就是抽气器的吸入温度，应比凝汽器进口平均压力所对应的饱和温度低 4.16℃或平均压力下所对应的饱和温度与冷却水入口温度差的 25%，这一差值称作气－汽混合物的过冷度，它是选择抽气器设计容量的重要依据。

## 第二节　火力发电厂的湿式冷却系统

### 一、湿式冷却系统的组成及其工作原理

火力发电厂湿式冷却系统以水作为冷却介质，它通常由汽轮机低压缸排汽装置、表面式凝汽器、冷却塔、抽气设备、凝结水泵、循环水泵以及这些部件之间的连接管道等组成，典型湿冷系统如图 5-2 所示。按照系统流程来划分，可分为汽轮机低压缸排汽系统、凝汽设备、冷却水供应系统、凝结水系统、抽真空系统等。

　　以循环冷却水作为冷却介质的湿冷系统的工作原理为：排汽离开汽轮机 1 之后进入表面式凝汽器 2，凝汽器内流入由循环水泵 4 提供的在冷却塔 3 内被冷却的循环水作为冷却工质，将汽轮机的排汽凝结为水；当汽轮机排汽压力在 5kPa 左右时，由于蒸汽凝结成水之后，其比体积缩小28000左右，进而在凝汽器内形成高度真空；为保持所形成的真空，需用抽气设备 6 将漏入凝汽器内的空气不断抽出，以免不凝结的空气在凝汽器内逐渐积累，使凝汽器内压力升高并影响凝汽器的换热；由凝汽器产生的凝结水，则通过凝结水泵 5 送入机组的凝结水系统。

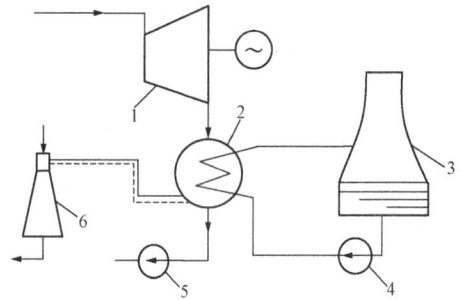

图 5-2　典型湿冷系统示意图
1—汽轮机；2—表面式凝汽器；3—冷却塔；
4—循环水泵；5—凝结水泵；6—抽气设备

**二、火力发电厂的供水系统**

（一）供水量的计算

　　火力发电厂的供水量主要取决于凝汽器所需要的冷却水量，在冷却水最高计算温度条件下，冷却水量应能保证汽轮机排汽压力不超过满负荷运行的最高允许值，一般由下式计算

$$D_w = mD_c \tag{5-1}$$

式中　　$D_w$——冷却水流量，t/h 或 m³/h；

　　　　$m$——冷却倍率；

　　　　$D_c$——汽轮机的排汽量，t/h 或 m³/h。

　　由式（5-1）知，冷却倍率就是单位时间内冷却 1kg 或 1m³ 的蒸汽所需要的冷却水量，它的大小反映了所需冷却水量的多少。冷却倍率与发电厂所在地区、季节及供水方式有关，具体数值见表 5-1。

表 5-1　　　　　　　　　　　　**冷却倍率 $m$ 的一般数值**

| 地　区 | 直流供水 | | 循环供水 | 直流供水夏季平均水温（℃） |
| --- | --- | --- | --- | --- |
| | 夏　季 | 冬　季 | | |
| 东北、华北、西北 | 50～60 | 30～40 | 60～70 | 18～20 |
| 中部 | 60～70 | 40～50 | 65～75 | 20～25 |
| 南部 | 65～75 | 50～55 | 70～80 | 25～30 |

　　火力发电厂的其他用水量可按实际情况计算，也可按相对于冷却水量的多少进行估算，按冷却汽轮机排汽的水量为 100% 计，其他用水量的相对估算值见表 5-2。

表 5-2　　　　　　　　　　**火力发电厂其他用水量的相对值**　　　　　　　（%）

| 项　目 | 数　值 | 项　目 | 数　值 |
| --- | --- | --- | --- |
| 冷却汽轮机排汽 | 100 | 补充热电厂厂内外汽水损失 | 1.5 以下 |
| 冷却汽轮发电机组油和空气 | 3～7 | 除灰渣系统用水 | 2～5 |
| 冷却辅助机械轴承 | 0.6～1 | 生活及消防用水 | 0.03～0.05 |
| 补充凝汽式发电厂汽水损失 | 0.06～0.12 | 冷却塔或喷水池用水 | 4～6 |

确定水量时，应考虑一水多用，综合利用，提高重复用水率，以降低全厂耗水量。GB 50660—2011 规定，火力发电厂设计耗水指标应为夏季纯凝工况、频率为 10％的日平均气象条件、机组满负荷运行时单位装机容量的耗水量。耗水量应包括厂内生产、生活和未预见用水量，不应包括厂外输水管道损失水量、供热机组外网损失、原水预处理系统和再生水深度处理系统的自用水量。火力发电厂的设计耗水指标宜根据当地的水资源条件和采用的相关工艺方案来确定，并应符合表 5-3 的规定。

表 5-3　　　　　　　　　　　　火力发电厂设计耗水指标　　　　　　　　　$[m^3/(s \cdot GW)]$

| 序号 | 机组冷却方式 | <300MW | ≥300MW | 参考的相关工艺方案 |
|---|---|---|---|---|
| 1 | 淡水循环供水系统 | ≤0.8 | ≤0.7 | 湿法脱硫、干式除灰、湿式除渣 |
| 2 | 淡水直流供水系统 | ≤0.12 | ≤0.10 | 湿法脱硫、干式除灰、湿式除渣 |
| 3 | 海水循环供水系统 海水直流供水系统 | ≤0.12 | ≤0.10 | 湿法脱硫、干式除灰、湿式除渣 |
| 4 | 空冷机组 | ≤0.15 | ≤0.12 | 湿法脱硫、干式除灰、干式除渣、电动给水泵或汽动给水泵排汽空冷、辅机冷却水湿冷 |
| | | ≤0.12 | ≤0.10 | 湿法脱硫、干式除灰、干式除渣、电动给水泵或汽动给水泵排汽空冷、辅机冷却水空冷 |
| | | — | ≤0.06 | 干法脱硫、干式除灰、干式除渣、电动给水泵或汽动给水泵排汽空冷、辅机冷却水空冷 |

（二）水源及对供水系统的要求

1. 水源

火力发电厂的水源主要有江/河/湖泊水、海水、地下水三种。选择发电厂水源时，要求水源必须可靠。在确定供水能力时，应收集和研究正确的水文气象资料（如水量、水质、水温、水位、含沙量、河床和河岸的稳定性、坚固性等）、当地工农业和生活用水情况等，注意水利规划对水源变化的影响与资源的综合利用，还要有水源可靠性分析专门论证报告，可靠性标准见 GB 50660—2011。

2. 对供水系统的要求

供水系统的可靠性直接影响到汽轮发电机组的正常运行，故必须满足：①保证不间断地供给足够的水量；②进入凝汽器的冷却水的最高温度一般不应超过制造厂的规定值；③最大限度地清除冷却水中的杂质，以避免堵塞冷却设备；④为减少供水系统投资、运行和维护费用，厂区尽可能靠近水源。

（三）供水系统的选择

发电厂的供水系统由水源、取水设备、供水设备以及连接管道、阀门和附件组成。可分为直流、循环和混合三种供水系统。

1. 直流供水系统

直流供水系统的水源是江、河、湖泊等自然水源。取水设备从水源取出水，经凝汽器等冷却设备吸热后，又直接通过管道或沟渠排至水源，也称为开式供水系统。这种系统投资省、运行经济性高，在有条件的情况下应优先选用。直流供水系统主要有以下几种：

（1）岸边水泵房直流供水系统。当水源水位较低或水位变化幅度较大时，采用岸边水泵房直流供水系统。该系统的供水管道可以采用两条，组成双母管供水系统，也可以采用一条，组成单元供水系统。水由岸边水泵房中的循环水泵升压后，经管道送至凝汽器及其他冷却设备吸热，热水通过虹吸井，由排水渠流回水源下游。该系统的特点是水泵房标高较低，水泵能自流取水，运行比较可靠，但供水管道长，流动阻力大。

（2）中继水泵房直流供水系统。当发电厂的厂址标高与水源水位相差很大或厂址距离水源较远时，可采用中继水泵房直流供水系统。该系统中有两个水泵房，一个在岸边，一个在主厂房内或靠近主厂房。两个水泵房之间可采用自流明渠或供水管道连接。

（3）厂区水泵房直流供水系统。厂区水泵房直流供水系统是指循环水泵装在汽轮机房或厂区中央水泵房中的直流供水系统。当厂区标高与水源水位相差很小及水源水位变化不大时，可采用厂区水泵房直流供水系统。当水源水位变化不大（1～3m），最低水位较高，水源到厂区引水渠地形平坦时，可以采用明渠将水直接引至汽轮机房的吸水井或厂区中央水泵房中，由布置在汽轮机房或中央水泵房内的循环水泵直接供水。

2. 循环供水系统

循环供水系统是指冷却水经凝汽器或其他设备吸热后进入冷却设备（冷却塔、冷却池或喷水池），将热量传给空气而本身温度降低后，再由循环水泵送回凝汽器重复使用的系统。自然通风冷却塔循环供水系统的流程示意图如图 5-3 所示。其中，冷却塔能否将循环水热量及时释放到大气中去，是保证汽轮机排汽压力稳定的重要环节，它通过出塔水温（即循环水入口水温）影响凝汽器压力，进而影响机组的热经济性。大气的干球温度、湿度（或湿球温度）、大气压力、循环水流量、冷却塔填料特性、塔内部件的阻力系数、配水系统的工作状况等都影响着冷却塔的出塔水温。

目前，大型火电厂湿冷系统普遍采用的是自然通风冷却塔或烟塔合一冷却塔。机械通风冷却塔，在相同冷却水条件下，比自然通风冷却塔占地面积小、造价低，但其耗电量大，因其塔高较低、排出热湿空气、风机噪声对环境影响较大，我国大中型电厂较少采用。

（1）自然通风冷却塔。自然通风逆流式冷却塔是火电厂普遍采用的冷却装置，其结构示意图如图 5-3 所示。它主要由通风筒、人字形支柱、配水系统、淋水填料、除水器和集水池等组成，具有运行费用低、故障少、易于维护的特点，并且由于塔筒较高，在运行时产生的飘滴和雾气团对周围环境的影响较小。

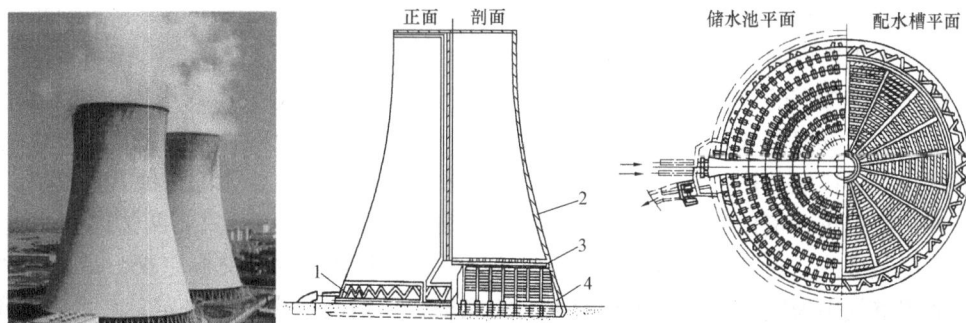

图 5-3　自然通风冷却塔结构示意图
1—人字形支柱；2—通风筒；3—淋水装置；4—储水池

通风筒由钢筋混凝土浇灌或预制而成，呈双曲线型，其作用是创造良好的空气动力条件，减少通风阻力，并将湿热空气排至大气，减少湿热空气回流。为满足热水冷却需要的空气流量，塔内外需要有足够的压差，但塔内外空气密度差是有限的，因此自然通风冷却塔必须建造一个高大的塔筒，其高度达100m以上。人字形支柱为钢筋混凝土制成，承担通风筒的动静载荷，冷空气由此进入塔筒。配水系统和淋水填料布置在距地面高度8~10m的位置。配水系统的作用是保证在一定的水量变化范围内将来自凝汽器或其他设备的温度较高的循环冷却水均匀地分布于整个淋水填料面积上，从而使填料作用得以充分发挥。配水分布性能的优劣，将直接影响空气分配的均匀性及填料发挥冷却作用的能力，配水不均匀，将降低冷却效果。淋水填料作为冷却塔的重要构件，其作用是将进入填料层的温度较高的循环冷却水溅散成细小的水滴或形成薄的水膜，以增加水和空气的接触面积和接触时间，即增加水和空气的热交换程度。淋水填料区是水进行冷却的主要区域，整个塔60%~70%的温降发生在此区域，其性能的优劣直接影响冷却塔的运行热经济性。淋水填料热力性能越好，通风阻力越小，其散热能力就越强，冷却水在此区域内的温降就越大。对淋水填料进行性能研究以及合理选型一直备受国内外学者的重视，从较早实用的重型水泥网格填料到近几年的轻质PVC淋水填料；从应用单种填料到多种不同填料的优化组合，这些对淋水填料的研究和改进工作均是沿着淋水填料高热力性能、低阻力特性的方向开展的。除水器的作用是将冷却塔气流中携带的水滴与空气分离，减少循环冷却水被空气带走的数量，以减少汽水损失。除水器布置在配水系统之上，由弧形除水片组成。当风筒内气流夹带细小水滴上升时，撞击到除水器的弧片上，在惯性力和重力的作用下，水滴从气流中分离出来。雨区是逆流塔中填料以下、集水池水面以上的区域，也称为配风区，即气流进入冷却塔以后，经过此区域，然后进入填料。热水经冷却后，汇集到集水池内，然后从集水池流到水泵房，循环使用。集水池的容积，应保证冷却塔的正常运行，以及冷却塔突然停运时，水不会溢出池外。

自然通风逆流湿式冷却塔的工作原理是：热水由管道通过中央竖管（竖井）送入热水分配系统，配水系统将热水均匀散布于冷却塔横截面上；然后通过喷溅设备，将水洒到填料上；经填料后成雨状落入集水池，冷却后的水被抽走送入凝汽器循环使用。塔筒底部为进风口，用人字柱或交叉柱支承。空气从进风口进入塔筒，穿过填料下的雨区，和热水流动成相反方向并流经填料，通过收水器回收空气中的水滴后，再从塔筒出口排出。塔外温度低、湿度小、密度大的空气进入冷却塔后，吸收由热水蒸发和接触散失的热量，温度升高，湿度变大，密度减小。正是由于塔内外空气的这种密度差异在进风口内外产生压差，致使塔外空气源源不断地流进塔内而无须通风机械提供动力。

自然通风冷却塔的运行是传热和传质同时进行的过程。在湿式冷却塔中，热水温度高，流过水表面的空气温度低，水将热量传给空气，由空气带走，散到大气中去。水向空气散热有三种形式：①接触散热；②蒸发散热；③辐射散热。冷却塔主要靠前两种方式散热，由辐射带走的热量很小，可以忽略不计。接触散热的推动力是温度差。只要两物体有温度差存在，就有接触散热，直到两物体温度相等为止。蒸发散热通过物质交换完成，即通过水分子不断扩散到空气中来完成。水分子有着不同的能量，平均能量由水温决定。在水表面附近，一部分动能大的水分子，克服附近水分子的吸引力，逸出水面而成为水蒸气。由于能量大的水分子逃离，水面附近的水体能量变小，因此水温降低，这就是蒸发散热。由于水变成水蒸气要吸收汽化潜热，因此蒸发散热占冷却塔内总热交换量的绝大部分。

运行过程中，影响循环水出塔水温的主要因素有：气象条件（干球温度、相对湿度等）、填料性能、环境风等。

1) 相对湿度。蒸发散热的推动力是分压差或含湿差，差值越大，散热量越大，反之亦然。因此，空气的相对湿度低，其吸湿能力则强，蒸发散热量大，冷却塔的冷却性能好；当空气的相对湿度高时，其吸湿能力变差，蒸发散热量减小，此时空气和冷却水的换热主要靠接触散热，冷却塔的冷却性能变差。

2) 填料性能。填料是冷却塔的重要组成部分，应选择温降大、气流阻力小、价格便宜的填料。性能好的填料，所形成的水表面积大，气-水接触面积大，冷却塔的冷却性能好。运行过程中，填料损坏或堵塞，都会造成冷却水温升高。

3) 环境风的影响。在无外界环境风的情况下，对自然通风冷却塔的设计，已经有比较成熟的计算方法；当有外界环境风时，塔内通风量的计算尚没有准确的表达式。冷却塔的热态试验指出，有自然风时塔内的通风量减少，风越大越不利，达到一个最不利风速后，开始变好，并在大风时变为比无风时还有利。即自然风对冷却塔内通风量的影响可分为三个区域：低风速区，影响很小；中风速区，有较大的不利影响；高风速区，从不利影响变为有利影响。

(2) 烟塔合一冷却塔。烟塔合一技术是将火电厂烟囱和冷却塔合二为一，取消烟囱，利用冷却塔内巨大的热湿空气对脱硫后的净烟气产生一个环状气幕，形成包裹和抬升，增加烟气的抬升高度，从而促进烟气中污染物的扩散。其工艺系统通常有外置式和内置式两种排放形式。

1) 外置式。外置式排放形式把脱硫装置安装在冷却塔外，脱硫后的净烟气直接引入冷却塔内喷淋层的上部，如图 5-4 所示。通过安装在塔内的除雾器除雾后均匀排放，与冷却水不接触。国外早期系统当脱硫系统运行故障时，由于原烟气的温度和二氧化硫的含量相对较高，不适用于通过冷却塔排放，需经过干式烟囱排放。目前由于脱硫装置运行稳定，冷却塔外一般不再设置旁路烟囱。

2) 内置式。近几年来，烟塔合一技术得到了进一步的发展，开始趋向于将脱硫装置布置在冷却塔里，使布置更加紧凑，节省用地，其脱硫后的烟气直接从冷却塔顶部排放，如图 5-5 所示。由于省去了烟囱、烟气热交换器，减少了用地，可大大降低初投资，并节约运行和维护费用。

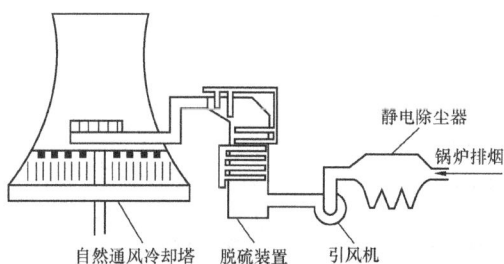

图 5-4　外置式烟塔合一冷却塔示意图

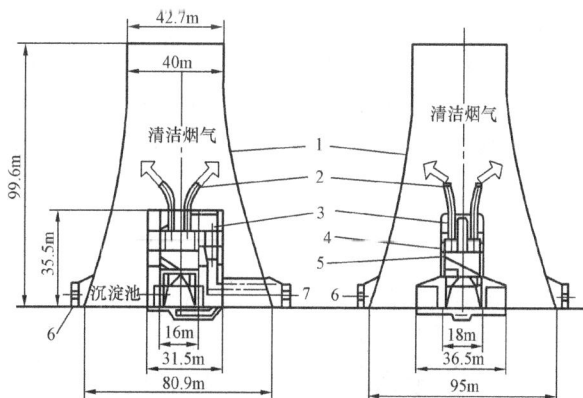

图 5-5　冷却塔内布置脱硫系统示意图

1—冷却塔烟囱；2—清洁烟气排放口；3—湿法脱硫系统；4—旋转洗涤器；5—综合氧化器；6—对流冷却器；7—烟气进口

### 三、水冷式凝汽器

水冷式凝汽器是湿式冷却系统的关键换热设备，它用循环冷却水来冷却汽轮机的排汽，因循环水水质较差，为避免污染凝结水，一般采用表面式换热器。影响凝汽器换热性能的主要因素有循环水流量、凝汽器热负荷、冷却管道的清洁程度、真空系统的严密性程度、抽气器的工作状态、循环水的进口温度等。

表面式凝汽器的结构示意如图 5-6 所示。它有一个圆筒形外壳 2，其两端连接着形成水室的端盖 5 和 6；在端盖与外壳间装有管板 3，冷却水管 4 装在管板上；为了避免管束的振动和减少管子的挠度，在两管板之间还设有若干块中间隔板，将管子紧固在中间隔板上（图中未画出）；冷却水从进水口 11 进入凝汽器，沿箭头所示方向流经管束 4 后从出水口 12 流出；汽轮机的排汽从进汽口 1 进入凝汽器，蒸汽和冷

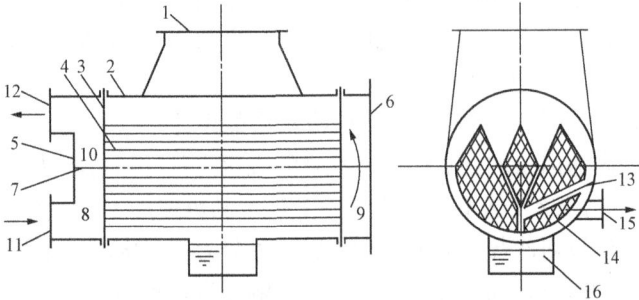

图 5-6　表面式凝汽器构造简图

1—排汽进口；2—凝汽器外壳；3—管板；4—冷却水管；5、6—水室端盖；7—水室隔板；8—进口水室；9—转向水室；10—出口水室；11—冷却水进口；12—冷却水出口；13—挡板；14—空气冷却区；15—空气抽出口；16—热水井

的管壁接触而凝结，所有的凝结水最后集聚在下部的热水井 16 中，最后由凝结水泵抽出；在凝汽器壳体右下侧有空气抽出口 15，凝汽器汽侧空间的空气通过这个管口被抽气器抽出。

1. 水冷凝汽器的分类

（1）按汽流方向划分。汽轮机排汽进入凝汽器后，因抽气口处的压力最低，所以汽流向抽气口处流动。根据抽气口位置的不同，凝汽器可分为汽流向下式、汽流向上式、汽流向心式、汽流向侧式四种。

1）汽流向下式凝汽器如图 5-7（a）所示。这种凝汽器的抽气口处于凝汽器的下部，汽轮机排汽自上而下流动。这种方式在热力设备发展的初期曾得到广泛的应用，因为其结构紧凑，能够在一定的容积中布置较多的冷却面积，但这种凝汽器的汽阻与凝结水的过冷度都很大。其原因是：由于管束的进口通道面积小，蒸汽速度高，因此进入第一排管束所引起的局部阻力很大；自第一排管束到抽气口汽流经过的路程太长；凝汽器中被向下流动的凝结水浸

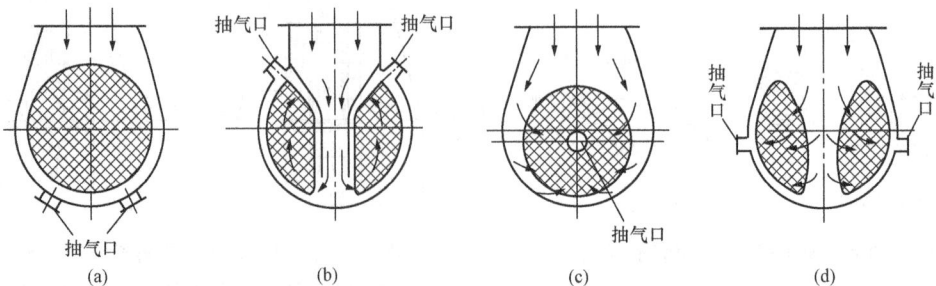

图 5-7　不同汽流方向的各类凝汽器

（a）汽流向下式；（b）汽流向上式；（c）汽流向心式；（d）汽流向侧式

润的管子很多以及由于它的抽气口在下部，使凝汽器下部的凝结水不能与蒸汽直接接触，无法进行回热。由于这些缺点，致使凝结水的过冷度达 10～15℃ 之多，热经济性很差。这种凝汽器只在老式的小型机组中采用。

2）汽流向上式凝汽器如图 5-7（b）所示。这类凝汽器最突出的优点是汽轮机的排汽可以充分加热凝结水。在这种凝汽器中，全部排汽都将直接与下部热井中的凝结水表面相接触，并且使向下流的凝结水与逆向而来的蒸汽相接触，因此凝结水的过冷度很小。但是，由于这种凝汽器汽流转弯很多，并且蒸汽的流经路线也很长，汽流阻力仍很大，故这类凝汽器目前也很少采用。

3）汽流向心式凝汽器如图 5-7（c）所示。在这类凝汽器中，蒸汽由管束四周沿半径方向流向中心的抽气口。在管束的下部有足够的蒸汽通道，使向下流动的凝结水及热井中的凝结水与蒸汽相接触，凝结水得到的回热。不仅如此，这种凝汽器还由于管束在蒸汽进口侧具有较大的通道，同时蒸汽在管束中的行程较短，所以汽阻比较小。此外，由于凝结水与被抽出的蒸汽空气混合物不接触，保证了凝结水的良好除氧作用。其缺点是各部分管子的热负荷不均匀，下部管子不易与蒸汽接触，不能充分发挥冷却作用，凝汽器体积较大。

4）汽流向侧式凝汽器如图 5-7（d）所示。它有上下直通的蒸汽通道，保证了凝结水与蒸汽的直接接触。一部分蒸汽由此通道进入下部，其余部分从上面进入管束的两半，空气从两侧抽出。在这类凝汽器中，当通道面积足够大时，凝结水过冷度很小，汽阻也不大。目前，国产汽轮机的凝汽器多数采用这种形式。

（2）按冷却水的流程划分。按冷却水的流程来划分，凝汽器可分为单流程、双流程和多流程。所谓单流程凝汽器，是指冷却水在凝汽器传热管束内只流过一个单程就排出凝汽器，不再返回，如图 5-8（a）所示。双流程凝汽器是指冷却水在传热管束内经过一个往返再排出凝汽器，如图 5-8（b）所示。

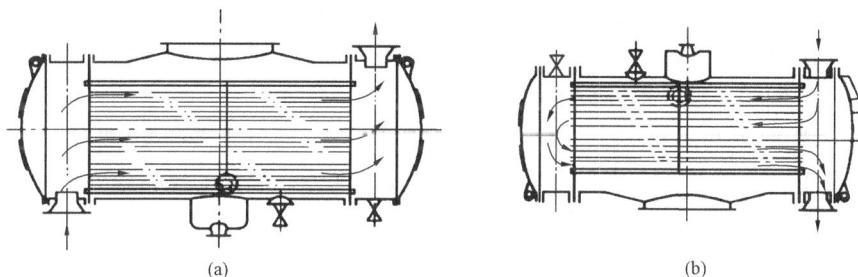

图 5-8　单流程和双流程凝汽器
(a) 单流程；(b) 双流程

（3）按有无垂直隔板划分。按有无垂直隔板来划分，凝汽器可分为单一制（水室中无垂直隔板）和对分制（水室中有垂直隔板）两种形式。如图 5-9 所示，对分制凝汽器内部被隔板分成独立的两半。其主要优点是当凝汽器内脏污时，汽轮机不需要停机，降低负荷后，可以一半清洗，另一半继续运行。

（4）按凝汽器汽侧压力划分。按凝汽器的汽侧压力来划分，可分为单压凝汽器和多压凝汽器。无论汽轮机排汽口有几个，凝汽器内的压力是单一的，即为单压凝汽器。随着单机容量的增加，汽轮机的排汽口也相应地增多。为了提高凝汽器的效率，对应着各排汽口，将凝汽器汽侧分隔为几个互不相通的汽室，冷却水管依次穿过各汽室。运行时，由于冷却水在凝汽器内是吸热过程，所以各汽室的冷却水进口温度不同，在各汽室的汽侧压力也不同，这种凝汽器称为多压凝汽器。图 5-10 所示为双压凝汽器，即将单压凝汽器用中间隔板分为两个汽室，冷却水流程不做任何变化，两个汽室的凝汽压力不相同，显然，$p_{c1} < p_{c2}$。低压侧凝汽器所形成的凝结水依靠重力通过连通管引入高压侧凝汽器水平放置的淋水盘，再经淋水盘上的小孔流下，形成水帘，凝结水表面积增大被上面流下的蒸汽加热。凝结水出水管布置在高压侧凝汽器热水井，以便用高压侧蒸汽加热凝结水，减小凝结水的过冷度。

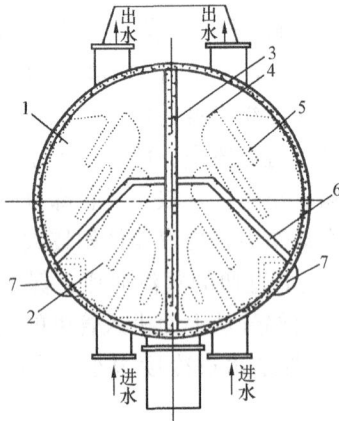

图 5-9　对分制凝汽器

1—第二流程管束；2—第一流程管束；3—垂直隔板；4—蒸
汽空间；5—蒸汽通道；6—水室隔板；7—抽气口

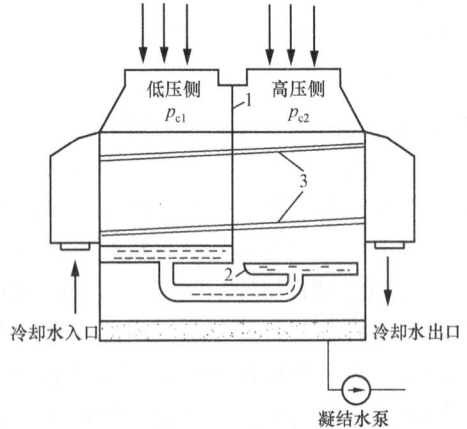

图 5-10　双压凝汽器

1—汽室隔板；2—高压侧
淋水盘；3—冷却管束

多压凝汽器中每个汽室的平均温度较接近，热负荷较均匀，能有效利用冷却面积。在一定条件下，采用多压凝汽器的平均背压可以低于单压凝汽器的背压，还可以使凝结水温度高于单压凝汽器的凝结水温，提高设备的热经济性。

2. 凝汽器压力 $p_c$ 的确定

理想情况下，凝汽器汽室内只有蒸汽而没有其他气体，汽侧的压力处处相同，蒸汽在汽侧压力相应的饱和温度下凝结。实际上，真空系统的不严密处会漏入空气，凝汽器汽侧空间是多组分共存，可将它们分为蒸汽和不凝结气体两大组分。由道尔顿定律可知，汽侧空间的总压力 $p_c$ 是组成混合气体的各组元气体分压力之和，即 $p_c = p_s + p_a$。

在凝汽器的主凝结区，不凝结气体总量相对于蒸汽量很小，可以近似认为总压力 $p_c$ 与蒸汽分压力 $p_s$ 相等，亦即凝汽器中的压力主要决定于蒸汽分压力，而蒸汽分压力又决定于汽、水共存的热平衡温度，即对应温度下水、蒸汽的饱和温度。在凝汽器的空气冷却区，由于蒸汽已大量凝结，蒸汽中的空气含量增加，蒸汽分压力 $p_s$ 显著低于凝汽器压力 $p_c$，这时所对应的饱和温度会明显下降。

凝汽器中蒸汽与冷却水的热交换形式可近似地看成逆流换热，图 5-11 给出了蒸汽和冷却水的温度沿冷却表面的分布规律，其中，曲线 1 表示凝汽器内蒸汽凝结温度 $t_s$ 的变化，$t_s$ 在主凝结区基本不变，在空气冷却区下降较多。曲线 2 表示冷却水由进口温度 $t_{w1}$ 逐渐吸热上升到出口处的温度 $t_{w2}$，冷却水温升 $\Delta t = t_{w2} - t_{w1}$。冷却水的进水侧温度较低，与蒸汽的传热温差较大，单位面积的热负荷较大，故此处冷却水温上升较快。$t_s$ 与 $t_{w2}$ 之差称为凝汽器的端差，以 $\delta t$ 表示，$\delta t = t_s - t_{w2}$。主凝结区的蒸汽凝结温度为

$$t_s = t_{w1} + \Delta t + \delta t \qquad (5\text{-}2)$$

式中　$t_s$——凝汽器压力对应的饱和温度，℃；

　　　$t_{w1}$——冷却水入口水温，℃；

　　　$\Delta t$——冷却水温升，℃；

　　　$\delta t$——凝汽器端差，℃。

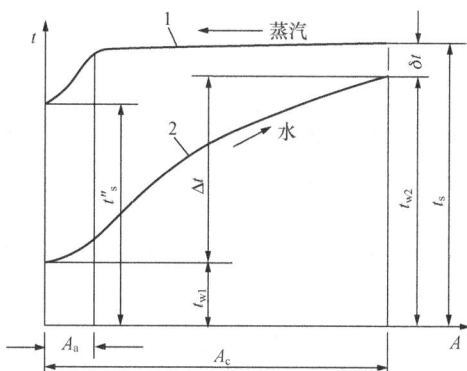

图 5-11　蒸汽和水的温度沿冷却表面分布规律

在主凝结区，总压力 $p_c$ 与蒸汽分压力 $p_s$ 相差甚微，$p_c$ 可以用 $p_s$ 代替。由式（5-2）计算出 $t_s$ 后就可求出 $t_s$ 所对应的饱和压力 $p_s$。工程计算时，可由下式近似确定出凝汽器压力 $p_c$。

$$p_c = 9.81 \times \left(\frac{t_s + 100}{57.66}\right)^{7.46} \qquad (5\text{-}3)$$

式中　$p_c$——凝汽器压力，Pa。

由此可见，凝汽器压力与 $t_{w1}$、$\Delta t$ 和 $\delta t$ 有关，明晰 $t_{w1}$、$\Delta t$ 和 $\delta t$ 三方面对凝汽器压力的影响规律，是保证机组能够在最佳背压下运行的关键所在。

（1）冷却水进口温度 $t_{w1}$。冷却水进口温度 $t_{w1}$ 主要取决于发电厂所在地的气候和季节。冬季 $t_{w1}$ 低，$t_s$ 也低，凝汽器压力 $p_c$ 就低（真空高），机组运行的热经济性好；夏季 $t_{w1}$ 高，$t_s$ 也高，凝汽器压力 $p_c$ 高（真空低），机组运行的热经济性差。当采用冷却塔或喷水池时，冷却水进口温度 $t_{w1}$ 还取决于冷却塔或喷水池的冷却效果。

（2）冷却水温升 $\Delta t$。当忽略进入凝汽器的其他热量时，冷却水温升 $\Delta t$ 由凝汽器的热平衡方程求得，即蒸汽的凝结放热量等于冷却水的吸热量，用下式表示

$$Q = 1000 D_c (h_c - h_c') = 1000 D_w (h_{w2} - h_{w1}) = 1000 D_w c_p (t_{w2} - t_{w1}) \qquad (5\text{-}4)$$

式中　$Q$——凝汽器的换热量，kJ/h；

$D_c$、$D_w$——进入凝汽器的蒸汽量与冷却水量，t/h；

$h_c$、$h_c'$——汽轮机排汽及凝结水的比焓，kJ/kg；

$h_{w1}$、$h_{w2}$——进入和流出凝汽器的冷却水比焓，kJ/kg；

　　　$c_p$——冷却水的比热容，对于淡水，$c_p = 4.187$ kJ/（kg·K）。

由式（5-4）可推得

$$\Delta t = \frac{D_c (h_c - h_c')}{4.187 D_w} = \frac{h_c - h_c'}{4.187 m} \qquad (5\text{-}5)$$

$$m = D_w / D_c$$

式中　$m$——冷却倍率，亦称为循环倍率。

式（5-5）中，$(h_c - h_c')$ 为 1kg 排汽凝结时放出的汽化潜热。对于凝汽式汽轮机，$(h_c - h_c')$ 在数值上变化不大，如初参数为 9.0～16.0MPa 的亚临界机组其值为 2200～2250kJ/kg，初参数为 23.5MPa 的超临界机组为 2300～2350kJ/kg。由于排汽有 10% 左右的湿度，故 $(h_c - h_c')$ 比 1kg 干饱和蒸汽的凝结放热量少，其值为 2140～2220kJ/kg，取其平均值，

则有

$$\Delta t \approx \frac{2177}{4.187m} = \frac{520}{m}$$

由此可见，$\Delta t$ 的大小主要取决于冷却倍率 $m$，或者说，当汽轮机排汽量 $D_c$ 一定时，主要取决于冷却水量 $D_w$。$D_w$ 减少，$\Delta t$ 增大，真空降低；反之亦然。冷却水量 $D_w$ 的大小主要决定于循环水泵的容量和启动台数，循环水泵及其电动机容量越大，循环水管越粗，汽轮机末级叶片因排汽比体积增大而增长，电站投资增加，故设计时恰当的 $m$ 值应在汽轮机组的冷端系统最佳参数选择任务中决定。一般情况下，$m$ 的取值范围见表 5-1。厂址和江河水面高差小时，取较大的 $m$ 值，这时循环水泵的耗功增加不多，而提高的真空较多。另外，冷却水量 $D_w$ 也可能由于其他原因而减少，如凝汽器被杂草、木块、小鱼等堵塞；冷却水管内侧结垢，流动阻力增大；循环水泵局部故障；循环水吸水井水位太低，吸不上水等都可能使冷却水量减少，引起真空降低。

（3）凝汽器传热端差 $\delta t$。根据凝汽器的传热方程可知

$$Q = K \cdot A_c \cdot \Delta t_m \tag{5-6}$$

式中　$A_c$——凝汽器的冷却面积，$m^2$；

　　　$K$——凝汽器的总体传热系数，$kJ/(m^2 \cdot h \cdot K)$；

　　　$\Delta t_m$——蒸汽和冷却水之间的对数平均传热温差，℃。

由图 5-11 可知，空气冷却区传热面积 $A_a$ 较小，故一般假设蒸汽凝结温度 $t_s$ 沿整个面积 $A_c$ 不变，这时 $\Delta t_m$ 为

$$\Delta t_m = \frac{(t_s - t_{w1}) - (t_s - t_{w2})}{\ln \frac{t_s - t_{w1}}{t_s - t_{w2}}} = \frac{\Delta t}{\ln \frac{\Delta t + \delta t}{\delta t}} \tag{5-7}$$

将式（5-4）、式（5-6）与式（5-7）联立，可推得凝汽器的传热端差为

$$\delta t = \frac{\Delta t}{e^{\frac{A_c K}{4.187 D_w}} - 1} \tag{5-8}$$

由式（5-8）可知，影响凝汽器传热端差 $\delta t$ 的主要因素有传热面积 $A_c$、传热系数 $K$、循环冷却水的温升 $\Delta t$ 和冷却水量 $D_w$ 等。在设计凝汽器时，凝汽器的传热量 $Q$ 一定，$D_w$ 和 $\Delta t$ 主要根据冷却倍率 $m$ 决定，$K$ 一般按经验数值取定。因此，只有增大 $A_c$，才能减小 $\delta t$。但是换热面积 $A_c$ 的增大使得投资增加，故设计工况下凝汽器的传热面积需要经过技术经济性比较后才能确定，一般以年总费用为目标函数进行优化。

对于在役机组而言，由于 $A_c$ 已定，因此传热系数 $K$ 是影响 $\delta t$ 的主要因素。$K$ 越大，$\delta t$ 越小，真空越高，机组运行热经济性越好。凡是影响传热系数 $K$ 的因素，都将影响 $\delta t$，从而也都将影响 $t_s$ 和 $p_c$。但是，机组运行过程中若出现凝汽器热井水位过高、杂物阻塞凝汽器的传热管束以及管束泄漏后的人为堵管等均会造成凝汽器传热面积的减少，进而使凝汽器的传热端差增大。

凝汽器的传热系数 $K$ 与冷却水进出口温度、冷却水流速、蒸汽流速和流量、凝汽器结构（含循环水流程数、管子排列方式、管径、管材等）、冷却表面清洁程度及空气含量等有关。目前，凝汽器传热系数的详细计算可以采用别尔曼公式、美国 HEI 公式或分部计算公式，详见有关参考文献。尽管影响传热系数 $K$ 的因素很多，但对结构确定的传热管束，管内循环冷却水流速是一个主要因素，增大管内循环冷却水的流速可以增大对流传热，进而增

大传热系数 $K$，但增加流速是以增大循环水泵耗功为代价的，且管内流速过高还可能会诱发传热管束的振动，一般管内流速为 $1.5 \sim 2.0 \text{m/s}$。

3. 凝汽器的最佳真空

凝汽设备运行状态的好坏对汽轮机的安全经济运行影响极大。各种运行因素对机组热耗影响的对比表明，凝汽器真空下降 3kPa 对热耗的影响程度比主蒸汽温度或再热蒸汽温度下降 14℃、高压加热器停运、加热器泄露等要大得多，所以必须对凝汽设备的运行监测给以足够的重视，以保证凝汽器能够维持最有利的真空数值、尽可能小的凝结水过冷度和符合要求的凝结水品质。测量凝汽器真空最简单的方法是采用如图 5-12 所示的水银真空计。由图可见，凝汽器中绝对压力为

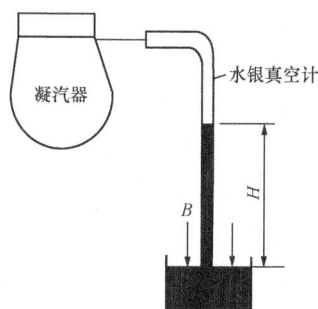
图 5-12　凝汽器真空测量

$$p_c = (B - H) \times 133.3 \quad (\text{Pa}) \tag{5-9}$$

式中　$B$——当地当时大气压的汞柱高度，mm；

　　　$H$——真空计中的汞柱高度，mm。

显然，提高真空可使汽轮机的理想比焓降增大，功率增大，但无论从设计角度还是从运行角度来看，并不是真空越高越好。

对于在役机组，汽轮机末级通流面积的大小已定，所以运行中的凝汽器压力取决于汽轮机低压缸的排汽量 $D_c$、冷却水入口温度 $t_{w1}$ 和冷却水量 $D_w$。$t_{w1}$ 取决于自然条件，于是在 $D_c$ 一定的情况下只有通过增加 $D_w$ 来提高凝汽器真空，这就是说凝汽器真空的提高是以增大循环水泵的耗功率为代价的。可见，运行中的凝汽器存在一个最佳真空。这里我们所说的最佳真空是指使汽轮机功率因真空提高所获得的增量与因冷却水量增加而引起的循环水泵耗功率增量之差

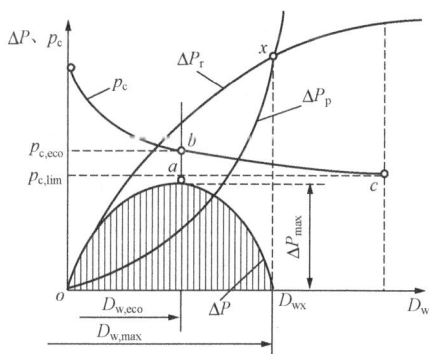
图 5-13　最佳真空与极限真空

（$\Delta P = \Delta P_t - \Delta P_p$）为最大时的凝汽器真空，如图 5-13 中的 b 点所对应的真空值。图 5-13 中，横坐标为冷却水量 $D_w$，纵坐标为凝汽器压力 $p_c$ 和功率差值 $\Delta P$，曲线 $p_c$ 为凝汽器压力随 $D_w$ 的变化关系。在 $D_c$ 和 $t_{w1}$ 一定条件下，随着 $D_w$ 的增加，凝汽器真空将逐步提高，设冷却水量增加了 $\Delta D_w$，真空因此而提高并导致汽轮机的输出功率增大了 $\Delta P_t$；与此同时，循环水泵电动机的功率消耗也增大了 $\Delta P_p$，两者之差 $\Delta P = （\Delta P_t - \Delta P_p）$ 在冷却水量比较小的时候随 $D_w$ 的增大而增加，到 a 点达到最大。进一步增大 $D_w$，$\Delta P$ 开始减小，至 x 点，$\Delta P = 0$。这时如果继续增大 $D_w$，真空还可以继续提高，但到达 c 点时，蒸汽流在汽轮机低压缸末级动叶斜切部分已达到膨胀极限，汽轮机的输出功率不再增加，此时如果继续增加冷却水量，只能增加余速损失，故 c 点所对应的真空称为极限真空。图中与 a 点相对应的冷却水量 $D_{w,eco}$ 就是最佳冷却水量，由 a 点引等水量线与凝汽器压力线相交的 b 点所对应的凝汽器真空就是最佳真空。一般而言，循环水泵的耗电量约占机组发电量的 $1\% \sim 4\%$，是厂用电大户之一。

在发电厂的日常运行管理中，就是根据冷却水温的季节变化，通过调整循环水泵的台数

组合来调整冷却水量使其达到最佳水量，以使凝汽器维持最佳真空。在役火电厂循环冷却水系统都设有多台循环水泵，循环水量不是连续调节的，而是采用调整并联运行水泵的台数来适应系统对冷却水量需求的变化，一般不采用阀门调节，因为阀门调节有节流损失，降低了系统运行的经济性。实际运行过程中，应通过有关计算和试验来确定汽轮机组在不同工况时循环水泵的运行方式，亦即循环水泵的经济调度。例如，冬季工况下实现一机一泵运行，夏季工况下实现一机两泵运行，春秋季工况下实现两机三泵运行。为了降低循环水泵电耗，实现循环水泵的经济调度，还可将循环水泵电动机改为双速或变频电动机，实现循环水泵的双速或变频运行。另外，现代大型机组多配有培训仿真机，可在仿真机上通过试验来确定循环水泵的经济调度。

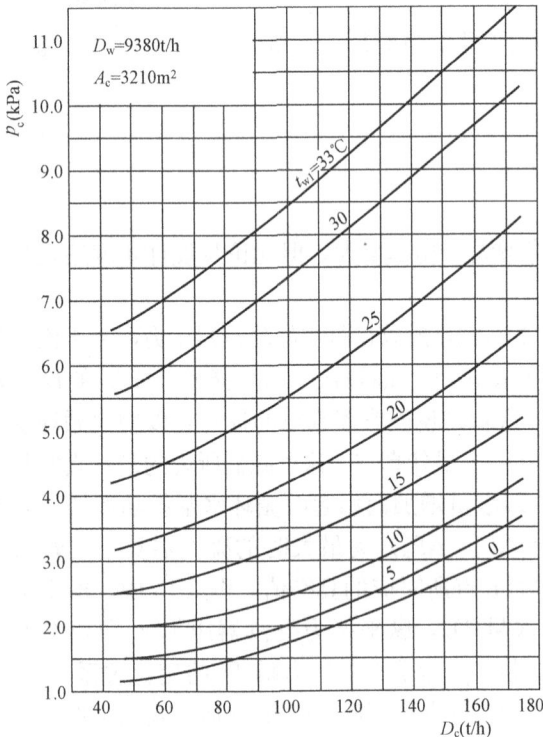

图 5-14　凝汽器的热力特性曲线

**4. 凝汽器的热力特性**

机组运行时，凝汽量 $D_c$、冷却水量 $D_w$、冷却水进口温度 $t_{w1}$、凝汽器的漏入空气量等都会发生变化，凝汽器的冷却表面也可能脏污，这些因素都将引起凝汽器压力 $p_c$ 的变化。凝汽器压力 $p_c$ 随 $t_{w1}$、$D_w$、$D_c$ 变化而变化的规律称为凝汽器的热力特性，或称为凝汽器的变工况特性；$p_c$ 与 $t_{w1}$、$D_w$、$D_c$ 之间的关系曲线称为凝汽器的热力特性曲线，如图 5-14 所示。凝汽器偏离设计工况的运行工况称为凝汽器的变工况。

当 $D_w$、$t_{w1}$ 不变时，$p_c$ 与 $D_c$ 之间的关系曲线可用计算方法或实验方法得出，但因缺乏系统可靠的数据来估计凝汽器在非设计工况下的 $K$ 值，所以用计算方法绘制的特性曲线不如用试验方法得出的特性曲线准确。由图 5-14 可见，当冷却水量和冷却水进口温度一定时，凝汽器压力随负荷增大而升高；当冷却水量和机组负荷一定时，凝汽器压力随着冷却水进口温度的升高而升高。

凝汽器真空恶化，将引起一系列的不良后果。如机组的理想比焓降相应减少，在认为此时机组的损失基本不变的前提下，机组的效率要降低；低压缸因蒸汽温度升高而变形，使汽轮机内动静叶之间的间隙变化，间隙消失会引起机组振动；由于管束材料和凝汽器壳体材料的线胀系数不一样，真空频繁变化，会使管束在管板中的胀紧程度遭到破坏；真空恶化时，空气分压力增大，使凝结水中的含氧量增加等。因此，一旦真空恶化时，低压缸要喷水减温，机组将被迫减负荷甚至停机。

**四、抽真空系统**

**1. 抽真空系统的作用**

机组运行过程中，空气会通过汽轮机装置中处于真空状态下的管道和壳体不严密处漏入凝汽器，还有少量空气是由主蒸汽进入汽轮机夹带而来的。空气漏入凝汽器，不仅使凝汽器真空降低，循环热效率降低，而且还使凝结水的溶氧量增加，从而加剧对低压加热器及低压凝结水管道的腐蚀。因此，在凝汽器运行时，必须不断地抽出其中的空气。

抽真空系统的作用是建立和维持汽轮机组的低背压和凝汽器的真空。在机组启动时，将一些汽水管道系统和设备中积聚的空气抽掉，以便加快启动速度；在机组正常运行时，将漏入凝汽器内的空气和其他不凝结气体连续不断地抽出，以维持凝汽器真空和良好的传热，减小对管道及设备的腐蚀，确保机组的安全与经济运行。另外，汽轮机低压部分的轴封和低压加热器也是依靠抽气系统的正常工作才能建立相应的真空。

2. 抽真空系统的类型

凝汽器的抽真空设备主要有射汽抽气器、射水抽气器和真空泵三种，大型火电机组普遍采用后两种。按照采用抽真空设备的类型来划分，抽真空系统有射汽抽气器抽真空系统、射水抽气器抽真空系统和真空泵抽真空系统。

对 300MW 及以下容量的机组，宜配置两台水环式真空泵或其他形式的抽真空设备（如射水抽气器）组成的抽真空系统，且每台抽真空设备的容量应能满足凝汽器正常运行时抽真空的需要。对 600MW 及以上容量的机组，宜配置三台水环式真空泵组成的抽真空系统，且每台泵的容量应能满足凝汽器正常运行时抽真空达 50% 的需要，当全部抽真空设备投入运行时，应能满足机组启动时建立真空度的要求。对 200MW 及以上容量的机组，当采用直流供水系统时，宜配置一台凝汽器水室抽真空泵组成的抽真空系统。

（1）射汽抽气器抽真空系统。为了提高系统的热经济性，射汽抽气器抽真空系统一般由两级或三级射汽抽气器、中间冷却器及其相应的连接管道等组成。两级射汽抽气器抽真空系统如图 5-15 所示，它一般仅用于小型火电机组。其工作流程是：凝汽器中的汽气混合物由第一级抽气器抽出并压缩到某一低于大气压力的中间压力后，进入中间冷却器，在那里混合物中的大部分蒸汽被凝结，被冷却了的其余部分再在第二级抽气器中被压缩到略高于大气压力，再经过冷却器将其

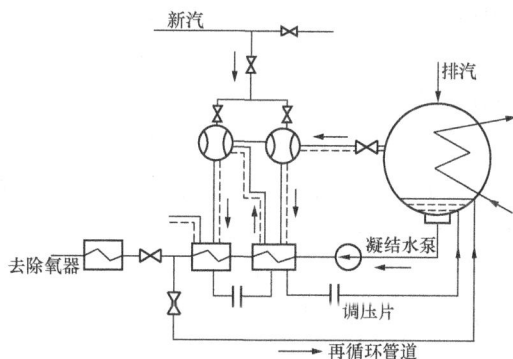

图 5-15 二级射汽抽气器抽真空系统示意图

中的蒸汽加以冷凝后排入大气。抽气器冷却器通常为表面式换热器，其冷却介质来自凝结水泵出口的主凝结水，这样可以回收一部分抽气器工作蒸汽的热量，以提高系统的热经济性。另外，为了保证汽轮机启动和低负荷时仍有足够的凝结水来冷却汽气混合物，在冷却器出口设有再循环管。

射汽抽气器由工作喷嘴、混合室和扩压管等组成，其结构示意以及射汽抽气器内工质的压力、速度沿抽气器位置的变化曲线如图 5-16 所示。射汽抽气器的整个工作过程可以分为三个阶段：

1）工作蒸汽在喷嘴中的膨胀加速过程。即工作蒸汽进入工作喷嘴内膨胀加速，并以很高的流速（1000m/s 左右）射入混合室中。

2）工作蒸汽与汽气混合物在混合室中的混合过程。即高速汽流在混合室中与周围气体分子

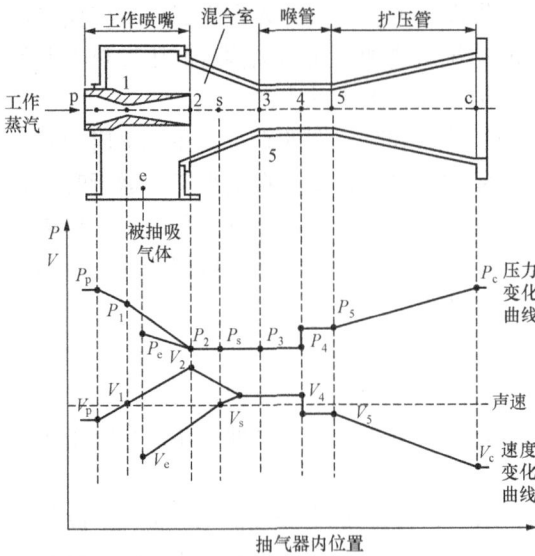

图 5-16　射汽抽气器结构及压力温度变化曲线

产生动量交换，夹带气体分子前进，使周围形成高度真空，由于混合室的入口与凝汽器抽气口相连，致使凝汽器内的蒸汽空气混合物不断地被吸入混合室，两股汽流的参数由于动量和能量的交换而渐趋一致。

3）汽气混合物在扩压管中的降速扩压过程。即混合均匀的汽气混合物进入扩压管，在这里汽流动能转换为压力能，压力升高。

（2）射水抽气器抽真空系统。射水抽气器抽真空系统由射水抽气器、射水泵、射水箱及其连接管道组成，如图 5-17 所示，该系统结构简单、工作可靠，但其消耗厂用电比较多。其工作流程是：射水泵 2 把工作水升压后打入射水抽气器 1，在工作室内产生高度真空，将凝汽器 5 中的汽气混合物抽吸到该工作室，并与工作水混合扩压后，一起被排回到射水箱 3 中，其中的空气及不凝结气体被排入大气。

在凝汽器与射水抽气器相连的抽气管道上设置有真空破坏阀，其作用有两个：一是在汽轮机启动过程中调节凝汽器真空；二是在汽轮机事故紧急停机时，由运行人员在集控室手动破坏凝汽器真空，以缩短汽轮机转子的惰走时间，加速停机过程，防止事故扩大。

射水抽气器的水循环方式有两种：一种为开式循环，其水源来水经离心式射水泵升压后进入抽气器，排水到出水渠；另一种为闭式循环，如图 5-17 所示，射水抽气器排水到射水箱，射水泵抽吸射水箱的水，升压后进入抽气器，如此循环。

射水抽气器是该系统的关键设备，其结构示意图如图 5-18 所示，它主要由工作水入口水室、工作喷嘴、混合室、扩压管和止回阀等组成。它一般由专用射水泵供给工作水，其工作原理是：工作水进入水室 1，然后进入喷嘴 2，形成高速水流，在高速水流的周围形成高度真空，凝汽器的汽气混合物被吸入吸水室 3，与工作水相混合，部分蒸汽立即在工作水表面凝结，然后一起进入喷嘴管 4 及喉部 5 进一步混合后，由排水管排出。为了节

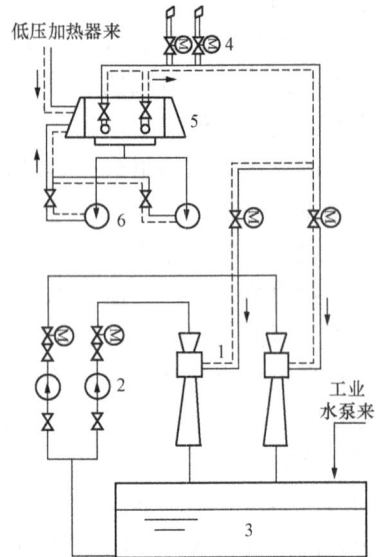

图 5-17　射水抽气器抽真空
系统示意图

1—射水抽气器；2—射水泵；3—射水箱；
4—真空破坏阀；5—凝汽器；6—凝结水泵

省能量损失，长排水管应插在排水井水面以下，这一排水管中的水柱借助重力下落，可使扩压管出口压力减小，从而节省工作水的能量消耗。

当专用水泵或其电动机故障或厂用电中断时，工作水室水压立即消失，混合室内就不能建立真空。这时凝汽器压力仍然很低，而排水井表面压力是大气压，故不清洁的工作水将从

扩压管倒流入凝汽器，污染凝结水。为此，在混合室空
气吸入口处设置了止回阀，用以阻断工作水的倒流。

实验测得的工作水压力和被引射的汽气混合物的压
力沿抽气器通流部分的变化如图5-19所示。由图可见，
压力为 $p_w$ 的工作水，经过工作喷嘴的降压加速，在吸
入室内形成负压 $p''_c$，将凝汽器内的汽气混合物抽出。
工作水和混合物接着在混合室（喉管）内进行汽（气）
水混合、换热和凝结，混合后的流体压力逐渐升高，工
作流体的动能逐渐转换为压力能。到扩压管出口截面
时，大部分动能转换为压力能，混合流体的压力被扩压
到 $p_4$ 而排出。

（3）真空泵抽真空系统。真空泵抽真空系统由水环
式真空泵、气水分离器、冷却器及其连接管道、阀门和
控制部件等组成，如图 5-20 所示。其工作流程是：凝
汽器内的汽气混合物由气体吸入口 1 吸入，经过气动蝶
阀 2 后，沿泵抽气管 3 进入水环式真空泵 5，泵排出的
水和气体的混合物从泵的出口管 9 到达气水分离器 8，
分离后的气体经气体排出口 10 排入大气，分离出的水
与来自水位调节器 11 的补充水 12 一起进入冷却器 13。
冷却后的水分为两路：一路直接进入泵体作为工作水的

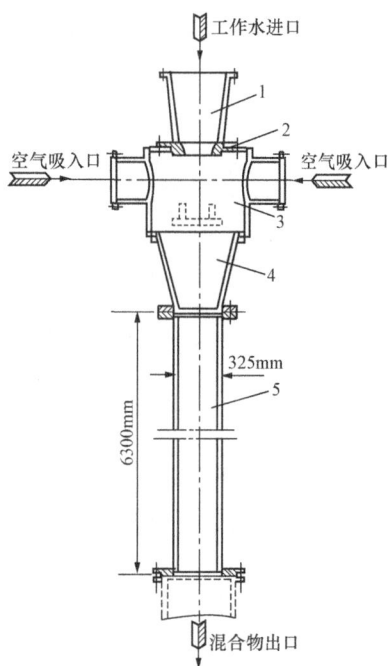

图 5-18  射水抽气器的结构示意图
1—水室；2—喷嘴；3—吸水室；
4—喷嘴管；5—喉部

补充水，使水环保持稳定而不超温；另一路经节流孔板 4 喷入真空泵抽气管，使即将进入真
空泵的气体中所携带的蒸汽冷却凝结下来，以提高真空泵的抽吸能力。冷却器的冷却水取自
闭式或开式冷却水系统。分离器高水位溢水、真空泵和冷却器停用时的放水排入地沟。

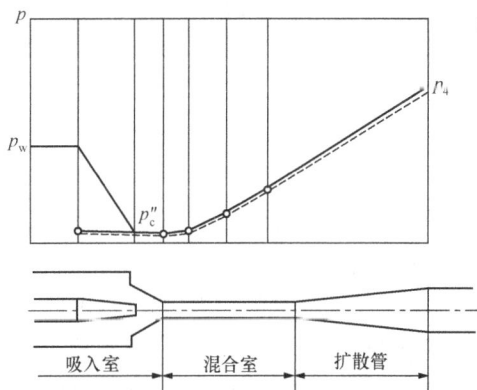

图 5-19  射水抽气器通流部分的压力分布

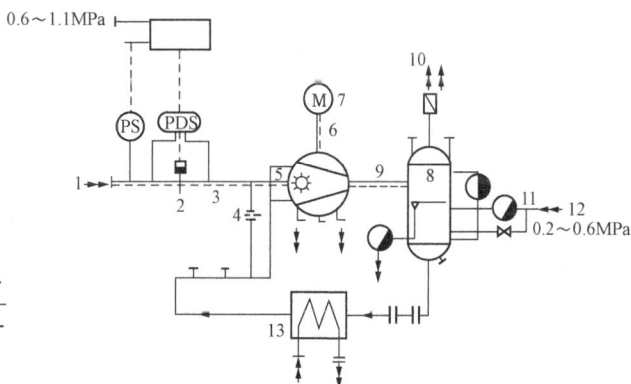

图 5-20  真空泵抽真空系统
1—气体吸入口；2—气动蝶阀；3—管道；4—孔板；5—真空泵；
6—联轴器；7—电动机；8—气水分离器；9—管道；10—气体排
出口；11—水位调节器；12—补充水入口；13—冷却器

水环式真空泵的结构示意图如图 5-21 所示。它由叶轮（叶片和轮毂构成）、泵体、吸排
气盘、水在泵体内壁形成的水环、吸气口、排气口以及辅助排气阀等组成。其主要部件是叶

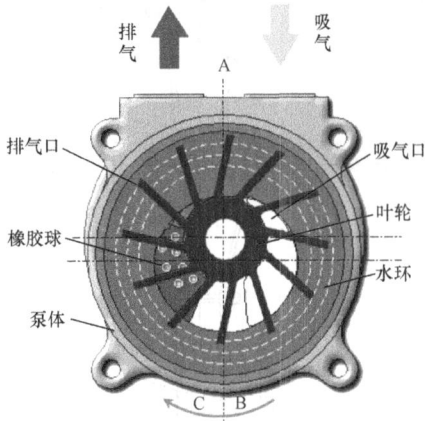

图 5-21　水环式真空泵结构示意图

轮和泵体，最大特点是叶轮被偏心地安装在泵体中。水环真空泵工作之前，需要向泵内注入一定量的水作为工作介质，当叶轮在电动机驱动下转动时，泵体内的水便会在离心力的作用下形成一个近似于泵腔形状的等厚度的封闭水环，这也是水环真空泵名称的由来。

水环真空泵工作原理是：由于叶轮被偏心地安装在泵体中，当叶轮沿图 5-21 箭头方向旋转时，水在离心力作用下形成的旋转水环近似与泵体同心，水环的内表面与叶轮轮毂之间形成一个月牙形空间，并且由水环内表面、叶片与叶轮两端的侧板（吸排气盘）构成若干个小的封闭空间。侧板上有吸入和压出气体的槽道，所以侧板又称为分配器。在前半转，即由 A 点转到 B 点时，在水活塞的作用下，两相邻叶片之间所包围的容腔逐渐增大，压力逐渐降低，这时通过分配器吸入气体；在后半转，即由 C 点转到 A 点时，相应的容腔由大变小，压力升高，使原先吸入的气体受到压缩，当压力达到或略大于大气压力时，通过分配器将气体排出。随着叶轮的稳定转动，吸、排气过程连续不断地进行，进而连续不断地抽吸与排出气体。换句话说，相邻两个叶片之间的空间形成气缸，相对旋转移动，水就像活塞一样，沿着叶片上下移动，这种运行方式如同往复真空泵一样。叶轮旋转时，气体通过壳体的吸入口处进入泵体，再从孔板的吸气口进入叶轮，并在移动过程中经膨胀和压缩后，从孔板排气口向壳体的排出口排出。在泵的连续运转过程中，不断地进行着吸气、膨胀和压缩、排气过程，从而达到连续抽气的目的。

综上可见，水环真空泵是靠泵腔容积变化来实现吸气、膨胀、压缩和排气的，随气体一起排出的有一部分水，经气水分离器分离气体后，一小部分水又送回泵内，故水损失很少。为了保证恒定水环，在运行中需要向泵内补入凝结水，但补水量很少。转子两端用填料和凝结水密封。因此，水环式真空泵的功耗低，运行维护方便，在火力发电厂得到了普遍应用。某电厂 1000MW 机组的抽真空系统如图 5-22 所示。

**五、胶球自动清洗系统**

凝汽器水侧换热面上污垢的积聚，不仅恶化了真空，降低机组运行的热经济性，而且可能引起管束腐蚀、泄露、威胁机组的安全运行。胶球自动清洗系统是机组在运行当中对凝汽器冷却管束进行有效清洗的最佳选择，其原则性系统流程示意图如图 5-23 所示，它由胶球泵、加球室、二次滤网、反冲洗蝶阀、注球管、胶球、收球网、阀门及相应的管道组成。

胶球自动清洗系统工作原理是：密度与水相近的海绵胶球装入加球室后，启动胶球泵，就可将胶球用比循环水压力略高的水流送入凝汽器水室。胶球直径虽比凝汽器换热管束内径大 1～2mm，但因是多孔柔性的弹性体，很容易被水流带入管内，并被压缩变为卵形。在行进过程中，因其与管壁有一整圈环形带接触而抹去管壁上的污垢。当它流出管口时，依靠自身的弹力，突然恢复原状，弹掉了表面的污垢，并随循环水流入收球网，然后被胶球泵重新送入凝汽器。胶球的投放数量应为清洗管子数的 10％～20％，这样凝汽器的每根管子在 1～2min 内将清洗一次。

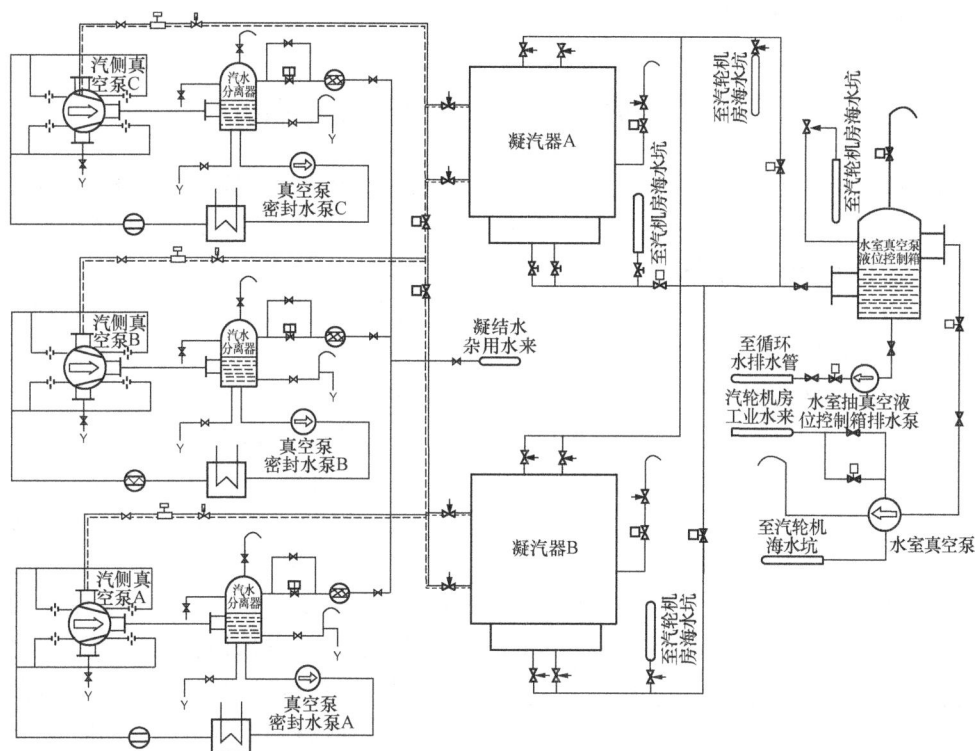

图 5-22　1000MW 机组的抽真空系统

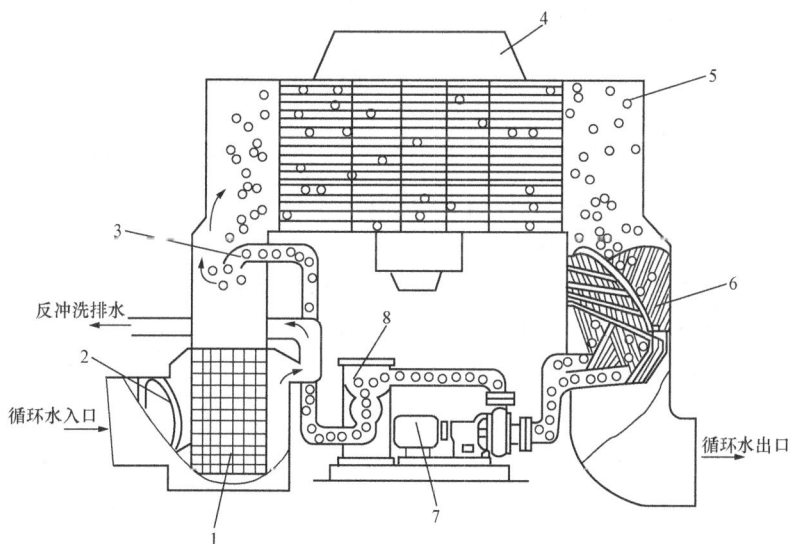

图 5-23　凝汽器胶球清洗系统示意图

1—二次滤网；2—反冲洗蝶阀；3—注球管；4—凝汽器；5—胶球；6—收球网；7—胶球泵；8—加球室

为了清洗已有硬垢或沉积特别快及黏附力特别强的污垢，可在胶球的环状或冠状部分黏结 30 目以下的碳化硅（金刚砂），经验证明这一措施确实有效。但碳化硅的硬度很高，往往容易损伤管子表面的氧化层保护膜。近年来，使用由高分子材料制成的胶球，它既可以清洗硬垢又不致损伤管子的保护膜。

# 第三节　火力发电厂的空气冷却系统

火力发电机组在燃用大量煤炭的同时，也耗用大量的水资源。我国富煤地区往往缺水，为解决在富煤缺水地区及干旱地区建设火力发电的需要，发电厂汽轮机凝汽系统可采用空气冷却系统，简称为发电厂空冷系统。发电厂的空冷系统有直接空冷系统和间接空冷系统两种。间接空冷系统又可以分为混合式凝汽器间接空冷系统（海勒式间接空冷系统）和表面式凝汽器间接空冷系统（哈蒙式间接空冷系统）。目前，我国已成为世界上空冷机组装机容量最大的国家，已建及再建的空冷机组绝大部分都是直接空冷系统。

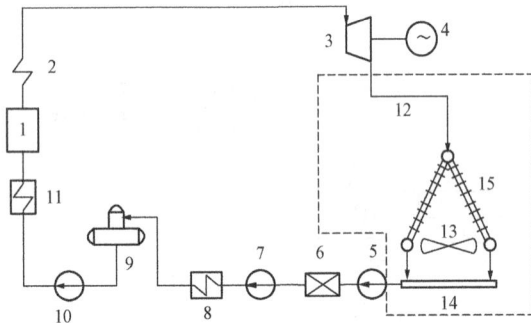

图 5-24　直接空冷机组原则性热力系统
1—锅炉；2—过热器；3—汽轮机；4—发电机；5—凝结水泵；6—凝结水精处理装置；7—凝结水升压泵；8—低压加热器；9—除氧器；10—给水泵；11—高压加热器；12—汽轮机排汽管道；13—轴流冷却风机；14—凝结水箱；15—空冷凝汽器

## 一、直接空冷系统

### （一）直接空冷系统的组成

直接空冷系统是指汽轮机的排汽直接用空气来冷凝的系统。空气与蒸汽间通过管壁进行热交换，冷却空气通常由轴流冷却风机通过机械通风方式供应。它由自汽轮机低压缸排汽装置出口到凝结水泵入口范围内的设备和管道组成，如图 5-24 中虚线框内所示范围，主要包括汽轮机排汽管道、蒸汽分配管及空冷凝汽器（顺流和逆流散热器）、轴流冷却风机、抽真空系统、凝结水箱和凝结水泵等。

1. 排汽管道

排汽管道由连接汽轮机低压缸出口到空冷凝汽器蒸汽分配管之间的管道以及在排汽管道上设置的补偿器、相关的隔断阀、安全阀、爆破膜和疏水管道等组成。直接空冷系统的排汽管道非常庞大，而且需要较高的真空度，因此排汽管道的密封性是空冷系统考核的一个重要指标。对大容量直接空冷机组，为了降低排汽管道的阻力损失，往往选择较大直径的排汽管道。如南非 Matimba 电站 665MW 直接空冷机组采用 DN5000 的排汽管道，国内 300MW 机组的排汽管道在 DN5000 左右，600MW 机组在 DN6000 左右。

目前，我国在直接空冷机组设计时提出了汽轮机排汽装置的设计思想，即把湿冷机组冷凝器改造成空冷机组的排汽装置。图 5-25 所示为某电厂 600MW 直接空冷机组的多功能排汽装置示意图，该排汽装置被排汽导流板分成 A、B 两个区，A 区为汽轮机排汽通道，B 区为凝结水加热除氧区，B 区下部设置有深度除氧部件。化学补充水和来自空冷凝汽器的过冷凝

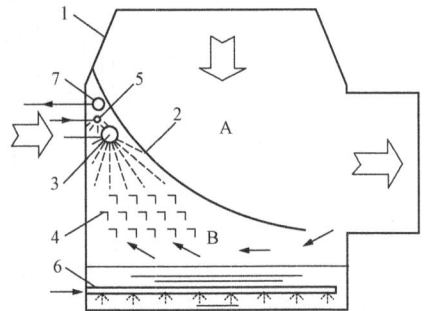

图 5-25　多功能排汽装置示意图
1—排汽装置；2—排汽导流板；3—凝结水喷淋管；4—深度除氧部件；5—抽气管；6—补水喷淋管；7—再沸腾管

结水从 B 区的上部向下喷淋，被来自 A 区逆流而上的汽轮机排汽加热，分离出来的氧气和剩余的蒸汽流向 B 区顶部，由真空泵抽走。

2. 空冷凝汽器

空冷凝汽器由多个空冷单元组成，空冷单元的整体布置为人字形斜顶式，其两个斜边位置布置散热管束，底边位置布置轴流风机，如图 5-26 （a）所示。该凝汽器分主凝汽器和辅凝汽器两部分，如图 5-26 （b）所示。主凝汽器设计成汽水顺流式，如图 5-26 （c）所示，它是空冷凝汽器的主体，可凝结 75％～80％的排汽；辅凝汽器设计成汽水逆流式，如图 5-26 （d）所示，它可形成空冷凝汽器的抽气区，顺畅地将系统内的空气和不凝结气体排出。

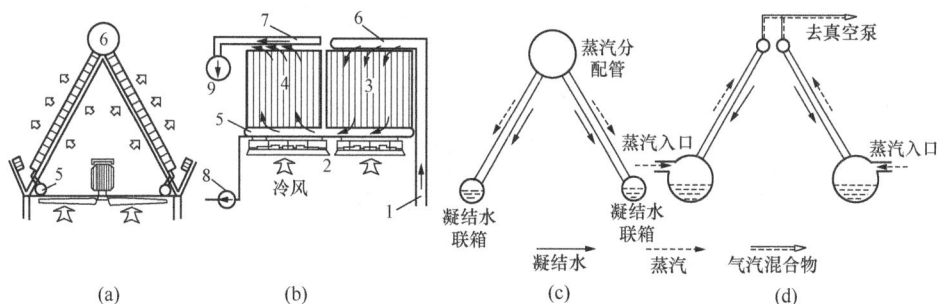

图 5-26　空冷凝汽器的结构

（a）空冷单元；（b）主辅凝汽器；（c）顺流式空冷单元；（d）逆流式空冷单元

1—汽轮机排汽管；2—冷却风机；3—空冷凝汽器主凝区；4—空冷凝汽器辅凝区；5—后联箱；

6—配汽管；7—空气管；8—凝结水泵；9—真空泵

空冷凝汽器的布置与厂址处的风向、风速以及发电厂主厂房朝向都有密切关系。大型火电机组的空冷凝汽器通常布置在紧靠汽轮机房的 A 列柱外侧且平行于 A 列柱，安装高度在 30～47m 以上。空冷凝汽器的支架有两种结构形式，一种是钢结构，另一种是钢筋混凝土结构，目前我国应用较多的是钢结构支架。空冷凝汽器的主要设备有散热器和轴流冷却风机。

（1）散热器。根据散热器管束中汽水的流向不同，散热器有顺流式、逆流式、顺/逆流联合式三种。散热器的冷却元件是翅片管，它是空冷系统的核心，其性能直接影响空冷系统的冷却效果，其造价约占空冷凝汽器主体的 60％。根据冷却元件所用材料的不同，翅片管有铝管铝翅片管（也称福哥型）、钢管钢翅片管和钢管铝翅片管三类，直接空冷系统多采用钢管钢翅片管。钢管钢翅片管按照钢管的形状分为套片式和绕片式，按翅片形状可分为椭圆形和矩形等。钢管钢翅片管散热器一般采用椭圆形翅片管，其结构如图 5-27 所示，其制造工艺是首先在光管外面缠绕或套装钢翅片，然后再进行热浸镀锌。

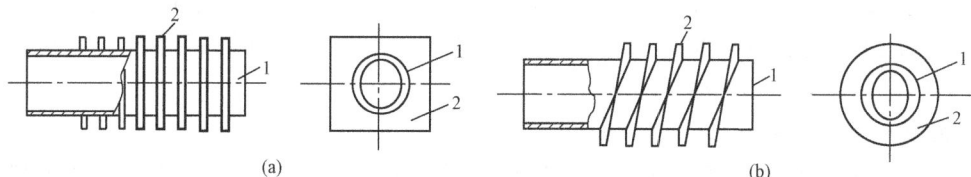

图 5-27　椭圆钢翅片管

（a）套片管　（b）绕片管

1—椭圆钢管；2—钢翅片

绕片式和套片式钢管散热器的区别有两个方面：一是翅片的形状不同。绕片管的翅片用等宽度钢带沿光管外壁呈螺旋形绕制，光管与翅片之间是过盈配合，外形只能随光管外形而变化；套片管的翅片与光管之间是有间隙的结合，可在有限范围内增加传热面积，如做成矩形等形状，等距离地套在钢管上，所以传热面积大。外形只能随光管外形而变化。二是传热系数和空气阻力特性不同。因为翅片的形状、结构、几何尺寸等都不相同。热浸镀锌不仅提高了耐腐蚀性，而且加强了钢管和翅片之间的结合强度，提高了传热系数。

空冷凝汽器采用的管束形式主要有单排管、双排管和三排管三种。

（2）轴流冷却风机。轴流冷却风机的作用是为空冷凝汽器提供冷却汽轮机排汽所需要的冷却风。冷却风的特点是流量较大，压头较小，因此空冷凝汽器的风机一般采用低压轴流风机，其结构如图 5-28 所示。

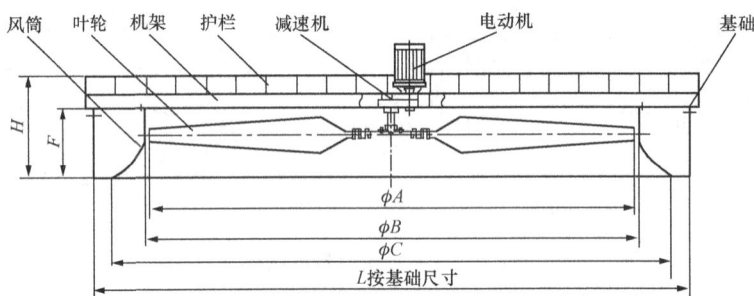

图 5-28  轴流冷却风机的结构示意

目前，风机生产已标准化，其标准直径一般为 1.5～9.14m，每台风机的叶片数为 4～12 根，以 4～6 根为最多。叶片角调节范围为 45°，风机叶片角度有手调和自调两种。在大型电站空冷系统中，多采用大叶轮直径（9m 以上）、低转速、低噪声的风机作为空冷风机，并布置在 A 字形冷却单元的下面，形成风机群。此外，通过在风机工作台上增设消音壁和配备低电压变频器，来实时调速，达到节能降噪的目的，以求将整个空冷装置的噪声值控制在国家标准要求的 90dB 内。

冷却风机是空冷机组厂用电大户之一，能效对标数据显示，我国 600MW 亚临界直接空冷机组冷却风机的平均厂用电率约为 0.7%，600MW 级以上超临界直接空冷机组冷却风机的平均厂用电率约为 0.62%，可见风机性能的优劣对空冷机组的经济运行有着直接的影响。

3. 抽真空系统

抽真空系统是直接空冷系统的重要组成部分，其作用和原理同湿冷系统的抽真空系统。它是由抽气管道、截止阀和凝汽器抽真空设备等组成。我国直接空冷机组多采用水环式真空泵，一般情况下，每台机组设三台 100% 容量的真空泵，机组启动时三台泵全部投运；机组正常运行时，则保持 1～2 台泵运行。

4. 凝结水收集系统

凝结水收集系统是指汽轮机排汽经空冷凝汽器冷却成凝结水后，经空冷凝汽器散热管束下方的凝结水收集管汇集到凝结水箱，然后再由凝结水泵送入凝结水精处理装置，最后送入机组回热系统。凝结水收集系统应该使凝结水中的含氧量和金属含量达到相关技术标准。凝结水汇集至凝结水箱存在较大过冷度，新建直接空冷机组已不再采用，而将凝结水送至排汽装置的热水井。

另外，直接空冷系统一般还设置有风机振动及低油压保护、冬季防冻保护、因大风引起机组跳闸的保护以及散热管束清洗装置。在定期对空冷凝汽器进行清洗时，为避免散热管束结垢，一般采用除盐水。

（二）直接空冷系统的特点

1. 节水

直接空冷凝汽器采用空气来冷却汽轮机排汽，省去了作为中间冷却介质的循环水，故较采用循环水冷却系统的湿冷机组而言，直接空冷机组可以大量节水，从而使得电厂选址不再受水资源的制约。表5-4所示为我国300MW及以上燃煤火电机组能效对标给出的机组综合耗水率。

表 5-4　　　　我国 300MW 及以上燃煤火电机组能效对标给出的机组综合耗水率

| 序　号 | 项　目 | | 冷却方式 | 综合耗水率 [kg/(kW·h)] | |
| --- | --- | --- | --- | --- | --- |
| | 机组形式 | 机组名称 | | 实际值 | 平均值 |
| 1 | 湿冷机组 | 1000MW 超超临界 | 闭式循环 | 2.11 | 1.963 |
| | | 600MW 超超临界 | 闭式循环 | 1.869 | |
| | | 600MW 级超临界 | 闭式循环 | 1.856 | |
| | | 600MW 级亚临界 | 闭式循环 | 1.9665 | |
| | | 300MW 级亚临界 | 闭式循环 | 2.03 | |
| 2 | 空冷机组 | 1000MW 超临界 | 直接空冷 | 0.23 | 0.3075 |
| | | 600MW 级超临界 | 直接空冷 | 0.38 | |
| | | 600MW 级亚临界 | 直接空冷 | 0.29 | |
| | | 300MW 级亚临界 | 直接空冷 | 0.33 | |

2. 机组运行背压高，且变化幅度大

空气热容量远远小于水，冷却能力小，虽然空冷凝汽器有很大的换热面积，但空冷机组的运行背压还是比湿冷机组高。一般空冷机组的设计背压比湿冷机组高 7～10kPa，供电标准煤耗率高 3%～5%，因此直接空冷机组实际上是"以煤换水"。直接空冷机组的运行背压受环境温度的影响较大，由于干球温度的昼夜变化大，一年四季温度的变化范围更大，故直接空冷汽轮机的背压变化范围大，其运行背压在 7～50kPa 范围内变化。

3. 真空系统庞大

汽轮机排汽通过大直径管道引出，用空气作为直接冷却介质通过散热器进行表面热交换，冷凝排汽需要较大的冷却面积，故真空系统体积庞大，导致其漏入空气不易找漏，启动时抽真空费时。

4. 厂用电耗大

直接空冷系统所需空气由大直径的轴流冷却风机提供，风机需要耗能。我国能效对标数据显示的冷却风机平均厂用电率数据为：300MW 机组在 0.86% 左右，600MW 亚临界机组在 0.7% 左右，600MW 级以上超临界机组在 0.62% 左右。

5. 空冷凝汽器的性能受环境风的影响较大

空冷凝汽器的性能极易受到环境风的影响。一方面，由于环境风的作用，在空冷风机吸入口附近将产生负压区，使得本应全部吸入风机的气流，被环境风形成的负压区卷吸了一部分，造成风机吸入室和空冷单元的空气量减少，冷却效果变差；另一方面，在环境风作用下，沿空冷凝汽器平台的迎风面处会产生旋涡而形成负压，空冷岛上方的热空气在此负压的作用下被卷吸吸入冷却风机的吸入口，形成"热风回流"或"倒灌"现象，严重威胁空冷机组的安全经济运行。

环境风不仅使得风机吸入的空气量减少，还提高了吸入的空气温度，严重影响了空冷凝汽器的换热性能，可使真空降低 5～20kPa。除了炉后风的影响较大外，平行汽轮机房 A 列的风影响也较大。如果环境风的影响与高环境温度等不利因素相叠加，极易造成机组降负荷运行甚至跳机。某电厂 2 台 600MW 直接空冷机组曾在环境温度 37.7℃下运行时，因大风从炉后侧吹过，塔下形成热回流而发生机组跳闸事故。

6. 运行调节比较灵活

空冷凝汽器分为数十个冷却单元，每个冷却单元配置一台变速轴流风机，可以根据机组负荷和气温变化来调整风机转速、启停风机或使风机反转来调节空冷凝汽器的进风量，直至吸热风来防止空冷凝汽器的结冻。另外，冬季环境气温较低时，停止所有风机后，为防止结冻还可关闭蒸汽分配管上的防冻蝶阀退出部分冷却单元，增加其他单元热负荷。

7. 空冷凝汽器冬季容易发生冻结

运行表明，空冷凝汽器在冬季启停、低负荷运行时段的防冻问题十分突出。冻结位置主要发生在管束的中下部，而且是不均匀的冻结。产生冻结的原因主要有：汽轮机在启停过程中由于热负荷变化缓慢，蒸汽流量低，导致凝结水在严寒低温环境下可能出现结冰，使管道冻裂；空冷凝汽器内不凝结气体的聚集，导致局部蒸汽流量减少，管壁温度降低，从而使凝结水流过低温壁面时发生结冰现象；多排管空冷散热器，由于各排管束间换热状况的差异，可能出现压力失衡，从而出现蒸汽回流，导致不凝气体的聚集，出现局部凝结水结冰。

空冷凝汽器发生大面积结冰现象，不仅减少了换热面积，而且还可能使管子冻裂，严重威胁机组的安全运行。在冬季，为了防冻或消冻，不得不使风机反转、冻结部位加盖覆盖物、风机入口加遮蔽物等措施，降低了直接空冷机组冬季运行的经济性。另外，空冷系统冬季防冻与经济运行矛盾尚未得到合理解决，为了防冻，机组不得不高背压运行。

8. 管束积灰严重

在直接空冷机组较为集中的我国西北部地区，气候比较恶劣，沙尘天气较多，空气质量较差。有的电厂所处地区炼焦、炼铁、小水泥厂较多，环境污染严重，空气中固体小颗粒较多。空冷凝汽器为管束结构，管子数量多，管间距小；翅片结构复杂，翅片间距小，随着运行时间的增长，在翅片的间隙中会夹有泥沙等附着物。春夏之交的杨花柳絮，夏季的昆虫通过空冷风机也会积聚在翅片上，造成空冷凝汽器翅片脏污。一旦管束脏污，将使空气流动阻力增加，传热恶化，空冷单元换热效果急剧变差，严重影响机组的安全和经济运行。

为了防止散热管束积灰、结垢，国内投运的直接空冷机组大都安装有手动、半自动或全自动的管束清洗装置，清洗水压一般在 55～150bar（1bar=1×10⁵Pa）之间。若冲洗压力偏低，则不能达到正常的冲洗效果，尤其是对双排管和三排管系统，迎风面侧的冲洗效果非常差；若冲洗压力过高，则可能会损坏翅片。

9. 凝结水温度较高，杂质含量增加

直接空冷机组的运行背压较高，凝结水温度也较高，夏季高达 60℃左右，有时甚至可

达到 $80℃$。另外，由于直接空冷机组的冷却面积大，是同类型湿冷机组的十几倍，因此漏入空气的概率大，凝结水中 $CO_2$ 和 $O_2$ 含量增加，会造成空冷散热器腐蚀；凝结水中的杂质多为铁氧化物，运行中由于负荷变动，引起汽水管道中腐蚀产物脱落，增大了凝结水的铁含量。

（三）直接空冷凝汽器的热力计算

平均温压法和传热单元数法（$\varepsilon\text{-}NTU$）是换热器热力计算的两种基本方法，它们既可以用作设计计算，也可以用作校核计算。直接空冷凝汽器的热力计算一般采用 $\varepsilon\text{-}NTU$ 法，该方法不用试算空气温升，可以直接利用迎风面积与基管面积的关系便可求得所需数据，具有较大的方便性。因此，本教材只介绍传热单元数法。

1. 空冷凝汽器的换热过程

直接空冷是指汽轮机排汽在空冷凝汽器中被空气冷却而冷凝为凝结水，排汽与空气之间的热交换是在表面式空冷凝汽器内完成的。直接空冷的冷源是空气，热介质是饱和蒸汽。处于真空状态下的汽轮机排汽经排汽管道送至空冷凝汽器中，冷空气在散热器翅片管外侧流过，将管内饱和蒸汽冷凝。冷凝后的凝结水由凝结水泵送至汽轮机回热系统，最后回到锅炉。直接空冷凝汽器内冷热流体的温度变化趋势如图 5-29 所示。

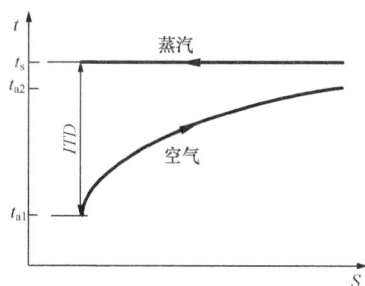

图 5-29　直接空冷凝汽器内的温度变化趋势

2. 传热单元数与散热器效能的概念

（1）传热单元数（number of transfer units，$NTU$）。传热单元数是反映冷热流体间换热过程难易程度的参数，是一个无量纲量，其定义为流体中热容量较小流体（如空气）的温度变化 $\Delta t_a$ 与传热平均温差 $\Delta t_m$ 之比，以 NTU 表示，即

$$NTU = \frac{\Delta t_a}{\Delta t_m} = \frac{KA}{(G_a c_{pa})_{min}} \tag{5-10}$$

式中　$K$——总传热系数其计算方法请参考相关传热学教材，$W/(m^2 \cdot ℃)$；

　　　$A$——传热总面积，$m^2$；

　　　$G_a$——冷却空气的质量流量，$kg/s$；

　　　$c_{pa}$——空气的比定压热容，$J/(kg \cdot ℃)$。

由式（5-10）可知，传热单元数 $NTU$ 中包括的 $A$ 和 $K$ 两个量分别反映空冷凝汽器的初投资和运行费用，所以是一个反映散热器综合技术经济性能的指标。它表征散热器换热能力的大小，所以称为传热单元数。

（2）空冷散热器效能 $\varepsilon$。空冷散热器效能是指空冷散热器的实际散热量 $Q_r$ 与最大散热量 $Q_{max}$ 之比，也称之为空气温升率，即

$$\varepsilon = \frac{Q_r}{Q_{max}} = \frac{t_{a2} - t_{a1}}{t_s - t_{a1}} = \frac{\Delta t_a}{ITD} \tag{5-11}$$

$$ITD = t_s - t_{a1}$$

式中　$ITD$——直接空冷凝汽器的初始温差，$℃$；

　　　$t_{a1}$——环境温度，即直接空冷凝汽器的进口空气温度，$℃$；

　　　$t_{a2}$——直接空冷凝汽器的出口空气温度，$℃$；

$t_s$——直接空冷凝汽器的进口蒸汽温度，℃。

由式（5-11）可知，当已知 $\varepsilon$ 后，空冷凝汽器的换热量 $Q$ 即可根据两种流体的进口温度确定，即

$$Q = \varepsilon \cdot (G_a c_{pa})_{\min} \cdot (t_s - t_{a1}) \tag{5-12}$$

3. $\varepsilon$-NTU 法的计算步骤

采用 $\varepsilon$-NTU 法进行直接空冷凝汽器的热力计算，其基本公式仍然是传热方程式和热平衡方程式。其中，传热方程式为

$$Q = KA\Delta t_m \tag{5-13}$$

热平衡方程式为蒸汽的凝结放热量 $Q_c$ 等于空气的吸热量 $Q_a$，即 $Q_c = Q_a$。

$$Q_c = G_c(h_c - h'_c) \tag{5-14}$$

$$Q_a = G_a c_{pa}(t_{a2} - t_{a1}) = \rho_a A_{NF} v_{NF} c_{pa}(t_{a2} - t_{a1}) \tag{5-15}$$

式中　$Q_c$——空冷岛内蒸汽总的凝结放热量，kW；

$G_c$——汽轮机排汽量，kg/s；

$h_c$、$h'_c$——汽轮机的排汽焓、凝结水焓，kJ/kg；

$Q_a$——空气在空冷凝汽器内的吸热量，kW；

$A_{NF}$——迎风面积，$m^2$；

$v_{NF}$——迎面风速，m/s；

$\rho_a$——空气密度，$kg/m^3$。

直接空冷凝汽器一般安装在 30~47m 以上，其安装高度上的空气密度由下式求得

$$\rho_a = \frac{T_0 \rho_{a0}}{T_a}(1 - K_s H)^{\frac{9.8 \rho_{a0}}{\rho_0 K_s}} \tag{5-16}$$

式中　下角标 0——气温为 15℃ 条件下的物性参数；

$K_s$——海拔修正系数，$K_s = 2.26 \times 10^{-5}$；

$H$——当地海拔（m）。

在上述传热方程式中，传热平均温差 $\Delta t_m$ 不是独立变量，只要冷、热流体的进出口温度一定，即可按照式（5-17）求得。

$$\Delta t_m = \frac{(t_c - t_{a1}) - (t_c - t_{a2})}{\ln\left(\frac{t_c - t_{a1}}{t_c - t_{a2}}\right)} = \frac{t_{a2} - t_{a1}}{\ln\left(\frac{t_c - t_{a1}}{t_c - t_{a2}}\right)} = \frac{\Delta t_a}{\ln\left(\frac{ITD}{ITD - \Delta t_a}\right)} \tag{5-17}$$

式中　$t_c$——空冷凝汽器内的饱和水温度，℃。

由于空冷凝汽器的换热过程属于一侧有相变的换热，因此由式（5-13）～式（5-15）可知，三个方程式中共有八个变量，它们是 $KA$、$G_c c_s$、$G_a c_{pa}$（流量 $G$ 与比热容 $c$ 的乘积称为水当量）、$t_s$、$t_c$、$t_{a1}$、$t_{a2}$ 和 $Q$，必须给定五个变量才能进行计算。

在设计计算时，给定的是 $G_c c_s$、$G_a c_{pa}$ 以及 $t_s$、$t_c$、$t_{a1}$、$t_{a2}$ 中的三个，最终求得 $KA$。在校核计算时，给定的是 $KA$、$G_c c_s$、$G_a c_{pa}$ 以及 $t_s$、$t_{a1}$，待求解的是 $t_c$、$t_{a2}$。具体计算步骤如下：

（1）设计计算步骤。

1）根据冷热流体的进出口温度，计算散热器的效能 $\varepsilon$ 和水当量比 $R$。

散热器的效能：$\varepsilon = \dfrac{t_{a2} - t_{a1}}{t_s - t_{a1}} = \dfrac{\Delta t_a}{ITD}$，散热器的水当量比：$R = \dfrac{(G_a c_{pa})_{\min}}{G_c c_s} = \dfrac{\Delta t_s}{\Delta t_a}$

式中 $c_s$——蒸汽的比热容，J/(kg·℃)。

2）根据求得的 $\varepsilon$ 和 $R$，由图 5-30 和图 5-31 的 $\varepsilon$-$NTU$ 曲线查得 $NTU$ 值。

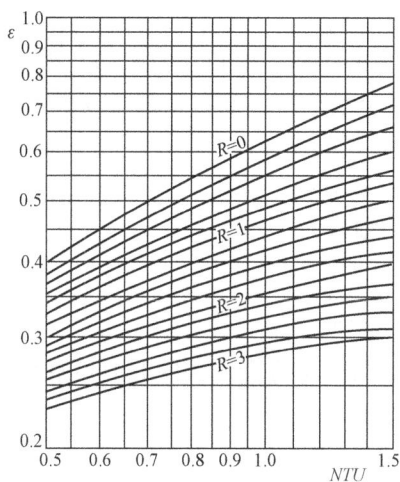

图 5-30 错流式换热器 $\varepsilon$-$NTU$ 曲线

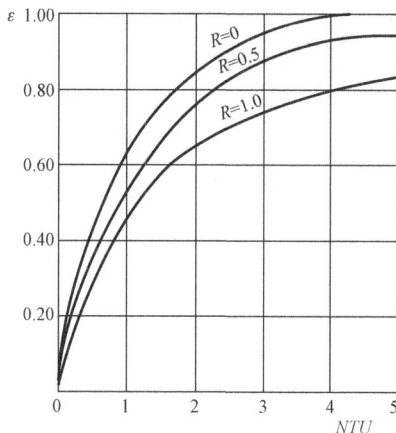

图 5-31 逆流式换热器 $\varepsilon$-$NTU$ 曲线

3）由式（5-10）计算传热总面积。

$$A = \frac{NTU \cdot (G_a c_{pa})_{\min}}{K}$$

（2）校核计算步骤。

1）根据空冷凝汽器给定的冷热流体的进口温度和假定的出口温度，计算出传热系数 $K$。

2）计算 $NTU$ 和水当量比 $R$。

3）按照空冷凝汽器中流体的流动形式，在相应线算图上，查出与 $NTU$ 和 $R$ 对应的 $\varepsilon$ 值。

4）根据冷、热流体进口温度等已知量，按照式（5-12）求得换热量 $Q$。

5）用热平衡式（5-14）和式（5-15），计算冷、热流体的出口温度。

4. 变工况计算

空冷凝汽器性能参数是按额定工况进行设计的。但在实际运行中，空冷凝汽器的运行工况与设计工况差别较大。例如，汽轮机功率、环境温度及空气量等的变化都会导致汽轮机背压的波动。在严寒的冬季，环境温度的下降可能导致凝结水冻结；在炎热的夏天，由于环境温度较高、大风影响等因素，也会使汽轮机背压升高，影响空冷凝汽器的正常运行。

空冷凝汽器变工况计算的目的是探求汽轮机排汽量、环境温度和迎面风速的变化对汽轮机背压、发电标准煤耗率的影响规律，以便确定空冷凝汽器在变工况下的合理运行方式。

（1）空冷凝汽器的饱和温度和饱和压力。直接空冷凝汽器属于表面式换热器，其冷源是空气，热介质是饱和蒸汽。当冷空气在散热器翅片管外侧流过时，将管内饱和蒸汽冷凝，该过程为有相变的换热，其水当量比 $R=0$。因此，根据 $\varepsilon$-$NTU$ 法，空冷凝汽器的效能 $\varepsilon$ 和传热单元数 $NTU$ 可写成如下形式。

效能：
$$\varepsilon = 1 - \mathrm{e}^{-NTU} = \frac{t_{a2} - t_{a1}}{t_c - t_{a1}} = \frac{\Delta t_a}{ITD} \qquad (5\text{-}18)$$

传热单元数：
$$NTU = \frac{KA}{A_{NF} \upsilon_{NF} \rho_a c_{pa}} \qquad (5\text{-}19)$$

式中符号意义同前。根据式（5-18）和式（5-19），当汽轮机排汽量 $G_c$、环境温度 $t_{a1}$ 和迎面风速 $\upsilon_{NF}$ 三个量中任意一个量变化，而另外两个量保持不变时，都可以求出汽轮机运行背压 $p_c$ 的变化。依据热平衡原理，空冷凝汽器的散热量为

$$Q = G_c(h_c - h'_c) = \rho_a A_{NF} \upsilon_{NF} c_{pa} \Delta t_a \qquad (5\text{-}20)$$

由式（5-20）可得，空气通过空冷凝汽器后的温升为

$$\Delta t_a = \frac{G_c(h_c - h'_c)}{\rho_a A_{NF} \upsilon_{NF} c_{pa}} \qquad (5\text{-}21)$$

因此，由式（5-18）、式（5-20）和式（5-21）可得空冷凝汽器内的饱和温度为

$$t_c = \frac{G_c(h_c - h'_c)}{A_{NF} \upsilon_{NF} \rho_a c_{pa}} \cdot \frac{1}{1 - \mathrm{e}^{-NTU}} + t_{a1} \qquad (5\text{-}22)$$

空冷凝汽器饱和温度和饱和压力一一对应。经拟合，饱和压力可按下式进行计算

$$p'_c = 9.81 \times \left(\frac{t_c + 100}{57.66}\right)^{7.46} \qquad (5\text{-}23)$$

（2）直接空冷机组排汽压力的计算。

计算直接空冷机组的排汽压力应考虑排汽压损的影响，即

$$p_c = p'_c + \Delta p \qquad (5\text{-}24)$$

式中　$p_c$——直接空冷机组的排汽压力，kPa；

　　　$\Delta p$——排汽压损，主要包括排汽管压降、蒸汽分配管压降、顺/逆流管束压降，kPa。

（3）直接空冷凝汽器的特性曲线。根据上述空冷凝汽器的变工况计算模型，可以计算出不同风机转速、环境温度和排汽量下直接空冷凝汽器的排汽压力，得到直接空冷凝汽器的特性曲线。一般而言，风机转速越低，相同温度下的排汽压力对排汽量（或负荷）越敏感，即风机转速越低，排汽量（或负荷）对排汽压力的影响越大。

**二、间接空冷系统**

按照间接空冷系统采用的空冷凝汽器形式来划分，间接空冷系统可分为采用混合式凝汽器的海勒式间接空冷系统和采用表面式凝汽器的哈蒙式间接空冷系统。

间接空冷系统的换热原理与常规的闭式湿冷系统相似，也为两次换热，即：①在凝汽器内的汽轮机排汽与循环冷却水之间的热交换；②在干式冷却塔内通过空冷散热器的循环冷却水与空气之间的热交换。由于冷却空气和循环水通过散热管束表面进行换热，二者不直接接触，因而没有水损失。

（一）海勒式间接空冷系统

1. 系统组成

海勒式间接空冷系统又称为混合式凝汽器间接空冷系统，主要由混合式（喷射式）凝汽器、全铝制带百叶窗的冷却三角散热器、自然通风或机械通风干式冷却塔、循环水泵及用以回收水能的水轮机等组成，其原则性热力系统如图 5-32 所示，系统主要组成部件的结构及其特点如下。

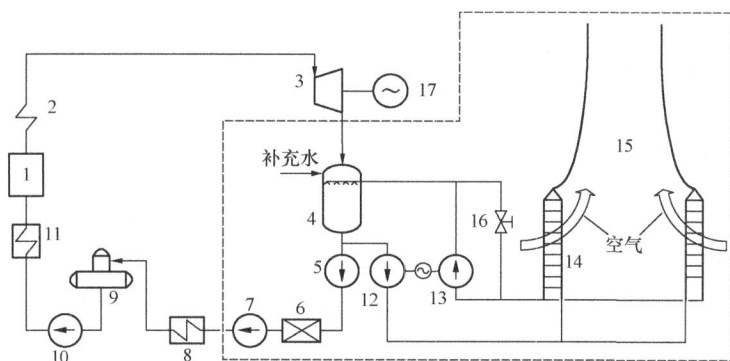

图 5-32　海勒式间接空冷机组原则性热力系统

1—锅炉；2—过热器；3—汽轮机；4—喷射式凝汽器；5—凝结水泵；6—凝结水精处理装置；7—凝结水升
压泵；8—低压加热器；9—除氧器；10—给水泵；11—高压加热器；12—冷却水循环泵；13—调压水轮机；
14—全铝制散热器；15—干式冷却塔；16—旁路节流阀；17—发电机

（1）混合式（喷射式）凝汽器。（喷射式）凝汽器是海勒式间接空冷系统的主要配套设备，由外壳、水室、后冷却器、热井及其支撑部件等组成，其结构示意图如图 5-33 所示。

　　喷射式凝汽器主要依靠喷嘴将冷却水喷出，形成水膜，与汽轮机排汽直接接触进行热交换。由于是直接接触换热，其传热系数 $K$ 值相当大，在蒸汽被冷凝的初始阶段约为 $470kW/(m^2 \cdot ℃)$，到了最后阶段，由于相对空气量增加，$K$ 值减小，但也高达 $23kW/(m^2 \cdot ℃)$，因而能使蒸汽与热水温差（端差）接近于零。只是为了更有效地冷却蒸汽/空气混合物中的蒸汽，要求后冷却器内有过量的冷却水，形成凝汽器内凝结水过冷却，其过冷度为 $0.2 \sim 0.5℃$。喷射式凝汽器的总传热系数 $K$ 值大，喷嘴所形成的水膜面积也大，因此凝汽器本身不需要很大体积就能满足热交换的需要。但是热井的容积较大，这是海勒式间接空冷系统运行提出的特殊要求。

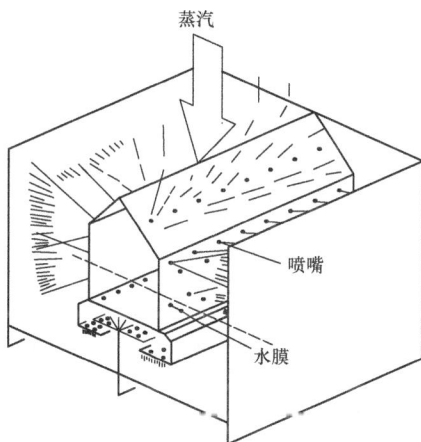

图 5-33　喷射式凝汽器结构示意图

　　（2）干式冷却塔。干式冷却塔大多数采用自然通风塔。其设计和计算原理与湿冷塔基本相同，其主要功能是布置和支撑散热器及有关管道，为冷却散热器内的循环冷却水提供足够数量的空气流，以完成循环冷却水与空气之间的热交换任务。

　　由于冷却塔的进风口高、支柱长，故采用 X 形交叉柱形式。空冷散热器布置在冷却塔底部周围，每个塔的散热器分为若干个扇形段。每个冷却三角形组件配置一个百叶窗传动机构，百叶窗除能调节冷却塔进风量外，还对散热器受雨淋、日晒、冰雹击打和冰冻等有一定的保护作用。百叶窗的控制装置采用非线性调节设计。塔内设有进水和出水两根环形配水管。每个塔内设两个地下蓄水池，水箱总容量要足以储存冷却三角形组件的排水量。

　　（3）空冷散热器。空冷散热器一般选用福哥型铝制散热器，它是由外表面经过防腐处理的圆形铝管套以铝翅片的管束组成"∧"形排列的散热器，称为缺口冷却三角，在缺口处装上百叶窗就构成了一个冷却三角。冷却三角的夹角为 60°。散热器铝管错位排列，每个散热器顶部联箱上都有放空气管，与一根竖向的通气管相连直通大气。

（4）水轮机组。在设计海勒式间接空冷系统时，采用水轮机组来回收进入混合式凝汽器的冷却水的压力能，该水轮机与循环泵和电动机同轴布置，以减少循环水泵的电耗。但在实际建设中，一些电厂取消了水轮机。

2. 系统工作原理

在海勒式间接空冷系统中，汽轮机排汽在喷射式凝汽器中与喷射成水膜的循环冷却水直接接触凝结，凝结水与温度升高的冷却水混合后，汇集于凝汽器底部热井。其中，仅有2%～5%的混合水用凝结水泵送至精处理装置处理后，送回汽轮机回热系统；其余部分则用循环水泵送至自然通风干式冷却塔，在空冷散热器中与环境空气通过对流换热被冷却。冷却后的水通过节流阀（或水轮机）调整到适合喷射式凝汽器的工作压力，再回到喷射式凝汽器中去冷却汽轮机排汽，如此反复，构成闭路循环系统。其中，喷射式凝汽器由于不是借助金属表面进行热交换，而是通过两种流体的混合进行热交换的，所以换热效果好。

海勒式间接空冷系统运行时存在真空和微正压两部分。从水轮机出口经喷射式凝汽器至循环水泵入口段为真空部分；从循环水泵出口经空冷散热器至水轮机入口段为微正压部分。

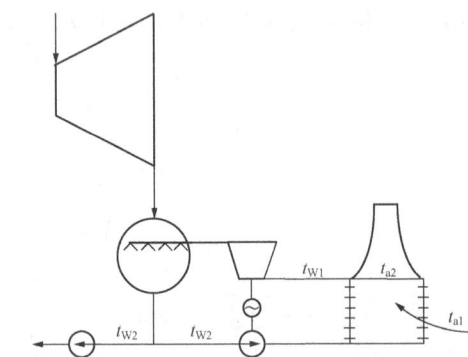

图 5-34　海勒式间接空冷系统简图

3. 系统特点

海勒式间接空冷系统的优点：①以微正压的低压水系统运行，较易掌握，可与中背压汽轮机配套；②冷却水系统消耗动力小，厂用电耗少，占地面积中等。缺点：①铝制空冷散热器耐冲洗、耐抗冻性能差；②空冷散热器在塔外布置，易受大风影响其带负荷能力；③设备系统较复杂。一般适用于气候温和、无大风、带基本负荷的发电厂。

4. 变工况计算

以如图 5-34 所示的海勒式间接空冷系统为例，说明其变工况计算方法。

（1）喷射式凝汽器。对于喷射式凝汽器，其热平衡方程为

$$G_w c_w (t_{w2} - t_{w1}) = G_c (h_c - c_w t_{w2}) \tag{5-25}$$

式中　$G_c$——汽轮机排汽量，kg/s；

$h_c$——汽轮机排汽焓，kJ/kg；

$G_w$——进入凝汽器的循环水量，kg/s；

$c_w$——水的比定压热容，W/(kg·℃)；

$t_{w1}$、$t_{w2}$——进入凝汽器的循环水温、凝汽器压力下的饱和水温，℃。

（2）空冷散热器。对于空冷散热器，其热平衡方程为

$$G_a c_a (t_{a2} - t_{a1}) = G_c (h_c - c_w t_{w2}) \tag{5-26}$$

式中　$G_a$——间接空冷塔内的空气质量流量，kg/s；

$c_a$——空气比定压热容，W/(kg·℃)；

$t_{a1}$、$t_{a2}$——空冷散热器的进、出口空气温度，℃。

（3）传热方程。空气和循环水进出空冷散热器的温度变化如图 5-35 所示。

对于空冷散热器，其传热方程为

$$Q = KA\Delta t_m = D_w c_w (t_{w2} - t_{w1}) \tag{5-27}$$

式中　$\Delta t_m$——对数平均传热温差，℃。

$$\Delta t_m = \frac{\Delta t_{max} - \Delta t_{min}}{\ln(\Delta t_{max}/\Delta t_{min})} \tag{5-28}$$

其中，$\Delta t_{min}$是（$t_{w2} - t_{a2}$）与（$t_{w1} - t_{a1}$）较小者，$\Delta t_{max}$是（$t_{w2} - t_{a2}$）与（$t_{w1} - t_{a1}$）较大者。

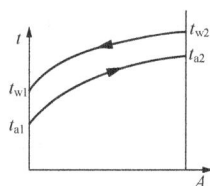

图 5-35　冷热流体温度变化

空冷散热器的传热系数是计算凝汽器压力的关键。根据传热原理，空冷散热器的传热热阻为管内热阻、管外热阻和管壁热阻三者之和，即

$$\frac{1}{KA} = \left(\frac{1}{\alpha_i} + \varepsilon_i\right)\frac{1}{A_i} + \frac{\delta_b}{\lambda_b}\frac{1}{A_m} + \left(\frac{1}{\alpha_o} + \varepsilon_o\right)\frac{1}{A_b + A_f \eta_f} \tag{5-29}$$

式中　$K$——空冷散热器的总传热系数，$W/(m^2 \cdot ℃)$；

　　　$A$——空冷散热器总传热面积，$A = A_b + A_f$，$m^2$；

　$A_b$、$A_f$——翅片管外侧基管部位的表面积、翅片管的翅片表面积，$m^2$；

　$\alpha_i$、$\alpha_o$——管内水的对流换热系数和管外空气的对流换热表面传热系数，$W/(m^2 \cdot ℃)$；

　　　$\delta_b$——基管壁厚，$m$；

　$\varepsilon_i$、$\varepsilon_o$——管内污垢热阻和管外污垢热阻，$(m^2 \cdot ℃)/W$；

　　　$\lambda_b$——基管管壁的导热系数，$W/(m \cdot ℃)$；

　$A_i$、$A_m$——翅片管的管内表面积、基管平均半径处的圆柱表面积，$m^2$；

　　　$\eta_f$——翅片管的翅片效率。

对于空冷散热器而言，管壁薄、导热系数大，导热热阻很小，若忽略管内外污垢热阻对传热系数的影响，则式（5-28）可以简化为

$$\frac{1}{KA} = \frac{1}{\alpha_i A_i} + \frac{1}{\alpha_o (A_b + A_f \eta_f)}$$

空冷散热器管内为循环水强制对流换热，故 $\alpha_i$ 表达式为

$$\alpha_i = 0.023 \frac{\lambda}{D_i} Re^{0.8} Pr^{0.3} \tag{5-30}$$

式中　$Re$、$Pr$——雷诺数、普朗特数。

空冷散热器管外为空气强制对流换热，对于福哥型铝制表面式空冷散热器，有

$$\alpha_o = 1372.34 L_f^{0.515} \tag{5-31}$$

式中　$L_f$——单位面积的进风量，$t/(m^2 \cdot h)$。

（4）凝汽器压力。若忽略混合式凝汽器的端差，则 $t_{w2}$ 就是凝汽器压力下的饱和温度。$t_{w2}$ 可由式（5-25）、式（5-26）和式（5-27）联立求解，使用时可编程迭代求出。在求得 $t_{w2}$ 的情况下，凝汽器压力按下式进行计算

$$p_c = 9.81 \left(\frac{t_{w2} + 100}{57.66}\right)^{7.46} \tag{5-32}$$

**（二）哈蒙式间接空冷系统**

**1. 系统组成**

哈蒙式间接空冷系统也称为表面式凝汽器间接空冷系统，它是在海勒式间接空冷系统的运行实践基础上发展起来的。由于海勒式间接空冷系统采用的喷射式凝汽器的实际运行端差

与表面式凝汽器的端差相比并没有明显减小，而且在喷射式凝汽器中，循环冷却水与锅炉给水是连通的，由于锅炉给水品质控制严格，系统中要求装设凝结水精处理装置。然而对于高参数大容量机组，给水水质的控制和处理相当困难，于是在单机容量 300MW 和 600MW 的火电机组上发展了哈蒙式间接空冷系统和直接空冷系统。

哈蒙式间接空冷系统由表面式凝汽器、自然通风干式冷却塔、空冷散热器、循环水泵等组成，其原则性热力系统如图 5-36 所示。它与常规的湿式冷却系统基本相仿，不同之处是用干式空冷塔代替了湿冷塔，用不锈钢管凝汽器代替了铜管或钛管凝汽器，用密闭式循环冷却水系统代替了敞开式循环冷却水系统，且循环水采用除盐水。

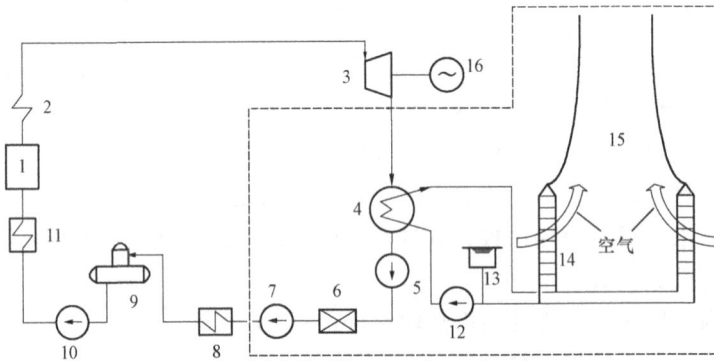

图 5-36　哈蒙式间接空冷机组原则性热力系统

1—锅炉；2—过热器；3—汽轮机；4—凝汽器；5—凝结水泵；6—凝结水精处理装置；7—凝结水升压泵；8—低压加热器；9—除氧器；10—给水泵；11—高压加热器；12—循环水泵；13—膨胀水箱；14—散热器；15—空冷塔；16—发电机

表面式凝汽器是哈蒙式间接空冷系统的主要配套设备，其结构形式与湿冷机组相同，在此不再赘述。在哈蒙式间接空冷系统中，由于冷却水在温度变化时体积发生变化，故需增设膨胀水箱，以保持系统中凝结水的压力。膨胀水箱顶部和充氮系统连接，使膨胀水箱水面上充满一定压力的氮气，它既可对冷却水容积膨胀起到补偿作用，又可避免冷却水和空气接触，保持冷却水的水质不变。

在冷却塔底部设有储水箱，并设置两台输水泵，可向冷却塔中的空冷散热器充水。空冷散热器及管道满水后，系统即可启动投运。

系统中的散热器由椭圆形钢管外缠绕椭圆形翅片或套嵌矩形钢翅片的管束组成。椭圆形钢管及翅片外表面进行整体热镀锌处理。散热器装在自然通风冷却塔中，冷却水采用自然通风方式冷却。

2. 系统工作原理

在哈蒙式间接空冷系统中，汽轮机排汽在表面式凝汽器中被循环冷却水冷却而凝结，凝结水汇集于凝汽器底部热井，被凝结水泵送回汽轮机回热系统。循环水泵将吸热后的循环冷却水送至自然通风干式冷却塔，在空冷散热器中与环境空气通过对流换热而被冷却。冷却后的循环水通过循环水泵升压后再回到表面式凝汽器中去冷却汽轮机排汽，如此反复，构成闭路循环冷却水系统。

3. 系统特点

哈蒙式间接空冷系统类似于湿冷系统，优点是：①节约厂用电，设备少，冷却水系统与汽水系统分开，两者水质可按照各自要求控制；②冷却水量可根据季节调整，在高寒地区，在冷却水系统中可充以防冻液防冻；③空冷散热器在塔内布置，基本不受大风影响其带负荷的能力。缺点是：①空冷塔占地面积大，基建投资多；②发电煤耗约是湿冷机组的 105%；③系统中需要进行两次换热，且都是表面式换热，致使全厂热效率有所降低。一般适用于核电站、热电站和调峰电厂。

# 第四节　火力发电厂冷端系统的优化

冷端系统是火电机组重要的辅助系统，优化冷端系统，保证其在最佳真空下运行，是提高火电机组运行安全性与经济性的重要手段。冷端系统优化可分为设计优化和运行优化两个方面。

## 一、设计优化

火力发电厂的冷端系统是指汽轮机低压部分、凝汽器和冷却水供水系统连成为一个整体的系统。汽轮机低压部分包括排汽口数目及其面积、末级叶片高度等；凝汽器包括凝汽器冷却面积、流程数、冷却管材及管子几何尺寸（外径、管长）、冷却管内介质流速、冷却水流量及多压凝汽器冷却水系统的连接方式（串联还是并联）等；对于直流供水系统主要包括进、排水水工建筑物及其管道、循环水泵及其电动机；对于循环供水系统还应包括冷却塔的淋水面积、冷却水温度；对于空冷系统没有淋水面积，代之以冷却元件数以及冷却元件表面的空气流速等。火力发电厂的冷端系统优化设计，就是对上述有关参数的优化，优化设计应考虑的边界条件有：年本息偿还率、年利用小时数、燃煤价格、水价、气温和水温变化、厂用电率、锅炉效率、最小供电负荷等。

火电厂冷端系统优化设计方法基本上有两种：①维持机组出力不变，冷端参数变化，引起汽轮机背压、进汽量变化，导致热耗率的变化，使燃料费用发生变化；②维持汽轮机进汽量不变，冷端参数变化，引起汽轮机背压、功率变化，使电费收入变化。将燃料费用或电费收入的变化值，同电厂相应设备费投资变化相比，即可得出最佳参数组合。

图 5-37 所示为采用计算机进行火电厂冷端系统优化设计的一个实例程序简化框图，它分为两部分，先是对冷端系统参数组合的可行性检验，其中包括凝汽器、冷却塔的主要尺寸，然后用迭代法求得计算某一负荷和温度下的背压。接着对冷却方式，利用迭代法求得冷却塔应达到的冷水温度，再据以精确计算 $p_c$，如该值与设定值不一致，用计算结果作为新的设定值重复最后几步计算。如 $p_c$ 值已经满足精度要求，即据此计算机组

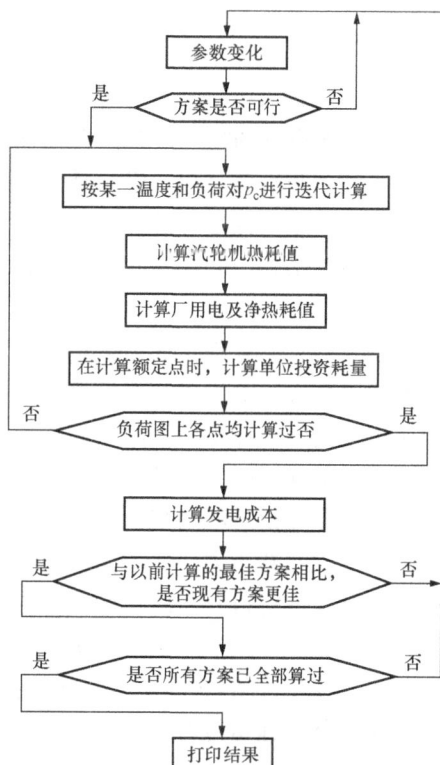

图 5-37　冷端系统优化设计程序框图

的热耗率、净热耗率。完成后即可计算投资费用。接着进行一些判断，如对一条有 3 个负荷计算点、4 个温度点的负荷曲线进行 12 个工况计算。如负荷曲线上各工况都已算过，即可算出净热耗率平均产值和发电成本。程序中可不断改变参数，一直到求得最优组合为止。

用计算机进行火电厂冷端系统优化设计还有其他方法，请参考相关文献。

**二、运行优化**

火电机组冷端系统运行优化的目的是通过对机组在不同运行负荷、不同抽气器运行方式、不同冷却工质（水或空气）入口温度和不同冷却工质（水或空气）流量条件下的对比试验，确定机组的出力增加与循环水泵（或空冷风机）、抽气器等设备耗功增加的差值最大时的凝汽器压力及运行方式。

对于湿冷机组，冷端系统的运行优化可采用下述方法。

（1）机组微增出力试验。在不同的机组运行负荷下，改变凝汽器压力，得出机组出力与背压的变化关系，以式（5-33）来表示

$$\Delta P_t = F_1(P_t, p_c) \tag{5-33}$$

式中　$\Delta P_t$——机组微增出力，kW；

　　　　$P_t$——机组负荷，kW；

　　　　$p_c$——汽轮机排汽压力，kPa。

（2）凝汽器变工况试验。在不同排汽热负荷、不同冷却水温度和抽气器运行方式下，改变凝汽器冷却水流量，得出凝汽器压力与冷却水流量的变化关系，以式（5-34）来表示

$$p_c = F_2(P_t, t_{w1}, G_a, G_w) \tag{5-34}$$

式中　$t_{w1}$——凝汽器进口冷却水温度，℃；

　　　　$G_a$——抽气器不同运行方式下的抽空气量，kg/s；

　　　　$G_w$——进入凝汽器的冷却水流量，kg/s。

（3）冷端设备的耗功试验。在抽气器不同运行方式下，测量抽气器耗功；循环水泵分别在一机一泵、两机三泵和一机两泵、高速、低速以及叶片角度改变等方式下运行，测量冷却水流量和循环水泵耗功，排汽热负荷、不同冷却水温度和改变凝汽器冷却水流量，得出设备耗功增量的关系式，以式（5-35）来表示

$$\Delta P_p = F_3(G_a, G_w) \tag{5-35}$$

式中　$\Delta P_p$——冷端设备耗功增量，kW。

上述计算方法适用于湿冷机组和间接空冷机组，对于直接空冷机组，只要将循环水泵用空冷风机替代，冷却水温度用冷却空气温度替代即可。

凝汽器最佳运行背压是指在一定的机组运行负荷和冷却工质（水或空气）条件下，机组功率增量与冷端设备耗功增量之差值为最大时的凝汽器压力，即机组最佳运行背压。它可以通过求解以凝汽器压力、冷却工质温度和流量为变量的目标函数而得出。

凝汽器最佳运行背压的目标函数为

$$F(P_t, t_{w1}, G_a, G_w) = \Delta P_t - \Delta P_p \tag{5-36}$$

当 $t_{w1}$、$G_a$ 一定时，对式（5-36）两端求偏导数并令其等于零，则冷却水流量对应的机组背压即为凝汽器最佳运行背压

$$\frac{\partial F(P_t, t_{w1}, G_a, G_w)}{\partial G_w} = 0, \frac{\partial \Delta P_t}{\partial G_w} = \frac{\partial \Delta P_p}{\partial G_w} \tag{5-37}$$

求解式（5-37），即可得到最佳运行背压 $p_c$。在实际应用中，可以采用迭代法或比较法。

根据计算得出的最佳背压及相应的冷却工质温度和流量，确定在不同工况下的抽气器、循环水泵或空冷风机等设备的最佳运行方式。运行人员应据此及时调整系统的运行参数及设备，以保证机组运行始终维持在最佳状态。

## 🌱 复习思考题

5-1　冷端系统由哪些主要设备组成？作用是什么？湿冷和空冷机组的冷端系统有何异同？

5-2　现代大型火电机组的凝汽设备必须满足哪些基本要求？其考核指标是什么？

5-3　火力发电厂对供水系统的基本要求是什么？

5-4　简述自然通风逆流湿式冷却塔的组成特点及其工作原理。

5-5　影响湿式冷却塔循环水出塔水温的主要因素是什么？

5-6　内置式烟塔合一技术的主要优点是什么？

5-7　水冷凝汽器主要类型有哪些？如何来确定凝汽器的压力？

5-8　影响凝汽器传热端差的主要因素？如何来减小传热端差？

5-9　凝汽器的真空是否越高越好？为什么？凝汽器的最佳真空是什么？

5-10　凝汽器的抽真空设备主要有哪些？简述水环式真空泵的工作原理。

5-11　为什么要设置胶球自动清洗系统？其工作原理是什么？

5-12　发电厂为什么要采用空冷系统？主要包括哪几种类型？其特点是什么？

5-13　环境风对空冷凝汽器的运行性能有何影响？如何来减小其不利影响？

5-14　为什么空冷凝汽器在冬季启停、低负荷运行时段会发生冻结现象？如何预防？

5-15　何为空冷凝汽器传热单元数和空冷散热器效能？如何确定直接空冷机组的排汽压力？

5-16　简述海勒式和哈蒙式间接空冷系统的特点及其工作原理。

5-17　火电机组冷端系统优化设计时，应考虑哪些边界条件？运行优化的目的是什么？

# 第六章 热电联产及其供热系统

## 本 章 提 要

热电厂以热电联产的方式,同时向外界供应电能和热能。本章通过介绍热负荷的类型及其变化规律,汽网、水网系统及其设备,水网供热设备工况图的作用及其绘制方法,进而阐述热电厂的热经济性分析与计算方法,重点论述供热机组的节煤条件,并简介供热工程的优化方法。

## 第一节 热负荷及其载热工质

### 一、热负荷的分类及计算

随着生产的发展和人们生活水平的提高,不仅需要电能,而且还需要为不同用户提供热能。热能也与电能一样,几乎不能大量储存。热能生产过程必须随时保持产、供、销平衡,并应保证热能供应的可靠性和经济性。

由热电厂通过热网向热用户供应的不同用途的热量称为热负荷。因其用途不同,对供热工质(蒸汽或热水)及其数量、供热参数以及热负荷随时间的变化规律(热负荷特性)等的要求也各不相同,因此需要对不同类型的热负荷进行分类研究,以期为热电联产的设计、运行和技术经济性分析提供依据。

热电厂的热负荷主要有:生产热负荷(包括工艺热负荷和动力热负荷)、热水供应热负荷、供暖及通风热负荷。前两项为全年性(非季节性)热负荷,而供暖及通风热负荷则属于季节性热负荷,它与室外温度、湿度、风速、风向以及太阳辐射等气候条件密切关联,影响最大的是室外温度,全年变化很大,昼夜波动较小。各类热负荷的特点见表 6-1。

表 6-1　　　　　　　　　　　各类热负荷的特点

| 特点 \ 类别 | 生产热负荷 | 热水供应热负荷 | 供暖及通风热负荷 |
|---|---|---|---|
| 用途 | 用于加热、干燥、蒸馏等工艺热负荷;用于驱动汽锤、压气机、水泵等动力热负荷 | 印染、漂洗等生产用热水;城市及公用设施及民用热水 | 生产、城市公用事业及民用的采暖及通风 |
| 主要用户 | 石油、化工、轻纺、橡胶、冶金等 | 生产及人民生活 | 生产及人民生活 |
| 负荷特性 | 非季节性,昼夜变化大,全年变化小 | 非季节性,昼夜变化大,全年变化小 | 季节性,昼夜变化小,全年变化大 |

续表

| 类别<br>特点 | 生产热负荷 | 热水供应热负荷 | 供暖及通风热负荷 |
|---|---|---|---|
| 介质及参数 | 一般为 0.15～0.6MPa 饱和蒸汽，也有高于 1.4～3.0MPa 的蒸汽 | 60～70℃热水 | 70～150℃或更高温度的热水或 0.07～0.28MPa 的蒸汽 |
| 工质损失率 | 直接供汽：20%～100%<br>间接供汽：0.5%～2% | 100% | 水网循环水量的 0.5%～2% |

**1. 季节性热负荷**

GB 50019—2015《工业建筑供暖通风和空气调节设计规范》及 GB 50736—2012《民用建筑供暖通风和空气调节设计规范》规定，季节性的供暖通风热负荷应根据建筑物围护结构的耗热量、加热由门窗缝隙渗入室内的冷空气的耗热量、加热由门/孔洞及相邻房间侵入的冷空气的耗热量、水分蒸发的耗热量、加热由外部运入的冷物料和运输工具的耗热量、通风耗热量、最小负荷班的工艺设备散热量、热管道及其他表面的散热量、热物料的散热量以及通过其他途径散失或获得的热量来确定，具体确定方法见相关设计规范。其中不经常的散热量可不计算，经常而不稳定的散热量应采用小时平均值。

当计算条件不充分时，可采用热指标法进行估算，具体如下。

(1) 供暖热负荷。供暖热负荷是城市集中供热系统的最主要热负荷，其大小占全部热负荷的 80%～90%。供暖设计热负荷的估算可以采用体积热指标法或面积热指标法，其计算式为

体积热指标法 $$Q_h = q_{Vh}(1+\mu)V_0(t_i - t_0^d) \times 10^{-3} \tag{6-1}$$

面积热指标法 $$Q_h = q_{Ah}A \times 10^{-3} \tag{6-2}$$

式中 $Q_h$——供暖设计热负荷，kW；

$\mu$——建筑物空气渗透系数，一般民用建筑取 $\mu=0$，对于工业建筑必须考虑 $\mu$ 值，不同建筑物的 $\mu$ 值是不同的，$\mu$ 值可从相关手册中查得；

$t_i$——供暖室内计算温度，℃；

$t_0^d$——供暖室外计算温度，℃；

$V_0$——建筑物的外围体积，$m^3$；

$A$——建筑物的建筑面积，$m^2$；

$q_{Vh}$——建筑物的供暖体积热指标，$W/(m^3 \cdot ℃)$；

$q_{Ah}$——建筑物的供暖面积热指标，$W/m^2$。

在进行供暖热负荷的分析与计算时，需要明确以下概念及其选取原则。

1) 集中供暖：集中供暖指热源和散热设备分别设置，用热媒管道相连接，由热源向多个热力入口或热用户供给热量的供暖方式。供暖方式应根据建筑物规模、所在地区气象条件、能源政策及状况、节能环保及生活习惯要求等，通过技术经济比较来确定。累计日平均温度稳定低于或等于 5℃ 的日数大于或等于 90 天的地区，应设置供暖设施，并宜采用集中供暖。

2) 供暖热负荷：供暖热负荷指在保持室内一定温度情况下，用以补偿房屋向外散热损失所需要的热量。

3) 供暖室内计算温度：一般指距地面 2m 以内人们活动区域的平均空气温度。其高低主要取决于人体的生理热平衡、生活习惯、人民生活水平的高低、生产要求及国家经济情况等因素，各国有不同的规定数值。根据 GB 50736—2012 的规定，我国民用建筑物的供暖室内设计温度在严寒和寒冷地区主要房间采用 18～24℃，夏热冬冷地区主要房间采用 16～22℃。从实际调查结果来看，大部分建筑供暖的设计温度为 18～20℃。

4) 供暖室外计算温度：供暖室外计算温度指按历年平均不保证 5 天的统计方法，由气象资料确定供暖设计计算的供暖期日平均温度值。由式（6-1）和式（6-2）可知，对已建成的建筑物，$q_{Vh}$、$q_{Ah}$、$V_o$、$A$ 以及供暖室内计算温度均为定值，供暖热负荷的大小主要取决于室外温度，故供暖室外计算温度 $t_0^d$ 的选取在供暖热负荷计算中非常重要。$t_0^d$ 既不是当年当地的最低气温，更不是当地历史上的最低气温，而是取一个比最低室外温度稍高的合理温度，原因有三个：第一是极低的室外温度出现的很少，并且持续时间短，有时只有几个小时；第二是供暖房间具有热惯性，短时间内热平衡状态的破坏并不会对室内温度有多大的影响；第三是如果以最低室外温度作为设计系统和选择供暖设备的依据，会造成设备和投资的浪费，而若以较高的室外温度作为供暖室外计算温度，虽然投资减少，但会造成设备偏小，在较长一段时间里不能保持合适的室内温度，达不到供暖的目的和要求。

我国在广泛调查研究的基础上，以日平均温度为统计基础，根据 20 年间的统计数据，采用当地历年平均不保证 5 天的日平均温度值为该地供暖室外计算温度，即在 20 年统计期间共有 100 天的实际日平均温度低于所取的供暖室外计算温度 $t_0^d$ 值。按照 GB 50019—2015 的规定，我国北部几个大城市的供暖室外计算温度为：哈尔滨－24.2℃，乌鲁木齐－19.7℃，沈阳－16.9℃，长春－21.1℃，银川－13.1℃，太原－10.1℃，北京－7.6℃，石家庄－6.2℃，张家口－13.6℃，呼和浩特－17℃，济南－5.3℃，西安－3.4℃。对于设计规范中未列入的地区，可按下式确定

$$t_0^d = 0.57t_{lp} + 0.43t_{p,min} \tag{6-3}$$

式中　$t_{lp}$——累年最冷月平均温度，℃；

$t_{p,min}$——累年最低日平均温度，℃。

其中累年是指多年，特指整编气象资料时，所采用的以往一段连续年份的累计。

5) 供暖体积热指标：供暖体积热指标指单位供暖建筑物外围体积在单位室内外设计温差下的供暖设计热负荷，其大小主要与建筑物的围护结构及外形有关。建筑物围护结构的传热系数越大、建筑的体型系数越大（外部建筑体积越小或建筑物的长宽比越大）、窗墙比大及气密性差，单位体积的热损失即供暖体积热指标值越大。各类建筑物的供暖体积热指标，可通过对大量建筑物进行理论计算或对大量实测数据进行统计归纳整理得出，也可从有关设计手册或当地设计单位历年累计的资料数据获得。

6) 供暖面积热指标：供暖面积热指标指单位供暖建筑面积的供暖设计热负荷，其推荐值可查相关设计规范获得。

需要注意的是：建筑物的供暖热负荷，主要取决于通过垂直围护结构（墙、门、窗等）向外传递的热量，它与建筑物平面尺寸和层高有关，因而不是直接取决于建筑平面面积。用供暖体积热指标表征建筑物供暖热负荷的大小，物理概念清楚，但采用供暖面积热指标比供暖体积热指标更易于概算，所以近年来在城市供热系统规划中，国内外多采用供暖面积热指标法进行概算。

各地的采暖期天数和起止日期均有规定。我国采用全昼夜室外平均温度＋5℃为开始或停止采暖的时期。我国各城市的采暖起止时间，可查有关手册。如北京的采暖期为当年的 11 月 15 日至次年的 3 月 15 日。

（2）通风热负荷。为了保证室内空气具有一定的温湿度和清洁度，需要对生产厂房、公共建筑和居住建筑进行通风或空气调节。采用强迫通风的系统才有通风热负荷，在供暖季节其任务是将室外冷空气加热至规定的室内温度。建筑物的通风设计热负荷，可采用通风体积热指标法或百分数法进行概算。

$$体积热指标法 \qquad Q_v = q_{Vv}V_0(t_{iv} - t_{0v}^d) \times 10^{-3} \qquad (6\text{-}4)$$

$$百分数法 \qquad Q_v = K_v Q_h \qquad (6\text{-}5)$$

式中　$Q_V$——建筑物通风设计热负荷，kW；

$\quad\quad q_{Vv}$——通风体积热指标，$W/(m^3 \cdot ℃)$；

$\quad\quad V_0$——建筑物的外围体积，$m^3$；

$\quad\quad t_{iv}$——通风室内计算温度，℃；

$\quad\quad t_{0v}^d$——通风室外计算温度，℃；

$\quad\quad K_v$——计算建筑物通风热负荷系数，一般取 0.3～0.5。

在进行通风热负荷的分析与计算时，需要明确以下概念及其选取原则。

1）通风热负荷：通风热负荷指对室内进行通风、空气调节以及冬季采暖季节加热送进室内新鲜空气所消耗的热量。

2）通风室内计算温度：一般取供暖室内计算温度。

3）通风室外计算温度：应采用累年最冷月平均温度，累年最冷月是指历年逐月平均气温最低的月份。每当室外气温低于该通风室外计算温度时，因时间不长可采用部分空气再循环以减少换气次数，而总热耗量却不再增加，这样可以提高通风设备的利用率，降低运行费用和节约投资。

4）通风体积热指标：通风体积热指标指单位通风建筑物外围体积在单位室内外设计温差下的通风热负荷，其值大小取决于建筑物的性质和外围体积。工业厂房的通风体积热指标值可查相关设计规范获得，对于一般的民用建筑，室外空气无组织地从门窗等缝隙进入，预热这些空气到室温所需的渗透和侵入耗热量，已计入供暖设计热负荷中，不必另行计算。

需要注意的是，百分数法主要用于有通风空调的民用建筑，如旅馆、体育馆等。

2. 全年性（非季节性）热负荷

（1）热水供应热负荷。热水供应热负荷是指供生产印染、漂洗等工艺热水及日常生活用热水（淋浴、厨房、洗涤等）。工艺热水的大小取决于工艺过程的热水用量，它与室外气温无关，全年变化小，但一昼夜或一星期却是不均衡的，并与工厂的工作班次（两班或三班制）等有关。深夜可能降为零，上班时间增大，热水用量标准或定额，可查有关专用手册获得。生活热水热负荷全年都存在，与居民的生活习惯有关，在一年的各季节内变化不大，但小时用水量变化较大。供暖期的生活热水平均小时热负荷 $Q_{hw,av}$ 可按下式计算

$$Q_{hw,av} = \frac{cm\rho V(t_h - t_1)}{T} = 0.001163 \frac{mV(t_h - t_1)}{T} \qquad (6\text{-}6)$$

式中　$c$——水的比热容，$c = 4.1868kJ/(kg \cdot ℃)$；

$\quad\quad m$——用水单位数（住宅为人数，公共建筑为每日人次数，床位数等）；

$\rho$——水的密度，按 $\rho=1000\text{kg/m}^3$ 计算；

$V$——每个热水用户每天的热水用量，查设计规范获得，L/d；

$t_h$——生活热水温度，查设计规范获得，一般为 $60\sim65℃$；

$t_1$——冷水计算温度，取最低月平均水温，无此资料可查设计规范获得，℃；

$T$——每天供水小时数，对住宅、旅馆、医院等，一般取 24h，h/d。

计算城市居住区生活热水平均热负荷 $Q_{hw,av}$ 还可用估算公式，即

$$Q_{hw,av} = q_w A \times 10^{-3} \tag{6-7}$$

式中　$q_w$——居住区热水供应热指标，查设计规范获得，$\text{W/m}^2$；

　　　$A$——居住区总建筑面积，$\text{m}^2$。

(2) 生产工艺热负荷。生产工艺热负荷是指在生产过程中的加热、烘干、蒸煮、清洗、熔化等工艺或拖动机械动力设备（如汽锤、给水泵汽轮机、压气机等）所需要的热量。生产工艺设计热负荷的大小以及需要的热媒种类和参数，主要取决于生产工艺过程的性质、用热设备的形式以及工厂的工作制度等因素。集中供热系统中，按照工艺要求热媒温度的不同，大致可分为三种：

1) 低温供热：供热温度在 130℃ 以下，一般用 $0.4\sim0.6\text{MPa}$ 的蒸汽供应。

2) 中温供热：供热温度在 $130\sim250℃$ 之间，一般用中小型蒸汽锅炉或热电厂供热汽轮机的 $0.8\sim1.3\text{MPa}$ 级或 $4.0\text{MPa}$ 级的抽汽供应。

3) 高温供热：供热温度在 $250\sim300℃$ 之间，一般用大型蒸汽锅炉或热电厂的新蒸汽经减压降温后供应。

由于生产工艺热负荷的用热设备繁多、工艺过程对热媒要求的参数不一以及工作制度的差异，因此生产工艺热负荷难以用统一的公式计算。对集中供热系统新增加的生产工艺热负荷，应按生产工艺系统提供的设计数据为准，并参考类似企业来确定；对已有工厂的生产工艺热负荷，由工厂提供；在个别情况下，也可以对工艺设备进行传热计算来确定生产工艺热负荷。另外，热电厂向工业企业提供生产工艺热负荷时，当热电厂的蒸汽压力和温度与各热用户的蒸汽压力和温度不一致时，需要对热电厂出口热网的设计流量进行必要的换算，计算公式为

$$D = \frac{Q_{w,max} \times 10^6}{(h_r - h'_r)\eta_h} = \frac{\psi_1 \sum D_{g,max}(h_g - h'_g)}{(h_r - h'_r)\eta_h} \tag{6-8}$$

式中　$D$——热源出口设计蒸汽流量，kg/h；

　$h_r$、$h'_r$——热源出口的蒸汽和凝结水比焓，kJ/kg；

　$h_g$、$h'_g$——各热用户使用压力下的蒸汽和凝结水比焓，kJ/kg；

　$Q_{w,max}$——热电厂热网的最大生产工艺热负荷，kW；

　$D_{g,max}$——各热用户核实的最大蒸汽流量，kg/h；

　　　$\eta_h$——热网效率，一般为 $0.9\sim0.95$；

　　　$\psi_1$——生产工艺热负荷的同时使用系数。

3. 热负荷资料的汇总与整理

受限于热量输送半径较短等因素，热电厂以热定电的建设原则要求必须正确汇总、整理和分析热负荷资料，这是建设热电厂的前期基础工作之一。

(1) 热负荷汇总统计修正系数。

1) 同时系数 $\psi_1$。供热区域内有许多热用户，一个工业企业内有许多用热点，其最大热负荷不会同时出现，为了使供热系统的设计和运行更接近于实际情况，应考虑各热用户的同时系数 $\psi_1$，即

$$\psi_1 = \frac{区域（企业）最大设计热负荷}{各热用户（用热点）的最大设计热负荷之和} < 1 \tag{6-9}$$

生产工艺热负荷的同时使用系数，一般可取 $0.7 \sim 0.9$，当各用户生产性质相同、生产负荷平稳且连续生产时间较长，同时使用系数取较高值，反之取较低值。

2) 负荷系数 $\psi_2$。供热区域内用户的负荷不可能总在额定负荷下运行，不同时间有不同的负荷系数。

对热用户
$$\psi_2 = \frac{用户的平均热负荷}{用户的额定热负荷} < 1 \tag{6-10}$$

对整个供热区
$$\psi_2' = \frac{各用户的平均热负荷}{区域额定热负荷} < 1 \tag{6-11}$$

(2) 汇总整理热负荷资料注意事项。热电厂一般运行周期按 30 年计，一旦建成进一步调整输出热负荷有一定难度。而区域热负荷往往是动态的，住宅区的增加、分散供热改为集中供热、用热工厂的新增及关停都会对热负荷有很大影响，这也是热电厂设计中往往留有一定裕量的原因。若均按设计热负荷而叠加起来的总热负荷来建设热电厂，显然偏大。另外，为了应对后续的不确定性，用户申报热负荷时经常数据偏大，致使热电厂投产后的实际热负荷较小，导致热电厂经济效益大为降低。甚至有些时候热电厂建成投产后，热用户企业却可能转产或停产，造成能源、资金的极大浪费。因此，热电厂的建设对区域合理规划的要求较高。

4. 热负荷图

热负荷图是用来表示整个热源或用户系统热负荷随室外温度或时间变化的图，它可以形象地反映热负荷的变化规律，常用的热负荷图主要有热负荷时间图、热负荷随室外温度变化图和热负荷持续时间图。

(1) 热负荷时间图。热负荷时间图是指用来描述某一时间期限内热负荷变化规律的曲线，特点是图中热负荷的大小按照它们出现的先后顺序排列。时间期限可长可短，可以是一天、一月或一年，相应地称为全日热负荷图、月热负荷图和年热负荷图。

1) 全日热负荷图。全日热负荷图用来表示整个热源或用户系统的热负荷在一昼夜中每小时的变化情况。它以时间（$0 \sim 24h$）为横坐标，小时热负荷为纵坐标，从零时开始逐时绘制。图 6-1 为一个典型的热水供应全日热负荷图。

对于全年性热负荷，它受室外温度的影响并不大，但在全天中不同时间点的变化较大。因此，对生产工艺热负荷，必须绘制全日热负荷图为设计集中供热系统提供基础数据。

对于季节性的供暖、通风等热负荷，其大小主要取决于室外温度，在全天中每小时的变化不大（对工业厂房供暖、通风热负荷，受工作制度影响而有些规律性的变化）。通常用它的热负荷随室外温度变化图

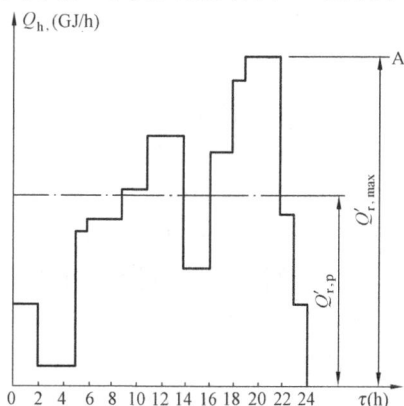
图 6-1　典型的热水供应全日热负荷图

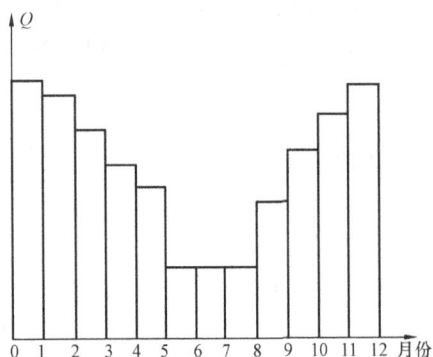

图 6-2　典型全年热负荷示意图

来反映热负荷变化的规律。

全日热负荷图形状与热负荷的性质以及用户的用热情况有关，图中由小时热负荷曲线和横坐标组成的面积为全日耗热量。各类相同性质热负荷图的叠加图，是热电厂或区域锅炉房运行的重要参考资料。

2）月热负荷图。月热负荷图用来描述一月中每一天热负荷的变化情况，它是以全月中的每一天为横坐标，每日的热负荷为纵坐标绘制的热负荷时间图。

3）年热负荷图。年热负荷图用来描述一年中各月份热负荷的变化规律，它是以一年中的月份为横坐标，每月的热负荷为纵坐标绘制的热负荷时间图，图 6-2 所示为典型全年热负荷示意图。它是规划供热系统运行、确定设备检修计划和安排职工休假日等方面的基本参考资料。对季节性的供暖、通风热负荷，可根据该月份的室外平均温度确定，热水供应热负荷按小时平均热负荷确定，生产热负荷可根据日平均热负荷确定。

（2）热负荷随室外温度变化图。热负荷随室外温度变化图是以室外温度为横坐标，热负荷为纵坐标绘制而成的。对于供暖、通风等季节性热负荷，其大小主要取决于当地的室外温度，利用热负荷随室外温度变化图能很好地反映季节性热负荷的变化规律。图 6-3 所示为一个居住区的热负荷随室外温度的变化图，开始供暖的室外温度定为$+5℃$。图中曲线 1 为供暖热负荷随室外温度的变化曲线，从中可以看出，供暖热负荷与室外温度呈线性关系；曲线 2 为冬季通风热负荷随室外温度的变化曲线，当室外温度 $t_0$ 在通风室外计算温度 $t_{0v}^d$ 和$+5℃$（$t_{0v}^d$

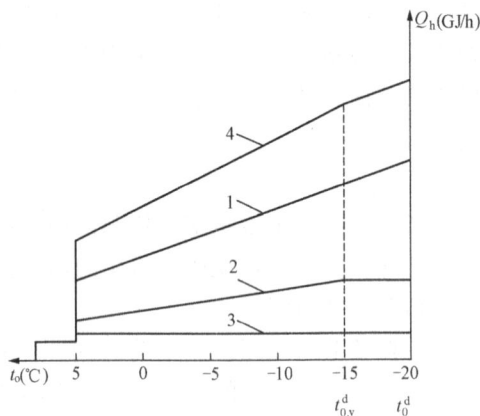

图 6-3　热负荷随室外温度变化示意图

$\leqslant t_0 < 5$）期间，冬季通风热负荷与室外温度呈线性关系，当室外温度 $t_0$ 低于冬季通风室外计算温度 $t_{0v}^d$ 时，通风热负荷为最大值，不再随室外温度改变；曲线 3 为热水供应热负荷随室外温度的变化曲线，由于热水供应热负荷受室外温度的影响较小，因而它呈一条水平直线，但在夏季，热水供应热负荷比冬季要低。

将上述三条线的热负荷在纵坐标上的表示值相加，得到曲线 4，它表示该居住区的总热负荷随室外温度变化的曲线图。

（3）热负荷持续时间图。在供热工程的规划设计过程中，需要绘制热负荷持续时间图。热负荷持续时间图的特点与热负荷时间图不同，在热负荷持续时间图中，热负荷不是按照出现时间的先后顺序来排列，而是按照其数值的大小来排列。热负荷持续时间图需要有热负荷随室外温度变化曲线和室外气温变化规律的曲线才能绘出。因此，热负荷持续时间图是表示不同小时用热量的持续时间曲线，它描述了由不同室外气温持续时间确定的热负荷变化规律。利用热负荷持续时间图既可以直观方便地分析各种热负荷的年耗热量，还可以用来计算有关经济指标，确定热网供、回水温度的最佳值，选择供热设备的经济工况，确定各供热设备间的热负荷分配等，是确定热电联产系统最佳热化系数、优化供热设备选择的依据，特别是在制定经济合理的供热方案时，热负荷持续时间图是简便、科学的分析计算手段，是集中供热系统规划、设计、运行及技术经济分析的重要资料。热负荷持续时间图主要包括供暖热负荷持续时间图和生产工艺热负荷持续时间图。

1）供暖热负荷持续时间图。由前面的分析可知，供暖热负荷的大小随环境温度的变化而变化，如果把一个供暖期内的热负荷按其大小及持续时间依次排列并绘制成图，即可获得供暖热负荷持续时间图。图 6-4 给出了供暖热负荷年持续时间图，其横坐标的左半边为室外温度 $t_o$，右半边为小于等于某一室外温度的持续小时数 $\tau$，纵坐标为供暖热负荷 $Q_h$。图中的第 I 象限反映的是不同供暖热负荷的持续时间，同时也反映出基本与尖峰热负荷的分配情况，曲线与横坐标轴之间包围的面积为全年供热量 $Q_{ah}$。第 II 象限反映出热负荷随外界环境温度的变化关系，热水采暖还反映了供、回水温度随室外环境温度变化的情况。第 III 象限为依据当地气象资料绘制的室外气温 $t_o$ 与持续时间 $\tau$ 的关系曲线。第 IV 象限结合第 III、第 I 象限，可描述热负荷 $Q$ 与室外气温 $t_o$ 的依变关系。

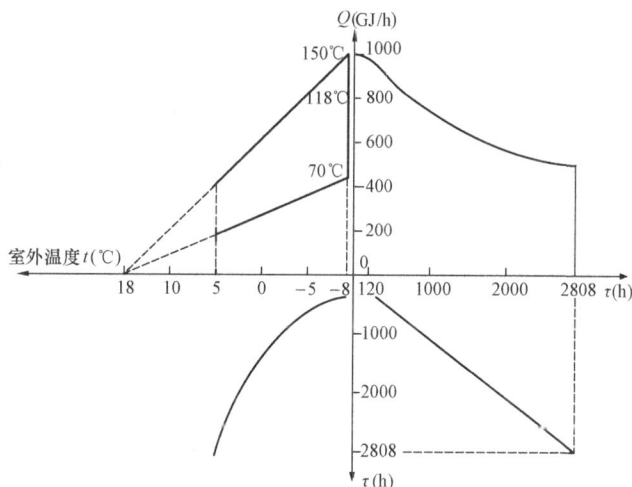

图 6-4　供暖热负荷年持续时间图

当一个供热系统或居住区具有供暖、通风和热水供应等多种热负荷时，也可以根据整个热负荷随室外温度变化的曲线图（见图 6-3 的曲线 4），绘制出相应的总热负荷持续时间图。

2）生产工艺热负荷持续时间图。生产工艺热负荷持续时间图的绘制要比供暖热负荷年持续时间图复杂，而且与实际的差距也较大。一般来说，工厂生产不可能每天一致，冬、夏期间一般会有所差别。因此，需要分别绘制出冬季和夏季典型工作日的全日生产工艺热负荷图，并由此来确定生产工艺的最大、最小热负荷和冬季、夏季的平均热负荷值。根据我国供热工程设计规范之要求，至少要有冬季和夏季典型日的生产工艺热负荷时间图作为依据来绘制生产工艺热负荷年持续时间图。图 6-5 给出了一个典型生产工艺热负荷持续时间图。图 6-5 的左侧表示冬季和夏季典型日的生产工艺热负荷图，其横坐标为一昼夜的小时时刻，纵坐标为热负荷，若生产工艺热负荷 $Q_a$ 在冬季和夏季的每天工作小时数为 $(m_1 + m_2)$、$(m_3 + m_4)$

小时，冬季和夏季的工作天数为 $N_d$ 和 $N_x$，则在横坐标持续小时数 $n_a = (m_1 + m_2)N_d + (m_3 + m_4)N_x$ 处，引垂直线交生产工艺热负荷 $Q_a$ 值于 a 点。以此类推，可绘制出生产工艺热负荷按照大小排列的持续时间曲线图。

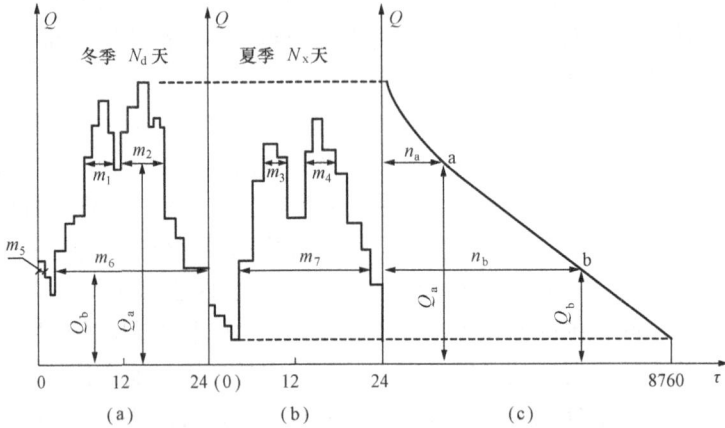

图 6-5　生产工艺热负荷持续时间图

（a）冬季典型日的热负荷图；（b）夏季典型日的热负荷图；（c）生产工艺热负荷持续时间曲线图

$$n_a = (m_1 + m_2)N_d + (m_3 + m_4)N_x(h); \quad n_b = (m_5 + m_6)N_d + m_7 N_x(h)$$

如热电厂同时具有生产工艺热负荷和民用热负荷（供暖、通风和热水供应），热电厂的总热负荷持续时间曲线图可将两个持续时间曲线图叠加得出。

事实上，绘制切合实际的生产工艺热负荷持续时间图是难以做到的，对以热电厂为热源的集中供热系统，各类热用户的总热负荷持续时间图主要是用于热电厂选择供热机组的机型、台数等，对集中供热系统的网络设计的用处不是很大。

### 二、供热载热质及其选择

在供热系统中，用来传送热能的媒介物质称为供热载热质，由热源向热用户输送和分配热量的管道及其设备系统称为热网。热电厂的供热载热质有蒸汽和热水两种，相应的热网称为汽网和水网。两者的比较见表 6-2。

表 6-2　　　　　　　　　　　　　载热质为蒸汽和热水时的比较

| 项目 ＼ 载热质 | 热 水 | 蒸 汽 |
|---|---|---|
| 供热距离 | 远。一般 10km，最远可达 30km，每公里降温约 1℃，热网损失小 | 近。一般为 3～5km，最远可达 10km，每公里温降较水网大，每公里压降 0.10～0.12MPa |
| 供热效率 | 总效率约 90%，管道热效率 95%，热水渗透效率占 2%～3%，热交换损失较小 | 总效率约 60%，管道损失占 5%～8%；蒸汽渗漏损失占 3%（疏水器处）；凝结水一部分被污染无法回收的损失占 10% |
| 供热质量 | 供热速度慢，密度大，蓄热能力强，能进行量、质的调节，负荷变化大时仍可较稳定运行，水温变化缓和，不会出现局部过热现象 | 供热速度快，密度小，只能进行量的调节，运行中可能出现局部过热现象，事故时由于汽网蓄热能力小，温度变化剧烈，适用于高层建筑 |

续表

| 项目＼载热质 | 热　水 | 蒸　汽 |
|---|---|---|
| 供热适应性 | 一般。有时难以满足工艺热负荷的温度需求，但近年来通过高温水（250℃）供热，并在用户设换热设备，将高温水转化成蒸汽 | 强。可适应于各类热负荷，特别是某些工艺过程必须用蒸汽，如汽锤、蒸汽搅拌等 |
| 热化发电量 | 大。由于水网可利用汽轮机的低压抽汽，增大热化发电量，尤其是可实现热网水的多级加热，可进一步提高热经济性 | 小。由于每公里的压降大，所以在满足供热参数的要求时，需提高汽轮机抽汽压力，热化发电量减少，热经济性较低 |
| 供热蒸汽的凝结水回收率 | 高达100%。由于水网在热电厂内利用汽轮机的抽汽通过表面式换热器加热，抽汽的凝结水全部回收 | 很低甚至为零。因为加热过程中蒸汽品质往往受到污染，从而造成热电厂补水量大，增加化学水处理的投资与运行费用，降低热经济性 |
| 热网系统设计 | 需考虑管网静压差。由于水的密度大，因高度差形成的静压差很大，对水力工况要求严格 | 蒸汽密度小，静压差比水要小得多 |
| 输送载热质的电能消耗 | 大。需要装设热网循环泵 | 小。凝结水不回收时为零，凝结水回收时，需增加凝结水返回热电厂的水泵消耗电量 |
| 事故时载热质的泄漏量 | 大。同样的泄漏点，由于水的比体积小，故泄漏量大 | 小。泄漏不大时可继续运行 |
| 热用户用热设备投资 | 大 | 小。蒸汽的温度和传热系数比水高，因此可减少换热面积，降低设备造价 |
| 热网使用寿命 | 长。理论上是20～30年 | 短。一般为5年 |
| 管网的维修管理工作量 | 较小 | 较大。特别是疏水器为运动部件，磨损较大 |

综上分析，热网载热质的选择较为复杂，应在满足供热前提的条件下，根据热电厂、热网和热用户用热设备的投资、运行方式和费用等综合因素来确定。一般而言，采暖、通风、热水热负荷用水作为载热质，工艺热负荷用蒸汽作为载热质。但是，水网比汽网的热损失小，机组的热化效果好，凝结水的回收率高且供热距离远，对节能降耗及环保也较为有利，故能采用热水供应的地方，应尽量采用水网。在国外，很多生产工艺过程用高温水代替蒸汽，如烘干、浓缩、溶解反应釜等；汽锤、水煤气生成、制蒸馏水、烟道吹灰等可改造成用高温水，也可在用户处把高温水通过汽水交换器转换成蒸汽。

## 第二节　热电联产及热电厂总热耗量的分配

燃料燃烧既能够提供电能又能够提供热能，电能、热能分别单独生产的方式是热电分产，又称单一能量生产。例如通过凝汽式发电厂提供电能，通过工业锅炉或民用火炉等提供热量。但上述能量利用方式存在较大的能量损失，分产发电时凝汽热量通过冷源排放到环境，形成较大的热量损失；分产供热时高品位能源低品位利用，存在很大的㶲损失。热电联产通过联产联供，实现同一燃料的高品位能发电，低品位能供热，具有节约能源、改善环境、提高供热质量、增加电力供应等综合效益。热电厂的建设是城市治理大气污染和提高能源利用率的重要措施，是集中供热的重要组成部分，是提高人民生活质量的公益性基础设施。

热电联产规划必须按照"统一规划、分步实施、以热定电和适度规模"的原则进行，以供热为主要任务，并符合改善环境、节约能源和提高供热质量的要求。

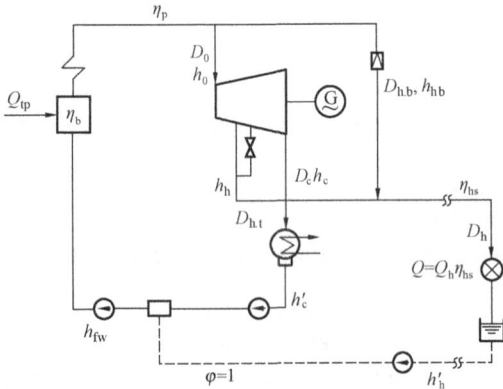

图 6-6　热电厂热力系统示意图

## 一、热电联产及其特点

热电联合能量生产简称为热电联产或热化，它是将燃料的化学能转化为高品位的热能用来发电，同时将已在供热式汽轮机中做了部分功（即发了电或热化发电）后的低品位热能，用来对外供热，这种发电厂称为热电厂，图 6-6 所示为热电厂热力系统示意图。特别需要指出的是对于抽汽式汽轮机，只有先发电后供热的供热汽流 $D_{ht}$ 才属于热电联产，而凝汽流 $D_c$ 仍属于分产发电，同样热电厂使用锅炉产生的新蒸汽 $D_{hb}$ 经减温减压后供热给用户仍属于分产供热。

热电联产符合按质利用热能的原则，达到了"热尽其用"，提高了热能的利用率，使热电厂的热经济性大为提高，节约了能源。

## 二、热电联产能量利用分析

以如图 6-7 所示的具有相同初参数的纯凝汽式机组（按朗肯循环工作）和背压式机组（纯供热循环）的理想循环进行对比分析。其初焓均为 $h_0$，朗肯循环的排汽压力 $p_c$ 都很低，如 $p_c =$ 0.005MPa，相应的排汽温度仅为32.98℃，无法用来供热；而供热循环的排汽压力 $p_h$ 应视热用户的要求而定，如 $p_h = 0.2$MPa，相应的排汽温度为120.23℃，可用来供热。

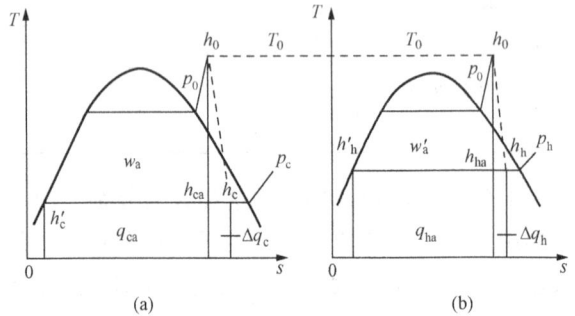

图 6-7　朗肯循环和供热循环的 $T$-$s$ 图
(a) 朗肯循环；(b) 供热循环

如图 6-7（a）所示，理想朗肯循环热效率 $\eta_t$ 和实际朗肯循环热效率 $\eta_i$ 的表达式分别为

$$\eta_t = \frac{w_a}{q_0} = \frac{q_0 - q_{ca}}{q_0} = 1 - \frac{q_{ca}}{q_0} = 1 - \frac{h_{ca} - h_c'}{h_0 - h_c'} \tag{6-12}$$

$$\eta_i = \frac{w_i}{q_0} = \frac{q_0 - q_c}{q_0} = \frac{q_0 - (q_{ca} + \Delta q_c)}{q_0} = 1 - \frac{q_c}{q_0} = 1 - \frac{h_c - h_c'}{h_0 - h_c'} \tag{6-13}$$

如图 6-7（b）所示，理想纯供热循环热效率（燃料利用系数）$\eta_{th}$ 与实际供热循环热效率（燃料利用系数）$\eta_{ih}$ 的表达式分别为

$$\eta_{th} = \frac{w'_a + q_{ha}}{q'_0} = \frac{(h_0 - h_{ha}) + (h_{ha} - h'_h)}{h_0 - h'_h} = 1 \qquad (6\text{-}14)$$

$$\eta_{ih} = \frac{w'_i + q_h}{q'_0} = \frac{w'_i + (q_{ha} + \Delta q_h)}{q'_0} = \frac{(h_0 - h_h) + (h_h - h_{ha}) + (h_{ha} - h'_h)}{h_0 - h'_h} = 1 \ (6\text{-}15)$$

式中　　$w_a$、$w'_a$——朗肯循环、供热循环的理想比内功，kJ/kg；

　　　　$w_i$、$w'_i$——朗肯循环、供热循环的实际比内功，kJ/kg；

　　　$q_0$、$q_{ca}$、$q_c$——朗肯循环的吸热量、理想放热量、实际放热量，kJ/kg；

　　　$q'_0$、$q_{ha}$、$q_h$——供热循环的吸热量、理想对外供热量、实际对外供热量，kJ/kg；

　　　$h_{ca}$、$h_c$、$h'_c$——朗肯循环理想排汽比焓、实际排汽比焓及排汽压力 $p_c$ 下的饱和水比焓，kJ/kg；

　　　$h_{ha}$、$h_h$、$h'_h$——供热循环理想排汽比焓、实际排汽比焓及排汽压力 $p_h$ 下的饱和水比焓，kJ/kg。

从图 6-7 及上述四式的分析可知：

（1）与供热循环相比，朗肯循环的 $\eta_t$、$\eta_i$ 值均较低，其排汽虽有较大热量，但品位太低，无法用来对外供热，只有凝结放热给冷源，实际排汽的凝结放热量 $q_c = q_{ca} + \Delta q_c$，完全被冷却水带走，散失于大气，即冷源损失很大，可达 $q_0$ 的 55％或更大，故其热利用率很低。

（2）纯供热循环的 $\eta_{th}$、$\eta_{ih}$ 均为 1，因为不仅理想排汽放热量 $q_{ha}$，而且蒸汽做功的不可逆热损失 $\Delta q_h$ 都全部用来对外供热，它完全没有朗肯循环的冷源热损失，故可大幅度地提供热电厂的热经济性，使其热耗率、煤耗率大幅度降低，节约了能量消耗。

背压式机组是纯供热机组，其排汽压力 $p_h$ 取决于热用户对供热参数的要求，显然 $p_h$ 远高于 $p_c$，使得 $w'_i < w_i$，即在汽轮机中做功能力降低，做功量减少。为此，在满足用热参数前提下，尽可能地降低 $p_h$ 值，以提高 $w_l$ 值，即提高热化发电量，使热化发电比提高，由于这是用发电后更低品位的热能来满足对外供热，从而进一步提高了热电厂的热经济性。

还需指出，给水回热循环的回热抽汽流也属于热电联产性质，只是该抽汽凝结放热量是用来内部加热给水，是热电联产的一个特例，同理，提高回热汽流的热化发电比，或充分利用低压回热抽汽也同样提高其热经济性。

（3）对于抽汽凝汽式机组，可视为背压式机组和凝汽式机组复合而成，其中的供热汽流完全没有冷源热损失，它的 $\eta_{th}$ 仍为 1，但是它的凝汽流仍有被冷却水带走的冷源热损失，该凝汽流的绝对内效率 $\eta_{ic}$ 不仅不等于 1，而且还比凝汽式汽轮机（指代替电厂的汽轮机）的绝对内效率 $\eta_i$ 还要低，即 $\eta_{ic} < \eta_i$。存在 $\eta_{ih} > \eta_i > \eta_{ic}$ 的关系，在热电联产热经济定性分析中，热电联产的燃料节省定量计算，都要应用这个关系式。

（4）$\eta_{ic} < \eta_i$ 的主要原因：①该凝汽流量通过供热式机组调节抽汽用的回转隔板，恒有节流导致的不可逆热损失；②抽汽式供热机组非设计工况的效率要低，如采暖用单抽汽式机组在非采暖期运行时，采暖热负荷为零，就是这种情况；③电网中一般供热机组初参数都低于代替电站的凝汽式机组；④热电厂必须建在热负荷中心，有时由于其供水条件比凝汽式差，

导致热经济性有所降低。

### 三、热电厂总热耗量的分配方法

对于热电分产而言，发电和供热是各自独立的两个系统，因此其发电和供热所消耗的热量是明确的。但是对于热电联产而言，同一联产汽流既发电又供热，因此表征热电厂的热经济性指标，除按照生产电能的指标外，还必须考虑生产热能的指标，由此可见热电联产热经济性指标的确定比热电分产要复杂和困难得多。为了确定其电能和热能的生产成本及其分项热经济性指标，必须将热电厂的总热耗量在两种能量产品之间进行合理的分配。

如图 6-6 所示热电厂的总热耗量 $Q_{tp}$ 为供热汽流 $D_{ht}$、凝汽式发电汽流 $D_c$ 和经减温减压后直接供热汽流 $D_{hb}$ 三者携带热量之和。$D_c$ 和 $D_{hb}$ 属于分产发电和分产供热能量生产，它们携带的能量归宿明确，不存在热耗量的分配问题，只有供热（或联产）汽流 $D_{ht}$ 的热耗量需要在两种产品之间进行分配，以确定热电联产的收益在两种产品之间的分配关系。

国内外学者对热电联产总热耗量的分配进行了许多研究，提出了各种不同的分配方法，如热电联产效益归电的热量法、热电联产效益归热法的实际焓降法、热电联产效益折中的做功能力法以及热经济学法。各类方法都有一定的合理性，也有其相应的局限性，但无论采用何种方法，只要将一种产品的热耗量分配确定，则另一种产品的热耗量即可由热电厂的总热耗量减去已分配的热耗量来确定。下面简要介绍几种典型的分配方法。

1. 热量法

热量法是将热电厂的总热耗量按生产电、热两种能量（产品）的用热数量比例来进行分配的方法，其核心是只考虑能量的数量，不考虑能量在质量上的差别。

当热电厂中经减温减压后直接供热汽流的流量 $D_{hb}=0$ 时，热电厂的总热耗量 $Q_{tp}$ 与锅炉热负荷 $Q_b$、机组热耗 $Q_0$ 有如下关系

$$Q_{tp} = B_{tp} q_{net} = \frac{Q_b}{\eta_b} = \frac{Q_0}{\eta_b \eta_p} = \frac{D_0 (h_0 - h_{fw})}{\eta_b \eta_p} \tag{6-16}$$

而且

$$Q_{tp} = Q_{tp(h)} + Q_{tp(e)} \tag{6-17}$$

式中    $B_{tp}$——热电厂总燃料消耗量，kg/h；

$\quad\quad q_{net}$——燃料的低位发热量，kJ/kg；

$\quad\quad Q_{tp}$——热电厂的总热耗量，kJ/h；

$\quad Q_{tp(h)}$——热电厂的供热热耗量，kJ/h；

$\quad Q_{tp(e)}$——热电厂的发电热耗量，kJ/h。

热电厂分配给供热方面的热耗量是以热用户实际消耗的热量 $Q_h$ 为依据的，即分配给供热方面的热耗量为

$$Q_{tp(h)} = \frac{Q_h}{\eta_b \eta_p} = \frac{D_{ht}(h_h - h'_h)}{\eta_b \eta_p} \tag{6-18}$$

将 $Q_h = Q/\eta_{hs}$ 代入式（6-18）得

$$Q_{tp(h)} = \frac{Q}{\eta_b \eta_p \eta_{hs}} = \frac{Q}{\eta_{tp(h)}} \tag{6-19}$$

式中    $h_h$——供热抽汽比焓，kJ/kg；

$h'_\mathrm{h}$——供热蒸汽的凝结水比焓，kJ/kg；

$Q_\mathrm{h}$——热电厂对外供出的热量，亦即热化供热量，kJ/h；

$Q$——热电户需要的热量，kJ/h；

$D_\mathrm{ht}$——热电厂的供热汽流流量，kg/h；

$\eta_\mathrm{hs}$——热网效率；

$\eta_\mathrm{tp(h)}$——热电厂的供热热效率。

则分配给发电方面的热耗量 $Q_\mathrm{tp(e)}$ 为

$$Q_\mathrm{tp(e)} = Q_\mathrm{tp} - Q_\mathrm{tp(h)} \tag{6-20}$$

在按照热量法分配 $Q_\mathrm{tp}$ 时，分配到供热方面的热耗量 $Q_\mathrm{tp(h)}$ 被人为地按锅炉新蒸汽直接供热的方式处理，其实质为热电分产供热。若将分配到供热方面的热耗量 $Q_\mathrm{tp(h)}$ 占热电厂总热耗量 $Q_\mathrm{tp}$ 的份额称为热电分摊比 $\beta_\mathrm{tp(1)}$，则有

$$\beta_\mathrm{tp(1)} = \frac{Q_\mathrm{tp(h)}}{Q_\mathrm{tp}} = \frac{D_\mathrm{ht}(h_\mathrm{h} - h'_\mathrm{h})}{D_0(h_0 - h_\mathrm{fw})}$$

供热式机组的供热汽流先发电后供热，属于热电联产，全无冷源损失，热经济性高，应是节约燃料的。但是热量法却将本是热电联产供热人为地作为由锅炉集中供热亦即热电分产供热来处理，据此计算得到的 $Q_\mathrm{tp(h)}$、$B_\mathrm{tp(h)}$ 值是几种分配方法中最大者，相应地分配到发电方面的 $Q_\mathrm{tp(e)}$、$B_\mathrm{tp(e)}$ 是几种分配方法中最小者，可理解为将热电联产的节能热经济效益分摊到发电方面，简称为"好处归电法"。

综上所述可以看出，按热量法分配给供热方面的热耗量 $Q_\mathrm{tp(h)}$，不论供热蒸汽参数的高低，一律按锅炉新蒸汽直接供热的方式处理，而未考虑实际联产供热汽流在汽轮机中已做过功、能级降低的实际情况。热电联产的节能效益全部由发电部分独占，热用户仅获得了热电厂高效率锅炉取代低效率小锅炉的好处，但以热网效率 $\eta_\mathrm{hs}$ 表示的集中供热管网的散热损失，使之打了折扣。因此，不利于鼓励热用户降低用热参数，也不能调动电厂改进热功转换技术的积极性，从而使热电联产总的热经济性降低。

2. 实际焓降法

实际焓降法按照联产供热汽流在汽轮机中少做的功（即实际焓降不足）占主蒸汽在汽轮机中实际做功（即实际焓降）的比例来分配热电厂的总热耗量。

分配给联产供热的热耗量 $Q^\mathrm{t}_\mathrm{tp(h)}$ 为

$$Q^\mathrm{t}_\mathrm{tp(h)} = Q_\mathrm{tp} \frac{D_\mathrm{ht}(h_\mathrm{h} - h_\mathrm{c})}{D_0(h_0 - h_\mathrm{c})} \tag{6-21}$$

式中 $h_\mathrm{h}$——供热抽汽比焓，kJ/kg；

$h_0$——汽轮机进汽比焓，kJ/kg；

$h_\mathrm{c}$——汽轮机排汽比焓，kJ/kg；

$D_\mathrm{ht}$——热电厂联产供热蒸汽流量，kg/h。

上式成立的前提条件是 $D_\mathrm{ht} = D_\mathrm{h}$，即来自锅炉的新蒸汽经减温减压后的分产供热 $Q^\mathrm{b}_\mathrm{tp(h)}$ = 0，且机组无再热；对再热机组，还应考虑再热吸热量。

若电厂还有新蒸汽直接减温减压后对外供热，则应将其供热量直接加在供热方面，新蒸汽减温减压后的供热量 $Q^\mathrm{b}_\mathrm{tp(h)}$ 为

$$Q_{tp(h)}^{b} = \frac{D_{hb}(h_{hb} - h_h')}{\eta_b \eta_p} \tag{6-22}$$

则供热总热耗量 $Q_{tp(h)}$ 为

$$Q_{tp(h)} = Q_{tp(h)}^{t} + Q_{tp(h)}^{b} \tag{6-23}$$

分配给发电方面的热耗量 $Q_{tp(e)}$ 为

$$Q_{tp(e)} = Q_{tp} - Q_{tp(h)} \tag{6-24}$$

将按照实际焓降法分配到联产汽流供热方面的热耗量 $Q_{tp(h)}^{t}$ 占热电厂总热耗量 $Q_{tp}$ 的份额称为热电分摊比 $\beta_{tp(2)}$，则有

$$\beta_{tp(2)} = \frac{Q_{tp(h)}^{t}}{Q_{tp}} = \frac{D_h(h_h - h_c)}{D_0(h_0 - h_c)} \tag{6-25}$$

实际焓降法分配热电厂的总热耗量 $Q_{tp}$ 是按照热电联产供热汽流在汽轮机中的做功不足与主蒸汽的整机实际焓降之比来分配的，热电联产汽流的冷源损失 $D_{ht}(h_c - h_c')$ 全部由发电部分承担，供热部分未分摊到任何冷源损失，即热电联产的好处全部由供热部分独占，所以称为联产效益归热法，也称"好处归热法"。这种热耗量的分摊方法，考虑了供热抽汽的品位，用户要求的供热参数越高，分摊的热耗量越大，所以可鼓励热用户主动降低对供热参数的要求，从而提高热化的节能效果。但抽汽式汽轮机的供热调节装置不可避免地会增加流动阻力，从而使该机组的凝汽发电部分的效率降低、热耗增大，使热电厂发电方面不但得不到好处，反而多耗煤。

3. 做功能力法

做功能力法是按热电联产供热蒸汽与主蒸汽的最大做功能力的比例来分配热电厂的总热耗量 $Q_{tp}$，即把热电联产汽流的热耗量按蒸汽的最大做功能力在电、热两种产品之间分配。按此方法，热电联产汽流在供热方面分摊的热耗量 $Q_{tp(h)}$ 为

$$Q_{tp(h)} = Q_{tp} \frac{D_{ht} e_h}{D_0 e_0} = Q_{tp} \frac{D_{ht}(h_h - T_{en} s_h)}{D_0(h_0 - T_{en} s_0)} \tag{6-26}$$

相应的热电分摊比 $\beta_{tp(3)}$ 为

$$\beta_{tp(3)} = \frac{Q_{tp(h)}}{Q_{tp}} = \frac{D_{ht} e_h}{D_0 e_0} \tag{6-27}$$

式中　$e_0$、$e_h$——新蒸汽及供热抽汽的比㶲，kJ/kg；

　　　$h_0$、$h_h$——新蒸汽及供热抽汽的比焓，kJ/kg；

　　　$s_0$、$s_h$——新蒸汽及供热抽汽的比熵，kJ/ (kg·K)；

　　　$T_{en}$——环境温度，K。

这种分配方法以热力学第一定律及第二定律为依据，同时考虑了热能的数量和质量差别，将热电联产的经济效益较合理地分配给电、热两种产品，理论上较为合理。但是因供热式汽轮机的排汽温度与环境温度相差较小，此方法与实际焓降法的分配结果相差无几，也就是说，热电联产的好处，大部分仍归于供热所得，发电方面分摊所得好处不足以补偿因汽轮机绝对内效率降低而多耗的热量，所以热电厂方面仍不能接受这种分配方法。

综上所述可见，上述三种分配方法均有局限性。相对而言，热量法的分配较为简单，

已经成为长期采用的一种方法。热量法是按热电厂生产两种能量的数量关系来分配，没有反映两种能量在质量上的差别，将不同参数蒸汽的供热量按等价处理，但使用上较为方便，因此得到广泛运用。而实际焓降法和做功能力法却不同程度的考虑了能量质量上的差别；供热蒸汽压力越低时，供热方面分配的热耗量越少，可鼓励热用户在可能的情况下降低用汽的压力，从而降低热价；但实际焓降法对热电联产得到的效益全归于供热会挫伤热电厂的积极性；而做功能力法，有较为完善的热力学理论基础，但在使用上极为不方便，因而后两种方法未得到广泛使用。总之，热电联产总热耗量的分配应充分考虑热电厂节约能源、保护环境、保证热用户的供热要求等社会效益，本着热、电共享的原则合理分摊。因此，从理论上探讨热电厂热耗量的合理分配，仍是热化事业中迫切需要解决的问题。

# 第三节　热电厂的对外供热系统

热电厂的对外供热系统根据采用的载热质不同分为两种方式，一种是利用蒸汽对外供热，另一种是利用热水对外供热。

## 一、蒸汽供热系统

蒸汽供热系统常有直接供汽和间接供汽两种方式。其中直接供汽系统是汽轮机末端的排汽通过热网直接向热用户供热。间接供汽系统是将汽轮机的抽汽先送入蒸汽发生器中，将其中的水加热成蒸汽，该蒸汽称为二次蒸汽，然后二次蒸汽再供热网。该系统与水网供热系统相比有如下特点：

（1）对热用户适应性强，可满足各种热负荷，特别是某些工艺过程如汽锤、蒸汽搅拌、动力用汽等必须用蒸汽的场合。

（2）输送蒸汽的能耗小，比水网用热网水泵输送热水的耗电量低很多。

（3）蒸汽密度小，因地形变化而形成的静压小，汽网的泄露量较水网小 20～40 倍。而水网的密度大，事故的敏感性强，对水力工况要求严格。

1. 供汽系统

工艺热负荷所需蒸汽数量各异，综合计算其流量时应考虑负荷的同时系数 $\psi_1$ 和负荷系数 $\psi_2$。有些工艺过程有间断性、重复性的特点，如锻压车间的动力用汽，用时最大，间断时最小，日负荷变化不大，月负荷却有重复性，冬夏季负荷略有差异。

工艺热负荷用汽，特别是动力用汽，要高度可靠，应有备用汽源。工艺热负荷用汽的质量（压力、温度）也各异，应根据用户需要按质供汽，尽可能充分利用低压蒸汽和厂内的余热。

热电厂可能的供汽方案有几种，为说明它们的不同，集中画在一台机组上（实际不是这样的），如图 6-8 所示。

（1）由锅炉引来蒸汽经减压减温后直接供汽，如图 6-8 中的 $p_1$ 所示。

（2）由背压机组的排汽或抽凝式供热机组的高压调节抽汽对外供汽，称为直接供汽方式。如图中 $p_3$ 所示为

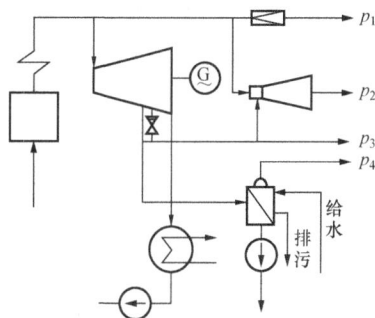

图 6-8　热电厂不同供汽方案的示意图

抽凝式供热机组的调节抽汽对外供热。直接供汽简单，投资省，现多采用之。

（3）若供热式汽轮机的排汽或调节抽汽压力略低于热用户的要求，而所需蒸汽量又不大，不宜因此而多选一台供热机组时，可采用蒸汽喷射泵，其工作原理与构造特征，与凝汽器系统使用的射汽抽气器类似。通过蒸汽喷射泵，将供热机组的压力为 $p_3$ 的蒸汽，增压至 $p_2$ 后再对外直接供汽。

（4）利用供热机组的调节抽汽作为蒸汽发生器的加热（一次）蒸汽，产生压力稍低的 $p_4$（二次蒸汽）对外供汽，称为间接供汽方式。

蒸汽发生器是表面式换热器的一种，体积庞大，金属耗量、投资大，因其端差一般为 15～25℃，使热化发电比减少，降低了机组的热经济性，使煤耗增加约 3%；但间接供汽无外部工质损失。由于化学水处理技术的进步及其成本的降低，现代热电厂已不再采用间接供汽方式。现代热力发电厂的蒸汽发生器，一般多用于海水淡化，且是多级蒸汽发生器的系统。

需要指出的是：使用锅炉的新蒸汽经减压减温后供汽的部分属分产供热，多在供热式机组排汽或抽汽数量略为不足时使用，这种减压减温器需要经常工作，还应设有备用。

直接供汽热用户的凝结水如能回收，且在技术经济上合理时，应设回水管和回水收集设备。回水箱的数量和容量应视具体情况确定，不宜少于两台，回水中继水泵 RP 也不宜少于两台，其中一台为备用，如图 6-9 所示。由热用户返回的凝结水，应经检验台合格后才能回收使用。

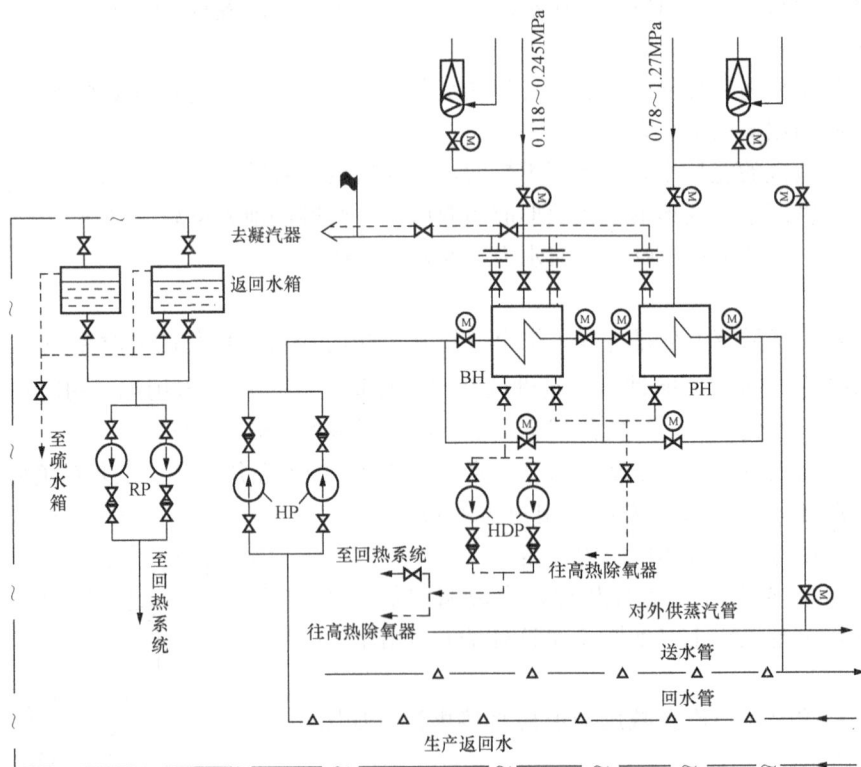

图 6-9　CC 型机组供热系统全面性热力系统图

2. 减压减温器

减压减温器是用来降低蒸汽压力和温度的设备，它不仅用于热电厂的供热系统，凝汽式发电厂也常用它作为厂用汽源设备，将降压减温后的蒸汽用于加热重油，或做除氧器的备用汽源，在单元式机组中常用它构成旁路系统。图 6-10 所示为减压减温器的原则性热力系统。

分产供热用减压减温器出口蒸汽参数的选择，不影响热电厂的热经济性。作为供热抽汽用的减压减温器，其出口蒸汽参数应与供热抽汽参数完全相同。作为水网峰载热网加热器的热源设备时，其出口汽压应能将网水加热至所需温度（设计送水温度 $t_{su}^d$ 加上峰载热网加热器的端差），并能使其疏水自流至高压除氧器。进入减压减温器的蒸汽流量 $D_{rtp}^i$ 和喷水量 $D_w$，可通过其物质平衡式、热平衡式联解求得，即

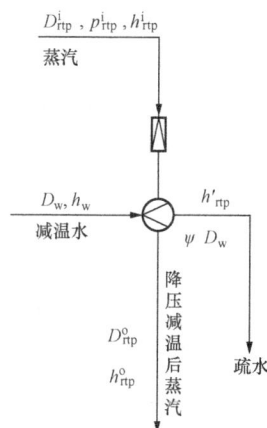

图 6-10　减压减温器热力系统

$$物质平衡式 \qquad D_{rtp}^i + D_w = \psi D_w + D_{rtp}^o \qquad (6-28)$$

$$热平衡式 \qquad D_{rtp}^i h_{rtp}^i + D_w h_w = \psi D_w h_w' + D_{rtp}^o h_{rtp}^o \qquad (6-29)$$

式中　$\psi$——减温水中未汽化的水量占总喷水量的份额，一般为 0.3 左右；

　　　$h_w$——减温水比焓，kJ/kg；

$h_{rtp}^i$，$h_{rtp}^o$——进入、离开减压减温器的蒸汽比焓，kJ/kg；

$D_{rtp}^i$、$D_{rtp}^o$——进入、离开减压减温器的蒸汽流量，kg/h。

图 6-11 为减压减温器的全面性热力系，自锅炉来的新汽由进汽阀 1 进入减压阀 2 节流至所需压力，而后进入减温器 3，与给水泵或凝结水泵来的减温水进行混合减温，减压阀 2 和减温器 3 都配有自动调节装置，以控制其出口蒸汽压力、蒸汽温度稳定在允许的规定范围内。减压减温器还应配有安全阀、疏排水设备，备用的减压减温器应处于热备用状态。

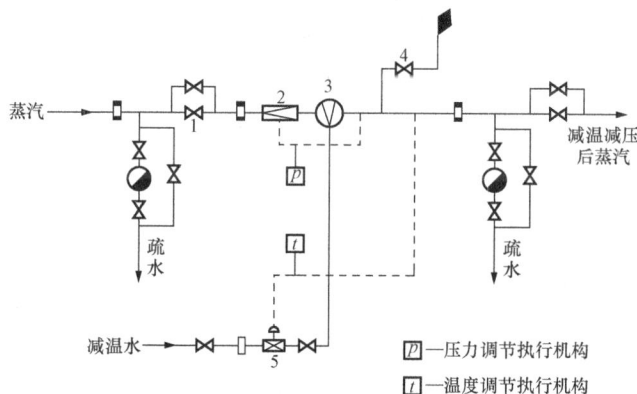

图 6-11　减温减压器的全面性热力系统图

## 二、热水供热系统

热水供热系统以水为载热质提供采暖、通风等热负荷，也称为水网供热系统。热水热网供热系统一般由热网加热器、热网循环水泵、热网加热器的疏水泵、热网补水泵等设备及其连接管道组成。与汽网相比有如下特点：

（1）供热距离远，且热网损失小。

（2）利用供热式汽轮机的调节抽汽，在面式热网加热器中凝结放热，将网水加热并作为载热质通过水网对外供热，该加热蒸汽被凝结成的水可全部回收，即回水率为100%。

（3）热化发电比加大，可提高机组的热经济性。

（4）通过改变网水温度进行集中供热调节，热负荷变化大时仍能够稳定运行，水温变化缓和。

1. 热网加热器

热网加热器是热网供热系统的核心设备，主要功能是利用汽轮机的抽汽或从锅炉引来的蒸汽来加热热水供应系统中的循环水以满足供热用户的需要。一般常用表面式换热器，其工作原理和构造与表面式回热加热器相同，有立式、卧式之分，其容量、换热面积较大，可达$500m^2$，端差可达10℃左右，其水质逊于给水、凝结水。为便于清洗，多采用直管。

一般不是按季节性热负荷的最大值来选择一台热网加热器的，而是配置水侧串联的两台热网加热器BH（基载热网加热器）和PH（峰载热网加热器），如图6-9所示。BH是利用$0.118\sim0.245MPa$的低压调节抽汽作为加热蒸汽，其饱和温度104～127℃，若端差以10℃计，它只能将网水加热至94～117℃，因其在整个采暖期间内都投运，承担了季节性热负荷的基本负荷，故称为基载热网加热器。PH一般用$0.78\sim1.27MPa$的高压调节抽汽作为加热蒸汽，它可将BH出口来的网水继续加热至130～150℃或更高，因其仅在采暖期内最冷天气短时间工作，承担季节性热负荷的尖峰负荷，故称为峰载热网加热器。

为了提高热电厂的热经济性，应充分利用低压抽汽作为BH的汽源，如图6-12所示，BH1的加热蒸汽压力降至$0.0274\sim0.095MPa$，而后引入水侧串联的BH2，其加热蒸汽压

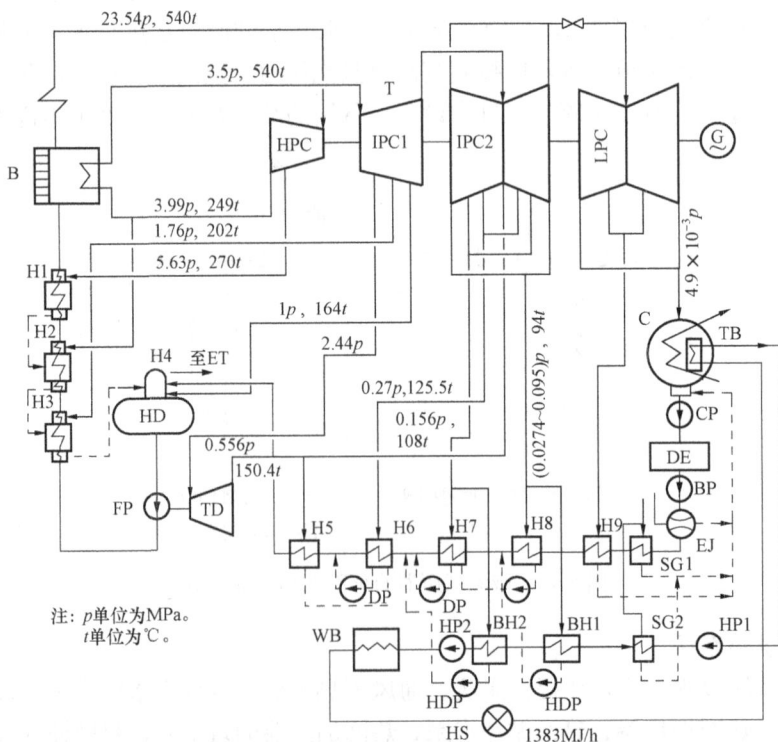

图 6-12　单采暖抽汽 T-250-240 型供热机组的发电厂原则性热力系统

力为 0.156MPa，该水网供热系统还在凝汽器中划出部分加热管束 TB，网水返回热电厂先引入 TB 加热，再依次进入 BH1、BH2 和热水锅炉 WB（未另设 PH），由热水锅炉承担季节性热负荷的峰载部分。

基载热网加热器 BH 可安排在非采暖期进行检修，故不设备用，但在容量上应有一定裕度，即在停用一台热网加热器时，其余热网加热器能满足 $60\%\sim75\%$（严寒地区取上限）季节性热负荷的需要，其目的是减少水网供热系统的投资和运行费用。至于峰载热网加热器 PH 或热水锅炉的配置，应根据热负荷的性质、供热距离、当地气象条件和热网系统等具体情况，综合研究确定。一般热网水泵 HP、热网凝结水（即热网疏水）泵 HDP 和热网补充水泵 HMP 都不少于两台，其中一台备用，备用热网补充水泵应能自动投入。

2. 供热系统

根据热用户需求及电厂运行特点会对应不同的供热系统。如图 4-39 所示的 CC200-12.75/535/535 型双抽凝气式机组的发电厂原则性热力系统中，设有 BH、PH 各一台，HP、HDP 各两台（其中一台备用），PH、BH 各设有备用减压减温器。其疏水方式为逐级自流，即 PH 疏水在正常工况时自流至 BH，BH 的疏水经 DC1 后由疏水泵 HDP 打出，正常工况时是引至回热系统，因 H5 与 BH 的加热蒸汽均引自同一级抽汽，故引至 H5 出口的 M1 处，换热温差最小。事故工况时，PH、BH 的疏水均可分别引至高压除氧器。水网供水管、回水管各设一根。

汽网部分为直接供汽，正常工况是以 0.78～1.27MPa 的工业调节抽汽直接对外供热，该抽汽也是 PH 的汽源。汽网设供汽管、生产返回水管各一根，返回水箱两个，返回水泵 RP 两台，其中一台备用。

**三、水网供热设备工况图**

实际工作中，常需要绘制水网供热设备工况图，其目的为：

（1）确定基载、峰载热网加热器以小时计的最大热负荷 $Q_{b(M)}$、$Q_{p(M)}$，以选择这些设备。

（2）不同室外温度 $t_0$ 时，为提高机组的热化发电比，送至基载热网加热器的调节抽汽应充分利用低压抽汽。

（3）确定基载、峰载热网加热器间的热负荷分配。

（4）确定基载、峰载热网加热器间的全年供热量 $Q_b^a$、$Q_p^a$，前者还可以划分为采暖调节抽汽压力下限的全年供热量 $Q_{bI}^a$、调压范围内全年供热量 $Q_{bII}^a$ 和采暖调节抽汽压力上限的全年供热量 $Q_{bIII}^a$，进而计算全年的热化发电量，据此来计算热经济指标。

1. 原始资料收集

绘制水网供热设备工况图，必须已知下列原始资料：

（1）水网加热设备及其系统和有关汽水参数，如图 6-13（a）所示。

（2）水网总负荷 $Q_\Sigma$ 与室外气温 $t_0$ 的关系曲线 $Q_\Sigma = f(t_0)$，如图 6-13（b）中左半边 i-g 线所示。

（3）水网总热负荷持续时间曲线 $Q_\Sigma = f(\tau)$，如图 6-13（b）中右半边的 gkb″a″e 曲线所示。

（4）热水网的温度调节图，即水网的送水、回水温度与室外气温 $t_0$ 的关系曲线，$t_{su} = f(t_0)$，$t_{rt} = f(t_0)$，可近似成直线，如图 6-13（b）中左半边的 j-h，j-f 线所示。

当 $t_0$ 变化时，在热电厂调节 $t_{su}$ 以适应热负荷的需要，称为中央质调节。当 $t_0 = t_i$，采暖热负荷为零，此时 $t_{su} = t_{rt} = t_i$，即图 6-13 中的 j 点。随 $t_0$ 下降，热负荷增大，相应 $t_{su}$、$t_{rt}$ 随之加大，当 $t_0 = t_0^d$ 时，热负荷达设计值，相应的送、回水温度达设计值 $t_{su}^d$、$t_{rt}^d$，如图 6-13 (b) 中纵坐标上的 o-h，o-f 线段所示。反之，$t_0$ 升高，热负荷减小，$t_{su}$、$t_{rt}$ 也随之下降，当 $t_0 = t_0'$ 时，送水温度为热水负荷要求的 $60\sim65℃$ 水温限制，需辅以地方间歇调节，即改变位于热用户处设备的全天工作时间，以维持 $t_{su}$、$t_{rt}$ 不变，如图 6-13 中左半边的 S'-S、U'-U 线所示。我国目前采用 $t_{su}^d = 130℃$，$t_{rt}^d = 70℃$。

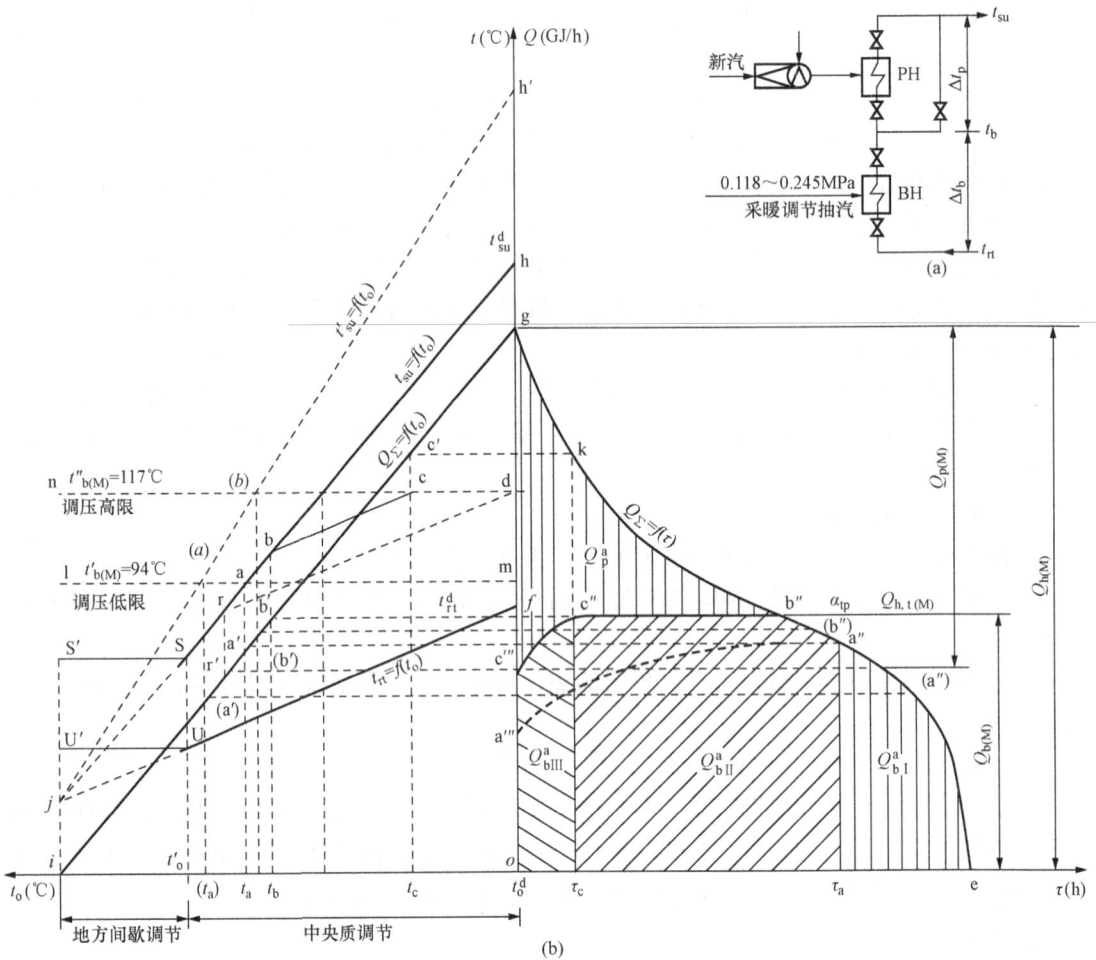

图 6-13 热网加热器的热负荷分配图

(a) 水网加热器系统；(b) $Q_\Sigma = f(t_0)$、$t_{su} = f(t_0)$、$t_{rt} = f(t_0)$ 和 $Q_\Sigma = f(\tau)$

（5）水网调节方式，以中央质调节为主，辅以地方间歇调节。

供热式汽轮机调节抽汽的最大抽汽量 $D_{h,t(M)}$ 所确定的汽轮机最大热化供热量 $Q_{h,t(M)}$（取 $\varphi = 100\%$ 时）为

$$Q_{h,t(M)} = D_{h,t(M)}(h_h - h_h')/10^6 \qquad (6\text{-}30)$$

如图 6-13 (b) 中右边的 c"-b" 水平线所示，即热化系数 $\alpha_{tp}$。

基载热网加热器的出口水温为 $t'_{b(M)} = 94℃$（调节抽汽压力下限所至），$t''_{b(M)} = 117℃$（调节抽汽压力上限所至），如图 6-13（b）中左半边 l-m，n-d 两条水平线所示。

综上所述，水网供热设备工况图的原始资料为三组曲线 $Q_{\Sigma} = f(t_0)$，$t_{su} = f(t_0)$、$t_{rt} = f(t_0)$，$Q_{\Sigma} = f(\tau)$ 和三个参量 $Q_{h,t(M)}$、$t'_{b(M)}$、$t''_{b(M)}$，即受三条水平线的限制。

2. 热网加热器间的热负荷分配

（1）热网加热器间热负荷分配的理论依据。若季节性热负荷以采暖热负荷为主，则采用式（6-1）或式（6-2）来计算热负荷，给出热负荷与室外气温的关系式，即

$$Q_{\Sigma} = f(t_0) \tag{6-31}$$

当以水为载热质，并采用中央质调节，即网水流量 $G$ 不变，改变送水温度 $t_{su}$ 以适应热负荷变化，则有

$$Q_{\Sigma} = Gc_p(t_{su} - t_{rt}) = Gc_p\Delta t = f(\Delta t) \tag{6-32}$$

式（6-30）～式（6-32）就是热网加热器间热负荷分配的理论依据。

（2）$t_0 > t_a$ 时，不受三个参量 $Q_{h,t(M)}$、$t'_{b(M)}$、$t''_{b(M)}$ 的限制。室外气温高于 $t_a$，即 $t_0 > t_a$，$Q_b < Q_{h,t(M)}$，不受其限制；基载热网加热器 BH 的出口水温 $t_b$ 低于调压低限 0.118MPa 所能加热的 94℃，即其出口水温在 S-a 线段以内低于 $t'_{b(M)}$ 水平线 l-m。这时不受 $Q_{h,t(M)}$、$t'_{b(M)}$、$t''_{b(M)}$ 三个参量的限制，汽轮机的抽汽压力可维持在调压的低限 0.118MPa。

a 点是 $t'_{b(M)}$ 参量水平线 l-m 与送水温度线 S-h 的交点，过 a 点作垂线即得所对应的室外气温 $t_a$，该垂线与 $Q_{\Sigma} = f(t_0)$ 即 i-g 线相交的 a′点，即为对应的热负荷，由 a′点作一水平线与 $Q_{\Sigma} = f(\tau)$ 线交于 a″点。则 a″-e 曲线下面积即为调压低限压力 0.118MPa 的全年热化抽汽供热量 $Q^a_{bI}$。

（3）$t_0 < t_a$ 时，受调压低限对应的 $t'_{b(M)}$ 参量的限制。当 $t_0 = t_a$ 时，BH 出口水温等于 $t'_{b(M)}$，若室外气温再降低，由式（6-31）可知，需要热负荷随 $t_0$ 下降而增大，即应沿 a′-b′线段增大。因采用中央质调节，网水流量 $G$ 不变，$c_{pa}$ 视为定值，$t_{rt}$ 是随 $t_0$ 的降低沿 U-f 线而提高；但是 $t_{su}$ 因受 $t'_{b(M)}$ 限制，仍等于 $t'_{b(M)}$，由式（6-32）可知，此时 $\Delta t$ 相应减小，使得通过 BH 的供热量 $Q_h$ 将开始下降，如图中右半边 $Q_{\Sigma} = f(\tau)$ 曲线上的 a″-a‴线段所示，这时还未达到 $Q_{h,t(M)}$ 就下降，显然是不合理的。为此，当 $t_0 < t_a$ 后，应采取提高调节抽汽压力的方法，来提高 BH 的出口水温，应沿 $t_{su} = f(t_0)$ 线上的 a-b 线段来提高 $t_{su}$，以适应热负荷 $Q_{\Sigma} = f(t_0)$ 线上沿 a′-b′线增长的需要，即 $Q_{\Sigma} = f(\tau)$ 曲线上的 a″-b″线段所示。

（4）$t_0 < t_b$ 时，受汽轮机最大抽汽供热量 $Q_{h,t(M)}$（即 $\alpha_{tp}$）的限制。由式（6-30）确定的 $Q_{h,t(M)}$，在 $Q_{\Sigma} = f(\tau)$ 曲线上为 b″-c″线（即 $\alpha_{tp}$）延伸的水平线，它与左半边 $Q_{\Sigma} = f(t_0)$ 曲线 i-g 交于 b′点，过 b′点作垂线与送水温度线 S-h 交于 b 点，并可得其对应的室外气温 $t_b$，在 $t_a > t_0 > t_b$ 范围内，BH 的出口水温与送水温度线上的 a-b 段是一致的。

$t_0 < t_b$ 后，所需热负荷应沿 b′-c′线段增大，但却受 $Q_{h,t(M)}$ 参量的限制，BH 承担的热负荷已达 $Q_{h,t(M)}$，不能再增大；由式（6-32）可知，此时 BH 的进出口水温差 $\Delta t_b$ 也达到最大值且固定不变，过 b 点作一与回水温度线 U-f 相平行的直线 b-c，并与 $t'_{b(M)}$ 水平线 n-d 相交于 c 点，若室外气温再降低即 $t_0 < t_b$ 后，BH 的出口水温是沿 b-c 线段变化的（即 $\Delta t_b$ 为定值）。

$Q_{\Sigma} = f(\tau)$ 曲线的 a″-b″-c″线下的面积，即抽汽在 0.118～0.245MPa 调压范围内的全年热化抽汽供热量 $Q^a_{bII}$。$t_0 < t_b$ 后，BH 承担的热负荷已达 $Q_{h,t(M)}$，不能再增大，而总热负荷是

随 $t_0$ 下降而沿 b'-c' 线增大的，此时即需将峰载热网加热器 PH 投入。

（5）$t_0 < t_c$ 时，受调压高限对应的 $t''_{b(M)}$ 参量的限制。$t_0 < t_b$ 后，因受 $Q_{h,t(M)}$ 限制，BH 出口水温沿 b-c 线段变化，b-c 线与调压高限对应的 $t''_{b(M)}$ 即 n-d 水平线相交于 c 点，过 c 点作垂线与 $Q_\Sigma = f(t_0)$ 的 i-g 线段交于 c' 点，对应的室外气温为 $t_c$。

$t_0 < t_c$ 后，所需热负荷沿 $Q_\Sigma = f(t_0)$ 线的 c'-g 线段增大，但此时 $t_b = t''_{b(M)}$ 为定值，而 $t_{rt}$ 沿 $t_{rt} = f(t_0)$ 的 U-f 线不断提高，由式（6-32）可知，此时 $\Delta t_b$ 不断降低，故 BH 承担的热负荷 $Q_b$ 随 $t_0$ 的降低而下降，如图中 $Q_\Sigma = f(\tau)$ 曲线上的 c''-c''' 线段所示，即受 $t''_{b(M)}$ 参量的限制所致。在 $Q_\Sigma = f(\tau)$ 曲线上为 c''-c''' 线段下的面积，即调压上限 0.245MPa 热化抽汽全年供热量 $Q^a_{b\mathrm{III}}$。故该曲线 e-a''-b''-c''-c''' 下的面积为基载热网加热器 BH 的全年热化抽汽供热量 $Q^a_b = Q^a_{b\mathrm{I}} + Q^a_{b\mathrm{II}} + Q^a_{b\mathrm{III}}$，显然面积 b''-c''-c'''-g-k-b'' 即为峰载热网加热器 PH 的全年供热量 $Q^a_b$。其性质视 PH 的汽源而定，图 6-13（a）所示系统 PH 的汽源是从锅炉直接引出经减压减温后供给的，则应属热电分产供热；若系双抽汽式机组，该 PH 的汽源是引自高压0.78～1.27MPa 调节抽汽，则因属热电联产供热，但它的热化发电比低压调节抽汽的小，热经济性低于后者，PH 在峰载时才投运。

图 6-13（b）中标明的 $Q_{b(M)}$、$Q_{p(M)}$ 为以小时计的基载、峰载热网加热器的最大热负荷，用以选择这两种热网加热器，基载热网加热器的最大热负荷 $Q_{b(M)}$ 也就是 $Q_{h,t(M)}$。所以 $Q_{h,t(M)}$ 与 $Q_{h,(M)}$ 之比即为以小时计的热化系数 $\alpha_{tp}$ 值。至此，绘制水网供热设备工况图的目的完全达到。

3. 分析讨论

水网供热设备工况图的形状，与 $Q_{h,t(M)}$、$t^d_{su}$、$t^d_{tr}$ 值以及 $Q_\Sigma = f(\tau)$ 曲线的形状有很大关系。如其他条件不变，仅改变热化系数，亦即 $Q_{h,t(M)}$ 水平线的高度不同，将影响点 b'' 在 $Q_\Sigma = f(\tau)$ 曲线上的位置。如 $Q_{h,t(M)}$ 较低，即 $\alpha_{tp}$ 较小，基载热网加热器最先受到的是 $Q_{h,t(M)}$ 参量的限制，而不是图 6-13（b）的最先受 $t'_{b(M)}$ 参量的限制。又如，其他条件不变，仅提高送水温度线，如图 6-13（b）中左边 j-h' 虚线所示，则先受 $t'_{b(M)}$ 限制，有关点变为（a）、（a'）、（a''）；第二才受 $t''_{b(M)}$ 限制，有关点变为（b）、（b'）、（b''）；相应 $Q^a_{b\mathrm{I}}$、$Q^a_{b\mathrm{II}}$、$Q^a_{b\mathrm{III}}$ 的比例也随之改变。

图 6-13（b）中，$[Q_{b(M)} + Q_{p(M)}] > Q_{h,(M)}$，表明基载、峰载热网加热器以小时计的最大热负荷不是同时出现。最有利的供热设备工况图应是 $[Q_{b(M)} + Q_{p(M)}] = Q_{h,(M)}$。

最后要指出，这种水网供热设备工况图的绘制方法，仅适用于单一的季节性热负荷，或以季节性热负荷为主，热水负荷所占比例不大时，也基本适用，并应以热水负荷为基准，叠加季节性热负荷，之后再进行绘制。

**四、热电厂中热泵技术的应用简介**

电厂循环水中蕴含着巨大的冷凝热量，若能以较小的代价将这部分冷凝热量全部提取，可大幅提高热电厂的整体热效率，节省燃煤消耗。热电联产是一种有效的利用冷凝热量的方法。近年来，部分电厂采用了热泵技术提取电厂循环水中的热量实现供暖。本质上，针对电厂循环水的热泵技术和热电联产技术一样，都是一种利用电厂低品位能的方法。由于热电联产设备简单，维护方便，投资及运行成本低，因此对于新建电厂优选热电联产。对于已有的凝汽机组或抽凝机组，如果有供暖需求但热电联产改造较为困难或技术经济比较后没有优势时，可以选择热泵供暖。

热泵是通过消耗一定额外的能量，利用工质的状态变化将能量由低温热源传送到高温热源的一种热力系统，它从低温热源提取供给高温热源的能量要大于其运行所需的能量。常见的低温热源有土壤、地下水、地表水或空气等自然界中的低品位能以及生活生产过程中排放的废热。根据不同的驱动源，热泵可分为压缩式热泵和吸收式热泵两种。

1. 压缩式热泵的组成及工作原理

压缩式热泵采用电力作为驱动能源，主要由蒸发器、压缩机和冷凝器三部分组成，通过让工质不断完成蒸发（吸取循环水中的冷凝热量）-压缩-冷凝（放出热量转移至热网循环水）-节流-再蒸发的热力循环过程，从而将循环水中的冷凝热量转移到热网循环水中，工作原理如图 6-14 所示。这里的工质也称为制冷剂，实际应用中，在满足安全、经济及环境友好的前提下，尽可能选用有利于能量转换和传递的工质。

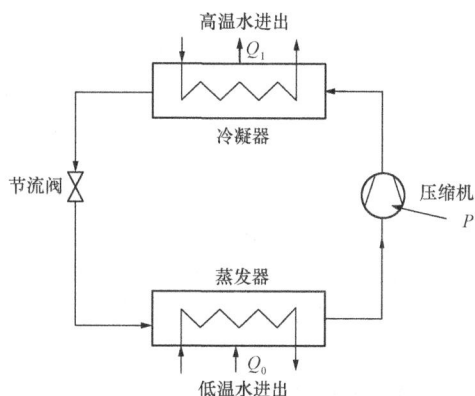

图 6-14　压缩式热泵系统示意图

性 能 系 数 （coefficient of performance, COP）是常用的热泵系统热经济性指标，它被用来表示和比较热泵的性能。

对于理想的压缩式热泵制热循环，如果忽略其他热损失，由热力学第一定律可得如下热平衡关系式

$$Q_1 = Q_0 + P \tag{6-33}$$

压缩式热泵制热性能系数 COP 为

$$COP = \frac{Q_1}{P} = \frac{Q_0 + P}{P} = 1 + \frac{Q_0}{P} \tag{6-34}$$

式中　$Q_1$——冷凝器的热负荷、制热量，即热网循环水吸热量，kJ/s；

　　　$Q_0$——蒸发器的热负荷，即提取的电厂循环水冷凝热，kJ/s；

　　　$P$——压缩机耗功，kW。

由式（6-33）可见，压缩式热泵供热量 $Q_1$ 等于从电厂循环水吸收的冷凝热量 $Q_0$ 和压缩机耗功 $P$ 之和，即压缩式热泵制热性能系数 COP 永远大于 1，供热量始终大于消耗高品位驱动能量的热量。当前技术条件下，COP 一般为 3～6，即系统制热量是耗电量的 3～6 倍。

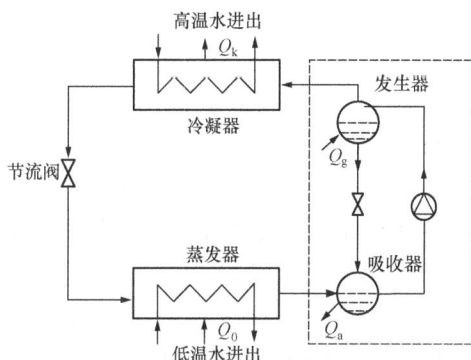

图 6-15　吸收式热泵系统示意图

2. 吸收式热泵节能机理

吸收式热泵采用蒸汽作为驱动能源，主要由蒸发器、冷凝器、吸收器和发生器四部分组成，其工作原理如图 6-15 所示。吸收式热泵与压缩式热泵最大的不同在于没有压缩机，而是通过溴化锂溶液在发生器和吸收器的循环过程中质量分数、温度和水蒸气压力的变化，起到压缩机的作用，其中：吸收器起着相当于压缩

机吸气行程的作用，将蒸发器中生成的冷凝蒸汽不断抽吸出来，以维持蒸发器内的低压；发生器起着压缩机压缩行程的作用，产生高压、高温的冷剂蒸汽。

对于理想吸收式热泵制热循环，如果忽略溶液泵的机械功和其他热损失，由热力学第一定律可得如下热平衡关系式

$$Q_0 + Q_g = Q_a + Q_k \tag{6-35}$$

吸收式热泵制热性能系数 $COP$ 为

$$COP = \frac{Q_a + Q_k}{Q_g} = \frac{Q_0 + Q_g}{Q_g} = 1 + \frac{Q_0}{Q_g} \tag{6-36}$$

式中　　$Q_g$——发生器热负荷，即驱动蒸汽在发生器的放热量，kJ/s；

$\quad\quad Q_a$——吸收器热负荷，kJ/s；

$\quad\quad Q_k$——冷凝器热负荷，即热网循环水在冷凝器的吸热量，kJ/s；

$\quad\quad Q_0$——蒸发器热负荷，即提取电厂循环水热量，kJ/s。

由式（6-35）可以看出，吸收式热泵的供热量等于从电厂循环水吸收的冷凝热量 $Q_0$ 和驱动热源的补偿热量 $Q_g$ 之和，即吸收式热泵的制热性能系数 $COP$ 永远大于 1，供热量始终大于消耗的高品位热源的热量。当前技术条件下，$COP$ 一般为 $1.65\sim1.85$，即系统制热量是补偿热量的 $1.65\sim1.85$ 倍。

3. 电厂循环水热泵技术的适用范围

由于电厂循环水数量较大、热能品位较低，因此大规模利用这部分热量仍然受到三方面的制约：首先是供热距离的限制。循环水供热的热水供、回水温差较小，其输送距离会受到限制，一般地该方式只能局限在电厂周边 $3\sim5$km 范围内。其次是热量的需求。要大规模利用循环水热量，就要求在电厂附近有相应的热负荷需求。循环水热量利用的主要途径包括：冬季居民小区的生活热水和采暖，以及一些特殊热量需求，如游泳池、农业等。生活热水的热负荷相对较小，并不是每个电厂周围都有特殊的热量需求，但热电联产也会遇到同样的问题。最后是热泵 $COP$ 的限制。常用的热泵机组有吸收式和压缩式两种，无论哪一种热泵，都在出水温度为 $40\sim50℃$ 运行条件下较为经济。此温度适用于一些新的低温采暖技术如风机盘管或者地板辐射采暖，而不适宜较老的暖气片方式进行采暖。

## 第四节　热电厂主要热经济性指标及热电联产的综合效益

凝汽式发电厂的主要热经济指标有全厂热效率 $\eta_{cp}$、全厂热耗率 $q_{cp}$ 和标准煤耗率，它们均能表示凝汽式发电厂转换过程的技术完善程度，也就是说，它们既是反映热量利用的数量指标，又是做功能力的质量指标，三者相互联系，知其一即可求得其他两个，应用极为方便。对于热电厂，同一股联产汽流既发电又供热，电能与热能形式不同，质量不等价，且供热参数不同，热能的品位也不同；此外，当热电厂有主蒸汽经减温减压后直接供热时，热电厂内还同时存在热电分产。因此，热电厂的主要热经济性指标比凝汽式发电厂要复杂得多。迄今为止，尚未有可与凝汽式发电厂相类比的、同时可反映能量的数量与质量且计算简便的单一热电厂用的热经济性指标。目前，热电厂只能采用既有总指标、又有分项指标的综合指标来评价热电联产的经济效益。

### 一、热电厂总的热经济性指标

1. 热电厂的燃料利用系数

热电厂的燃料利用系数又称为热电厂总热效率，它是指热电厂生产的电、热两种产品的总能量与其输入能量之比，即

$$\eta_{tp} = \frac{3600 P_e + Q_h}{B_{tp} q_{net}} = \frac{3600 P_e + Q_h}{Q_{tp}} \tag{6-37}$$

式中　$P_e$——热电厂的总发电量，kW；

　　　$Q_h$——热电厂的供热量，kJ/h；

　　　$Q_{tp}$——热电厂的输入热量，kJ/h；

　　　$q_{net}$——燃料的低位发热量，kJ/kg；

　　　$B_{tp}$——热电厂的煤耗量，kg/h。

热电厂的燃料利用系数是数量指标，它将高品位的电能按热量单位折算为 $3600 P_e$ 后经与低品位的供热量 $Q_h$ 相加，不能表明热、电两种能量在品位上的差别，只能表明燃料能量在数量上的有效利用程度。热力发电厂运行时，热电厂的燃料利用系数可能在相当大的范围内变动，尤其是装有抽汽式供热机组的热电厂：①当热负荷为零时，由于其绝对内效率比相同蒸汽初参数的凝汽式机组还小，因此也会比凝汽式发电厂的热效率低；②供热式汽轮机带高热负荷时，可高达 $70\% \sim 80\%$；③当供热式汽轮机停运时，发电量为零，直接用锅炉新蒸汽经减温减压后对外供热时，没有按质用能，但 $\eta_{tp} \approx \eta_b \eta_p$ 也很高，这显然是不合理的。

热电厂的燃料利用系数既不能比较供热式机组之间的热经济性，也不能比较热电厂间的热经济性，因此不能作为评价热电厂热经济性的单一指标。在设计电厂时，它用以估计电厂燃料的消耗量。

2. 供热式机组的热化发电率 $\omega$

热化发电率只与联产汽流生产的电能和热能有关，质量不等价的热化发电量 $W_h$ 与热化供热量 $Q_{ht}$ 的比值称为热化发电率，也叫单位供热量的电能生产率，用 $\omega$ 表示，即

$$\omega = \frac{W_h}{Q_{ht}} \quad (kW \cdot h/GJ) \tag{6-38}$$

式中　$W_h$——供热抽汽发电量（又称为热化发电量），kW；

　　　$Q_{ht}$——供热量（又称为热化供热量），GJ/h。

图 6-16 所示为供热机组的简化热力系统图，该系统的 $Z$ 级回热抽汽中，其中有一级调节抽汽的大部分用以对外供热，很小一部分用来作为该级回热加热器的加热蒸汽。对外供热蒸汽的热化发电量称为外部热化发电量，用 $W_h^o$ 表示；z 级回热抽汽用以加热给水（凝结水），其实质也是热电联产，将加热给水（凝结水）的各级回热抽汽的热化发电量称为内部热化发电量，用 $W_h^i$ 表示。则总的热化发电量 $W_h$ 为

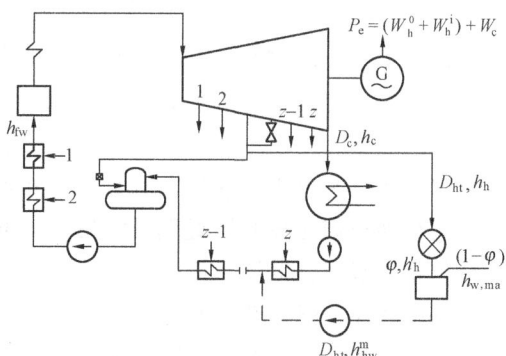

图 6-16　供热机组的简化热力系统图

$$W_{\mathrm{h}} = W_{\mathrm{h}}^{0} + W_{\mathrm{h}}^{\mathrm{i}} = \frac{D_{\mathrm{ht}}(h_0 - h_{\mathrm{h}})\eta_{\mathrm{m}}\eta_{\mathrm{g}}}{3600} + \frac{\sum\limits_{j=1}^{z} D_{\mathrm{h}j}(h_0 - h_j)\eta_{\mathrm{m}}\eta_{\mathrm{g}}}{3600} \quad (\mathrm{kW}) \quad (6\text{-}39)$$

式中   $D_{\mathrm{ht}}$——热化供热汽流流量，如果热电厂无对外分产供热，则 $D_{\mathrm{h}} = D_{\mathrm{ht}}$、$Q_{\mathrm{h}} = Q_{\mathrm{ht}}$，kg/h；

$D_{\mathrm{h}j}$——各级抽汽加热因供热回水所增加的回热抽汽量，kg/h；

$h_j$——各级回热抽汽的比焓，kJ/kg。

由图 6-16 可知，热化供热量 $Q_{\mathrm{ht}}$ 为

$$Q_{\mathrm{ht}} = \frac{D_{\mathrm{ht}}(h_{\mathrm{h}} - \varphi h'_{\mathrm{h}})}{10^6} \quad (\mathrm{GJ/h}) \quad (6\text{-}40)$$

式 (6-40) 中考虑了热网中的工质损失，返回水率为 $\varphi$，$\varphi$ 在 $0 \sim 1$ 之间，热网补充水率为 $(1 - \varphi)$，补充水的比焓为 $h_{\mathrm{w,ma}}$，两者混合后的热网返回水的比焓 $h_{\mathrm{hw}}^{\mathrm{m}}$ 为

$$h_{\mathrm{hw}}^{\mathrm{m}} = \varphi h'_{\mathrm{h}} + (1 - \varphi)h_{\mathrm{w,ma}} \quad (\mathrm{kJ/kg}) \quad (6\text{-}41)$$

式中   $h'_{\mathrm{h}}$——供热返回水的比焓，即供热蒸汽的凝结水比焓，若 $\varphi = 1$，则 $h_{\mathrm{hw}}^{\mathrm{m}} = h'_{\mathrm{h}}$，kJ/kg。

综上所述可得   $\omega = \dfrac{W_{\mathrm{h}}}{Q_{\mathrm{ht}}} = \dfrac{W_{\mathrm{h}}^{0} + W_{\mathrm{h}}^{\mathrm{i}}}{Q_{\mathrm{ht}}} = \omega_{\mathrm{o}} + \omega_{\mathrm{i}} = \omega_{\mathrm{o}}(1 + e) \quad (\mathrm{kW \cdot h/GJ}) \quad (6\text{-}42)$

式中   $\omega_{\mathrm{o}}$、$\omega_{\mathrm{i}}$——外部、内部热化发电率，kW·h/GJ；

$e$——相对热化发电份额。

其中   $$\omega_{\mathrm{o}} = \frac{W_{\mathrm{h}}^{0}}{Q_{\mathrm{ht}}} = \frac{278\eta_{\mathrm{m}}\eta_{\mathrm{g}}(h_0 - h_{\mathrm{h}})}{h_{\mathrm{h}} - \varphi h'_{\mathrm{h}}} \quad (\mathrm{kW \cdot h/GJ}) \quad (6\text{-}43)$$

$$\omega_{\mathrm{i}} = \frac{W_{\mathrm{h}}^{\mathrm{i}}}{Q_{\mathrm{ht}}} = \frac{278\sum\limits_{j=1}^{z} D_{\mathrm{h}j}(h_0 - h_j)\eta_{\mathrm{m}}\eta_{\mathrm{g}}}{D_{\mathrm{ht}}(h_{\mathrm{h}} - \varphi h'_{\mathrm{h}})} \quad (\mathrm{kW \cdot h/GJ}) \quad (6\text{-}44)$$

$$e = \frac{\omega_{\mathrm{i}}}{\omega_{\mathrm{o}}} = \frac{W_{\mathrm{h}}^{\mathrm{i}}}{W_{\mathrm{h}}^{0}} = \frac{\sum\limits_{j=1}^{z} D_{\mathrm{h}j}(h_0 - h_j)}{D_{\mathrm{ht}}(h_0 - h_{\mathrm{h}})} \quad (6\text{-}45)$$

一般情况下，内部热化发电量在总热化发电量中所占的份额不大，近似计算中可以忽略不计。影响热化发电率 $\omega$ 的因素有热电厂供热机组的初参数、再热参数、回热参数、抽汽参数、回水温度、回水率、补充水温度、技术完善程度以及回水所流经的加热器的级数等，任一因素的改善都可提高热化发电率。对外供热量一定时，热化发电率越高，则热化发电量也越大，从而可以减少系统凝汽发电量，节省更多的燃料。这说明可用作评价同类型、同参数供热机组热经济性的质量指标。

应强调指出的是，热化发电率既不能用来比较凝汽式发电厂和热电厂之间的热经济性，也不能用来比较供热参数不同的热电厂之间的热经济性，它只能用来比较供热参数相同的供热机组之间的热经济性，所以不能作为评价热电厂热经济性的单一指标。另外，上述公式是

针对非再热机组导出的，对于再热机组，采用类似的方法，可导出相应的计算公式。

3. 热电厂的热电比 $R_{tp}$

热电比 $R_{tp}$ 为供热机组热化供热量与发电量之比

$$R_{tp} = \frac{Q_{ht}}{3600P_e} = \frac{Q_{ht}}{3600(W_h + W_c)} \tag{6-46}$$

对背压式供热机组，其排汽的热量全部被利用，得到的热电比最大。对于抽汽调节式供热机组，因抽汽量是可调节的，热电比随供热负荷的变化而变化；当抽汽供热量最大时，凝汽流量很小，热电比最大，但此时低压缸效率较低，整体热电比低于同等水平下背压式供热机组；当供热负荷为零时，相当于一台凝汽机组，其热电比也为零。

与热化发电率 $\omega$ 一样，热电比 $R_{tp}$ 也只能用来比较供热参数相同的供热机组之间的热经济性，不能用来比较供热参数不同的热电厂之间的热经济性，更不能用来比较凝汽式发电厂和热电厂之间的热经济性，所以也不能作为评价热电厂热经济性的单一指标。

综上可见，$\eta_{tp}$、$\omega$、$R_{tp}$ 在应用上均有其条件和局限性，不能作为综合评价热电厂热经济性的单一指标。

另外，热化系数 $\alpha_{tp}$ 也是表征热电厂热经济性的一个宏观指标。一般情况下，$\alpha_{tp} < 1$ 表征热电厂是经济的，由于热负荷的大小、均匀性及其变化规律是影响热电厂热经济性的主要因素之一，故热电厂的热经济性还与热化系数的选择有关。但是，考虑到热化系数与供热机组的选择密切关联，故热化系数的详细内容放在本章第五节中介绍。

4. 我国对热电厂总指标的规定

2000 年 8 月 22 日，国家发展计划委员会、国家经济贸易委员会、建设部和国家环境保护总局四部委联合印发的《关于发展热电联产的规定》（计基础〔2000〕1268 号）文提出，用热电比和总热效率两个指标考核热电厂的经济效益。2011 年 6 月 30 日，国家发展和改革委员会第 10 号令对该规定做了部分修改，修改后的规定如下：

(1) 供热式汽轮发电机组中蒸汽流既发电又供热的常规热电联产，应符合下列指标：总热效率年平均大于 45%。单机容量在 50MW 以下的热电机组，其热电比年平均应大于 100%；单机容量在 50～200MW 之间的热电机组，其热电比年平均应大于 50%；单机容量在 200MW 及以上抽汽凝汽两用供热机组，采暖期热电比应大于 50%。

(2) 燃气-蒸汽联合循环热电联产系统，应符合下列指标：总效率年平均大于 55%；热电比应大于 30%。

**二、热电厂分项计算的主要热经济性指标**

1. 发电方面的主要热经济性指标

热电厂发电热效率

$$\eta_{tp(e)} = \frac{3600P_e}{Q_{tp(e)}} \tag{6-47}$$

热电厂发电热耗率

$$q_{tp(e)} = \frac{Q_{tp(e)}}{P_e} = \frac{3600}{\eta_{tp(e)}} \quad [\text{kJ}/(\text{kW} \cdot \text{h})] \tag{6-48}$$

热电厂发电标准煤耗率

$$b_{tp(e)}^s = \frac{B_{tp(e)}^s}{P_e} = \frac{3600}{q_{net}\eta_{tp(e)}} = \frac{0.123}{\eta_{tp(e)}} \quad [\text{kg}/(\text{kW} \cdot \text{h})] \tag{6-49}$$

式中　$B_{tp(e)}^s$——热电厂发电方面的标准煤耗量，kg/h；

$q_{net}$——燃料的低位发热量，kJ/kg。

$\eta_{tp(e)}$、$q_{tp(e)}$、$b^s_{tp(e)}$三个指标，知其一便可求得其余两个。

2. 供热方面的主要热经济性指标

热电厂供热热效率 $\qquad \eta_{tp(h)} = \dfrac{Q}{Q_{tp(h)}} = \eta_b \eta_p \eta_{hs}$ （6-50）

热电厂供热标准煤耗率 $b^s_{tp(h)} = \dfrac{B^s_{tp(h)}}{Q/10^6} = \dfrac{10^6}{q_{net}\eta_{tp(h)}} = \dfrac{34.1}{\eta_{tp(h)}}$ （kg/GJ） （6-51）

式中 $\quad B^s_{tp(h)}$——热电厂供热方面的标准煤耗量，kg/h。

$\quad Q$——热电户需要的热量，kJ/h。

$\eta_{tp(h)}$、$b^s_{tp(h)}$两个指标，知其一即可求得另外一个。

### 三、热电联产的综合效益分析

热电联产具有节约能源、改善环境、提高供热质量、增加电力供应等综合效益。热电厂应根据热负荷的需要，确定最佳运行方案，并以满足热负荷的需要为主要目标。地区电力管理部门在制定热电厂电力调度曲线时，必须充分考虑供热负荷曲线变化和节能因素，不得以电量指标限制热电厂对外供热，更不得迫使热电厂减压减温供汽。

热电联产综合效益分析的主要任务是进行热电联产比热电分产节煤量的分析与计算，这是热电联产技术经济方案比较的前提，但是热电联产比热电分产节煤是有一定条件的，需要通过详细具体的技术经济比较和分析论证才能确定合理的方案。

#### 1. 比较的基础

热电联产的节能效益是通过与热电分产的比较而得出的，本文以图 6-17 所示的热电联产和热电分产的热力系统为研究对象，进行热电联产较热电分产节煤量的分析与计算，在比较之前，必须明晰以下概念及比较的假设条件。

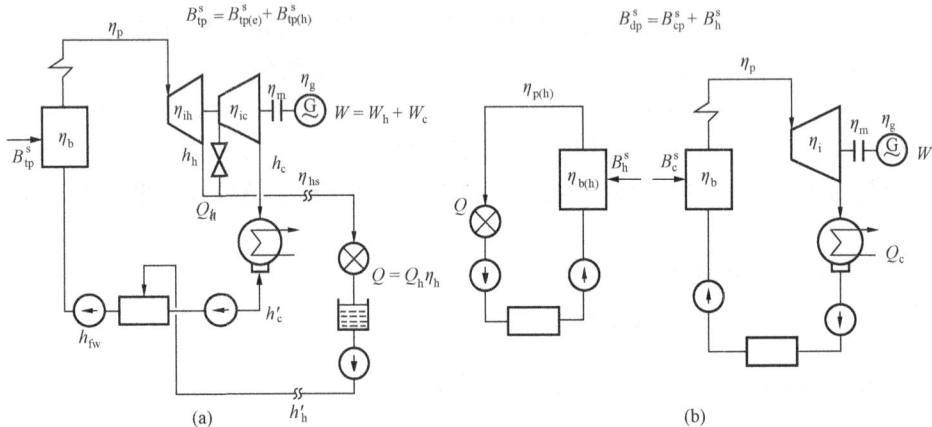

图 6-17 热电联产、分产的热力系统图

（a）热电联产热力系统；（b）热电分产热力系统

（1）几个概念：

1）热电联产的节煤量。热电联产的节煤量是指在热负荷 $Q_h$ 和电负荷 $P_e$ 供应相等条件下，热电联产与热电分产相比而节省的燃煤量。

2）代替发电厂：代替发电厂是指被比较的热电分产发电的凝汽式发电厂。

3）代替凝汽式汽轮发电机组：与供热式汽轮发电机组相比较的同时期分产发电的凝汽式汽轮发电机组。热电分产时电能由凝汽式汽轮发电机组生产，热能由分散的小锅炉供应。

另外，必须区分热用户的用热量 $Q$、热电厂供出的热量 $Q_h$、联产汽流的热化供热量 $Q_{ht}$、热电厂的输入热量 $Q_{tp}$ 之间的联系与区别，切勿混淆。

（2）假设条件：

1）代替凝汽式汽轮发电机组的锅炉热效率 $\eta_b$、管道热效率 $\eta_p$、机械效率 $\eta_m$ 和发电机效率 $\eta_g$ 与联产发电的完全相同。

2）热电分产供热的工业锅炉热效率为 $\eta_{b(h)}$，管道热效率为 $\eta_{p(h)}$；$\eta_{b(h)} < \eta_b$，$\eta_{p(h)}$ 与 $\eta_p$ 基本相同。

3）伴随着热电联产集中供热，必然带来热网的散热损失，该损失由热网效率 $\eta_{hs}$ 来表征。则热电厂供出的热量 $Q_h$ 与热用户的用热量 $Q$ 的关系为 $Q_h = Q/\eta_{hs}$。

热电联产与热电分产的比较按热量法进行。

2. 热电联产较热电分产的节煤量分析

热电联产总标准煤耗量 $B_{tp}^s$ 指联产汽流的发电标准煤耗量 $B_{tp(e)}^s$ 与供热标准煤耗量 $B_{tp(h)}^s$ 之和，即

$$B_{tp}^s = B_{tp(e)}^s + B_{tp(h)}^s \quad (\text{kg/h}) \qquad (6\text{-}52)$$

热电分产总标准煤耗量 $B_{dp}^s$ 指分产发电（亦即代替凝汽式汽轮发电机组发电）标准煤耗量 $B_{cp}^s$ 与分产供热标准煤耗量 $B_h^s$ 之和，即

$$B_{dp}^s = B_{cp}^s + B_h^s \quad (\text{kg/h}) \qquad (6\text{-}53)$$

则热电联产较热电分产的节煤量 $\Delta B^s$ 为

$$\Delta B^s = B_{dp}^s - B_{tp}^s = [B_{cp}^s - B_{tp(e)}^s] + [B_h^s - B_{tp(h)}^s] = \Delta B_e^s + \Delta B_h^s \qquad (6\text{-}54)$$

式中　$\Delta B^s$、$\Delta B_h^s$——热电联产比热电分产发电和供热的节煤量，kg/h。

由式（6-54）可知，当 $\Delta B^s = B_{dp}^s - B_{tp}^s > 0$ 时，说明热电联产比热电分产节煤，其节煤量可以分为热电联产供热比热电分产供热的节煤量（简称为联产供热节煤量）$\Delta B_h^s$ 和热电联产发电比热电分产发电的节煤量（简称为联产发电节煤量）$\Delta B_e^s$ 两部分，各自的分析计算方法如下所述。

（1）联产供热节煤量。由式（6-54）可知，联产供热节煤量 $\Delta B_h^s$ 表示热电分产供热标准煤耗量 $B_h^s$ 与热电联产供热标准煤耗量 $B_{tp(h)}^s$ 之差，即

$$\Delta B_h^s = B_h^s - B_{tp(h)}^s \quad (\text{kg/h}) \qquad (6\text{-}55)$$

其中，热电分产供热标准煤耗量可由下列热平衡求得，即

$$B_h^s q_{net} \eta_{b(h)} \eta_{p(h)} = Q \times 10^6 \qquad (6\text{-}56)$$

以标准煤 $q_{net} = 29270\text{kJ/kg}$ 计，并将 $Q = Q_h \eta_{hs}$ 代入式（6-56），则有

$$B_h^s = \frac{Q \times 10^6}{29270 \eta_{b(h)} \eta_{p(h)}} = \frac{34.1 Q_h \eta_{hs}}{\eta_{b(h)} \eta_{p(h)}} \quad (\text{kg/h}) \qquad (6\text{-}57)$$

故热电分产供热时，每1GJ用热量 $Q$ 的标准煤耗率 $b_h^s$ 为

$$b_h^s = \frac{B_h^s}{Q} = \frac{34.1}{\eta_{b(h)}\eta_{p(h)}} \quad (\text{kg/GJ}) \quad (6\text{-}58)$$

由热量法可知，热电联产供热的热效率为 $\eta_{th(h)} = \eta_b\eta_p\eta_{hs}$，其煤耗由下列热平衡方程求得

$$B_{tp(h)}^s q_{net}\eta_b\eta_p\eta_{hs} = Q \times 10^6 \quad (\text{kJ/h}) \quad (6\text{-}59)$$

同上方法，以标准煤 $q_{net} = 29270\text{kJ/kg}$ 计，并将 $Q = Q_h\eta_{hs}$ 代入式（6-59），则可推得热电联产供热标准煤耗量 $B_{tp(h)}^s$ 为

$$B_{tp(h)}^s = \frac{Q \times 10^6}{29270\eta_b\eta_p\eta_{hs}} = \frac{34.1Q_h}{\eta_b\eta_p} \quad (\text{kg/h}) \quad (6\text{-}60)$$

故热电联产供热时，每供应热用户1GJ用热量 $Q$ 的标准煤耗率为

$$b_{tp(h)}^s = \frac{B_{tp(h)}^s}{Q} = \frac{34.1}{\eta_b\eta_p\eta_{hs}} = \frac{34.1}{\eta_{tp(h)}} \quad (\text{kg/GJ}) \quad (6\text{-}61)$$

根据式（6-57）和式（6-60），即可导出联产供热节煤量为

$$\Delta B_h^s = B_h^s - B_{tp(h)}^s = 34.1Q_h\left[\frac{\eta_{hs}}{\eta_{b(h)}\eta_{p(h)}} - \frac{1}{\eta_b\eta_p}\right] \quad (\text{kg/h}) \quad (6\text{-}62)$$

分析式（6-62）可以发现，在 $Q_h$ 相同时，热电联产供热比热电分产供热能够节约燃料的主要原因是热电厂的锅炉热效率 $\eta_b$ 远高于热电分产的工业锅炉热效率 $\eta_{b(h)}$，简称为因集中供热而节煤，若 $\eta_{p(h)} \approx \eta_p$，则节煤条件为

$$\eta_b > \frac{\eta_{b(h)}}{\eta_{hs}} \quad (6\text{-}63)$$

现代电站锅炉热效率 $\eta_b$ 一般在 $90\% \sim 95\%$ 之间，而工业锅炉热效率则视其容量、形式而异。如10t/h以上蒸发量的工业锅炉热效率 $\eta_{b(h)}$ 一般在 $66\% \sim 71\%$ 之间。热网效率视热网干管的敷设方式以及管道保温材料而异，一般在 $95\%$ 左右。

（2）联产发电节煤量 $\Delta B_e^s$。由式（6-54）可知，联产发电节煤量 $\Delta B_e^s$ 表示热电分产发电标准煤耗量 $B_{cp}^s$ 与热电联产发电标准煤耗量 $B_{tp(e)}^s$ 之差，即

$$\Delta B_e^s = B_{cp}^s - B_{tp(e)}^s \quad (\text{kg/h}) \quad (6\text{-}64)$$

其中，热电分产发电标准煤耗量 $B_{cp}^s$（即代替凝汽式汽轮发电机组的标准煤耗量）为

$$B_{cp}^s = b_{cp}^s(W_h + W_c) = b_{cp}^s P_e = \frac{0.123P_e}{\eta_{cp}} = \frac{0.123P_e}{\eta_b\eta_p\eta_i\eta_m\eta_g} \quad (\text{kg/h}) \quad (6\text{-}65)$$

对于图6-17（a）所示的单抽汽式供热机组，可视为背压式机组和凝汽式机组的组合，即供热汽流发电 $W_h$，属于热电联产，此时 $\eta_{ih} = 1$，供热汽流发电标准煤耗率为 $b_{e(h)}^s$；而凝汽流发电 $W_c$ 的标准煤耗率为 $b_{e(c)}^s$，故可得联产发电标准煤耗量 $B_{tp(e)}^s$ 为

$$B_{tp(e)}^{s} = b_{e(h)}^{s} W_h + b_{e(c)}^{s} W_c = \frac{0.123 W_h}{\eta_b \eta_p \eta_m \eta_g} + \frac{0.123 W_c}{\eta_b \eta_p \eta_{ic} \eta_m \eta_g} \quad (\text{kg/h}) \quad (6\text{-}66)$$

由式（6-64）、式（6-65）和式（6-66）可得，联产发电节煤量 $\Delta B_e^s$ 为

$$\Delta B_e^s = B_{cp}^s - B_{tp(e)}^s = W_h [b_{cp}^s - b_{e(h)}^s] - W_c [b_{e(c)}^s - b_{cp}^s]$$

$$= \frac{0.123}{\eta_b \eta_p \eta_m \eta_g} \left[ \frac{P_e}{\eta_i} - \left( W_h + \frac{W_c}{\eta_{ic}} \right) \right] \quad (6\text{-}67)$$

定义热化发电比 $X$ 为热化发电量 $W_h$ 占整个机组发电量 $P_e$ 的比值，即 $X = W_h/P_e$，将 $X$ 和 $W_c = P_e - W_h$ 代入式（6-67），并整理可得

$$\Delta B_e^s = \frac{0.123 W_h}{\eta_b \eta_p \eta_m \eta_g} \left[ \left( \frac{1}{\eta_{ic}} - 1 \right) - \frac{1}{X} \left( \frac{1}{\eta_{ic}} - \frac{1}{\eta_i} \right) \right] \quad (6\text{-}68)$$

由于 $\eta_{ih} > \eta_i > \eta_{ic}$，因此存在 $b_{e(c)}^s > b_{cp}^s > b_{e(h)}^s$。基于此，分析如下：

在式（6-67）中，第一项 $W_h[b_{cp}^s - b_{e(h)}^s]$ 为联产发电节煤的有利因素，是热电厂理论上节约燃料的最大值，因为供热机组的供热汽流发电后，其冷源热量又用于供热，并未像代替凝汽式机组那样损失掉，故称为"联产节能"。第二项 $W_c[b_{e(c)}^s - b_{cp}^s]$ 为联产发电节煤的不利因素，是供热机组凝汽流发电多消耗的燃料，原因有：①供热机组的容量及蒸汽初参数一般均低于代替凝汽式机组；②抽汽式供热机组的凝汽流一般要通过调节抽汽用的回转隔板，增大了凝汽流的节流损失；③抽汽式供热机组非设计工况运行效率低，如采暖用单抽式机组在非采暖期运行时就是这种情况；④热电厂必须建在热负荷附近，若供水条件比凝汽式机组差，则排汽压力高，热经济性有所降低。从第一项中扣出第二项，才是热电厂发电的实际节煤量。

将式（6-62）和式（6-68）代入式（6-54），可求出热电联产较热电分产的节约标准煤量为

$$\Delta B^s = \frac{0.123 W_h}{\eta_b \eta_p \eta_m \eta_g} \left[ \left( \frac{1}{\eta_{ic}} - 1 \right) - \frac{1}{X} \left( \frac{1}{\eta_{ic}} - \frac{1}{\eta_i} \right) \right] + 34.1 Q_h \left( \frac{\eta_{hs}}{\eta_{b(h)} \eta_{p(h)}} - \frac{1}{\eta_b \eta_p} \right) \quad (\text{kg/h}) \quad (6\text{-}69)$$

在式（6-69）中，第一项为联产发电节煤量 $\Delta B_e^s$，第二项为联产供热节煤量 $\Delta B_h^s$。

以上公式中的煤耗量 $B$、发电量（$P_e$、$W_h$、$W_c$）、用热量 $Q$ 等均以小时计，在实际计算时，往往需要计算热电联产较热电分产的全年节煤量，这时耗煤量、发电量、用热量均应以全年计，它们与以小时计量之间有如下关系：即全年供热量 $Q_h^a = Q_h \tau_u^h$，全年热化发电量 $W_h^a = \omega Q_h \tau_u^h$，全年发电量 $P_e^a = P_e \tau_u$，其中 $\tau_u^h$ 为供热机组的年利用小时数，$\omega$ 为供热机组热化发电率，$\tau_u$ 为火电厂全年设备利用小时数。将这些关系代入式（6-69）即可求得全年节煤量为

$$\Delta B_a^s = \frac{0.123 \times 10^{-3} W_h^a}{\eta_b \eta_p \eta_m \eta_g} \left[ \left( \frac{1}{\eta_{ic}} - 1 \right) - \frac{1}{X} \left( \frac{1}{\eta_{ic}} - \frac{1}{\eta_i} \right) \right]$$

$$+ 34.1 \times 10^{-3} Q_h^a \left( \frac{\eta_{hs}}{\eta_{b(h)} \eta_{p(h)}} - \frac{1}{\eta_b \eta_p} \right) \quad (\text{kg/a}) \quad (6\text{-}70)$$

综上可知，热电联产必须满足两项基本要求：①热电厂必须联产电能和热能两种产品；

②由热电厂向众多热用户集中供热，并保证其用热质量（压力、温度）和数量。正因为如此，热电联产比热电分产节约燃料，概括为热电联产发电节煤和集中供热节煤两方面。

　　3. 热电联产较热电分产的节煤条件

　　由前述内容知，热电联产比热电分产的节煤量 $\Delta B^s$ 包括联产发电节煤量 $\Delta B^s_e$ 和联产供热节煤量 $\Delta B^s_h$ 两部分，热电联产比热电分产并不是在任何条件下都节煤的，而是存在着节煤为零的临界条件，超过此临界条件才能够节煤。对于目前常用的三种供热机组，即背压式（B 型、CB 型）、抽汽凝汽式（C 型、CC 型）和凝汽-采暖两用机（NC 型），热电联产比热电分产的节煤条件如下。

　　（1）联产发电的节煤条件。

　　1）单抽凝汽式（C 型）供热机组联产发电的节煤条件。根据式（6-67），令联产发电节煤量 $\Delta B^s_e = 0$，经简单推导可得

$$\Delta B^s_e = W_h \big[ b^s_{e(c)} - b^s_{e(h)} \big] - P_e \big[ b^s_{e(c)} - b^s_{cp} \big]$$
$$= \frac{0.123 W_h}{\eta_b \eta_p \eta_m \eta_g} \Big[ \Big( \frac{1}{\eta_{ic}} - 1 \Big) - \frac{1}{X} \Big( \frac{1}{\eta_{ic}} - \frac{1}{\eta_i} \Big) \Big] = 0 \tag{6-71}$$

　　将联产发电节煤量 $\Delta B^s_e = 0$ 时的热化发电比定义为临界热化发电比 $[X_c]$，并令 $K = \frac{1}{\eta_{ic}} - \frac{1}{\eta_i}$，$M = \frac{1}{\eta_{ic}} - 1$，整理式（6-71）可得单抽凝汽式供热机组的临界热化发电比为

$$[X_c] = \frac{W_h}{P_e} = \frac{b^s_{e(c)} - b^s_{cp}}{b^s_{e(c)} - b^s_{e(h)}} = \frac{\dfrac{1}{\eta_{ic}} - \dfrac{1}{\eta_i}}{\dfrac{1}{\eta_{ic}} - 1} = \frac{K}{M} \tag{6-72}$$

　　因此，单抽凝汽式供热机组的节煤（$\Delta B^s_e > 0$）条件为
$$X_c > [X_c] \tag{6-73}$$

　　可见，只有当实际热化发电比 $X_c$ 大于临界热化发电比 $[X_c]$ 时，热电联产发电才能较热电分产发电节煤，否则不节煤，甚至多耗煤。

　　由式（6-72）可以看出，$[X_c]$ 取决于 $\eta_i$、$\eta_{ic}$。代替凝汽式机组的 $\eta_i$ 越高，供热机组的 $\eta_{ic}$ 越低，则 $[X_c]$ 越大，要求热化发电量占机组总发电量的比例越大，即节煤的条件越苛刻。$\eta_{ic}$、$\eta_i$ 与供热机组和凝汽式机组的蒸汽初终参数、回热系统及再热系统的完善程度等有关，表 6-3 给出了 $\eta_i$、$\eta_{ic}$、$M$、$K$、$[X_c]$ 与蒸汽初参数的关系。

表 6-3　　　　　　　　　　　　　　与蒸汽初参数的关系

| $P_0$ | | $t_0/t_{rh}$ | $\eta_i$ | $\eta_{ic}$ | $M$ | $K$ | $[X_c]$ |
|---|---|---|---|---|---|---|---|
| MPa | ata | — | | | | | |
| 3.43 | 35 | 435 | 0.29 | 0.26 | 2.84 | 0.378 | 0.134 |
| 8.83 | 90 | 550 | 0.36 | 0.325 | 2.08 | 0.292 | 0.140 |
| 12.75 | 130 | 565 | 0.39 | 0.355 | 1.80 | 0.256 | 0.143 |
| 23.54 | 240 | 585/585 | 0.45 | 0.41 | 1.49 | 0.222 | 0.155 |

分析表 6-3 可知，单抽凝汽式机组与代替电站的凝汽式机组相比，两者蒸汽初参数不同，其 $[X_c]$ 值也不相同。当两者蒸汽的初参数在同一档次时，$[X_c]$ 值一般在 $13\%\sim16\%$；当单抽凝汽式机组较代替电站的凝汽式机组的蒸汽初参数低一档次时，$[X_c]$ 值一般大于 $40\%$；当单抽凝汽式机组较代替电站的凝汽式机组蒸汽初参数低两档时，$[X_c]$ 值一般大于 $50\%$。

2）背压式（B 型）供热机组联产发电的节煤条件。背压式供热机组的发电量是由热负荷决定的，即 $W_h = f(Q_h)$。由于热用户用热不可能总是额定值，所以当用户的热负荷降低时，机组的发电量也必然减少。根据能量供应相等的原则，这时发电量不足部分 $W_{cs} = (P_e - W_h)$ 要由电力系统补偿，显然发电煤耗率应以火电机组的平均标准煤耗率 $b_{av}^s$ 计算。

同理，根据式（6-67）经简单推导可得背压机组的节煤条件为

$$\Delta B_e^s = W_h[b_{cp}^s - b_{e(h)}^s] - W_{cs}(b_{av}^s - b_{cp}^s) = 0 \tag{6-74}$$

将 $W_{cs} = (P_e - W_h)$ 代入式（6-74），即可导出背压式供热机组的临界热化发电比为

$$[X_B] = \frac{W_h}{P_e} = \frac{b_{av}^s - b_{cp}^s}{b_{av}^s - b_{e(h)}^s} = \frac{\dfrac{1}{\eta_{iav}} - \dfrac{1}{\eta_i}}{\dfrac{1}{\eta_{iav}} - 1} \tag{6-75}$$

因此，背压式供热机组的节煤（$\Delta B_e^s > 0$）条件为

$$X_B > [X_B] \tag{6-76}$$

3）采暖-凝汽两用式（NC 型）供热机组联产发电的节煤条件。在额定热负荷情况下，抽汽式供热机组可以满足发电负荷。但是，采暖-凝汽两用机组虽然也是抽汽供热，但其供热是在减小发电量的基础上运行的，这一点与背压式供热机组相同，其供热期间少发的电量 $W_{cs} = P_e - (W_h + W_c)$ 也应由电网补偿，这部分的发电煤耗率为 $b_{av}^s$。根据式（6-67）和式（6-68），令联产发电节煤量 $\Delta B_e^s = 0$，经简单推导可得

$$\begin{aligned}\Delta B_e^s &= W_h[b_{cp}^s - b_{e(h)}^s] - W_c[b_{e(c)}^s - b_{cp}^s] - W_{cs}[b_{av}^s - b_{cp}^s]\\ &= W_h[b_{e(c)}^s - b_{e(h)}^s] - P_e[b_{e(c)}^s - b_{cp}^s] - W_{cs}[b_{e(c)}^s - b_{av}^s] = 0\end{aligned} \tag{6-77}$$

采暖-凝汽两用机组的临界热化发电比为

$$[X_{NC}] = \frac{W_h}{P_e} = \frac{b_{e(c)}^s - b_{cp}^s}{b_{e(c)}^s - b_{e(h)}^s} - \frac{W_{cs}[b_{e(c)}^s - b_{av}^s]}{P_e[b_{e(c)}^s - b_{e(h)}^s]} = \frac{\dfrac{1}{\eta_{ic}} - \dfrac{1}{\eta_i}}{\dfrac{1}{\eta_{ic}} - 1} - \frac{W_{cs}\left(\dfrac{1}{\eta_{ic}} - \dfrac{1}{\eta_{iav}}\right)}{P_e\left(\dfrac{1}{\eta_{ic}} - 1\right)} \tag{6-78}$$

故采暖-凝汽两用机组的节煤（$\Delta B_e^s > 0$）条件为

$$X_{NC} > [X_{NC}] \tag{6-79}$$

（2）联产供热的节煤条件。由式（6-69）或式（6-70）的第二项可知，欲使 $\Delta B_h^s > 0$，则必有

$$\frac{\eta_{hs}}{\eta_{b(h)}\eta_{p(h)}} - \frac{1}{\eta_b\eta_p} > 0 \tag{6-80}$$

可以认为 $\eta_p \approx \eta_p(h)$，所以式（6-80）可简化为

$$\eta_{hs}\eta_b > \eta_{b(h)} \tag{6-81}$$

式（6-80）或式（6-81）就是联产供热的节煤条件。因此，欲使热电联产供热比区域锅炉或工业锅炉供热节约燃料，必须满足 $\eta_b\eta_{hs} > \eta_{b(h)}$，即热电厂锅炉热效率及热力网热效率的乘积必须大于区域锅炉或工业锅炉的热效率。

上面分析了热电联产机组生产电能和热能节约燃料的条件。必须指出，这些结论并没有考虑运行因素和投资回收年限。比如，建设热电厂，投资增加，运行费用也增大。因此节约燃料是热电厂的基本要求，但是燃料的节约并不意味着实际经济效益的提高，还要综合考虑其他因素。

4. 单位热负荷节燃料量的计算

上述讨论的是热电联产机组的绝对节煤量，在有些情况下，应用单位热负荷的节煤量更有意义。单位热负荷的节煤量是指相对于生产单位电负荷和单位热负荷的节煤量。因此，单位热负荷的节煤量 $\Delta b_s$ 可分为两部分，即生产电能的单位热负荷的节煤量 $\Delta b_e^s$ 和生产热能的单位热负荷的节煤量 $\Delta b_h^s$，即

$$\Delta b_s = \Delta b_e^s + \Delta b_h^s \tag{6-82}$$

（1）联产电能的单位热负荷节煤量。根据式（6-68）可知，热电联产机组的联产汽流生产电能的绝对节煤量为 $\Delta B_e^s$，故当热用户的用热量为 $Q$ 时，联产电能单位热负荷的节煤量 $\Delta b_e^s$ 为

$$\Delta b_e^s = \frac{\Delta B_e^s}{Q} = \frac{W_h[b_{cp}^s - b_{e(h)}^s] - W_c[b_{e(c)}^s - b_{cp}^s]}{Q}$$

$$= \frac{W_h[b_{e(c)}^s - b_{e(h)}^s] - P_e[b_{e(c)}^s - b_{cp}^s]}{Q} \tag{6-83}$$

若热电厂和代替凝汽电厂的锅炉效率、管道效率、机械效率及发电效率相等，则有

$$b_{cp}^s = \frac{0.123}{\eta_b\eta_p\eta_i\eta_m\eta_g}, b_{e(h)}^s = \frac{0.123}{\eta_b\eta_p\eta_{ih}\eta_m\eta_g}, b_{e(c)}^s = \frac{0.123}{\eta_b\eta_p\eta_{ic}\eta_m\eta_g}$$

由于联产汽流的循环热效率 $\eta_{ih}=1$，故有

$$b_{cp}^s = \frac{b_{e(h)}^s}{\eta_i}, \quad b_{e(c)}^s = \frac{b_{e(h)}^s}{\eta_{ic}} \tag{6-84}$$

联立式（6-83）和式（6-84），并认为热电厂的对外供热量 $Q_h$＝热化供热量 $Q_{ht}$，热化发电率 $\omega = W_h/Q_h$，进而可得

$$\Delta b_e^s = \frac{b_{e(h)}^s\omega Q_h}{Q} \cdot \left[\left(\frac{1}{\eta_{ic}} - 1\right) - \frac{1}{X}\left(\frac{1}{\eta_{ic}} - \frac{1}{\eta_i}\right)\right] \tag{6-85}$$

（2）联产热能的单位热负荷的节煤量。由式（6-62）可知，热电联产机组的联产汽流生

产热能的绝对节煤量为 $\Delta B_{\mathrm{h}}^{\mathrm{s}}$，故当热用户的用热量为 $Q$ 时，联产热能单位热负荷的节煤量 $\Delta b_{\mathrm{h}}^{\mathrm{s}}$ 为

$$\Delta b_{\mathrm{h}}^{\mathrm{s}} = \frac{34.1 Q_{\mathrm{h}}}{Q}\left(\frac{\eta_{\mathrm{hs}}}{\eta_{\mathrm{b(h)}}\,\eta_{\mathrm{p(h)}}} - \frac{1}{\eta_{\mathrm{b}}\eta_{\mathrm{p}}}\right) \tag{6-86}$$

若认为分产供热管道效率和热电厂的管道效率相等，则有

$$\Delta b_{\mathrm{h}}^{\mathrm{s}} = \frac{34.1 Q_{\mathrm{h}}}{Q\eta_{\mathrm{p}}}\left(\frac{\eta_{\mathrm{hs}}}{\eta_{\mathrm{b(h)}}} - \frac{1}{\eta_{\mathrm{b}}}\right) \tag{6-87}$$

从式（6-85）和式（6-87）可以看出，若要提高联产汽流单位热负荷的节煤量，可以采取如下措施：①提高供热汽流的热化发电率；②降低供热机组凝汽流的发电份额；③提高热电厂供热机组的循环热效率；④提高热网效率；⑤提高热电厂的锅炉热效率。

**四、计算示例**

**【例 6-1】** 已知：某热电厂装有 C50-8.83/0.118 型燃煤单抽供热机组，$p_0 = 8.83\mathrm{MPa}$，$t_0 = 535℃$，$h_0 = 3475.04\mathrm{kJ/kg}$，$s_0 = 6.7801\mathrm{kJ/(kg \cdot K)}$。采暖调节抽汽压力 $p_{\mathrm{h}} = 0.118\mathrm{MPa}$，实际抽汽比焓 $h_{\mathrm{h}} = 2620.52\mathrm{kJ/kg}$，回水温度在 80℃ 时的回水比焓 $h_{\mathrm{h}}' = 334.94\mathrm{kJ/kg}$，比熵 $s_{\mathrm{h}} = 7.141\mathrm{kJ/(kg \cdot K)}$，回水率 $\varphi = 100\%$，热网效率 $\eta_{\mathrm{hs}} = 0.97$。最小凝汽流量 $D_{\mathrm{c}} = 17000\mathrm{kg/h}$，实际排汽比焓 $h_{\mathrm{c}} = 2391.5\mathrm{kJ/kg}$，凝结水比焓 $h_{\mathrm{c}}' = 97.3\mathrm{kJ/kg}$。$\eta_{\mathrm{b}}' = \eta_{\mathrm{b}}\eta_{\mathrm{p}} = 0.88$，$\eta_{\mathrm{mg}} = \eta_{\mathrm{m}}\eta_{\mathrm{g}} = 0.98$，采暖热负荷年利用小时 $\tau_{\mathrm{u}}^{\mathrm{h}} = 4000\mathrm{h}$，额定采暖蒸汽量 $D_{\mathrm{ht}} = 180\mathrm{t/h}$，$T_{\mathrm{en}} = 273.15\mathrm{K}$。与热电分产相比，设代替电站凝汽式机组的初参数和 $h_0$、$\eta_{\mathrm{m}}$、$\eta_{\mathrm{g}}$ 均与 C50-8.83/0.118 型单抽汽供热机组相同，并取 $h_{\mathrm{c(cp)}} = 2275.53\mathrm{kJ/kg}$，凝结水比焓 $h_{\mathrm{c(cp)}}' = 136.32\mathrm{kJ/kg}$，代替电站的设备年利用小时数 $\tau_{\mathrm{u}} = 6000\mathrm{h}$，热电分产供热的 $\eta_{\mathrm{b(h)}}$ $\eta_{\mathrm{p(h)}} = 0.75 \times 0.96 = 0.72$。

求：（1）热电厂的 $\eta_{\mathrm{tp}}$、$\omega$ 和发电、供热的分项热经济性指标。

（2）热电厂 $Q_{\mathrm{tp}}$ 三种典型分配时的热经济性指标。

（3）热电联产全年节省的燃料量。

（4）用 $[X_{\mathrm{c}}]$ 判断该型机组能否节煤。

（5）供热机组的临界年利用小时数 $[\tau_{\mathrm{u}}^{\mathrm{h}}]$。

**解**

（1）热电厂的 $\eta_{\mathrm{tp}}$、$\omega$ 和发电、供热的分项热经济性指标。

1）汽轮机的新蒸汽耗量 $D_0$ 和热电厂的总热耗量 $Q_{\mathrm{tp}}$：

忽略其他给水回热抽汽，由功率平衡方程式可得汽耗量 $D_0$ 为

$$D_0 = \frac{1}{(h_0 - h_{\mathrm{h}})}\left[\frac{3600 P_{\mathrm{e}}}{\eta_{\mathrm{mg}}} - D_{\mathrm{c}}(h_{\mathrm{h}} - h_{\mathrm{c}})\right]$$

$$= \frac{1}{(3475.04 - 2620.52)}\left[\frac{3600 \times 50000}{0.98} - 17000(2620.52 - 2391.5)\right]$$

$$= 210387 \quad (\mathrm{kg/h})$$

用来供热的最大抽汽量为

$$D_h = D_0 - D_c = 210387 - 17000 = 193387 \quad (kg/h)$$

不计散热时，给水比焓 $h_{fw}$ 为

$$h_{fw} = \frac{D_h h_h' + D_c h_c'}{D_0} = \frac{193387 \times 334.94 + 17000 \times 97.3}{210387} = 315.7 \quad (kJ/kg)$$

不计锅炉排污和工质损失时，热电厂的总热耗量 $Q_{tp}$ 为

$$Q_{tp} = \frac{D_0(h_0 - h_{fw})}{\eta_b \eta_p \times 10^6} = \frac{210387 \times (3475.04 - 315.7)}{0.88 \times 10^6} = 755.31 \quad (GJ/h)$$

2）$\eta_{tp}$ 和 $\omega$ 的计算。

供热量 $Q_h$：$Q_h = D_h(h_h - h_h') \times 10^{-6} = 193387 \times (2620.52 - 334.94) \times 10^{-6} = 442 \quad (GJ/h)$

热用户的用热量 $Q$：$Q = Q_h \eta_{hs} = 442 \times 0.97 = 428.74 \quad (GJ/h)$

$$\eta_{tp} = \frac{3600 P_e + Q_h}{Q_{tp}} = \frac{3600 \times 50000 + 442 \times 10^6}{755.31 \times 10^6} = 0.8235$$

$$\omega = \frac{278(h_0 - h_h)\eta_{mg}}{h_h - h_h'} = \frac{278 \times (3475.04 - 2620.52) \times 0.98}{2620.52 - 334.94} = 101.86 \quad (kW \cdot h/GJ)$$

3）热电厂分项热经济性指标的计算。采用热量法，供热方面的热耗量为

$$Q_{tp(h)} = \frac{D_h(h_h - h_h')}{\eta_b' \times 10^6} = \frac{193387 \times (2620.52 - 334.94)}{0.88 \times 10^6} = 502.27 \quad (GJ/h)$$

分配给发电方面的热耗量为

$$Q_{tp(e)} = Q_{tp} - Q_{tp(h)} = 755.31 - 502.27 = 253.04 \quad (GJ/h)$$

a. 发电热经济性指标：

发电热效率：$\eta_{tp(e)} = \dfrac{3600 P_e}{Q_{tp(e)}} = \dfrac{3600 \times 50000}{253.04 \times 10^6} = 0.7114$

发电热耗率：$q_{tp(e)} = \dfrac{3600}{\eta_{tp(e)}} = \dfrac{3600}{0.7114} = 5060.44 \quad [kJ/(kW \cdot h)]$

发电标准煤耗率：$b_{tp(e)}^s = \dfrac{0.123}{\eta_{tp(e)}} = \dfrac{0.123}{0.7114} = 0.1729 \quad [kg/(kW \cdot h)]$

b. 供热热经济性指标：

供热热效率：$\eta_{tp(h)} = \dfrac{Q}{Q_{tp(h)}} = \dfrac{428.74}{502.27} = 0.8536$

供热标准煤耗率：$b_{tp(h)}^s = \dfrac{34.1}{\eta_{tp(h)}} = \dfrac{34.1}{0.8536} = 39.95 \quad (kg/GJ)$

（2）热电厂 $Q_{tp}$ 三种典型分配时的热经济性指标。

1）热量法：见第一部分的计算。

2）实际焓降法：

$$Q_{tp(h)} = \frac{D_h(h_h - h_c)}{D_0(h_0 - h_c)}Q_{tp} = \frac{193387 \times (2620.52 - 2391.5)}{210387 \times (3475.04 - 2391.5)} \times 755.31$$

$$= 146.74 \quad (GJ/h)$$

$$Q_{tp(e)} = Q_{tp} - Q_{tp(h)} = 755.31 - 146.74 = 608.57 \quad (GJ/h)$$

a. 发电热经济性指标：

发电热效率：$\eta_{tp(e)} = \dfrac{3600 P_e}{Q_{tp(e)}} = \dfrac{3600 \times 50000}{608.57 \times 10^6} = 0.2958$

发电热耗率：$q_{tp(e)} = \dfrac{3600}{\eta_{tp(e)}} = \dfrac{3600}{0.2958} = 12170.39 \quad [kJ/(kW \cdot h)]$

发电标准煤耗率：$b_{tp(e)}^s = \dfrac{0.123}{\eta_{tp(e)}} = \dfrac{0.123}{0.2958} = 0.4158 \quad [kg/(kW \cdot h)]$

b. 供热热经济性指标：

供热热效率：$\eta_{tp(h)} = \dfrac{Q}{Q_{tp(h)}} = \dfrac{428.74}{146.74} = 2.9218$

由于分配的 $Q_{tp(h)} < Q_h$ 值，故 $\eta_{tp(h)} > 1$。

供热标准煤耗率：$b_{tp(h)}^s = \dfrac{34.1}{\eta_{tp(h)}} = \dfrac{34.1}{2.9218} = 11.67 \quad (kg/GJ)$

3）做功能力法：

$$Q_{tp(h)} = \frac{D_h E_h}{D_0 E_0}Q_{tp} = \frac{D_h(h_h - T_{en}s_h)}{D_0(h_0 - T_{en}s_0)}Q_{tp}$$

$$= \frac{193387 \times (2620.52 - 273.15 \times 7.141)}{210387 \times (3475.04 - 273.15 \times 6.7801)} \times 755.31 = 286.58 \quad (GJ/h)$$

$$Q_{tp(e)} = Q_{tp} - Q_{tp(h)} = 755.31 - 286.58 = 486.73(GJ/h)$$

a. 发电热经济性指标：

发电热效率：$\eta_{tp(e)} = \dfrac{3600 P_e}{Q_{tp(e)}} = \dfrac{3600 \times 50000}{486.73 \times 10^6} = 0.384$

发电热耗率：$q_{tp(e)} = \dfrac{3600}{\eta_{tp(e)}} = \dfrac{3600}{0.384} = 9375 \quad [kJ/(kW \cdot h)]$

发电标准煤耗率：$b_{tp(e)}^s = \dfrac{0.123}{\eta_{tp(e)}} = \dfrac{0.123}{0.384} = 0.3203 \quad [kg/(kW \cdot h)]$

b. 供热热经济性指标：

供热热效率：$\eta_{tp(h)} = \dfrac{Q}{Q_{tp(h)}} = \dfrac{428.74}{286.58} = 1.4961$

由于分配的 $Q_{tp(h)}$ 仍小于 $Q_h$ 值，故 $\eta_{tp(h)}$ 仍大于 1，但所分配的 $Q_{tp(h)}$ 值比按实际焓降法分配的值要大，故其供热热效率 $\eta_{tp(h)}$ 值小于实际焓降法的 $\eta_{tp(h)}$ 值。

供热标准煤耗率：$b_{tp(h)}^{s} = \dfrac{34.1}{\eta_{tp(h)}} = \dfrac{34.1}{1.4961} = 22.79$　　(kg/GJ)

（3）热电联产全年节省的燃料量。计算热电联产较热电分产的每小时节煤量，可以采用下述两个计算公式中的任意一个，其计算结果是一样的。但是，式（6-88）和式（6-89）的物理概念是不同的。本例按照式（6-88）来计算。

$$\Delta B^{s} = B_{dp}^{s} - B_{tp}^{s} = (B_{cp}^{s} + B_{h}^{s}) - [B_{tp(h)}^{s} + B_{tp(e)}^{s}] \tag{6-88}$$

$$\Delta B^{s} = \{B_{cp}^{s} - B_{tp(e)}^{s} + [B_{h}^{s} - B_{tp(h)}^{s}]\} = \Delta B_{e}^{s} + \Delta B_{h}^{s} \tag{6-89}$$

1）热电分产耗煤量计算。代替电站凝汽式机组的循环热效率：

$$\eta_{i} = \dfrac{h_0 - h_{c(cp)}}{h_0 - h'_{c(cp)}} = \dfrac{3475.04 - 2275.53}{3475.04 - 136.32} = 0.3593$$

代替电站凝汽式机组标准发电煤耗率：

$$b_{cp}^{s} = \dfrac{0.123}{\eta_b \eta_p \eta_i \eta_m \eta_g} = \dfrac{0.123}{0.88 \times 0.3593 \times 0.98} = 0.397 \left[ \mathrm{kg/(kW \cdot h)} \right]$$

分产发电标准煤耗量：$B_{cp}^{s} = b_{cp}^{s} P_e = 0.397 \times 50000 \times 10^{-3} = 19.848$ (t/h)

分产供热标准煤耗率：$b_{cp}^{s} = \dfrac{34.1}{\eta_{b(h)} \eta_{p(h)}} = \dfrac{34.1}{0.72} = 47.36$ (kg/GJ)

分产供热标准煤耗量：$B_{h}^{s} = b_{cp}^{s} Q = 47.36 \times 428.74 \times 10^{-3} = 20.306$ (t/h)

故热电分产的总耗煤量为 $B_{dp}^{s} = B_{cp}^{s} + B_{h}^{s} = 19.848 + 20.306 = 40.154$ (t/h)

2）热电联产耗煤量计算：

$$B_{tp}^{s} = \dfrac{Q_{tp}}{q_{net}} = \dfrac{755.31}{29270} = 25.805 \text{ (t/h)}$$

综上可得，热电联产较热电分产的每小时节煤量为

$$\Delta B^{s} = B_{dp}^{s} - B_{tp}^{s} = 40.154 - 25.805 = 14.349 \text{ (t/h)}$$

供暖期节煤：$\Delta B_h = \Delta B^{s} \tau_u^{h} = 14.349 \times 4000 = 57396$ (t/供暖期)

（4）用 $[X_c]$ 判断该型机组能否节煤。机组的实际热化发电比 $X$ 值为

$$X = \dfrac{W_{h}^{a}}{W^{a}} = \dfrac{\omega Q_h \tau_u^{h}}{P_e \tau_u} = \dfrac{101.86 \times 442 \times 4000}{5000 \times 6000} = 0.6003$$

代替电站凝汽式机组的循环热效率：$\eta_i = 0.3593$

供热机组的凝汽流发电循环热效率：$\eta_{ic} = \dfrac{h_0 - h_c}{h_0 - h'_c} = \dfrac{3475.04 - 2391.5}{3475.04 - 97.3} = 0.3208$

则有 $K = \dfrac{1}{\eta_{ic}} - \dfrac{1}{\eta_i} = \dfrac{1}{0.3208} - \dfrac{1}{0.3593} = 0.334$，$M = \dfrac{1}{\eta_{ic}} - 1 = \dfrac{1}{0.3208} - 1 = 2.1172$，从而可得：

$$[X_c] = \frac{K}{M} = \frac{0.334}{2.1172} = 0.1578$$

$$X > [X_c]$$

所以，该型机组能够节煤。

（5）供热机组的临界年利用小时数 $[\tau_u^h]$。该机组的额定供热量 $Q_{ht}$ 为

$$Q_{ht} = D_{ht}(h_h - h'_h) = 180000 \times (2620.52 - 334.94) \times 10^{-6} = 411.4 \quad (\text{GJ/h})$$

供热机组的临界年利用小时数 $[\tau_u^h]$ 为

$$[\tau_u^h] = \frac{P_e \tau_u [X_c]}{\omega Q_{ht}} = \frac{50000 \times 6000 \times 0.1578}{101.86 \times 411.4} \approx 1130 \quad (\text{h})$$

因此，对于该供热机组，在其他条件不变时，当它的年利用小时数低于 1130h 时，虽为热电联产生产却不能节约燃料了。

【例 6-2】某热电厂装有 CZK330-16.67/0.4/538/538 型供热式汽轮机，机组回热系统如图 6-18 所示。已知：$p_0 = 16.67\text{MPa}$，$t_0 = 538℃$，$h_0 = 3397.3\text{kJ/kg}$，$s_0 = 6.3512\text{kJ/(kg·k)}$，$D_0 = 1121.826\text{t/h}$；一段调节抽汽：$p_{h1} = 1.9\text{MPa}$，$h_{h1} = 3339.3\text{kJ/kg}$，$s_{h1} = 7.2368\text{kJ/(kg·K)}$，$h'_{h1} = 884.6\text{kJ/kg}$；二段调节抽汽：$p_{h2} = 0.9588\text{MPa}$，$h_{h2} = 3149.9\text{kJ/kg}$，$h'_{h2} = 745.2\text{kJ/kg}$；$s_{h2} = 7.225\text{kJ/(kg·K)}$；两段供热的回水率 $\varphi$ 均为 1；再热蒸汽量 $D_{rh} = 928.048\text{t/h}$，1kg 蒸汽再热吸热量 $q_{rh} = 471.7\text{kJ/kg}$，$h_c = 2537.5\text{kJ/kg}$；锅炉和管道热效率为 $\eta_b \eta_p = 0.92$，汽轮发电机组的机电效率为 $\eta_m \eta_g = 0.98$，热网效率 $\eta_{hs} = 0.97$；$T_{en} = 273.15\text{K}$。此工况下机组的电功率 $P_e = 310521\text{kW}$，其他参数如图 6-18 所示。

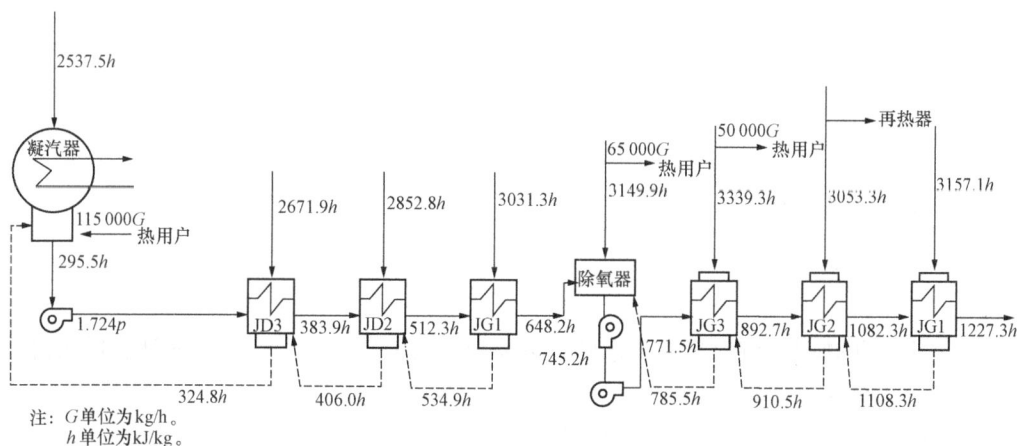

图 6-18 CZK330-16.67/0.4/538/538 型供热机组回热系统

求：该热电厂的燃料利用系数 $\eta_{tp}$、热化发电率 $\omega$ 和发电、供热的热经济性指标。

**解**

（1）热电厂的燃料利用系数 $\eta_{tp}$ 的计算。根据机组的循环吸热量方程，热电厂总热耗量 $Q_{tp}$ 为

$$Q_{tp} = \frac{D_0(h_0 - h_{fw}) + D_{rh}q_{rh}}{\eta_b \eta_p}$$

$$= \frac{1121.826 \times (3397.3 - 1227.3) + 928.048 \times 471.7}{0.92 \times 10^3} = 3121.872 \quad (GJ/h)$$

热电厂对外供热量 $Q_h$ 为

$$Q_h = D_{h1}(h_{h1} - h'_{h1}) + D_{h2}(h_{h2} - h'_{h2})$$

$$= [50 \times (3339.3 - 884.6) + 65 \times (3149.9 - 745.2)] \times 10^{-3} = 279.04 \quad (GJ/h)$$

供给热用户的热量 $Q$ 为

$$Q = Q_h \eta_{hs} = 279.04 \times 0.97 = 270.67 \ (GJ/h)$$

热电厂的燃料利用系数 $\eta_{tp}$ 为

$$\eta_{tp} = \frac{3600P_e + Q_h}{Q_{tp}} = \frac{3600 \times 310521 \times 10^{-6} + 279.04}{3121.872} = 0.4475$$

（2）热化发电率 $\omega$ 的计算。外部热化发电量为

$$W_h^0 = \frac{[D_{h1}(h_0 + q_{rh} - h_{h1}) + D_{h2}(h_0 + q_{rh} - h_{h2})]\eta_m \eta_g}{3600}$$

$$= \frac{[50 \times (3397.3 + 471.7 - 3339.3) + 65 \times (3397.3 + 471.7 - 3149.9)] \times 10^3 \times 0.98}{3600}$$

$$= 19933.88 \quad (kW \cdot h/h)$$

内部热化发电量为

$$W_h^i = \frac{\left[\sum_{j=7}^{8} D_j(h_0 - h_j) + \sum_{j=1}^{6} D_j(h_0 + q_{rh} - h_j)\right]\eta_m \eta_g}{3600} = 7591.24 \quad (kW \cdot h/h)$$

热化发电率 $\omega$ 为

$$\omega = \frac{W_h^i + W_h^o}{Q_h} = \frac{7591.24 + 19933.88}{279.04} = 98.642 \quad (kW \cdot h/GJ)$$

（3）发电、供热热经济性指标的求解。下面分别按前述三种分配方法来计算供热机组在发电和供热方面的热经济性指标。

1）热量法。分配给供热方面的热耗量

$$Q_{tp(h)} = \frac{Q_h}{\eta_b \eta_p} = \frac{279.04}{0.92} = 303.304 \quad (GJ/h)$$

分配给发电量方面的热耗量：$Q_{tp(e)} = Q_{tp} - Q_{tp(h)} = 3121.872 - 303.304 = 2818.568(\text{GJ/h})$

a. 发电方面的热经济性指标。

发电热效率：$\eta_{tp(e)} = \dfrac{3600 P_e}{Q_{tp(e)}} = \dfrac{3600 \times 310521}{2818.568 \times 10^6} = 0.3966$

发电热耗率：$q_{tp(e)} = \dfrac{3600}{\eta_{tp(e)}} = \dfrac{3600}{0.3966} = 9077.156$　　[kJ/ (kW · h)]

发电标准煤耗率：$b_{tp(e)}^{s} = \dfrac{0.123}{\eta_{tp(e)}} = \dfrac{0.123}{0.3966} = 0.3101$　　[kg/ (kW · h)]

b. 供热热经济性指标。

供热热效率：$\eta_{tp(h)} = \dfrac{Q}{Q_{tp(h)}} = \dfrac{270.67}{303.304} = 0.8924$

供热标准煤耗率：$b_{tp(h)}^{s} = \dfrac{34.1}{\eta_{tp(h)}} = \dfrac{34.1}{0.8924} = 38.212$　　(kg/GJ)

2）实际焓降法。分配给供热方面的热耗量为

$$Q_{tp(h)} = \dfrac{[D_{h1}(h_{h1} - h_c) + D_{h2}(h_{h2} - h_c)]Q_{tp}}{D_0(h_0 + q_{rh} - h_c)}$$

$$= \dfrac{[50 \times (3339.3 - 2537.5) + 65 \times (3149.9 - 2537.5)] \times 10^3 \times 3121.872}{1121.826 \times 10^3 \times (3397.3 + 417.7 - 2537.5)}$$

$$= 166.983　　(\text{GJ/h})$$

分配给发电量方面的热耗量为

$$Q_{tp(e)} = Q_{tp} - Q_{tp(h)} = 3121.872 - 166.983 = 2954.889　　(\text{GJ/h})$$

a. 发电方面的热经济性指标。

发电热效率：$\eta_{tp(e)} = \dfrac{3600 P_e}{Q_{tp(e)}} = \dfrac{3600 \times 310521}{2954.889 \times 10^6} = 0.3783$

发电热耗率：$q_{tp(e)} = \dfrac{3600}{\eta_{tp(e)}} = \dfrac{3600}{0.3783} = 9516.26$　　[kJ/ (kW · h)]

发电标准煤耗率：$b_{tp(e)}^{s} = \dfrac{0.123}{\eta_{tp(e)}} = \dfrac{0.123}{0.3783} = 0.3251$　　[kg/ (kW · h)]

b. 供热热经济性指标。

供热热效率：$\eta_{tp(h)} = \dfrac{Q}{Q_{tp(h)}} = \dfrac{270.67}{166.983} = 1.6209$

供热标准煤耗率：$b_{tp(h)}^{s} = \dfrac{34.1}{\eta_{tp(h)}} = \dfrac{34.1}{1.6209} = 21.0377$　　(kg/GJ)

3）做功能力法。分配给供热方面的热耗量为

$$Q_{tp(h)} = \dfrac{[D_{h1}e_{h1} + D_{h2}e_{h2}]Q_{tp}}{D_0 e_0} = \dfrac{[D_{h1}(h_{h1} - T_{en}s_{h1}) + D_{h2}(h_{h2} - T_{en}s_{h2})]Q_{tp}}{D_0(h_0 - T_{en}s_{h0})}$$

$$= \frac{[50 \times (3339.3 - 273.15 \times 7.2368) + 65 \times (3149.9 - 273.15 \times 7.225)] \times 10^3 \times 3121.872}{1121.826 \times 10^3 \times (3397.3 - 273.15 \times 6.3512)}$$

$$= 242.039 \quad (GJ/h)$$

分配给发电量方面的热耗量为：$Q_{tp(e)} = Q_{tp} - Q_{tp(h)} = 3121.872 - 242.039$
$$= 2879.833 \quad (GJ/h)$$

a. 发电方面的热经济性指标：

发电热效率：$\eta_{tp(e)} = \dfrac{3600 P_e}{Q_{tp(e)}} = \dfrac{3600 \times 310521}{2879.833 \times 10^6} = 0.3882$

发电热耗率：$q_{tp(e)} = \dfrac{3600}{\eta_{tp(e)}} = \dfrac{3600}{0.3882} = 9273.57 \quad [kJ/(kW \cdot h)]$

发电标准煤耗率：$b_{tp(e)}^s = \dfrac{0.123}{\eta_{tp(e)}} = \dfrac{0.123}{0.3882} = 0.3168 \quad [kg/(kW \cdot h)]$

b. 供热热经济性指标：

供热热效率：$\eta_{tp(h)} = \dfrac{Q}{Q_{tp(h)}} = \dfrac{270.67}{242.039} = 1.118$

供热标准煤耗率：$b_{tp(h)}^s = \dfrac{34.1}{\eta_{tp(h)}} = \dfrac{34.1}{1.118} = 30.50 \quad (kg/GJ)$

**【例 6-3】** 在例 6-2 热电联产机组原始数据的基础上，已知代替凝汽式机组的循环热效率 $\eta_i = 0.4507$，分产时供热锅炉和管道效率为 $\eta_{b(h)} \eta_{p(h)} = 0.8 \times 0.98 = 0.784$，机组全年运行小时数 $\tau_u^a = 6000h$，工业热负荷年利用小时数 $\tau_u^h = 4000h$，$\eta_{ic} = 0.4375$，机组纯凝汽运行时电功率 $P_e^c = 330000kW$。与分产相比，计算全年节省标准煤量。

**解**

(1) 判断热电联产发电能否节煤。

由 $K = \dfrac{1}{\eta_{ic}} - \dfrac{1}{\eta_i} = \dfrac{1}{0.4375} - \dfrac{1}{0.4507} = 0.0669$，$M = \dfrac{1}{\eta_{ic}} - 1 = \dfrac{1}{0.4375} - 1 = 1.2857$，从

而可得 $$[X_c] = \frac{K}{M} = \frac{0.0669}{1.2857} = 0.05203$$

机组的实际热化发电比 $X$ 值为

$$X = \frac{W_h^a}{W^a} = \frac{\omega Q_h \tau_u^h}{P_e \tau_u^h + P_e^c (\tau_u^a - \tau_u^h)} = \frac{98.642 \times 279.04 \times 4000}{310521 \times 4000 + 330000 \times (6000 - 4000)} = 0.05788$$

$$X > [X_c]$$

说明热电联产发电能够节煤。

(2) 求热电厂全年节约的标准煤耗量。

1) 联产供热全年节约的标准煤耗量：

$$\Delta B_{a(h)}^s = 34.1 \times 10^{-3} Q_h \tau_u^h \left( \frac{\eta_{hs}}{\eta_{b(h)} \eta_{p(h)}} - \frac{1}{\eta_b \eta_p} \right)$$

$$= 34.1 \times 10^{-3} \times 279.04 \times 4000 \times \left( \frac{0.98}{0.784} - \frac{1}{0.92} \right) = 6205.61 \quad (t/a)$$

2）联产发电全年节约的标准煤耗量：

$$\Delta B_{a(e)}^s = \frac{0.123 \alpha Q_h \tau_u^h \times 10^{-3}}{\eta_b \eta_p \eta_m \eta_g} \left( M - \frac{K}{X} \right)$$

$$= \frac{0.123 \times 279.04 \times 98.642 \times 4000 \times 10^{-3}}{0.92 \times 0.98} \left( 1.2857 - \frac{0.0669}{0.0588} \right) = 2222.18 \quad (t/a)$$

3）非供热期间，供热机组纯凝汽运行比分产发电全年多耗标准煤量：

$$\Delta B_{a(e)}^s = \frac{0.123 P_e^c (\tau_u^a - \tau_u^h) \times 10^{-3}}{\eta_b \eta_p \eta_m \eta_g} \left( \frac{1}{\eta_{ic}} - \frac{1}{\eta_i} \right)$$

$$= \frac{0.123 \times 330000 \times (6000 - 4000) \times 10^{-3}}{0.92 \times 0.98} \times 0.0669 = 6023.67 \quad (t/a)$$

4）全年实际节约标准煤耗量：

$$\Delta B_a^s = \Delta B_{a(h)}^s + \Delta B_{a(e)}^s - \Delta B_{a(e)}^{cs} = 6205.61 + 2222.18 - 6023.67 = 2404.12(t/a)$$

从上述示例的计算结果可以发现，按热量法分配的值是三种分配方法中最高的，即热电联产的好处全归发电方面。实际焓降法分配的是三种分配方法中最小的，即用该方法分配，好处归热用户所得。而按做功能力分配时，各项热经济性指标值居中，即热电联产收益发电和供热各得一部分。

## 第五节　热电厂的热化系数与供热式机组的选型

### 一、热化系数 $\alpha_{tp}$

为了提高热电厂的设备利用率及经济性，不仅要根据热负荷的大小及特性合理选择供热机组的容量和形式，还应有一定容量的尖峰锅炉配合供热，构成以热电联产为基础，热电联产与热电分产相结合的能量供应系统。高峰热负荷时，热量大部分来自供热式汽轮机的抽汽或背压排汽，不足部分由尖峰锅炉直接供给，前者为热化供热量（或称联产供热量），后者为分产供热量。热化供热量在总供热量中所占的比例是否合理，将影响热电联产供热系统的综合经济性。

热化系数是热电厂供热机组热化程度的比值（即供热机组的热化供热量与最大热负荷之比），它有小时热化系数和年热化系数之分，通常采用的是小时热化系数，简称为热化系数，它也是表征热电厂热经济性的一个宏观指标。一般情况下，$\alpha_{tp} < 1$ 表明热电厂是经济的，由于热负荷的大小、均匀性及其变化规律是影响热电厂热经济性的主要因素之一，故热电厂的热经济性还与热化系数的选择有关。

### 1. 热化系数 $\alpha_{tp}$ 的定义

供热机组每小时的最大热化供热量 $Q_{ht}^{max}$ 与每小时的最大热负荷 $Q_h^{max}$ 之比，称为以小时计的热化系数，简称为热化系数 $\alpha_{tp}$，即

$$\alpha_{tp} = \frac{Q_{ht}^{max}}{Q_h^{max}} \tag{6-90}$$

图 6-19 所示为全年热负荷的持续时间曲线，横坐标为热负荷的持续小时数，纵坐标为小时热负荷。图上纵坐标所注 $Q_{ht}^{max}$、$Q_h^{max}$ 之比即为小时热化系数。该持续时间曲线下的面积 abcdeoa 表示全年热负荷 $Q_h^a$，面积 fbcdeof 表示供热机组全年热化供热量 $Q_h^a$。供热机组全年热化供热量 $Q_{ht}^a$ 与全年热负荷 $Q_h^a$ 之比称为年热化系数 $\alpha_{tp}^a$。

$$\alpha_{tp}^a = \frac{Q_{ht}^a}{Q_h^a} = \frac{\text{面积 fbcdeof}}{\text{面积 abcdeoa}} \tag{6-91}$$

### 2. 理论上最佳热化系数的确定

对于已投运的热电厂，其设备及投资已经确定，因此运行中应当设法提高其热化供热的比例，使运行值接近或等于设定值，从而使热化发电比 $X$ 增大，提高热电联产的节煤量。

对于新建或扩建的热电厂，需要通过经济技术比较确定最佳热化系数。如图 6-20 所示，曲线 a′bcd 表示全年热负荷持续时间，曲线 abcd 表示全年热化供热持续时间。面积 a′bcdfoa′ 表示热电厂年供热量，面积 abcdfoa 表示全年热化供热量 $Q_h^a$，面积 a′baa′ 表示分产年供热量。该汽轮发电机组的全年发电量为 $W^a = W_h^a + W_c^a$。一次调节抽汽式汽轮发电机组的热化发电量与其热化供热量成正比，选择适当的纵坐标比例，便可使热化发电量持续时间曲线与热化供热量持续时间曲线相重合。则面积 abcdfoa 也表示全年热化发电量 $W_h^a$。根据 $W^a = P_e\tau_u$，按一定比例绘制的面积 aefoa 表示全年发电量 $W^a$。面积 bedcb 表示该机组全年凝汽流发电量 $W_c^a$。以该热化供热量持续曲线为界，将 $W^a$ 划分为 $W_h^a$、$W_c^a$ 两部分。

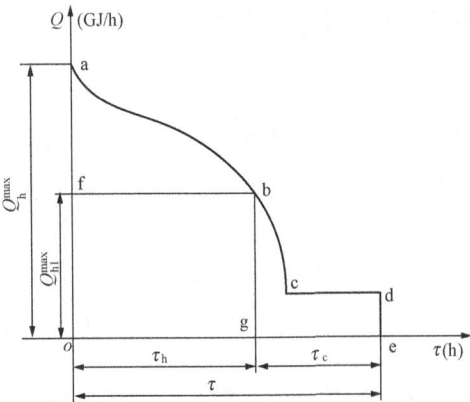

图 6-19　热化系数定义图

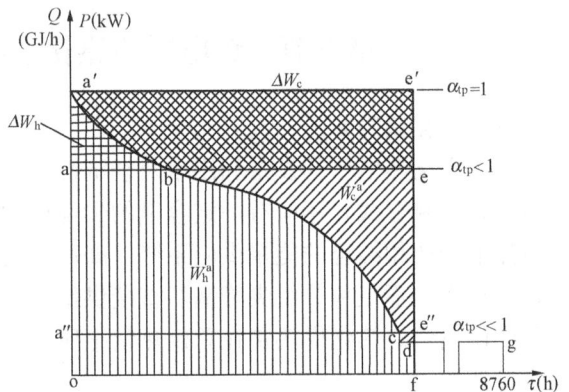

图 6-20　理论最佳热化系数示意图

由图 6-20 可以看出，提高热化系数 $\alpha_{tp}$，汽轮机年热化供热量 $Q_h^a$ 增加 $\Delta Q_h$，年热化发电量 $W_h^a$ 增加 $\Delta W_h$，同时年凝汽流发电量 $W_c^a$ 增加 $\Delta W_c$。由于 $W_h^a$ 的增加，式（6-69）中的第

一项增大而使 $\Delta B^s$ 增大，$W_c^a$ 增加使式（6-69）中的第二项也增大，反而使 $\Delta B^s$ 减小。

当 $\alpha_{tp}$ 较小时（图 6-20 中 a″点），提高 $\alpha_{tp}$，由于 $W_h^a$ 增加的速度较大而 $W_c^a$ 增加的速度较小，由 $W_h^a$ 增加引起的燃料节省量大于 $W_c^a$ 增加所多消耗的燃料，从而使燃料节约的增量 $\dfrac{d(\Delta B^s)}{d\alpha_{tp}} > 0$，则节省燃料；若继续提高 $\alpha_{tp}$ 值，$W_h^a$ 增加的速度减小而 $W_c^a$ 增加的速度增大，则燃料节约的增量逐渐减小，但仍能保持 $\dfrac{d(\Delta B^s)}{d\alpha_{tp}} > 0$；当 $\alpha_{tp}$ 提高到某一值，燃料节约的增量为零，即 $\dfrac{d(\Delta B^s)}{d\alpha_{tp}} = 0$，此时燃料节约量达到最大值；此后再继续提高 $\alpha_{tp}$，由于所有实际热负荷持续时间曲线的上部比较陡，即 $W_h^a$ 增长的速度越来越小，而 $W_c^a$ 的增长速度越来越大，使得由 $W_h^a$ 增加引起的燃料节省量小于 $W_c^a$ 增加多消耗的燃料，则燃料节约的增量 $\dfrac{d(\Delta B^s)}{d\alpha_{tp}} = 0$。因而燃料节约量达到最大值 $\dfrac{d(\Delta B^s)}{d\alpha_{tp}} = 0$ 时的 $\alpha_{tp}$ 值，即为理论最佳热化系数 $\alpha_{tp,th}^{op}$。这其实是要解决热网的最大热负荷或年热负荷一定时，如何选择供热机组的容量。供热机组的容量包括其额定发电功率与其最大供热量两个方面。热化系数实质上反映了能量供应系统内，在满足热负荷的需要时，热电联产供热机组容量与尖峰锅炉供热容量间的分配的比例，也反映了热电联产和热电分产中供热的热经济性。它涉及供热机组、供热系统、代替凝汽式机组的热经济性及其投资。在一定热负荷时，热化系数不仅在能量供应系统中决定新建供热机组的容量，而且也起着分配新建热电厂与凝汽式电厂装置容量比例的作用，它同时还对热网加热器的容量及热网主要设计参数的选择等起着重要作用。

理论上的最佳热化系数以热电联产系统热经济性最佳为目标。理论上的最佳热化系数的大小，取决于热电厂全年热负荷持续时间图的形状，其图形越呈尖峰形，则热化系数的最佳值越小，其次取决于代替凝汽式电厂和热电厂凝汽流发电两者之间热经济性的差别，其差别越大，热化系数的最佳值就越小。工程上的最佳热化系数是以热电联产系统技术经济最佳为目标的。

理论上的最佳热化系数总是小于 1 的。对工业热负荷，理论上的最佳热化系数为 0.70～0.80。对采暖热负荷，理论上的最佳热化系数为 0.50～0.60。工程上采用技术经济比较确定的最佳热化系数要比理论上的最佳热化系数小，一般为 0.5～0.7。

**二、供热机组的选择**

供热机组的选择需根据热负荷的种类与特性及其中近期发展规划，通过对不同装机方案进行技术经济比较，最后确定机组的类型、容量和参数。它与最佳热化系数的确定是一致的，以节煤量作为比较的基础。供热式机组有背压式（B 型、CB 型）、抽汽凝汽式（C 型、CC 型）和凝汽-采暖两用机（NC 型）三种类型。

1. 供热机组机型的选择

（1）机型及其特点。在上一节的节煤条件中已经提出对背压式机组存在补偿电量问题，抽汽式机组存在代替凝汽式机组发电的问题，凝汽-采暖机同时存在代替凝汽式机组发电和补偿电量问题。

需要指出的是，在选择供热机组时，既要考虑在设计工况下运行的经济性，又要考虑机组在部分负荷下运行的经济性。背压式供热机组热力系统如图 6-21 所示，其结构简单、投资小，在设计工况下，循环热效率高（$\eta_{th}=1$）。但其电负荷为强迫负荷，它由热负荷决定。在偏离设计工况时，其相对内效率急剧降低，热化发电量锐减，使电网补偿发电量陡增。由于补偿发电量的存在，使电网的备用容量增大，增加了投资。背压式机组适用于常年稳定可靠的工业热负荷。

抽汽凝汽式机组是从汽轮机中间级抽出部分蒸汽供热用户使用的凝汽式机组，如图 6-22 所示。这种机组的热负荷和电负荷有一定的调整范围，也就是说热和电在一定范围内是自由负荷。其供热汽流的热化发电部分热效率高（$\eta_{th}=1$），但其凝汽流发电的绝对内效率 $\eta_{ic}$ 低于代替凝汽式机组的绝对内效率 $\eta_i$。特别是当热负荷很低时，大大偏离设计工况，凝汽流发电量大增，热化发电比 $X$ 减小，热经济性急剧降低。抽汽凝汽式机组适用于全年较稳定的热负荷。

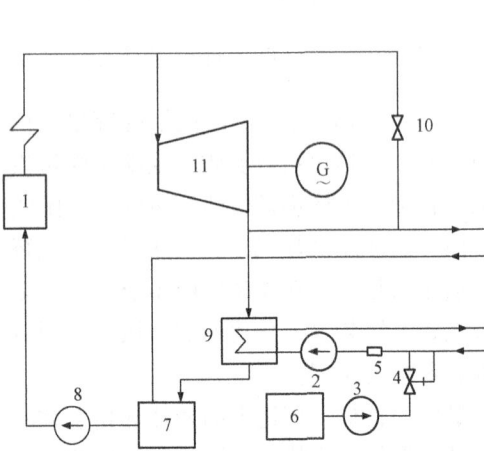

图 6-21　背压供热机组系统图

1—蒸汽锅炉；2—循环水泵；3—补给水泵；4—压力调节器；5—除污器；6—补充水处理装置；7—凝结水回收装置；8—给水泵；9—网水加热器；10—减压装置；11—背压式汽轮机组

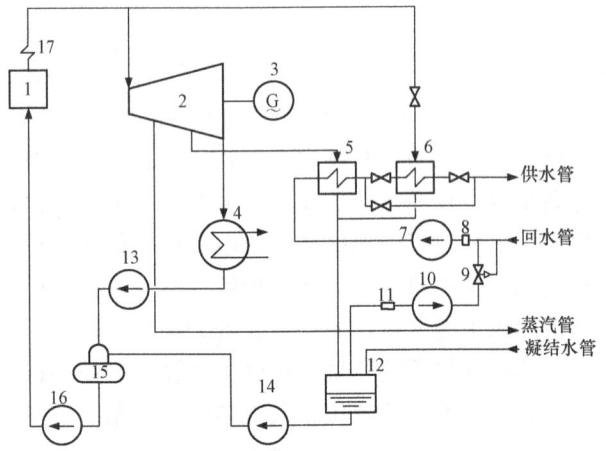

图 6-22　抽汽凝汽式机组供热系统

1—锅炉；2—汽轮机；3—发电机；4—凝汽器；5—主加热器；6—高峰加热器；7—循环水泵；8—除污器；9—压力调节器；10—补水泵；11—补充水处理装置；12—凝结水箱；13、14—凝结水泵；15—除氧器；16—锅炉给水泵；17—过热器

凝汽-采暖式机组是一种新型供热式机组，它专为季节性的采暖热负荷而设计。在原凝汽式机组的中低压缸的导汽管上安装蝶阀，其热力系统如图 6-23 所示。与抽汽凝汽式机组供应季节性采暖负荷相比，具有以下特点：

1）设备利用率高。由于它接近凝汽式机组设计，因此在季节性供热工况下，仅低压缸、低压加热器和发电机未达到设计能力。其他大部分时间内按凝汽工况运行，所有设备的利用率达到 100%，可获得最大的投资效益。相反，若采用抽汽凝汽式机组，供热工况下发电机能力虽能用足，低压缸与低压加热器的能力同样得不到充分发挥；在一年的非供暖期内，锅炉、汽轮机包括进汽部分在内的高压部分、除氧器、给水泵、高压加热器等

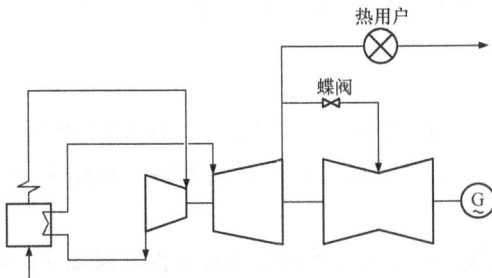

图 6-23　凝汽-采暖式机组热力系统示意图

的能力没有得到充分发挥，这部分的投资总和远高于发电机。

2）非采暖季节有较高的热效率。凝汽-采暖式机组的热耗率仅比同容量的凝汽式机组高 0.2%～0.3%，增加部分主要由蝶阀的额外节流损失所造成。相反，抽汽凝汽式机组在非采暖季节汽轮机的调节阀远远没有开足，高压通流部分的负荷降低，变工况幅度大，总的热效率降低 2%～3%。

3）机组设计的工作量小。与同容量同形式的凝汽式汽轮机本体上通用，且主辅机配套基本相同。

4）与凝汽式机组在电网中形成冬夏容量互补。以东方汽轮机厂生产的 NC300 型与 N300 型为例，冬季采暖时期 NC 机组约比额定功率发电少 28%，此时 N 型机组处于冬季低背压下，与额定背压比可增加电功率 2%。夏季 NC 机组基本恢复铭牌功率，而 N 型机组却因高背压少发电约 3%，从而形成冬夏容量互补。由此可减少电网中的补偿容量，理论上，当电网中的 NC 机组总容量达到电网总容量的 17% 时，两者冬夏容量可完全互补。

总体而言，在非采暖期，NC 型机比 C 型机的热经济性高，但会使电网中的补偿容量增大；在采暖期，NC 型机比 C 型机稍低，因为 C 型机采暖期属设计工况，NC 机为非设计工况，低压缸通流量小，鼓风摩擦损失增大。从全年来看，NC 机供采暖热负荷具有较高的热经济性。

NCB 新型供热机组热力系统如图 6-24 所示。该机组采用两轴分别带动两台发电机方式，同时具有背压机、抽汽凝汽机和纯凝汽机三种特点，其工作原理如下：在非供热期间，供热抽汽控制阀 7 全关，汽轮机呈凝汽工况（N）运行，具有纯凝汽式汽轮机发电效率高的特点；在正常供热期，供热抽汽控制阀 7、低压缸调节阀 6 都处于调控状态，汽轮机呈抽汽工况（C）运行，具有抽汽-凝汽供热汽轮机的优点，可根据外界热负荷调整供热抽汽量，且可以保持较高的发电效率；在尖峰供热期，供热抽汽控制阀 7 全开，低压缸调节阀 6 全关，汽轮机呈背压工况（B）运行，具

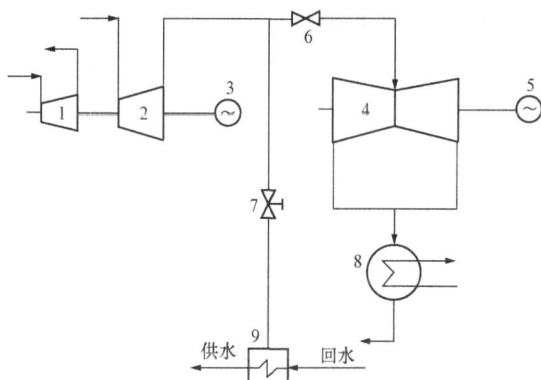

图 6-24　高、中压分缸 NCB 型供热汽轮机
1—高压缸；2—中压缸；3—1 号发电机；4—低压缸；5—2 号发电机；6—低压缸调节阀；7—供热抽汽控制阀；8—凝汽器；9—热网加热器

有背压供热汽轮机的优点，可做到最大供热能力。

（2）机型选择。对全年性热负荷，如生产工艺热负荷等，由于其全年比较稳定，一般选用背压式或抽汽式机组，具体以两种机型的节煤量为基础，再通过全面的技术经济比较确定。

对季节性热负荷，如采暖、通风热负荷，由于全年中只有少数时间才需要，一般选用采暖-凝汽式、NCB 新型供热机组或抽汽凝汽式机组，具体也是以两种机组的节煤量为基础，再通过全面的技术经济比较确定。

当一台机组既承担季节性热负荷，又同时承担全年性热负荷时，应装设抽汽凝汽式机组或 NCB 新型供热机组，具体也是以两种机组的节煤量为基础，再通过全面的技术经济比较

确定。

总之，机组的形式主要是根据热负荷种类和特性以及热负荷的中近期发展规划来确定。如果供热范围内热负荷的结构比较复杂，在热电厂内也可以选用两种不同形式的供热机组进行配合供热。

2. 供热机组容量的选择

供热机组的总发电容量，即热电厂的发电容量取决于热负荷的种类、大小和最佳热化系数，它可按式（6-92）进行估算

$$P_{tp} = \omega^i Q_i^{max} \alpha_{tp}^i + \omega^h Q_h^{max} \alpha_{tp}^h \qquad (kW) \qquad (6-92)$$

式中    $Q_i^{max}$、$Q_h^{max}$ ——工业和采暖的最大热负荷，GJ/h；

$\omega^i$、$\omega^h$ ——某一初参数时工业和采暖热负荷的热化发电率，kW·h/GJ；

$\alpha_{tp}^i$、$\alpha_{tp}^h$ ——该地区工业和采暖负荷的热化系数最佳值。

3. 供热机组蒸汽初参数的选择

提高供热式汽轮机蒸汽初参数 $p_0$、$t_0$，对热电厂热经济性的影响要比凝汽式电厂大。以抽汽式汽轮机为例，提高 $p_0$、$t_0$ 时，1kg 供热汽流的热化比内功 $\omega^h_i$ 增加的比例大于凝汽流比内功 $\omega^c_i$ 增加的比例，即热化发电比 X 提高，从而使热电厂更容易节约燃料和能够更多地节约燃料。另外，由于供热式汽轮机对外供热抽汽量比回热抽汽量大得多，故供热式汽轮机的新汽耗量 $D_0$ 比相同初参数、相同容量凝汽式汽轮机就大的多，削弱了提高蒸汽初压力使汽轮机相对内效率 $\eta_{ri}$ 降低的不利影响。供热式汽轮机在提高初参数时最低容量的匹配，可比凝汽式汽轮机小 1～2 挡。例如，我国凝汽式机组容量 50MW 以上时才采用高蒸汽初参数（$p_0 = 8.83MPa$，$t_0 = 535℃$），而供热式汽轮机容量 25MW 以上即可采用高参数，如 CC25 型供热机组。背压式机组的整机焓降小，新汽耗量大，采用高参数后的最低容量更小，如 B12 型即为高蒸汽参数。对于抽汽式汽轮机，因其供热工况时凝汽流量很小，保证汽轮机安全运行的允许蒸汽终湿度也比凝汽式汽轮机大。一般允许 $1-x_c = 14\% \sim 15\%$。综上所述，提高蒸汽初参数对供热式汽轮机和热电厂热经济性的影响远远大于凝汽式汽轮机和凝汽式电厂。

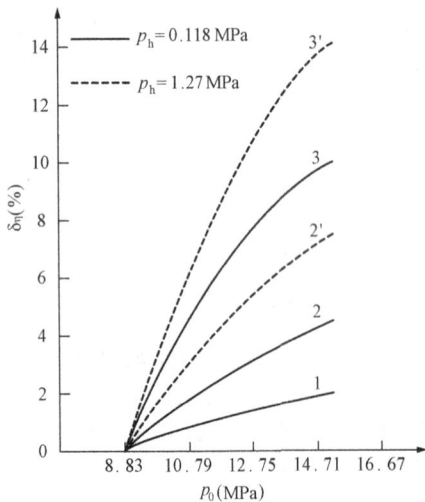

图 6-25 蒸汽初压与供热机组热效率的关系
1—$Q_h = 0$；2、2′—$Q_h = 209GJ/h$；
3、3′—$Q_h = 376GJ/h$

图 6-25 所示为蒸汽初压 $p_0$ 与供热机组抽汽供热量 $Q_h$、抽汽压力 $p_h$ 以及供热机组热效率相对提高值 $\delta\eta$ 之间的关系曲线。从图 6-25 可以看出：①提高 $p_0$，在任何抽汽供热量、任何抽汽压力下，$\delta\eta$ 是提高的；②当供热量 $Q_h$ 保持不变，提高初压 $p_0$ 时，供热机组热效率提高且随 $Q_h$ 的增加而增加，而且机组供热时的提高值比不供热时的高；③调节抽汽压力高时，提高初压使机组热效率提高的幅度比调节抽汽压力低时明显。当然提高初压需相应地提高初温，才能保证排汽湿度在允许范围内。

**三、供热工程的优化简介**

供热工程涉及热源、热网和热用户三方面，随着供热事业的发展和计算技术、电子计算

机的发展和系统工程学科的建立，由单一的某个参数最佳值的确定，最佳热化系数、汽轮机经济抽汽压力、水网的经济比摩阻（单位管长的压损）、水网的经济送水温度、管网经济管径、管网保温层的经济厚度等，发展到热源、热网或热用户某一方面的优化，进而发展为包括热源、热网和热用户三方面的整体优化。由单一的采暖供热系统（水网）或单一蒸汽供热系统的优化，发展为兼有水网、汽网系统的优化；由一个城市供热优化，如大同市集中供热工程的优化，发展为多个城市的供热优化。

优化计算时，首先要确定随未知参数（多变量）而变化的目标函数，不随未知参数而变化的为常数项，因不影响最优解，可不包括在计算方程中。

当目标函数的各项可用解析式表示时，利用计算机寻求目标函数的最大值（或最小值），即可解得各变量的最佳值。如果目标函数的某些项目难以用解析式表示与未知参数的关系时，可用图解法，即以曲线（或表格）形式表示目标函数与可变参数之间的关系，而后得出最优解。

## 复习思考题

6-1　热负荷有哪几种类型？各有何特点？热网载热质有哪几种？各有何优缺点？

6-2　用临界热化发电比 $[X_c]$ 选择三类供热机组的前提是什么？有何特点？

6-3　热电联合能量生产、热化、集中供热的含义和特点是什么？

6-4　为什么要对热电厂总热耗量进行分配？目前主要分配方法有几种？它们之间有何异同？

6-5　为什么说热量法分配热电厂的总热耗量是将热化的好处全归于发电方面？

6-6　热电厂的热经济性指标是怎样表示的？它与凝汽式电厂热经济性指标的表示方法有何异同？

6-7　什么是供热机组的热化发电率 $\omega$、热化发电比 $X$？为什么说热化发电率是评价供热设备的质量指标？供热返回水的流量和温度对供热循环的热化发电率有什么影响？对整个循环的热经济性有何影响？

6-8　热化发电率增大是否一定节省燃料？为什么？

6-9　热水供热系统为什么要设置基载热网加热器和尖峰热网加热器？

6-10　热电联产发电是否一定节煤？为什么？

6-11　热电厂设置减温减压装置的作用是什么？其系统主要由哪些设备组成？

6-12　说明热化系数的含义及热化系数最优值的含义？为什么说热化系数值 $\alpha_{tp} < 1$ 才是经济的？

6-13　热化发电率 $\omega$、热化发电比 $X$、热电比 $R_{tp}$ 的作用是什么？其区别是什么？

6-14　有电、热负荷就应该建热电厂吗？建热电厂节省燃料应满足的基本条件是什么？

6-15　在什么情况下热电分产的热经济性高于热电联产？

6-16　热网回水率对建设热电厂有何影响？

6-17　为什么不能将热化系数 $\alpha_{tp}$ 作为热电厂的单一热经济性指标看待？

## 习　题

6-1　若背压汽轮机的额定功率 $P_e = 12000\text{kW}$，主蒸汽参数 $p_0 = 3.43\text{MPa}$，$t_0 = 435℃$，排汽参数 $p_c = 0.98\text{MPa}$，$h_c = 3023.7\text{kJ/kg}$，锅炉效率和管道效率的乘积 $\eta_b\eta_p = 0.855$，机电效率 $\eta_{mg} = 0.95$，热网效率 $\eta_{hs} = 1$。排汽的凝结水全部返回，焓值 $h_{hs} = 334.9\text{kJ/kg}$，假定给水焓 $h_{fw} = h_{hs}$，且不考虑自用汽量，试求：

（1）该热电厂的标准煤耗量。

（2）采用热量法计算发电方面和供热方面的热经济性指标。

（3）燃料利用系数。

（4）热化发电率。

6-2　若习题 6-1 中的回水率只有 $60\%$，而补充水温度为 $20℃$，且给水焓为回水和补充水的混合焓，试求热电厂供热的热耗量及全厂煤耗量。

6-3　某热电厂装有一次调节抽汽式汽轮机，供暖期平均负荷下有关数据为：主蒸汽焓 $h_0 = 3475\text{kJ/kg}$，供热蒸汽焓 $h_h = 2620.5\text{kJ/kg}$，给水焓 $h_{fw} = 334.94\text{kJ/kg}$，排汽焓 $h_c = 2391.5\text{kJ/kg}$，排汽凝结水焓 $h_c' = 97.3\text{kJ/kg}$。机组全年运行小时数 $\tau_u^a = 6000\text{h}$，供暖小时数 $\tau_u = 4000\text{h}$。非供暖期汽轮机凝汽运行时电功率 $P_e' = 50\text{MW}$，发电标准煤耗率 $b^s = 0.413\text{kg/(kW·h)}$。抽汽供热量为 $314\text{GJ/h}$，是汽轮机热耗量的 $48\%$。该机组的锅炉效率和管道效率的乘积 $\eta_b\eta_p = 0.88$，机电效率 $\eta_m\eta_g = 0.96$，热网效率 $\eta_{hs} = 1$，不计回热。电网中代替凝汽式电厂的标准发电煤耗率 $b_{dt}^s = 0.33\text{kg/(kW·h)}$，分产锅炉房效率 $\eta_b' = 0.88$。试求：

（1）热电厂的总热效率及供热机组的热化发电率。

（2）全年节约的标准煤量。

（3）热化发电比。

（4）发电节煤的临界热化发电比。

（5）若供暖小时数 $\tau_u = 2000\text{h}$ 还能节煤吗？若不能节煤，全年多耗多少标准煤？

# 第七章 火力发电厂全面性热力系统

## 本 章 提 要

本章通过介绍发电厂全面性热力系统的概念以及拟定全面性热力系统时必须符合和满足的基本要求，介绍常用的主蒸汽系统、再热蒸汽系统、旁路系统的形式、作用及其设计和运行中的一些问题，以及给水管道系统的形式及其应用、给水泵拖动方式的比较，给水泵汽轮机的形式及其连接方式。重点介绍回热系统全面性热力系统及其运行特点，简介全厂公用汽水系统，最后举例介绍国内大型火电机组的发电厂全面性热力系统。

## 第一节 概 述

### 一、发电厂全面性热力系统的概念

以规定的符号表明发电厂全厂性的所有热力设备及其汽水管道和附件连接的总系统图称为发电厂全面性热力系统。其任务是要明确地反映发电厂在各种工况下以及事故和检修时的运行方式。它与原则性热力系统的区别在于：原则性热力系统只涉及发电厂的能量转换及其热量利用过程，而全面性热力系统则反映怎样实现发电厂的能量转换，其特点是按设备的实际数量（包括运行和备用的全部主辅热力设备）及其系统来表明一切必需的连接管道及其附件。通过全面性热力系统可以了解到发电厂全厂热力设备的配置情况，在各种运行工况时的切换方式中，既要考虑热力系统中设备或管道及其附件的顺序连接，也需要考虑同类设备或管道及其附件的平行连接。

根据发电厂全面性热力系统图，可以汇总主辅热力设备、各类管道（不同管材、不同公称压力、管径和壁厚）及其附件的数量和规格，供订货用，并据此进行主厂房布置和各类管道的施工设计，是发电厂设计、施工和运行工作中非常重要的一项技术工作。总体而言，在设计中全面性热力系统拟定质量的高与低，将会影响投资和钢材的耗量；在施工中会影响施工的工作量和施工周期；在运行中会影响热力系统运行调度的灵活性、可靠性和热经济性，会影响到各种运行方式的切换及备用投入的可能性。这些影响的程度不尽相同，有的甚至是决定性的。为使发电厂全面性热力系统图更加清晰明了，对属于设备本身组成部分的管道（如锅炉本体的汽水管道、汽轮机本体的疏水系统和驱动给水泵汽轮机的疏水系统等）和一些次要的管道系统（如工业水系统等），一般不在全面性热力系统图中表示，或予以适当简化（如锅炉定期排污系统、辅助热力设备的空气抽出管道系统等），而另行绘制这些局部系统的全面性热力系统。

构成全面性热力系统的所有主辅设备和局部系统，都是为了完成电厂的发电任务的，其中任何设备或系统发生故障，将会在不同程度上影响整个电厂的运行或经济性，甚至可能中断生产。因此，在拟定全面性热力系统时必须符合和满足下列要求：①保证电厂安全可靠运行；②保证电厂运行调度的灵活性，能适应各种工况的不同运行方式；③各种系统及其管道的布置应简明；④建造费用和运行费用符合经济要求；⑤便于施工、维护和扩建。

## 二、发电厂全面性热力系统的组成

发电厂全面性热力系统一般由下列各局部系统组成：主蒸汽和再热蒸汽系统（一、二次再热蒸汽系统）、旁路系统、机组回热系统（包括除氧和给水系统、回热抽汽系统、凝结水系统、补充水系统、加热器疏水与抽空气系统等）、供热系统、厂内循环水系统和锅炉启动系统等。需要指出的是，目前我国大中型火力发电机组已经全部采用了 DCS 控制，在 DCS 的 CRT 界面上显示的正是这些局部系统的全面性热力系统，并据此进行在线监视、操作乃至实时诊断。

# 第二节 主蒸汽及再热蒸汽系统

从锅炉过热器出口输送到汽轮机进口的主蒸汽管道、阀门及疏水装置以及通往其他用汽处的各主蒸汽支管统称为主蒸汽系统。对中间再热机组，还包括再热蒸汽管道系统。再热蒸汽系统是指从汽轮机高压缸排汽经锅炉再热器至汽轮机中压联合汽阀的全部管道、分支管道以及相应的阀门等构成的管道系统。通常，又将汽轮机高压缸排汽到锅炉再热器入口联箱的再热蒸汽管道及其分支管道称为再热冷段蒸汽系统；锅炉再热器出口联箱到汽轮机中压联合汽阀的再热蒸汽管道及其分支管道称为再热热段蒸汽系统。

火力发电厂的主蒸汽和再热蒸汽管道具有输送的工质流量大、参数高、管道长且对管道的金属材料质量要求很高的特点，它对发电厂运行的安全可靠性和经济性影响很大。所以对主蒸汽和再热蒸汽管道系统的基本要求是系统力求简单，安全、可靠性高，运行调度灵活，投资少，运行费用低，便于维修、安装和扩建。GB 50660—2011 中规定，大中型火电机组的主蒸汽系统应采用单元制，主蒸汽与再热蒸汽等管道的管径及管路根数，应经优化计算确定。具体计算方法详见 DL/T 5366—2014 和 DL/T 5054—2016。

## 一、系统功能

主蒸汽系统的主要功能是：将高压高温的蒸汽从锅炉过热器出口输送到汽轮机高压缸主汽门，同时它还可以作为汽轮机的轴封用汽和驱动给水泵汽轮机提供高压蒸汽汽源。

再热蒸汽系统的主要功能是：从汽轮机高压缸排汽口将高压缸排汽输送到锅炉再热器入口、从再热器出口将热再热蒸汽输送到中压缸入口的再热联合汽门；同时它还可以为高压加热器提供加热蒸汽，为辅助蒸汽系统提供蒸汽。

## 二、主蒸汽系统的类型与选择

火力发电厂常用的主蒸汽系统有集中母管制系统（单母管制系统）、切换母管制系统、单元制系统。

### 1. 集中母管制系统（单母管制系统）

集中母管制系统如图 7-1（a）所示，其特点是发电厂所有锅炉产生的蒸汽先引至一根蒸汽母管集中后，再由该母管引至汽轮机和其他各用汽处。单母管上用两个及以上串联的分段阀将母管分成两个以上区段，它起着减少事故范围的作用，同时也便于分段阀和母管本身检修而不影响其他部分正常运行，提高了系统运行的可靠性。正常运行时，分段阀处于开启状态，单母管处于运行状态。

该系统的优点是比切换母管制简单，布置方便。缺点是运行调度还不够灵活，缺乏机动性，当任一锅炉或与母管相连的任一阀门发生事故，或单母管分段检修时，与该母管相连的设备都要停止运行。因此，这种系统通常用于全厂锅炉和汽轮机的运行参数相同、台数不匹配，而热负荷又必须确保可靠供应的热电厂以及单机容量为 6MW 以下的电厂，目前大型机组上已不再采用。

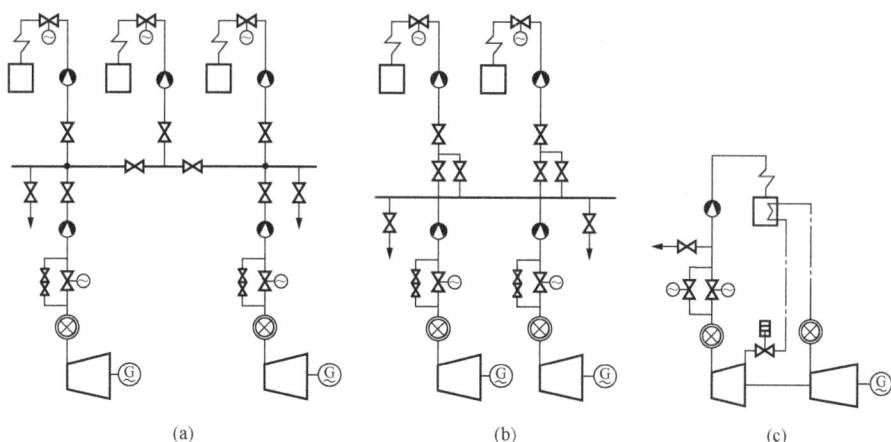

图 7-1　火电厂主蒸汽系统
(a) 集中母管制系统；(b) 切换母管制系统；(c) 单元制系统

### 2. 切换母管制系统

切换母管制系统如图 7-1 (b) 所示，其特点是每台锅炉与其相对应的汽轮机组成一个单元，正常运行时机炉成单元运行，各单元之间装有母管，每一单元与母管相连处装有三个切换阀门。其作用是某单元锅炉发生事故或检修时，可通过这三个切换阀门由母管引来邻炉蒸汽，使该单元的汽轮机继续运行，也不影响从母管引出的其他用汽设备。为了便于母管检修或电厂扩建不致影响原有机组的正常运行，机炉台数较多时，也可以考虑用两个串联的关断阀将母管分段。母管管径一般是按通过一台锅炉的蒸发量来确定，通常处于热备用状态。

该系统的优点是可充分利用锅炉的富余容量，切换运行，既有较高的运行灵活性，又有足够的运行可靠性，同时还可以实现较优的经济运行。不足之处在于系统较复杂，阀门多，发生事故的可能性较大；管道长，金属耗量大，投资高。所以，该系统适宜于装有高压供热机组的热电厂和中小型发电厂。

### 3. 单元制系统

单元制系统如图 7-1 (c) 所示，其特点是每台锅炉与其相对应的汽轮机组成一个独立单元，各单元之间无母管横向联系，单元内各用汽设备的新蒸汽支管均引自机炉之间的主蒸汽管道。

单元制系统的优点是系统简单、管路短、阀门少（引进型 300MW、600MW 机组有的已经取消了主汽门前的电动隔离阀），故可节约大量高级耐热合金钢；事故仅限于本单元内，全厂安全可靠性较高；控制系统按单元设计制造，运行操作少，易于实现集中控制；工质压力损失少，散热小，热经济性较高；维护工作量少，费用低；无母管，便于布置，主厂房土建费用少。缺点是单元之间不能切换，单元内任一与主汽管道相连的主要设备或附件发生故障，都将导致整个单元系统停止运行，缺乏灵活调度和负荷经济分配的条件；负荷变动时对锅炉燃烧的调整要求高；机炉必须同时检修，互相制约。

现代高参数、大容量机组的主、再蒸汽管道必须采用昂贵的合金钢管道，这样单元制系统的优点就显得极为重要。特别是对中间再热机组，当再热蒸汽的参数不一致时，就无法并列运行。所以，当今高参数、大容量的中间再热式机组的主、再蒸汽管道系统一般都采用单元制系统。

### 三、主蒸汽与再热蒸汽系统的优化设计

高质量的发电厂蒸汽管道系统的工艺设计，是保证发电厂安全与经济运行的前提与基础。管道设计的基本要求是：在有限的面积和空间中，以最少的材料费用，将管道布置得完全满足系统的运行要求，做到选材正确、流阻较小、走向清晰、补偿良好、支吊合理、安装维修方便，并应避免水击和振动，降低噪声等。

1. 高、中压主汽阀和高压缸排汽止回阀

高参数大容量的再热机组，其蒸汽参数高（如超临界机组的压力通常都在 24MPa 以上，温度普遍高于 566℃），流量大（如 300MW 级别的燃煤火电机组约为 1000t/h，600MW 级机组约为 2000t/h，1000MW 级机组约为 3000t/h）。汽轮机高压自动主汽阀一般配置两个，也有配置四个的情况（如北仑电厂 2 号 600MW 机组、邹县电厂 1000MW 机组），高压调速汽阀一般都配置四个。再热后蒸汽的压力虽然不高（在 4～6MPa），但蒸汽温度与主蒸汽温度相同或略高，蒸汽的容积流量很大，故一般也配置两个或四个由中压自动主汽阀和相应的调速汽阀合并为一体的中压联合汽阀。

高、中压主汽阀均依靠汽轮机调速系统的高压油来控制其自动关闭，当汽轮机甩负荷时，在高压油的作用下，它们可以在 0.1～0.3s 内关闭。在主蒸汽管道上通常设置一个电动隔离阀作为严密关断蒸汽用，当汽轮机自动主汽阀具有可靠的严密性时，可取消此阀。再热机组的高压缸排汽管道上通常设置有止回阀，以防止机组甩负荷时，蒸汽倒流入汽轮机。

当汽轮机甩负荷时，在瞬间自动关闭高、中压自动主汽阀的同时，高压缸排汽止回阀以及各级抽汽管道上的自动止回阀也在气动或液动机构的作用下迅速连锁关闭，以免各级抽汽管道中的存汽倒流入汽轮机引起超速。

2. 主蒸汽与再热蒸汽系统的混温措施

汽轮机的高、中压缸均采用双侧进汽方式。目前，大型火力发电厂普遍采用单元制的主蒸汽和再热蒸汽系统，其管道连接方式主要有单管和双管两种。随着机组容量的增大，锅炉炉膛宽度也相应加大，进而增加了炉内烟气流场和温度场的分布不均程度，导致双管式主蒸汽和再热蒸汽管道系统的两侧蒸汽温度偏差增大。因此，应该对其采取相应的混温措施，以减小进入汽轮机高、中压缸的蒸汽温度偏差。

双管式主蒸汽系统是指主蒸汽从锅炉过热器出口联箱两端引出两根对称的管道，分左右两侧进入汽轮机的自动主汽阀。双管式再热蒸汽系统是指再热冷段和再热热段的蒸汽均通过两根管道在锅炉和汽轮机之间输送，其再热冷段（高压缸排汽）分两侧进入再热器，再热热段分两侧进入汽轮机的中压联合汽阀。双管系统的优点是可避免采用厚壁大直径的主、再热蒸汽管道，管道压损较小，若流量相同，双管的总重与单管相近；与单管系统相比，因总的支吊重量不太集中，便于管道布置，应力分析中有较大的柔性。其缺点是左右两侧管道中的主、再热蒸汽温度存在一定的温度偏差，若两侧蒸汽温度偏差过大，将使汽缸等高温部件因

受热不均而导致变形。目前，有的国产再热机组的主蒸汽温度偏差达 30～50℃，再热蒸汽温度偏差则更大，因此在管道设计时应采取有效的混温措施。

单管系统是指采用一根管道从锅炉引出蒸汽，并输送至汽轮机附近，然后再根据汽轮机的进汽方式采用相应的管道连接方式。单管系统的缺点是管径大，每米管长的重量也大，载荷集中，应力分析中柔性较小，支吊比较困难。如某 600MW 单元制机组的主、再热蒸汽管道采用单管系统时，主蒸汽和再热冷段蒸汽管道规范分别为 $\phi 659 \times 109.3$mm 和 $\phi 1117.6 \times 27.8$mm；当采用双管系统时，两根主蒸汽管道规范变为 $\phi 615.57 \times 92.57$mm，再热冷段蒸汽管道变为 $\phi 762 \times 15.8$mm。其优点是单管混温有利于满足汽轮机两侧进口蒸汽温差的要求，减小汽缸的温差应力、轴封摩擦，并有利于减小压降，以及由于管道布置阻力不同产生的压力偏差。采用单管系统时，主、再热蒸汽管道系统应采用 Y 型三通或 45°斜接三通进行连接。

国际电工协会规定，最大允许持久性蒸汽温度偏差为 15℃，最大允许瞬时性蒸汽温度偏差为 42℃。意大利的安莎多公司和日本的日立公司规定：正常运行时主蒸汽温度应无偏差，暂态工况应小于或等于 2℃。

实际应用多为混合系统，即单管、双管等兼而有之。常见的再热机组单元制主、再热蒸汽管道系统有双管系统、单管-双管系统、双管-单管-双管系统、单管-四管系统、双管-四管系统等，各系统的构成方式及其混温措施如下所述。

（1）双管系统。如图 7-2（a）所示为国产 200MW 机组主、再热蒸汽均采用双管系统的流程示意图。其中主蒸汽管道上装有主蒸汽流量测量喷嘴和电动隔离阀，在左右两侧电动隔离阀后、自动主汽阀前，设置一根 $\phi 133 \times 17$mm 的中间联络管道，以减小汽轮机两侧进汽的压差和温差。四个调速汽阀之后各有一根导汽管至高压缸第一级的喷嘴组。高压缸排汽管道上各装有一个液动止回阀。两根热再热管道上无任何阀门，中压联合汽阀通过四根导汽管引至中压缸。

（2）单管-双管系统。单管—双管系统简称为 1-2 布置方式，图 7-2（b）给出了 N300-16.7/538/538 型机组主、再热蒸汽均采用单管-双管系统的流程示意图。其主、再热蒸汽在进入高、中压主汽阀前由单管分叉为双管，高、中压主汽阀后各设有导汽管分别引至高、中压缸。主、再热蒸汽管道上无关断阀或止回阀，它的中压联合汽阀是由一个滤网、一个中压主汽阀和一个中压调节阀组成的组合式阀门。采用这种方式的主、再热蒸汽系统，不需要混温。

（3）主蒸汽为双管-单管-双管系统、再热蒸汽为双管系统。双管-单管-双管系统简称为 2-1-2 布置方式，其特征为：采用两根管道从锅炉引出蒸汽，合并为一根管道混温后输送至汽轮机附近时再分为两根管道连接。

图 7-2（c）给出了某电厂 320MW 机组主蒸汽采用 2-1-2 布置方式、再热蒸汽采用双管系统的流程示意图。其锅炉过热器出口联箱两侧各引出一根主蒸汽管道，经锻钢 Y 型三通阀汇集为单管，在汽轮机高压缸主汽阀前，单管再分为双管与两侧高压主汽阀相连。主蒸汽单管长度为管径的 20 倍，以充分混合减小温度偏差，并在单管上装设有锅炉主汽阀和流量测量喷嘴。除锅炉主汽阀外，新汽和冷、热再热蒸汽管道上均无其他阀门。

（4）主蒸汽为双管系统、再热蒸汽为双管-单管-双管系统。图 7-2（d）给出了某电厂 300MW 机组主蒸汽为双管系统、再热蒸汽采用 2-1-2 布置方式的流程示意图。两侧主、再热蒸汽进入高、中压缸前均设置有 $\phi250\times25$mm 的中间联络管道。再热热段蒸汽管道的单管长度为其管径的 13 倍。除两侧主蒸汽管道上装有流量测量喷嘴、高压缸两侧排汽管道上装有气动止回阀外，主、再热蒸汽管道上均无其他阀门。

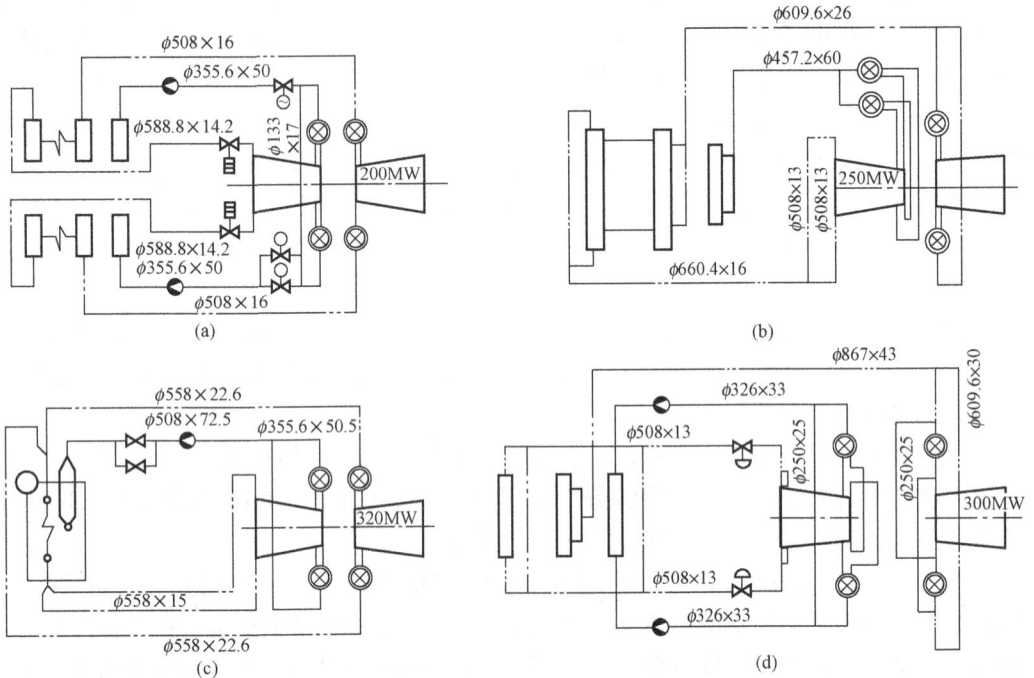

图 7-2　再热机组主、再热蒸汽的混温方式
(a) 双管系统；(b) 单管-双管系统；(c) 主蒸汽为双管-单管-双管系统、再热蒸汽为双管系统；
(d) 主蒸汽为双管系统、再热蒸汽为双管-单管-双管系统

(5) 主蒸汽为单管-四管系统、再热冷段为双管-单管-双管系统、再热热段为双管-单管-四管系统。单管-四管系统简称为 1-4 布置方式，双管-单管-四管系统简称为 2-1-4 布置方式。图 7-3 给出了某电厂 600MW 机组主蒸汽、再热蒸汽及其旁路系统的流程示意图。

该机组主蒸汽系统采用 1-4 布置方式，即锅炉过热器出口联箱通过一根 $\phi659\times107.3$mm 的主蒸汽管道将蒸汽引入汽轮机房，然后分成四根 $\phi392.2\times65.9$mm 的主蒸汽管道分别与汽轮机的四个主汽阀相连接。再热冷段蒸汽系统采用 2-1-2 布置方式，即高压缸通过两根 $\phi812.8\times21.4$mm 的排汽管道，在排汽止回阀后合并为一根 $\phi1117.6\times27.8$mm 的再热冷段蒸汽管道，达到锅炉之后又分成两根 $\phi812.8\times21.4$mm 的蒸汽管道进入锅炉再热器。再热热段蒸汽系统采用 2-1-4 布置方式，即从锅炉再热器出口联箱来的蒸汽，先经过两根 $\phi812.8\times21.4$mm 的热再热蒸汽管道，后合并成一根 $\phi1016\times52.37$mm 的热再热蒸汽管道，进入汽轮机房后，又分成四根 $\phi609.6\times33.02$mm 的蒸汽管道，分别与汽轮机中压缸的四个主汽阀相连接。

(6) 主蒸汽为双管-四管系统、再热冷段为双管-单管-双管系统、再热热段为双管系统。双管-四管系统简称为 2-4 布置方式。图 7-4 给出了某电厂 N1000-25/600/600 型机组的主蒸汽和再热蒸汽系统的流程示意图。该机组的主蒸汽系统采用 2-4 布置方式，即从锅炉过热器出口联箱两侧各有一根主蒸汽管道将蒸汽引至汽轮机主汽阀前，再各分成两根管道分别于汽

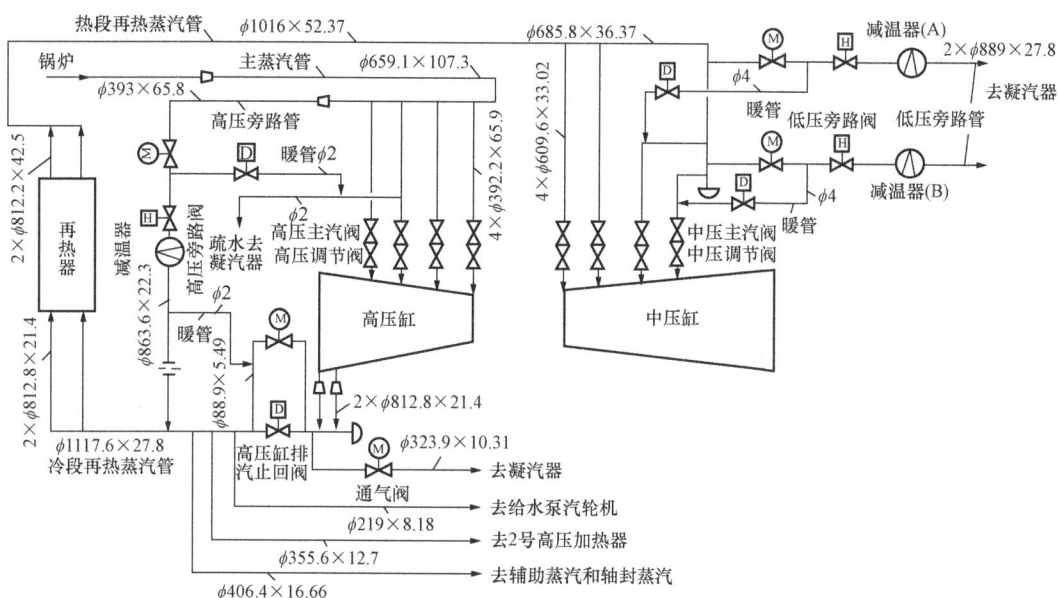

图 7-3　电厂 600MW 机组主蒸汽、再热蒸汽及其旁路系统的流程示意图
M—电动阀；H—液动阀；D—气动阀

轮机的四个主汽阀相连接。主蒸汽管道上有弹簧式安全阀和电磁式安全阀。再热冷段蒸汽系统采用 2-1-2 布置方式，即高压缸排汽经两根排汽管排出后，汇集成一根管道引至锅炉再热器前，再分成两根管道进入再热器联箱。因该机组采用一级大旁路系统，故高压缸排汽管道上不设置止回阀。再热热段蒸汽系统采用 2-2 布置方式，即从锅炉再热器出口联箱两侧各引出一根再热热段蒸汽管道与两个中压联合汽阀相连接。该机组的主蒸汽管道和再热热段蒸汽管道均设置有中间联络管，用以减小主蒸汽和再热热段蒸汽的温度和压力偏差。

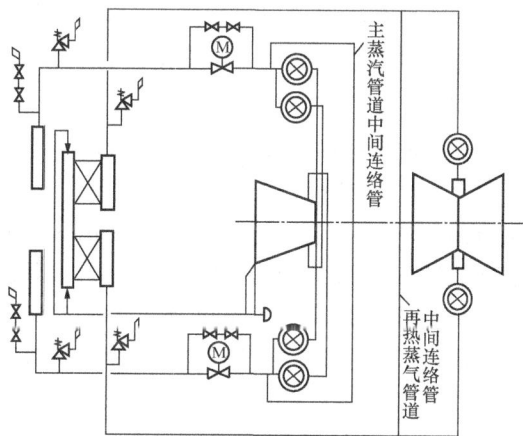

图 7-4　N1000-25/600/600 机组的主蒸汽和再热蒸汽系统

3. 主蒸汽与再热蒸汽压损及管径优化

降低主蒸汽和再热蒸汽的压损，可提高机组的运行热经济性，节约燃料。但需要注意的是，主蒸汽和冷、热再热蒸汽的管道压损对机组经济性的影响程度是不同的。根据对某国产 300MW 再热机组的计算，主蒸汽压力低于额定值 0.1MPa 时，汽轮机功率减少约 160kW，而再热热段蒸汽压力低于中压缸设计进汽压力 0.05MPa 时，汽轮机功率减少约 900kW，两者相差十余倍。

蒸汽压损与管径、管道附件等密切关联，管径的优化计算包括管子壁厚计算、压降计算和费用计算三部分。总费用等于材料费用与运行费用之和，以总费用最小的管径为最经济管径。实际管径还要考虑系统的允许压力降、管系应力状况和管道供货等情况的影响。对于再热蒸汽管道，除考虑以上因素外，还要注意到冷、热再热蒸汽管道之间的压降分配比例。再热热段蒸汽管道为合金钢管，再热冷段蒸汽管道通常为碳钢管，因此再热热段蒸汽管道的压降大于再热冷段蒸汽管道的压降较为合理。

对于亚临界参数汽包锅炉和直流锅炉，美国 Ebasco 公司规定，从锅炉到汽轮机之间的主蒸汽管道的允许压降为汽轮机设计进汽压力的 4%～5%；该公司对我国平圩电厂 600MW 机组的计算表明，主蒸汽管道的单位阻力损失费用为 5866 美元/（磅/英寸²），而再热蒸汽管道的单位阻力损失费用为 234096 美元/（磅/英寸²），两者相差近 40 倍，可见再热系统的压降对机组的经济性影响很大。再热系统的总压降一般都不应该超过高压缸排汽压力的 9%～10%，其中锅炉再热器的压降和再热管道的压降各占 50%，而再热冷段蒸汽管道的压降约占再热管道总压降的 30% 较为经济。具体选择时，还与再热冷段蒸汽管道采用的材料有关。如石洞口二电厂的再热冷段蒸汽管道采用低合金钢时，其压降占再热管道总压降的 38%，再热热段蒸汽管道占 62%。若再热冷段蒸汽管道采用碳钢时，其压降占再热管道总压降的 35%，再热热段蒸汽管道占 65%。

另外，尽可能地减小管路中的局部阻力损失也是降低管道压损的有效措施之一，如汽轮机自动主汽阀的严密性能够保证时，可取消主蒸汽管道上的电动隔离阀，如图 7-2（b）、图 7-2（c）、图 7-2（d）和图 7-3 所示系统；主蒸汽流量的测量由孔板改为喷嘴，甚至不设置流量测量节流元件，汽轮机进汽流量由高压缸调节级后的蒸汽压力折算得到，如图 7-2（b）所示系统。计算机组热经济性指标时，需用给水流量或凝结水流量来校核主蒸汽流量。此外，在再热冷段蒸汽管道上取消止回阀也可以减少压损，如图 7-2（b）、图 7-2（c）和图 7-4 所示系统。

**四、主蒸汽与再热蒸汽的全面性热力系统举例**

图 7-5 所示为某电厂 1000MW 机组的主蒸汽、再热蒸汽系统的全面性热力系统图。汽轮机为 N1000－26.25/600/600 型超超临界、一次中间再热、单轴、四缸四排汽、双背压、八级回热抽汽、反动凝汽式汽轮机，其通流部分由一个高压缸、一个双流中压缸和两个双流低压缸组成。汽轮机进汽采用节流调节，高压缸进口设置有两个高压主汽阀和两个高压调节汽阀，高压缸排汽经过再热器再热后，通过中压缸进口的两个中压主汽阀和两个中压调节汽阀进入中压缸，中压缸排汽通过连通管进入两个低压缸继续做功后分别排入两个凝汽器。

主蒸汽及再热热段、冷段蒸汽系统采用单元制系统。其中，主蒸汽和再热热段均采用双管系统，即主蒸汽管道和再热热段蒸汽管道分别从过热器和再热器的出口联箱的两侧引出，平行接到汽轮机前，分别接入高压缸和中压缸左右两侧的高压主汽阀和中压主汽阀，在汽轮机入口前设压力平衡连通管。再热冷段采用 2-1-2 布置方式，即再热冷段蒸汽管道从高压缸的两个排汽口引出，再汇集成一根总管，到锅炉前再分成两根支管分别接入再热器入口联箱。这样既可以减小由于锅炉两侧热偏差和管道布置差异所引起的蒸汽温度和压力的偏差，有利于机组的安全运行，同时还可以选择合适的管道规格，节省管道投资。过热器出口及再热器的进、出口管道上设置有水压试验隔离装置，锅炉侧管系可做隔离水压试验。为了减小蒸汽的流动阻力损失，在主汽阀前的主蒸汽管道上不设置任何截止阀门，也不设置主蒸汽流量测量装置，主蒸汽流量通过在锅炉一级过热器和二级过热器之间的流量测量装置来测量。

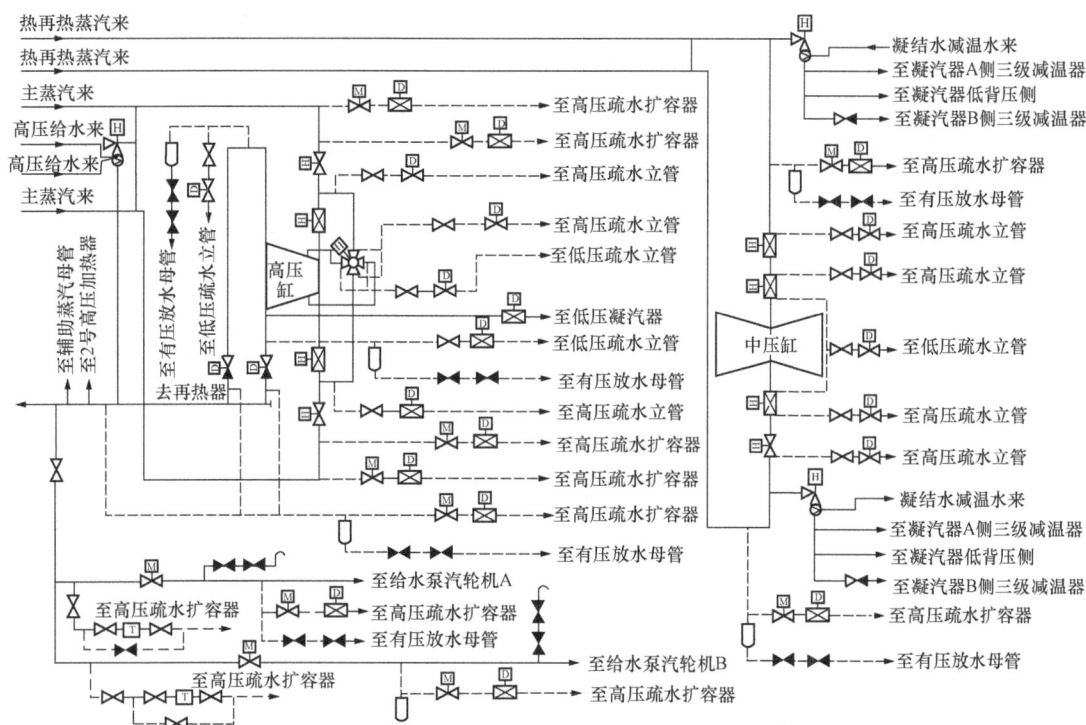

图 7-5　N1000-26.25/600/600 型机组主蒸汽/再热蒸汽系统的全面性热力系统图

# 第三节　旁　路　系　统

GB 50660—2011 规定，汽轮机旁路系统的设置及其功能、形式和容量应根据汽轮机、锅炉的特性和电网对机组运行方式的要求，并结合机组启动参数匹配后确定。

## 一、旁路系统的类型及其工作原理

1. 旁路系统的概念

旁路系统是指锅炉产生的蒸汽在某些特定情况下，绕过汽轮机，经过与汽轮机并联的减温减压装置，将减温降压后的蒸汽送入再热器或低参数的蒸汽管道或直接排至凝汽器的连接系统，以期完成特定的任务。

2. 旁路系统的类型

旁路系统一般由减温减压装置、控制及执行机构、管道、阀门及其附件等组成，通常可以分为如图 7-6 所示的三种类型。

（1）高压旁路：新蒸汽绕过汽轮机高压缸，经减温减压装置后进入再热冷段蒸汽管道的旁路系统称为高压旁路，又称为Ⅰ级旁路。

（2）低压旁路：再热后的蒸汽绕过汽轮机的中、低压缸，经减温减压装置后直接引入凝汽器的旁路系统称为低压旁路，又称为Ⅱ级旁路。

（3）大旁路：新蒸汽绕过整个汽轮机，经减温减压装置后直接引入凝汽器的旁路系统称为大旁路，又称为整机旁路或Ⅲ级旁路。

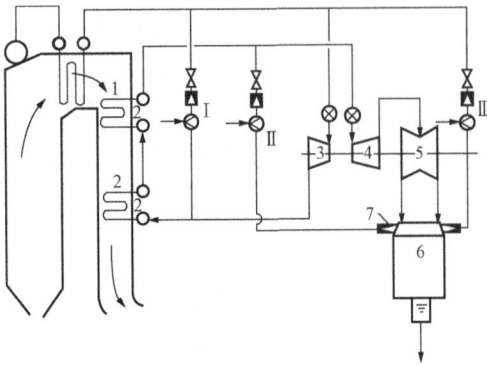

图 7-6　再热机组的三级旁路系统

Ⅰ—高压旁路；Ⅱ—低压旁路；Ⅲ—整机旁路；
1—高温再热器；2—低温再热器；3—高压缸；4—中压缸；
5—低压缸；6—凝汽器；7—扩容式减温减压器

由上述基本形式，可以组合成不同的旁路系统。

3. 旁路系统的工作原理

减温减压装置是旁路系统的重要组成部件，蒸汽在旁路系统中的减温减压原理可以理解为两个独立的过程：即等焓节流减压过程和喷水减温过程。在实际机组上，这两个过程可以同时进行，在节流减压过程中同时也喷入减温水减温，也可以先后分别进行，即先减压后减温，或先减压后减温再减压。这两个过程可以用如图 7-7 所示的两级串联旁路系统中的蒸汽热力过程来说明。图 7-7 中，曲线 1-3-4-8 表示机组正常运行时的蒸汽热力过程。主蒸汽在汽轮机高压缸中膨胀做功，热力工况从 1 变化到 3，然后在锅炉再热器中再从 3 加热到 4，在中、低压缸中蒸汽又从 4 膨胀做功到 8。曲线 1-2-3-4-5-6-7-8 表示蒸汽在旁路系统的热力过程。在高压旁路中，蒸汽经过减压阀时进行等焓节流，压力从 1 降到 2；然后喷入减温水降温，温度从 2 降到 3；在中、低压旁路中，再热器来的蒸汽又在减压阀中进行等焓节流，其压力从 4 降到 5；然后在减温器中喷水降温，汽温从 5 降到 6；经过旁路系统的蒸汽引入凝汽器喉部，其中对蒸汽节流扩容，压力从 6 下降到 7，接着喷入凝结水，使其温度从 7 降到 8。

高压旁路系统中，减压和减温常在同一阀体内进行，因此等焓节流减压过程和喷水减温过程是在同一阀体内进行。

低压旁路系统中，减压和减温一般不在同一阀体内进行，而是采用先减压、后减温。

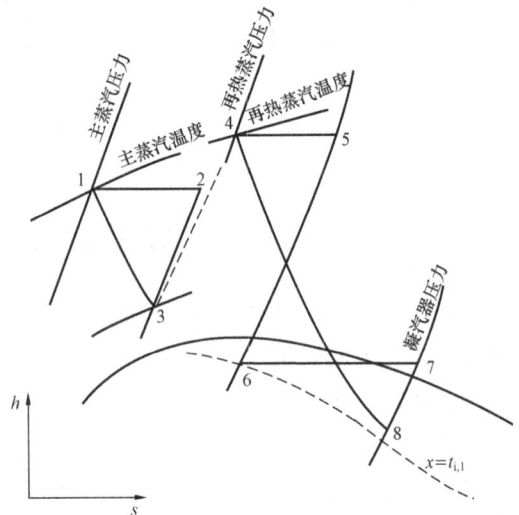

图 7-7　蒸汽在旁路系统中的热力过程

减压调节阀前需设置快速关闭阀，或本身具有快关功能，当凝汽器发生故障时，可以迅速切断旁路蒸汽的进入。减压阀后设有独立的减温器，用凝结水或给水泵中间级抽水进行喷水减温；某些设计中减压阀后不设独立的减温器，而是将其移至凝汽器喉部，与该处原有的喷水减温设备合并，组成专用的内置式冷却器，一次完成减温任务。

设有独立减温器的系统中，蒸汽进入凝汽器前一般减压到 0.5～0.8MPa，温度降到接近该压力下的饱和温度，进入凝汽器喉部后再进行一次减压减温。

**二、旁路系统的作用**

旁路系统最基本的功能在于协调锅炉产汽量和汽轮机耗汽量之间的不平衡，提高机组的运行安全性和适应性。具体来说，其主要作用有调节工况、安全保护、回收汽水工质和热量。

### 1. 调节工况

旁路系统在下列工况中用来调节锅炉和汽轮机之间的工况：①在机组冷、热态启动和停运时，锅炉产生的蒸汽量与汽轮机的要求不相一致时，由旁路系统来进行调节，以使其相匹配；②在机组冷、热态启动初期，锅炉产生的蒸汽尚未达到汽轮机的冲转要求时，这部分蒸汽可由旁路系统排出；③电网短期故障时，要求汽轮机空转或带厂用电运行，由于锅炉受到最低稳燃负荷等的限制，其多余的蒸汽通过旁路系统排出。

### 2. 安全保护

旁路系统在下列工况中对机组起到保护作用：①在锅炉点火至汽轮机冲转前和停机不停炉工况下，通过高压旁路向再热器供汽，以冷却再热器；②机组甩负荷时，锅炉反映延迟，通过旁路向再热器通汽，防止再热器超温，锅炉紧急停炉时，通过旁路系统排出剩余蒸汽，防止锅炉超压和安全阀动作；③设有100％容量旁路系统的机组，在锅炉超压和机组甩负荷时，旁路系统起到安全阀的作用；④机组滑压运行时，旁路系统可配合汽轮机实行压力跟踪。

### 3. 回收汽水工质和热量

在机组启动、停运、事故甩负荷、停机不停炉等工况中，工质可以通过旁路系统排入凝汽器，不必向空排汽，从而回收工质及其热量，减少汽水损失。

上述三大功能在调峰机组上的作用更为明显。我国大型中间再热机组都将承担调峰任务，启停变工况运行频繁。汽轮机每启动一次，或升降负荷一次所消耗寿命的百分数称为寿命损耗率，一般冷态启动一次的寿命损耗率约为0.1％，而热态启动约为0.01％，两者相差10倍左右。金属温度的变化幅度和金属温升率越小，其寿命损耗率就越小。采用旁路系统，通过旁路系统的调节作用，可满足机组启停时对蒸汽温度的要求，严格控制汽轮机的金属温升率，可减少汽轮机寿命损耗，延长其寿命。

综上可见，旁路系统是单元制再热机组启停或事故工况时的一种重要协调和保护手段，虽然加装旁路系统使投资增加，但是它以协调启动参数和流量，缩短启动时间，延长机组寿命；保护锅炉再热器；回收工质和热量，降低噪声；防止锅炉超压，兼有锅炉安全阀的作用；锅炉能维持热备用状态，机组能适应调峰运行；可防止杂质及固体颗粒物对汽轮机的侵蚀等方式而得以补偿。

### 三、常见的旁路系统形式

不同类型的机组、不同的运行方式，要求有不同形式的旁路系统。因此，在选用旁路系统时，应根据机组种类、要求的运行方式等因素，从系统的灵活性、机构的可靠性、操作的简便性和设备的经济性综合来考虑。常见的旁路系统都是由前述三种旁路类型中的一种或几种组合而成，国内采用的旁路系统主要有三级旁路系统、两级旁路串联系统、两级旁路并联系统。

### 1. 三级旁路系统

三级旁路系统的流程示意图如图7-6所示，它包括整机旁路和高、低压两级旁路串联系统。当汽轮机负荷低于锅炉最低稳燃所对应的负荷时，通过整机大旁路，使锅炉维持在最低稳燃负荷，多余的蒸汽排至凝汽器。高、低压两级旁路串联，可满足汽轮机启动过程中不同阶段对蒸汽参数和流量的要求，保证了再热器的最低冷却流量。三级旁路系统的功能齐备，但其不足之处在于系统复杂、设备及附件多、金属耗量大、投资高、布置困难、运行操作不便。该系统在初期国产 200MW 机组上应用过，现在很少采用。

2. 两级旁路串联系统

图 7-8（a）所示为高、低压两级旁路串联系统示意图。通过两级旁路串联系统的协调，能满足启动时的各项要求。例如，各种工况下，通过高压旁路能保护再热器；机组冷、热态启动时，可加热主蒸汽和再热蒸汽管道；调节再热蒸汽温度以适应中压缸的温度要求；可调节中压缸的进汽流量和参数，以适应高、中压缸同时冲转或中压缸冲转的启动方式等。该系统既适用于基本负荷机组，也适用于调峰机组，故该系统在我国在役中间再热机组上得到了广泛应用。图 7-3 所示的某电厂 600MW 机组的旁路系统采用的就是高、低压两级旁路串联系统。采用三用阀（即具有启动调节阀、锅炉安全阀和减温减压旁路阀三种功能于一体）的两级旁路串联系统也属于该型系统，如图 7-8（d）所示。德国 SIEMENS 两级旁路装置，其实质也是高、低压两级旁路串联系统。

3. 两级旁路并联系统

图 7-8（b）所示为由高压旁路和整机旁路组成的两级旁路并联系统示意图。高压旁路起着保护再热器的作用，同时也作为机组启动时暖管以及机组热态启动时用以迅速提高再热汽温使之接近中压缸温度，由于没有低压旁路，此时再热热段蒸汽管道上的对空排汽阀要打开。整机旁路则将启停、甩负荷及事故等工况下的多余蒸汽排入凝汽器，锅炉超压时，可减少安全阀的动作甚至不动作。早期国产机组上采用这种旁路系统，如第一台国产 300MW 机

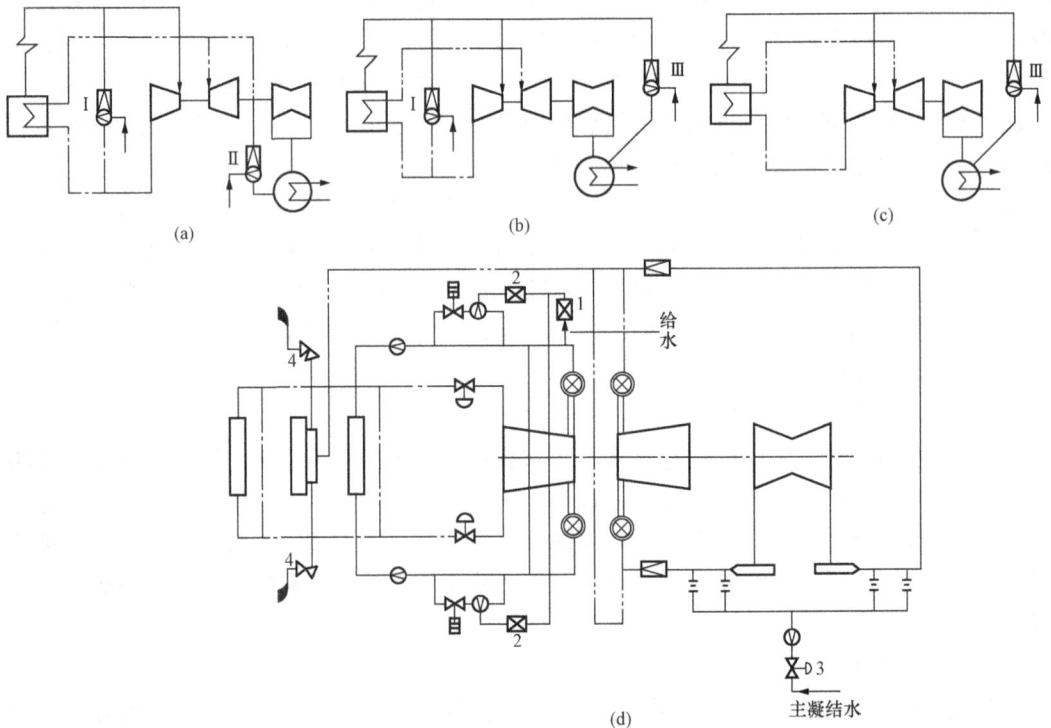

图 7-8　常用的旁路系统形式

（a）高、低压两级旁路串联系统；（b）两级旁路并联系统；（c）单级整机大旁路系统；（d）装有三用阀的两级旁路串联系统
1—高压旁路减温水压力调节阀；2—高压旁路减温水温度调节阀；3—低压旁路减温水气动调节阀；4—再热器安全阀

组配 1000t/h 直流锅炉采用的就是这种旁路系统，其旁路容量分别为锅炉额定蒸发量的 10% 和 20%。现在已很少采用。

4. 单级（整机）旁路系统

图 7-8（c）所示为只保留从新蒸汽到凝汽器的单级整机大旁路系统示意图。其特点是系统简单，金属耗量、管道及附件少，投资少，操作简便。它同样可以加热过热蒸汽管道和调节过热蒸汽温度。其明显缺点是不能保护再热器，为此，再热器必须采用能耐干烧的材料或者布置在锅炉内的低温区并配以烟温调节保护手段。在机组滑参数启动时，也难以调节再热蒸汽温度。该系统不适用于调峰机组。我国国产第二台 200MW 机组、进口波兰的 120MW 机组以及邹县电厂带基本负荷的 1000MW 超超临界机组等采用了该系统。

以上几种常见的旁路系统，虽然类型不同，但有一点是相同的，即都要通过减温减压来实现。所以旁路系统主要由减压阀、减温水调节阀和凝汽器喉部的减温减压装置组成。高压旁路、整机旁路的减温水都取自给水泵出口的高压水，低压旁路的减温水则来自凝结水泵出口的主凝结水。由于低压旁路和整机旁路后的蒸汽压力、温度还比较高，不宜直接排入凝汽器，因此在凝汽器喉部还设置有 1～2 个扩容式减温减压装置，将蒸汽进一步降低到 0.0165MPa、60℃ 左右才排入凝汽器。

5. 三用阀旁路系统

图 7-8（d）所示为某电厂三用阀旁路系统示意图。汽轮机为引进法国 CEM 公司制造的 300MW 汽轮机，配瑞士 SULZER 公司生产的 921t/h 的低倍率强制循环锅炉。三用阀旁路系统的实质仍然是高、低压两级旁路串联系统，其主要特点为：

（1）三用阀集启动调节阀、锅炉安全（溢流）阀和减温减压阀三种功能于一体，其各自功能为：

1）启动调节阀功能。启动时高压旁路最小开度为 20%，其整定值为 0.4MPa，主蒸汽流量随燃料的增加而增加，高压旁路阀开度逐渐加大为 65%，压力为 5.1MPa，不再开大，同时低压旁路使再热压力维持在 1MPa，即主、再热蒸汽压力具备了冲转汽轮机所需的参数。

2）锅炉安全阀功能。机组减负荷或甩负荷时，汽轮机进汽量迅速减少，汽压迅速上升，旁路系统能在 2.5s 内迅速打开。为保护凝汽器，不允许将全部蒸汽送入凝汽器，低压旁路开度随再热器中压力的变化而变化，再热热段蒸汽压力高于 2.2MPa 时，低压旁路开始关小，达到 4.2MPa 时，其开度为 52%，故机组甩负荷后仍可带厂用电运行。甩负荷 20s 后，再热蒸汽压力达到中压缸安全门动作压力 5.2MPa，大量蒸汽从中压安全阀排出，3s 后降至中压安全阀的关闭压力 5MPa，中压安全阀的关闭时间为 10s，在此期间，继续排汽使压力降至 4MPa，低压旁路开度随之开大，甩负荷 3min 后即降至 1MPa。故必须设置中压安全阀。

3）减温减压旁路的功能。高压旁路的减温水为两级调节，第一级是压力调节阀，使减温水压力与给水泵出口压力成比例地变化，高压旁路阀关闭时它也关闭；第二级是温度调节阀，以保证阀后蒸汽温度。低压旁路减温水气动调节阀，机组启动时，按给定值开启，供最小喷水量，再按低压旁路的通汽量成比例地供减温水。在机组甩负荷时，低压旁路前的汽压达到一定数值，它即快速全开，供最大喷水量；当汽压下降后，它又按汽量大小来调节喷水。

（2）高压旁路容量为 100％锅炉容量，又能在 2.5s 内快速打开，故而兼有锅炉安全阀的作用，锅炉不再设安全阀。

（3）热控及其调节的要求高，执行机构各有两个独立的电动机分别用于快速和慢速两种控制，且液压控制耗功较多。

（4）由 9 套带电动执行机构的阀门组成，即高压旁路减压阀、高压旁路喷水阀、高压旁路减温水隔离阀、低压旁路减压阀（2 个）、低压旁路喷水阀（2 个）和三级喷水阀（2 个）。因系全容量，从而使旁路系统尺寸增大，投资增加。

另外，比利时设计的姚孟电厂、CE-SULZER 设计的石洞口二电厂、国产 200MW（NC）两用机组均采用了 SULZER 的三用阀旁路系统，江西丰城电厂引进型 300MW 机组也采用了三用阀旁路系统，只是其容量为 40％锅炉容量。

**四、直流锅炉的旁路系统**

直流锅炉旁路系统也称为直流锅炉的启动旁路系统。直流锅炉没有汽包，单元制直流锅炉在进行滑参数启动时，要求有一定的启动流量和启动压力。适当的启动流量对受热面的冷却、水动力的稳定性、防止汽水分层都是必要的，流量过大也会造成工质和热量损失增加，一般启动流量为额定容量的 30％左右。锅炉启动保持一定的压力对改善水动力特性，防止脉动、停滞，减小启动时汽水膨胀量都是有利的，启动压力一般为 7～8MPa，而汽轮机在启动时主要是暖机和冲转，其要求的蒸汽流量和压力均小于锅炉的启动流量和启动压力，为了解决直流锅炉单元机组这种启动时锅炉与汽轮机要求不一致的矛盾，也为了使进入汽轮机的蒸汽具有相应压力下 50℃以上的过热度，同时也为了回收利用工质和热量，减少损失，保护过热器、再热器，因此直流锅炉都装有启动分离器，它与汽轮机旁路系统一起，形成了一个完整的启动旁路系统。

国产 300MW 机组和美国、日本的一些 UP 型锅炉均采用分离器放在第一、第二级过热器之间的启动旁路系统。这种系统可以避免旁路系统向正常运行切换时的过热蒸汽温度下跌，防止汽轮机因此产生热应力。启动分离器是一个圆筒形压力容器，有立式和卧式两种，其内部装有汽水分离装置，与汽包类似，按分离器在正常运行时是参与系统工作还是解列于系统之外，又可分为内置式分离器启动系统和外置式分离器启动系统。图 7-9 所示为 600MW 超临界压力直流锅炉启动系统与汽轮机旁路系统组成的单元机组启动旁路系统。其中，直流锅炉启动系统由除氧器、给水泵、高压加热器、内置式启动分离器、大气式扩容器、疏水箱、疏水泵、凝汽器等组成。汽轮机旁路系统由两级串联旁路组成，即 100％MCR 容量的高压旁路和 65％MCR 容量的低压旁路，并以 100％MCR 容量的再热器安全阀与之配合。

内置式启动分离器为一立式筒体，布置于锅炉前墙，位于炉膛水冷壁出口，总高度为 23.3m，内径为 850mm，壁厚达 83mm。分离器出口与过热器进口间无隔离阀，分离器疏水通至大气式扩容器的回收水箱，在机组启动初期疏水不合格时，将水放入地沟。疏水合格后，当负荷低于 37％MCR 时，分离器的作用就相当于汽包锅炉的汽包，但其分离出的水通过 AA、AN 和 ANB 三个阀门分别送入疏水扩容器和除氧器，进行工质和热量回收。当负荷高于 37％MCR 时，汽水分离器中全部是蒸汽，呈干态运行，此时内置式启动分离器相当于一个蒸汽联箱，必须承受锅炉全压，这是与外置式分离器的最大不同点。

该启动旁路系统是 SULZER 的典型设计，系统简单可靠、操作方便，蒸汽温度扰动少，有利于汽轮机安全运行。该系统能保证各种工况（冷态、温态、热态）所要求的汽轮机冲转参数。由于采用100％MCR的高压旁路和65％MCR的低压旁路，再加上100％MCR的再热器安全阀，故能满足各种事故处理，也能在低负荷下运行。但由于采用了大气式扩容器，频繁启停或长期低负荷运行，将有较大热损失和凝结水损失。因此，该系统适宜带基本负荷运行。

直流锅炉启动旁路系统的主要作用：保护再热器，回收工质和热量，适应机组滑参数启动的需要。当机组负荷达到30％，即可切除启动分离器，但应处于热备用状态，以备甩负荷时用。

**五、旁路系统的设计**

GB 50660—2011规定，旁路系统一般按30％BMCR～40％BMCR或100％BMCR容量设置，主要与机组特性和电网系统要求有关。如北京重型电机厂引进技术生产的300MW级机组和东方电气的300、600MW机组均采用中压缸启动方式，对旁路的容量和形式要按实际需要确定。表7-1给出了国内火电机组两级旁路串联系统的性能和参数。

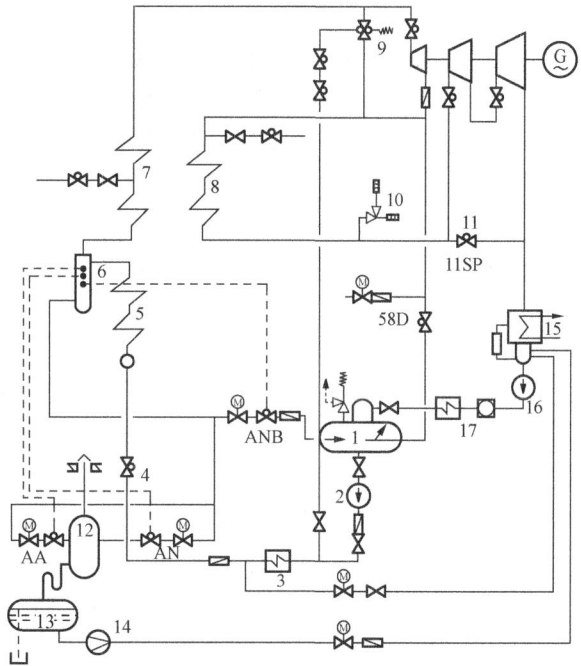

图 7-9　600MW 超临界机组启动旁路系统
1—除氧器水箱；2—给水泵；3—高压加热器；4—给水调节阀；5—省煤器及水冷壁；6—启动分离器；7—过热器；8—再热器；9—高压旁路阀（100％）；10—再热器安全阀；11—低压旁路阀（65％）；12—大气式扩容器；13—疏水箱；14—疏水泵；15—凝汽器；16—凝结水泵；17—低压加热器

表7-1　　　　　　　　国内火电机组两级旁路串联系统的性能和参数

| 系统类型 | 容量（％） | 压力（前/后）（MPa） | 温度（前/后）（℃） | 减温水 | | | 执行机构 | |
|---|---|---|---|---|---|---|---|---|
| | | | | 流量（t/h） | 压力（MPa） | 温度（℃） | 类型 | 动作时间（开/关）/（s） |
| ALSTOM600MW机组高低压旁路串联系统 | 高压 50 | 17.8/6.29 | 537/300 | 207.1 | 21 | 200 | 液动 | 2/5 |
| | 低压 40 | 1.5/0.8 | 537/134 | | | | 液动 | 2/5 |
| SULZER300MW机组三用阀旁路系统 | 高压 100 | 18.1/4.38 | 545/330 | 180 | | | 液动 | 2.5/10 |
| | 低压 100 | 3.38/1.4 | 540/75 | 380 | | | 液动 | 5 |
| | 解列带厂用电 35 | 1.0/0.5 | 520/75 | 170 | | | 液动 | 5 |
| SIEMENS200MW机组两级旁路串联系统 | 高压 30 | 13.73/2.49 | 540/328 | 30 | 17.36 | 160 | 电动 | 常速 34.81/32.92 快速 4.58（开） |
| | 低压 30 | 2.29/0.49 | 540/160 | 70.7 | 1.47 | 50 | 电动 | 常速 39.94/32.45 快速 4.56（开） |

1. 旁路系统参数的选择

旁路系统的参数的选择原则为：高压旁路阀前的参数应选择汽轮机额定工况下高压缸的进汽参数；高压旁路阀后的参数与高压缸的额定排汽参数一致；低压旁路阀前的压力应与高压旁路阀后的压力相适应，即取高压旁路阀后压力扣除再热器及再热管道压降。

2. 旁路系统的容量计算与选择

旁路系统的容量是指在额定参数下，通过旁路的最大蒸汽流量 $D_{by}$ 与锅炉最大连续蒸发量 $D_{b,max}$ 的比值，即

$$\alpha_{by} = \frac{D_{by}}{D_{b,max}} \times 100\% \tag{7-1}$$

需要指出的是，减温用喷水量未包括在旁路容量内，喷水量的计算既可以根据喷水系数乘以旁路流量来求得，即 $G_{by}^w = D_{by}\alpha$，$\alpha$ 为喷水系数，对于高压旁路 $\alpha = 0.1 \sim 0.2$，低压旁路 $\alpha = 0.4 \sim 0.7$；也可以由减温减压装置的热平衡和质量平衡求出，在忽略散热损失条件下，减温减压装置的热平衡和质量平衡方程分别为

$$D_{by} + D_{de} = D_{mix} \tag{7-2}$$

$$D_{by}h_{by} + D_{de}h_{de} = D_{mix}h_{mix} \tag{7-3}$$

式中　　$D_{by}$——减温减压装置入口蒸汽流量，t/h；

　　　　$h_{by}$——减温减压装置入口蒸汽比焓，kJ/kg；

　　　　$D_{de}$——减温减压装置入口减温水流量，t/h；

　　　　$h_{de}$——减温减压装置入口减温水比焓，kJ/kg；

　　　　$D_{mix}$——减温减压装置出口蒸汽流量，t/h；

　　　　$h_{mix}$——减温减压装置出口蒸汽比焓，kJ/kg。

已知旁路系统容量 $D_{by}$ 的条件下，联立式（7-2）和式（7-3）可得减温水流量的计算式为

$$D_{de} = D_{by}\frac{h_{by} - h_{mix}}{h_{mix} - h_{de}} \tag{7-4}$$

由表 7-1 可知，旁路系统的容量差别较大，这是因为设计旁路系统时考虑了机组运行工况的缘故。不同的机炉运行方式对旁路系统的容量要求是不同的，旁路系统的通流能力并非越大越好，它应根据机组可能的运行情况予以选定。因此，旁路系统容量的选择应满足以下基本要求：

（1）考虑机组的任务。对于承担基本负荷的机组，由于其启动参数少，且多为冷态或温态启动，冲转蒸汽参数较低，锅炉蒸发量较少，故该旁路系统的容量不需太大。对于调峰机组，其启动频繁，且热启动居多，冲转蒸汽参数高，锅炉蒸发量要求较大，旁路系统容量随之加大。在选择低压旁路时，应考虑对再热器流动状态的干扰尽可能小，并保持凝汽器工况稳定。当汽轮机甩负荷时，如不希望再热器溢流阀动作，则低压旁路的容量应为 100%BMCR，若再热器溢流阀允许瞬间开启，则低压旁路的容量可取为 60%BMCR～70%BMCR。

（2）启动要求。汽轮机在冷态、温态或热态启动时，汽缸金属温度分别在不同的温度水平，为了满足汽轮机不同状态的启动要求，使蒸汽参数与汽缸温度匹配，避免过大的热应力，要求旁路系统满足一定的通流量，来提高主、再热蒸汽温度和压力。尤其是在热态启动时，汽缸金属温度很高，为提高蒸汽参数必须有很大的旁路容量。对于采用中压缸启动方式

的机组，为保证负荷切换时稳定过渡，高压旁路容量还应选得大一些。因此，为满足机组启动要求，旁路系统容量应在50％BMCR以上。

(3) 锅炉最低稳燃负荷的要求。对于停机不停炉的运行工况，旁路应能排放锅炉最低稳燃负荷的蒸汽量。在自然循环锅炉中，负荷降低，水冷壁中工质流量减小，其最低负荷受到水循环被破坏的限制；对于工质一次上升的直流锅炉，为了保证锅炉蒸发受热面、过热器和再热器受热面必要的冷却，锅炉最低负荷对旁路也有一定的要求。目前，为满足锅炉最低负荷要求，旁路系统容量按30％BMCR左右考虑，例如某1000MW超超临界锅炉，最低稳燃负荷为30％BMCR。因此，旁路系统容量应以不投油助燃尚能保证锅炉稳定燃烧的最低出力为依据，考虑到燃料发热量降至最低，再加5％BMCR余量，故需择35％BMCR容量。

(4) 甩负荷的要求。汽轮机甩负荷以后，可以选择不同的运行方式，如停机即停炉、停机不停炉、带厂用电运行或汽轮机维持空转等。若要求锅炉过热器溢流阀不动作，则旁路系统容量应足够大，通常设置100％BMCR的高压旁路；若允许锅炉过热器溢流阀瞬时动作，则旁路系统容量主要按照锅炉最低稳燃负荷考虑，可选择30％～50％BMCR。

从表7-1可知，旁路系统的执行机构有液动和电动两种，除此以外还有气动和电液联合操纵等类型。旁路系统的动作时间应越快越好，一般要求在1～2s完成旁路开通动作，在2～3s完成关闭动作。

### 六、不设旁路系统的措施

旁路系统是机组启动和甩负荷时的应急设施。当机组正常运行时，旁路系统一直处于热备用状态。由于旁路的设置，投资增加，安装、运行、维护费用及工作量都增加，机组事故率也随之增加，有的电厂认为设置旁路系统得不偿失（特别是带基本负荷的机组）。所以，并不是所有的大容量机组都必须装设旁路系统。

据报道，欧洲国家的机组较多地采用旁路系统，而美国、加拿大、意大利和日本则较少采用。美国设计的电厂一般只要求锅炉制造厂提供5％的锅炉启动旁路系统，以满足机组快速启动的要求。如安装在唐山电厂的日立机组、大港电厂的意大利机组、沙角B厂的东芝机组和石川岛机组、沙角C厂的660MW机组都没有设置汽轮机旁路系统。资料表明沙角C厂省去旁路系统及其控制装置可节约250万美元。

不设置旁路必须解决好机组启动和甩负荷过程带来的问题，沙角C厂660MW机组采取的主要措施有：①锅炉不设置启动旁路，而是从机组启动直至并网前，采用低温段过热器引出蒸汽进行暖机、升速，可以满足机组冷态、温态、热态和极热态启动的要求；②汽轮机只采用高压缸启动方式，不考虑中压缸启动方式，因此设置旁路的意义不大；③机组启动时，锅炉有控制炉膛出口烟温的装置，保证启动期间炉膛出口烟温低于538℃，以保护再热器，但是蒸汽升温、升压的速率要减慢，增加了启动时间，对热态启动增加10～15min；④机组甩负荷时，有防止超速、超温和超压的相关措施。

### 七、旁路系统举例

某1000MW机组设有两级串联的高、低压旁路系统，如图7-5所示。该旁路系统由高低压旁路控制装置、高低压控制阀门、液压执行机构及其供油装置组成。具有40％BMCR高压旁路容量及40％BMCR＋高压喷水量的低压旁路容量。主蒸汽管道与汽轮机高压缸排汽止回阀后的冷段再热蒸汽管道之间连接高压旁路，使蒸汽直接进入再热器，每套单元机组配有一套高压旁路，减温水来自给水泵出口；再热器出口管道上连接低压旁路管道使蒸汽直接进入凝汽器，每套单元机组配有两套低压旁路，减温水来自凝结水精处理装置出口的凝结水系统。在机组启停、运行和异常情况期间，旁路系统起到控制、监视蒸汽压力和锅炉超压保护的作用。如果遇到快速减负荷的情况，在调节阀快速关小而出现主蒸汽压力骤然升高时，由于旁路系统实现全程跟踪，会立即开启溢流泄压，以使调节阀不承担过大的压降。系统中设置预热管道，保证高、低压旁路蒸汽管道在机组运行期间始终处于热备用状态。

# 第四节　机组回热全面性热力系统

机组回热全面性热力系统是回热设备实际运行的系统，是回热原则性热力系统的充实与扩展，它考虑了机组在所有运行工况下工质的流程、设备间的切换、运行的可靠性、安全性和灵活性以及总体投资的经济性。它主要由回热抽汽系统、除氧及给水系统、凝结水系统、加热器疏水与抽空气系统、轴封汽系统、给水泵汽轮机蒸汽及疏水系统、辅助蒸汽系统（包括启动循环加热系统）以及抽真空系统等组成，其中抽真空系统的介绍见第五章。

## 一、机组回热全面性热力系统的设计要求

机组回热系统的全面性热力系统是发电厂全面性热力系统中最主要的组成部分之一，它涉及加热器的抽汽、疏水、抽空气系统、主凝结水、给水除氧和主给水等诸多系统，是保证发电厂安全、可靠和经济运行的基础。因此，在进行机组回热系统的全面性热力系统设计时，必须统筹回热系统的正常运行工况、事故工况以及低负荷运行工况的特点，通过技术经济综合比较，合理布局。

1. 回热系统正常运行工况的设计要求

（1）满足原则性回热系统的运行流程。回热全面性热力系统必须在其原则性热力系统基础上扩展，此时要综合考虑机组运行的热经济性、可靠性以及系统的繁简程度、投资和国情等多种因素。机组回热系统的全面性热力系统如图7-10所示。

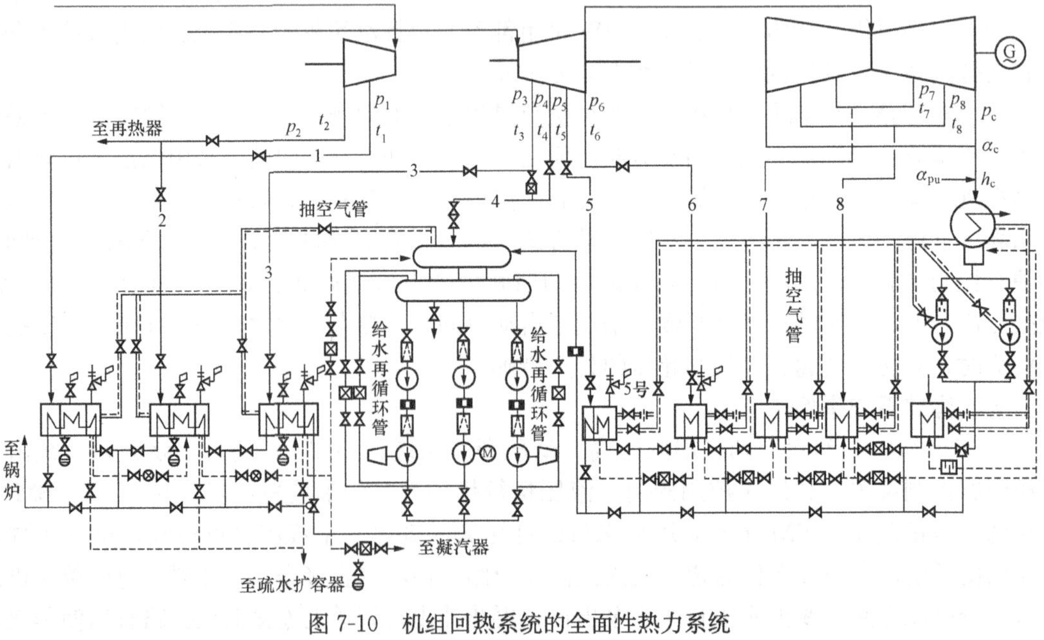

图 7-10　机组回热系统的全面性热力系统

（2）设置加热器的抽空气系统。为加强换热，减少汽水工质损失和热损失，回热全面性热力系统应设置低压加热器抽空气系统和高压加热器的排气系统，如图 7-10 中的虚实双线部分所示。一般而言，在低压表面式加热器的汽侧设置抽空气管路，并与凝汽器的真空维持系统相连接，用以排除蒸汽凝结过程中逸出的不凝结气体，以保障设计的传热效果。为了减少抽空气过程中携带蒸汽造成的热损失和降低抽气器的负担，加热器抽空气系统可以采用逐级自流方式来冷凝所含蒸汽。各级空气管道上设有节流孔板，用以阻止蒸汽大量流入下级。

（3）维持表面式加热器汽侧具有一定的疏水水位。为保证机组运行热经济性和防止汽轮机进水，回热系统正常运行时，要确保表面式加热器处于正常工作水位，避免疏水带汽或高水位淹没加热器管束。疏水管道上应装设疏水调节装置，常用的疏水调节装置有疏水调节阀、浮子式疏水器、U 形水封管等。

U 形水封管是利用 U 形管中的水柱高度来平衡加热器间的压差，实现自动排水并在壳侧内维持一定水位。U 形管可做成单级或多级，如图 7-10 中轴封加热器采用的就是两级 U 形水封管。水封管的特点是：无转动机械部分，结构简单，维护方便，但占地大，需要挖深坑放置。

浮子式疏水器由浮子、滑阀及其相连接的一套传动连杆机构组成，如图 7-11 所示。浮子随加热器的壳侧水位上下浮动，通过传动连杆启闭疏水阀，实现水位调节。浮子式疏水器结构简单，但不便于实现水位的人为调整和远距离控制，多用于压力稍高的低压加热器或小机组的高压加热器。大型机组的高压加热器多采用疏水调节阀，它的动作由一套水位控制操作系统来完成，常用的有电动、气动两种控制系统。由电动操作系统控制的疏水阀及其控制系统如图 7-12 所示，其工作原理是：壳侧的控制水位计接收水位变化信号，经差压变送器、比例积分单元、操作单元，最后由电动执行机构操纵疏水调节阀的摇杆，摇杆绕心轴转动，通过杠杆使阀杆上下移动，驱动滑阀，从而实现疏水调节阀的启闭。疏水调节阀的缺点是执行机构动

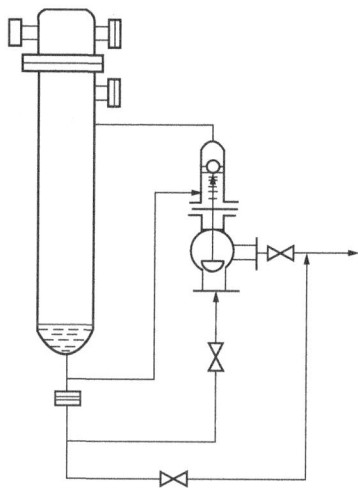

图 7-11　外置浮子式疏水器连接系统

作频繁、易磨损、易腐蚀。在 20 世纪 80 年代末进行的发电厂节能诊断中，发现装有疏水调节阀的高压加热器长期无水位运行，严重影响机组的安全与经济运行。

针对疏水调节阀存在的缺点，20 世纪 90 年代研发了汽液两相流自动调节水位器，其控制系统及框图如图7-13所示，1994 年在国产 200MW 机组高压加热器上改装成功，1997 年用于某电厂 300MW 机组的卧式加热器。该装置一次调整到位后不再需进一步调节，可做到不用操作而随机启动，水位控制稳定。因系全密封装置无泄漏，故安全可靠，节能效益良好。

（4）设置凝结水泵、疏水泵入口的抽空气系统。在凝结水泵、疏水泵的入口设置抽空气系统，分别引至凝汽器和相应加热器的抽空气管道，不间断地抽出漏入泵内的空气，以保证泵的正常工作。

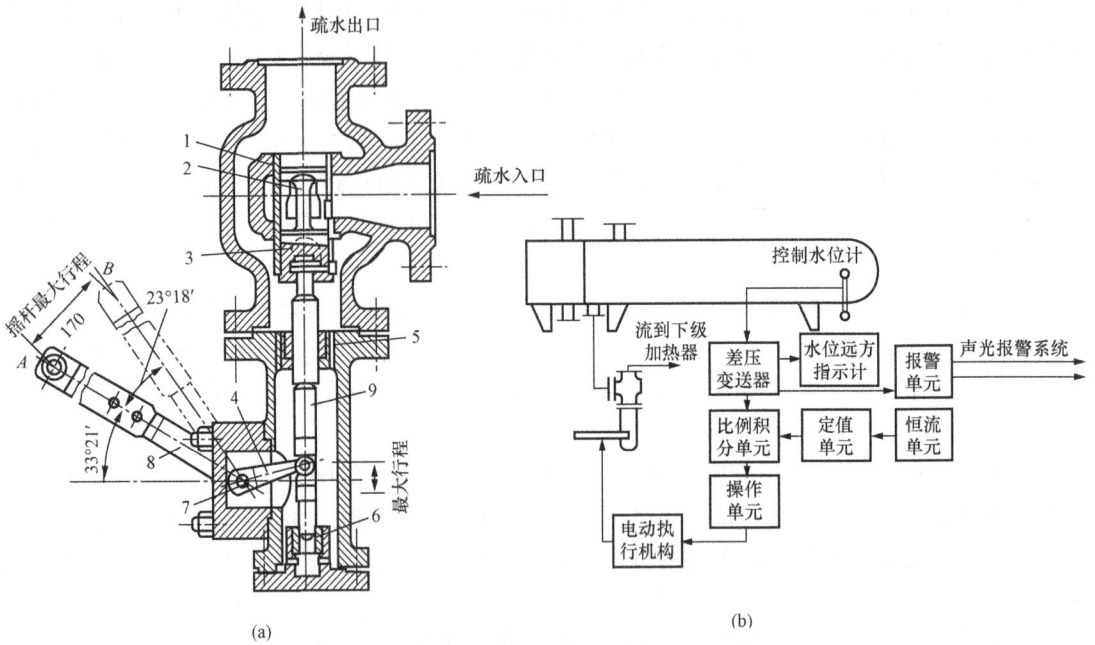

图 7-12 疏水调节阀及其控制系统

(a) 疏水调节阀；(b) 控制系统

1—滑阀套；2—滑阀；3—钢球；4—杠杆；5—上轴套；6—下轴套；

7—心轴；8—摇杆；9—阀杆

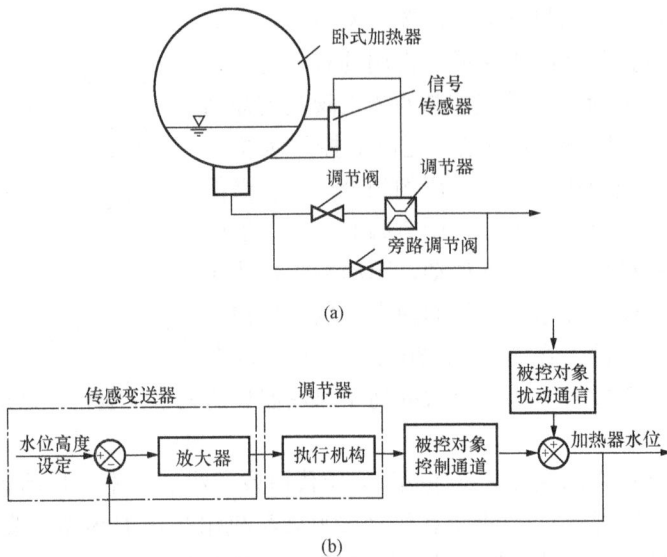

图 7-13 疏水调节阀及其控制系统

(a) 控制系统示意图；(b) 控制框图

**2. 回热系统事故工况的设计要求**

机组长期运行中，设备及系统出现故障是不可避免的，为保证事故不再扩大和对机组运行影响尽量小，回热全面性热力系统中必须考虑事故工况时的应急系统与设备。其主要包括设置备用泵、加热器水侧旁路、各类阀门的正确设置以及加热器抽空气和低压加热器疏水备用管路的设置。分述如下：

（1）设置备用泵。为保证加热器发生事故时向除氧器和锅炉供水的绝对可靠，凝结水泵和给水泵必须设置备用泵。如图 7-10 所示，有三台 50％容量给水泵，两台运行，一台备用；两台全容量凝结水泵，互为备用。凝结水泵、给水泵、疏水泵都是输送饱和水的泵，容易汽蚀，设置备用泵显得更为必要。有些机组的疏水泵不设置备用，而设疏水启动和备用管路。

（2）设置加热器的水侧旁路。为保证加热器发生事故时不中断向锅炉供水，以及能随时切除加热器进行维修，表面式加热器都设有水侧旁路及相应的出入口阀门和旁路阀，如图 7-10 所示。为减少投资，高压加热器一般为大旁路，低压加热器每一个或每两个或每三个为一组设旁路，根据实际情况可以互换。高压加热器水侧为给水泵出口的高压水，若高压加热器管束破裂或管板泄露，将出现高压水反向冲入汽轮机的危险，因此大、中型机组高压加热器的旁路阀必须是自动的。快速切断的高压加热器自动旁路阀有液动和电动两种。

（3）合理设置必要的阀门。抽汽管道上应设置快速动作的液动或气动止回阀，以防止汽水由加热器倒流入汽轮机。汽水倒流入汽轮机一般发生在加热器管束破裂、管子与管板或联箱连接处泄露、疏水调节阀运行不正常（如卡涩）造成水位过高以及汽轮机突然降负荷或甩负荷等情况下。最低压力加热器的抽汽管道上（如图 7-10 中的 7 号和 8 和低压加热器），由于该加热器已处于真空下运行，汽水倒流的危害性较小，且阀门尺寸大，制造加工困难，故一般为节约投资而不设置止回阀。疏水泵、凝结水泵、给水泵出口均设置止回阀，以防止事故时或运行泵故障时水泵出水压力波动太大。

在加热器发生故障时，为防止事故扩大和对设备能进行及时维修，在加热器进汽口、进出水口的旁路管道上，给水泵、凝结水泵和疏水泵的出入口处，以及有关的空气、疏水管上，都应设置关断阀门。

为了在超压时保护设备，除氧器、给水箱和高压加热器汽侧都设有溢流阀。

（4）设置加热器抽空气和低压加热器疏水备用管路。表面式加热器抽空气管路除正常运行时的逐级自流外，还有并联的备用管路直接进入凝汽器，供本级加热器发生事故时使用。低压加热器发生事故时，相邻上级来的疏水也可经由与上述空气管路相类似的备用管路，直接引至凝汽器，或经汽轮机本体疏水扩容器到凝汽器。疏水泵事故或低负荷下不能运行时，也由备用管路转为逐级自流，或直接引至凝汽器。

3. 机组低负荷工况要求

随着社会经济的发展，大容量机组参与调峰已越来越普遍。在机组参与调峰过程中，机组出现低负荷运行的情况将很普遍，机组回热全面性热力系统必须满足低负荷工况的要求。其主要包括给水泵和凝结水泵的再循环管路设置、除氧器低负荷汽源的切换、高压加热器至低压加热器的备用疏水管道。分述如下：

（1）设置给水泵和凝结水泵的再循环管路。低负荷时，为保证有足够水流带走泵运行中产生的热量，使泵内水的温升不致导致汽蚀，给水泵和凝结水泵均应设置再循环管。给水再循环由水泵出口止回阀处接出，排至给水箱的汽侧空间，再循环管上有减压的串联节流孔板组，以使给水箱免受水冲击。主凝结水再循环至凝汽器，为兼顾射汽抽气冷却器（若有）和轴封冷却器在低负荷冷却的需要，凝结水再循环不直接从凝结水泵出口处引出，而是在抽气冷却器与轴封冷却器后引出。

在启动和低负荷时，疏水泵不投入运行，采用逐级自流方式运行，因此疏水泵不设再循环，而采用备用管路。

（2）除氧器低负荷汽源的切换。机组在低负荷运行时，定压运行的除氧器为维持特定压力应切换至高一级抽汽；滑压运行的除氧器为保证自动大气排汽，也需改变运行方式为定压运行，因此也需要切换汽源。

对于单元制机组，连接高压缸排汽、启动锅炉、邻机来汽或老厂来汽，通过辅助蒸汽联箱（厂用蒸汽汽源）供机组或设备启动或低负荷用汽；对于母管制机组，利用母管上运行的其他机组的抽汽。

（3）高压加热器至低压加热器的备用疏水管。由于除氧器必须高位布置及低负荷时进行汽源切换，在低负荷时，与定压运行除氧器相邻的高压加热器和除氧器使用的是同一级抽汽汽源，没有压力差，甚至除氧器切换到高压缸排汽，此时为负值压力差，进而导致高压加热器疏水无法自流进入除氧器。为此，应设置至相邻低压加热器的备用管路及相应的阀门，以保证低负荷时高压加热器正常疏水使用。

4. 机组的启、停工况要求

（1）必要管路及阀门的设置。为满足回热系统投入和停运的需要，应设置一些必要管路及阀门，主要包括：加热器和泵的汽、水进出口处的关断阀门；抽汽管道上设置疏水的管路及阀门，以及时排出加热器在投入和停运过程中或抽汽切换时积存于管内的凝结水流至汽轮机本体疏水扩容器，以免汽轮机进水；低压加热器设置检查放水管及阀门，以保证合格水进入除氧器；高压加热器启动排空气阀，高压加热器一般在机组带到一定负荷后才投入，其汽侧一般不设置运行抽空气管，为排除启动前积存于汽侧和加热器间连接水管内的空气，设置启动排空气阀直接排入大气；加热器检查管及阀门，加热器投入前，应检查水侧是否泄漏，为此在汽侧疏水管上设置有通往地沟的检查管道及阀门，它们还兼作加热器停运后的放水之用。

（2）除氧水进入省煤器的相应系统及管路。为保证机组启动过程中除氧水进入省煤器的品质，在机组启动前，锅炉上水必须符合一定的水温和含氧量指标，因此必须设置除氧器启动时的循环加热系统。

对于不设置全厂疏放水回收系统的单元机组，可利用前置泵和再循环管道系统来完成加热，即水重复经过除氧器水箱放水管→前置泵→再循环管→除氧器，完成加热除氧的要求，如图 7-14（a）所示。

对于有全厂疏放水回收系统的单元机组，可利用全厂疏放水回收系统来完成加热，即水重复经过除氧器水箱放水管→疏水箱→疏水泵→除氧器，完成加热除氧，如图 7-14（b）所示。

（3）机组启动加热汽源。锅炉投运而汽轮机未投运前以及锅炉清洗时，应供给锅炉合格的水，故水必须经过加热除氧。这时，应具有备用汽源代替机组运行时的汽轮机抽汽。

对于新建电厂，可设置启动锅炉，其产生的蒸汽用作备用启动加热汽源。对于扩建机组，可采用老厂来汽或利用母管制机组的母管上运行的其他机组抽汽。

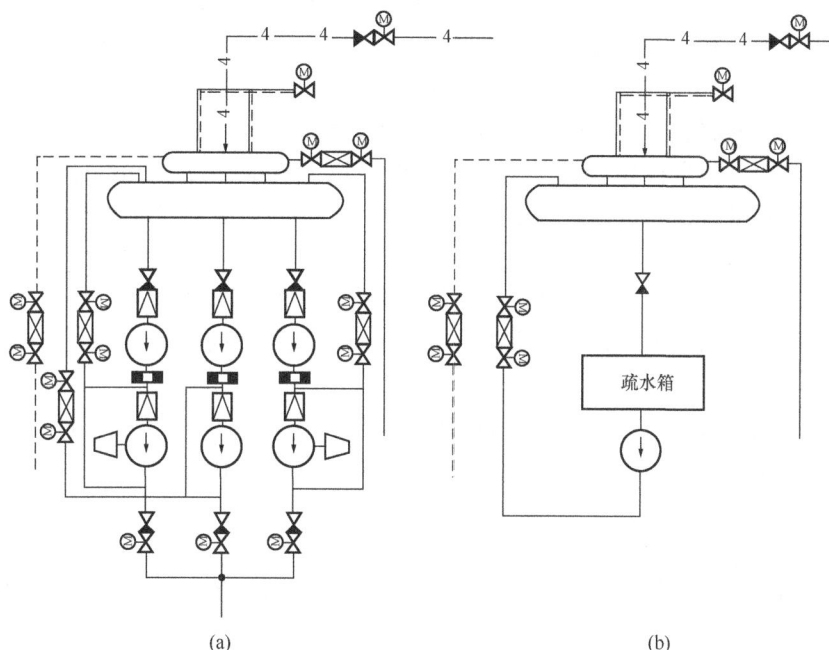

图 7-14　机组启动时除氧器循环加热系统示意图
(a) 无疏放水回收系统；(b) 有疏放水回收系统

## 二、除氧给水系统

### (一) 除氧给水系统的组成及作用

除氧给水系统是从除氧器到锅炉省煤器入口之间的管道、阀门和附件的总称。其作用是将主凝结水进行除氧，并暂存于除氧器给水箱中，通过给水泵提高压力，经过高压加热器进一步加热后，输送到锅炉的省煤器入口，作为锅炉给水。此外，除氧给水系统还向锅炉再热器、过热器的一、二次减温器以及汽轮机高压旁路系统的减温器提供减温水，用以调节上述设备的出口工质温度。

对于大容量机组而言，除氧给水系统包括除氧系统和给水系统两部分，它主要由除氧器、给水下降管、给水泵、高压加热器及其管道、阀门等附件组成。其中，给水系统是指从除氧器给水下降管入口到锅炉省煤器进口之间的管道、阀门和附件，它又以给水泵为界，分为低压给水系统和高压给水系统两部分，给水泵进口之前者为低压给水系统，给水泵出口之后者为高压给水系统。

为保证发电厂的连续运行，除氧给水系统的作用不亚于主蒸汽系统，它输送的工质流量大、压力高，对发电厂的安全、经济、灵活运行至关重要。给水系统事故会使锅炉给水中断，造成紧急停炉或降负荷运行，严重时威胁锅炉的安全甚至长期不能运行。因此，对除氧给水系统的要求是在发电厂任何运行方式和发生任何事故的情况下，都能保证不间断地向锅炉供水。

### (二) 除氧给水系统的设计

1. 除氧系统的设计

GB 50660—2011 规定，中间再热机组的除氧器应采用滑压运行方式。每台机组宜设置

1 台除氧器，其总出力应根据最大给水消耗量来选择。其中凝汽式机组应采用一级高压除氧器；对于供热机组，补给水应采用凝汽器鼓泡除氧装置，也可另设公用低压除氧器，在保证给水含氧量合格条件下，可采用一级高压除氧器。

除氧器给水箱的储水量应根据除氧器布置位置，结合瞬态计算结果、机组控制水平和机组功能要求来确定，并应符合下述规定：200MW 及以下机组宜为 10min 的锅炉最大连续蒸发量时的给水消耗量；200MW 以上机组宜为 3～5min 的锅炉最大连续蒸发量时的给水消耗量；当机组具有快速切换负荷功能时，给水箱的储水量宜适当加大。

除氧器的启动汽源应来自启动锅炉或厂用辅助蒸汽系统，备用汽源应取自正常运行机组的高一级乃至高两级回热抽汽，以供机组低负荷工况时使用，同时还应考虑防止除氧器过压爆炸的措施。

单元制系统除氧器给水箱启动时的加热可以用给水启动循环泵或再沸腾管。当使用再沸腾管时，所用的蒸汽应经过调压，并应采取措施防止在运行中可能产生的水击和振动。

2. 给水系统的类型及选择

给水系统类型的选择与机组的类型、容量和主蒸汽系统的类型有关，给水系统主要有以下几种类型。

(1) 单母管制系统。单母管制系统如图 7-15 所示，它设有三根母管，即给水泵入口侧的低压吸水母管、给水泵出口侧的压力母管和锅炉给水母管。其中吸水母管和压力母管采用单母管分段，锅炉给水母管采用的是切换母管。备用给水泵通常布置在吸水母管和压力母管的两个分段阀之间。按照水流方向，给水泵出口顺序装有止回阀和截止阀。止回阀的作用是当给水泵处于热备用状态或停止运行时，防止给水泵倒转而干扰吸水母管和除氧器的运行。截止阀的作用是当给水泵故障检修时，用以切断与压力母管的联系。为防止给水泵在低负荷

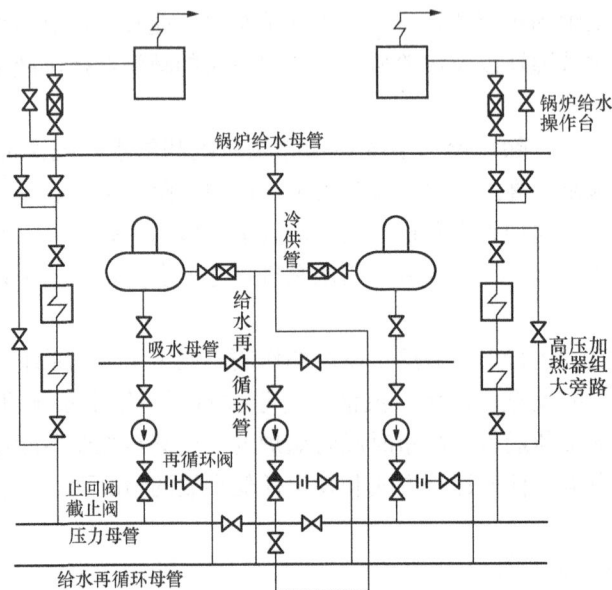

图 7-15　单母管制给水系统

运行时因流量小未能将摩擦热带走而导致入口处发生汽蚀的危险，在给水泵出口止回阀处装设再循环管，保证通过给水泵有一最小不汽蚀流量，通常再用一再循环母管与除氧器水箱相连，如图 7-15 所示，将多余的水通过再循环管返回除氧器水箱。当高压加热器故障或锅炉启动上水时，可通过压力母管和锅炉给水母管之间的冷供管供应给水。图 7-15 中，还给出了高压加热器的大旁路和最简单的锅炉给水操作台。

单母管给水系统的特点是安全可靠性高，具有一定的灵活性，但系统复杂、钢材耗量大、阀门较多、投资大。高压供热式机组的热电厂宜采用单母管制给水系统。

（2）切换母管制系统。切换母管制系统如图 7-16 所示，其低压吸水母管采用单母管分段，压力母管和锅炉给水母管均采用切换母管。当汽轮机、锅炉和给水泵的容量相匹配时，可作为单元制运行，必要时可通过切换阀门交叉运行，因此其特点是有足够的可靠性和运行的灵活性。但因有母管和切换阀门，其投资大，钢材、阀门耗量也相当大。

（3）单元制系统。图 7-17 所示为 300MW 机组的单元制给水系统。由于 300MW 机组主蒸汽管道采用的是单元制系统，给水系统也必须采用单元制。这种系统的优缺点与单元制主蒸汽系统相同，具有系统简单、管道短、阀门少、投资省、便于机炉集中控制和管理维护的特点。当采用无节流损失的变速调节时，其优越性更为突出。当然，运行灵活性差也是不可避免的缺点。它适用于中间再热式机组的发电厂。

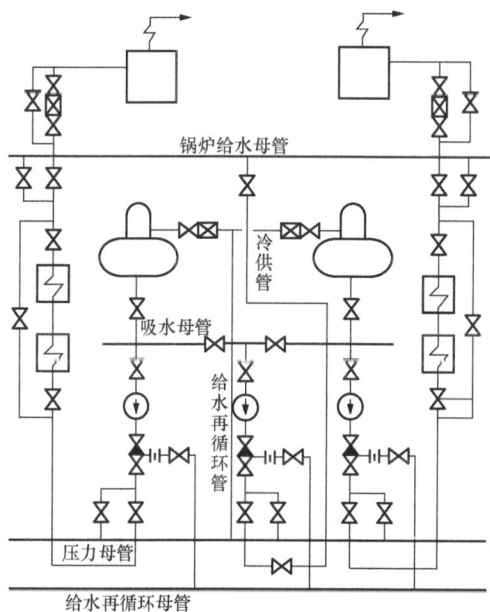

图 7-16　切换母管制给水系统

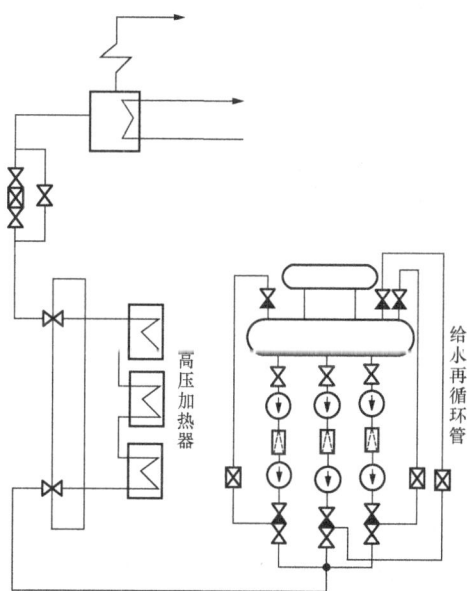

图 7-17　单元制给水系统

若两台机组的给水系统组成一个单元，则称为扩大单元制给水系统，它无锅炉给水母管，低压吸水母管为单母管，压力母管为切换母管。这种系统可以节省 1 台备用给水泵，同时也提高了运行的灵活性。高参数凝汽式发电厂可采用单元制、扩大单元制或母管制给水系统。

GB 50660—2011 规定：给水系统应采用单元制系统；当正常运行给水泵采用调速给水

泵时，给水主管路不应设调节阀系统，启动支管应根据给水泵的特性设置调节阀。

（三）给水流量调节

1. 给水流量调节特性

给水泵的流量调节特性如图 7-18 所示。对于定速给水泵，它通过改变泵出口节流阀的开度来调节给水流量，额定工况时的工作点为 A，其流量和压头为 $Q_A$、$H_A$；减负荷时调节至 $B'$，其流量和压头为 $Q_B$、$H'_B = H_A + \Delta H_A$，增加了节流损失 $\Delta H_A$，而且转速越高损失越大，节流阀越易冲蚀；但是节流调节的设备简单、操作方便、易于维护，适用于中、低比转数及容量不大的泵。变速给水泵却是以改变水泵的转速 $n$ 来调节流量的，当转速由 $n_1$ 减小为 $n_2$ 时，工作点为 B，其流量和压头为 $Q_B$、$H_B$，如图 7-18 所示；与定速给水泵相比，减少了节流损失 $\Delta H$，且调节阀工作条件好，寿命长，并可低速启动；但设备较复杂、投资费用高、维护工作量大，适用于大容量给水泵。

2. 给水操作台系统

给水流量调节通过锅炉给水操作台来实现。锅炉给水操作台位于高压加热器出口至锅炉省煤器之前的给水管道上，通常由 2～4 根不同直径并联的支管组成，各支管上装有远方操作的给水调节阀与电动隔离阀，以便在低负荷或启动工况下调节流量，如图 7-19 所示。

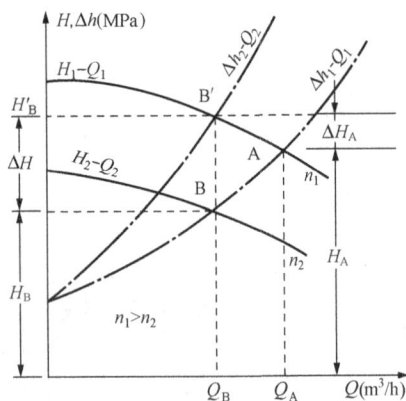

图 7-18　给水泵的流量调节特性

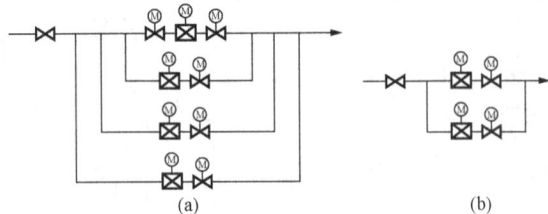

图 7-19　锅炉给水操作台系统

（a）定速给水泵时；（b）变速给水泵时

采用变速给水泵时，给水调节阀两端的压差不大，给水操作台可简化为两路支管，既减少了支管路数又减少了阀门，同时简化了运行操作，尤其是启动工况更为突出。有些进口机组甚至取消了给水操作阀，如沙角 C 厂 660MW 机组的给水系统，采用 3 台液力调速电动给水泵，取消了给水操作台，更加简化了给水系统；北仑电厂 600MW 汽轮机组的给水系统，配备 2 台 50％的汽动给水泵及其前置泵，1 台液力调速的备用电动给水泵及其前置泵，这也是目前我国 600MW 汽轮机组的给水泵组采用的基本配置。与定速给水泵配多管路给水操作台相比，变速给水泵的节能优势明显，尤其是低负荷时的节电，安全可靠，启动、滑压运行和调峰的适应性更是定速给水泵无法比拟的。故我国 125MW 以上的再热机组均采用变速给水泵。一般在 300MW 以上采用给水泵汽轮机的调速器控制进汽量来调节泵的转速。

（四）给水泵的配置

1. 给水泵的选择

给水泵是向锅炉输送高温给水的设备，锅炉一旦断水会带来严重后果，所以对给水泵的可靠性要求很高。另外，给水泵的耗功占厂用电较大比例，正确选择给水泵对机组的安全经济运行具有重要意义。GB 50660—2011 规定：正常运行及备用给水泵宜选用调速给水泵，启动用给水泵宜选用定速给水泵。

（1）给水泵出口总流量的确定。给水泵出口的总流量（不包括备用给水泵）应满足供给其所连接锅炉的最大给水消耗量要求。同时要考虑给水泵的老化、锅炉连续排污量、汽包水位调节的需要、锅炉本体吹灰及汽水损失、不明泄漏量等因素，应留有一定的裕量。具体确定原则为：对于汽包锅炉宜为锅炉最大连续蒸发量的 110%；对于直流锅炉，考虑到它没有连续排污，也无汽包水位调节等要求，所以其给水量宜为锅炉最大连续蒸发量的 105%。对于具有快速切换负荷功能的机组，给水泵出口的总流量还应包括高压旁路减温水流量；对于中间再热机组，给水泵入口的总流量应加上供再热蒸汽调温用的中间级抽出的流量，以及漏出和注入给水泵轴封的流量差；前置给水泵出口的总流量应为给水泵入口的总流量与从前置泵和给水泵之间的抽出流量之和。

（2）给水泵台数和容量的选择。对采用母管制的给水系统，当最大 1 台给水泵停运时，其他给水泵应能满足整个系统的给水需要量。

对于湿冷机组采用单元制的给水系统，给水泵的类型、台数和容量应按下列方式配置：300MW 级以下机组宜配置 2 台，单台容量应为最大给水消耗量 100% 的调速电动给水泵；或配置 3 台，单台容量应为最大给水消耗量 50% 的调速电动给水泵。300MW 级及以上机组宜配置 2 台，单台容量应为最大给水消耗量 50% 的汽动给水泵；或配置 1 台，容量应为最大给水消耗量 100% 的汽动给水泵。300MW 级及以上机组宜配置 1 台容量为最大给水消耗量 25%～35% 的定速电动给水泵作为启动给水泵，也可根据需要配置 1 台容量为最大给水消耗量 25%～35% 的调速电动给水泵作为启动与备用给水泵。当机组启动汽源满足给水泵汽轮机启动要求时，也可取消启动用电动泵。300MW 级及以上容量供热机组，给水泵驱动方式宜经过技术经济比较确定。

对于空冷机组采用单元制的给水系统，给水泵的类型、台数和容量应按下列方式配置：300MW 级直接空冷机组的给水泵配置不宜少于 2 台，单台容量应为最大给水消耗量 50% 的调速电动给水泵；200MW 级及以下机组宜配置 2 台，单台容量应为最大给水消耗量 100% 的调速电动给水泵。600MW 级及以上直接空冷机组的给水泵宜配置调速电动给水泵，亚临界机组不宜少于 2 台，单台容量应为最大给水消耗量的 50%；超（超）临界机组宜配置 3 台，单台容量宜为最大给水消耗量的 35%，不宜设备用。当采用汽动给水泵时，宜配置 2 台，单台容量应为最大给水消耗量的 50%，并应配置 1 台容量为最大给水消耗量 25%～35% 的定速或调速电动给水泵作为备用。300MW 级及以上间接空冷机组的给水泵宜配置 2 台，单台容量应为最大给水消耗量 50% 的间接空冷汽动给水泵，并应配置 1 台容量为最大给水消耗量 25%～35% 的定速或调速电动给水泵作为备用；也可以配置调速电动给水泵，其数量和容量配置原则符合 300MW 级直接空冷机组之规定。

（3）给水泵扬程的确定。给水泵的总扬程应为下列各项之和：①按锅炉最大连续蒸发量时的给水量计算的从除氧器给水箱出口到省煤器进口的介质流动总阻力，汽包锅炉另加

20%裕量，直流锅炉另加 10%裕量；②省煤器进口与除氧器给水箱正常水位间的水柱静压差；③锅炉最大连续蒸发量时的省煤器入口给水压力（包括锅炉泵体水柱静压差；汽包锅炉为锅炉汽包正常水位与省煤器进口之间水柱静压差，直流锅炉为锅炉水冷壁炉水汽化始、终点标高的平均值与省煤器进口之间水柱静压差）；④除氧器额定工作压力（取负值）。

需要注意的是：在有前置泵时，给水泵总扬程应减去前置泵的扬程。亦即前置泵和给水泵扬程之和应大于计算总扬程；前置泵的扬程除应计及前置泵出口至给水泵入口间的介质流动总阻力和静压差外，还应满足汽轮机甩负荷瞬态工况时为保证给水泵入口不汽化所需的压头要求。

对于仅在启动时使用的启动给水泵，其总扬程应按下列各项之和来计算：①从除氧器给水箱出口到省煤器进口的介质流动总阻力应按 25%～35%锅炉最大连续蒸发量时的给水量计算，对于汽包锅炉另加 20%裕量，直流锅炉另加 10%裕量；②省煤器进口与除氧器给水箱正常水位间的水柱静压差；③25%～35%锅炉最大连续蒸发量启动工况时，省煤器入口的给水压力；④25%～35%锅炉最大连续蒸发量启动工况时，除氧器额定工作压力（取负值）。

（4）给水泵功率的计算

$$P_{pu} = \frac{D_{pu}H_{pu}}{367200\eta_{pu}} \tag{7-5}$$

式中　$P_{pu}$——给水泵的轴功率，kW；

　　　$D_{pu}$——给水泵流量，t/h；

　　　$H_{pu}$——给水泵扬程，m；

　　　$\eta_{pu}$——给水泵效率，一般取 70%～80%。

2. 给水泵的连接方式

（1）前置泵与主给水泵的连接。前置泵与主给水泵的连接方式主要有两种：当为电动调速泵时，多采用前置泵与主给水泵同轴串联的连接方式，即前置泵与主给水泵共用一台电动机经液力耦合器来带动。通常是低速电动机直接与前置泵连接，通过液力耦合器传递转矩与改变转速使主给水泵改变流量与出口压力。目前国内 125MW 和 200MW 机组均采用这种连接方式，如图 7-20 所示。

当给水泵由给水泵汽轮机驱动时，其前置泵多采用单独的电动机驱动，即不同轴串联的连接方式，300MW 及以上机组多采用这种连接方式，如图 7-21 所示。图中该机组的三台高压加热器为双列布置。配置汽动给水泵的机组，通常汽动给水泵为经常运行泵，电动调速泵为备用泵。

（2）汽动泵的蒸汽系统。为了确保给水系统的安全，对配置汽动给水泵的机组，给水泵汽轮机必须准备两路供汽的汽源，即高压汽源和低压汽源，有的机组还配备了来自其他机组高压汽源的切换设施（如石洞口二电厂）。对于 600MW 机组，其高压汽源一般都来自主汽轮机的高压缸排汽，低压汽源来自中压缸排汽（与除氧器相同）。给水泵汽轮机的排汽一般都排入主凝汽器。

图 7-22 所示为北仑电厂 600MW 机组汽动给水泵汽轮机的蒸汽系统示意图。该给水泵

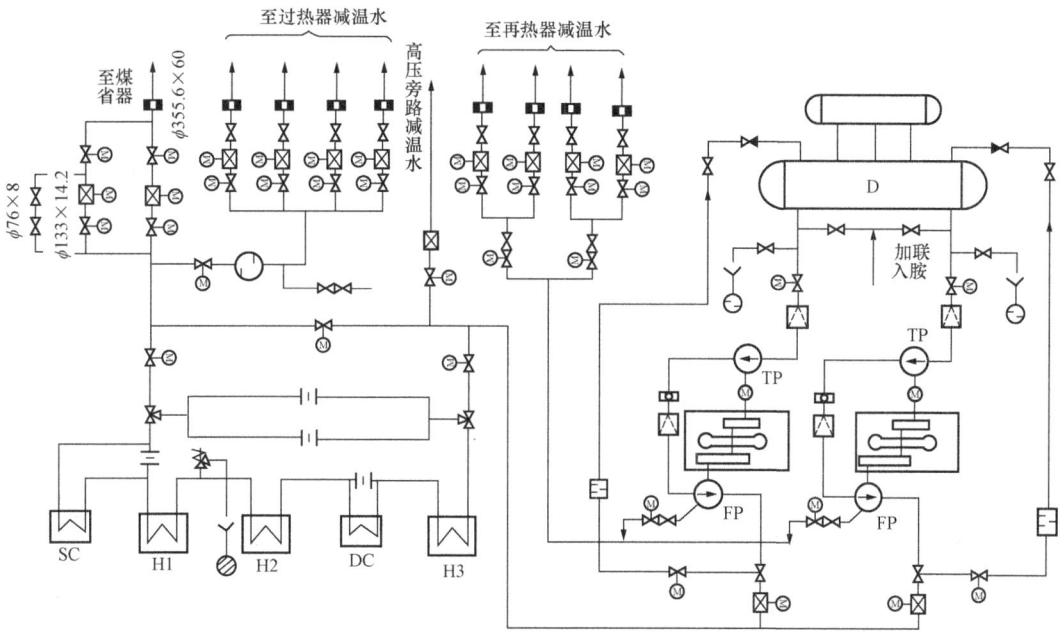

图 7-20　前置泵与主给水泵同轴串联连接方式
TP—前置泵；FP—主给水泵；D—除氧器

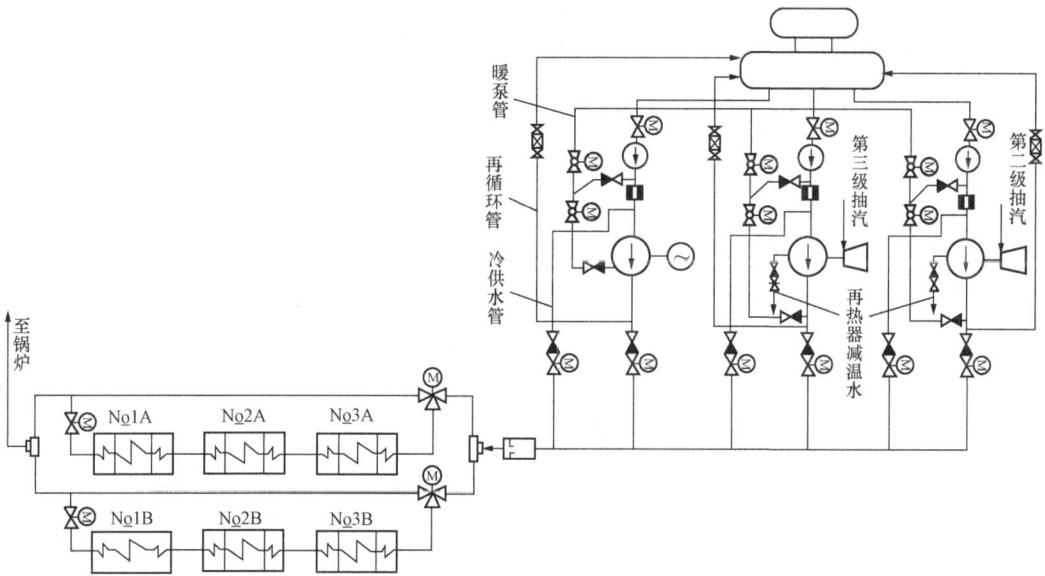

图 7-21　N1000-25.0/600/600 超超临界机组给水系统

汽轮机的汽源分别来自高压缸排汽（再热冷段蒸汽）和主汽轮机的 4 段抽汽（中压缸排汽）。
其高压汽源经给水泵汽轮机的高压主汽阀、调节阀后进入给水泵汽轮机汽缸下部的喷嘴室，
低压汽源经给水泵汽轮机的低压主汽阀、调节阀后进入其汽缸上部的第一级喷嘴（低压）。
两台给水泵汽轮机（A/B）的排汽经各自的电动蝶阀之后排入凝汽器（A/B）。正常运行时，

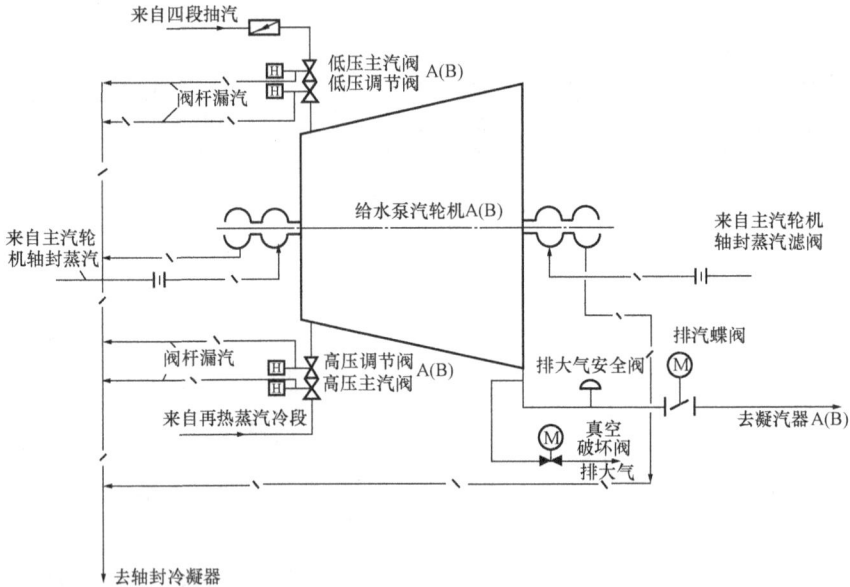

图 7-22　600MW 机组汽动给水泵汽轮机蒸汽系统示意图

采用主汽轮机的四段抽汽，当主汽轮机负荷降低至该级抽汽不能满足给水泵所需的功率时，必须切换到高压汽源。由于该给水泵汽轮机同时具有高压汽源蒸汽室和低压汽源蒸汽室，当主机负荷降低需要切换汽源时，通过给水泵汽轮机本体外的装置实现。两种切换方式各有优缺点，在我国引进的机组中都有实际应用。

给水泵汽轮机排汽管道的支管上设有电动真空破坏阀，它在机组正常运行时处于关闭状态。其下游管道上有密封水管，使该支管保持一定水位，确保真空破坏阀的严密性，密封水来自凝结水系统。排汽蝶阀的阀杆处也接有密封水管，同样确保给水泵汽轮机排汽管道的严密性。

给水泵汽轮机的轴封系统与主汽轮机的轴封系统相连通，启动时由主机轴封蒸汽向给水泵汽轮机的第一段前、后轴封供汽，然后经第二段轴封排入轴封冷却器。正常运行时，给水泵汽轮机第一段前轴封的蒸汽排入主机轴封蒸汽系统，经减温减压后返回给水泵汽轮机第一段后轴封。

3. 汽动给水泵的热经济性分析

图 7-23 所示为锅炉给水泵采用汽动和电动两种驱动方式的简单热力系统及其热力过程线，其中图 7-23（a）中的实线部分表示汽动给水泵热力系统，虚线部分为电动给水泵热力系统。进行汽动给水泵和电动给水泵的热经济性分析比较时，假定主汽轮机的初、终蒸汽参数相同，给水温度和新蒸汽耗量为定值，在此条件下，图 7-23（b）中的 A-C 线为主汽轮机的热力过程线，B-C′ 线为给水泵汽轮机的热力过程线。

采用给水泵汽轮机驱动给水泵时，从给水侧计算时，给水泵汽轮机的功率输出方程为

$$W_{dt} = \frac{G_{fw}(p''_{pu} - p'_{pu})v_{pu} \times 10^3}{\eta_{pu}\eta_m^{dt}} = \frac{G_{fw}\Delta h_{pu}^a}{\eta_{pu}\eta_m^{dt}} \tag{7-6}$$

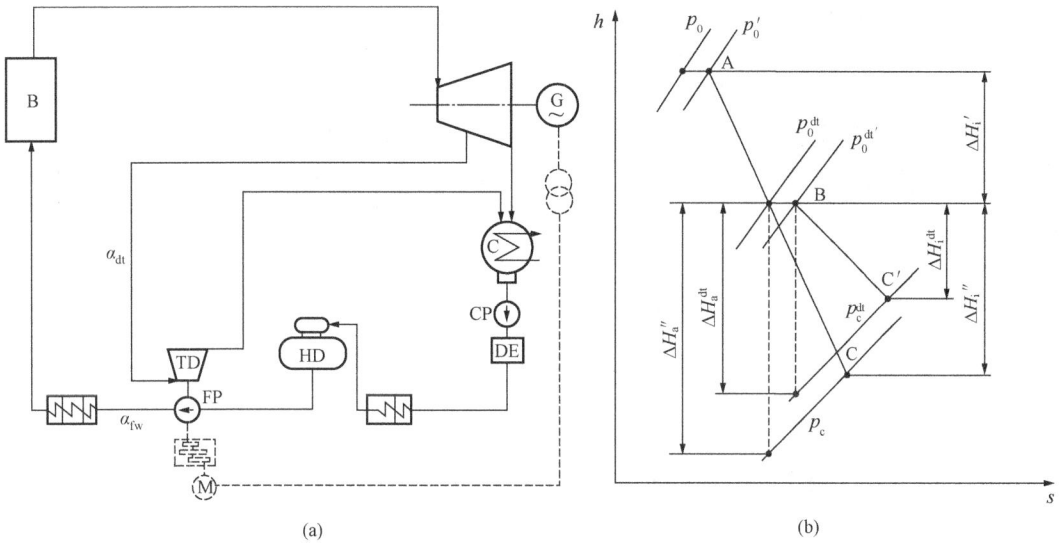

图 7-23　给水泵两种驱动方式的简单热力系统及其热力过程线

(a) 简单系统图；(b) 热力过程线

从给水泵汽轮机汽侧计算时，给水泵汽轮机的功率输出方程为

$$W_{dt} = G_{dt} H_a^{dt} \eta_{ri}^{dt} \tag{7-7}$$

式中　$W_{dt}$——给水泵汽轮机的轴端输出功率，kW；

　　　　$G_{fw}$——给水泵流量，kg/s；

　　　　$G_{dt}$——给水泵汽轮机的进汽流量，kg/s；

　$p_{pu}''$、$p_{pu}'$——给水泵的出口、进口水的压力，MPa；

　　　　$v_{pu}$——给水在泵内的平均比体积，m³/kg；

　　　　$\eta_{pu}$——给水泵效率，一般取 70%～80%；

　　　　$\eta_{m}^{dt}$——给水泵汽轮机的机械效率，一般取 97.5%～98%；

　　　　$\eta_{ri}^{dt}$——给水泵汽轮机的相对内效率；

　　　　$H_a^{dt}$——节流后蒸汽在给水泵汽轮机中的理想比焓降，kJ/kg；

　　　　$\Delta h_{pu}^{a}$——理想泵功，亦即给水在给水泵中的比焓升，kJ/kg。

由式（7-6）和式（7-7）可得，给水泵汽轮机的进汽流量为

$$G_{dt} = \frac{G_{fw} \Delta h_{pu}^{a}}{H_a^{dt} \eta_{ri}^{dt} \eta_{m}^{dt} \eta_{pu}} \tag{7-8}$$

当考虑进入给水泵汽轮机蒸汽的节流损失时，其节流损失系数为

$$\eta_{th} = \frac{H_a^{dt}}{H_a''} = \frac{H_a^{dt} \eta_{ri}}{H_i''} \tag{7-9}$$

将式（7-8）代入式（7-7）可得，给水泵汽轮机的进汽流量可写为

$$G_{dt} = \frac{G_{fw} \cdot \Delta h_{pu}^{a} \cdot \eta_{ri}}{H_i'' \cdot \eta_{th} \cdot \eta_{ri}^{dt} \cdot \eta_{m}^{dt} \cdot \eta_{pu}} \tag{7-10}$$

式中 $\eta_{ri}$——主汽轮机的相对内效率，%；

$\quad\quad\eta_{th}$——给水泵汽轮机的节流损失系数，%；

$\quad\quad H_i''$——进入给水泵汽轮机前的未节流蒸汽在主机内的实际比焓降，kJ/kg；

$\quad\quad H_a''$——进入给水泵汽轮机前的未节流蒸汽在主机内的理想比焓降，kJ/kg。

若将主蒸汽流量计作 1kg，则给水泵汽轮机进口蒸汽系数为 $\alpha_{dt}$，给水流量系数为 $\alpha_{fw}$，则当采用汽动泵或电动泵时，主汽轮机的输出比内功分别为

采用汽动泵时

$$w_i^{dt} = H_i' + (1 - \alpha_{dt})H_i'' \quad (kJ/kg) \tag{7-11}$$

采用电动泵时

$$w_{ie} = H_i' + H_i'' \quad (kJ/kg) \tag{7-12}$$

采用电动泵时，扣除电动泵耗功后的主汽轮机的输出比内功为

$$w_{ie}' = H_i' + H_i'' - \frac{\alpha_{fw}\Delta h_{pu}^a}{\eta_{pu}\eta_m\eta_g\eta_{g-pu}} \quad (kJ/kg) \tag{7-13}$$

式中 $\alpha_{dt}$——相对于主蒸汽流量为 1kg 时的给水泵汽轮机进口蒸汽系数；

$\quad\quad\alpha_{fw}$——相对于主蒸汽流量为 1kg 时的给水流量系数；

$\quad\quad\eta_{g-pu}$——考虑从汽轮发电机至拖动电动给水泵的一系列损失，包括电网输电与变压器损失、调速器和液力耦合器的损失以及拖动给水泵的电动机损失。

综上，采用汽动泵的热经济性的合理条件为

$$w_i^{dt} > w_{ie}' \tag{7-14}$$

故由式（7-14）和式（7-10）、式（7-11）、式（7-13）可得

$$\left(1 - \frac{\alpha_{fw}\Delta h_{pu}^a \eta_{ri}}{H_i'' \eta_{th}\eta_{ri}^{dt}\eta_m^{dt}\eta_{pu}}\right)H_i'' > H_i'' - \frac{\alpha_{fw}\Delta h_{pu}^a}{\eta_{pu}\eta_m\eta_g\eta_{g-pu}} \tag{7-15}$$

或

$$\eta_{th}\eta_{ri}^{dt}\eta_m^{dt} > \eta_{ri}\eta_m\eta_g\eta_{g-pu} \tag{7-16}$$

由式（7-16）可知，只有当给水泵汽轮机的相对内效率 $\eta_{ri}^{dt}$ 足够高时，才能满足式(7-16)的条件，这时采用汽动泵在热经济性上才是合理的，其数值与主机的相对内效率 $\eta_{ri}$ 有很大关系，一般 $\eta_{ri}^{dt} = 75\%$ 左右时，适合采用汽动给水泵。$\eta_{ri}^{dt}$ 越高，采用汽动给水泵的热经济性越显著。

对于再热式机组采用汽动泵的热经济性条件式，也可采用类似的方法导出。

（五）除氧给水系统全面性热力系统举例

某电厂 1000MW 火电机组除氧给水系统的全面性热力系统如图 7-24 和图 7-25 所示。

该系统的组成特点如下：

（1）除氧器。除氧器采用定—滑—定运行方式，设置有两路汽源，即汽轮机第四段抽汽和辅汽，任一路均能满足除氧和加热的要求。在四抽管路上只设汽轮机防进水阀门，不设调节阀，实现滑压运行。在机组启动或甩负荷时，为保证除氧效果以及机组在调峰运行时或机组停运期间不使除氧器的凝结水与大气接触，加热蒸汽改由辅助蒸汽提供。当汽轮机跳闸，除氧器压力降至 0.147MPa 时，辅助蒸汽调节阀自动开启，辅助蒸汽投入。

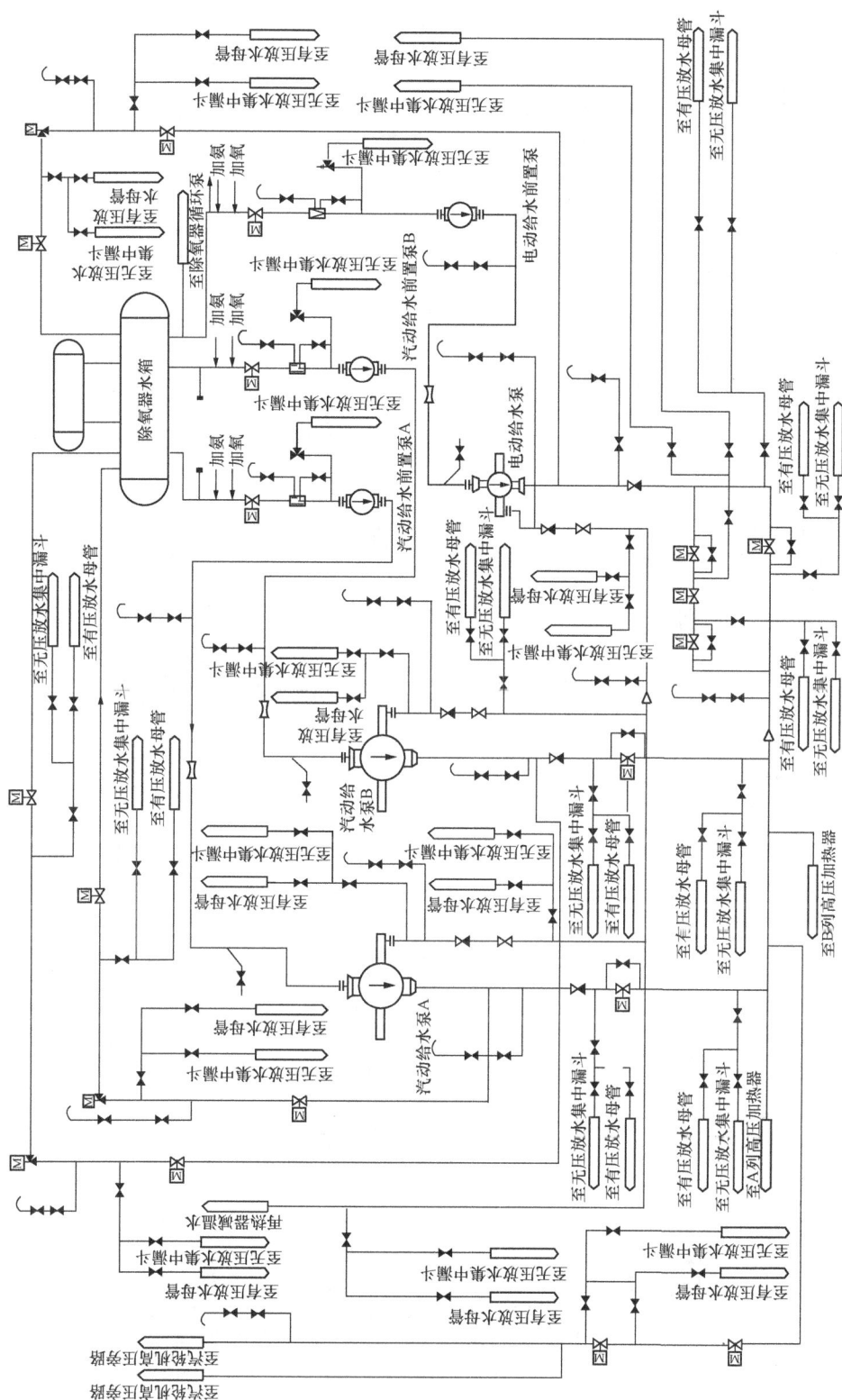

图 7-24　某电厂 1000MW 火电机组除氧给水系统全面性热力系统（一）

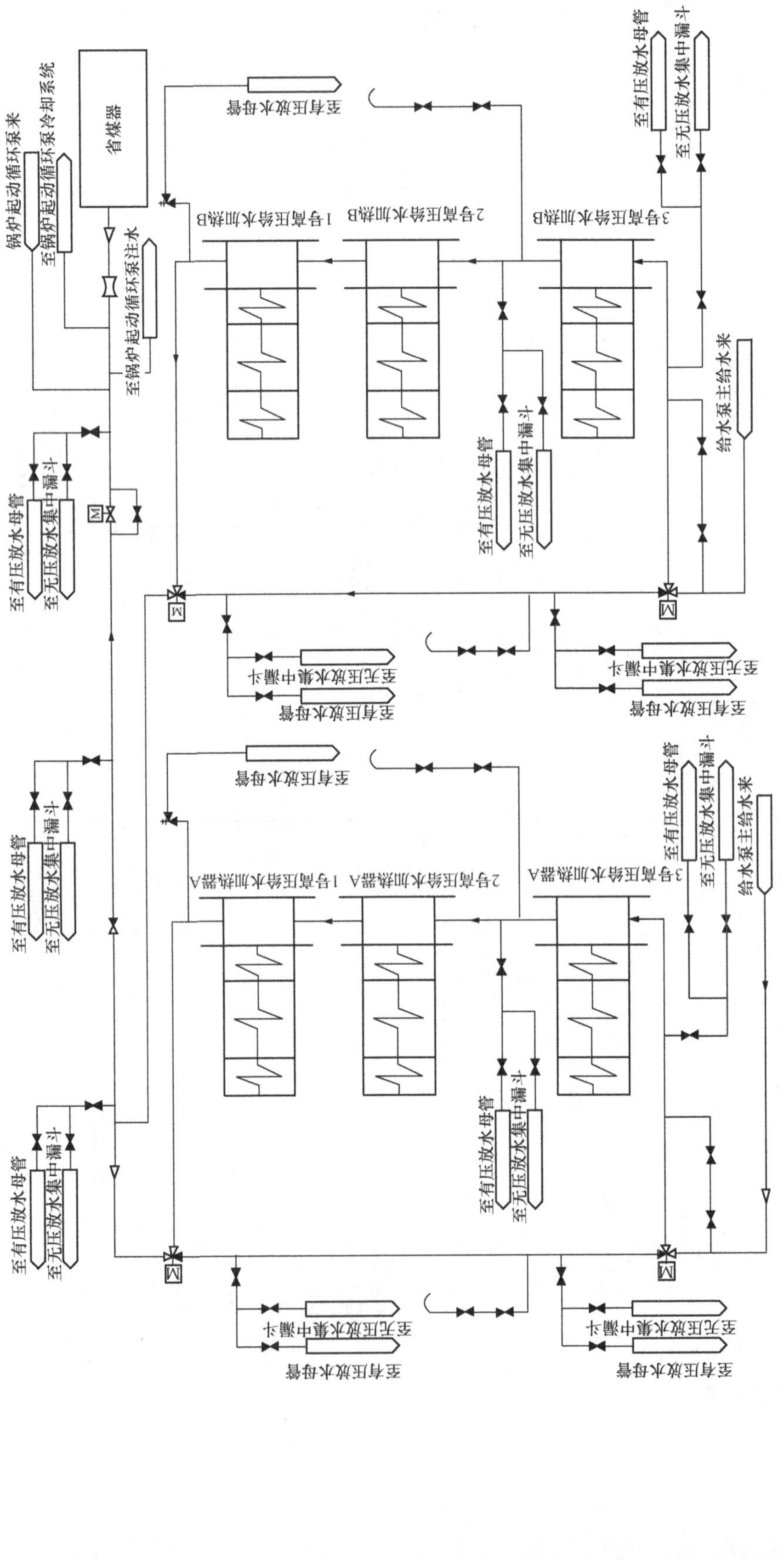

图7-25 某电厂1000MW机组除氧给水系统全面性热力系统（二）

（2）给水泵及其管路。给水系统按最大运行流量（锅炉最大连续蒸发量工况所对应的给水量）设计，机组设置两台50％容量的汽动给水泵和一台25％容量的启动备用电动给水泵。

每台汽动给水泵配置一台同轴汽动前置给水泵。电动给水泵配有一台与其用同一台电动机驱动的前置给水泵，电动机直接与前置泵连接，通过液力耦合器传递转矩与改变转速使主给水泵改变流量与出口压力。在一台汽动给水泵出现故障时，电动主给水泵和另一台汽动给水泵并列运行可以满足汽轮机输出83％铭牌功率的需要。

给水从除氧器水箱由三根管道引出，分别接至两台启动前置给水泵和一台电动前置给水泵。在各前置给水泵进口管道上，均装有电动蝶阀和锥形滤网。蝶阀用于水泵检修隔离，滤网可防止除氧器水箱中积存的残渣进入泵内，每台前置给水泵对应一台主给水泵，各给水泵出口通过止回阀和电动隔离阀接入给水母管，然后给水分别送到A列和B列高压加热器。

（3）给水小流量回路。为防止给水泵低负荷时发生汽蚀，在每台主给水泵出口引出一路再循环管路，通过两个电动隔离阀和一个启动调节阀返回到除氧器水箱，以保证在低负荷条件下通过给水泵的流量不低于允许的最小流量。

（4）减温水。再热减温水来自各汽动给水泵和电动给水泵的中间抽头，经过止回阀和手动隔离阀后，汇入母管后再引至锅炉再热器的减温器；过热减温水来自省煤器的入口水管道；汽轮机高压旁路减温水从给水泵出口母管引出。

（5）给水流量的调节。在给水母管的电动给水泵侧，设置有30％容量的给水调节阀，以增加机组在低负荷下流量调节的灵活性。机组正常运行时，给水流量通过控制给水泵汽轮机或电动给水泵液力耦合器的转速进行调节。

（6）高压加热器及其旁路。本机组配置2×3台50％容量的卧式高压加热器，即高压加热器采用双列布置。每一列三台高压加热器设有大旁路，即在进口设有一个电动三通阀，出口设有快速电动闸阀，任一高压加热器故障解列，都同时切除该列的三台高压加热器，给水经旁路进入省煤器，而另一列仍继续运行。

**三、回热抽汽系统**

将在汽轮机内做了一部分功的蒸汽抽出，用以加热回热加热器中的给水或凝结水。这种由回热抽汽管道及其相应附件组成的系统称为回热抽汽系统。

回热抽汽管道一侧是汽轮机，另一侧是具有一定水位的加热器和除氧器。为了防止在机组甩负荷时由于汽轮机内压力突然降低，回热抽汽管道和各加热器内的蒸汽倒流入汽轮机引起汽轮机超速，同时也为了防止加热器泄露使水从回热抽汽管道进入汽轮机而引起水击事故，在回热抽汽管道上设置了一定的保护装置，主要包括止回阀和电动隔离阀。

1. 止回阀

止回阀主要用途是防止在汽轮机甩负荷或紧急停机时回热抽汽管道和各加热器内的蒸汽倒流入汽轮机，引起汽轮机超速。特别是当回热抽汽管道与辅助蒸汽、给水泵汽轮机相连时，危险性更大。因此，辅助蒸汽、给水泵汽轮机与回热抽汽连接的管道也装设止回阀，以严防蒸汽倒流。

通常，回热抽汽止回阀有以压力水为控制动力的液压止回阀和以压缩空气为动力的气动止回阀。由于气动止回阀控制系统简单，因此在大型机组中得到了广泛应用。当汽轮机超速保护系统（over-speed protection control，OPC）动作时，回热抽汽止回阀快速关闭，以防止汽轮机继续超速。止回阀的安装位置应该尽量靠近汽轮机侧，以减少倒流入汽轮机的蒸汽量。

2. 电动隔离阀

电动隔离阀是隔离回热抽汽管道的部件，其作用是防止加热器水位过高而进入汽轮机。当任何一台加热器因管系破裂或疏水不畅使水位升高到事故警戒水位时，通过水位信号，自动关闭相应抽汽管道上的电动隔离阀，与此同时，该抽汽管道上的止回阀以及来自上级加热器的疏水阀也自动关闭。电动隔离阀的另一个作用是在加热器停用时，切断加热器的汽源。

电动隔离阀前后、止回阀前后的抽汽管道低位点，均设有疏水阀。当任何一个电动隔离阀关闭时，连锁打开相应的疏水阀，排出抽汽管道内可能积聚的凝结水，防止汽轮机进水。

回热抽汽系统对汽轮机运行热经济性和安全性均产生很大影响。抽汽压损增大，将使本级加热器汽侧压力降低，加热器出口水温降低，回热抽汽量减少，同时使相邻压力较高加热器的抽汽量增大，循环热效率降低。汽轮机实际运行过程中，抽汽压损增大通常是由于抽汽管道的止回阀、隔离阀误关或开度不够造成的。

3. 回热抽汽全面性热力系统举例

某电厂超临界 1000MW 机组的回热抽汽全面性热力系统如图 7-26 所示。

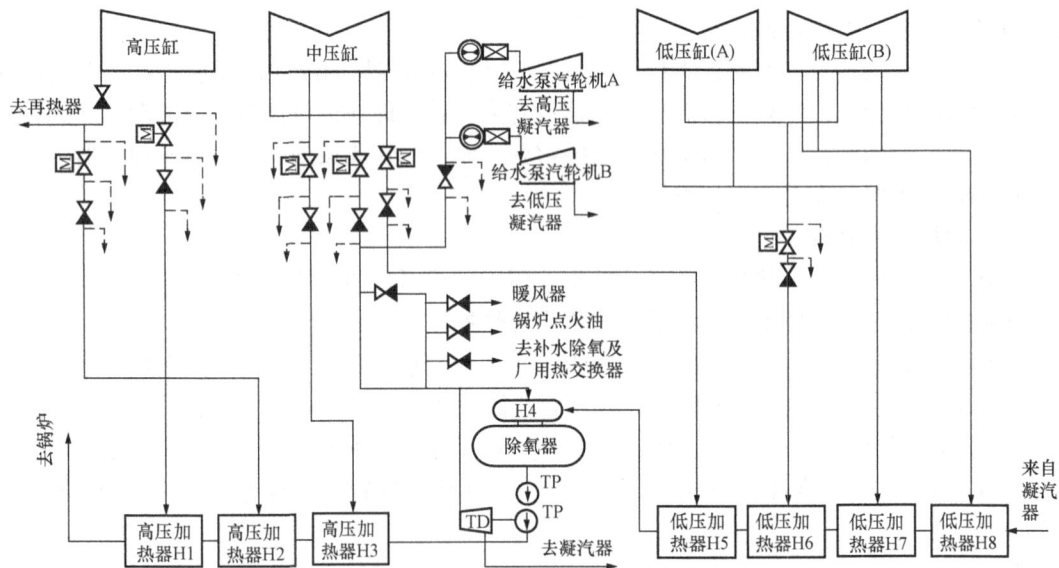

图 7-26 超临界 1000MW 机组的回热抽汽全面性热力系统

机组共有八级不调整抽汽。高压缸共两级，第一级供高压加热器 H1，第二级为高压缸排汽，供高压加热器 H2；中压缸共三级，第三级供高压加热器 H3，第四级供除氧器 H4、给水泵汽轮机和辅助蒸汽联箱，第五级供低压加热器 H5；低压缸共三级，分别供低压加热器 H6、H7 和 H8。在第一至第六级抽汽管道上，均设置有回热抽汽止回阀和电动隔离阀，并且在第四级抽汽通往给水泵汽轮机和辅助蒸汽联箱的各管道上，也都设置有回热抽汽止回阀，以便防止蒸汽和水倒流入汽轮机。第七、第八级抽汽管道上未装设任何阀门，其原因是：低压加热器 H7 和 H8 均安装在凝汽器喉部，其抽汽压力已经很低，即使机组甩负荷，蒸汽倒流入汽轮机，因其焓降很小，引起超速的可能性不大，并且在加热器疏水和凝结水管道上采取防止汽轮机进水的措施，这样就可省去不易加工制造且布置安装不便的大口径阀门。但是，当这两台加热器管束严重泄露时，汽轮机仍有进水的危险，此时必须停机处理。

此外，每根抽汽管道上都装有吸收管道热膨胀量的膨胀节。

**四、回热加热器的疏水和放气系统**

某电厂 1000MW 机组回热加热器的疏水和放气全面性热力系统如图 7-27～图 7-29 所示，系统特点如下所述。

1. 回热加热器的疏水系统

回热抽汽在表面式加热器中放热后的凝结水称为加热器的疏水，由回热加热器的疏水管道及其相应附件组成的系统称为回热加热器的疏水系统。其作用是：回收回热加热器内抽汽的凝结水，并及时输送到其他地方去；保持加热器内的疏水水位在正常范围，防止汽轮机进水。按照加热器的类型来划分，它可以分为高压加热器疏水和低压加热器疏水；对应不同压力加热器的疏水，又根据运行工况的不同，分为正常疏水、启动疏水和事故疏水。

(1) 高压加热器疏水。正常运行工况时，高压加热器的正常疏水通过逐级自流方式流入除氧器，即高压加热器 H1 疏水自流入高压加热器 H2，再自流入高压加热器 H3，最后流入除氧器。各个加热器疏水管道上均设置有疏水调节阀，以便对加热器水位进行调节。每个调节阀后均设有隔离阀和止回阀。在机组启动阶段，由于加热器启动疏水中可能含有铁屑等固体杂质，各台高压加热器的疏水直接排至地沟。

事故疏水管道兼做启动疏水管道，在下列情况下，开启事故疏水阀。①当高压加热器管束破裂或管板焊口泄漏，给水进入加热器汽侧，正常疏水调节阀故障或疏水流动不畅；②下级高压加热器或除氧器水箱水位升高后发生事故，关闭上一级加热器的疏水调节阀，上一级加热器的疏水无出路；③低负荷工况下，加热器之间压差减小，正常疏水不能逐级自流。

通过开启事故疏水阀，疏水通过每台高压加热器的事故排水管道进入疏水扩容器，经扩容降压后排入凝汽器。

(2) 低压加热器疏水。正常运行工况时，对于不使用疏水泵的系统，各低压加热器的疏水依靠各级之间的压力差逐级自流进入凝汽器。该 1000MW 机组在低压加热器 H6 处设置了一台疏水泵，上级加热器 H5 的疏水经疏水调节阀逐级自流进入带有疏水泵的低压加热器 H6，并会同 H6 的疏水由疏水泵打入 H6 出口的主凝结水管道。低压加热器 H7 和 H8 共用一个疏水冷却器，然后再自流入凝汽器。

各级低压加热器的事故疏水管道兼做启动疏水管道。各级低压加热器的事故疏水均直接排至疏水箱。当疏水泵发生事故时，疏水可经多级 U 形水封管排入凝汽器。

2. 回热加热器的放气系统

表面式回热加热器汽侧均设置有放气系统，用以排除蒸汽凝结过程中析出的不凝结气体，

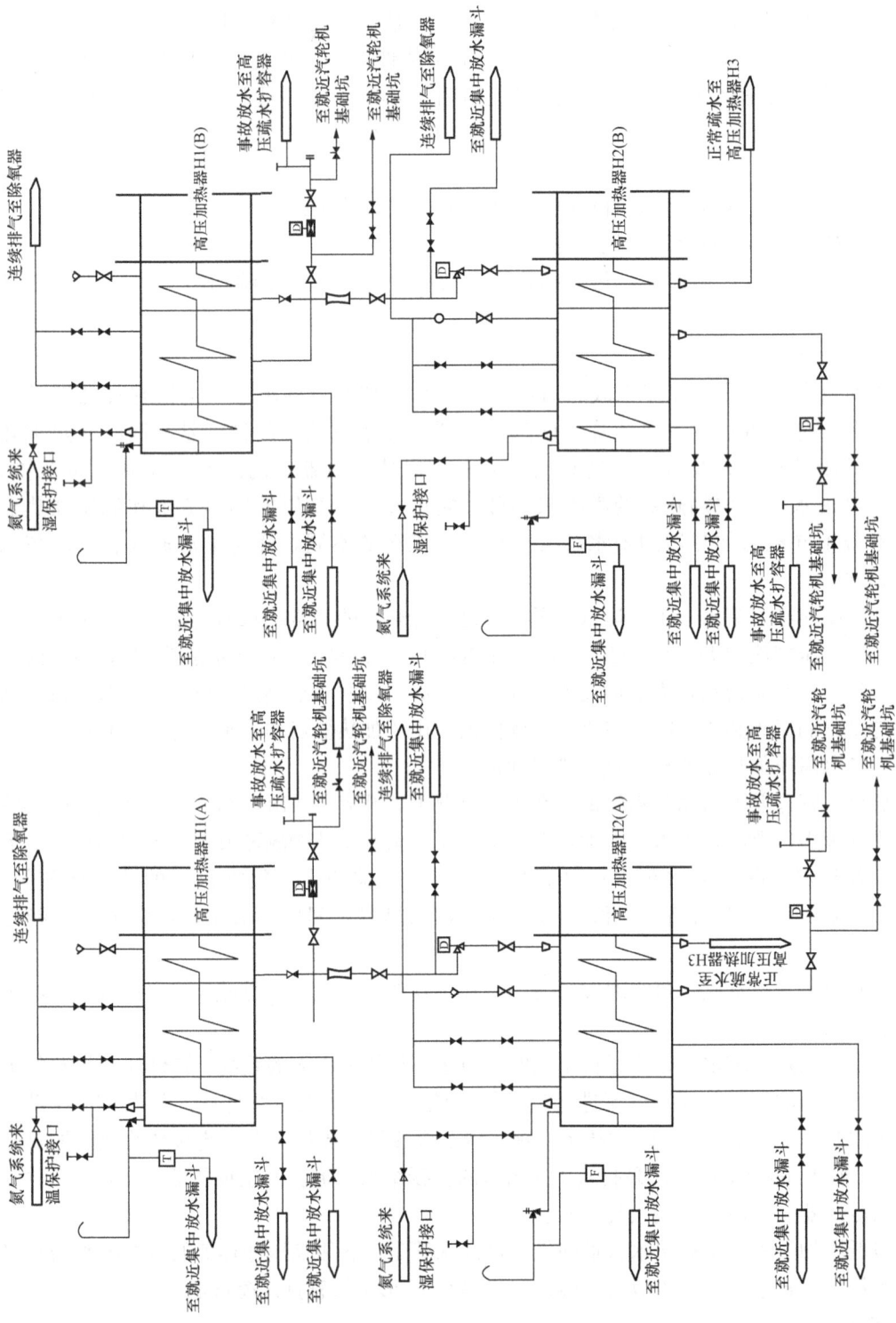

图 7-27 某电厂 1000MW 机组高压加热器的疏水和放气全面性热力系统（一）

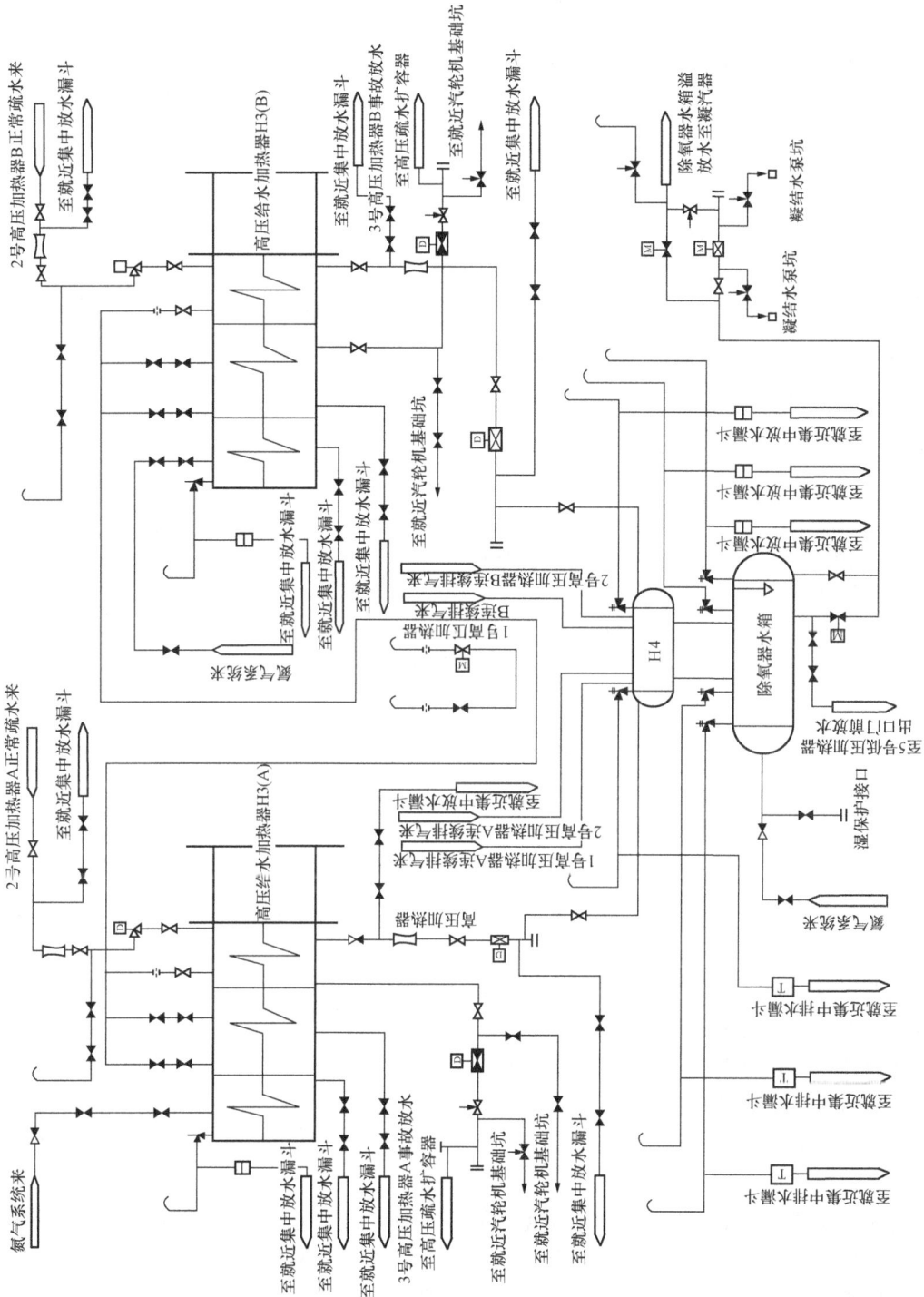

图 7-28 某电厂 1000MW 机组高压加热器的疏水和放气全面性热力系统（二）

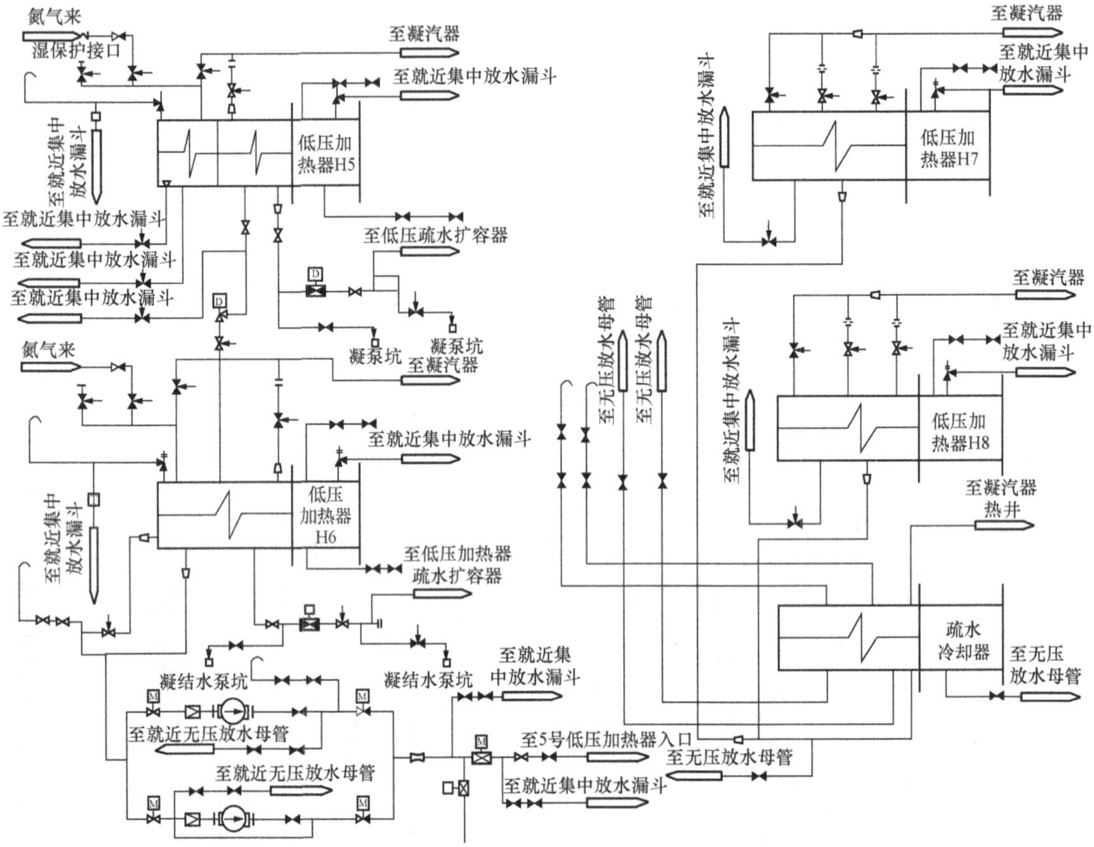

图 7-29　某电厂1000MW机组低压加热器的疏水和放气全面性热力系统（三）

减小回热加热器的传热热阻，增强传热效果，防止气体对热力设备的腐蚀，提高回热加热器的运行经济性和安全性。每台加热器的汽侧安装有启动放气和连续放气装置，启动放气用于机组启动和水压试验时迅速放气，连续放气用于机组正常运行时连续排除加热器内的不凝结气体。

该机组的高压加热器，每台都设置有启动放气管两根，连续放气管一根；每根启动放气管通过两个隔离阀排入放气母管，连续放气管通过一个截止阀和单级节流孔板引入放气母管，放气母管与除氧器相连，然后经除氧器排气管排入大气或引至凝汽器；节流孔板的作用是防止过多的蒸汽随空气一起排放出去。每台低压加热器均只设置一个启动放气门，其放气分别从各加热器引出，经一个真空阀和一个单级节流孔板进入低压加热器放气母管，然后进入放气总管，接入凝汽器。

每台加热器的工作压力不同，为了避免相邻两台加热器放气系统构成循环回路，影响压力较低的加热器排气，设计时应采取以下措施：压力较低加热器排气至母管的接口应在压力较高加热器排气接口的下游；排气母管的管径要足够大。在汽侧压力大于大气压的加热器和除氧器上，均设置有溢流阀作为超压保护。加热器充氮系统的作用是在机组长期停用时，充以氮气或化学处理水，用作加热器的防腐保护。

**五、主凝结水系统**

1. 主凝结水系统的组成和作用

主凝结水系统一般由凝结水泵、凝结水储存水箱、凝结水输送泵、凝结水收集箱、凝结水精除盐装置、轴封冷却器、低压加热器等主要设备及其连接管道、阀门及附件等组成。其主要作用是：①把凝结水从凝汽器热井由凝结水泵抽出，经除盐装置、轴封冷却器、低压加热器送至除氧器；②对凝结水进行加热、除氧、化学处理和除杂质；③向有关用户提供水源，如热力设备的密封水、减温器的减温水、汽轮机低压缸的喷水等。

2. 主凝结水系统的设计

GB 50660—2011 规定，凝结水系统的设计应符合下述规定的要求。

（1）凝结水泵的容量。凝汽式火电机组，凝结水泵出口的总容量（不包括备用凝结水泵）应满足输送最大凝结水量的要求，最大凝结水量应为下述各项之和的 110%：①汽轮机调节阀全开工况时的凝汽量；②进入凝汽系统的经常疏水量；③进入凝汽系统的正常补水量；④其他杂用水。

当备用凝结水泵短期投入运行时，凝结水泵出口的总容量应满足低压加热器可能排入凝汽系统的事故疏水量或旁路系统投入运行时凝结水量输送的要求。

供热式火电机组，设计热负荷工况下的凝结水量应为下述各项之和的 110%：①机组在设计热负荷工况下运行时的凝汽量；②进入凝汽系统的经常疏水量；③进入凝汽系统的正常补水量。

最大凝结水量应为下列工况凝结水量的 110%：①当补给水正常不补入凝汽系统时，应按照纯凝汽工况计算，其计算方法应符合凝汽式火电机组凝结水泵容量的规定；②当补给水正常补入凝汽系统时，应分别按照最大抽汽工况和纯凝汽工况计算，经比较后取较大值。

（2）凝结水泵的数量。对于凝汽式火电机组，宜装设 2 台凝结水泵，单台容量应为最大凝结水量的 100%；也可装设 3 台凝结水泵，单台容量应为最大凝结水量的 50%，其中 1 台为备用。对于工业抽汽式供热机组或工业、采暖双抽式供热机组，每台机组宜装设 2 台凝结水泵；每台泵的容量应分别按 100% 设计热负荷工况下的凝结水量和 50% 最大凝结水量计算，取其较大值。对于凝汽采暖两用机组，宜装设 3 台容量各为最大凝结水量 50% 的凝结水泵。

（3）凝结水升压泵的设置。凝结水系统宜采用一级凝结水泵。当全部凝结水需要进行处理且采用低压凝结水除盐设备时，应设置凝结水升压泵，其台数和容量应与凝结水泵相同。在设备条件具备时，宜采用与凝结水泵同轴的凝结水升压泵。

（4）凝结水泵的扬程。凝结水泵的扬程应为下列各项计算值之和：①汽轮机调节阀全开工况时，从凝汽器热井到除氧器凝结水入口（包括喷雾头）之间管道的凝结水的流动阻力，并另加 20% 的裕量；②除氧器凝结水入口与凝汽系统热井最低水位间的水柱静压差；③除氧器最大工作压力；④凝汽器的最高真空；⑤凝结水系统设备的阻力。

（5）补充水系统。再热机组的补充水在进入凝汽系统前，宜按系统的需要装设补给水箱和补给水泵，经技术经济比较合理，也可以利用锅炉补给水处理系统的除盐水箱，可不另设补给水箱。

凝汽式机组补给水箱的容积，300MW 级以下机组不宜小于 50m³；300MW 级机组不宜小于 100m³；600MW 级机组不宜小于 300m³；1000MW 级机组不宜小于 500m³。工业抽汽供热机组补给水箱的容积宜根据热负荷情况来确定。亚临界及以下参数的湿冷机组补给水泵可不设备用，超（超）临界参数的湿冷机组应根据补给水接入凝汽器的接口位置确定是否设置备用，其总出力应按锅炉启动时的补水量要求选择。空冷机组正常运行用补给水泵宜设置备用，其中 1 台应兼做启动用补给水泵。

（6）低压加热器的换热面积。低压加热器换热面积计算宜以汽轮机最大连续功率工况为设计工况，应留有 10% 的面积裕量，并应校核在汽轮机阀门全开工况下，介质流速不应超过所采用标准的规定值。

（7）疏水泵的数量、容量及扬程。如需配置低压加热器的疏水泵，每台加热器宜设置 2 台疏水泵，其中 1 台为备用。疏水泵的容量应按照在汽轮机调节阀全开工况时接入该泵的低压加热器的疏水量之和计算，并应另加 10% 的裕量。

低压加热器疏水泵的扬程应为下列各项计算值之和：①按照汽轮机最大凝结水量对应工况计算的从低压加热器到除氧器凝结水入口（包括喷雾头）之间管道的介质流动阻力，并另加 10%～20% 的裕量；②除氧器凝结水入口与低压加热器最低水位间的静压差；③除氧器最大工作压力；④最大凝结水量对应工况下低压加热器内的真空，如为正压时，应取负值。

（8）低压加热器主凝结水旁路。当某台低压加热器故障解列或停运，将凝结水通过旁路进入除氧器，可确保机组的连续运行。为此，加热器一般都设置有旁路系统，每台加热器均设置一个旁路者称为小旁路，两台及以上加热器共设一个旁路者称为大旁路。大旁路具有系统简单、阀门少、节省投资等优点，但是当一台加热器故障时，该旁路中的其余加热器也随之解列停运，凝结水温度大幅度降低，这不仅降低了机组运行的热经济性，而且使除氧器进水温度降低，工作不稳定，除氧效果变差。小旁路和大旁路恰恰相反。因此，低压加热器的主凝结水系统多采用大、小旁路联合应用的方式。

（9）凝结水最小流量再循环。为使凝结水泵在启动或低负荷时不发生汽蚀，同时保证轴封加热器有足够的凝结水量流过，使轴封漏汽能完全凝结下来，以维持轴封加热器中的微负压状态，在轴封加热器后的主凝结水管道上设有返回凝汽器的凝结水最小流量再循环管。

（10）各种用水的取水点选择。对于要求使用纯净压力水的各种减温水及杂项用水管道，其取水点宜接在凝结水泵出口或除盐装置后的管道上。

3. 主凝结水系统举例

某电厂 1000MW 机组的主凝结水系统如图 7-30 和图 7-31 所示。

**六、汽轮机的轴封蒸汽系统**

1. 轴封蒸汽系统的组成和作用

轴封蒸汽系统主要由密封装置、轴封蒸汽母管、轴封加热器等设备及相应的管道和阀门等组成。其主要作用是：①向汽轮机、给水泵汽轮机的轴封和主汽阀、调节阀的阀杆汽封供送密封蒸汽，同时将各汽封的漏汽合理导向或抽出；②在汽轮机的高压区段，防止蒸汽向外泄露，以确保汽轮机有较高的效率；③在汽轮机的低压区段，防止外界的空气漏入汽轮机内部，以确保汽轮机有尽可能高的真空，保证汽轮机组的高效率。

因此，进行轴封蒸汽系统设计时必须考虑：回收利用轴封漏汽，低压低温汽源的应用，防止蒸汽由端轴封漏入大气，防止空气漏入真空部分。

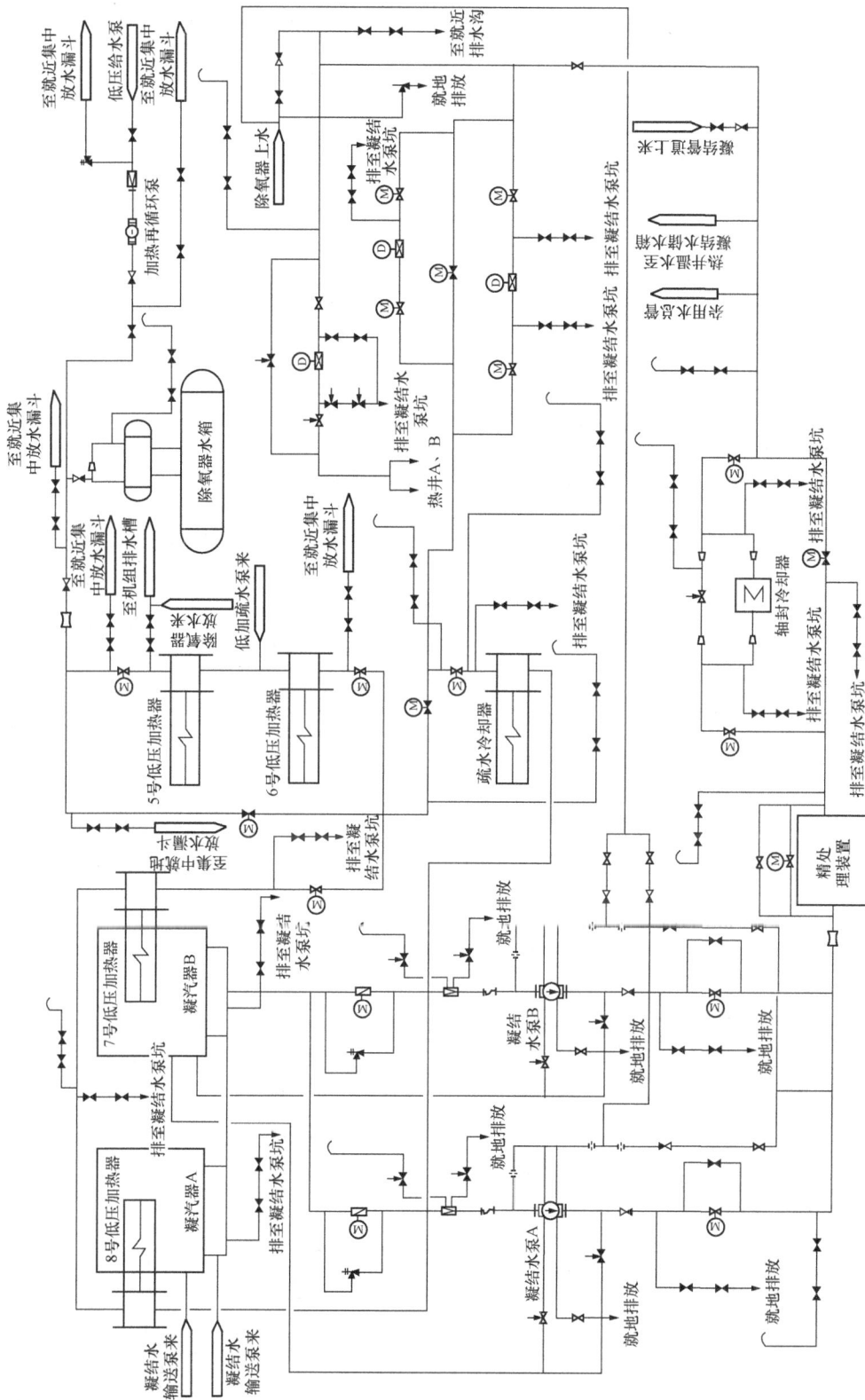

图 7-30　某电厂 1000MW 机组主凝结水系统 （一）

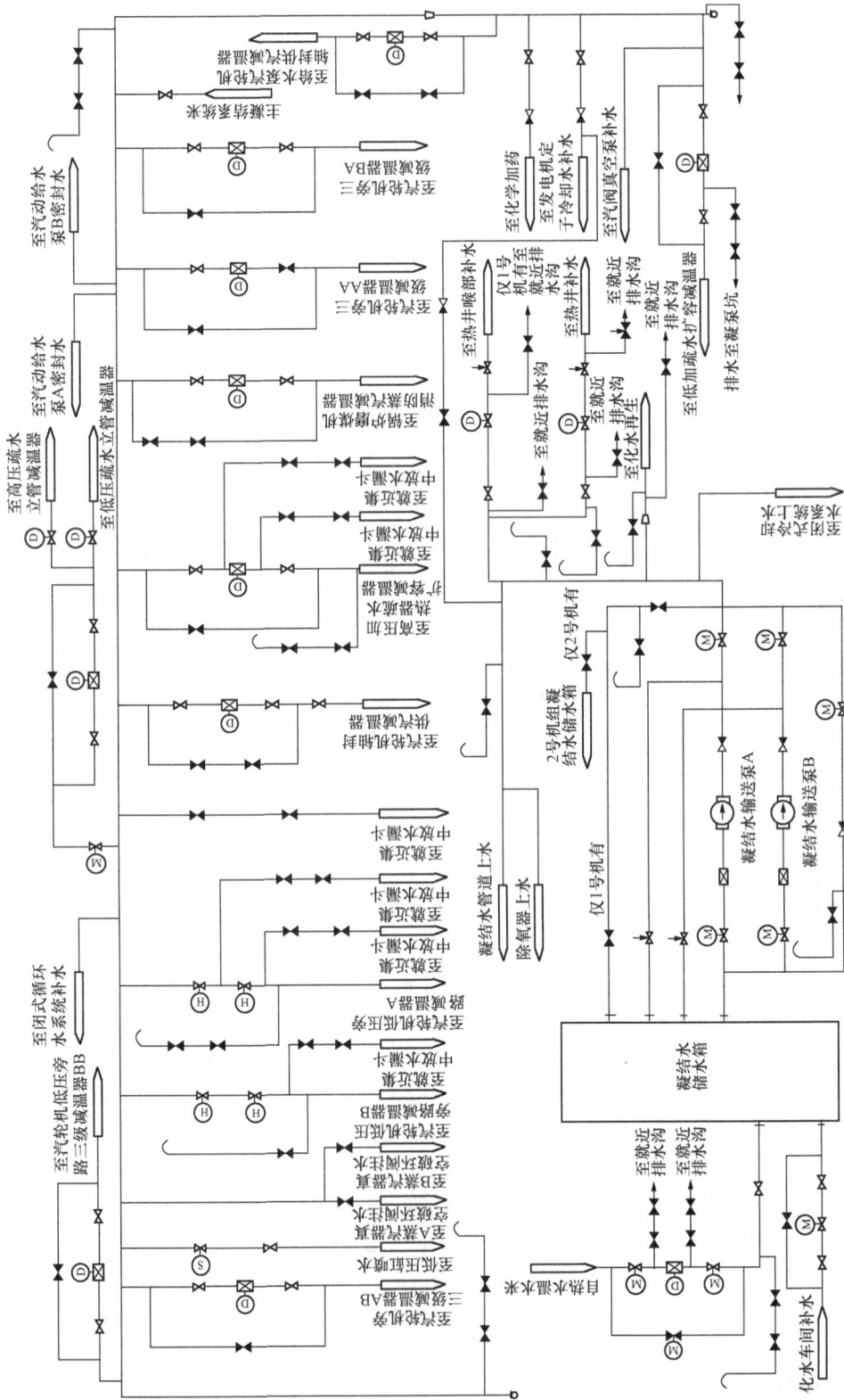

图 7-31　某电厂 1000MW 机组主凝结水系统（二）

目前，大型汽轮机轴封系统普遍采用自密封系统，亦即高、中压缸轴封漏汽通过轴封供汽母管，对低压缸轴封进行供汽。

2. 轴封蒸汽系统举例

某电厂 1000MW 机组的轴封蒸汽系统如图 7-32 所示。该系统由汽轮机的轴封装置、轴封冷却器、轴封风机、轴封压力调节阀以及相应的管道、阀门等部件组成。

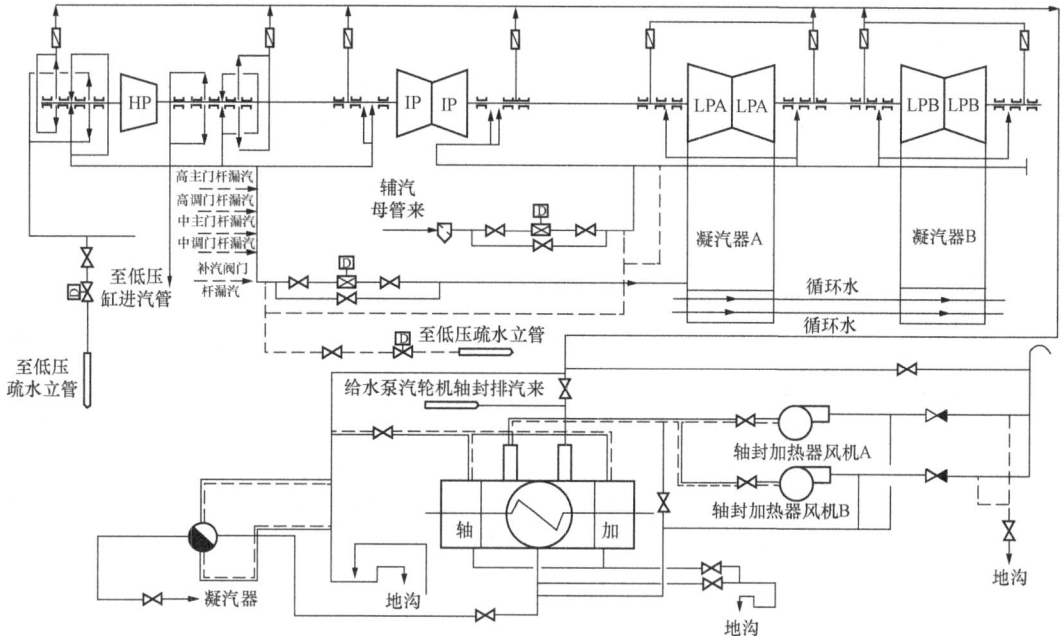

图 7-32　某电厂 1000MW 机组的轴封蒸汽系统

汽轮机高、中、低压缸的内外压差较大，正常运行时，高压缸轴封要承受很高的正压差，中压缸轴封次之，而低压缸则要承受很高的负压差。因此，这三个汽缸的轴封设计有较大的区别。为实现蒸汽不外泄、空气不内漏的轴封设计准则，除通过结构设计减小通过轴封的蒸汽或空气的通流量外，还必须借助外部调节控制手段阻止蒸汽的外泄和空气的内漏。因此，汽缸轴封必然设计成多段多腔室结构。为阻止蒸汽外泄到大气，避免轴承的润滑油带水，应使与大气交界的腔室处于微真空状态；为防止空气漏入汽缸，应使与蒸汽交界的腔室处于正压状态。

在机组启动时，轴封蒸汽系统的汽源主要来自辅助蒸汽母管。为了防止杂质进入端轴封，供汽母管上设有蒸汽过滤网。进入轴封的辅汽供汽压力靠调节器调压，调压后的辅助蒸汽随时由压力表、温度表监测，使辅助蒸汽在各种工况下维持其压力和温度的正常值。此外，还有一部分轴封汽来自高、中压主汽阀和调节汽阀的门杆漏汽，这些蒸汽进入轴封蒸汽母管。通过调节汽封供汽阀，使轴封蒸汽压力略高于大气压力。此时，汽封溢流阀处于关闭状态。

随着机组负荷的增加，高、中压缸的轴封漏汽和高、中压主汽阀和调节汽阀的门杆漏汽也相应增加，致使轴封蒸汽压力上升。于是，汽封供汽压力调节阀逐渐将进汽阀关小，以维持轴封蒸汽压力为正常值。若轴封蒸汽调压阀无法满足要求，如调压阀故障或轴封蒸汽进口阀门前蒸汽压力太低，则轴封调压旁路必须打开。轴封蒸汽调压阀的进出口阀门可以隔离轴封蒸汽调压阀。当汽封供汽压力调节阀全关时，轴封蒸汽系统的汽源切换为高、中压主汽阀和调节汽阀的门杆漏汽。此时轴封蒸汽压力改为由汽封溢流阀控制，汽封溢流阀可将多余的蒸汽排至凝汽器。如果溢流调节阀达到其行程末端，或者运行中出现故障而多余蒸汽无法排放时，手动溢流旁路阀必须打开。溢流调节阀达到其行程末端的一个可能原因是轴封蒸汽系统中的溢流蒸汽太多。

由于高压缸前端轴封的漏汽压力、温度较高，故高压缸前端轴封较长，由 5 段 4 腔室组成，后端轴封由 4 段 3 腔室组成。机组正常运行时，为了不使高温汽流外泄，辅助蒸汽直接送入高压缸第 3 个前轴封汽室（由内往外，下同）和第 2 个后轴封汽室。高压缸第 2 个前轴封汽室和第 1 个后轴封汽室内的漏汽直接引至中压缸排汽管道，而第 4 个前轴封和第 3 个后轴封汽室内的漏汽则通过高压缸轴封回汽阀汇集至低压汽封漏汽母管；中压缸前、后两端各有 3 段 2 腔室，辅助蒸汽被分别送入两端第 1 段轴封后的汽室和第 2 段轴封前的汽室，而两端第 2 个轴封汽室内的漏汽同样通过轴封回汽阀汇集至低压汽封漏汽母管；低压缸端轴封均由 3 段 2 腔室组成，两端第 1 个轴封汽室与汽封密封蒸汽母管相连，两端第 2 个轴封汽室内的漏汽汇集至低压汽封漏汽母管。

汽轮机（包括给水泵汽轮机）最外侧轴封的回汽（轴封泄露的蒸汽和空气的混合物）及阀杆漏汽，均通过各自的管道汇集至低压汽封漏汽母管。低压汽封漏汽母管中的汽气混合物随后排入轴封冷却器，蒸汽在轴封冷却器中凝结。轴封冷却器的水源来自凝结水系统，当轴封冷却器故障时，将回汽排到大气中。该轴封冷却器处配有两台 100% 容量的轴封风机，可互为切换、备用，利用一个轴封风机把轴封冷却器中的空气抽出，以确保轴封冷却器的微真空。

轴封蒸汽系统中设置了许多疏水器和疏水阀门，以排出轴封系统启动时由于暖管形成的疏水，保障系统的安全运行。

**七、汽轮机本体疏水系统**

为了有效防止汽轮机进水事故和管道积水而引起的水冲击，必须及时把汽缸和蒸汽管道中积存的凝结水排出，以确保机组的安全运行；回收这部分洁净的凝结水，还可提高机组的热经济性。为此，汽轮机都设置有本体疏水系统，它包括汽轮机本体疏水系统，主蒸汽管道疏水系统，再热蒸汽管道疏水系统，机组旁路管道疏水系统，抽汽管道疏水系统，高、中压主汽阀和调节汽阀的疏水系统，汽轮机轴封疏水系统，疏水扩容器和疏水箱等。

1. 汽轮机本体疏水系统的设计

（1）汽轮机本体疏水点的设置。汽轮机本体疏水点一般设置在容易积聚凝结水的部位及有可能使蒸汽带水的地方，如蒸汽管道的低位点、汽缸下部、阀门前后可能积水处、喷水减温器后、备用汽源管道的死端等，在这些部位设置疏水点，能够将疏水全部排出。

（2）疏水装置及控制。疏水的控制是通过疏水装置实现的。疏水装置包括手动截止阀、电动调节阀、气动调节阀、节流孔板、节流栓和疏水箱等。现代大型机组多采用电动疏水阀或气动疏水阀作为疏水控制的主要机构。电动疏水阀可以自动开关，也可以在集控室由运行人员手动操作控制。气动疏水阀一般为气关式，由电磁阀控制，当电源、气源和信号中断时，阀门向安全的方向（开启方向）动作。以确保疏水畅通，它可以根据机组的运行情况由程序控制自动开启，也可以在集控室由运行人员手动操作控制。手动截止阀、节流孔板、节流栓和疏水箱等一般与以上两种疏水阀配合使用，组成不同的疏水控制方式。由于各处对疏水的要求不同，疏水的控制方式也不尽相同。

（3）疏水管道的布置。疏水管道的布置以及疏水管道和疏水阀内径的确定，应考虑在各种不同的运行方式下都能排出最大疏水量，且在任何情况下管道和阀门内径均应不小于20mm，以免被污染物阻塞。

2. 汽轮机本体及管道疏水系统举例

某电厂 1000MW 机组的本体及管道疏水系统如图 7-5 所示。汽轮机本体疏水系统范围包括汽轮机的本体疏水以及本体管道疏水，即主汽阀及其至汽轮机本体之间的管道疏水，各抽汽止回阀及其至汽缸之间管道的疏水，自密封汽封系统高压汽源控制站、辅助汽源控制站、溢流控制站后供汽母管和供汽支管的疏水，锅炉给水泵汽轮机本体及其管道疏水也接入本系统。

本体疏水系统采用两个矩形疏水扩容器，分别布置于低压凝汽器和高压凝汽器壳体的侧边，低压侧疏水扩容器上接有 21 根疏水集管，主要用于接纳汽轮机本体及管道疏水、主蒸汽调节阀后管道疏水、中压缸冷却阀前后疏水、2 号和 3 号高压加热器事故疏水、6 号低压加热器事故疏水、采暖疏水、锅炉启动疏水等；高压侧疏水扩容器上接有 11 根疏水集管，主要用于接纳给水泵汽轮机的高压供汽管道及其本体疏水、1 号高压加热器和 5 号低压加热器的事故疏水、除氧器溢流放水、锅炉启动疏水等。

汽轮机本体及其管道的疏水支管上设置有电动/气动疏水阀、手动截止阀和节流组件。其中高压主汽阀上阀座疏水、高压调节阀上阀座疏水、中压联合汽阀阀后疏水和抽汽止回阀阀前疏水设置气动疏水阀；高压调节阀后主蒸汽管道疏水、中压联合汽阀阀前疏水、高压内缸疏水和中压缸冷却阀前后疏水设置电动疏水阀。

机组各处的疏水经疏水管道排入布置在疏水扩容器上的相应的疏水集管后进入疏水扩容器。减温水（凝结水）通过喷水管上的喷嘴从扩容器上部喷入，使扩容器内的闪蒸蒸汽温度迅速降低，增加了疏水扩容器的扩容能力。每台扩容器对应一套减温水系统。减温水水源取自凝结水泵后，为防止排堵塞，需经滤水器后才允许通过喷水阀接入疏水扩容器的雾化喷嘴。

**八、机组回热全面性热力系统举例**

图 7-33 所示为某电厂 600MW 机组回热全面性热力系统，其主要特征为：有八级非调整回热抽汽，作为三台高压加热器、四台低压加热器和一台除氧器的加热热源；全部采用逐级自流的疏水回收方式，其中三台高压加热器疏水自流进入除氧器，5 号和 6 号低压加热器自流进入凝汽器，7 号和 8 号低压加热器为连体加热器，与凝汽器合在一起；为了防止回热蒸汽倒流入汽轮机，1～6 级的抽汽管道上均安装有止回阀和隔离阀；3 台高压加热器采用给水大旁路；5 号和 6 号低压加热器各自采用凝结水旁路，7 号和 8 号低压加热器共用一套凝结水旁路；每一台加热器均配有抽空气管道，以便运行时随时抽走加热器中产生的空气，高压加热器中的空气经过除氧器进入凝汽器，低压加热器中的空气直接进入凝汽器；3 号高压加热器的疏水，正常工况时流入除氧器，低负荷工况且除氧器为定压运行方式时，流入 5 号低压加热器。

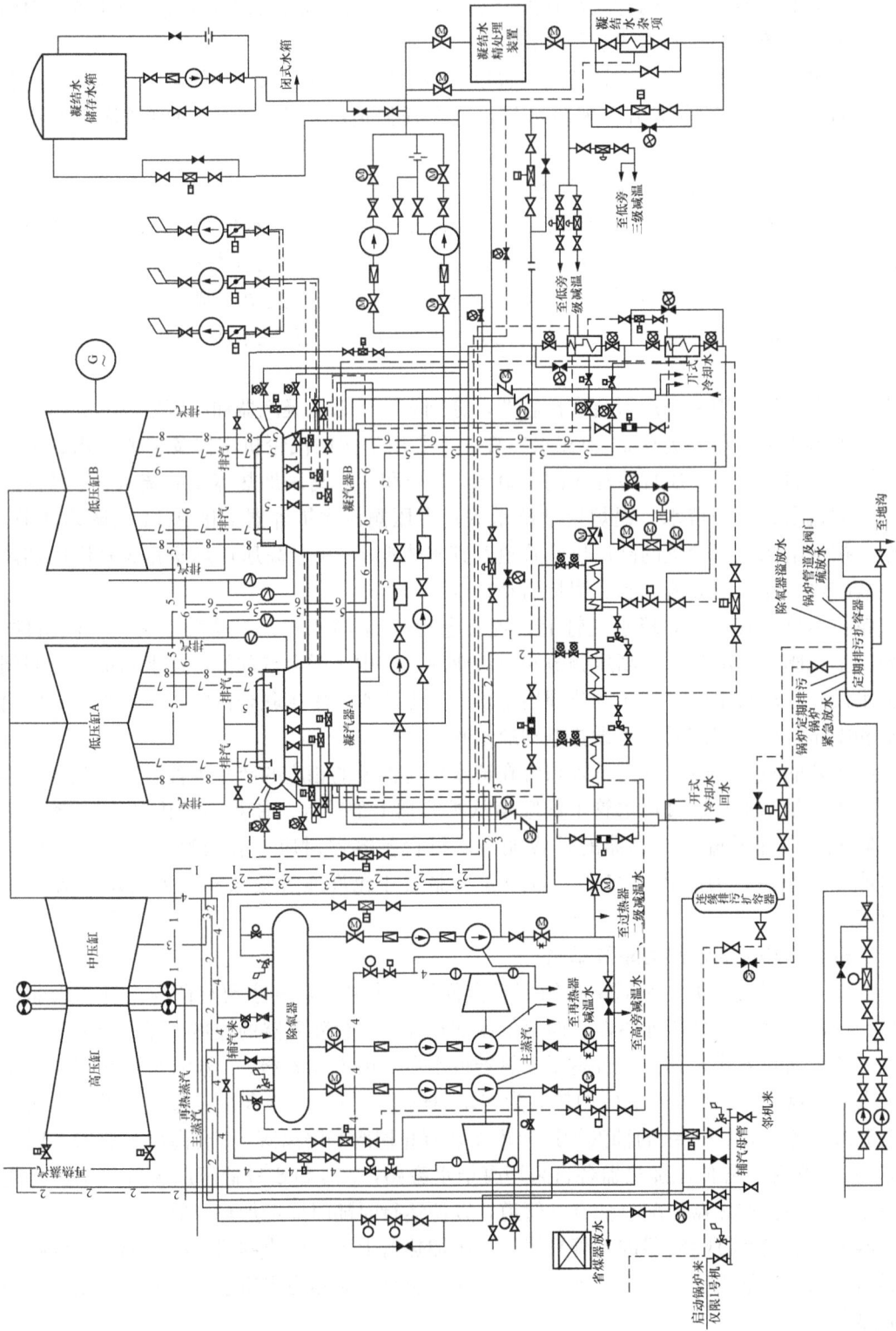

图 7-33 某电厂 600MW 机组回热全面性热力系统

## 第五节　全厂公用汽水系统

### 一、公用辅助蒸汽系统

为保证单元式机组安全可靠地启停，以及在低负荷或异常负荷工况下的必要汽源，同时能向电厂有关辅助车间提供生产加热用汽，发电厂都设有全厂公用的辅助蒸汽系统。

辅助蒸汽系统主要由本机组辅助蒸汽母管、相邻机组辅助蒸汽母管至本机组辅助蒸汽母管、本机组再热冷段至辅助蒸汽母管主供汽管、轴封蒸汽母管以及一系列相应的溢流阀、减温减压装置等组成。其作用是：当机组处于启动阶段时，将正在运行的相邻机组（首台机组启动为启动锅炉）的蒸汽引入本机组的蒸汽用户；当机组在运行时，将本机组的蒸汽引送到相邻的正在启动机组的蒸汽用户，或将本机组再热冷段的蒸汽引送到本机组各个需要辅助蒸汽的用户。

某电厂300MW机组的辅助蒸汽系统如图7-34所示。该电厂设置有一条辅助蒸汽母管，每台机组设置了一个压力为0.66～0.83MPa的辅助蒸汽联箱，各台机组的辅助蒸汽联箱互为备用，联箱上有安全阀以防超压。

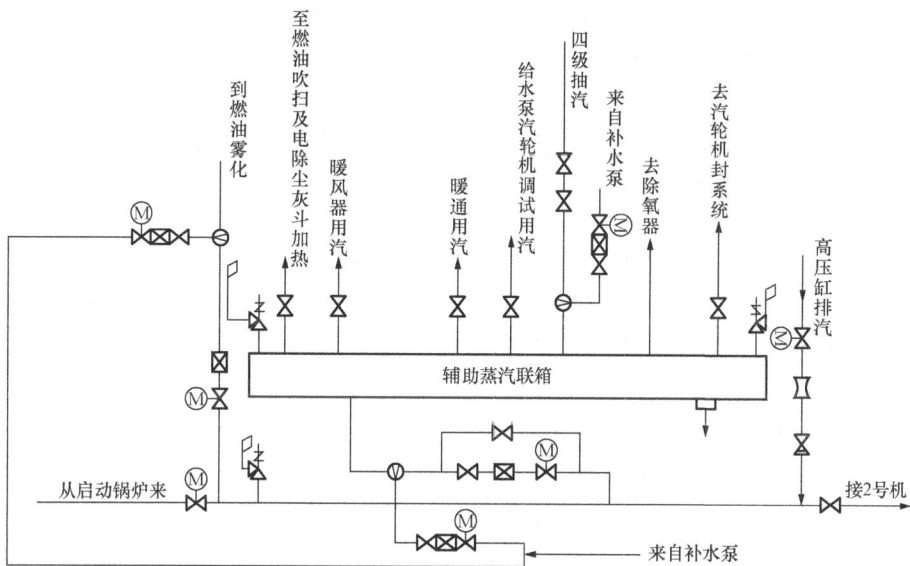

图7-34　某电厂300MW机组的辅助蒸汽系统

为减少启动供汽损失，提高热经济性，当机组负荷达到30％时，汽轮机高压缸排汽参数为1.168MPa、229.4℃，第四段抽汽压力达到0.265MPa，辅助蒸汽由启动锅炉供汽切换到汽轮机高压缸排汽，除氧器加热蒸汽切换到第四段抽汽。随着机组负荷的增加，除氧器滑压运行（0.147～0.88MPa）。机组负荷增加到额定负荷的85％时，第四段抽汽参数为0.67MPa、338～355℃，减温器将温度从338℃降低到辅助蒸汽温度200℃时，辅助汽源切换到第四段抽汽。额定工况时，第四段抽汽能供厂用汽为50t/h。

机组冷态启动时，启动锅炉供机组启动用汽量。机组负荷超过30％时，汽轮机轴封系统自行供汽（自密封汽封系统）。机组启动及正常运行时的辅助系统用汽情况见表7-2。

表 7-2　　　　　　　　机组启动及正常运行时的辅助系统用汽情况　　　　　　　　（t/h）

| 项目 | 80%～100% | ≤40% | 启动 | 甩负荷 | 停机 | 启动锅炉供汽 |
|---|---|---|---|---|---|---|
| 暖风器 | — | 10 | 10 | — | — | 8.5 |
| 电除尘器灰斗加热 | 3 | 3 | 3 | 3 | — | — |
| 空气预热器蒸汽吹灰 | — | — | 5.7 | — | — | — |
| 露天防冻 | 3 | 3 | 3 | 3 | 3 | 3 |
| 除氧器启动加热 | — | — | 25 | 50 | 10 | 25 |
| 给水泵汽轮机 | — | — | 2.5 | — | — | — |
| 汽轮机轴封 | — | 3.5 | 2.5 | — | — | 3.5 |
| 暖通及生活 | 5 | 5 | 5 | 5 | 5 | — |
| 合计 | 11 | 24.5 | 56.7 | 61 | 18 | 40 |

　　某电厂 1000MW 机组的辅助蒸汽系统如图 7-35 所示。在全厂第一台机组启动及低负荷阶段，辅助蒸汽系统的汽源来自启动锅炉，向本机组的除氧器、主汽轮机轴封系统、给水泵汽轮机、给水泵汽轮机轴封系统、磨煤机灭火系统、空气预热器吹灰系统、燃油加热及雾化、厂用热交换器以及化学水处理系统等提供蒸汽。在全厂已经存在多台机组的条件下，某一台机组在启动及低负荷阶段，上述辅助蒸汽系统的汽源来自相邻机组的辅助蒸汽系统。

　　随着机组负荷的增加，当再热冷段蒸汽压力达到一定数值时，辅助蒸汽开始由再热冷段蒸汽供汽，随着机组负荷的进一步增大，逐渐切换成自保持方式。在机组正常运行期间，当汽轮机第 4 级抽汽压力足够高时，由第 4 级抽汽向辅助蒸汽系统直接供汽。该机组在辅助蒸汽母管上设置有 2 个溢流阀，辅助蒸汽至磨煤机灭火系统管道上也设置了 1 个溢流阀。

## 二、主厂房内的冷却水系统

### 1. 发电机的冷却系统

　　汽轮发电机组的冷却介质可以是空气、氢气、水等。国产 200MW 机组配 QFQS 型发电机的冷却方式为水-氢-氢，即发电机定子线圈为水内冷，转子线圈为氢内冷，定子铁芯为氢表面冷却，其冷却系统如图 7-36（a）所示。

　　国产 300MW 机组配 QFS 型发电机，其定子、转子均采用水冷却的双水内冷方式，定子和转子的水冷却系统为两个独立回路，其原则性冷却系统如图 7-36（b）所示。定子水冷却回路对水质要求严格，定子水箱充氮密封。水冷系统的冷水器、水冷泵和管道阀门附件等要用不锈钢材料，或喷涂三氟氯乙烯的塑料膜。

　　发电机的冷却介质吸热后温度升高，应引至相应的面式冷却器，再以循环水冷却之。

### 2. 工业水系统

　　工业水系统的作用是向电厂辅助机械的轴承及其冷油器、各类冷却器等装置连续不断地供应冷却水。GB 50660—2011 规定，辅机冷却水系统应根据凝汽器冷却水源、水质情况和设备对冷却水水量、水温和水质的不同要求合理确定，宜采用单元制。图 7-37 所示为国产 300MW 机组的工业水系统。

### 3. 汽轮机车间内的循环水系统

　　图 7-38 所示为国产 300MW 机组汽轮机车间内的循环水系统。它主要包括真空泵、主机冷油器、发电机氢气冷却器、励磁机空冷器、主给水泵的工作油及润滑油冷却器、电动给水泵电动机冷却系统、给水泵汽轮机冷油器等的冷却用水系统。

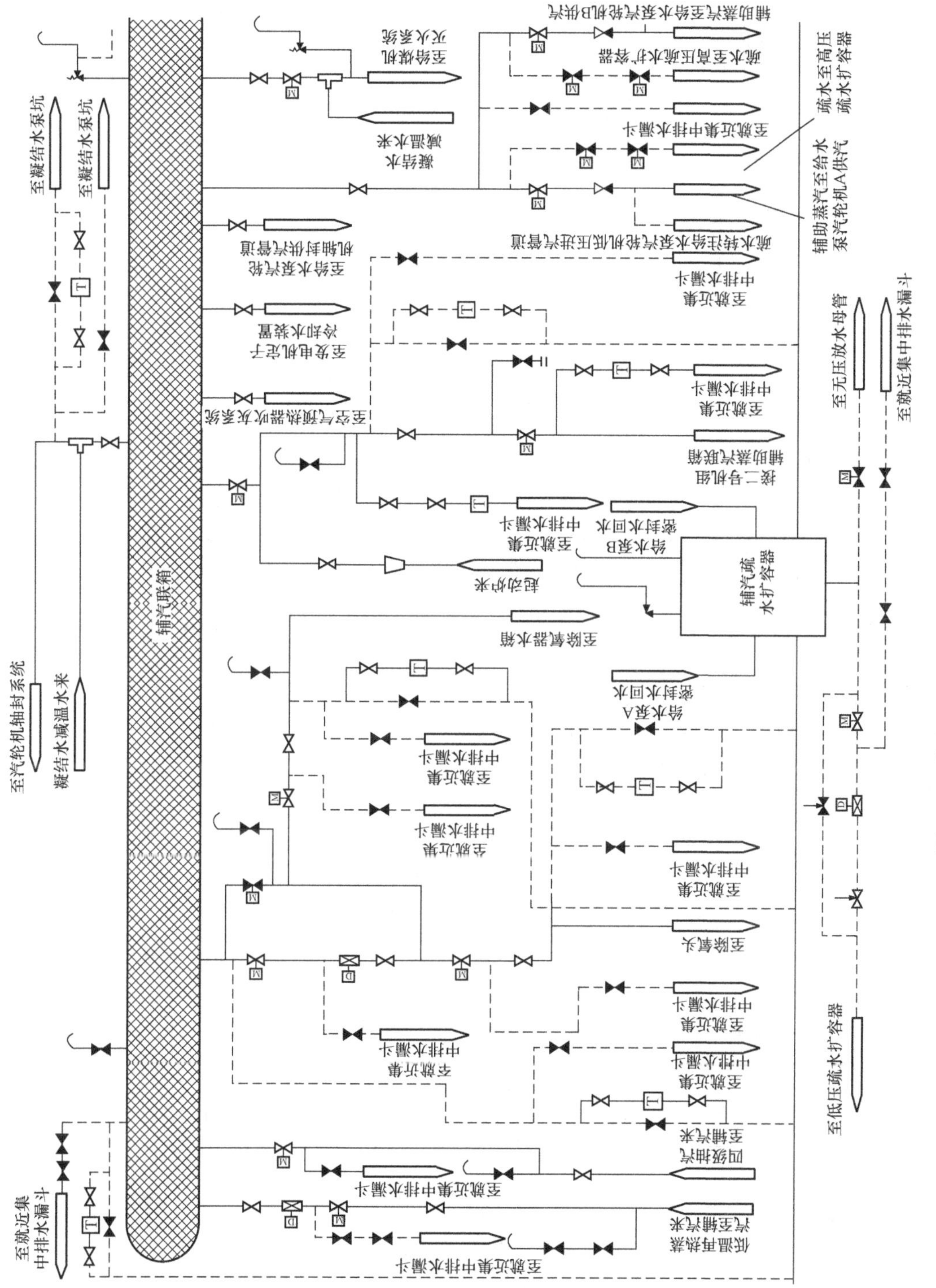

图 7-35　某电厂 1000MW 机组的辅助蒸汽系统

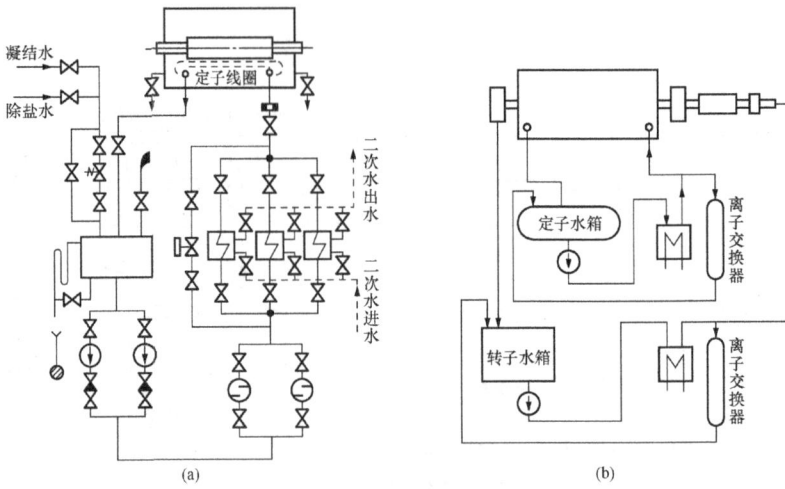

图 7-36 国产汽轮发电机组的冷却系统

(a) 200MW QFQS 型发电机；(b) 300MW QFS 型发电机

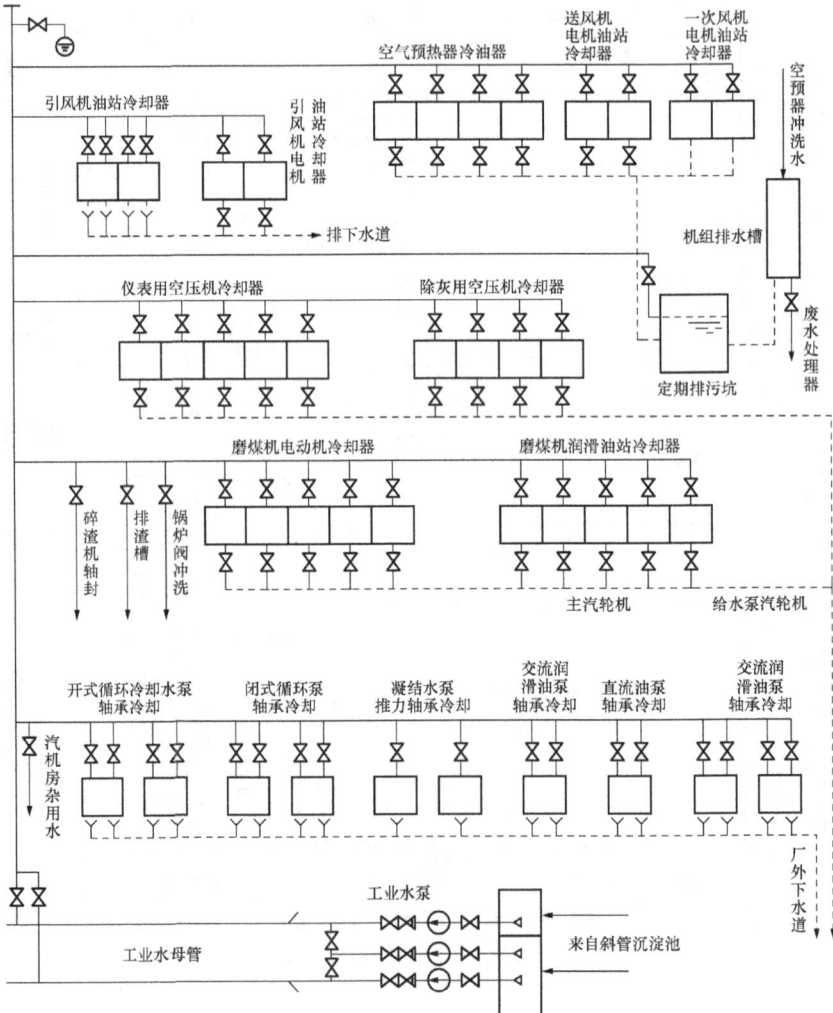

图 7-37 国产 300MW 机组的工业水系统

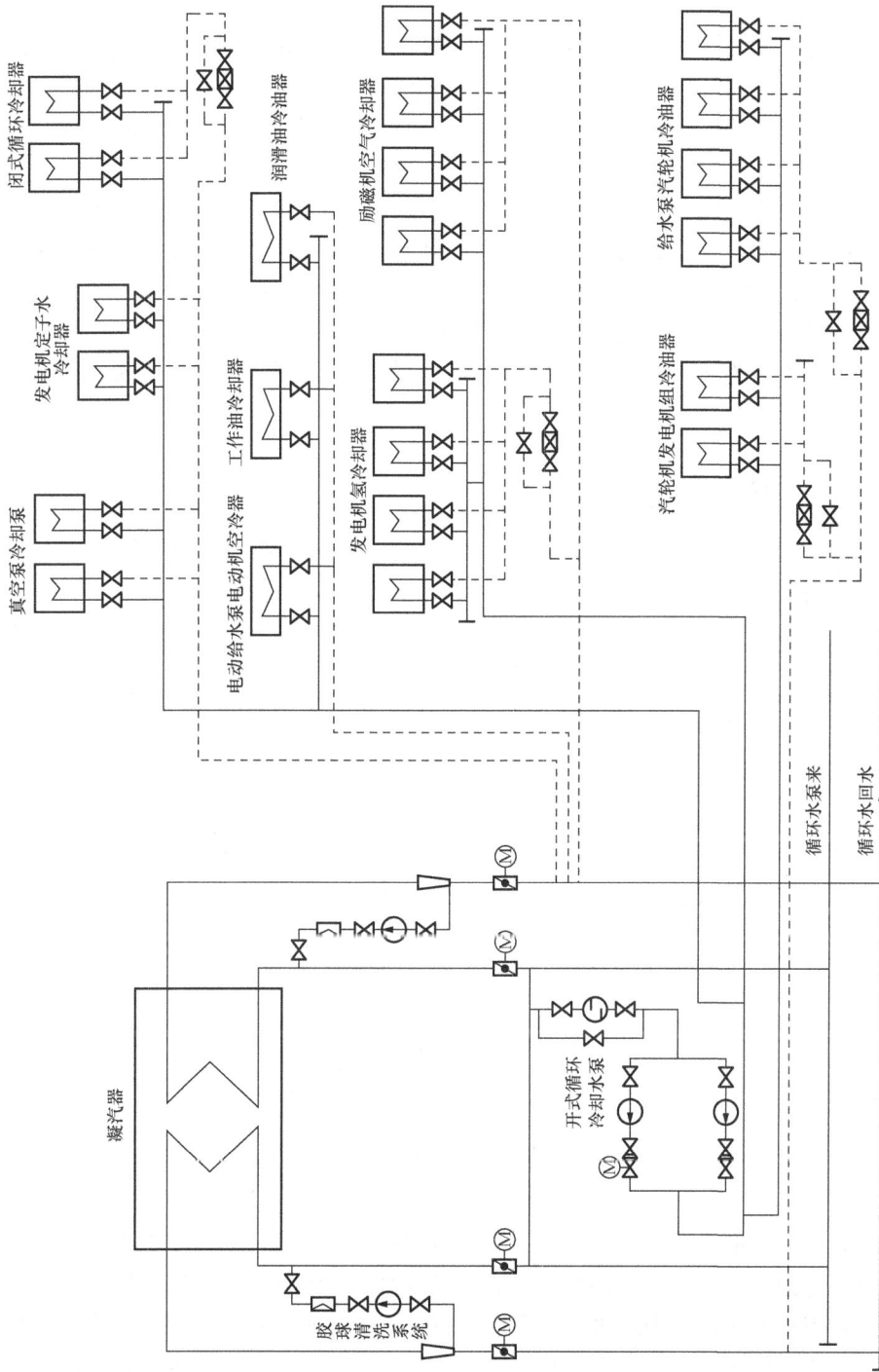

图 7-38　国产 300MW 机组汽轮机车间内的循环水系统

## 第六节　锅炉排污系统

由第四章中对锅炉排污系统的介绍可知，锅炉排污的作用就是排除掉含盐浓度较高的锅水，以及锅水中的腐蚀物及沉淀物，使锅水含盐量维持在规定范围之内，以减少锅水的膨胀及出现泡沫层，从而可减小蒸汽湿度及含盐量，保证良好的蒸汽品质，并消除或减轻蒸发受热面管内结垢。

火电厂汽包锅炉均设置一套完整的连续排污利用系统和定期排污系统，某电厂 600MW 机组的汽包锅炉排污利用系统如图 7-39 所示。其中，连续排污利用系统由连续排污扩容器、流量测量装置及其连接管道和阀门等组成。其连续排污管道从汽包底部接出，引入连续排污扩容器；在连续排污管道上，装设了一套流量测量装置，以监视排污水流量；连续排污扩容器产生的蒸汽，经 1 个关断闸阀和 1 个止回阀送到除氧器；关断闸阀和止回阀供检修关断和防止蒸汽倒流。

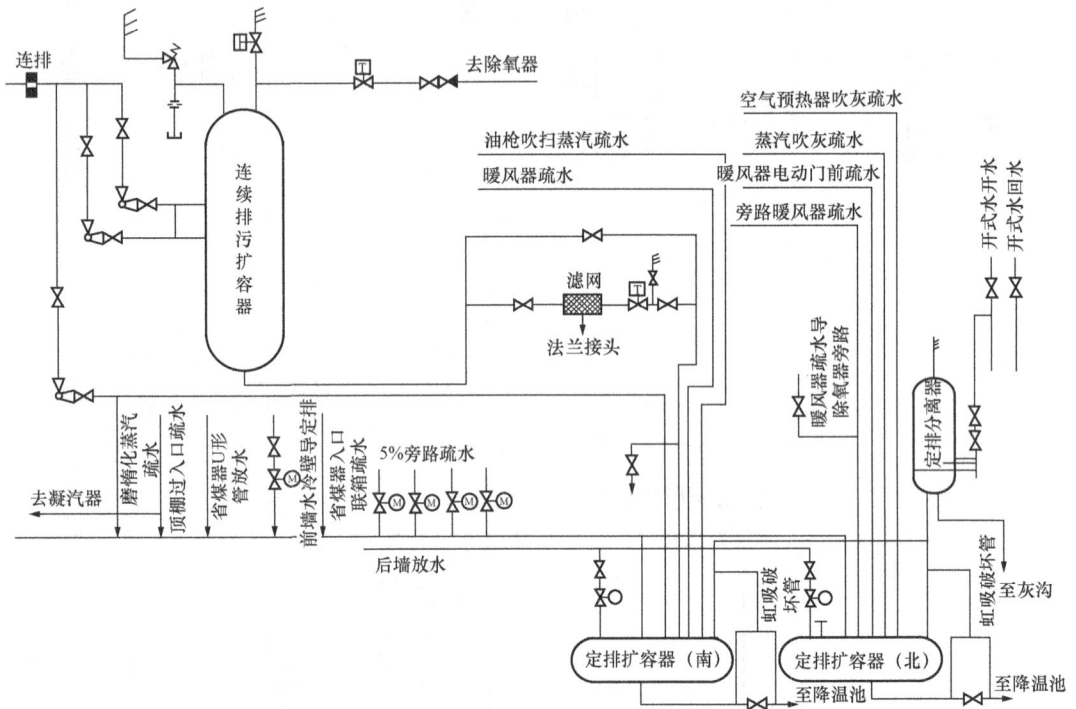

图 7-39　某 600MW 机组汽包锅炉排污利用系统

定期排污系统由定期排污扩容器及其连接管道和阀门等组成。它主要为机组运行安全而设置，因此可不考虑工质的回收。锅炉汽包的紧急放水、定期排污水、锅炉检修或水压试验后的放水、锅炉点火升压过程中对水循环系统进行冲洗的放水、过热器和再热器的下联箱及出口集汽箱的疏水等均进入锅炉定期排污扩容器。扩容器内的水进入降温池，然后排入废水处理系统；扩容器内产生的蒸汽进入定期排污分离器，分离出的蒸汽由开式水循环系统的来水对其进行降温冷却，以提高分离器的分离能力；分离出的水排入灰沟。

引进型 300MW 和 600MW 机组所配置的控制循环汽包锅炉，为进一步简化排污系统，在连续排污扩容器后不设排污冷却器，从连续排污扩容器流出的排污水进入定期排污扩容器后，排入废水处理系统。

## 第七节　发电厂全面性热力系统举例

将发电厂各局部系统的全面性热力系统按照一定的规律和配置条件组合起来，就形成了发电厂的全面性热力系统。它在全厂范围内展示各局部系统之间的相互关系，是各运行工况、启停机、事故切换以及维护检修等各种操作方式的具体体现。

在全面性热力系统中，至少在一台锅炉、汽轮机及其辅助热力设备的有关汽水管道上要标明公称压力、管径和壁厚。通常在图的一端附有该图的设备明细表，标明设备名称、规范、型号单位及其数量和制造厂或备注。本书作为教材并限于图幅，在所附的发电厂全面性热力系统中未注明管道的公称压力、管径和壁厚，也未附设备明细表，有些系统还作了较大简化，因而与生产上实际使用的发电厂全面性热力系统稍有区别，请读者注意。

国产 N600-16.67/537/537 型机组的发电厂全面性热力系统如图 7-40 所示。其中，汽轮机为四缸、单轴、四排汽的一次中间再热凝汽式汽轮机，与 2008t/h 亚临界、一次中间再热、强制循环汽包式锅炉及 600MW 水氢氢冷发电机配套，凝汽器为双壳、双背压、单流程。单元制主蒸汽管道、冷再热和热再热蒸汽管道均采用 2-1-2 布置方式。旁路系统采用高低压两级旁路串联系统。回热系统为三高、四低、一除氧，且均为卧式布置。汽轮机 A、B 两个低压缸排汽分别排入凝汽器 A、B 两个壳体中。循环水先进入 A 壳体，然后进入 B 壳体，因此 A 壳体汽侧压力比 B 壳体汽侧压力低，形成双压凝汽器。两凝汽器热井中的凝结水借助于高度差可由低压流向高压，然后由凝结水泵送至除盐装置，在经凝结水升压泵送至轴封加热器、低压加热器，最后到除氧器。

为便于读者阅读和分析发电厂的全面性热力系统，应注意以下几点：

（1）明确图例。不同国家的全面性热力系统的绘制及其图例有所差异。GB/T 6567—2008《技术制图-管路系统的图形符号》以及 DL/T 5028—2015《电力工程制图标准》都规定了有关热力设备、管道和主要附件的统一图形符号，常用图例见第三章的表 3-1。应熟悉这些常用的图形符号，在设计和阅读图纸时加以正确的应用。

（2）明确主要设备的特点和规范。发电厂热力系统的主要设备是锅炉、汽轮机、凝汽器、除氧器及各级回热加热器、各种水泵等，综合设备明细表，了解主要设备的特点和规范，如回热系统、主蒸汽系统和旁路系统、给水系统等，找出各系统之间的连接方式及其特点、各系统之间的相互关系及结合点，逐步扩大到全厂范围。

（3）明确原则性热力系统的特点。如某 300MW 机组具有八级不调整回热抽汽；回热系统由三高、四低、一除氧组成，其中第二、第三号高压加热器采用外置式冷却器；高压加热器疏水逐级自流至除氧器，低压加热器疏水逐级自流至凝汽器热井；除氧器采用复合滑压运行；配两台 50％容量汽动主给水泵，电动泵作为备用，均配有前置泵等。

（4）区分不同工况的不同情况。不仅不同制造厂生产的主辅设备有所不同，即使同一制造厂的产品也有序号之分，如上海汽轮机厂生产的 300MW 机组，经过不断改进，汽动给水泵的正常汽源由第五级抽汽改为第四级，并配有自动内切换的双自动主汽门，加配了前置泵；

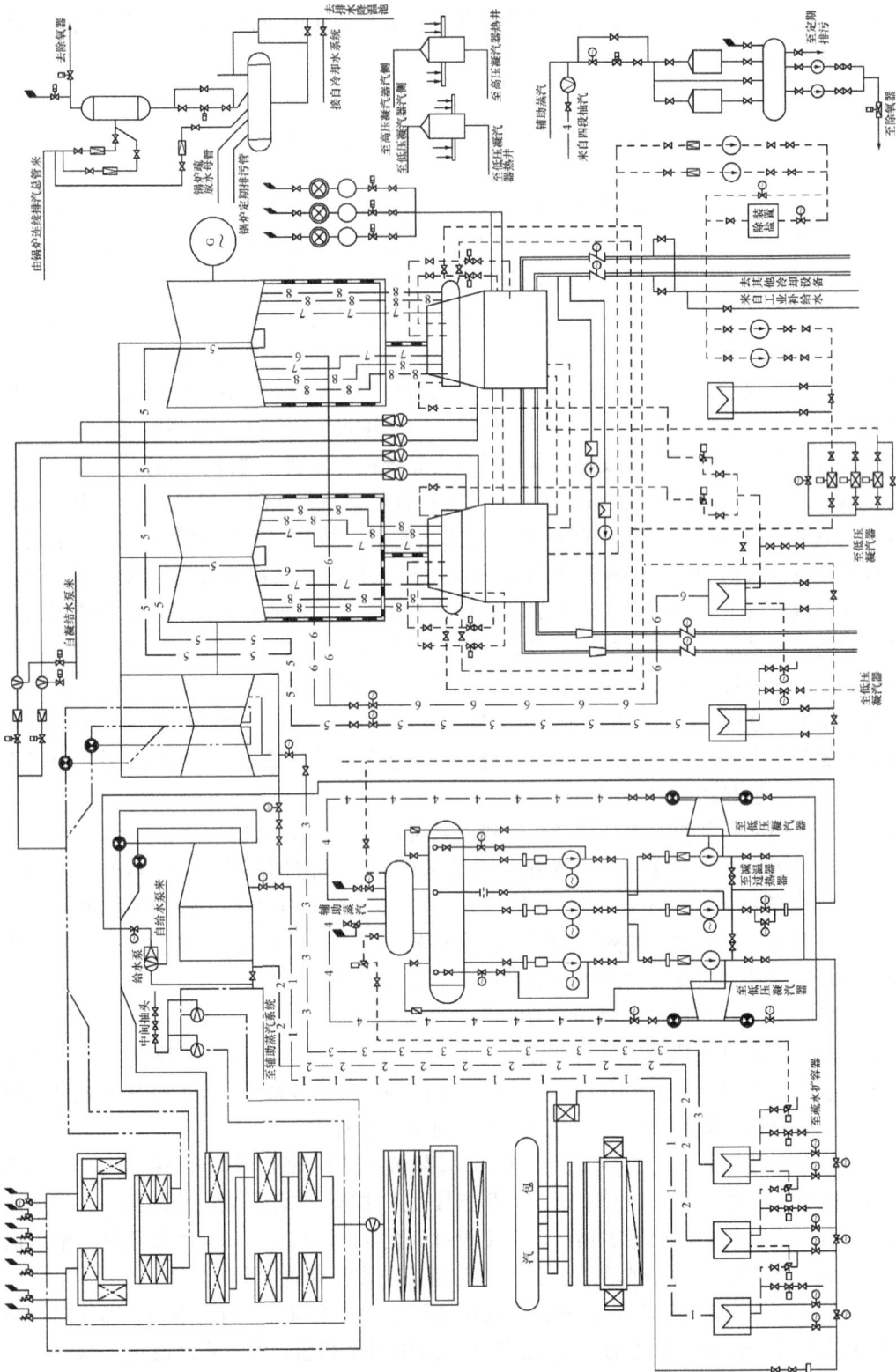

图 7-40 N600-16.67/537/537 型机组的发电厂全面性热力系统

高压加热器由立式改为全容量的卧式 U 形管束，并配置了内置式蒸汽冷却段和疏水冷却段，取消了 2、3 号高压加热器的外置式蒸汽冷却器等。

（5）化整为零地弄清楚各局部系统的全面性热力系统。实际工程的发电厂全面性热力系统是较为复杂的，宜化整为零，逐个弄清楚各种管道系统的局部性全面性热力系统，最后扩展到全厂的全面性热力系统。

（6）不同工况的运行方式分析。一般宜从正常工况入手，再依次分别分析低负荷工况、启动、停运和不同事故工况。对每一工况也宜逐个局部系统地分析，最后综合为全厂的全面性热力系统的运行工况分析。

## 复习思考题

7-1 什么是发电厂全面性热力系统？主要作用是什么？

7-2 为什么中间再热机组的主蒸汽系统采用单元制系统，而供热式机组采用切换母管制？

7-3 如何减少主蒸汽、再热蒸汽系统的压损和蒸汽温度偏差？国产机组采用了哪些混温措施？

7-4 再热机组旁路系统的作用是什么？根据哪些原则来选择旁路系统的形式和容量？

7-5 锅炉给水操作台的管路、阀门应如何配置？

7-6 简述 N1000-25/600/600 型机组的主蒸汽和再热蒸汽系统的组成特点。

7-7 给水泵和凝结水泵的再循环有何异同？

7-8 设计回热全面性热力系统时，对回热抽汽管道应考虑哪些措施来确保各种工况下机组运行的安全性，为什么？

7-9 全厂疏放水系统由哪些设备组成？其作用是什么？

7-10 简述 600MW 亚临界机组汽包锅炉排污利用系统的组成特点。

7-11 回热加热器水侧旁路通常有哪几种类型？各有何优缺点？

7 12 加热器及凝结水泵入口处为什么要设置抽空气管路，而给水泵入口处却不需要设置？

7-13 对于中间再热机组，为什么可以不设全厂的疏水箱和疏水泵？

7-14 对亚临界压力汽包锅炉和超临界压力直流锅炉为何要对凝结水进行精处理？

7-15 为什么高压加热器故障可能造成汽轮机进水、锅炉过热器超温和出力降低？

7-16 拟定除氧器全面性热力系统时应主要考虑哪些问题？

7-17 发电厂公用辅助蒸汽系统的组成和作用是什么？

7-18 简述火电厂 1000MW 机组除氧给水全面性热力系统的组成特点。

# 第八章 火力发电厂优化运行与调整

## 本 章 提 要

加强发电厂各生产环节的管理，提高职工的运行技能，完善热力发电厂优化运行技术，能够提高热力发电厂的经济效益。本章从运行角度出发，介绍热力发电厂主要系统和设备的优化运行及其调整技术，以及发电厂单元机组之间的负荷经济分配。

## 第一节 单元机组的运行与调整

### 一、机组运行调整的主要任务

机组运行调整的主要任务是：满足电网负荷需求、安全稳定运行、保持运行参数正常、汽水品质合格、提高机组运行热经济性、减少污染物排放。具体内容主要包括：

（1）按照机组正常运行控制参数限值规定，监视、调整机组运行工况，使主要参数在正常范围内运行，及时发现和处理设备存在的缺陷，充分利用计算机的监控功能使机组安全、经济、高效运行。

（2）按照电网负荷需求，及时调整机组负荷。在调节负荷时应保持良好的燃烧工况；保持蒸汽压力、蒸汽温度正常，维持机组运行工况正常。大型火电机组一般都采用"定—滑—定"运行方式，辅助设备系统的运行方式应满足相应负荷调整的需要。

（3）按照规程规定，记录有关运行参数并进行分析，进行设备的定期检查和维护，定期进行设备的切换及试验。进而合理安排设备、系统的运行方式，及时调整运行工况，使机组在安全和最佳经济工况下运行。

（4）保持炉内燃烧工况良好，受热面清洁，降低排烟温度，减少热损失，提高锅炉效率。

（5）保持合格的汽水品质。

### 二、单元机组的滑参数启动与停机

汽轮机的启动按进汽参数分为额定参数启动、滑参数启动；按启动前汽轮机金属温度高低分为冷态、温态、热态、极热态启动；按高、中压缸的进汽情况分为高中压缸联合启动、中压缸启动。滑参数启动时，按汽轮机冲动转子时主汽阀前端压力大小分为滑参数压力法启动、真空法启动。

1. 滑参数启动的优点

母管制电厂的锅炉、汽轮机启动多在额定参数下顺序启动，或称恒压启动，即先启动锅炉，待其出口蒸汽参数接近额定值时，再暖管、暖机并启动汽轮机。恒压启动热力设备和管道承受的热变形、热应力大，而且启动时间长，热量损失大。

单元机组的蒸汽参数高，多采用滑参数启动，或称为联合启动，即在启动锅炉的同时，以低参数蒸汽进行暖管、暖机并启动汽轮机,锅炉出口的蒸汽参数随着汽轮机的转速和负荷的逐渐增加而提高,当完成升速,带到额定负荷时,锅炉出口的蒸汽参数即达到额定参数。单元机组采用滑参数启动的主要优点是:

(1)缩短启动时间。滑参数启动时锅炉点火、升温升压,与汽轮机的暖管、暖机几乎同时进行,而且是以体积流量大的低参数蒸汽来加热,易控制升温速度,故启动时间大为缩短。

(2)提高热经济性。滑参数启动时,几乎所有蒸汽及其热能都用于暖管、暖机,既减少了启动过程煤、油和辅机用电,又使机组早并网发电,使全厂热经济性有较大提高。

(3)增加安全可靠性。因系统采用体积流量大的低参数蒸汽来加热设备和管道,能较均匀地加热,温升平稳,温差、热应力和热变形都易于控制在允许范围,减少了故障,增加了安全可靠性,并可延长设备寿命。

(4)改善环境条件。滑参数启动时,可减少锅炉的对空排汽和噪声。

(5)启动过程易于控制。滑参数启动时,主蒸汽和再热蒸汽管道上的截止阀可不装,若配有自动点火装置及有关系统和相应的程序控制装置,很容易实现整个机组的程控自启动。300MW 以上的机组多配置计算机监控的自启动系统。

2. 滑参数启动方式

单元机组的滑参数启动有真空法和压力法两种。

真空法启动前从锅炉汽包到汽轮机之间的管道上的阀门全部打开,疏水门、空气门全部关闭。投入抽气器,使由汽包到凝汽器的空间全处于真空状态。锅炉点火后,一有蒸汽产生,蒸汽即通过过热器、管道进入汽轮机进行暖管、暖机。当蒸汽压力达到 0.1MPa(表压)时,汽轮机即可冲转。此时,主汽阀前仍处于真空状态,故称真空法。当蒸汽压力达到 0.6~1.0MPa 时,汽轮机达额定转速,可并网开始带负荷,均由锅炉调节控制。其优点是启动时间短,热损失和工质损失小;因系容积流量大的低参数蒸汽流经过热器、管道和汽轮机,温差和热应力都较小。但是,汽轮机冲转和升速时的蒸汽压力很低,锅炉操作的微小失当都会引起汽轮机的转速波动,甚至会损伤汽轮机;冲转汽轮机的蒸汽温度很低,水分很大,易引起水击,故已很少采用。

压力法启动时,锅炉点火前汽轮机的主汽阀和调节汽阀都处于关闭状态,只对汽轮机抽真空。锅炉先点火升压,当蒸汽压力达到一定数值后,才开始暖管、暖机、冲转。一般蒸汽压力达到 0.5~1.0MPa(表压)时开始冲转,以后随着蒸汽压力、温度逐渐升高(通常为 1~4.0MPa,200~320℃),汽轮机冲转升速至全速,此过程一般均由调节阀控制,蒸汽参数不变,并网后,全开调节汽阀,之后随主蒸汽参数提高,逐渐增加负荷,直至达到额定负荷。

与真空法相比,压力法滑参数启动的主要特点是:

(1)启动前汽轮机的主汽阀和调节汽阀都处于关闭状态。

(2)冲转汽轮机的蒸汽参数较真空法高;具体冲转参数可查阅汽轮机厂家提供的汽轮机热力特性书,汽轮机形式不同,冲转参数也有所差异。

(3)机组启动过程中,再热器的保护,锅炉和汽轮机对蒸汽参数的不同要求,都是通过旁路系统进行调节的,无旁路系统的机组主要通过过热器排汽。以两级旁路系统为例,启动时一、二级旁路的隔离阀全开,二级旁路的调整门开 1/4~1/2,锅炉不再对空排汽,汽轮机冲转前通过旁路系统回收参数未达到要求的蒸汽，以减少工质损失。

（4）锅炉点火前的初始燃料量，以满足汽轮机冲转及升至额定转速即可，过小不利于蒸汽温度、蒸汽压力的调节与控制，过大使锅炉升温升压过快，对安全不利。一般初始燃料量为额定值的 15％～20％为最佳。

3. 冲转参数的选择和启动控制指标

国产 300MW 再热机组的冷态冲转参数为 0.98～1.47MPa，250～300℃，再热蒸汽温度大于 200℃。国产 600MW 再热机组的冷态冲转参数为 5.9～8.73MPa，340～420℃，再热蒸汽温度大于 330℃。N1000－25/600/600 机组的冷态冲转参数为 9.6 MPa，415℃。

发电厂应根据制造厂提供的启动曲线来启动机组。启动曲线为新蒸汽压力、一次蒸汽温度、二次蒸汽温度、转速、负荷等参量与时间的变化关系曲线。国产 600MW 超临界再热机组的冷态滑参数启动曲线如图 8-1 所示。

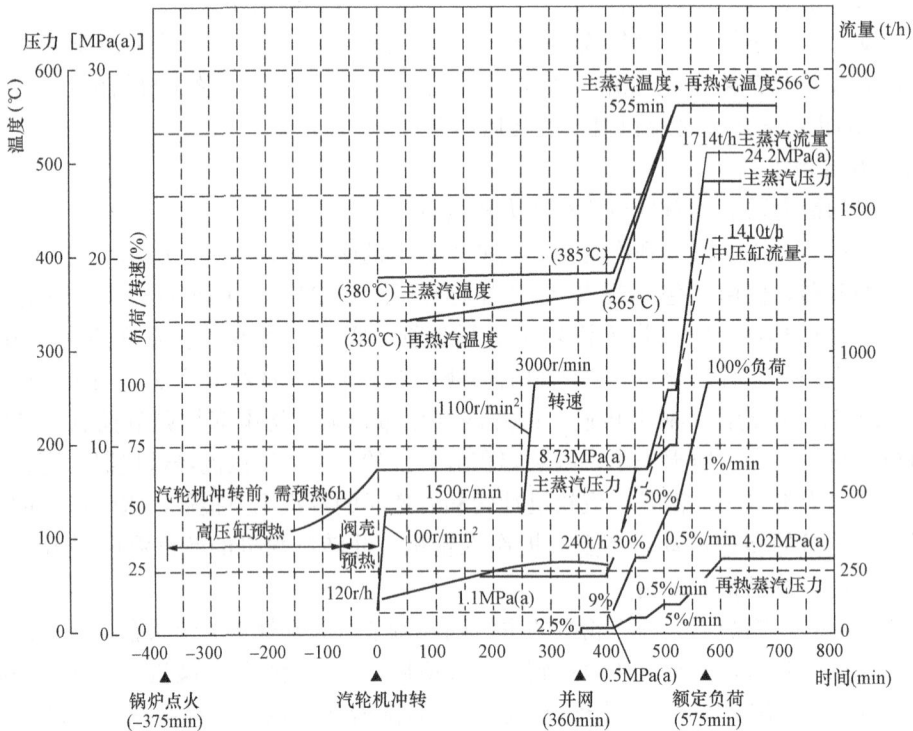

图 8-1　国产 600MW 超临界再热机组的冷态滑参数启动曲线

为保证机组安全启动，除按启动曲线控制升速和加负荷速度外，还要规定一些控制指标。例如，汽缸壁和一、二次蒸汽的温升率（℃/min），主蒸汽压力的升压速度（MPa/min），各种温差（汽缸上、下壁，法兰上、下壁，法兰内、外壁及左、右壁等），胀差（高、中、低压缸胀差），轴承振动（非临界转速和通过临界转速时的振动值）等。

4. 热态滑参数启动

热态启动时，金属温度较高，但短时间停机后，各部件金属由于冷却条件不同会出现温差，其值随停机时间长短而异，有时甚至超过允许值，导致动静间隙有很大变化。此时启动汽轮机，如无恰当措施会发生动静部分摩擦乃至大轴弯曲事故。热态启动时，汽轮机升速不必暖机，要求锅炉出口蒸汽参数尽快达到高压缸上缸内壁金属温度相应水平（可对应于冷态启动曲线上的一次蒸汽温度、蒸汽压力要求值），再按冷态滑参数曲线升温、升压、升速和带负荷。

国产1000MW超超临界机组在停机8h后的热态滑参数启动曲线如图8-2所示，由图中的启动曲线可知，锅炉点火100min后机组即可带到满负荷。

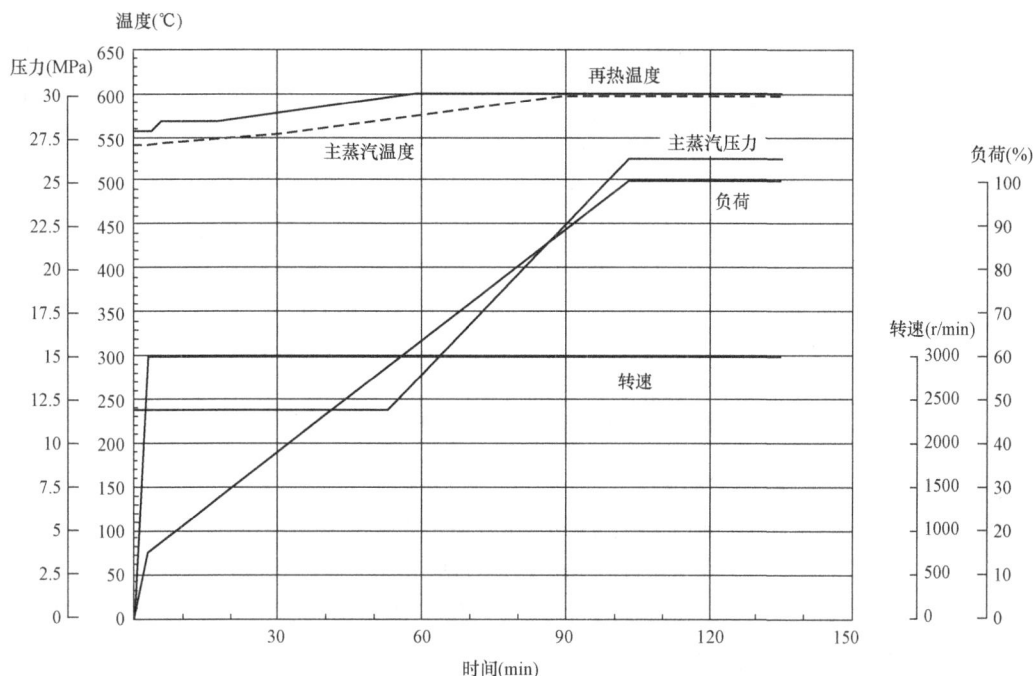

图8-2　国产1000MW超超临界机组在停机8h后的热态滑参数启动曲线

5. 滑参数停机

单元机组停机过程是热力设备及其管道的冷却过程，也会产生热应力、热变形。一般停机时汽缸的内壁冷却快于外壁，产生热拉应力；汽轮机转子的收缩快于汽缸，将引起负胀差。

停机过程中，保持调节汽阀全开，采用逐渐降低新蒸汽、再热蒸汽参数来减负荷直至解列停机，称为滑参数停机。保持新蒸汽参数不变，以关小调速汽门减少进入汽轮机进汽流量来减负荷直至解列停机，称为额定参数停机。两者相比，滑参数停机的主要优点大体与滑参数启动时相近，不同之处在于：①从锅炉熄火至汽轮机解列，仍利用锅炉余热来发电；②滑停后金属温度降至200℃左右，可提前停止盘车和油循环，供检修人员施工，相对也可缩短检修时间。

停机方法有两种：一种是用同步器将负荷减到零，发电机解列，打闸停机，同时锅炉熄火，这种方法停机后的汽缸温度通常在250℃以上；另一种是锅炉维持最低负荷燃烧后熄火，利用锅炉的余热继续发电，负荷到零解列停机，仍利用锅炉余热维持汽轮机空转，以冷却汽轮机。第二种方法经济，后汽缸温度可降至150℃以下，即可开始检修。国产1000MW超超临界机组的滑参数停机曲线如图8-3所示。

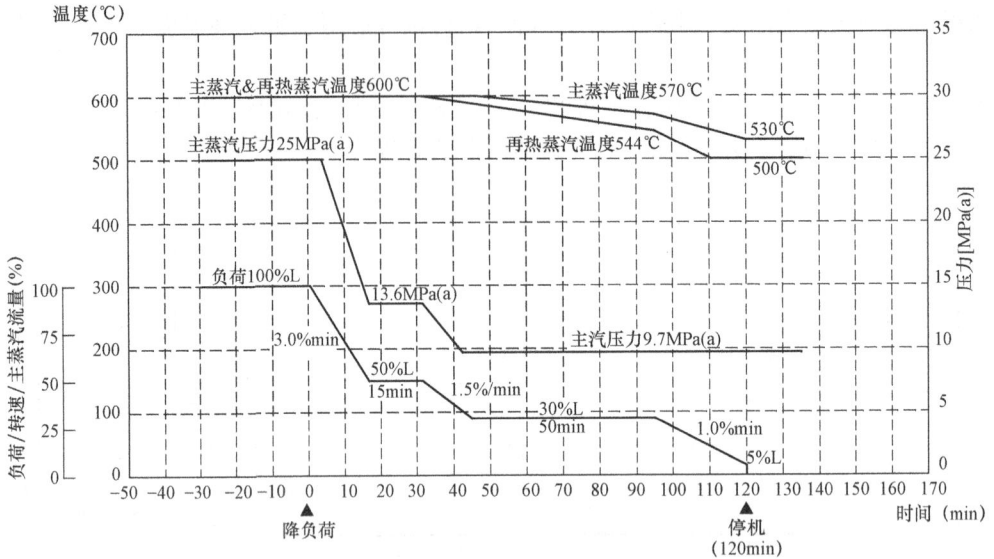

图 8-3 国产 1000MW 超超临界机组的滑参数停机曲线

### 三、单元机组的调峰经济运行

随着国民经济的快速发展和人民生活水平的迅速提高，我国用电结构发生了很大的变化，除电负荷大幅度增加外，电网的峰谷差也日趋增大，一般已达 30%～40%。这就要求电网的调峰容量也相应地增大。因此，大容量火力发电机组参与调峰已势在必行。高参数、大容量机组频繁启动或大幅度地负荷变动，将要承担剧烈的温度和交变应力的变化，从而缩短机组使用寿命。为适应电网调峰的需要，还可能使机组在一些特殊工况下长时间运行，从而对机组的安全和经济运行带来不利的影响。

1. 热力发电厂调峰运行方式

目前，发电厂常用的调峰运行方式主要有下述几种。

（1）两班制调峰运行方式。两班制启停调峰运行方式，简称为两班制调峰方式，它是通过启停部分机组的方式进行电网的调峰。即在电网低谷期间将部分机组停运，在次日电网高峰负荷到来之前再投入运行，这些机组通常每天停运 6～8h；另有一些机组在每星期低峰负荷时间（如星期六、日）停运，其他时间运行。

两班制调峰运行方式的最大优点是机组调峰范围比较大，可达 100%。但是，两班制运行，机组启停频繁，使得机组金属部件要经常承受剧烈的温度变化和交变热应力，将引起机组部件的低周疲劳损耗，缩短机组的使用寿命。为此，应控制这种损伤到最低程度，即尽可能维持机组运行、停机、启动、恢复运行全过程中的温度变化为最小，以及蒸汽温度和金属温度有较好的匹配。

对两班制运行的机组，加快启停速度是电网调峰的客观需要，也是减小启停热损失、提高运行经济性的需要。而加快机组启停速度，势必增大设备的寿命损耗，成为两班制运行的不安全因素。为此，要求承担两班制运行的机组及其系统应具备适应快速、频繁启停的机动能力，保证安全可靠，且运行经济性无大幅度变动。相应地应加强金属监督、化学监督和寿命监测，提高机组的自动化水平。

（2）低负荷调峰运行方式。低负荷调峰运行是带基本负荷的机组参加电网调峰的主要运行方式之一。火电机组低负荷运行时，其热经济性恒低于额定工况。低负荷运行方式有：①额定参数运行，即新蒸汽参数仍为额定工况时的设计值，简称为定压运行；②变压或滑压运行，即汽轮机调节阀门全开，新蒸汽温度保持或接近额定工况时的设计值，由锅炉改变新蒸汽压力以适应负荷的需要；③定压变压混合运行，即在某负荷范围内变压运行，其余负荷范围仍为定压运行。

机组的调峰幅度取决于机组在技术上允许的最低负荷。不同类型机组，允许的最低负荷也不同，一般取决于锅炉。锅炉低负荷运行的主要技术问题是低负荷的稳定燃烧、水动力循环和锅炉主要部件的寿命损耗。锅炉不投油最低稳燃负荷主要取决于锅炉型式、燃料种类和辅机性能等，应通过试验来确定。低负荷运行的锅炉要防止发生灭火，需采取必要的低负荷稳燃措施。汽轮机一般可以带 20%～30% 的额定负荷，但在低负荷运行时要加强对机组振动、胀差、排汽温度、给水温度、给水溶氧量等的监视。为防止汽轮机在低负荷运行发生颤振，对大容量汽轮机的凝汽器，应保持较高的真空。

机组进行低负荷调峰运行，应根据不同机组的特性，制订出各种低负荷工况下安全、经济的运行操作方式。变压运行时，新蒸汽温度仍为额定值，新蒸汽压力降低，使理想循环热效率降低，但因调速汽阀全开，减少了节流损失，使其相对内效率有所增加。若采用变速给水泵，还可降低给水泵耗功和厂用电量。

（3）停炉不停机调峰运行方式。主蒸汽为母管制的机组，或单元机组间加装了联络母管的机组，可采用停炉不停机调峰运行方式。采用这种调峰运行方式，可减少汽轮机的启停次数，运行操作大为简化，且升降负荷较快，能较好地适应调峰的应急需求，如从满负荷降到半负荷，仅控制汽轮机的同步器即可，无其他操作，若降到 40% 额定负荷，也只有比较少的几项操作。

（4）少汽无功调峰运行方式。少汽无功调峰运行方式也属于停炉不停机的调峰运行方式，其特点是不与电网解列，维持汽轮机空转或带无功功率，但汽缸尾部由于摩擦鼓风而发热，为防止超温，必须供给一定数量的冷却蒸汽，故又简称为少蒸汽运行。当电网负荷增大时，汽轮机可迅速由旋转热备用状态带上负荷，适应调峰急需，其特定条件是电网中要有无功功率的需要。冷却蒸汽的汽源可取自母管或邻机，由汽缸尾部或某一抽汽口送入汽缸。

少汽无功调峰运行，启动时相当于热态启动，不再需要汽轮机冲转升速阶段，且因整机温度水平较高，升负荷时热损失略小于两班制运行，但锅炉点火准备及升压阶段，仍要消耗一定数量的冷却蒸汽，造成附加能量损失，而且汽轮机空转还要消耗一部分电能。冷却汽源、轴封高温汽源投入前要充分暖管和疏水。当机组在带负荷工况和少蒸汽工况之间转换时，停送冷却蒸汽和轴封高温汽源的时间及流量要控制适当，以防止上、下汽缸温差过大及排汽温度陡升、陡降。末级排汽温度应控制在小于制造厂或规程的规定值，一般不宜超过 80℃。机组检修时，应注意对叶片的检查。

国内几个电厂的少汽无功调峰运行的实践表明，汽轮机通流部分的温度分布较均匀，且汽缸温度水平较高，相应的温度变化量、变化率比两班制运行要小，因而寿命损耗小，约相当于两班制运行的 1/3。又因为停炉不停机，重新带负荷时，汽轮发电机组的操作简化了，间接减少了误操作概率，相对提高了设备的安全性。

少汽无功调峰运行方式的能量损耗计算方法与两班制调峰运行基本相同，只是还需要再统计出在调峰期间发电机从电网吸收的电功率和辅助设备运行的能量损耗。

（5）低速旋转热备用调峰运行方式。低速旋转热备用调峰运行方式（低速热备用调峰方式），又称为两班制低速方式，是将汽轮机负荷降到零，发电机解列，汽轮机在低于转子第一阶临界转速的某一转速下运行，处于热备用状态。这种运行方式的热经济性比两班制略好，但由于必须连续不断地监视机组状态，防止进入临界转速，其应用受到了很大的限制。

低速热备用调峰方式的能量损耗计算方法与两班制基本相同，只是还需要再统计出在热备用期间的汽耗情况以及辅助设备运行的能量损耗。

这种调峰运行方式需要引入低压蒸汽，应保持在低速运转时转速的稳定。

2. 不同调峰运行方式的比较与分析

不同调峰运行方式的能量损失是有差异的，机组启停时间长，能量损失大，设备寿命损耗小。因此，应根据电网的调峰要求，结合设备具体情况，综合考虑设备寿命损耗、能量损失等情况来选择合理的调峰运行方式。

单台机组在低负荷时的热经济性低于额定负荷，相应多耗煤量为

$$\Delta B_1 = P(b_1 - b_t)\tau \quad \text{(kg)} \tag{8-1}$$

式中　$P$——调峰负荷，kW；

$b_1$、$b_t$——低负荷、额定负荷时的煤耗率，kg/（kW·h）；

　　$\tau$——调峰时间，h。

若采用两班制运行机组因启停热损失而多耗煤量为 $\Delta B_s$，则采用两班制或低负荷运行的临界时间 $\tau_{cr}$，可由 $\Delta B_1 = \Delta B_s$ 求得，即

$$\tau_{cr} = \frac{\Delta B_s}{P(b_1 - b_t)} \quad \text{(h)} \tag{8-2}$$

当调峰运行时间大于 $\tau_{cr}$ 时，该机组应该停运，将负荷调整到其他机组上。$\tau_{cr}$ 值与启动热损失多耗煤 $\Delta B_s$、调峰负荷 $P$ 以及设备的低负荷热经济特性（反映在 $b_1$ 上）等有关。国产 200MW 机组在调峰负荷为 50% 时，$\tau_{cr} \approx 10h$。

若两台机组在电网调峰负荷时，均以低负荷运行，其多耗煤量 $\Delta B_1'$ 为

$$\Delta B_1' = (P_{11}b_{11} + P_{12}b_{12} - Pb_t)\tau \quad \text{(kg)} \tag{8-3}$$

同理，其临界时间 $\tau_{cr}'$ 为

$$\tau_{cr}' = \frac{\Delta B_s}{P_{11}b_{11} + P_{12}b_{12} - Pb_t} \quad \text{(h)} \tag{8-4}$$

式中　$P_{11}$、$P_{12}$——1、2 号机组低负荷运行时的输出功率，kW；

$b_{11}$、$b_{12}$——1、2 号机组低负荷运行煤耗率，kg/（kW·h）。

两台同类型国产 200MW 机组在调峰负荷为 50% 时，$\tau_{cr}' \approx 5 \sim 6h$。

若采用两班制运行方式调峰，一台机组停用后的热态启动热损失多耗煤 $\Delta B_s'$，一台机组带 $P$ 负荷，在调峰期的总耗煤量 $B_s$ 为

$$\Delta B_s = Pb_t\tau + \Delta B_s' \quad \text{(kg)} \tag{8-5}$$

与低负荷运行方式相比，其节煤量 $\Delta B'$ 为

$$\Delta B' = \Delta B_1 - B_s = (P_{11}b_{11} + P_{12}b_{12} - Pb_t)\tau - B_s' \quad \text{(kg)} \tag{8-6}$$

式（8-6）中，$\Delta B_s$、$\Delta B_s'$、$b_{11}$、$b_{12}$ 等均应通过试验求得。

#### 四、单元机组的变压运行及其控制方式

1. 单元机组的变压运行

变压运行又称为滑压运行。滑压启动时不仅蒸汽压力滑升，蒸汽温度也相应滑升，是变压运行的一种特殊方式。变压运行方式共有三种：

（1）纯变压运行。在整个负荷变化范围内，所有调速汽门全开，通过调节锅炉出口压力来适应负荷变动，称为纯变压运行。自然循环汽包锅炉的热容大，时滞大，限制了负荷变化速度，适应负荷能力差。

（2）节流变压运行。为弥补纯变压运行难以一次调频的缺点，在正常运行时，采用调速汽门不全开，使主蒸汽有 5%～10% 的节流。当负荷突然增加时，开大调速汽门，利用锅炉的蓄能，达到快速增加负荷的目的，待锅炉蒸汽压力升高后，调速汽门重新关小到原来的开度。这种运行方式称为节流变压运行。由于调速汽门经常节流，降低了机组运行的热经济性。

（3）复合变压运行。定压与变压运行相结合的方法，称为复合变压运行。它又有三种不同的复合方式，如图 8-4 所示。图 8-4（a）所示为低负荷时定压运行，高负荷时变压运行。低负荷时，蒸汽压力 $p$ 保持较低值定压运行，随负荷增大，逐渐开大调速汽门开度 $m$；当阀门全开后即以提高锅炉的蒸汽压力来适应负荷的增加，直至额定值。这种运行方式因其在大部分负荷压力低，影响到机组热效率，但高负荷时负荷适应能力强。图 8-4（b）所示为低负荷时变压运行，高负荷时定压运行。低负荷时全开部分调速汽门变压运行，随着负荷的增大，蒸汽压力 $p$ 升高至额定值时，维持主蒸汽压力不变，改为喷嘴调节。这种运行方式具有低负荷变压运行机组热效率高的优点，又具有高负荷时的调峰能力。图 8-4（c）所示为高负荷和低负荷时定压运行，中间负荷时变压运行。低负荷区（大型机组一般在 30% 额定负荷以下）采用定压运行，中间负荷时关闭 1～2 个调速汽阀下变压运行，高负荷区（大型机组一般在 80% 额定负荷以上）用喷嘴调节负荷，保持定压运行。这种运行方式，高负荷能满足调频需要，中间负荷时有较高的热效率和良好的负荷适应性。目前，大型机组多采用这种定-滑-定的复合运行方式。

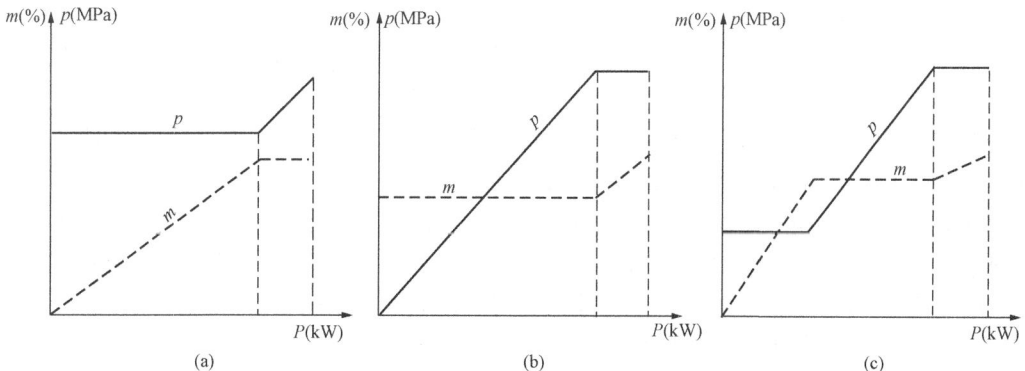

图 8-4　复合变压运行
（a）高负荷时变压运行；（b）低负荷时变压运行；（c）定-滑-定运行

2. 单元机组的控制方式

大型单元机组控制方式共有四种：全手动（BASE）、汽轮机跟随（TF）、锅炉跟随

（BF）和机组协调控制（CCS）。机组正常运行时应采用 CCS 方式，根据机组的不同工况或在系统及设备发生故障时，可灵活地采用 TF、BF 或 BASE 方式。

（1）全手动方式：全手动方式指汽轮机、锅炉主控均在手动控制方式。

（2）汽轮机跟随方式：汽轮机跟随方式指锅炉主控在手动，汽轮机主控在自动方式，即由汽轮机调节门控制汽压，该工况下压力控制响应快，但负荷波动较大。

（3）锅炉跟随方式：锅炉跟随方式指汽轮机主控在手动，锅炉主控在自动方式，即由锅炉主控主调蒸汽压力，该工况负荷响应较快，但蒸汽压力波动较大。

（4）机炉协调控制方式：机炉协调控制方式指机、炉主控均在自动方式，汽轮机主控按照功率偏差控制调节门开度，兼顾压力偏差；锅炉主控将经过修正的机组负荷指令和压力指令发送到风量和燃料控制回路，以协调锅炉出力与负荷指令之间的匹配。

## 第二节　热力系统主要设备的运行与调整

### 一、回热加热器运行与调整

#### 1. 低压加热器运行与调整

低压加热器通常都是随主机一同启动和停止的。机组启动前，各台低压加热器的出入口全开，各旁路门全关，但靠近除氧器的那台低压加热器出口应处于关闭状态。当凝结水泵启动后，缓慢向低压加热器通水，将水室及管道内积存的空气充分排出，各加热器的进汽门、疏水门、空气门全开，汽侧放水门全关。汽轮机启动后，回热抽汽开始进入加热器，疏水则逐级自流至下级加热器，最后排到凝汽器。机组在启动过程中，当凝结水水质合格后，关闭启动放水门，开启靠近除氧器的低压加热器出口门，将凝结水导入除氧器。随着负荷的增加，低压加热器疏水水位升高，应及时调整到正常数值。当负荷稳定后，将疏水调节投入自动调节；随着疏水量的增加，机组负荷达到 30% 额定负荷时，可启动低压加热器疏水泵，关闭去凝汽器的疏水调整门。

停机时，随着负荷的减少，低压加热器进汽量相应减少，直至和主机同时停止。在停机过程中，除需调整凝汽器水位外，其他阀门一般不进行操作。停机后，如需对低压加热器进行找漏时，应将汽侧放水门全开，确认汽侧存水放净时再启动凝结水泵，检查汽侧放水门是否流水，根据水量的大小，可以判断低压加热器管束的泄漏程度。

机组运行过程中，如果发生低压加热器管束或水室结合面泄漏以及其他缺陷时，则需要将低压加热器停止，低压加热器疏水泵停用。减少负荷的数值以除氧器不振动为宜。切除低压加热器时，应先关闭加热器的进汽门和空气门。为保证凝结水不能继续流入除氧器，应先开启水侧旁路门再关闭水侧出入口门，然后关闭疏水门，最后开启汽侧入水门及水室放空气门。为防止抽汽管道内积存疏水，应将抽汽止回门前后的疏水门开启。

当需要在机组运行中投入低压加热器时，应先开入口水门，注意排净空气，防止汽水共存，再开出口门，关水侧旁路门，使凝结水全部通过加热器。当汽侧放水门全关后，缓慢开启加热器进汽门，将蒸汽压力逐渐提高到当时负荷的抽汽压力。而后根据负荷情况启动疏水泵。加热器投入后，关闭抽汽管道上的疏水门。

低压加热器正常运行时，主要监视其水位的变化，如果低压加热器管系泄漏或水位调整失灵时，均会造成水位升高或满水。低压加热器满水时不仅会引起壳体振动，而且可能使汽轮机中、低压缸进水。判断低压加热器水位是否过高，除了水位计及水位信号外，还可以从低压加热器出口温度来判断。如果负荷未变而出口水温下降，则说明某台低压加热器水位过高。另外，在正常运行中，对汽侧压力最低的低压加热器出入口水温也要注意检查，如果此低压加热器的出入口水温减小，说明汽侧抽汽量减少。这可能是由于空气排不出去引起的，应进行调整。

2. 高压加热器运行与调整

高压加热器能否正常投入运行，对热力发电厂的热经济性和负荷都有很大的影响。当高压热器切除时，由于抽汽量的变化，改变了汽轮机各级的焓降和蒸汽流量，使动叶、隔板上所受应力随之增加。另外，由于进入锅炉的给水温度降低，若锅炉仍保持原来的蒸发量，则必然要加大燃料消耗量，由此可能会造成锅炉过热器和再热器超温。因此，在高压加热器停用时，应限制机组的负荷。此外，高压加热器停运后，加大了排汽在凝汽器中的热量损失，降低了机组的循环热效率。对于一台 300MW 机组，高压加热器切除时，机组热耗约增加 4.6%，标准煤耗率增加 11g/(kW·h) 左右。由此可见，提高高压加热器的投入率，对发电厂的安全、经济运行有着重要的意义。

（1）高压加热器投运率的计算。高压加热器投运率是指在机组运行时间内，高压加热器参与机组运行时间的百分比。即

$$高压加热器投运率 = \frac{高压加热器运行小时数}{机组运行小时数} \times 100\% \qquad (8-7)$$

式（8-7）中的机组运行小时数，指机组并入电网到机组从电网中解列所经历的小时数；高压加热器运行小时数指高压加热器蒸汽侧阀门全部打开到开始关闭蒸汽侧阀门所经历的小时数。

对于只有整组高压加热器给水大旁路而没有高压加热器给水小旁路的高压加热器系统，高压加热器发生故障，机组的整组高压加热器必须停运，机组只有一个高压加热器投运率。对设有小旁路的高压加热器系统，一个高压加热器出现故障，可以只停这个高压加热器，其他高压加热器可以继续运行，每个高压加热器各有其投运率，机组的高压加热器投运率即为各高压加热器投运率的平均值。例如某机组年运行 6500h，其 1 号高压加热器投运 2000h，其 2、3 号高压加热器分别运行 6000h 和 5000h，则

$$高压加热器投运率 = \frac{2000 + 6000 + 5000}{6500 \times 3} \times 100\% = 66.67 \quad （\%）$$

实际计算时，不仅要计算单台机组的高压加热器投运率，有时还需要计算若干台机组的高压加热器投运率，或一个电厂的高压加热器投运率，或某一类机组的高压加热器投运率。这时应注意：

1）每个高压加热器运行小时数的规定。当高压加热器不随主机滑启滑停时，按每台高压加热器的进汽门开启至关闭的小时数计算；当高压加热器随主机滑启滑停时，把主机与电网并列、解列的时间作为高压加热器进汽门开启、关闭的时间。

2）主机的运行小时数按主机与电网并列至解列的小时数计算。

3）统计计算高压加热器投运率，同时应测定并记录给水温度。

（2）高压加热器停运对机组煤耗的影响。给水回热加热器是热力系统的重要设备之一，

热力发电厂设置给水回热加热器的目的是提高机组运行的热经济性。设计时要进行详细的优化分析与计算，在运行中也要考虑各给水回热加热器对机组运行热经济运行的影响，尤其是要考虑高压加热器停运对机组热耗和煤耗的影响。高压加热器对机组运行热经济性的影响可以从两个方面进行分析：

1）汽耗量变化。当机组输出功率不变时，高压加热器投运后，由于抽汽只做了一部分功即被抽出加热给水，因此汽耗量将增加。

2）给水在锅炉内的吸热量变化。投入高压加热器后，由于给水温度升高，给水在锅炉内的吸热量将会降低，因此，投入高压加热器后汽轮机的热耗量减少。

表 8-1 给出了一些机组停用高压加热器时热耗率和煤耗率的增加值。

表 8-1　　　　　　　　　　机组停用高压加热器时的热耗率和煤耗率的增加值

| 机组型号 | 给水温度<br>（℃） | 热耗率增加<br>（%） | 标准煤耗率增加<br>[g/(kW·h)] | 每年多耗标准煤<br>（t） | 发电标准煤耗率<br>[g/(kW·h)] |
|---|---|---|---|---|---|
| N100-9.0/535 | 222.0 | 1.9 | 7.0 | 4900 | 360 |
| N125-13.5/550/550 | 239.0 | 2.3 | 7.4 | 6500 | 320 |
| N200-13/535/535 | 240.0 | 2.57 | 8.3 | 11600 | 320 |
| N300-16.5/550/550 | 263.1 | 4.6 | 11.0 | 19400 | 310 |

综上可见，高压加热器停运后，200MW 机组的发电标准煤耗率增加值约为 8.3g/(kW·h)，300MW 机组发电标准煤耗率的增加值约为 11g/(kW·h)，该数值可作为一般应用参考。若对某一机组要求有准确数值，可以结合实际运行参数，进行详细计算或测定。

（3）高压加热器的启停方式。为防止高压加热器管束及胀口泄漏，延长高压加热器的寿命，在高压加热器启停过程中，应限制高压加热器的温度变化率。如国产 300MW 机组规定，启动时给水温升率不大于 1.7℃/min；停止时，温降率也不大于 1.7℃/min。为了控制高压加热器温度变化率在规定范围内，高压加热器应随机组滑启、滑停。这是由于给水温度和抽汽参数是随着机组负荷的增减而变化的，高压加热器的壳体、管束、管板、水室等就能均匀地被加热和冷却，相应地金属热应力也减少了，高压加热器管束和胀口泄漏也会大大减少。

随机启动高压加热器时，一般在给水泵运转后，就对高压加热器注水。在注水过程中，根据邻近除氧器的高压加热器入口给水温升速度，控制注水门开度。高压加热器注满水后，从汽侧放水门检查高压加热器管束是否泄漏。如果不漏，即可关闭该放水门，连续排气门全开。投运过程中，重点要监视高压加热器水位的变化。疏水方式多为逐级自流，并用疏水调节阀保持水位，在机组负荷稳定后投入水位自动调节。高压加热器随机启动时，如果高压胀差增长较快，应适当关小一次抽汽门，以提高高压外缸的温度。

高压加热器随机滑停时，随着负荷的减少，抽汽参数和给水温度逐渐下降，直至汽轮机停止运行时，高压加热器也即停止。当机组负荷降低时，要特别注意汽轮机上、下缸的温差，如果上、下缸温差增大时，可以停止高压加热器，以保证汽轮机的安全运行。高压加热器停止后，开启高压加热器汽侧放水门。

高压加热器在启、停过程中，温度变化率比较难控制，操作时要特别注意。启动时，为避免高温给水对高压加热器管束、胀口、管板等部件的热冲击，通水前要先进行预暖。利用蒸汽对金属的凝结放热，使筒体、管板和管束加热到接近于正常的给水温度，之后再进行注水排气。注水时要注意监视水侧压力，不要提得太快，以使容器和管道内空气充分排出。高压加热器注满水时，其水侧压力应等于管道内的给水压力。关闭注水门时应注意观察高压加热器水侧压力，如果压力不变，则高压加热器不漏，此时可以进行通水操作。高压加热器通水后，按抽汽压力由低到高的顺序，逐个开启每台高压加热器进汽门和疏水门，并注意监视每台高压加热器出口给水温度变化率，直至将进汽门全开。疏水逐级自流到除氧器。

停用高压加热器时，先停汽，后停水，按抽汽压力由高到低的顺序缓慢关闭每台高压加热器进汽门；严格控制给水温降速度。水侧停止以前，要先开给水旁路门，再关闭出入口门。为防止汽侧超压，疏水门最后关闭。汽侧全停后，应开启汽侧及水侧放水门。

不论高压加热器是随机组启动还是在机组运行中启动，都必须提前进行保护装置试验，通水前先投入高压加热器保护。

（4）高压加热器正常运行中的维护。高压加热器正常运行时，应做如下维护工作：①保持正常水位，防止低水位或高水位运行；②监视出入口温度和抽汽压力；③保持汽侧连续排气门要畅通，防止空气聚集在传热面上；④注意负荷与疏水调节阀开度的关系，当负荷未变而调节阀开度增加时，管束可能出现轻度泄漏；⑤防止在过负荷状态下运行；⑥维持给水溶氧、pH 值等参数满足相关规定的要求；⑦汽侧安全门应保证可靠好用，并定期进行校验及动作试验。应定期进行高压加热器保护、危急疏水门、抽汽止回门和进汽门的连锁试验；定期冲洗水位计，防止出现假水位。

**二、除氧器的运行与调整**

除氧器作为给水回热系统中的一个混合式加热器，其主要作用是除去给水中的氧气、氮气、二氧化碳等气体，以保证锅炉给水的品质合格。在运行中加强监视，及时进行合理调整，不仅能达到最佳的除氧效果，而且对提高发电厂的运行热经济性也有重要作用。

1. 除氧器滑压运行的热经济性分析

除氧器有定压和滑压两种运行方式。除氧器定压运行由压力调节阀维持其压力恒定，但压力调节阀会产生节流损失，在高负荷时（一般为 70％额定负荷 $P_e$），就必须切换到压力更高的回热抽汽，蒸汽节流损失更大，而且高压加热器组的疏水不能进入除氧器，需切换到低压加热器。相对于除氧器的定压运行，滑压运行是指其运行压力随主机负荷变动而变化的运行方式，无蒸汽节流损失。在低负荷时（约 20％$P_e$），汽源则切换到压力更高的回热抽汽，同时除氧器以定压方式运行。

除氧器采用滑压运行后，系统热经济性的提高主要体现在以下两方面。

（1）避免了除氧器抽汽的节流损失。对于定压运行的除氧器，在任何情况下均应使除氧器内保持恒定的压力。因此，为了适应机组变负荷运行的需求，其抽汽管路上都装设压力调节阀。当机组在高负荷下运行时，抽汽有节流损失，使热效率降低；当机组负荷降低至原抽汽压力不能维持除氧器的工作压力时，需切换到高一级压力的抽汽，同样也导致节流损失，同时还停掉原级抽汽，使热经济性降低更多。采用滑压运行方式，不必维持除氧器压力的恒定，所以除氧器的抽汽管路上没有压力调节阀；除氧器压力在任何工况下都接近供汽压力，低负荷时也不需汽源切换，这样既简化了系统又避免了节流损失，大大改善了回热系统的热经济性。图 8-5 所示为除氧器两种运行方式的热经济性比较曲线，该图横坐标为负荷 $P$ 与额定负荷 $P_e$ 的相对值 $P/P_e$，纵坐标为不同运行方式的机组绝对内效率的相对变化率，即

$$\delta \eta_{\mathrm{i}} = \frac{\eta_{\mathrm{i}}^{\mathrm{v}} - \eta_{\mathrm{i}}^{\mathrm{c}}}{\eta_{\mathrm{i}}^{\mathrm{c}}} \tag{8-8}$$

式中　　$\eta_{\mathrm{i}}^{\mathrm{v}}, \eta_{\mathrm{i}}^{\mathrm{c}}$——除氧器滑压、定压运行时机组绝对内效率。

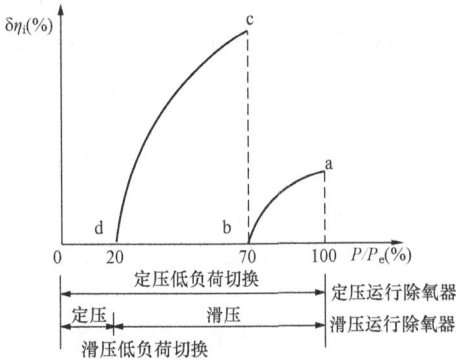

图 8-5　除氧器两种运行方式的
热经济性比较曲线

由图 8-5 可知，对于定压运行的除氧器，当机组运行负荷从额定负荷开始降低时，$\delta\eta_{\mathrm{i}}$ 随之减小，如图中 ab 曲线所示。但当机组负荷下降到约 $70\% P_{\mathrm{e}}$ 时，其抽汽压力便不能满足定压运行的需求，需切换至高一级抽汽，停掉原级抽汽，此时，$\delta\eta_{\mathrm{i}}$ 将突然增大至点 c，之后随着机组负荷的进一步降低，$\delta\eta_{\mathrm{i}}$ 沿 cd 曲线变化到点 d（约 $20\% P_{\mathrm{e}}$ 处）；在这一过程中，定压运行的节流损失大，热经济性显著下降。而对于滑压运行的除氧器，由于在这段负荷区间内除氧器滑压运行，无节流损失，其热经济性一直高于定压运行的除氧器，直至滑压到图中点 d 后切换成定压运行为止。

（2）使汽轮机抽汽点得到合理分配。在设计汽轮机时，合理布置回热抽汽点，可以提高汽轮机回热系统的热经济性。除氧器采用定压运行时，往往不能很好地把除氧器作为一级加热器使用，表现为凝结水在除氧器中的温升比在其他加热器中的温升低得多，即除氧器的工作压力与后面相邻一级低压加热器的抽汽压力相差不多，或者与它前面的一级高压加热器共享一级抽汽，这两种情况都使抽汽点不能合理地分配。当除氧器采用滑压运行时，上述缺点就可以避免，此时除氧器中的压力就和其他加热器一样是随着负荷变化而变化的，除氧器起着除氧和加热两个作用，在热力循环中作为一级回热加热器使用。

2. 机组负荷变化对除氧器滑压运行性能的影响

除氧器与给水泵的连接方式以及有关汽水参数如图 8-6 所示。除氧器内压力与水温变化速度不同，压力变化较快，水温变化较慢。当机组在接近额定负荷工况下运行时，进入除氧器的水量、水温符合设计工况。除氧器的定压与滑压运行效果基本上是一样的，都能保持给水处于沸腾状态。当机组负荷变化缓慢时，除氧器内压力与水温变化不一致的矛盾也不突出。但当负荷在较大范围内变动时，除氧器滑压运行与定压运行相比，将对除氧效果产生不同的影响。

（1）机组负荷突然增加。负荷骤增时，除氧器工作压力随着抽汽压力的增加而升高，水温升高速度远远落后于压力的升高速度，此时除氧塔内处于下降过程中的凝结水和给水箱中的水不能瞬时达到除氧器内蒸汽压力对应的饱和温度，致使除氧器内原来的饱和水瞬间变成不饱和水。原逸出的溶解氧就会重新溶回到水中，出现"返氧"现象。因而使除氧器内的水产生过冷而引起含氧量增加。这种情况一直要持续到除氧器内水温达到新工作压力下的饱和温度，除氧效果才能恢复。

（2）机组负荷突然下降。机组负荷骤降时，除氧器内蒸汽压力将随抽汽压力的下降而降低，由于给水箱的热容量较大，水温的降低滞后于压力的降低，水温瞬间还来不及下降，部分水必然要发生汽化，致使除氧器内的水发生急剧的"闪蒸"现象，除氧效果变佳。因此，在机组减负荷时，除氧器滑压运行使除氧效果变好。

机组负荷骤变时，滑压运行除氧器对除氧效果、给水泵的安全运行有着截然不同的重大影响，见表 8-2。机组负荷骤升时，除氧效果恶化，可通过加装再沸腾管等措施来克服。机组负荷骤降时，则必须防止给水泵的汽蚀。

除氧器滑压运行时，最严重的骤降负荷是汽轮机从满负荷全甩负荷至零，除氧器的抽汽量骤降至零，降氧器压力由额定工作压力降到大气压。

**表 8-2**     **机组负荷骤变时滑压运行除氧器对除氧效果和给水泵汽蚀的影响**

| 电负荷变化 | 对除氧效果的影响 | 对给水泵汽蚀的影响 |
|---|---|---|
| 电负荷骤降 | (1) 除氧器压力随电负荷骤然下降，$p_d' < p_d$。<br>(2) $p_d'$ 对应饱和水温 $t_d' < t_d$，水温滞后变化。<br>(3) 水箱内的水闪蒸，改善除氧效果 | (1) 除氧器压力随电负荷骤然下降，$p_d' < p_d$。<br>(2) 水温滞后变化，$t_d' < t_d$。<br>(3) 水泵入口水温，$t_v' < t_d$，恶化汽蚀 |
| 电负荷骤升 | (1) 除氧器压力随电负荷骤然提高，$p_d'' > p_d$。<br>(2) $p_d''$ 对应饱和水温 $t_d'' > t_d$。<br>(3) 已离析氧气重返水中，恶化除氧效果 | (1) 除氧器压力随电负荷骤然提高，$p_d'' > p_d$。<br>(2) $p_d''$ 对应饱和水温 $t_d'' > t_d$。<br>(3) 水泵入口水温，$t_v'' > t_d$，泵入口不会汽蚀 |

**3. 除氧器滑压运行对给水泵入口汽蚀的影响**

(1) 给水泵入口不汽蚀的条件。除氧器滑压运行时，最严重的电负荷骤降是汽轮机甩全负荷，此时除氧器的抽汽量骤降至零，压力降到大气压。针对这一瞬时工况，假设：①暂态过程进入除氧器的凝结水温度不变；②给水管段的压降 $\Delta p$ 不变；③给水流量不变；④额定工况时，滑压运行的除氧器工作压力为 $p_d$，泵入口水柱静压头为 $H_d$，下降管总长为 $L$，如图 8-6 所示。

在稳定工况下，有效净正吸水头为 $NPSH_a$ 和给水泵入口必需的净正吸水头 $NPSH_r$ 与流量 $Q$ 的关系如图 8-7 所示。当 $NPSH_a > NPSH_r$ 时，泵正常工作，如点 $M$；反之 $HPSH_a < NPSH_r$ 时，泵不能正常工作，泵入口产生汽蚀，故 0-N 段已汽化，用虚线表示。$NPSH_r$ 为给水泵吸入口压降与入口流道压降之和，如图 8-8 所示，它取决于泵本身的特性，如结垢、转速和流量，其值由水泵制造厂提供。$HPSH_a$ 为水柱压头和除氧器压力之和扣除流动阻力及水泵入口压力，表达式为

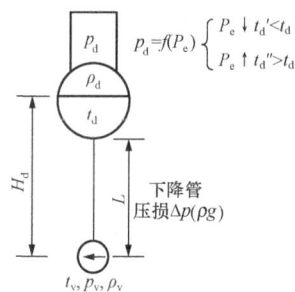

图 8-6 除氧器与给水泵的连接方式以及有关汽水参数

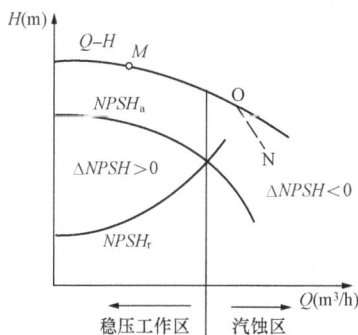

图 8-7 给水泵的 $Q$-$H$ 曲线

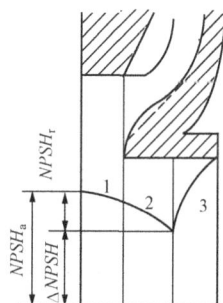

图 8-8 $HPSH_a$ 与 $HPSH_r$ 的关系
1—泵入口压降；2—流道压降；3—增压

$$NPSH_a = \frac{p_d}{\rho_d g} + H_d - \frac{\Delta p}{\rho g} - \frac{p_v}{\rho_v g} \tag{8-9}$$

式中　$g$——重力加速度。

给水泵不汽蚀的基本条件或防止给水泵入口汽蚀的条件是有效富裕压头 $\Delta NPSH$ 应大于或等于零，即

$$\Delta NPSH = NPSH_a - NPSH_r \geqslant 0 \tag{8-10}$$

将式 (8-9) 代入式 (8-10)，并整理可得

$$\Delta NPSH = \left(H_d - \frac{\Delta p}{\rho g} - NPSH_r\right) - \left(\frac{p_v}{\rho_v g} - \frac{p_d}{\rho_d g}\right) = (\Delta h - \Delta H) \geqslant 0 \tag{8-11}$$

$$\Delta h = H_d - \frac{\Delta p}{\rho g} - NPSH_r, \quad \Delta H = \frac{p_v}{\rho_v g} - \frac{p_d}{\rho_d g}$$

式中　$\Delta h$——稳态工况时泵不汽蚀的有效富裕压头，对于已设计好的电厂，其为定值，m；

　　　$\Delta H$——暂态过程中有效富裕压头下降值，m。

$\Delta H$ 为变量，稳态时，$\Delta H=0$；全甩负荷至零的暂态工况，由于除氧器压力已下降至 $p_d'$，泵入口水温对应的汽化压力 $p_v > p_d'$，而水温滞后于除氧器的压力下降，$t_v' < t_d$，因此，$\Delta H > 0$。

（2）稳态工况。假设除氧器入口凝结水温度不变，除氧器的 $H$-$\tau$ 关系如图 8-9 所示。稳定工况时，除氧器滑压运行与定压运行是一致的，忽略泵吸入口管段的散热损失，$t_v$、$t_d$ 均为除氧器工作压力 $p_d$ 所对应的饱和温度，故 $\Delta H=0$，由式 (8-11) 得 $\Delta NPSH$ 等于常数，即图 8-9 的稳定工况区，$a'a = b'b = \Delta h$。除氧器位于一定高度形成的水柱压头 $H_d$，用以克服流动阻力损失和 $NPSH_r$，即只要 $\Delta h > 0$，泵入口就不会汽化。因此，大气压力式除氧器安装高度通常为 7～8m，高压除氧器安装高度为 17～18m。

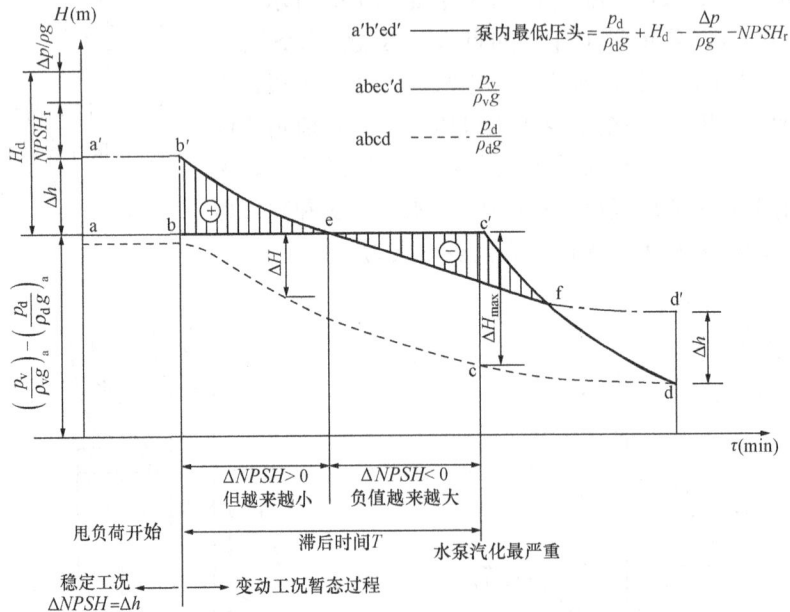

图 8-9　骤降电负荷时给水泵汽蚀的 $H$-$\tau$ 图

（3）机组骤升电负荷的暂态过程。机组骤升电负荷，$p_d$相应骤升，而除氧器内的水温滞后于压力的升高。在滞后时间 $T$ 内，$p_d > p_v$，即 $\Delta H < 0$。与稳定工况相比，$\Delta NPSH$ 增加，这时水泵不可能会发生汽蚀，更加安全可靠。

（4）机组骤降电负荷的暂态过程。机组骤降电负荷，$p_d$相应骤降，则 $p_d < p_v$，即 $\Delta H > 0$。与稳定工况相比，$\Delta NPSH$ 减小。此时，$H_d$ 除了用以克服流动阻力损失和 $NPSH_r$ 之外，还要克服 $\Delta H$，减小了防止水泵的汽蚀裕度，进而使水泵入口容易发生汽蚀。图 8-9 中的 bcd 曲线为暂态过程除氧器压力随时间 $\tau$ 的变化情况。水泵叶轮入口的实际压头为（$\Delta h + p_d/g\rho_d$），故其暂态过程为曲线 b′ed′，它平行于 bcd 曲线，二者的纵坐标之差为常数 $\Delta h$。

泵入口水温 $t_v$ 滞后于 $p_d$ 的下降，$t_v$ 对应的 $p_v$ 也相应的滞后于时间 $T$，如 bc′水平线所示。吸入管段内温度为 $t_v$ 的水全部进入水泵的时间称为滞后时间，对应于图 8-9 中的点 c′。经过点 c′ 之后，进水温度开始下降，对应的汽化压力 $p_v$ 也随之下降，因为吸入管容积小于给水箱容量，使得吸入管内给水汽化压力 $p_v$ 的下降速度大于除氧器中压力 $p_d$ 的下降速度，故曲线 c′fd 比曲线 bcd 下降更快。

图 8-9 中形成 bb′eb、ec′fe 两个区域和一个转折点 e。在 bb′eb 区，$\Delta NPSH > 0$，故水泵不汽蚀，但其值却越来越小。在转折点 e，$\Delta NPSH = 0$。在 ec′fe 区，$\Delta NPSH < 0$，且其值却越来越大，在点 c′ 时达最大值，水泵汽蚀最严重。

（5）防止给水泵入口汽蚀的措施。除氧器滑压运行时，必须防止给水泵汽蚀。可以采取的主要措施有：

1）提高静压头 $H_d$。滑压运行除氧器布置在比定压运行除氧器更高的位置。静压头 $H_d$ 不仅用以克服 $\Delta p/g\rho$、$NPSH_r$，还用于克服滑压运行暂态过程的富裕压头下降值 $\Delta H$。除氧器布置位置高度 $H_d$ 更大，主厂房的土建费用将增加。

2）改善泵的结构，采用低转速前置泵。改善水泵结构和特性，可减小 $NPSH_r$，滑压运行的除氧器布置位置高度较低，也能够保证给水泵安全运行，比单纯加大 $H_d$ 合理。大容量汽轮机组的给水泵出口压力高，如果采用 5000～6000r/min 的高转速给水泵，其 $NPSH_r$ 值较高，约为 200kPa。如果采用 1500r/min 的低转速前置泵，其 $NPSH_r$ 仅为 60～90kPa。因此，滑压运行的除氧器可布置的较低。

3）减小管道的压降。缩短吸水管长度，尽量减少弯头及其附件数量，选用 2～3m/s 的合适流速，均可以减小 $\Delta p$，提高水泵运行的安全性。

4）缩短滞后时间。在水泵入口注入温度较低的主凝结水，或在水泵入口前设置给水冷却器，均可降低泵入口水温，从而缩短滞后时间。

5）减缓除氧器压力下降速度。在负荷骤降的滞后时间内，快速投入备用汽源，以阻止除氧器压力下降，从而提高给水泵运行的安全性。

4. 除氧器运行

（1）除氧器的启动与停运。单元机组的除氧器是随机启停的。机组启动时，锅炉应先上水，为此在锅炉点火前除氧器必须先投入。在对系统检查结束后，先向除氧器补水，至正常水位后停止；同时，加热汽源也应投入，并进行循环加热，其加热汽源可用启动锅炉供汽，也可用邻机抽汽。当水加热到规定温度，即可满足锅炉上水的要求。

给水泵运行时，需要开启至除氧器的再循环门。汽轮机启动后，只有当凝结水硬度合格时，才能将凝结水导入除氧器。低负荷时，注意保证除氧器内的压力应能满足轴封供汽的需要。机组负荷稳定后,投入压力和水位自动调节器。随着除氧器压力的上升,要注意根据给水中的含氧量调整排气门的开度。与除氧器联络的其他系统,应随着机组启动过程逐个投入,如门杆漏汽、高压加热器疏水、锅炉连排等。

停机时,随着机组负荷的减少,抽汽压力降低,当抽汽压力不足时,应将加热汽源切换到与启动时相反的汽源处,并注意控制降压速度。机组解列时,关闭进汽门,但因停机后锅炉需要间断上水,所以要保持好水位,直到给水泵不再启动时,除氧器的补水停止。

除氧器停运期间,应采取防腐保护措施,以防止空气或其他有害气体对除氧器及给水箱内壁产生侵蚀。通常规定:除氧器停运一周内,应采取蒸汽保养;停运一周以上,则应采取充氮保养,维持充氮压力在 $30\sim50\text{kPa}$ 范围内;无论是充蒸汽还是充氮,均应与除氧器泄压放水同时进行。

(2)自生沸腾现象及防止。机组长期在低负荷下运行时,要注意防止高压加热器的疏水在除氧塔内产生自生沸腾。除氧器自生沸腾是指进入除氧器的疏水汽化和排汽产生的蒸汽量已经满足或超过除氧器的用汽需要,从而使除氧器内的给水不需要回热抽汽加热而自己沸腾,这些汽化蒸汽和排汽在除氧塔下部与分离出来的气体形成旋涡,影响除氧效果,使除氧器压力升高。这种现象称为除氧器的自生沸腾现象。自生沸腾发生在除氧塔的上部,阻止了加热蒸汽进入除氧器内,这时在除氧塔下部分离出来的气体排不出去,气体分压力升高,引起除氧水中的含氧量增加。当发现除氧塔内有自生沸腾现象发生时,应采取增加软化水补充量或开大排气阀的方法解决。为防止发生自生沸腾,可以采取的主要措施有:①将一些辅助汽水流量引至其他较合适的加热器,如轴封漏汽、门杆漏汽或某些疏水等;②设置高压加热器的疏水冷却器,降低疏水焓值后再引入除氧器;③提高除氧器的工作压力,减少高压加热器的数目,从而减少高压加热器疏水量和疏水比焓;④将化学补充水引入除氧器,但热经济性降低。

(3)除氧器运行中的监督和调整。除氧器运行时,需要监督的参数包括溶氧量、汽压、水位和水温等。

1)除氧器溶解氧的监督。运行中应通过取样监视给水含氧量。与溶解氧有关的因素包括排气阀的开度,一、二次加热蒸汽的比例,主凝结水流量及温度的变化,补水率的调整,给水箱中再沸腾管道系统的运行,以及疏水箱来的疏水流量等。

2)除氧器压力和温度的监督。压力和温度是除氧器正常运行中的主要控制指标之一,当除氧器内压力突然升高时,水的温度暂时低于压力升高后所对应的饱和温度,溶解氧也随之增加;当除氧器内压力突降时,溶解氧先是较短时间地降低,但很快又回升上来,因为水温下降的速度落后于压力下降的速度,则水温暂时高于饱和速度,有助于溶解气体的析出。图 8-10 所示为高压除氧器的参数调节示意图。通过压力调节阀自动调节进汽量,使除氧器压力保持恒定,或在调压范围内滑压运行。机组启动、低负荷或甩负荷时,正常汽源无汽或压力不足,则投入备用汽源。二次蒸汽管道上的截止阀用于调节二次加热蒸汽流量,以改变一、二次加热蒸汽量的比例。压力调节器必须投入,且灵敏可靠,防压力突变。

3)水位监督。除氧器水位的稳定是保证给水泵安全运行的重要条件。水位过低会使给水泵入口处的富裕静压减少,甚至使给水泵发生汽化,威胁锅炉上水,造成停炉等事故。水位过高,将会造成汽轮机汽封进水,抽汽管发生水击,或者造成除氧器满水,引起除氧器振动及排汽带水等,因此给水箱应能自动或手动调节到规定的正常水位。水箱水位信号经压差变送器变成电信号,送到自动水位调节器,再驱动水位调节阀关小或开大。

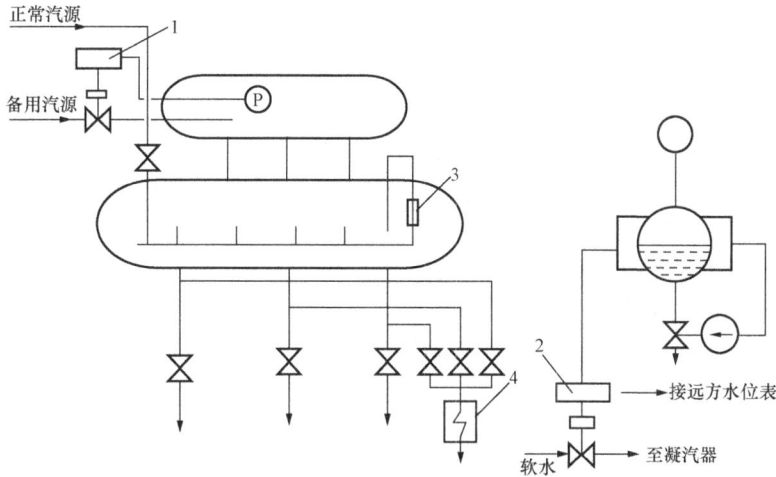

图 8-10　高压降氧器的参数调节示意图
1—压力调节器；2—水位调节器；3—液位信号计；4—取样冷却器

除氧器运行除监督前述各参数外，还需防止排汽带水和除氧器振动。排汽带水的原因是排汽量过大或除氧器内加热不足。除氧器振动的原因有：启动时暖管不充分，突然进入大量低温水造成汽、水冲击；淋水盘式除氧器负荷过载，盘内水溢流阻塞汽流通道；再循环管的流速过高；除氧器结构有缺陷，如淋水盘严重缺陷、淋水孔堵塞、喷嘴锈蚀不能正常工作、填料移位等。

（4）除氧器常见故障与处理。除氧器常见故障与处理方法见表 8-3。

表 8-3　　　　　　　　　　　　　除氧器常见故障与处理方法

| 故障现象 | 原　因 | 处理方法 |
| --- | --- | --- |
| 除氧器振动，内部有撞击声，振动逐渐剧烈，排气管喷水，压力摆动 | （1）进水温度低。<br>（2）进汽量突然增大，内部汽水过负荷 | （1）暂停补充冷水，提高水温。<br>（2）机组降负荷运行 |
| 除氧器水位低 | （1）进水减少或补水中断。<br>（2）误开事故放水阀。<br>（3）凝结水再循环管开度过大。<br>（4）锅炉进水突然增加或排汽量、排污量过大 | （1）加大进水或补水。<br>（2）关严事故放水阀。<br>（3）关小或全关凝结水再循环阀。<br>（4）关小锅炉排污阀或暂停排污 |
| 除氧器水位高 | （1）进水量过大。<br>（2）给水泵故障。<br>（3）凝汽器泄漏（热井水位同时升高）。<br>（4）锅炉突然降负荷 | （1）减小进水量。<br>（2）启动备用给水泵。<br>（3）对凝汽器查漏。<br>（4）查明锅炉原因，迅速处理，必要时，放水阀防水 |
| 除氧器压力下降 | （1）进水量过大，进水温度过低。<br>（2）抽汽电动隔离阀或抽汽止回阀误关或未完全打开。<br>（3）排气阀开度过大。<br>（4）安全阀误动。<br>（5）机组甩负荷 | （1）适当减小进水量，提高进水温度。<br>（2）全开进汽阀或使用备用汽源。<br>（3）调整排气阀开度。<br>（4）阀门误动，应立即开启。<br>（5）使用备用汽源 |

| 故障现象 | 原　因 | 处理方法 |
|---|---|---|
| 排气带水 | (1) 排气阀开度过大。<br>(2) 喷雾填料式除氧器一次加热不够。<br>(3) 内部汽流速度过大 | (1) 合理调整排气阀开度。<br>(2) 调整一次加热的汽、水比。<br>(3) 适当降负荷 |

### 三、凝汽系统的运行与调整

凝汽系统是火电机组的一个重要组成部分，其运行性能的好坏直接影响到整个机组的热经济性和可靠性。如国产引进型 300MW 凝汽式机组的凝汽器压力每升高 1kPa，就会使汽轮机热耗增加 0.9%～1.8%，输出功率减少 1%左右；凝结水过冷度提高 1℃，标准煤耗量增加 0.13%左右；凝结水中含氧量及含盐量增加，将影响蒸汽的品质。此外，循环水泵的耗电量占总发电量的 1.2%～2%，因此凝汽设备的正常运行对节省厂用电也有着重要意义。

凝汽系统的运行主要应保证达到最有利的真空、较小的凝结水过冷度和凝结水的品质合格。凝汽设备运行监视的主要指标有：凝汽器中的真空或排汽压力，凝汽器进口蒸汽温度，凝汽器冷却水进、出口温度，凝汽器出口凝结水温度，循环水泵的耗功，循环水在凝汽器中的水阻等。将这些监测数据和设计数据（如凝汽器的特性曲线）进行比较分析，可以判断设备工作情况是否正常。若发现异常时，应根据现象找出原因，并采取措施加以解决。

1. 凝汽器真空系统的运行与调整

凝汽器真空系统是建立和维持凝汽设备最有利真空的重要系统，对机组运行热经济性有着很大的影响。对于某电厂 1000MW 级超超临界凝汽式机组，凝汽器真空系统在启、停及运行过程中必须遵守以下规则：

（1）启动前的检查。按照辅机通则对凝汽系统进行详细检查，确认已经具备投运条件，包括真空系统阀门状态正常；循环水系统、凝结水系统、盘车装置投入正常；机组轴封系统投运正常，尤其热态情况下严禁未投轴封拉真空；保持凝汽器真空破坏门密封水的连续注水；真空泵汽水分离器液位正常，打通真空泵密封液的循环回路并将真空泵内的密封液补到中心线以上，真空泵密封液冷却器的水侧投用正常。

（2）凝汽器真空系统的启动。先启动一台真空泵，检查真空泵密封液循环泵联启正常，真空泵入口气动蝶阀开启正常；依次启动其余两台真空泵，当凝汽器真空升至大于 −88.2kPa 时，停运一台做备用，投入真空泵连锁；凝汽器真空建立后，应及时检查凝汽器真空破坏门密封水的溢流情况，并做适当调整。

（3）凝汽器真空系统的运行维护。

1）检查运行真空泵盘根密封填料盒处的泄漏量正常，盘根无过热现象。

2）定期检查真空泵密封液的温度。发现密封液冷却器工作效果不佳时，及时切至备用泵运行并联系检修清理冷却器。

3）检查真空泵汽水分离器液位和密封液的流量正常。密封液流量不正常将会产生振动、噪声、出力下降和真空泵电动机过负荷等异常。

4）真空泵正常工作时的电流应无较大波动，电流出现波动或者突然大幅上升，应及时停泵并切至备用泵运行。

5）真空泵轴承的允许温升为 40℃。振动允许值为 80μm。

6）当真空度超过－96.0kPa时，真空泵易出现汽蚀，此时应保证真空泵冷却液入口水温与真空泵入口压力的对应关系，就地检查真空泵入口有无汽化声音。如果就地有汽化声音可调节冷却器冷却水侧的手动门来提高真空泵冷却液入口水温或停运真空泵。不允许真空泵长时间汽化状态下维持运行。

7）真空系统正常运行的监视参数为：真空泵电动机前、后轴承温度小于80℃，真空泵电动机线圈温度小于120℃，真空泵汽水分离器水位在130～370mm之间。

（4）凝汽器真空系统的停运。真空系统停运应具备的条件为：无热源进入凝汽器，汽轮机排汽温度小于90℃，机组异常要求破坏真空紧急停机。

停运真空泵和破坏真空的注意事项：解除真空泵连锁，停止真空泵运行，开启真空破坏门破坏真空；真空泵停用后，检查其进口门自动关闭；在机组紧急停运时，应迅速破坏真空缩短停机惰走时间；真空到"零"，方可停用轴封汽。

（5）凝汽器真空系统的故障处理。真空泵出力下降的原因可能是：密封液流量不足，密封液温度过高，吸入管道泄漏或堵塞，真空泵叶轮磨损或腐蚀。相应的处理是：调整真空泵密封液循环泵的出口压力，保证合适的密封液流量；检查真空泵密封液冷却器是否堵塞，并确认冷却水温度是否正常；切换至备用泵运行，做好故障泵的隔离，联系检修处理；检查真空泵入口滤网是否堵塞，如果堵塞，则入口滤网前后温差较大还可能伴有水珠凝结。

真空泵电动机过负荷的原因可能是：密封液流量过大；转动部件有卡涩；真空泵出口管道堵塞。相应的处理是：调整真空泵密封液循环泵的出口压力，保证合适的密封液流量；切换至备用泵运行，做好故障泵的隔离，联系检修处理。

2. 凝汽器凝结水过冷度的监视及调整

凝汽器运行中凝结水的过冷度也是一个反映热经济性的重要指标。在正常运行中，要求凝结水的温度恰好为排汽压力下的饱和温度，但是由于设备或运行维护不当，可能使凝结水的温度低于排汽压力下的饱和温度而造成过度冷却。一般而言，凝结水的过冷度每增加1℃，机组的燃料消耗量将增加0.1％～0.15％。另一方面，凝结水过度冷却还会造成溶解氧增加，进而使主凝结水管道、低压加热器等增加了氧腐蚀的程度。因此，减少凝结水过冷度不仅对热经济性有利，同时对设备的安全运行也有好处。导致凝汽器运行中凝结水过冷的主要原因及相应的处理措施如下所述。

（1）凝汽器冷却水管束排列不佳或管束过密。汽轮机排汽进入凝汽器被冷却时，冷却水管外表面蒸汽的分压力低于管束之间的平均蒸汽分压，使蒸汽凝结温度低于管束之间混合气流的温度。蒸汽凝结在管子外表面形成水膜（包括上排管束淋下来的凝结水），受管内冷水冷却，使得水膜平均温度低于水膜外表面的蒸汽凝结温度。汽阻使管束内层压力降低，也使凝结温度降低。为降低过冷度，现代凝汽器常制成回热式，即管束中留有较大的蒸汽通道，使部分蒸汽有可能直接进入凝汽器下部，与被冷却的凝结水在进入热井之前充分接触，从而消除凝结水的过冷。

（2）凝汽器内积存空气。在凝汽器中，因为汽轮机真空部分及凝汽器本身不严密，或抽气器工作不正常而造成空气积聚。空气积聚既降低了凝汽器的换热效果，使真空恶化；同时汽-气混合物中的空气份额增加，使得蒸汽分压力降低，进而造成了凝结水过冷。凝汽器中漏入的空气越多，过冷现象越严重，过冷度越大。因此，在运行中保证真空系统的严密性，不仅是为了维持凝汽器内的高度真空，同时也是防止凝结水过冷的有效措施之一。

（3）凝汽器水位过高。凝汽器水位过高，将淹没凝汽器下部的部分冷却水管，使得冷却水又带走了凝结水的部分热量，进而造成凝结水产生过冷。为此，运行中应保持凝汽器水位在正常范围内。目前，根据凝结水泵的汽蚀特性，大型机组普遍采用凝汽器低水位运行方式，以防止水位过高导致凝结水过冷。

**四、给水泵运行与调整**

给水泵处于高温、高压、高转速条件下运行，保证给水泵组的安全与经济运行，是发电厂运行工作的主要任务之一。因此，给水泵在运行中必须有一定的备用容量和备用台数，且应随时处于联动备用状态。联动装置包括低水压联动和电气开关掉闸联动两部分，对联动装置应定期进行试验，以防止因电气回路故障和操作机构失灵而拒动，进而引起锅炉缺水事故。

1. 启动前的主要准备工作

给水泵启动前需检查的主要工作包括：泵组的电气回路应保证正确无误地安装完毕；检查所有仪表是否正确接好，并检查仪表接线和管子连接是否牢固可靠；启动润滑油泵，从各设备的轴承回油窗检查回油是否畅通，检查润滑油系统是否正常；打开给水泵机械密封水的冷却水门，从观察窗检查回水是否畅通；投入泵组所有冷却水系统；注水，即将整个给水系统的所有容积充满合格的水，打开前置泵、给水泵及连接管道上的放气阀，直到排气管路空气排完为止；机械密封水回路也要反复放尽空气；全开前置泵进口隔离阀；对泵组各电动机进行启动前的检查；对给水泵汽轮机进行启动前的检查；汽泵组暖泵系统检查。

若给水泵是配合其出、入口管路一起检修后的第一次启动，则在给水泵入口管道上应安装过滤网，以防止入口管路内的杂物进入泵内而引起事故。对检修后的给水泵出入口管路，在投入运行前，应按照发电厂相关运行操作规程，先排除管内空气，以防止管内形成气囊，影响管路的通水能力。

给水泵启动前，应全开给水泵出口再循环阀，以防止多级给水泵在空负荷或低负荷运行时，由于水轮高速旋转与水摩擦产生热量，引起给水泵内水的汽化。给水泵内水的温升数值由下式计算

$$\Delta t = \frac{(1-\eta_{pu})P \times 3.6 \times 10^3}{cq_m} \tag{8-12}$$

式中　　$\Delta t$——水在给水泵内的温升，℃；

　　　　$\eta_{pu}$——给水泵效率；

　　　　$P$——给水泵消耗的功率，kW；

　　　　$c$——给水的比体积，kJ/（kg·K）；

　　　　$q_m$——给水泵的给水流量，kg/h。

给水泵在启动前要先进行暖泵，在泵温升至接近工作温度后才可启动。暖泵可采用全开泵的入口水阀和出口再循环阀的方法，若泵温上升太慢，可通过开启给水泵的排水阀或空气阀进行排水升温。

2. 给水泵的启动

（1）按照运行规程的要求完成启动前的检查、准备工作后，在得到监护人员或启动指挥人员的同意后方可启动给水泵。合上给水泵电动机的电源开关，电流计指示至最大（直入启动方式）后，在10s内应重新回到空负荷位置，给水泵与电动机的声音应正常；否则应立即

切断电源，检查给水泵过电流或声音异常的原因，但给水泵连续启动不得超过三次，以防电动机因过热而烧坏。

（2）检测给水泵及电动机各轴承的垂直与辐向振动值，最大不得超过 0.05mm。如振动值过大，容易使轴发生挠曲，致使泵内片环磨损，轴承油膜遭到破坏而引起轴瓦磨损或烧毁。在给水泵出口再循环阀不开启的情况下，不得长时间空负荷运行，以防止泵内产生汽化。给水泵内汽化的表现是给水泵的电流和泵出、入口压力剧烈波动，且泵内伴有"沙沙"声。

（3）检查给水泵盘根，不得过热，滴水量应适当，给水泵出、入口侧盘根必须保持有一定的滴水量，对盘根进行润滑、密封和冷却。因此，盘根不得过紧，但滴水量也不应过大，一般给水泵轴瓦内进水都是盘根漏水量过大所致。

检查各轴承的油环转动是否均匀。一般油环跳动或转动过快是由于油室内油位过低引起的，这时应及时加油；油环转动过慢是由于油室内油位过高引起的。由供油泵供油的给水泵还应检查供油泵各轴承的回油量和回油温度。

（4）一切检查正常后，才可缓慢开启给水泵出口阀，根据给水泵电流值的上升情况应逐渐关小出口再循环阀。要防止由于给水泵出口阀突然开大而引起电动机过电流。

（5）给水泵投入运行，给水系统达到稳定运行状态时，可投入连锁开关。给水泵连锁开关的作用是当给水母管压力降至威胁到锅炉的安全用水时，备用给水泵能通过低水压联动装置自动投入运行；若因电气系统事故，运行给水泵跳闸时，可通过电气跳闸联动装置使备用水泵联动起来，投入运行。

3. 给水泵运行中的检查、监视和注意事项

（1）在正常运行状态下，给水泵电流不应超过额定值，允许电动机电压在额定值的 $-5\% \sim +10\%$ 内变化，电动机出力不变。当系统电压较额定电压高 5% 时，电流应减少 5%；当系统电压较额定电压低 5% 时，其电流应增大 5%。

（2）各滑动轴承的温度不得超过 75℃，以防止因高温而导致的油膜承压能力降低，使轴与轴瓦的乌金直接接触而烧毁乌金。滚动轴承的温度不得超过 95℃，轴承温度过高时，应及时采取降温措施。轴承内加入油量过多或不足都易引起轴承温度升高。高压电动机定子的铁芯、线圈最大允许温度为 90℃，允许温升为 55℃（铁芯温度减去室内温度）。

（3）经常监视平衡盘背压，保证其不得变动过大。平衡盘背压升高，说明平衡盘的推力间隙增大，此时给水泵的平衡有可能遭到破坏，使平衡盘或给水泵内部的水轮和部套磨损。

（4）各轴承油室的油位应保持在正常位置，防止出现假油位。油位过高，油容易顺轴从油挡漏出；油位过低会使油环带油量减少，引起轴承温度升高和油环跳动。油室内的油不得变质，若发现变质，应及时更换。在轴承油室换油的过程中，操作人员不得少于两人，以做好油室放油过程中的供油措施。

（5）注意监视给水母管压力不得过低，给水母管的最低压力由式（8-13）确定

$$p_{gs} = p_B + \Delta p + p_{gz} + p_y \tag{8-13}$$

式中　$p_{gs}$——给水母管的最低压力，MPa；

　　　$\Delta p$——开启溢流阀所需的多余压力，MPa；

　　　$p_{gz}$——给水泵出口至锅炉的管路阻力，MPa；

　　　$p_y$——给水泵中心线至锅炉锅筒水面线的水柱静压力，MPa；

$p_B$——锅炉溢流阀的动作压力，MPa。

运行中要经常注意给水泵入口不得汽化。汽化特征是泵入口压力剧烈波动（上升或下降），并伴随有刺耳的"沙沙"声。汽化的原因有：给水泵超设计流量运行；给水在给水泵入口处流速太高，压力损失太大；除氧器内加热压力突然降低；给水泵入口管的过滤网被杂物堵塞等。若发现给水泵入口产生剧烈的汽化现象，应立即启动备用泵；无备用泵时，应设法降低给水流量或降低机组负荷，以消除汽化，保证给水泵安全运行；根据具体情况，可停运给水泵，清扫入口过滤网。

（6）当备用给水泵由于给水母管压力降低而被联动时，应及时投入它的电源开关。检查给水母管压力和各运行给水泵的电流，以判断给水流量的大小；若各运行给水泵的电流都较大，可关闭被联动泵的出口再循环阀。当备用给水泵被联动后，若各运行给水泵的电流都较小，则查明被联动的原因之后，再停止被联动的给水泵备用。

备用给水泵被联动的可能原因：水位调节器失灵，汽轮发电机组负荷突然增加，电力系统负荷不稳，电力系统频率降低，高压加热器及给水管路破裂，厂用电系统瞬间停电等。

对于带润滑油泵的给水泵，在运行给水泵跳闸，备用给水泵被联动投入运行时，应先投入跳闸给水泵的润滑油泵电源开关，然后合上被联动泵的电源开关，切断跳闸泵的电源开关及联动开关。待查明跳闸泵的跳闸原因后，再确定跳闸泵是否投入联动备用状态。

（7）运行中的给水泵跳闸，备用泵没有被联动起来时，应立即手动投入备用泵的电源开关，启动备用泵。若没有备用给水泵，在跳闸泵还没有倒转的情况下，可强投一次电源开关，若强投无效，应通知班长、值长减小汽轮机负荷，以恢复正常的给水压力。

（8）在给水泵运行中，若由于电力系统频率降低使给水压力降低，锅炉应根据给水压力适当降低主蒸汽压力，以保证锅炉的安全用水。

（9）联动备用给水泵，其出口阀、出口再循环阀、盘根和轴承的冷却水阀都应开启。

（10）对于长期处于备用状态的给水泵，每30天要测量一次绝缘或定期进行切换运行，以防电动机受潮，绝缘劣化。

4. 给水泵停运与检修的操作

（1）给水泵无论在什么情况下停运，都应先关闭出口阀，适当开启出口再循环阀，才可切断电源。若出口阀不关或没关切断电源，将引起给水母管压力突然大幅度下降，锅炉水位不稳或备用给水泵联动。若出口止回阀因卡涩失灵或关闭不严，将会使给水母管往给水泵入口管返水，引起给水泵倒转，有时还会使给水泵出口管路发生水击。

在给水泵运行中，由于机组热、电负荷降低或其他原因引起给水容量过剩，或切换其他泵运行时，需停运给水泵，在关闭泵出口阀的过程中，要注意给水母管压力应缓慢下降。若给水母管压力下降过快或下降到接近联动压力时，应恢复准备停运泵的正常运行，并分析压降过大的原因。

（2）在给水泵出口阀关闭后，切断电源之前，必须先解除准备停运泵的连锁开关。在切断电源后，要仔细观察给水泵的惰走时间，以分析判断泵内有无摩擦。

（3）在停止运行给水泵、联动备用给水泵时，投入连锁开关之前要先开启备用泵出口阀、出口再循环阀。在开启出口阀时，要注意观察、分析出口止回阀是否有卡涩或泄漏现象。若开启出口阀时比平时操作费力，并听到有流水的声音，说明出口止回阀已因卡涩而泄漏，遇到这种情况，应采用击振止回阀外壳的方法使其关闭，或采取切断出口止回阀与给水母管联系的措施，消除漏水，并向有关部门申请检修。

（4）一般必须对要检修的转动设备停电，如仅暂时修理而不需停电时，也需有可靠的安全防范措施。在停运给水泵、关闭给水泵入口阀和出口再循环阀之前，要确认给水泵出口阀和出口止回阀严密不泄漏才可操作。在关闭给水泵入口阀和出口再循环阀的过程中，要特别注意给水泵入口压力的变化，如发现有上升趋势，应立即停止操作并恢复至初始状态，研究消除压力升高的措施；关闭给水泵入口阀和出口再循环阀后，只有在给水泵入口压力降低后，操作人员才可离开现场，以防由于给水泵出口止回阀和出口阀因渗漏而引起泵内压力升高，使给水泵入口水室和入口管因超压而损坏。

## 第三节　发电厂主要热力系统的优化运行

### 一、提高热力发电厂运行热经济性的途径

提高热力发电厂运行的热经济性主要有以下几个方面的措施：

（1）提高循环热效率。提高循环热效率对提高单元机组的运行热经济性有很大的影响，具体措施主要有：维持额定的蒸汽参数，保持凝汽器的最佳真空，充分利用回热加热设备，提高给水温度等。

（2）维持各主要设备的经济运行。锅炉的经济运行，应注意以下几方面内容：选择合理的送风量，维持最佳过量空气系数；选择合理的煤粉细度，即经济细度，使各项热损失之和最小；注意调整燃烧，减少不完全燃烧损失。汽轮机的经济运行，除与循环热效率有关的一些主要措施外，还应注意以下几方面内容：合理分配负荷，尽量使汽轮机进汽调节阀处于全开状态，以减少节流损失；保持通流部分清洁；尽量回收各项疏水，减少机组汽水损失；减少凝结水的过冷度；保持轴封系统工作良好，避免轴封漏汽量增加。

（3）降低厂用电率。对燃煤电厂来说，给水泵、循环水泵、引风机、送风机和制粉系统等所消耗的电量占厂用电的比例很大。如中压电厂给水泵耗电占厂用电的 14％左右，高压电厂给水泵耗电则占厂用电 40％左右，超临界电厂如果全部使用电动给水泵，其耗电量可占厂用电的 50％，所以降低这些辅机的用电量对降低厂用电率效果最明显。

（4）提高自动装置的投入率。自动装置调节动作较快，容易保证各设备和运行参数在最佳值下工作，同时还可以降低辅机耗电率。

（5）提高单元机组运行的系统严密性。单元机组对系统进行性能试验而严格隔离时，不明泄漏量应小于满负荷试验主蒸汽流量的 0.1％。通常主蒸汽疏水、高压加热器的事故疏水、除氧器溢流系统、低压加热器事故疏水、省煤器或分离器放水门、过热器疏水和大气式扩容器、锅炉蒸汽吹灰系统等都是内漏多发部位。由于系统严密性差而引起补充水率每增加 1％，单元机组供电煤耗增加 $2\sim3g/(kW \cdot h)$。

### 二、发电厂热力系统启动与停止

发电厂各热力系统与其主、辅热力设备构成一个有机的整体，在机组启、停过程中，各热力系统根据机组的要求进行相应投、停。由于机组的型式、容量、参数、结构各不相同，因此其启、停的方式也有所不同，但它们存在着共性的规律。下面以现代大型凝汽式机组冷态滑启、滑停方式为例，介绍发电厂各热力系统的投、停顺序。

1. 发电厂各热力系统的投入顺序

（1）启动循环水系统。在厂用电恢复、厂用水正常、循环水系统及凝汽器水侧已具备启动条件的情况下，启动循环水泵，循环水供水母管充压，凝汽器水侧通水。

（2）投入开式冷却水系统。当开式冷却水系统投入准备工作就绪，循环水供水母管压力满足开式冷却水泵进水压力要求时，启动开式冷却水泵，向各冷却器供冷却水。

（3）启动闭式冷却水系统。检查闭式膨胀水箱的水位正常后，启动闭式冷却水泵，向各冷却器、轴承冷却水管和泵密封水管供水。

（4）启动除氧给水系统。冷炉启动时，由补充水泵或凝结水输送泵向除氧器上水至正常水位，对给水系统进行充水、放气。之后投入辅助蒸汽，开启除氧循环泵或再沸腾装置，对除氧器进行加热。此时，给水泵应处于暖泵状态。当除氧水水质合格后，启动备用锅炉给水泵（一般为电动泵）向锅炉锅筒上水。

（5）启动凝结水系统。当凝汽器上水至正常水位，凝结水系统充水放气且冲洗完毕时，打开凝结水及凝结水最小流量再循环阀，启动凝结水泵及凝结水升压泵，向除氧器供水。

（6）投入发电机冷却系统。为确保发电机安全，在启动发电机之前，应投入其冷却系统。对于水-氢-氢冷却系统的发电机，应投入氢气冷却系统和定子冷却水系统。对于双水内冷发电机，应投入定子冷却水系统和转子冷却水系统。

（7）投入轴封蒸汽系统。投入轴封蒸汽系统，必须在汽轮机盘车的状态下进行，如果未盘车就向轴封供汽，就会造成转子因受热不均而弯曲。

（8）启动抽真空系统。锅炉点火之前或同时，凝汽器应建立真空，否则，一旦锅炉点火就可能有蒸汽进入凝汽器，从而损坏凝汽器。机组冷态启动时，凝汽器的抽真空系统可与轴封蒸汽系统同时投入；但热态起动时，必须先供轴封蒸汽，后抽真空，以防抽真空时冷空气进入汽轮机汽缸，造成转子局部冷却，产生热应力，导致大轴弯曲。

（9）投入锅炉排污系统。锅炉点火后，根据蒸汽及炉水品质的要求，投入锅炉连续排污和定期排污系统。连续排污利用系统合格蒸汽应及时回收进入除氧器。

（10）投入主蒸汽系统。汽轮机冲转前，应投入主蒸汽系统，对主蒸汽管道进行疏水暖管，并注意其温升率应控制在规定的范围内。

（11）适时投入和停运汽轮机旁路系统。随着锅炉升温和升压的进行，适时投入汽轮机旁路系统，调整蒸汽温度、蒸汽压力，回收工质，并注意监视凝汽器真空的变化。根据机组的升负荷情况，逐渐关闭旁路系统。

（12）投入汽轮机本体疏水系统。在机组启动初期，疏水系统的各疏水阀必须开启，直至各设备和管道不可能有积水时关闭。

（13）投入高、低压加热器。高、低压加热器一般要求随主汽轮机一起滑启，这样可使加热器受热均匀，减小热应力，启动操作少，又可及时回收热量；也可根据机组的运行情况及时投入。

（14）切换辅助蒸汽系统。根据辅助蒸汽供汽情况，及时切换辅助蒸汽的汽源。

（15）调整与切换有关设备和系统。在机组升负荷过程中，注意有关设备和系统的调整和切换。

2. 发电厂热力系统的停运顺序

机组正常停机过程一般分为几个阶段，即减负荷解列、转子惰走、盘车和辅机停运。停机过程中，发电厂的热力系统和辅助设备也要做必要的调整、切换和停运，其停运的共同规律如下。

（1）系统和设备的调整和切换。根据汽轮机组的降负荷情况，注意热力系统及辅助设备做有关调整和切换。注意凝汽器水位，调整主凝结水再循环阀开度；根据辅助蒸汽系统的供汽情况，及时切换辅助汽源，保证用汽需要；当负荷降到50％MCR时，启动备用锅炉给水泵（启动电动给水泵，停止汽动给水泵）；根据除氧器抽汽压力的下降情况，切换辅助蒸汽；根据负荷的降低情况，减少凝结水泵的运行台数；根据负荷的降低情况，调整轴封供汽；随着负荷的减少，发电机转子、静子电流减小，线圈及铁芯温度下降，调整发电机的冷却水量，以防止由于过冷造成铁芯、铜线膨胀不均而损伤绝缘。

（2）适时投入与停止汽轮机旁路系统。在降负荷过程中，根据锅炉与汽轮机的蒸汽量匹配情况，投入汽轮机旁路系统回收余汽。当锅炉不需要排放蒸汽时，停止汽轮机旁路系统。

（3）投入汽轮机本体疏水系统。当负荷降到25％MCR以下时，各疏水阀门开启，及时排放疏水。

（4）停运回热加热器。负荷降到零，自动主汽门关闭的同时，应检查联动，关闭抽汽管道上的电动隔离阀和止回阀，各加热器停运。

（5）停运抽真空系统。汽轮机转速下降后，确认汽轮机旁路系统停运后，方可停止运行抽真空系统，此时真空破坏阀开启，凝汽器真空下降到零。

（6）停运发电机组冷却系统。当汽轮机转速下降至接近零时，发电机冷却水系统停运，发电机停止后，可进行排氢工作。

（7）停运轴封蒸汽系统。当转子静止，汽缸内外压差趋于零时，轴封蒸汽系统停运。

（8）停运除氧给水系统。当锅炉不需要进水时，方可停运除氧器及给水泵。除氧器停运后，可停止凝结水泵运行。

（9）停运闭式冷却水系统。只有接入闭式冷却水系统的各冷却器和运转设备不需要冷却水和密封水时，方可停止闭式冷却水系统。

（10）停运开式冷却水系统。接入开式冷却水系统的各冷却器停止后，可停运开式冷却水系统。

（11）停运循环水系统。接在循环水母管上的开式冷却水系统停运后，凝汽器水侧停止。

（12）停运后的保养。系统和设备停运后，要放尽其中的余汽、余水，方可停止循环水系统运行，并做好保养工作。

## 第四节　运行参数的监视与调整

**一、锅炉运行参数的监视与调整**

1. 锅炉运行调整的任务及特点

锅炉运行的监视和调整，必须保证各运行参数在允许范围内变动，并应充分利用和发挥计算机程控及自动调节装置的作用，以利于运行工况的稳定和进一步提高调节质量，当计算机程控及自动装置投运时，运行人员应加强对各工况参数的监视，并应经常进行过程参数变化情况的分析，发现某程控或自动装置不正常时，应立即将其切至手动，维持运行工况正常，并应立即通知有关人员，尽快处理，恢复运行。总结起来，锅炉运行调整的任务是：

①保持锅炉的蒸发量能满足机组负荷的要求；②调节各参数在允许范围内变动；③保持炉内燃烧工况良好；④确保机组安全运行；⑤及时调整锅炉运行工况，提高锅炉热效率，尽量维持各参数在最佳工况下运行。

直流锅炉的结构、系统不同于汽包锅炉，因此在运行调整上有所差异。汽包锅炉由于有汽包水容积的作用，因而当给水量或燃料量有变动时，主要引起锅炉出力或汽包水位的变化，而过热蒸汽温度的变化幅度不是很大。直流锅炉在负荷变化时，如果给水量与燃料量的比例发生变化，将会引起加热、蒸发、过热三个区段的受热面长度发生变化，进而导致过热蒸汽温度的大幅度变化。

直流锅炉水容积小，没有厚壁汽包，又采用薄壁、小直径的管子，因而其工质与金属的蓄热能力比汽包锅炉小，自行保持平衡的能力较差。所以，当工况变化时，直流锅炉运行参数的变化速度比汽包锅炉快得多。显然，直流锅炉的自动调节设备及调节系统在可靠性、灵敏度、稳定性等方面的要求比汽包锅炉高得多。直流锅炉出口过热蒸汽温度的变化同汽水通道中各截面的工质焓值的变化密切相关，所以在过热器系统中找一个中间点作为超前信号用来提前调节，以获得准确、稳定的运行参数。

2. 直流锅炉运行参数的调整

单元机组中，直流锅炉运行必须保证汽轮机所需要的蒸汽量、过热蒸汽压力和温度的稳定不变。其参数的稳定主要取决于两个平衡：汽轮机功率与锅炉蒸发量的平衡；燃料与给水的平衡。第一个平衡能稳住蒸汽压力，第二个平衡能稳住蒸汽温度。但是由于直流锅炉受热面的三个区段无固定分界线，使得蒸汽压力、蒸汽温度和蒸发量之间紧密相关，即一个运行调整手段不是仅仅影响一个被调参数。实际上，蒸汽压力和蒸汽温度这两个参数的运行调整过程并不独立，而是一个运行调整过程的两个方面。除了被调参数的相关性外，还由于直流锅炉的蓄热能力小，工况一旦受扰动，蒸汽参数的变化很敏感。

(1) 过热蒸汽压力的调整。直流锅炉内的汽水串联通过各级受热面流动，其工质压力是由系统的质量平衡、能量平衡以及管路系统的流动阻力等因素决定的。过热蒸汽压力的变化反映了锅炉蒸发量与汽轮机所需蒸汽量的不适应。在自然循环锅炉中，锅炉蒸发量的调整首先依靠燃烧来调整，与给水量无直接关系，给水量根据锅炉水位来调整。但在直流锅炉中，炉内放热量的变化并不直接引起锅炉出力的变化（除扰动初始时的短暂突变外）。由于直流锅炉送出的蒸发量等于给水量（包括喷水量在内），因此，只有在给水量发生变化时才会引起蒸发量的变化。即直流锅炉的蒸发量首先应由给水量来保证，只有变动给水量才会引起锅炉出力的变化。所以，直流锅炉的蒸汽压力调节是通过对给水量的调节来实现的。

(2) 过热蒸汽温度的调整。直流锅炉由省煤器、水冷壁和过热器串联而成，汽水状态无固定的分界点，由此形成不同于汽包锅炉的蒸汽温度特性。在稳定工况下，若锅炉热效率、燃料收到基低位发热量、给水焓保持不变，则过热蒸汽焓只取决于燃料量与给水比例（煤水比一般控制为 $1:8$）。如果该比例保持一定，则过热蒸汽焓与过热蒸汽温度便可保持不变。这说明煤水比的变化是造成过热蒸汽温度波动的主要原因。因此，直流锅炉的蒸汽温度调节主要是通过对给水量和燃料量的调整来完成的。但在实际运行中，要严格地保持煤水比是不容易的。因而一般只能把保持煤水比作为粗调节，而另外用喷水减温作为细调节。

在运行中，为了更好地控制出口蒸汽温度，常在过热区段的某中间部位取一测温点，将它固定在相应的数值上，这一点称为中间点。调节时应保持中间点蒸汽温度稳定，则出口蒸汽温度也保持稳定。中间点位置越靠前则出口蒸汽温度调节的灵敏度越高,但必须保证中间点的工质状态在正常负荷范围内为微过热蒸汽,因而不宜太靠前。

(3)再热蒸汽温度的调整。与过热器相比,再热器内工质压力较低,放热系数较小。工质比热容大,为减小流动阻力,质量流速又不宜过大。因此,再热器管壁的冷却条件较差。此外,低压蒸汽的比热容小,如受到同样的受热不均匀,再热蒸汽温度的偏差大于过热蒸汽温度的偏差。而且再热器的运行工况不仅受锅炉各种因素的影响,还与汽轮机的运行工况有关。这就增加了再热蒸汽温度调节的困难,不易找到有效的调节手段。由于再热蒸汽流量与燃料量之间无直接的单值关系,不能用燃料量与蒸汽量的比例来调节再热蒸汽温度。用喷水作为调节手段虽然有效,但因不经济只能作为事故超温时的调整。目前时常用烟气再循环、旁路烟气量作为调节手段。

综上所述,直流锅炉在带固定负荷时,由于蒸汽压力波动小,主要的调节任务是蒸汽温度调节。在变负荷运行时,蒸汽温度蒸汽压力必须同时调节,即燃料量必须随给水量做相应变动,才能在调压过程中同时稳定蒸汽温度。根据直流锅炉参数调节的特性,国内总结出一条行之有效的操作经验,即给水调压,燃料配合给水调温,抓住中间点,喷水微调。例如,当汽轮机负荷增加时,过热蒸汽压力必然下降,此时加大给水量以增加蒸汽流量,然后加大燃料量,保持燃料量与给水量的比值,以稳住过热蒸汽温度,同时监视中间点,用喷水作为细调的手段。

一般电厂规定主/再热蒸汽温度正负偏差不大于5℃。当锅炉的减温水量与设计值偏差较大的时候,一般表明锅炉炉膛的吸热量不够,首先反应在汽水分离器出口蒸汽过热度不够,需要对炉膛的结焦情况进行检查,还需要检查燃烧器、分离燃尽风的垂直摆角是否在正确的位置上,同时对磨煤机的投用方式进行调整,保证锅炉各个受热面的吸热量与设计工况尽量一致。磨煤机正常运行时需要监视的内容主要有磨煤机风量、混合风温度、磨煤机出口温度、磨煤机本体差压、磨煤机电流、油系统和磨煤机推力瓦温度,就地要监听磨煤机的运行声音、振动等。

锅炉运行中进行燃烧调整,增减负荷,投停燃烧器,启停给水泵、风机、吹灰、打焦等操作,都将使主蒸汽温度和再热蒸汽温度发生变化,此时应特别加强监视并及时进行蒸汽温度的调整工作。高压加热器投入和停用时,给水温度变化较大,各段受热面的工质温度也相应变化,应严密监视给水、省煤器出口、螺旋管出口工质温度的变化,待中间点温度开始变化时,维持燃料量不变,调整给水量,控制恰当的中间点温度值使各段工质温度控制在规定范围内。

3. 风烟及燃烧调整

锅炉燃烧的好坏可以通过多个参数和现象进行判断。

(1)从烟气指标可以判断燃烧是否完全。从烟气指标可以判断出燃烧的好坏,主要指标有省煤器出口的$NO_x$、CO、$O_2$,这三个指标是相互关联的,$O_2$是直接反映炉膛燃烧空气是否充足的参数,如 SG3091/27.56-M54X 型直流锅炉,额定工况下省煤器出口的$O_2$在3.2%,空气量过大会导致锅炉的过氧燃烧,炉膛火焰发白,锅炉排烟温度偏高,损失变大,$NO_x$量会相应变大,当锅炉的空气量不足时,火焰的颜色偏暗,ECO 出口的 CO 量变大,导致锅炉的化学不完全燃烧损失变大。$NO_x$的生成量不仅可以通过过量空气进行调整,也可以通过分离燃尽风的开度进行调整,适当提高分离燃尽风的比率,可以降低$NO_x$的生成量，正常运行中省煤器出口 $NO_x$ 量大约在 $300mg/Nm^3$ 以下，CO 在 $100\mu L/L$ 以下。

（2）从烟气指标判断燃烧是否偏斜。通过省煤器出口两侧的烟气分析测点判断锅炉燃烧是否平衡，有的情况下，当锅炉两侧燃烧出现偏差的时候，两侧 ECO 出口的烟气指标是不一样的，要定期检查锅炉小风门挡板的开度、检测风箱与炉膛差压、风量流量是否准确，当两侧风箱向炉膛内供应的风量不一样的时候，从 CO 量上可以判断出。

（3）从底渣和飞灰中的不完全燃烧数量判断燃烧情况。需要每班巡检底渣系统，判断底渣中烧失量是否偏多，定期化验底渣和飞灰的烧失量，烧失量的变化直接原因就是风量配比不当和煤粉细度变化引起，ALSTOM 锅炉在低负荷的时候会出现底渣烧失量偏多的情况，可以适当调整燃烧器下层风门的开度。

（4）受热面金属壁温的偏差。采用切圆燃烧的机组虽然采用了一些措施以减小炉膛出口烟气的偏斜，但从实际运行情况来看，锅炉受热面仍然存在烟气偏差引起的金属壁温偏差现象，此时需要调整分离燃尽风水平方向的摆角来调整烟气吸热的均匀性，分离燃尽风水平摆角的调整是根据实际试验得出的，主要参考有再热器金属壁温、烟气指标等。

（5）吹灰准则。机组吹灰一般根据各个受热面的吸热状况来进行的，工况不一样，锅炉积灰、结焦的位置不一样，受热面的吸热就不一样，整个锅炉吸热指标的好坏就表现在省煤器出口的烟气温度上。

### 二、汽轮机运行参数的监测与调整

加强汽轮机运行参数的监测和性能分析，是为了使机组保持或接近其设计热耗值，取得良好的经济效益。汽轮机运行时，蒸汽的初、终参数有时会偏离设计值，蒸汽参数在一定范围内的波动，在运行上不仅是允许的，而且实际上也是难以避免的。

蒸汽参数波动在允许范围内变化时，只影响汽轮机的热经济性，不影响其安全性。但当这种波动超过偏差允许的范围，不但会引起汽轮机输出功率及各项热经济性指标的变化，还可能使汽轮机通流部分某些零部件的受力状况发生变化，进而危及汽轮机的安全性。GB/T 754—2007《发电用汽轮机参数系列》规定的再热式汽轮机进汽参数的允许波动范围见表8-4。

表 8-4　　　　　　　　　　　再热式汽轮机进汽参数的允许波动范围

| 进汽压力 | 主蒸汽及再热蒸汽温度 |
|---|---|
| （1）在任何 12 个月运行期中，进口处平均压力不超过额定进汽压力。<br>（2）正常运行最高压力不超过额定值的 105％。<br>（3）偶然出现不超过额定值 120％的总时间在任何 12 个月运行期中不超过 12h | （1）在任何 12 个月运行期中，进口处平均温度不超过额定温度。<br>（2）正常运行最高温度不超过额定值 8℃。<br>（3）任何 12 个月运行期中，超过额定值 8℃，但不超过 14℃ 的总时间不超过 400h。<br>（4）任何 12 个月运行期中，超过额定值 14℃，但不超过 28℃ 的总时间不超过 80h，每次不超过 15min。<br>（5）任何 12 个月运行期中，不允许超过额定值 28℃ |

超超临界汽轮机进汽参数的允许波动范围由供需双方确定

#### 1. 主蒸汽压力的监视与调整

（1）主蒸汽压力升高。主蒸汽温度和背压不变情况下，进入汽轮机的主蒸汽压力升高的幅度在运行规程规定范围之内时，可提高机组的运行热经济性。图 8-11 所示为初压升高前后的热力过程，由图可知，初压升高可使热降增大，在同样负荷下进汽流量就会减少，对机组的运行热经济性有利。即在额定功率下，当初压升高后蒸汽流量将减少。由于流量的减少，各非调节级前压力均相应降低，各中间级的压差减少，使隔板前后的压差减少，轴向推力减少。因中间级焓降基本保持不变，故流量减少时，各级动叶的变应力将减少，因此新蒸汽压力升高时，对中间级的安全性没有影响。

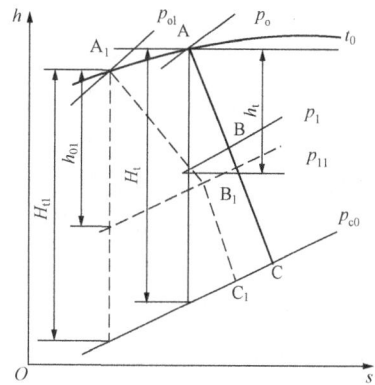

图 8-11　初压升高前后的热力过程

对末几级，由于流量减少而使级前压力降低，级内焓降减少，从动叶承受的汽流变应力来看，末几级是安全的。但因焓降的减少，使末几级的反动度增加，有可能使这些级的轴向推力增大。由于这些级处于低压部分，动叶前后的压差本身较小，同时又有级前压力降低的相反作用，故即使轴向推力增加，也增加得有限。再考虑到中间级的影响，整机的轴向推力还是减少的。

但是，如果主蒸汽压力升高超过规定范围时，将会直接威胁机组的安全。因此，制造厂及现场运行规程明文规定不允许汽轮机的进汽压力超过极限值。主蒸汽压力过高的危害有以下三个方面：

1）最大的危害是引起调节级叶片过载，尤其当喷嘴调节的机组第一调节汽门全开，第二调节汽门将要开启时，调速级热降增大，动叶片上所承受的弯应力也达到最大，而动叶片的弯应力与蒸汽量和调速级热降的乘积成正比，所以即使蒸汽量不超过设计值，也会因热降增大引起动叶片超载。

2）蒸汽温度正常而压力升高时，机组末几级叶片的蒸汽湿度要增大，使末几级动叶片的工作条件恶化，水冲刷严重。对高温高压机组来说，主蒸汽压力升高 0.5MPa，最末级叶片的湿度大约增加 2%。目前大型机组末级叶片的蒸汽湿度一般控制在 15% 以内。

3）主蒸汽压力过高会引起主蒸汽管道、自动主汽门、调速汽门、汽缸法兰盘及螺栓等处的内应力增高。这些承压部件及紧固件在应力增高的条件下运行，会缩短使用寿命，甚至会造成部件的损坏、变形或松弛。

因此，当主蒸汽压力超过允许值，必须采取措施，否则不允许运行。采取的主要措施有：通知锅炉恢复蒸汽压力或开启旁路系统降压，如果机组没有带到满负荷时，可暂时增大负荷，加大进汽量。必要时可开启锅炉溢流阀，以达到降压目的。

（2）主蒸汽压力降低。当主蒸汽温度和背压不变，主蒸汽压力降低时，汽轮机内可用热降减少，使汽耗量增加，如果调节阀限制在额定开度，则蒸汽流量与初压成正比例减少，故汽轮机的最大出力也将受到限制。如果蒸汽压力降低过多，则带不到满负荷。当蒸汽压力降低到超过允许值时，应通过锅炉燃烧及时恢复正常蒸汽压力，必要时可降低负荷，减少耗汽量，以恢复正常蒸汽压力。

因此，初压降低后仍要保证汽轮机发出额定功率，则汽轮机的流量将大于额定流量，此时会引起各非调节级前压力升高，并且使末几级焓降增大。因此各非调节级的负荷都有所增加，并以末几级过载最为严重，同时全机的轴向推力增大。此时能否安全运行，必须经过专门的计算来决定。一般在运行中，当初压降低时需要限制汽轮机的出力。

2. 主蒸汽温度的监视与调整

实际运行中，主蒸汽温度波动的可能性较大，对汽轮机安全与经济运行的影响程度也比较大，因此必须加强对主蒸汽温度的监视。

在初压不变的条件下初温升高，从热经济性角度来看是有利的。它不仅提高了机组的循环热效率，而且还减少了排汽湿度，从而减少了低压级的湿汽损失，使机组的相对内效率也有所提高。但从安全角度来看，主蒸汽温度的升高将使金属材料的蠕变加剧，缩短其使用寿命，如蒸汽室、主汽阀、调节阀、调节级、高压轴封、汽缸法兰、螺纹联接及蒸汽管道等均要受到影响。尤其是高参数大容量的机组，即使初温增加不多，也可能会引起急剧的蠕变而大幅度地降低许用应力。因此，在大多数情况下不允许升高初温运行。再热蒸汽温度升高对汽轮机的影响，大致与新蒸汽温度的影响相同。

主蒸汽温度升高，汽轮机的焓降和功率会稍有升高，热耗降低，蒸汽温度每升高 5℃，热耗可降低 0.12%～0.14%，主蒸汽温度的升高超过允许范围，对汽轮机设备的主要危害有以下三个方面：①使调速级内的焓降增加，从而使该级动叶片发生过负荷；②使金属材料的机械强度降低，蠕变速度增加（例如，主蒸汽管道和汽缸等高温部件工作温度超过允许的工作温度，将导致设备损坏或缩短部件的使用寿命，使汽缸、汽门、高压轴封等的紧固件发生松弛现象，乃至减小预紧力甚至松脱。这些紧固件的松弛现象随着在高温下工作时间的增加而增大）；③使各部件受热变形和受热膨胀加大，如膨胀受阻有可能使机组的振动加剧。因此，在运行规程中，严格地规定了主蒸汽温度允许升高的极限数值。在电网允许的情况下，当主蒸汽温度超过规定时，应进行锅炉调整，加强汽轮机监视，同时配合做好各项工作。如果锅炉调整无效，当主蒸汽温度达到停机条件时，应按规程规定停机或紧急停机。

主蒸汽温度降低不但影响机组的热经济性，降温速度过快，还将威胁设备的安全，必须果断迅速处理。主蒸汽温度降低的危害主要有以下三个方面：①主蒸汽温度下降缓慢时，温度应力不是主要矛盾，但若要保持电负荷不变就要增加进汽量，使机组热经济性降低（一般来说，主蒸汽温度每下降 10℃，汽耗增加 1.3%～1.5%，热耗约增加 0.3%）；②主蒸汽温度降低而汽压不变时，末几级叶片的蒸汽湿度将增大，对末几级动叶片的叶顶冲刷加剧，将缩短叶片的使用寿命；③当主蒸汽温度急剧下降时，将使轴封等套装部件的温度迅速降低，产生很大的热应力，汽缸等高温部件会产生不均匀变形，使轴向推力增大，蒸汽温度急剧下降时，往往又是发生水冲击事故的征兆。

对于额定蒸汽温度为 535℃ 的机组，当主蒸汽温度降至 500℃ 时，应停机；当蒸汽温度直线下降 50℃ 或在 10min 内下降 50℃ 时，应紧急停机。

3. 再热蒸汽参数的监视与调整

蒸汽从高压缸排出后，经过再热器再热后进入中压缸，压力将会有不同程度的降低，这个压力损失通常称为再热压损，再热压损为蒸汽通过再热系统的压力损失与高压缸排汽压力之比，一般以百分数表示。机组正常运行中，再热蒸汽压力是随蒸汽流量的变化而变化的。再热压损的大小，对汽轮机的热经济性有着显著的影响。如果发现再热蒸汽压力不正常地升高，说明进入中压缸的蒸汽阻力增加，应及时查明原因并采取相应的措施。如果再热蒸汽压力升高达到安全门动作的程度，一般是由调节和保护系统方面的故障引起的。遇到此种情况，要首先检查中压自动主汽门和调速汽门是否关闭，并迅速采取措施处理，使之恢复正常。

再热蒸汽温度通常随主蒸汽温度和汽轮机负荷的改变而发生变化。同主蒸汽温度一样，再热蒸汽温度变化，也直接影响着设备的安全和经济性。再热蒸汽温度超过额定值时，会造成汽轮机和锅炉部件损坏或缩短使用寿命。当再热蒸汽温度升高时，最好不要使用喷水减温装置。因为此时向再热器喷水，将直接增加中、低压缸的蒸汽量，一方面会引起中、低压缸各级前的压力升高，造成隔板和动叶片的应力增加以及轴向推力的增加，另一方面对热经济性也很不利。

再热蒸汽温度低于额定值时，不仅会使末级叶片应力增大，还会引起末几级叶片的湿度增加，若长期在低温下运行，将加剧叶片的侵蚀。在运行中，如果发现再热蒸汽温度下降情况与负荷的变化不相适应，要检查锅炉再热器减温水门是否关闭严密。

4. 凝汽器真空的监视和调整

凝汽器真空的变化，对汽轮机的安全与经济运行有很大的影响。凝汽器真空高即汽轮机排汽压力低，可以使汽轮机耗汽量减小，热经济性提高。一般情况下真空降低 1%，汽轮机的热耗将增加 0.7%～0.8%。为此，凝汽式机组通常要维持较高的真空。凝汽器的真空是依靠汽轮机排汽在凝汽器内迅速凝结成水，体积急剧缩小而形成的。如排汽被冷却成 30℃ 左右的凝结水，相应的饱和压力只有 4kPa，这时如果蒸汽干度为 90%，则每千克蒸汽的容积为 31.9m³，蒸汽凝结成水后每千克容积只有 0.001m³，即缩小到原来蒸汽容积的 1/31900 左右。汽轮机带负荷运行中，抽气器的作用是抽出凝汽器中不凝结的气体，以利于蒸汽的凝结。

汽轮机的真空下降时（即排汽温度升高），会有如下危害：①使低压缸及轴承座部件受热膨胀，引起机组中心变化，使汽轮机产生振动；②由于热膨胀和热变形，可能使端部轴封径向间隙减小甚至消失；③如果排汽温度过分升高，能引起凝汽器管板上的铜管胀口松弛，破坏了凝汽器的严密性；④由于排汽压力升高，汽轮机的可用焓降减小，既降低了汽轮机的热经济性和出力，还有可能引起轴向推力变化。

实际运行中，造成真空下降的原因很多，但主要原因是真空系统的严密性受到破坏。为保证真空系统的严密性，运行中要定期检查，发现问题及时消除。DL/T 932—2005《凝汽器与真空系统运行维护导则》规定，当机组负荷稳定在额定负荷的 80% 以上，关闭凝汽器抽气口出口门，停运抽气设备，30s 后开始记录 8min，取其中 5min 内的真空下降值，计算每分钟的真空平均下降值。对于 100MW 以上机组，真空下降速度不大于 0.27kPa/min；对于 100MW 以下机组，真空下降速度不大于 0.4kPa/min。

若真空下降速度超过上述规定值，应及时采取处理措施；若真空继续下降，应按规程规定减负荷，直至将负荷减为零。凝汽器真空下降达到低真空保护整定值时，停机保护装置动作。在低真空的条件下运行，对于末级叶片或较长叶片，由于偏离空气动力学设计点很远，汽流的冲击或颤动，易使叶片发生损坏。

# 第五节　并列运行单元机组之间负荷经济分配

单元机组并列运行是指燃用相同质量的燃料，各单元机组发出的电能并列输送到同一电网。并列运行单元机组之间的负荷经济分配是指当总负荷一定时，如何将这些负荷在各单元机组间合理地分配，使全厂（或全网）的经济性最佳。

　　发电厂总成本费用中燃料费是最大的一项，约占 60％。因此，发电厂单元机组之间的负荷经济分配就是力求降低发电厂的总煤耗，使其达到最小值。目前，负荷分配方法有负荷等微增率法、动态规划法、智能决策法等，发电厂常用的是负荷等微增率法，限于篇幅，本教材只介绍负荷等微增率法。

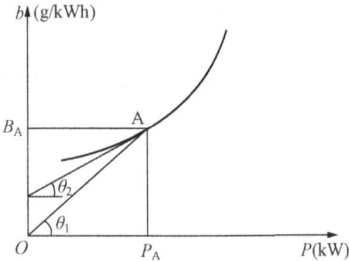

图 8-12　单元机组煤耗率特性

## 一、负荷等微增率法的分配原则

　　单元机组的供电微增煤耗率由组成单元的锅炉、汽轮发电机组、所有厂用蒸汽、厂用辅助设备的厂用电和变压器等的微增能耗组成，如图 8-12 所示。它是负荷分配的依据，单元机组供电微增煤耗率的准确与否，直接影响到单元机组之间负荷分配的合理性。因此，准确地描述单元机组的供电微增煤耗率，是负荷经济调度的基础。

　　假定发电厂内并列运行单元机组之间的组合是给定的（有 $n$ 台单元机组共同承担负荷），在某一时刻所需要的负荷为 $P$，经济分配负荷使该厂的总煤耗为最小，其数学表达式为

$$P = P_1 + P_2 + \cdots + P_n = const \tag{8-14}$$

$$B = B_1 + B_2 + \cdots + B_n = \min \tag{8-15}$$

式中　$P$——所需的总负荷；

　　　　$B$——电厂的总煤耗量；

　　　　$P_j$——第 $j$ 台单元机组承担的负荷，其中 $j = 1, 2, \cdots, n$；

　　　　$B_j$——第 $j$ 台单元机组的煤耗量。

　　经济分配负荷问题，就是数学上等式约束条件下求多变量函数的极值问题，式（8-14）为等式约束条件，式（8-15）为优化目标函数，即满足式（8-14）的条件下，使式（8-15）取得最小值。

　　应用拉格朗日乘子法，可以将上述的条件极值问题转换为无条件极值问题来求解，即对 $W = P_1 + P_2 + \cdots + P_n - P$ 引入待定乘子 $\lambda$ 和拉格朗日函数 $L = B - \lambda W$。条件极值的必要条件为附加目标函数 $L$ 的一阶偏导数为零，充分条件为 $L$ 的二阶偏导数大于零，则存在极小值。于是上述问题变成以 $(P_1, P_2, \cdots, P_n)$ 为多变量，求附加目标函数 $L$ 的无条件极值，即 $L$ 对多变量 $P_j$ 的一阶偏导数为零，则有

$$\frac{\partial L}{\partial P_1} = \frac{\partial B}{\partial P_1} - \lambda \frac{\partial W}{\partial P_1} = 0, \frac{\partial L}{\partial P_2} = \frac{\partial B}{\partial P_2} - \lambda \frac{\partial W}{\partial P_2} = 0, \cdots, \frac{\partial L}{\partial P_n} = \frac{\partial B}{\partial P_n} - \lambda \frac{\partial W}{\partial P_n} = 0$$

$$\tag{8-16}$$

　　显然，每一台单元机组的煤耗量仅仅与其自身的煤耗特性有关，故有

$$\frac{\partial B}{\partial P_1} = \frac{\partial B_1}{\partial P_1}, \quad \frac{\partial B}{\partial P_2} = \frac{\partial B_2}{\partial P_2}, \quad \cdots, \frac{\partial B}{\partial P_n} = \frac{\partial B_n}{\partial P_n} \tag{8-17}$$

　　当电厂承担的总功率 $P$ 一定时，有

$$\frac{\partial W}{\partial P_1} = 1, \quad \frac{\partial W}{\partial P_2} = 1, \quad \cdots, \frac{\partial W}{\partial P_n} = 1 \tag{8-18}$$

　　将式（8-16）、式（8-17）代入式（8-18），可得

$$\frac{\partial B_1}{\partial P_1} = \frac{\partial B_2}{\partial P_2} = \cdots = \frac{\partial B_n}{\partial P_n} = \tau_u \tag{8-19}$$

令 　　　　　　　　$b_j = \dfrac{\partial B_j}{\partial P_j}$，则有：$b_1 = b_2 = \cdots = b_n = \tau_u$ 　　　　　　(8-20)

式中　$b_j$——第 $j$ 台单元机组的供电微增煤耗率，表示单元机组每增加单位功率所增加的煤
　　　　　　耗量；

　　　$\tau_u$——并列运行单元机组的供电总微增煤耗率。

　　　式（8-16）就是单元机组供电微增煤耗率方程。其物理意义是：若电厂的燃料消耗微增
率与各单元机组的燃料消耗微增率相等，则全厂总燃料消耗量最少，即当电厂单元机组之间
负荷的分配达到了等燃料消耗微增率时，就实现了负荷的最佳分配。

　　　对于燃煤火力发电厂，采用等微增率法计算并列运行单元机组之间负荷经济分配，其主
要步骤为：①通过试验求得各单元机组的煤耗量和负荷特性曲线，曲线应单调可微，且下凸
或上凹；②依据式（8-16）及其约束条件，求导得出各台单元机组的煤耗微增；③用解析
法或图解法确定负荷分配方案。

　　　只有满足式（8-19）或式（8-20）的条件，才能使单元机组的总供电煤耗率为最低，亦
即达到了负荷的最佳分配。故并列运行单元机组之间的负荷等微增率的分配原则是并列运行
单元机组的煤耗微增率相等。

**二、等微增率法负荷经济分配举例**

　　　某电厂装有两台 600MW 超临界单元机组，平时单元机组的运行负荷在 $50\% \sim 100\%$ 之
间波动，这两台单元机组的型号相同，但性能有差异。尤其是 2 号机组，低压缸改造后，其
效率优于 1 号机组。为使单元机组在调峰过程中充分发挥其优势，该厂采用等微增率法制定
了负荷经济分配方案。

　　　（1）原始数据的整理与分析。基于该厂的单元机组运行性能在线监测系统，获取一周统
计时间内两台机组的运行负荷及有关运行参数等原始数据，按负荷每隔 20MW 进行分组统
计，采用反平衡法，计算发电标准煤耗率的平均值，计算结果见表 8-5。

表 8-5　　　　某电厂 1、2 单元机组的原始数据及发电标准煤耗率的计算平均值

| 分组负荷 (MW) | 1号单元机组 | | | 2号单元机组 | | |
|---|---|---|---|---|---|---|
| | 负荷 (MW) | 发电标准煤耗率 [g/(kW·h)] | 发电标准煤耗量 (t/h) | 负荷 (MW) | 发电标准煤耗率 [g/(kW·h)] | 发电标准煤耗量 (t/h) |
| 250~270 | 266.25* | 324.65 | 86.44* | — | — | — |
| 270~290 | 276.8* | 321.4 | 88.96* | — | — | — |
| 290~310 | 305.6 | 308.58 | 94.3 | 305.12 | 302.76 | 92.83 |
| 310~330 | 314.37 | 308.42 | 96.96 | 314.80 | 300.82 | 94.7 |
| 330~350 | 339.44 | 307.60 | 104.41 | 342.04 | 304.45 | 104.13 |
| 350~370 | 353.76 | 306.84 | 108.55 | 358.73 | 301.03 | 107.99 |
| 370~390 | 373.90 | 302.30 | 113.03 | 373.30 | 295.35 | 110.25 |
| 390~410 | 399.80 | 301.08 | 120.27 | 399.53 | 292.28 | 116.77 |
| 410~430 | 414.15 | 303.35 | 125.72 | 418.63 | 292.23 | 122.34 |
| 430~450 | 442.55 | 300.05 | 132.79 | 443.90 | 292.02 | 129.63 |
| 450~470 | 456.76 | 298.22 | 136.21 | 456.72 | 291.34 | 133.06 |

| 分组负荷 (MW) | 1号单元机组 | | | 2号单元机组 | | |
|---|---|---|---|---|---|---|
| | 负荷 (MW) | 发电标准煤耗率 [g/(kW·h)] | 发电标准煤耗量 (t/h) | 负荷 (MW) | 发电标准煤耗率 [g/(kW·h)] | 发电标准煤耗量 (t/h) |
| 470～490 | 481.65 | 298.60 | 143.82 | 480.38 | 290.38 | 139.49 |
| 490～510 | 502.00 | 298.30 | 149.75 | 505.00 | 290.16 | 146.53 |
| 510～530 | 520.20 | 297.56 | 154.79 | 519.75 | 290.56 | 151.02 |
| 530～550 | 540.95 | 298.20 | 161.31 | 544.63 | 288.73 | 157.25 |
| 550～570 | 556.37 | 297.57 | 165.56 | 556.70 | 289.81 | 161.34 |
| 570～590 | 581.17 | 298.27 | 173.35 | 576.78 | 287.78 | 165.99 |
| 590～610 | 600.56 | 299.01 | 179.57 | 601.79 | 289.28 | 174.09 |
| 610～630 | 610.00 | 301.70 | 184.04 | 618.84 | 287.24 | 177.76 |
| 630～650 | — | — | — | 640.30 | 287.96 | 184.38 |

注　*为参考值。

（2）用解析法进行负荷经济调度。对表 8-5 中的发电标准煤耗量与负荷的关系数据进行回归分析（去除偶然因素引起的特殊数据），得

1 号单元机组：$B_1 = 22.5197 + 0.2114263P_1 + 8.404016 \times 10^{-5}P_1^2$

2 号单元机组：$B_2 = 15.8933 + 0.239339P_2 + 3.7497 \times 10^{-5}P_2^2$

1 号单元机组微增煤耗率：$\tau_{u1} = \dfrac{dB_1}{dP_1} = 0.2114263 + 16.808032 \times 10^{-5}P_1$

2 号单元机组微增煤耗率：$\tau_{u2} = \dfrac{dB_2}{dP_2} = 0.239339 + 7.4994 \times 10^{-5}P_2$

根据微增煤耗率相等 $\tau_{u1} = \tau_{u2}$ 和电厂总负荷等于两台单元机组负荷之和可得

$$P_1 = 166.06763 + 0.4461795P_2$$
$$P_1 + P_2 = P$$

求解此方程组，可得两台单元机组的负荷分配，结果见表 8-6。

表 8-6　　　　　　　　　　电厂 1、2 单元机组的负荷经济分配表　　　　　　　　　　（MW）

| 全厂负荷 | 计算负荷 | | 计划负荷 | |
|---|---|---|---|---|
| | 1号单元机组 | 2号单元机组 | 1号单元机组 | 2号单元机组 |
| 550 | 284.5196* | — | 250* | 300 |
| 600 | 299.94571 | 300.05429 | 300 | 300 |
| 650 | 315.37185 | 334.62815 | 320 | 330 |
| 700 | 330.79800 | 369.20200 | 330 | 370 |
| 750 | 346.22414 | 403.77586 | 350 | 400 |
| 800 | 361.65029 | 438.34971 | 360 | 440 |
| 850 | 377.07643 | 472.92357 | 380 | 470 |
| 900 | 392.50258 | 507.49742 | 390 | 510 |
| 950 | 407.92872 | 542.07128 | 410 | 540 |

续表

| 全厂负荷 | 计算负荷 | | 计划负荷 | |
|---|---|---|---|---|
| | 1号单元机组 | 2号单元机组 | 1号单元机组 | 2号单元机组 |
| 1000 | 423.35487 | 576.64513 | 420 | 580 |
| 1050 | 438.78101 | 611.21899 | 440 | 610 |
| 1100 | 454.20716 | 645.7928* | 490 | 610 |
| 1150 | — | — | 540 | 610 |
| 1200 | — | — | 590 | 610 |
| 1250* | — | — | 620 | 630 |

注　＊为参考值。

（3）两台机组的负荷增减顺序。假设当前两台机组负荷各为400MW，需增加200MW负荷，有两种增负荷方式：方式一是先加2号单元机组负荷至600MW；方式二是先加1号单元机组负荷至600MW。比较两种方式的煤耗量大小，见表8-7。

表8-7　　　　　　　　　　　　负荷变化后燃料消耗量比较

| 名　称 | 运行方式一 | | 运行方式二 | |
|---|---|---|---|---|
| | 1号单元机组 | 2号单元机组 | 1号单元机组 | 2号单元机组 |
| 单元机组 $P$ | 400 | 400＋200 | 400＋200 | 400 |
| 空负荷煤耗量 $B_0$ | $B_{01}$ | $B_{02}$ | $B_{01}$ | $B_{02}$ |
| 负荷变化煤耗量 $\alpha P$ | $\alpha_1 400$ | $\alpha_2 600$ | $\alpha_1 600$ | $\alpha_2 400$ |
| 全厂总燃料消耗量 $B$ | $B_1＝B_{01}+\alpha_1 400+B_{02}+\alpha_2 600$ | | $B_2＝B_{01}+\alpha_1 600+B_{02}+\alpha_2 400$ | |
| 比较：$B_1－B_2$ | $B_1－B_2＝200（\alpha_2－\alpha_1）$ | | | |

任取 $P_1＝P_2＝400$MW，分别代入1、2号单元机组微增煤耗率计算公式，得 $\alpha_1＝0.2786584$，$\alpha_2＝0.2693366$。因 $\alpha_2＜\alpha_1$，所以 $B_1－B_2＝200（\alpha_2－\alpha_1）＜0$，即 $B_1＜B_2$，也就是说，加负荷先加微增煤耗率低的2号单元机组，省煤；减负荷先减微增煤耗率高的1号单元机组，省煤。

从本例单元机组微增煤耗率计算公式可以看出，每台单元机组负荷在300MW以上，$\alpha_2＜\alpha_1$，故加负荷先加2号单元机组，后加1号单元机组；减负荷先减1号单元机组，后减2号单元机组。

本例原始数据限定在300MW以上，若让单元机组在250MW运行，则需投油助燃，且机组运行效率很低。比较两台单元机组的煤耗率，2号机组低于1号机组，故让1号单元机组调谷250MW短时间运行。单元机组加减负荷顺序见表8-8。

表8-8　　　　　　　　　　　低负荷下单元机组的加减负荷顺序

| 全厂负荷分界点 | 加负荷操作 | | 减负荷操作 | |
|---|---|---|---|---|
| | 先加单元机组 | 后加单元机组 | 先减单元机组 | 后减单元机组 |
| 600MW以上 | 2号单元机组 | 1号单元机组 | 1号单元机组 | 2号单元机组 |
| 600MW以下 | 2号单元机组 | 1号单元机组 | 1号单元机组 | — |

🌱 **复习思考题**

8-1 提高热力发电厂运行热经济性的途径有哪些?

8-2 加热器在正常运行中需要监视哪些项目?为什么?

8-3 除氧器采用滑压运行后对提高热力系统的热经济性有哪些优点?

8-4 除氧器滑压运行有哪些缺点?应采取哪些措施消除?

8-5 什么是除氧器的自身沸腾现象?有何危害?防止发生自身沸腾的措施有哪些?

8-6 说明除氧器滑压运行和定压运行的概念,并进行其热经济性的比较。

8-7 降低汽轮机排汽参数对单元机组的热经济性有何影响?影响排汽压力的因素有哪些?

8-8 大型火力发电机组调峰运行的意义和方式有哪些?

8-9 锅炉运行调整的任务及特点是什么?

8-10 蒸汽初参数变化对机组运行热经济性及安全性有何影响?

8-11 机组运行调整的主要任务是什么?主要内容有哪些?

8-12 何为单元机组的滑参数启动与停机?与真空法相比,压力法滑参数启动的主要特点是什么?

8-13 发电厂常用的调峰运行方式有哪些?各有何特点?

8-14 变压运行方式有哪几种?各有何特点?

8-15 大型单元机组控制方式有哪几种?各有何特点?

8-16 给水泵入口不汽蚀的条件是什么?如何来防止给水泵入口汽蚀?

8-17 凝汽器运行中凝结水过冷的主要原因及相应的处理措施是什么?

8-18 以大型凝汽式机组冷态滑启、滑停方式为例,简述各热力系统的投、停顺序。

8-19 通过哪些参数和现象来判断锅炉燃烧的好坏?

8-20 主蒸汽温度超过允许范围,对汽轮机设备的主要危害有哪些?

8-21 采用负荷等微增率法进行单元机组间负荷经济分配的原则是什么?

# 第九章 其他热力发电技术简介

## 本 章 提 要

本章主要对燃气-蒸汽联合循环发电技术、核能发电技术、太阳能热发电技术、地热能发电技术、生物质能发电技术等的主要特点、原则性热力系统组成及其应用前景进行简要介绍，以期读者对这方面的知识有一个总体了解。

## 第一节 燃气-蒸汽联合循环

### 一、燃气-蒸汽联合循环的特点

20 世纪 80 年代以后，由于燃气轮机的单机功率和热效率都有了很大程度的提高，特别是燃气-蒸汽联合循环的渐趋成熟再加上世界范围内天然气资源的进一步开发，燃气轮机及其联合循环在世界电力系统中的地位发生了明显的变化，它们不仅可以作为紧急备用电源和尖峰负荷机组，而且还能带基本负荷和中间负荷。总的来说，燃气-蒸汽联合循环具有以下一些优点：

（1）提高热经济性。只要蒸汽轮机与燃气轮机的容量匹配，正确地选择各项参数和热力系统，其供电效率普遍在 54.5% 以上，有的已经超过了 57%，远在目前最先进的超超临界燃煤发电机组之上。

（2）建设成本低，周期短，用地用水都比较少。在国外，交钥匙工程的比投资为 500～600 美元/kW，比带有 FGD 的燃煤电站（1100～1400 美元/kW）低很多；可以按"分阶段建设方针"建厂，资金得以有效利用；适用于缺水地区或水源较困难的坑口电站。

（3）运行高度自动化，便于快速黑启动，每天都能启停，运行的可用率高达 85%～95%。

（4）污染物排放量大大降低。由于采用天然气或液体燃料，$SO_x$、$NO_x$、$CO_2$ 的排放量大大减少，无飞尘。例如，$NO_x$ 排放量小于 $10\mu L/L$，$CO_2$ 的排放量仅为燃煤电厂的一半左右；煤气化的燃气-蒸汽联合循环可将煤气化为无公害的能源，减轻对环境的影响。

（5）适合于改造旧电厂。中小型汽轮机组发电厂的热经济性很低，燃煤蒸汽锅炉是污染源，且频繁报废，但汽轮机仍可使用，若配以容量匹配的燃气轮机，改造成燃气-蒸汽联合循环，既可提高热效率，也能减缓对环境的污染。

### 二、燃气-蒸汽联合循环的类型

按照燃气循环排气放热量被蒸汽循环的利用特点以及蒸汽锅炉结构特征，燃气-蒸汽联合循环可分为不补燃的余热锅炉型、有补燃的余热锅炉型、助燃锅炉型、增压锅炉型四类。

1. 不补燃的余热锅炉型联合循环

不补燃的余热锅炉型联合循环系统是将燃气轮机的排气直接引入余热锅炉中，利用其余热将锅炉中的给水加热成蒸汽来驱动蒸汽轮机。其特点是以燃气轮机为主，蒸汽轮机为辅，一般蒸汽轮机容量约为燃气轮机容量的 1/3，而且蒸汽轮机不能单独运行。余热锅炉实际上是个热交换器，结构较简单，造价低，但其容量与参数取决于燃气轮机的排气量和温度，机组单位出力的冷却水量小。

我国香港 Black Point 电站的不补燃余热锅炉型燃气-蒸汽联合循环的热力系统如图 9-1 所示。它采用无再热的双压汽水发生系统的余热锅炉，每台装置的总功率为 312MW，设计供电效率为 52.9%。

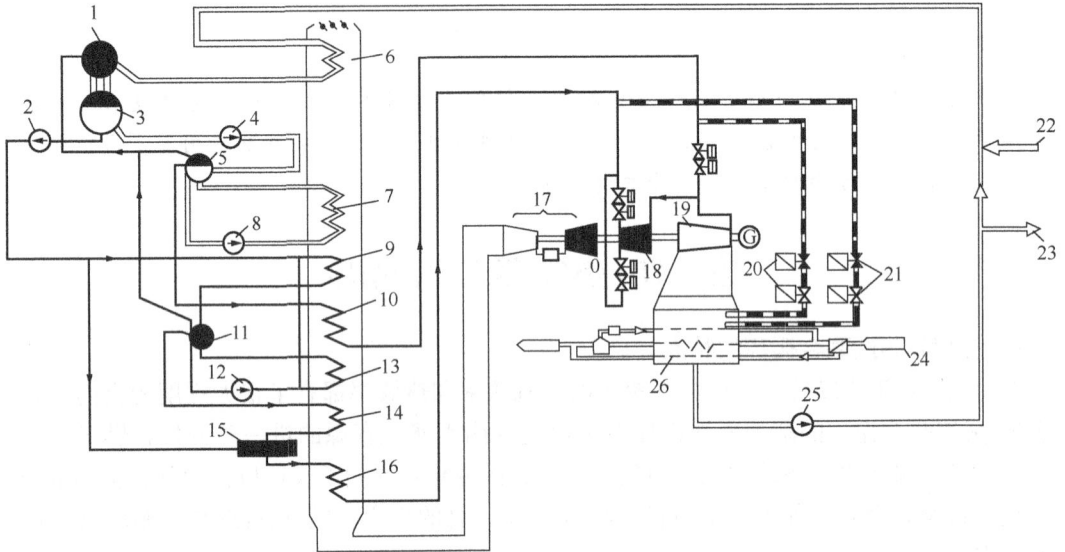

图 9-1　不补燃余热锅炉型燃气-蒸汽联合循环的热力系统

1—除氧器；2—高压给水泵；3—除氧器储水箱；4—低压给水泵；5—低压锅筒；6—低压省煤器；7—低压蒸发器；
8—低压蒸发器的循环泵；9—高压省煤器；10—低压过热器；11—高压锅筒；12—高压蒸发器的循环泵；
13—高压蒸发器；14—高压第一级过热器；15—减温器；16—高压第二级过热器；17—燃气轮机；
18—高压蒸汽透平；19—低压蒸汽透平；20—低压蒸汽旁通阀；21—高压蒸汽旁通阀；
22—来自凝结水处理厂；23—去凝结水处理厂；24—主冷却水（海水）；
25—凝结水泵；26—凝汽器

不补燃的余热锅炉型联合循环系统的主要优点是：①热功转换效率高，当燃用天然气并把燃气轮机的进气温度提高到 1200～1300℃后，其热功转换效率普遍在 50% 以上，并有望超过 58%；②基本投资费用低，结构简单，锅炉和厂房都很小；③运行可靠性高，现已做到 90%～98% 的运行可用率；④启动快，在 18～20min 内便能使联合循环发出 2/3 的功率，80min 内发出全部功率。

2. 有补燃的余热锅炉型联合循环

有补燃的余热锅炉型联合循环是指在余热锅炉中还需补充一定数量的燃料（包括固体燃料）。这样就可以增大在余热锅炉中产生的蒸汽量，并提高主蒸汽的热力参数，由此可以增大联合循环的单机功率。因此，该系统除燃气轮机的排气引入余热锅炉之外，还要将部分燃料补充到燃气轮机的排气通道或余热锅炉中燃烧，随着补燃量的增加，蒸汽轮机容量的比例随之增大，可占到 50%～90%。根据燃气轮机的排气温度，可确定一个使机组热效率最高的最佳补燃量。补燃可用煤或其他廉价燃料。随补燃量的增加，冷却用水量随之增加。

有补燃的余热锅炉型联合循环的启动时间比无补燃的余热锅炉型稍长，而且汽轮机仍不能单独运行，补燃温度和蒸汽温度受锅炉金属材料的限制。

图 9-2 为德国 Gersteinwerk 电站的以天然气为燃料的、有补燃余热锅炉型燃气-蒸汽联合循环系统。它采用 KWU 工厂制造的 V93 型燃气轮机，燃气透平的排气在进入余热锅炉后用天然气补燃。

该电站整个装置的净输出功率为 418.5MW，供电效率为 42%。在这种联合循环中，以蒸汽轮机的输出功率为主，它与燃气轮机功率的倍比率高达 6.5 左右。

这类联合循环的主要优点是：①装置尺寸小、占地少、投资低；②运行机动性好（在进气道与排气道之间安装一套阀门系统后，燃气轮机就可以单独运行。在夏天气温高致使机组出力不足时，可以利用加压风机给余热锅炉补充新鲜空气，这样就在余热锅炉中多补烧燃料，以提高整个装置的出力。当燃气轮机故障时，则可以利用强迫鼓风机供风，以保证蒸汽轮机系统也能单独运行）。

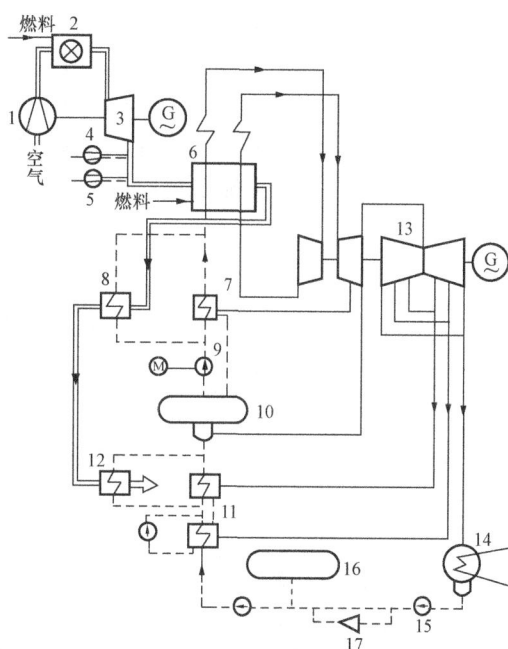

图 9-2　有补燃余热锅炉型联合循环热力系统
1—压气机；2—燃烧室；3—燃气透平；4—加压风机；5—强迫鼓风机；6—余热锅炉；7—高压给水加热器；8—高压排气换热器；9—给水泵；10—除氧器；11—低压给水加热器；12—低压排气换热器；13—蒸汽透平；14—凝汽器；15—凝结水泵；16—凝结水箱；17—凝结水净化器

③部分负荷工况下装置的热效率比较高；④在余热锅炉中可以烧煤或其他劣质燃料；⑤蒸汽参数不受燃气轮机排气温度的限制，可以采用效率较高的蒸汽轮机循环与之匹配，机组的总功率较大。

总的来说。余热锅炉型燃气-蒸汽联合循环在技术上已经非常成熟。燃气轮机和蒸汽轮机都有成熟的产品，工程技术人员的主要任务是：如何能更好地把它们配合在一起，对某些部件做适当的改造，使之组成一个有效的整体。

### 3. 助燃锅炉型联合循环

助燃锅炉型联合循环与有补燃的余热锅炉型联合循环相类似，所不同的是助燃锅炉型联合循环只是将燃气轮机的排气引入普通锅炉做助燃空气之用，故称为助燃锅炉联合循环。

由于燃气轮机排气温度比普通锅炉空气预热器出口的热风温度高，故蒸汽轮机可采用较高的蒸汽参数，使蒸汽轮机容量比例可达到 80%～90%。但高温燃气轮机排气中剩余氧量减少，需鼓风补充空气。显然，助燃锅炉可燃用任何燃料，且运行灵活，既可联合运行，也可在配备全容量送风机条件下实现蒸汽轮机的单独运行。系统的冷却用水量比常规电站的稍少。适用于大容量的燃气-蒸汽联合循环。

### 4. 增压锅炉型联合循环

增压锅炉型联合循环系统示意图如图 9-3 所示，其特点是以压气机取代送风机，空气经压缩为 0.6～1MPa 后，引入正压锅炉（又称 Velox 锅炉），将正压锅炉和燃气轮机的燃烧室合二为一，燃气轮机仅用以拖动压气机，其排气可直接送入烟囱，也可经省煤器后再排往烟囱，且无需引风机。因为是正压锅炉，所以传热面积大为减少，锅炉体积可缩至$1/6 \sim 1/5$，其金属耗量、厂房投资等大为降低。由于无需另外的引送风机，因此厂用电也相应减少。正压锅炉启动只需$7 \sim 8min$。正压锅炉燃料受炉膛密封和燃气轮机工作要求的限制，目前还不能用煤，而且蒸汽轮机不能单独运行。

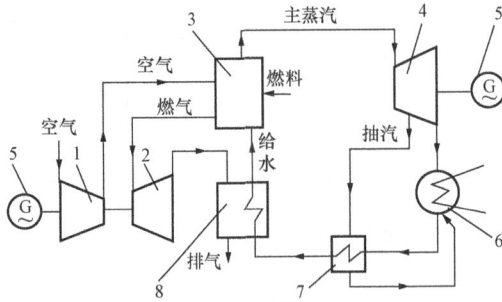

图 9-3　增压锅炉型联合循环

1—压气机；2—燃气轮机；3—增压锅炉；4—汽轮机；
5—发电机；6—凝汽器；7—给水加热器；8—排气换热器

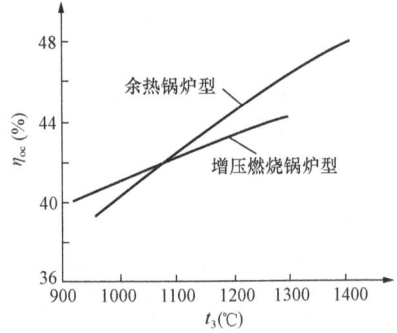

图 9-4　两种联合循环的效率比较

　　与前述联合循环相比较，由于增压燃烧，整个锅炉是一个尺寸很大的密闭压力容器，为设计和安全运行等带来了困难。增压燃烧型联合循环的效率与余热锅炉型的比较如图 9-4 所示。燃气初温在 1050℃以下时，增压燃烧锅炉型的效率高，在 1100℃以上时余热锅炉型的效率高，且随着温度的提高两者效率的差距迅速增大。由于这一因素，以及上述增压燃烧锅炉带来的问题，使增压锅炉型联合循环至今发展较少。

　　燃气轮机的排气也可专门用于预热常规电站的给水或空气。目前，上述四种联合循环均为燃烧液体燃料或天然气的。随着洁净煤技术的开发，燃煤的燃气-蒸汽联合循环正在走向市场。

### 三、整体煤气化燃气-蒸汽联合循环（IGCC）

　　整体煤气化燃气-蒸汽联合循环（integrated gasiflcation combined cycle，IGCC）发电技术是一条实现煤炭高效、洁净利用的有效途径。它将煤在一定压力下气化成可燃粗煤气，粗煤气经净化（除尘、脱硫）后供燃气轮机，燃气轮机的排气引至余热锅炉加热水产生蒸汽，供蒸汽轮机。IGCC 发电系统一般由煤气发生炉及其净化系统、燃气轮机、余热锅炉、蒸汽轮机、发电机以及有关附属设备构成。美国于 1981 年建设的世界首台 120MW Cool Water IGCC 发电系统的工艺流程如图 9-5 所示。其工作原理是：煤磨成粉同水混合成含煤 60％的水煤浆，制氧装置取自空气，制成 99.5％的纯氧，将氧气和水煤浆喷入容量为 1000t/h 的 Texaco 喷流床气化炉，在 1500℃高温、3.92MPa 高压缺氧还原条件下，分裂反应成 $10.467MJ/Nm^3$ 的煤气，其成分主要是 $H_2$、CO、$H_2S$。煤的灰分被气化炉中 1500℃的高温熔融后再凝固成玻璃球状。煤气通过两个长 40m、直径 5m 的合成气冷却器冷却，并同时产生水蒸气。煤气再用普通的湿法除尘脱硫净化。采用 GE 公司生产的容量为 65MW 的燃气轮机，其进口温度为 1100℃，排气经余热锅炉用来产生蒸汽，连同煤气冷却器所产生的蒸汽引至容量为 55MW 的汽轮机。总容量共为 120MW，制氧用 20MW，净供电 100MW。气化热效率为 99.9%，联合循环热效率为 43.9%，但机组热效率并不高，为 30.8%，其污染物排放量比燃用天然气的联合循环电厂还低得多。与美国环保局的排放标准相比，冷水电厂排放的 $NO_x$、$SO_x$ 仅为美国环保局排放标准的 1/10、1/18～1/35，常规火电厂的 $NO_x$ 约为冷水电站的 5 倍。

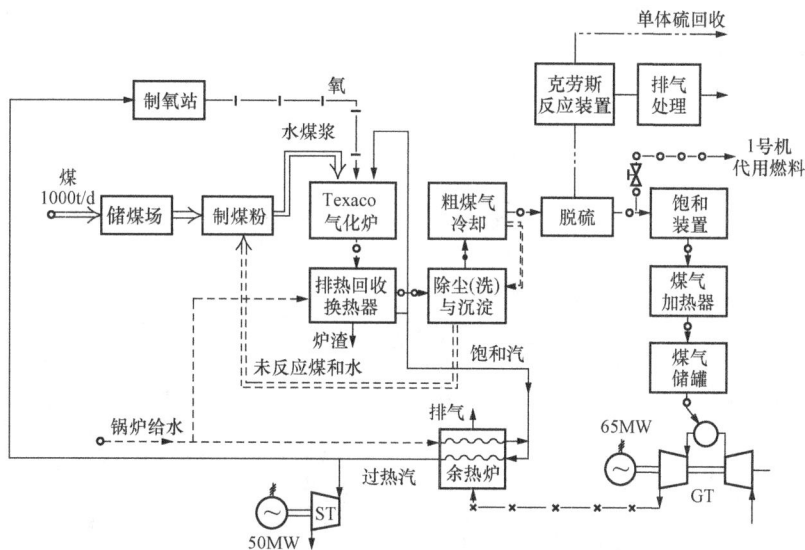

图 9-5　Coal Water IGCC 系统流程示意图

Cool Water IGCC 电厂工业性试验成功之后，美国等发达国家又进行了第二代 IGCC 示范电站建设，如美国 Wabash River（260.6MW）、Tampa（250MW），荷兰 Demkolec（253MW）和西班牙 Puertollano（300MW）等。目前，国际上几大著名 IGCC 集团公司已经进行了单机容量为 500、600、800、1000MW 等级的 IGCC 的设计和建设工作，其发电效率设计值大于 43%，技术指标更为先进。

2009 年 5 月，我国华能天津 IGCC 电站示范工程获得国家发改委核准，2009 年 7 月 6 日开工建设，2012 年 11 月 6 日完成 72＋24h 整套试运行。它由空气分离系统、煤气化系统、煤气净化系统、联合循环发电系统等组成，其中，气化装置采用西安热工研究院有限公司自主开发的两段式干煤粉加压纯氧燃烧气化炉，燃气轮机由上海电气集团/德国 SIE-MENS 公司生产，燃气轮发电机、汽轮发电机组、气化炉由上海电气集团生产，余热锅炉由杭州锅炉集团生产，空分装置由开封空分集团设计生产。该示范电站的装机容量为 265MW，气化炉容量为 2000t/d 级，配备 50000Nm³ 的空气分离装置；气化炉所产合成气的 80% 用于联合循环发电，20% 通过接管廊供渤化集团公司联产化工产品，可使渤化集团公司的产能提高 10%，并通过双方中间产品的互补利用和相关设备的互为利用，实现循环经济理念。其污染物排放量仅为常规燃煤电站的 1/10，脱硫效率可达 99.8%，氮氧化物排放只有常规电站的 15%～20%；同时，能够同 $CO_2$ 捕集与封存相结合，以较低成本大幅度削减 $CO_2$ 排放，相对容易实现 $CO_2$ 的近零排放。与常规同等容量燃煤电厂相比，年煤耗量减少 7 万余吨，无二次污染。

但是，IGCC 系统复杂，技术难点多，主要体现在：整体化要求高，诸多子系统中任何一个发生问题，均会影响全局；整体的协调控制相当复杂，各关联量的时间常数难以统一；气化工艺是 IGCC 经济性和可靠性的关键因素之一，有待进一步研究等。作为一种先进的洁净煤发电技术，IGCC 必须解决以下四方面的问题：①具有足够高的供电效率；②运行可靠性好，具有较高的可用率；③能够彻底解决燃煤时产生的污染物排放问题；④有较低的单位建设投资和发电成本，至少能与有 FGD 装置的常规燃煤电站相媲美。为此，我国正在实施一项"绿色煤电"计划，力争在煤的高效环保综合利用技术方面有实质性进步，并走在世界前列，我国"绿色煤电"的系统流程示意图如图 9-6 所示。

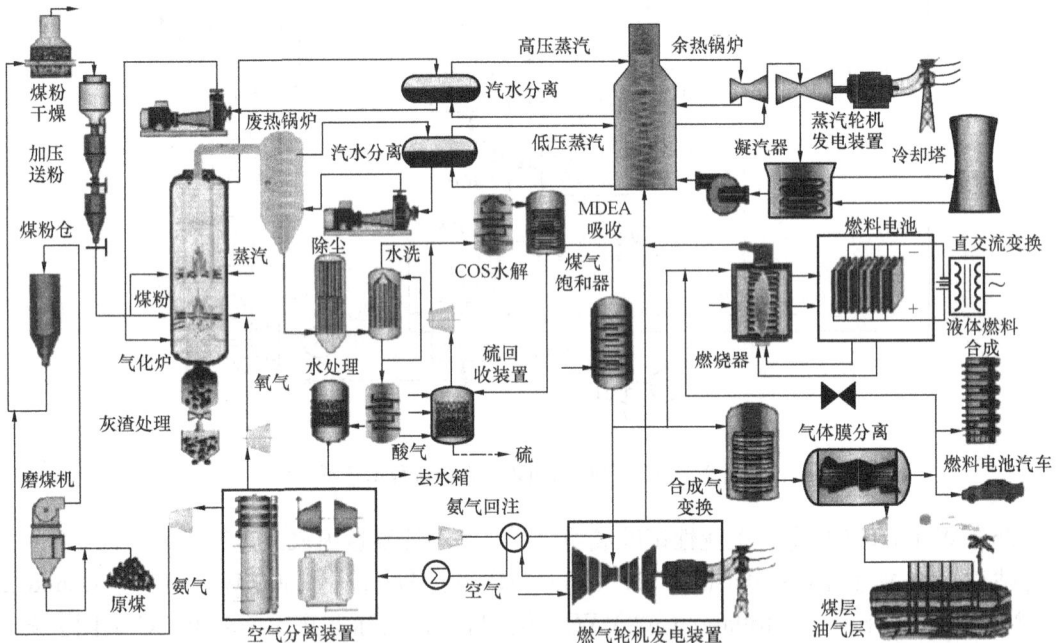

图 9-6　我国的绿色煤电系统流程示意图

# 第二节　核 能 发 电 厂

## 一、概述

自 1954 年世界上第一座核电站建成以来，核电的发展速度极快，全世界有 30 多个国家、400 多座核电站在运行。目前全球电力 17% 以上来自核电，而且核电的发展速度和规模正在朝着快和大的方向发展。我国的民用核电事业起步较晚，1992 年 7 月秦山一期核电站投产，功率为 300MW，接着广东大亚湾 1 号和 2 号核电机组相继于 1993 年和 1994 年投入运行，功率各为 900MW。随后陆续有江苏田湾核电站、秦山二期核电站、秦山三期核电站、岭澳核电站等相继投产，浙江三门、山东海阳、广东阳江、辽宁红沿河核电站在建。我国电力发展"十三五"规划明确提出，坚持安全发展核电的原则，加大自主核电示范工程建设力度，着力打造核心竞争力，加快推进沿海核电项目建设。建成三门、海阳 AP1000 自主化依托项目，建设福建福清、广西防城港"华龙一号"示范工程；开工建设 CAP1400 示范工程等一批新的沿海核电工程；深入开展内陆核电研究论证和前期准备工作；认真做好核电厂址资源保护工作。"十三五"期间，全国核电计划投产约 3000 万 kW、开工 3000 万 kW 以上，2020 年装机达到 5800 万 kW。

## 二、核能发电厂的组成及其工作原理

核能发电厂由核岛和常规岛两部分组成，如图 9-7 所示。其中核岛是指由一回路系统及其附属设备、安全设施等构成的一套整体装置，它被封闭在一个巨大的安全壳式厂房内；一回路系统以核反应堆为核心，核燃料在反应堆中进行可控链式裂变反应，并产生大量热量，这些热量通过冷却剂（水或气体）带出反应堆，并输送至蒸汽发生器将热量传给水，水被加热成蒸汽后送入汽轮机，在汽轮机内将蒸汽的热能转变为机械能，并拖动发电机发电。冷却剂释热后，通过冷却剂循环主泵送回反应堆去吸热，不断地将反应堆中核裂变释放的热能引导出来，其压力靠稳压器维持稳定。核能发电厂的反应堆和蒸汽发生器相当于火电厂的锅炉，有人称之为原子锅炉。常规岛是指由二回路系统及其设备等构成的整体装置，它与常规火电厂基本相同；二回路系统以汽轮机为核心，汽轮机的入口蒸汽来自核岛蒸汽发生器内产生的压力为 5～7MPa 的微过热或饱和蒸汽（湿度约为 0.5%），排汽进入凝汽器凝结成水，再通过回热系统后用泵送回蒸汽发生器，进而构成二回路系统的汽水热力循环。限于篇幅，本教材仅对常规岛的设备及其系统进行简介。

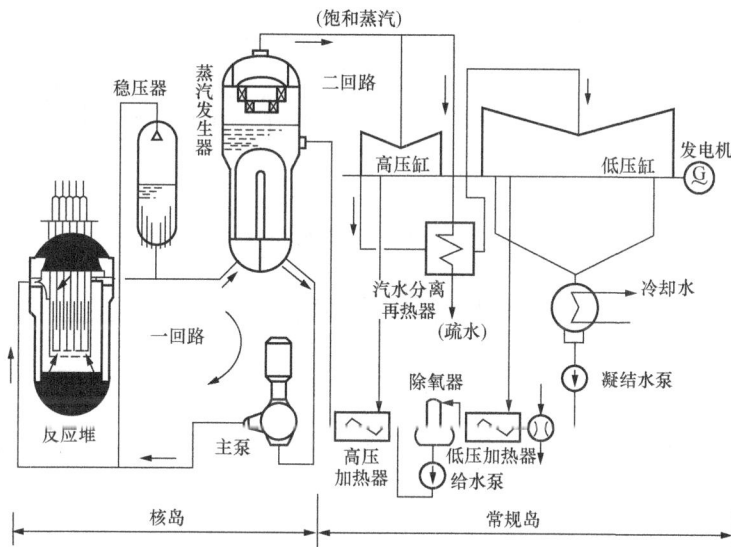

图 9-7　压水堆核电厂生产流程示意图

核电机组二回路系统与常规火电机组热力系统并无本质区别，不同之处在于以下几点：

（1）核电站汽轮机的蒸汽初参数较火电厂汽轮机的蒸汽初参数低。初压力一般都在 5.9～6.9MPa 之间，温度微过热，使得汽轮机通流部分大部分处于湿蒸汽区工作状态。

（2）同样功率下，核电汽轮发电机组比火电机组体积大、质量大、效率低。一般大型饱和蒸汽的汽轮机不设中压缸，在高、低压缸之间设置汽水分离器、再热器。高、低压缸均采用双流程形式。再热器由高、低压两级串联组成，不采用烟气而用新蒸汽和高压缸抽汽进行加热。另外，核电汽轮机的转速有半速（1500r/min）和全速（3000r/min）两种，采用半速时，低压缸可用较长的叶片，能提高低压缸效率。机组甩负荷时，水分汽化易超速。半转速时叶片弯曲应力只有原来的 1/4～1/3，即使超速，也只有原来的 1/2.8～1/2。而且半速还可以减少叶片受水滴侵蚀的程度。

（3）核电机组的循环冷却水比同容量的火电机组大得多，因为饱和蒸汽在压水堆饱和蒸汽轮机中的焓降只有 1080～1850kJ/kg，使得核电站汽耗量比火电厂汽耗量大 1.5～1.7 倍。如 1000MW 级压水堆核电汽轮机的循环冷却水量高达 40 万 t/h 以上，这使循环水回路初投资和运行费用都大于同容量的火电机组。

**三、核电站原则性热力系统举例**

某 AP1000 核电机组的二回路原则性热力系统如图 9-8 所示，汽轮机为半速、单轴、凝汽式汽轮机，由 1 个双流高压缸、3 个双流双排汽低压缸和 2 台带两级再热的外置式中间汽水分离/再热器组成，发电机采用氢水冷却方式，其主要设计参数见表 9-1。

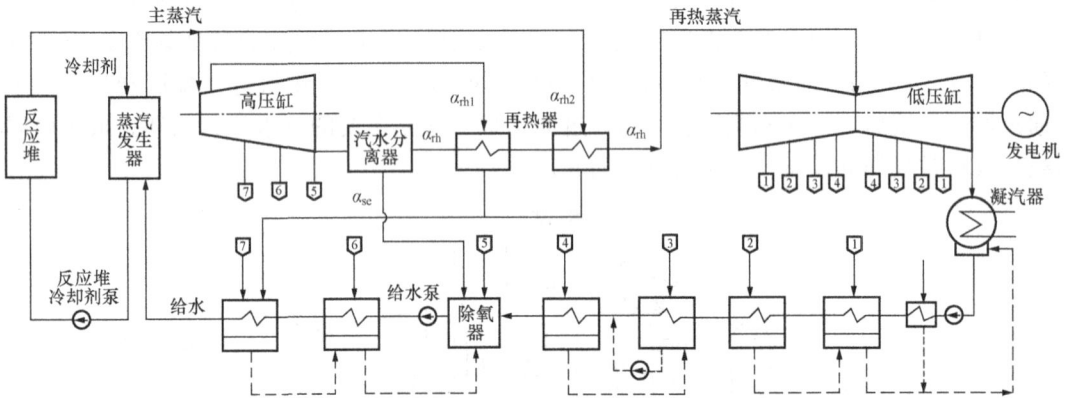

图 9-8　AP1000 核电站二回路原则性热力系统

表 9-1　　　　　　　　　　　　　　　　AP1000 的主要设计参数

| 名　称 | 单位 | 数据 | 名　称 | 单位 | 数据 |
|---|---|---|---|---|---|
| 电厂输出毛电功率 | MW | 1200 | 电厂输出净电功率 | MW | 1117 |
| 核蒸汽供应系统功率 | MW | 3145 | 反应堆热功率 | MW | 3400 |
| 电厂净效率 | % | 32.7 | 电厂可用率 | % | 93 |
| 额定工况下的蒸汽流量 | kg/s | 1888.7 | 蒸汽压力（限流器出口，零堵管） | MPa | 5.61 |
| 蒸汽最大湿度（保证值） | % | 0.30 | 蒸汽温度（限流器出口，零堵管） | ℃ | 271 |
| 给水温度 | ℃ | 226.7 | 汽轮机转速 | r/min | 1500 |
| 高压缸入口压力 | MPa | 5.5 | 高压缸入口温度 | ℃ | 271 |
| 发电机额定功率 | MVA | 1250 | 发电机有功功率 | MW | 1200 |
| 电厂设计寿命 | 年 | 60 | 设计地震烈度（地面加速度） | | 0.3g |

在核电厂全程运行范围内，主蒸汽系统从蒸汽发生器向汽轮机的高压缸提供蒸汽。当汽轮发电机组或凝汽器任何一个不可用时，主蒸汽系统可以将核蒸汽供应系统产生的热量通过蒸汽排放阀排向凝汽器，或通过大气释放阀和主蒸汽安全阀排向大气。机组回热系统由二高、四低和一除氧组成，汽水分离系统采用一级分离和两级再热。一级再热蒸汽来自高压缸

抽汽，二级再热蒸汽来自主蒸汽供汽。

# 第三节 太阳能热发电技术

## 一、概述

在太阳内部进行的由氢聚变成氦的原子核反应，不停地释放出巨大的能量，并不断向宇宙空间辐射能量，这种能量就是太阳能。太阳能热发电技术是指聚集太阳光将其转化为足够温度的热能，将集热工质加热到一定的温度，经换热器将热能传递给动力回路中循环做功的工质或直接产生高温高压的过热蒸汽（或空气），来驱动汽轮机（或燃气轮机），并带动发电机发电的过程。太阳能热发电系统与常规化石能源发电系统的热力学工作原理相同，都是通过 Rankine 循环、Brayton 循环或 Stirling 循环将热能转换为电能，区别仅在于两者的热源不同，以及太阳能电站一般带有储热装置。由此可见，太阳能热力发电的能量转换过程首先是将太阳辐射能转换为热能，然后将热能通过热机转换为机械能，最后再将机械能转换为电能。因此，太阳能热力发电系统的效率也是由这三个部分的效率组成，即太阳集热场效率、动力系统效率和发电机效率的乘积。

太阳能热力发电系统一般由六部分组成：太阳能集热子系统、吸热与输送热量子系统、蓄热子系统、蒸汽发生系统、动力子系统和发电子系统。前两部分简称为太阳集热场，是太阳能热力发电技术的核心。

由于太阳能供应不稳定、不连续，而热力发电系统需要稳定运行，应尽量避免系统频繁的启停和负荷波动。为此，有两种解决方法：一是系统中配置蓄能子系统，将收集到的太阳热能存储起来，以保证在夜间或太阳辐照不足时发电；二是将太阳能与其他能源组成综合互补的发电系统，在太阳能供应不足的情况下，由其他形式的能源供应。第一种方式中，目前还没有成熟的低成本蓄热技术，第二种方式可以降低太阳能发电的成本，但又与太阳能热发电的初衷有悖。

## 二、太阳能热力发电系统的类型

按照能量转换关键环节中太阳能聚光集热过程的本质特征来划分，太阳能热发电系统可分为聚光与非聚光两大类。其中聚光式主要有槽式太阳能热发电系统、塔式太阳能热发电系统、碟式太阳能热发电系统三种；非聚光式主要有太阳能热气流发电系统和太阳能热池发电系统两种。从输入端能源转化利用模式来看，太阳能热发电系统的发展经历了三个不同的阶段，逐步形成三大种类的系统，即单纯太阳能发电系统、太阳能与化石能源综合互补发电系统和太阳能热化学重整复合发电系统等。

1. 聚光式太阳能热力发电系统

（1）槽式太阳能热发电系统。槽式太阳能热发电系统一般由聚光集热装置（其几何聚光比在 10～100 之间，温度可达 400℃左右）、蓄热装置、热机发电装置或/和辅助能源装置（如锅炉）等组成，其流程示意图如图 9-9 所示。该系统利用导热油作为集热介质，293℃的低温导热油从储油罐中泵入槽式太阳能集热场，被加热到 390℃，然后依次通过再热器、过热器、蒸发器、预热器等，将收集到的太阳热能交换给动力回路中的蒸汽，产生 10.4MPa、370℃的过热蒸汽进入汽轮机中做功。该系统中集热油回路和动力蒸汽回路分离开来，经过一系列换热器来交换热量。当太阳能供应不足时，利用一个辅助加热器将油回路中的导热油加热，从而实现系统的稳定连续运行。

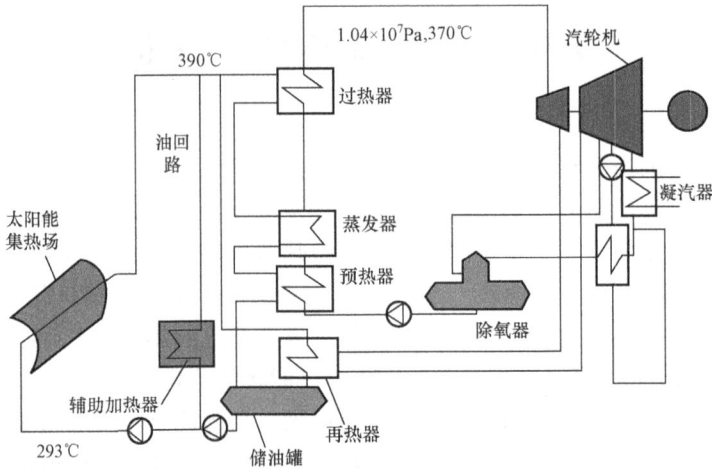

图 9-9　槽式太阳能热力发电系统的流程示意图

　　槽式太阳能热发电系统的特点是：①容量可大可小，不像塔式太阳能电站那样只有在大容量时才合算；②设备在地面安装，维修、操作等都比较方便，费用低；③输热管路系统复杂，输热损失较大，热效率偏低，只有 10％左右；④造价比定日镜阵偏低，但仍然较高。

　　（2）塔式太阳能热发电系统。塔式太阳能热发电系统也称为集中式太阳能热发电。它利用定日镜将太阳光聚焦在中心吸热塔的吸热器上，在那里将聚焦的辐射能转变成热能，然后将热能传递给热力循环的工质，再驱动热机做功发电。塔式太阳热发电系统通常可达到的聚光比为 300～1500，运行温度可达 1000～1500℃。图 9-10 所示为塔式太阳能热力发电系统示意图。塔式太阳能热发电系统和槽式系统相比，除聚光集热器有所不同外，两者在系统构成和工作原理等方面都基本相似。

　　太阳能塔式发电系统的特点是聚光比大，接收器处的热流量高，因此蒸汽温度、压力都比较高，可以达到 350～500℃、10.44MPa，电站总效率可以达到 15％。存在的主要问题是：①定日镜阵造价昂贵；②不能接收占太阳辐射 1/3 左右的漫射辐射；③要持续发电需要蓄能装置，成本高；④接收器锅炉和部分管道在高空，维护保养困难。

　　（3）碟式太阳能热力发电系统。碟式太阳能热力发电系统借助于双轴跟踪，利用旋转抛物面反射镜，将入射的太阳辐射进行点聚集，聚光点的温度一般在 500～1000℃，吸热器吸收这部分辐射能并将其转换成热能，加热工质以驱动热机，如燃气轮机、斯特林发动机或其他类型透平等，从而将热能转换成电能。图 9-11 所示为一个典型碟式太阳能热发电系统示意图，它利用双轴跟踪的碟式聚光器将太阳能聚集到吸热器上，将来自回热器的高压空气加热到 850℃，然后进入燃气轮机做功，该回热循环燃气轮机的压比约为 2.5，当太阳能供应不足时，利用燃料进入燃烧室补燃，该系统的太阳能净发电效率高达 30％。

　　在过去几十年中，聚光式太阳能热发电技术得到了较大发展，世界各地兴建了许多实验与示范电站，表 9-2 给出了聚光型太阳能热电站的发展状态以及优缺点。

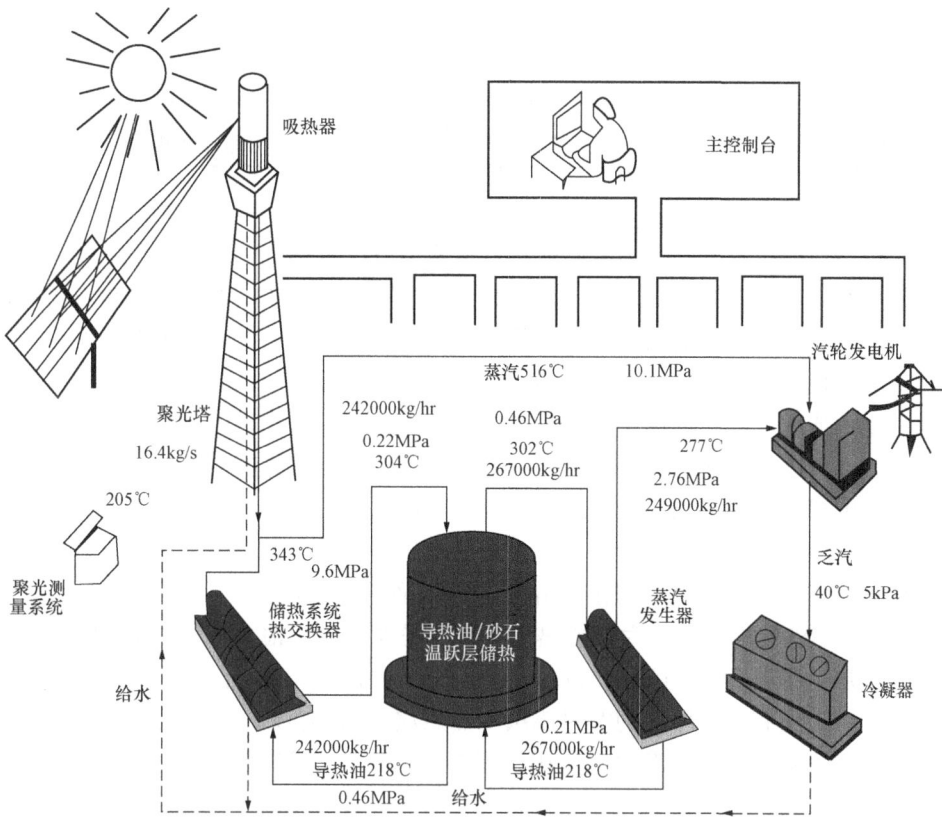

图 9-10　塔式太阳能热力发电系统示意图

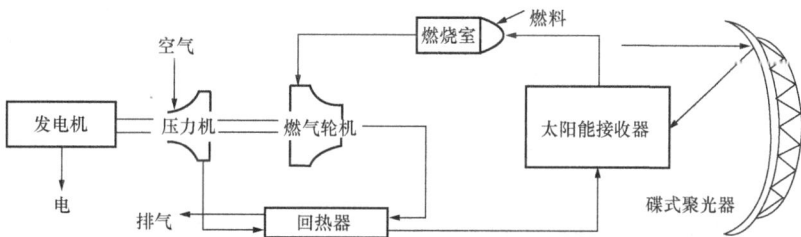

图 9-11　典型碟式太阳能热力发电系统

表 9-2　　　　　三种聚光式太阳能热力发电站的发展状态及优缺点

| 类型 | 塔　式 | 槽　式 | 碟　式 |
|---|---|---|---|
| 发展状况 | 提供高温过程热，联网发电运行。处于试验示范阶段，最大容量为 10MW | 提供中温过程热，联网发电运行。商业化阶段，最大容量为 80MW，总容量为 354MW | 提供高温过程热，分散独立运行。处于试验示范阶段，独立系统容量小于 50kW |
| 优点 | 从长远来看前景很好，效率高，可以通过蓄热或互补降低成本 | 具有商业化运行经验，互补方式已得到验证 | 高的转化效率，可以模块化或者复合运行 |

| 类型 | 塔　式 | 槽　式 | 碟　式 |
|------|--------|--------|--------|
| 缺点 | 聚光场与吸热场优化配合问题还需要研究 | 真空管的寿命还没有达到大规模的验证。定日镜更换成本高 | 没有商业化的与蝶式聚光器配合的 Stirling 机 |

2. 非聚光式太阳能热力发电系统

（1）太阳能热气流发电系统。太阳能热气流发电系统也称太阳烟囱发电系统，热气流发电的工作原理类似于温室效应，如在一片广阔的平地上，用透明塑料或玻璃做一个中间向上倾的屋顶，形成巨大的蓬式地面太阳空气集热器，在其中央有一个高大的竖直烟囱。于是在阳光的照射下，地面空气集热器内的空气就被加热，它对环境的温差可高达 35℃。利用冷热空气的温度差或密度差，加热了的空气将向屋顶上方运动，并通过烟囱迅速上升，其速度可达 15m/s。也可以把烟囱看作是将空气中的热能转换为压力能的变换器。在烟囱的底部安装一台风力发电机，从而将热风的动能转变成了电能。屋内的土地具有储能的作用，以减少电能输出的波动。太阳能热气流发电系统由地面空气集热器与蓄热器、烟囱（能量变换器）、风力机（做功装置）与发电机（机械能-电能转换装置）等组成。

（2）太阳能热池发电系统。太阳能热池实质上是盐水池，池水深度一般为 6m 以上，沿着深度分为三层：顶部很薄的淡水对流层（盐水浓度很低），底部为较厚的浓盐水对流层（储热层），两者之间有一定厚度的非对流层（隔热层）。无对流的太阳池是一种水平表面的太阳集热器，池底吸收直射及漫射的太阳辐射能，可以将底部盐水加热至 90℃ 以上，再用泵把浓盐水抽出，通过热交换器来加热工质，驱动热机做功发电。太阳能热池发电系统通常由太阳池平板太阳集热器（热盐池）、泵、热交换器、膨胀透平、凝汽器以及储能设备等组成。

3. 太阳能与化石能源互补复合发电系统

鉴于早期利用蓄热系统的单纯太阳能模式下运行的太阳能热电站存在的许多问题，特别是考虑到开发太阳能热力发电系统的投资和发电成本以及目前的蓄热技术还不够成熟等因素，将太阳能与常规的发电系统整合成多能源互补的系统，受到了广泛关注。太阳能与其他能源综合互补的利用模式，不仅可以有效地解决太阳能利用不稳定的问题，同时可利用成熟的常规发电技术，降低了开发利用太阳能的技术和经济风险，但是该技术目前仍处于理论研究阶段。

太阳能与化石能源互补系统有多种不同的互补形式，根据所集成的常规化石燃料电站的不同，可以分为三类：第一类是将太阳能简单地集成到朗肯循环（汽轮机）系统中，如图 10-17 所示，如将太阳能集成到燃煤电站中，可以有效地减少燃料量，节约常规能源和减少污染物排放。第二类是将太阳能集成到布雷顿循环（燃气轮机）系统中，如利用太阳能来加热压气机出口的高压空气，以减少燃料量。第三类是将太阳能集成到联合循环 ISCCS 中。

4. 太阳能热化学重整复合发电系统

前述的将太阳热能简单地集成到动力系统中的互补系统，是根据不同的集热温度，实现"温度对口、梯级利用"的热功转换功能，只是单纯的物理热能的利用。但是，由于太阳能供应的固有特点，当没有太阳能时，系统不能在最优的工况下运行，而且太阳能系统和动力系统之间为刚性耦合，太阳能部分的变化对动力系统的影响很大。为此，德国和以色列等提出太阳能热化学重整的系统集成概念，即利用太阳能高温热来重整天然气，制得的合成气再进入动力系统进行发电。在常规的联合循环电站中，燃料通常为天然气直接进入燃气轮机燃烧室燃烧。而在太阳能热重整与燃料提升系统中，天然气与水蒸气进行混合，然后进入太阳能重整器中发生催化重整反应，该过程是一个强吸收反应，将太阳能转化为燃料的化学能，反应后的产物（合成气）热值得以提升。冷却后的合成气再送入燃烧室替代天然气的直接燃烧。目前，该技术也处于理论研究阶段。

5. 聚光式光伏/光热一体化热/电/冷三联供系统

聚光式光伏/光热（PV/T）一体化热/电/冷三联供系统是由光伏发电子系统、光热利用子系统、采暖和供热子系统、制冷子系统以及控制子系统组成，它集光伏发电与太阳能低温热利用为一体，可实现光伏系统高效发电、光热系统冬季供热/采暖、夏季供热/制冷的三联供，为扩大太阳能光伏发电、光热利用的应用模式，增强太阳能光伏/光热联供技术的实用性，实现太阳能的高效、低成本、规模化应用，开辟了一条可行的技术途径。

**三、太阳能热发电发展障碍与展望**

太阳能热发电在商业上没得到大规模应用，根本原因是目前太阳能热发电系统的发电成本高，是常规能源发电成本的2～3倍。造成太阳能热发电成本高的主要原因有以下三个方面：

第一，太阳能能流密度低，需要大面积的光学反射装置和昂贵的接收装置，将太阳能直接转换为热能这一过程的投资成本占整个电站投资的一半以上，目前这些转换装置还没有大规模生产，制造和安装成本较高，增加了太阳能热发电的技术和经济风险。

第二，太阳能热发电系统的发电效率低，年太阳能净发电效率不超过15%，在相同的装机容量下，较低的发电效率需要更多的聚光集热装置，增加了投资成本，并且目前还缺乏这类电站的运行经验，整个电站的运行和维护成本高。

第三，由于太阳能供应不连续、不稳定，需要在系统中增加蓄热装置，大容量的电站需要庞大的蓄热装置和管路系统，造成整个电站系统结构复杂，增加了成本。就目前而言，太阳能复合循环电站投资成本为1000～3000美元/kW，太阳能热力发电站平均投资成本3500美元/kW，而天然气电站投资成本却为500美元/kW。

由此可见，太阳能热发电投资成本是天然气电站投资成本的7倍。只有在燃料价格和常规电站投资成本能够较大幅度提高的条件下，太阳能热发电才能具有一定的经济优越性。

解决这一问题的出路主要从以下几个方面着手：首先，提高系统中关键部件的性能，大幅度降低太阳能热发电的投资成本，快速进入商业化；其次，进一步研究开发新的太阳能热发电系统，对系统进行有机集成，实现高效的热功转化，不仅要实现太阳能热的梯级利用，而且要集成新型的太阳能热化学系统，突破常规系统中太阳能发电效率低的限制；第三，将太阳能热发电系统和化石燃料互补，借助太阳能的利用来减少化石燃料热力发电系统中的燃料消耗量，同时也可以省略了太阳能热发电系统中的储热装置，从而降低太阳能热发电的一次投资成本和发电成本。

总之，太阳能热发电的发展方向应为低成本、高效的系统发展，不断提高系统中关键部件的性能，将太阳能与常规的能源系统进行合理的互补，实现系统的有机集成，通过热化学反应过程，实现太阳能向燃料的化学能转化，然后通过高效的热功转化装置发电，实现太阳能向电能的高效转化，进而加快太阳能热发电的商业化进程。

## 第四节　其他新能源热发电技术简介

### 一、地热能发电技术

地热发电是地热能利用的主要方式之一，根据地热流体的类型，目前有蒸汽型地热发电和热水型地热发电两种地热发电方式。

蒸汽型地热发电是把蒸汽中的干蒸汽直接引入汽轮发电机组，但在引入发电机组前，应把蒸汽中所含的岩屑和水滴分离出去。这种方式最为简单，但干蒸汽地热资源十分有限，且多存于较深的地层，开采技术难度大，故发展受到限制。

热水型地热发电是地热发电的主要方式，它又分为闪蒸式（也称扩容法地热发电）和双循环式（也称中间介质法地热发电）两种。

闪蒸式地热发电系统是将从地热井输出的具有一定压力的汽水混合物，首先进入汽水分离器，将蒸汽与水分离；分离后的一次蒸汽进入汽轮机，分离后的地热水进入减压器（也称闪蒸器或扩容器），压力下降，一部分地热水变为二次蒸汽（压力比一次蒸汽低），被引入汽轮机低压段；一次蒸汽和二次蒸汽驱动汽轮机，带动发电机进行发电。这种发电系统比较简单，一般适用于压力、温度较高的地热资源，要求地热井输出的汽水混合物温度在150℃以上，用过后的排水（从减压器排出的地热水）温度较高，可排入回灌井或作其他用途。目前世界各国地热发电大多采用此法，应用较好的国家有日本、新西兰、美国、意大利、菲律宾、墨西哥等。

双循环式地热发电系统是指地热水与发电系统不直接接触，而是将热量传给某种低沸点介质（如丁烷、氟利昂等），使低沸点介质沸腾而产生蒸汽，再引入汽轮机进行发电，形成一个封闭循环。这种发电方式由地热水系统和低沸点介质系统组成，故称之为双循环式或中间介质法地热发电。其工作过程是：地热井输出的热水进入换热器，在换热器中将热量传给低沸点介质，放热后温度降低了的地热水排入回灌井或作其他应用。低沸点介质在换热器中吸热后变为具有一定压力的蒸汽，推动汽轮机并带动发电机发电。从汽轮机排出的蒸汽，在冷凝器中凝结成液体，用泵将液体送入换热器，重新吸热蒸发变成蒸汽。如此周而复始，地热水的热量不断传给低沸点介质，便可连续发电。这种发电方式比闪蒸式发电系统复杂，对于温度较低（一般在150℃以下）、不宜采用闪蒸式发电的地热水，可以采用此方式。从理论上讲，几十度的地热水便可用双循环式进行发电，但温度过低时热经济性差。从经济性考虑，一般温度在90℃以下的地热水不宜用来发电，可直接用于供热。

双循环式地热发电也可以采用井下换热的方法，即将换热器做成适合置于地热井中的形式（例如采用U形管或同轴管），低沸点介质在管内流动，直接在井下吸热，产生具有一定压力的蒸汽，然后驱动汽轮机并带动发电机发电，这种方法不需要抽取地下热水，只要将热量取出即可。其优点是：不抽出地热水，无排水污染环境的问题；有利于保护地热资源；无过量开采影响地面沉降之忧；可减轻地热水的腐蚀问题。但该方法也受下列因素的限制：要求地下水的流动性（渗透性）较好；地热资源不宜太深；与抽出地热水相比，只能获取一部分热量。

我国地热资源丰富，绝大多数省区都有地热资源，但适宜发电的高温资源只有西藏、云南等少数地区。目前我国建成的地热电站主要在西藏，拉萨附近的羊八井电站（闪蒸式）及那曲电站（双循环式），运行良好，效益显著。

近十几年地热发电技术发展较快，在一些国家地热发电已经可以与常规能源发电相竞争，经济效益和环境效益显著，有很好的发展前景，但地热发电单机容量较常规蒸汽发电机组要小得多。

**二、生物质能发电技术**

生物质发电有直接燃烧发电、混合燃烧发电、气化发电和沼气发电等。我国生物质发电主要包括蔗渣燃烧发电、垃圾焚烧发电、稻壳秸秆等生物质气化发电和沼气发电等。河北省石家庄晋州市和山东省菏泽市单县建设了中国第一批秸秆直燃发电厂，装机容量分别为 $2\times12MW$ 和 $25MW$，年发电量分别为 1.2 亿 kWh 和 1.56 亿 kWh，年消耗秸秆平均 20 万 t。国能生物发电有限公司相继在江苏、安徽、河南、吉林和黑龙江等省投资建设了一批生物质直燃电厂。中国节能投资公司在江苏省宿迁市和句容市投资建设两座生物质直燃发电厂。目前，秸秆直燃发电技术仍存在着缺乏核心技术和设备、秸秆收储运困难、秸秆价格偏高、发电能耗偏高、厂用电偏高、发电成本偏高等问题。

煤粉与生物质掺烧混燃技术，目前主要应用在小型燃煤电厂中，主要存在着生物质的运输、处理、加工比较复杂，设备的初投资成本较高等问题，使电厂的运行费用增加。2005年，中国首台煤粉秸秆混燃发电机组在山东省枣庄市华电国际十里泉发电厂成功投产。

## 🌱 复习思考题

9-1　燃气-蒸汽联合循环有哪些类型？其共同特点是什么？

9-2　何为 IGCC？其主要特点是什么？

9-3　地热能发电、太阳能热力发电受何种条件制约？其发展前景如何？

9-4　说明压水堆核电站的组成及其工作原理。

9-5　槽式、塔式太阳能热发电系统的特点是什么？各存在哪些主要问题？

9-6　热水型地热发电方式主要包括哪几种？各有何特点？

# 参 考 文 献

[1]  郑体宽. 热力发电厂 [M]. 2版. 北京：中国电力出版社，2008.

[2]  叶涛. 热力发电厂 [M]. 4版. 北京：中国电力出版社，2012.

[3]  冉景煜. 热力发电厂 [M]. 北京：机械工业出版社，2010.

[4]  蒋明昌. 火电厂能耗指标分析手册 [M]. 北京：中国电力出版社，2011.

[5]  林万超. 火电厂热系统节能理论 [M]. 西安：西安交通大学出版社，1994.

[6]  邱丽霞，郝艳红，李润林，等. 直接空冷汽轮机及其热力系统 [M]. 北京：中国电力出版社，2006.

[7]  丁尔谋. 发电厂空冷技术 [M]. 北京：水利电力出版社，1992.

[8]  中国动力工程学会. 火力发电设备技术手册 [M]. 北京：机械工业出版社，1998.

[9]  周晓猛. 烟气脱硫脱硝工艺手册 [M]. 北京：化学工业出版社，2016.